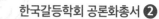
한국갈등학회 공론화총서 ❷

# 공론화의
# 이론과 실제

건강한 공론 형성과 진단을 위한 길라잡이

은재호 저

박영사

琇嫄에게

# 머리말

## # 1

이 책의 시작은 2015년으로 거슬러 올라간다. 당시 본래 일터인 한국행정연구원에서 대통령 자문기구인 국민대통합위원회에 파견가게 되어 그나마 손에 익은 연구와 멀어질 참이었다. 익숙하다고 잘하는 것은 아니지만 그래도 아쉬운 마음에 고육지책으로 생각해낸 게 한국연구재단의 저술지원 사업이었다. 그리고 이런저런 절차 끝에 연구계획이 채택되자 신나서 시작한 것이 이 책이다.

처음에는 모든 것이 순조로웠다. 이미 그 1년 전에 국민대통합위원회의 지원으로 '대한민국, 국민에게 길을 묻다. 2014 국민대토론회'를 기획하며 이론보다 먼저 실무를 익혔고 숙의 토론의 가능성과 잠재력을 엿본 그 날, 공론화의 미래에 확신을 가졌기 때문이다. 그렇다고 미래로 가는 길이 저절로 열린 것은 아니다. 하나를 알면 둘이 궁금해지고, 둘을 알면 셋이 모호해졌다. 그러다보니 연구재단과 약속한 3년을 훌쩍 넘겨 꽉 채운 7년 만에야 겨우 탈고에 이르렀다.

그 와중에 대통령 탄핵(2016)과 새 대통령의 취임(2017), 신고리 원전 공론화(2017)가 있었다. 그리고 지방선거(2018)와 총선(2020), 보궐선거(2021)가 줄줄이 이어졌다. '한 번도 경험해보지 못한 나라'에 대한 열망과 탄식이 교차하는 지난 5년 동안 필자가 기대한 것은 '한 번도 경험해보지 못한 민주주의'다. 신고리 원전 공론화의 시작과 끝에서, 그리고 그 전체 과정에서 새로운 민주주의의 가능성을 보았기 때문이다. 유권자의 직접 참여를 통해 대표성의 흠결을 보정하고, 숙의를 통해 참여를 협력으로 전환하면 벤자민 바버(Benjamin Barber)가 말한 '강한 민주주의'가 우리 현실이 될 수 있다는 가능성이다.

그러나 문재인 정부는 공론화를 새 나라의 시민참여 기제로 브랜드화하지 못했고, 시민참여의 법제적 기반을 다지는 일에는 더더욱 소홀했다. 2016년 겨울의 '촛불'이 청산하기 원했던 진정한 적폐는 한국 정치·행정시스템을 옥죄는 제왕적 대통령제와 87년 헌정체제였지만, 인적 청산에 빠진 적폐청산은 법제적 토양을 돌볼 여유가 없었다. 하다못해 매우 온건한 '연동형 비례대표제'마저 정치인 카르텔의 이익에 복무하느라 광장의 시민들을 등졌다. '식물국회'와 '동물국회'를 넘어 '괴물국회'로 불리는 의회정치 현실에서 여·야가 모처럼 의기투합했으니 기뻐해야 할 일인가.

## # 2

역사적 소임을 다한 87년 헌정체제는 폐기하는 게 옳다. 그리고 2016년 겨울의 '촛불' 시민들이 마땅히 가야할 길을 가도록 길을 비껴줘야 한다. 그 방법이 무엇일까? 이 책은 무엇보다 대의민주주의와 직접민주주의를 융합하는 시민정치를 활성화해야 한다고 답한다. 구체적인 실천 전략은 크게 세 가지다.

첫째, 국회의 대표 기능을 바로잡으면 된다. 흔히 국회가 공전하는 이유를 국회선진화법 때문이라고 하지만 대화와 타협을 근간으로 하는 대의민주주의 원칙을 강조하는 것이 문제가 될 수는 없다. 대화와 타협을 통한 정쟁은 국회의 의무이기도 하다. 여야가 자기 집단의 이익을 충실하게 대변하겠다는 데 무엇이 문제인가. 진짜 문제는 대표해야 할 집단을 모두 대표하는가이다. 여야 모두 자신의 이익이 아니라 국민의 이익을 대표하는 집단이 맞다면 말이다. 본격적인 비례대표제야말로 현새의 여야는 물론 미래의 여야 모두에게 필요하고 이로운 개혁이다. 비례대표로 창출되는 다당제 덕에 합종연횡이 용이해지면 양대 정당의 대결로 빚어지는 교착상태에서 쉽게 돌파구를 마련할 수 있어 국회선진화법도 더욱 빛을 발할 것이다.

둘째, 대표돼야 할 집단이 모두 대표된다면 이제 각 집단의 대표자들이 자기 집단의 이익과 선호를 '있는 그대로' 표출하고 그에 조응하는 정책을 '제대로' 만드는지 자문할 때다. 비례대표제가 낳게 될 이익의 다각화와 대표의 다변화만으로는 국회를 민의의 전당으로 거듭나게 할 수 없다. 직접민주주의 3종 세트인 주민투표, 주민발안, 주민소환을 넘어 주민감사와 주민소송에 이르기까지 중대 사안에 대해서는 자신의 이익과 선호를 스스로 대표하게 하는 것이 대의민주주의를 완성하는 길이다. 그렇게 미국도 스위스도 정치인 카르텔의 지대추구행위를 제어하며 대의의 품질을 높이고 사회갈등을 조정하는 데 성공했다. 이때 시민들과 직접 교통하며 공정하고 투명한 의사결정과정의 감시자를 자임하는 선량(選良)들에 대한 신뢰는 덤으로 따라오는 심리적 계약 효과다.

셋째, 다수결의 함정을 경계하며 건강한 공론장의 형성에 힘써야 한다. 대의민주주의든 직접민주주의든 다수결을 맹신하는 모든 민주주의는 대생석으로 포퓰리즘의 위험에 노출된다. 오죽하면 '절반의 바보들에 바보 하나만 덧붙이면 만들 수 있는 민주주의'(필리프 부바르) 즉, 나수결 민주주의를 '인민의, 인민에 의한, 인민을 위한 억압'(오스카 와일드)이라고 했을까. 핵심은 다수결이 아니라 다수결에 도달하는 숙의와 공론의 수준이다. 지금처럼 가짜뉴스가 판치며 정보를 왜곡하고 정제되지 않은 의견을 투박한 감정과 막말로 포장해 일방적으로 유통한다면 대의제는 물론 직접민주주의 역시 무질서와 혼란, 대립과 반목의 원천이 될 뿐이다. 반면 다양한 의견이 자유롭게 넘나들며 투명하게 검증되는 공론장의 건강함이 보장되면 시민들의 직접참여가 종종 범사회적 의사결정의 교착을 타개하는 합리적 절차로 작동된다. 사회협약 정치가 그것이다.

# # 3

이 책은 위 세 가지 전략 가운데 특히 세 번째 전략에 초점을 맞추어 기술했다. 진영논리로 무장된 편협한 세계관들의 적대적 양극화로부터 빠져나올 수 있는 출구가 건강한 공론장의 형성이라는 믿음 때문이다. 그래서 제1장과 2장은 공론과 공론장의 개념을 살펴보되, 특히 한국 사회에서 유통되는 공론화의 의미가 한국인의 언어 실천 가운데 어떻게 외연화(外延化)되는지 살펴봤다. 그리고 이를 통해 공론화라는 단어의 사회적 활용법을 드러내 보이고자 했다. 아울러 유교적 공론장과 서구 부르주아 공론장 개념의 차이를 탐색하며 '건강한' 공론장의 조건과 환경을 숙고했다. 공론화의 개념을 탐구하는 연구자들과 나누고 싶은 이야기다.

제3장과 4장은 한국 사회의 정치·행정 맥락에서도 과연 공론화가 효과적으로 작동될까라는 의문을 가지고 진행한 실증 연구 결과를 담고 있다. 진실로 숙의는 애초에 가진 생각과 선호를 변화시켜 타인을 이해하게 하는 기제로 작동될까? 정말로 성실하게 토론에 임하면 합의에 도달할 수 있을까? 한국에서도 그럴까? 몇 가지 조건을 전제로 하지만 답은 '그렇다'이다. 그래서 이어지는 장과 절에서는 위

르겐 하버마스(Jürgen Habermas)가 주장한 '소통으로서의 민주주의'를 구현하는 실행 전략이 바로 공론화라는 관점에서 참여적 의사결정과 숙의적 정책형성의 다양한 방법을 살펴보고 소개했다. 한국의 정치과정은 물론 특히 행정과 정책과정에서 시민참여에 관심 있는 연구자들과 공론화를 준비하는 분들로서 이론적 배경이 궁금한 분들이라면 누구에게나 도움될 수 있을 것이다.

제5장부터 7장까지는 한국 사회의 맥락에 조응하는 공론화 실행모형과 적용 기법을 분석하는 한편, 현장에서 활용할 수 있는 실행 매뉴얼(길라잡이)을 구성했다. 그래서 공론화 실행모형에 관한 연구는 실행전략을 유형화하는 이론적인 작업부터 국내외 사례 정리와 매뉴얼 구성까지를 포괄한다. 특히 7장의 매뉴얼은 국내외 공론화 경험의 산물로서 기획에서 실행을 거쳐 평가에 이르기까지, 공론화를 준비하고 책임지는 사람이라면 누구나 참고할 수 있는 경험적 교훈을 소개한다. 이론은 무용하다고 생각하는 사람이나 시간이 없어서 전체를 다 읽을 수 없는 분들은 여기에서 필요한 부분만 골라 읽어도 무방하다.

## # 4

세상일이 다 그렇듯이 이 책 역시 많은 사람의 도움과 인내에 빚지고 있다. 그들의 기대와 채근이 없었더라면, 도움과 보살핌이 없었더라면 이 책은 지금도 백지상태로 빈둥거리고 있을 것이다. 일일이 이름을 밝히고 감사의 마음을 전하기엔 지면이 너무 작다. 그저 마음속에 담아둔 고마움으로, 그들을 축복한다.

2021년 10월 6일

은 재 호

# 차례

# 제 5 장     공론화의 3차원과 실행모형 / 217

# 제 6 장     공론화 실행모형과 적용사례 / 263

# 차례

# 서론

# 공론화의 시대,
# 공론화를 묻는다

> 외적의 침략에는 저항할 수 있지만,
> 자기 시대를 맞은 사상의 침노에는
> 저항할 수 없다.
>
> 빅토르 위고

> An invasion of armies can be resisted,
> but not an idea whose time has come.
>
> Victor Hugo

# 공론화의 시대, 공론화를 묻는다

## 1. 갈등에서 통합으로

대한민국은 갈등 공화국이다. 보수·진보, 동·서로 갈라진 정치는 물론이고 경제와 사회 모든 분야에서 빈자와 부자, 원청(대기업)과 하청(중소기업), 갑과 을, 수도권과 비수도권으로 나뉘어 대립한다. 여기에 세대, 젠더, 이민자 갈등과 남북 갈

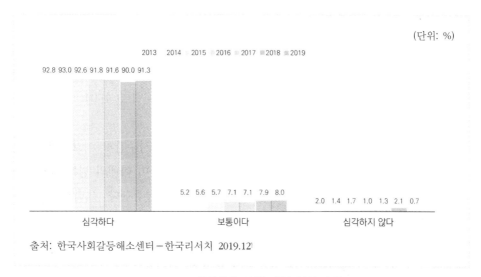

(단위: %)

출처: 한국사회갈등해소센터 – 한국리서치 2019.12[1]

[그림 0-1] 한국인의 사회 갈등 인식 수준

---

1 이 책에서는 그림과 도표, 이미지 등을 인용할 때 출처와 자료로 구분해 표기했다. 출처는 다른 책에 소개된 내용을 그대로 옮겨왔음을 의미하고, 자료는 필자가 다양한 내용을 새로 조합하고 가공해 시각화했음을 의미한다. 자료 발굴과 정리, 가공의 모든 과정은 이 책의 첫번째 독자가 되어준 이찬희, 임현철, 김혜지, 황나린 위촉연구원의 도움과 수고에 빚졌다.

등이 덧대지면 미래의 통일 한국은 가히 갈등의 지뢰밭이 될 것이다. 한국사회갈등해소센터의 2019년 조사 결과를 보면 이러한 우려가 과장이 아님을 알 수 있다. 우리 국민의 91.3%는 우리 사회의 갈등이 심각하다고 생각한다. 이러한 인식은 최근 7년 동안 반복된 조사에서 한결같이 나타난다(cf. [그림 0-1] ). 한국 사회의 갈등이 갖는 특징과 원인, 해법에 주목해야 한다.

### 한국 사회의 갈등 양상과 특징

한국 사회의 갈등은 세 축으로 전개된다. 첫째, 급속한 산업화다. 한국은 1948년 정부 출범 당시 GNP의 12%, 정부 재정수입의 73%가 미국의 원조자금일 만큼 전 세계에서 가장 가난한 나라였다. 현재의 한국은 전 세계에서 스물네 번째로 OECD-DAC(경제협력개발기구 개발원조위원회) 가입국이 된 나라이자(2009) 일곱 번째로 30-50 클럽 회원이 된 나라다(2019). 2020년에는 명목 GDP가 전년보다 1.8%p 감소하는 역성장에도 불구하고 경제 규모 세계 9위로 부상했다. 서구 선진국이 300여 년에 걸쳐 이루었던 산업화를 50년도 안 되는 기간에 이루면서 맞닥뜨린 '오만 가지' 사회 문제가 다양한 형태의 갈등으로 구조화된 것은 바로 이 지점, 압축성장의 언저리에서다. 급속한 산업화 과정에서 거대자본 중심으로 재편된 국부는 1997년 외환위기를 맞아 똬리를 튼 신자유주의와 함께 경제·사회적 양극화로 귀결돼 심각한 계층갈등과 이념갈등을 야기하고 있다. '이생망'의 'n포 세대'를 자처하는 한국의 밀레니얼-Z세대가 대한민국을 지칭하는 '헬 조선'(Hell Chosun)은 이렇게 구조화된 사회갈등의 온건한 은유일 뿐이다.

한국 사회 갈등의 두 번째 축은 민주화다. 영국 시사주간지 이코노미스트는 2020년, 한국의 민주주의 지수를 세계 23위로 자리매김하며 아베의 일본이나(24위) 트럼프의 미국보다(25위) 더 선진적인 민주주의 국가로 분류했다. 그러나 이 놀라운 성취는 저절로 주어진 경제성장의 부산물이 아니다. 그것은 오랜 인내와 투쟁의 산물이다. 1970년대와 80년대까지 이어진 군사독재는 한국의 경제성장을 견인한, 강력한 발전국가의 정치적 자산이기도 했지만 반공 이데올로기와 결합한 성장제일주의는 국가-시장-시민사회로 구성되는 근대국가의 균형 잡힌 성장을 왜곡했다. 그래서 산업화만큼이나 갑작스러웠던 80년대의 민주화와 함께 90년대부터 이루어진 보수·진보 사이의 수평적 권력 이동은 그동안 억눌렸던 사회적 욕구와 참여의 폭발로 이어졌다. 또 대의민주주의에 대한 불신은 시민행동주의(civic activism)와 하위정치영역(sub-politics arena)의 확장으로 귀결되며 민·관(民·官)이 대립하는 공공 갈등은 물론 중앙과 지방, 지방과 지방이 대립하는 지역 간 갈등과 정부 간 갈등을 야기해 갈등공화국의 신화를 만드는 데 일조한다.

한국 사회의 갈등을 증폭시키는 세 번째 축은 근대성과 탈근대성의 중첩에서 파생되는 문화적 긴장과 마찰이다. k-드라마, k-필름, k-팝을 넘어 k-방역까지, 한국의 대중문화는 물론 국정관리 방식마저 '행정 한류'라는 이름으로 전 세계에 뻗어나가고 있다. 한국적 특수성과 아시아적 보편성의 결합을 통해 획득한 세계성이 한류(韓流, Korean Wave)라고 정의된다면, 한국은 그 어느 나라보다도 빠르게 세계화의 도도한 물결에 올라타 탈근대로 진격하는 나라다. 유교와 불교에 뿌리내린 천년의 가치관은 물론 분단 현실에서 기인하는 레드 콤플렉스도, 추격형 발전국가의 후진국 콤플렉스도 벗어던지고 탈근대와 세계화의 문명사적 전환을 주도하는 나라가 한국이라는 것이다. 지역·젠더·세대·소수자·이민자 갈등 등 사실상 우리 사회의 모든 분야로 갈등의 전선이 빠르게 확산하는 것은 탈근대의 문화적 사조와 결합한 개인화·지방화·탈중심화가 기존의 문화적 지층 위에 중첩적으로 진행되고 있기 때문이다. 봉건사회에 태어나 농업사회를 거쳐, 산업사회에 복무하다 정보화 사회에서 표류하는 광복세대와 전쟁세대, 1940-50년대생의 삶은 '헬 조선'을 사는 밀레니얼-Z세대의 그것보다 더 숨 가쁘고 현기증 나는 일상이다.

### 갈등의 유형과 정의(定義)

이처럼 역사적으로 구조화되고 시대적으로 조건 지어진 한국 사회의 갈등을 해결하기 위해서는 한국 사회의 가치 체계와 발전 패러다임을 근본적으로 바꾸어야 한다. 그러나 어디서부터, 어떻게 바꿔야 할까? 변화와 혁신의 당위는 누구나 인정하지만, 첫 단추를 끼우는 건 쉽지 않다. 여기에서 한국 사회의 갈등을 사적 갈등과 공적 갈등, 두 가지로 유형화하고 각 유형에 따른 해법을 논구해보면 의외로 쉽게 결론에 다다를 수 있다(cf. [그림 0-2]).

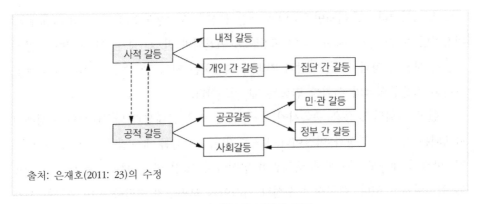

출처: 은재호(2011: 23)의 수정

[그림 0-2] 갈등의 개념과 유형

사적(私的) 갈등이란 개인의 내밀한 욕망과 욕망이 부딪히며 산출하는 내적 갈등부터 개인과 개인의 관계에서 파생하는 개인 간 갈등을 일컫는다. 사적 갈등은 본래 개인의 일신 구속적인 갈등이기에 국가가 개입하지 않는 것이 원칙이다. 하지만, 내적 갈등이든 개인 간 갈등이든 사적 갈등이 증폭되어 집단 간 갈등으로 이행하며 그 파장과 심도가 국가 공동체의 규범과 존립에 위해를 가할 정도가 되면 공권력의 개입이 불가피해진다. 즉, 사적 갈등도 언제든지 공적 갈등으로 전환될 수 있는데 특히 민·민 갈등의 경지에 다다른 집단 간 갈등이 사회갈등으로 증폭될 가능성이 크다. 이념·계층·지역·세대·젠더·소수자·이민자 갈등 등, 우리가 생각할 수 있는 모든 유형의 집단 간 갈등이 그렇다.

공적(公的) 갈등이란 공권력의 개입이 불가피해진 사적 갈등과 공공영역에서 발생하는 갈등, 두 가지를 일컫는다. 전자는 사회갈등, 후자는 공공갈등이다. 공공갈등이란 공공정책이나 국책사업처럼 대중에게 광범위하게 영향을 미치는 공적 이슈를 둘러싸고 정책과 사업 주체인 국가와 직·간접 이해관계자 집단 사이에 발생하는 갈등을 의미한다. 따라서 공공갈등은 종종 민·관 갈등의 형태로 드러나고 중앙과 지방, 지방과 지방 등 정부 간 갈등의 형태로 드러나기도 한다.

현대 민주주의 사회에서 제대로 관리된 갈등은 국가발전의 에너지가 될 수 있으나, 관리되지 못한 갈등은 개인을 넘어 우리 사회의 질서와 협력적 관계를 파괴하며 전체 시스템의 붕괴를 초래할 수 있다는 점에서 결코 가볍게 생각하면 안 되는, 명백하고 현존하는 위험이다. 따라서 갈등을 예방하는 게 최선이지만, 예방하지 못했다면 되도록 빨리 해소하는 것이 차선이다. 국가 공동체의 미래는 이 두 가지, 사회갈등과 공공갈등을 어떻게 예방하고 해결하는가에 달려 있다.

사회갈등의 원인과 해법, 과제 : 건강한 공론장의 복원과 사회적 대화의 제도화

사회갈등은 지금 시점에서 볼 때 당사자 간의 이해 충돌로 보이지만 사회 구조와 그 역사적 구성과정에서 생긴 갈등이다. 앞서 언급한 한국사회갈등해소센터가 조사한 집단 간 갈등의 심각성 정도를 보면 한국의 사회갈등 현황이 극명하게 드러난다(cf. [그림 0 - 3]).

이에 따르면 진보세력과 보수세력(88.4%) > 못사는 사람과 잘사는 사람(82.5%) > 경영자와 노동자(79.3%) > 정규직 근로자와 비정규직 근로자(77.5%) > 노인 세대와 젊은 세대(65.7%) > 수도권과 지방(57.5%) 등의 순으로 갈등이 심각하다는 게 한국인들의 인식이다. 특히 경영자와 노동자 간의 갈등이 심각하다는 응답은 5년 연속 상승세를 보이다 2019년 조사 결과 중폭(−6.4%p) 하락했다. 노사갈등 즉, 부의 배분을 둘러싼 경제적 요인이 한국 사회갈등의 주원인임을 알 수 있다.

2017년 대비 대폭(+8.9%p) 상승했다 2019년에는 소폭(−4.5%p) 하락한 젠더갈등의 경우도 예외는 아니다. 2017년 40.6%에 불과했던 젠더갈등에 대한 인식이 2018년에는 49.5%로 상승하며 한국 사회갈등의 새로운 요인으로 등장했는데, 그 이면에는 여전히 군 가산점 제도와 여성의 노동시장 진출에 따른 남성의 일자리 감소가 주요 원인으로 부상한다.

보수와 진보, 빈자와 부자, 정규직과 비정규직은 물론 세대갈등과 젠더갈등 역시 본질은 동일 하기에 한국 사회갈등의 주원인이 무엇인지 쉽게 진단할 수 있다. 1970 - 80년대의 고도 성장기에 싹텄다가 1997년 IMF 위기를 맞아 고착된 부의 불평등 배분 구조가 원인이다.

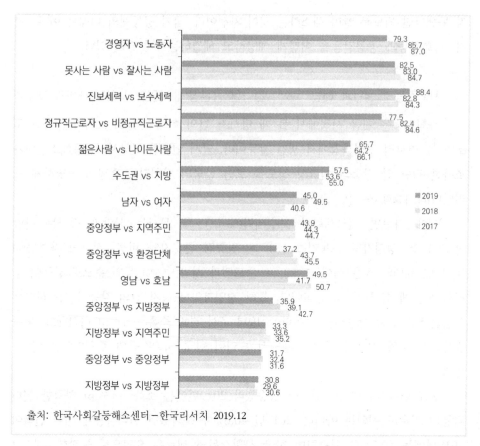

경영자 vs 노동자 79.3 85.7 87.0

못사는 사람 vs 잘사는 사람 82.5 83.0 84.7

진보세력 vs 보수세력 88.4 82.8 84.3

정규직근로자 vs 비정규직근로자 77.5 82.4 84.6

젊은사람 vs 나이든사람 65.7 64.2 66.1

수도권 vs 지방 57.5 53.6 55.0

남자 vs 여자 45.0 49.5 40.6

중앙정부 vs 지역주민 43.9 44.3 44.7

중앙정부 vs 환경단체 37.2 43.7 45.5

영남 vs 호남 49.5 41.7 50.7

중앙정부 vs 지방정부 35.9 39.1 42.7

지방정부 vs 지역주민 33.3 33.6 35.2

중앙정부 vs 중앙정부 31.7 32.4 31.6

지방정부 vs 지방정부 30.8 29.6 30.6

■ 2019
■ 2018
■ 2017

출처: 한국사회갈등해소센터 – 한국리서치 2019.12

[그림 0-3] 집단 간 갈등의 심각성 인식 정도

　　따라서 사회갈등의 근원적인 해결을 위해서는 이미 구조화된 다양한 형태의 불평등과 불공정 관행을 교정할 수 있는, 체계적인 정책적 개입이 불가결하다. 이는 사회통합을 최상위 정책목표로 설정하고 각 부처의 부문별 정책을 아우르는 국무조정실과 청와대의 정책조정 기능을 강화하면 얼마든지 가능하다. 다만, 그것이 기존의 노동·복지·교육·부동산 정책이나 여성·가족정책 등, 사회정책 일반의 변화만을 추구한다면 그를 둘러싼 더 큰 정치적 갈등이 촉발될 수 있음에 유의해야 한다. 최저임금 인상, 노동시간 단축, 비정규직의 정규직화, 주택 공개념 등, 사회갈등 해소를 위해 문재인정부가 도입한 개혁 프로그램이 노골적인 '시장의 반란'에 직면한 것은 우연이 아니다.

　　어느 정부든 사회갈등 예방과 해소, 그리고 그를 통한 사회통합 증진을 원한다면 그 목표에 도달하는 절차와 과정부터 개혁하는 더 근원적인 접근이 필요하다. 그리고 그것을 위해서는 통합을 지향하는 정치적 리더십이 절실하다. 20세기 후반에 서유럽 국가들이 이루어낸 사회협약이 그것이다. 네덜란드(바세나협약, 1982)와 아일랜드(사회연대협약, 1987) 등 사회협약을 통해 강소국으로 성장한 이 나라들의 공통점은 한국처럼 사회적 대화의 경험이 일천하고, 협약 주체의 조직화 정도와 대표성 등이 취약함에도 불구하고 협력적 리더십으로 사회적 대화의 도덕적 권위를 수립하고 사회적 대화를 성공시켰다는 점이다.

사회적 대화는 큰 틀에서 사회협약 정치다(정책기획위원회, 2018: 7). 특정 사회의 주요 이해 당사자들이 해당 사회가 직면한 문제를 해결하기 위해 협상과 교환의 협력을 바탕으로 사회협약을 제도화하는 조합주의 거버넌스(corporate governance)에 기초한다. 미래 한국이 '사회적 지속가능성'을 가지려면 기존의 약탈적 성장 패러다임을 포용적 성장 패러다임으로 전환하고 '더불어 사는 사회'에 대한 공화주의의 비전을 공유해야 한다. 그러나 이때 얻게 되는 공통의 이익이 무엇인지를 노·사·정이 공감하지 못하고 또, 그렇게 공유되는 이익이 일시적인 것이 아니라 사회적 대화를 통해 지속 가능하다는 인식을 공유하지 못하면 사회적 대화를 통한 사회갈등 해결은 난망하다.

### 공공갈등의 원인과 해법, 과제: 민·관 파트너십을 통한 협력적 문제해결

한국의 공공갈등은 전방위적이다. 님비(NIMBY) 갈등이든 핌피(PIMFY) 갈등이든, 또는 정책갈등이든 거의 모든 영역에서 민·관의 대립이 빈발하고 있다. 그러나 이상할 것도, 놀라울 것도 없다. 공적 갈등에서 공공갈등이 차지하는 비중이 점차 증가하는 것은 모든 나라에서 찾아볼 수 있는 공통된 현상이다. 근대에서 현대로 이행하며 강화된 생체권력(bio-power)이 개인의 몸이라는 미시적 사회조직 깊이 침투함에 따라 이 과정에서 발생하는 갈등도 증가하는 것이 당연하다. 코로나19를 보자. 현대 권력은 더 이상 어떤 신민(臣民)도 죽게 내버려 두지 않는다. 다만, 현대 한국의 공공갈등은 과거 개발 독재 시대에 그랬던 것처럼 정부의 일방적인 의사결정 때문도 아니고, 서구 복지국가의 경우처럼 국가의 개입범위가 무한정 확장되기 때문도 아니다.

## 생체권력

프랑스의 역사학자이자 철학자인 미셸 푸코(Michel Foucault)는 현대 권력이 통제하고 규율하는 것은 정신이나 영혼이 아니라 몸이라는 사실에 주목했다. 그것도 감시와 처벌을 통해 개인의 몸과 의지를 억압과 통제로 길들이고자 했던 근대의 규율권력(disciplinary power)과 달리 현대의 권력은 인간의 몸을 표준화하고 기술화하는 한편, '자기에의 배려'(soin de soi)를 이용해 자발적 순응을 끌어냄으로써 통치의 수단으로 삼는 데 성공했다고 진단한다. 즉, 건강하고 행복한 삶을 추구하는 현대인들의 욕망을 과학적 지식으로 충족해주며 제도와 체제에 복종하게 하는 것이다. 푸코는 이렇게 작동되는 권력을 생체권력(bio-power)이라고 부르고, 이렇게 개인의 몸을 관리하는 미시권력을 행사하며 거시권력을 획득하는 정치방식을 생체정치(bio-politics)라고 불렀다(이에 대한 자세한 논의는 은재호, 2011: 1-33 참조). 이런 관점에서 보자면 코로나19에 대한 대응 방식은 각국의 생체권력이 작동되는 방식에 대한 리트머스 시험지였고, 그를 둘러싼 갈등에 대응하는 방식은 생체정치의 실험대였다고 볼 수 있다.

한국의 공공갈등은 오랫동안 공식적인 의사결정과정에서 소외된 채 공공서비스의 '소비자-고객'으로 남겨졌던 일반 시민이 의사결정의 주체로 개입하고자 할 때 발생하는 경우가 대부분이다. 산업화와 민주화의 시기를 거쳐 지방화 시대에 진입한 우리 국민은 정당과 의회를 경유하는 전통적인 대의민주주의 시스템보다 직접 참여를 통해 자신의 권리를 구제하는 것에 더 익숙해졌다. 2016-17년 겨울의 광화문 광장을 기억하자. 미래의 공공갈등을 예방하고 해결할 수 있는 즉각적인 해법은 자명하다. 민·관 파트너십에 기초하는 협력적 거버넌스(collaborative governance)의 제도화와 우리 정부의 정책조정 기능, 그리고 갈등 조정 기능의 강화가 답이다.

그를 위한 첫 번째 대안은 행정시스템 내에 다양한 갈등관리 장치를 구축해 공무원 스스로 갈등관리에 임할 수 있는 적극행정 기제를 마련해 주는 것이다. 미국의 대체적 분쟁해결제도(ADR)가 단적인 예다. 행정분쟁해결법, 협상에의한규칙제정법, 대안적분쟁해결법 등을 기반으로 창설된 분쟁해결실(법무부), 갈등예방 및 해결센터(농림부, 환경보호청), 지역사회 갈등해결센터(주 정부) 등은 소송 대신 제3자에

의한 조정(mediation)과 중재(arbitration)의 길을 열어 정책과정에서 발생할 수 있는 이해관계자 간의 갈등을 예방하는 데 도움을 주고 있다. 일본 역시 ADR법을 제정하고 국지방계쟁처리위원회(國地方係爭處理委員會) 등의 갈등관리 전담기구를 통해 공공갈등을 해결하고 있다. 독일, 프랑스, 덴마크 등 서유럽 국가들도 예외는 아니다.

우리도 행정절차법과 지방자치법 등을 통해 선제적 갈등예방 기제와 정부 간 분쟁조정 제도를 규정하고 있지만 형식적으로 운영되는 것이 문제다. 이를 극복하기 위해서는 현재 국회에 계류 중인 (가칭)'갈등관리기본법'을 조속히 통과시켜야한다. 기존 분쟁조정제도가 민법상 화해에 준하는 효력을 갖는 중재에 치우쳐 국민의 재판받을 권리를 제약한다면, 갈등관리기본법은 당사자 합의의 자율성을 우선하는 협상·조정 기능을 강화함으로써 적용 범위와 수용성을 높이는 게 장점이다.

국가 옴부즈만 기능을 담당하는 국민권익위원회의 고충처리 기능도 대폭 강화하고, 집단민원 조정 기능도 허용해야 한다. 3개 정부 간 분쟁조정위원회는 물론 환경분쟁조정위원회 등, 30개가 넘는 개별법에 산재한 행정형 ADR 기구들도 통합·정리해 실효성을 높일 필요가 있다. 그리고 근본적으로는 각 부처와 국무조정실의 정책조정 기능을 획기적으로 개선해 상시적인 갈등관리가 이루어지도록 힘써야한다. 현대 행정은 그 정당성의 원천이 합법성을 넘어 사회적 수용성에 있기 때문이다.

두 번째 대안은 다양한 형태의 공론화를 진행하며 건강한 공론장을 활성화함으로써 국가 공동체 구성원들의 공적 이성(public reason)이 크고 작은 정책결정 과정에 참여할 기회를 제공하는 것이다. 독일의 계획확정절차와 공공협의제도, 프랑스의 공공토론, 영국의 시민협의제도, 네덜란드의 국민참여 절차, 남아공의 몽플레 시나리오, 미국의 21세기 타운 홀 미팅, 스웨덴의 알메달렌 정치주간 등 그 예는 부지기수다. 한국에서 공론화는 중앙정부보다 지자체 차원에서 더 활발하게 도입되고 있는데, 행정절차법 등의 개정을 통해 이를 우리 행정시스템 내에 안착시킬 필요가 있다. 공론화는 참여의 공간을 확장하는 한편, 이를 학습과 토론이라는 숙의 과정과 결합해 참여를 협력으로 전환함으로써 대중 참여가 '뗏법'과 '길거리 정치'로 귀결되지 않도록 하는 장치다. 시민들의 직접 참여는 바람직한 정치적 이상이지만 참여가 반드시 협력으로 귀결되는 것도 아니고, 참여가 많아질수록 이해관계가 복잡해지며 다양한 욕구가 상충해 오히려 갈등이 증폭될 수 있기 때문이다.

갈등관리는 모든 국가의 시원적 기능

한국은 선발 자본주의 국가들이 수세기 동안 이루었던 산업화, 민주화, 세계화라는 역사적 발전 단계를 압축적으로 거치며 지금도 빠르게 진화하는 역동적인 나라다. 그런 만큼 한국 사회의 갈등도 압축적으로 진행되며 복합적인 성격의 갈등이 동시다발적으로 분출하는 특징을 보인다. 이는 사회적 자원의 분배를 둘러싼 이해갈등으로 시작해 사고방식과 생활양식이 충돌하는 가치갈등으로 완만하게 진화한 서구 사회의 갈등과 확연히 구별되는, 한국 사회의 갈등이 갖는 특징이자 국가발전의 동력이다.

여기에서 갈등관리는 단순히 국가 사무에 또 하나의 행정절차를 덧붙이는 일이 아니다. 그것은 지방과 중앙 모두에서 기본원칙으로 자리 잡은 효율성 중심의 행정 패러다임을 민주성이 장착된 효과성의 패러다임으로 전환하는 일이다. 이스턴(Easton, 1953)의 표현대로 정치의 기능이 사회적 희소자원의 권위적 배분에 있다고 한다면, 그 '권위적' 배분 과정에서 발생하는 갈등을 예방하고, 조정하고, 해소하는 것은 모든 국가의 기본적인 책무다. 대한민국은 국가의 시원적 기능에 얼마나 충실한가? 이 책은 바로 이 질문에서 시작되었다. 그리고 갈등관리가 기술관료적 효율성에 파묻힌 발전국가 성장 패러다임의 변혁을 통해 '사회적 지속가능성'을 견인하는 마중물이 되기를 기대하며 가장 먼저 주목한 것이 우리 시대의 화두로 떠오른 공론화였다.

## 2. 우리 시대의 공론화, 무엇을 어떻게 할 것인가?

신고리 원전 공론화를 필두로 조세개혁, 사드(THAAD : Terminal High Altitude Area Defense, 고고도방어미사일)는 물론 군 개혁과 헌법 개정에 이르기까지, 공론화에 대한 요구가 거의 모든 정책 영역에 파고들었다. 보는 사람에 따라서는 다소 뜬금없다 싶을 수 있겠지만 이를 우연으로 치부할 수만은 없다. 지난 두 정부, 이명박 정부와 박근혜 정부가 가장 실패했던 부분이 소통이었고, 2016년 겨울의 '촛불'이 가장 목말라 했던 부분이 공감이었기 때문이다.

이명박 정부는 임기 개시와 함께 발생한 광우병 파동을 보수와 진보의 대결로 환원하며 대화가 아니라 공권력에 의지함으로써 정권 초반에 국정운영의 동력을 잃었다. 박근혜 정부는 세월호 참사와 메르스(MERS: Middle East Respiratory Syndrome, 중동호흡기증후군) 대응 과정에서 스스로 침묵하고 또 침묵하게 함으로써 국민신뢰의 하락을 자초했다. 2002년부터 2009년 사이에 시행한 세계가치조사(World Value Survey)는 한국의 정부신뢰 수준을 OECD 중간수준으로 평가했는데, 국제 홍보컨설팅 회사 Edelman은 2016년도 다보스 포럼에서 한국의 정부신뢰를 28%로 평정하며 조사 대상국 28개국 중 22위로 소개하고, 정부 관계자에 대한 신뢰도는 그보다도 더 낮은 17%로 집계했다.

두 정부는 이렇게 소통을 홍보와 설득으로 격하시키고 공감이 아니라 단절을 불사하며 사적 개인과 공적 의제를 매개하는 공론장의 형성에 실패했다. 어느새 유행어가 돼버린 공론화의 뒤편에는 건강한 공론장을 형성해 정부와 시민, 시민과 시민의 소통과 공감을 복원하고 싶다는 우리 사회의 내밀한 욕망이 자리 잡고 있다.

이런 맥락에서 보면 그 뒤를 이은 문재인 정부가 다른 무엇보다 소통과 공감을 우선한 것이 결코 우연이 아님을 알 수 있다. '광화문 대통령'을 표방하며 청와대 국민청원 제도를 도입한 것도, 공사 중단과 계속 사이의 정책 딜레마에 놓인 신고리 원전 5·6호기의 건설 여부를 공론화에 붙인 것도 모두 소통과 공감에 기초하는 공공커뮤니케이션을 활성화하겠다는 정치적 의지의 산물이었다. 이런 의미에서 공론화는 기존의 정치·행정 시스템이 소홀히 했던 소통과 공감을 가교로 정책 결정자와 주권자 시민을 이어주는, 우리 사회의 새로운 실험이었고 사회혁신의 한 방법이었지만 무엇보다도 역사가 요구하고 시대가 화답한, 우리 시대의 역사적 산물이었다고 평가해도 무방하다.

그렇다면 공론화 이후에 한국의 정치·행정 시스템은 무엇이, 어떻게 달라졌는가? 아니, 무엇이 좋아졌는가? 문재인 정부의 소통은 흔히 '쇼통'으로 비하될 뿐이고, 애써 뿌린 공론화의 씨앗을 브랜드화하는 데도 실패했다. 한국의 공공커뮤니케이션이 더 투명해지고 공정해졌다는 평가도 들리지 않는다. 공론화에 대한 요구는 계속 늘어나고 있지만, 공론화가 오히려 새로운 갈등의 원천이 되는 경우도 적지 않다. 공론화가 한국 사회의 소통과 공감 역량을 높이는 데 얼마나 기여했는지도 의문이다.

공론화에 대한 요구가 늘어난 만큼이나 지금, 이 시점에 필요한 것은 공론화에 대한 포괄적인 이해와 냉정한 평가다. 공론화가 대의민주주의의 원칙에 어긋날 뿐 아니라 그것이 한국 민주주의를 포퓰리즘의 나락에 떨어트린다는 주장에 이르기까지, 공론화에 대한 우려와 반대도 결코 낯설지 않기 때문이다.

　'정부의 신고리 공론조사 결정 전반의 '과정'에 대해서는 의견이 엇갈린다. 대표적인 것이 선거를 통해 선출된 국민의 대표자들에게 부여한 결정을 다시 유권자에게 '외주화'한다는, 대의제적 비판이다. 000 여시재 솔루션 디자이너는 "공론조사는 숙의과정을 통해 다수가 설득 가능한 안을 만들어가는 데 있어서는 활용가치가 크지만, 문제는 정부가 공론조사에 모든 의사결정을 위임했다는 데 있다"면서 "국가 정책의 최종 결정을 이를 위임받은 국회가 아니라 대표성이 없는 시민참여단이 도출하고, 이를 정부가 그대로 따르겠다고 발표한 것은 정치적 책임 측면에서 바람직하지 않다"고 지적했다'(경향신문, 1호 '숙의민주주의' 실험, 신고리 공론화가 남긴 것, 2017.10.21.)

　'000 교수는 갈등 조정에는 공론화위 모델이 신선할 수 있지만 정책 결정에 이 방법을 쓰는 것은 효용성보다 위험성이 더 클 수 있다. 경우에 따라선 굉장히 위험한 발상이 될 수 있고, 그것이 확대되면 포퓰리즘이 될 수 있다고 말했다'(중앙일보, 첫 관문 지난 문재인式 실험… 무분별 확대는 "포퓰리즘" 우려, 2017.10.20.)

　'000 교수는 한 사회의 문제는 각 분야 전문가가 보고 판단해서 해결책을 제시해야 하는데, 청와대 청원처럼 일반 사람을 동원하는 것은 포퓰리즘이다라고 했다'(연합뉴스, [촛불 2년] '바람에도 꺼지지 않는다' 뿌리내린 광장민주주의, 2018.10.31.)

이 책은 해외 주요국의 정치·행정 시스템에서 참여적 의사결정과 숙의적 정책형성 방법으로 활용되는 공론화를 뒤늦게 수용한 한국 사회의 경험을 살펴보며, 무엇보다도 공론화에 대한 전반적인 이해와 평가를 목적으로 한다. 그렇다고 해서 공론화에 대한 이론적 논의에 함몰되어 청담(淸談)의 수준에 만족하자는 것은 아니다. 이 책은 공론화에 대한 이해와 평가를 넘어 탐색적 수준에서나마 우리 사회에 공론화를 뿌리내리게 할 수 있는 조건과 방법을 찾아보는 본격적인 논의가 되기를 희망한다. 아울러 이를 통해 공론화가 우리 사회에 성공적으로 착근(着根, 뿌리내림)할 수 있는 다양한 방안도 함께 살펴보고자 한다.

### 공론화와 공론의 정의

공론화(公論化)란 '공론에 부치다'라는 표현에서 짐작할 수 있는 것처럼 여럿이 모여 함께 의논하는 것을 의미한다. 제왕학의 경전이라는 정관정요(貞觀政要)의 만기공론(萬機公論)이 의미하듯이 '널리 회의를 열어 많은 사람들의 의견을 묻고, 토론하여 결정하는 것'이다. 장공자(2000: 64)의 소개에 따르면 일찍이 조광조(1482－1519)도 중종에게 이르기를 "언로의 열리고 막힘은 국사의 관건이다. 통하면 치평할 것이며, 막히면 망할 것이다. 그러므로 군주는 언로에 힘써 위로는 공경·백집사로부터 시정의 민중에 이르기까지 모두 말할 수 있게 해야 한다"고 했다. 율곡 이이(1536－1584)도 "언로의 열리고 막힘에 나라의 흥하고 망함이 달려 있다 … 공론이란 한 국가의 원기다 … 국가에 공론이 없으면 망하게 되는데 어떻게 이를 금지하고 끊어버릴 수가 있는가"라고 했다.

이들의 표현을 빌리자면 언로(言路) 즉, 말길을 개방하는 일이 공론화고, 요즘 말로는 공청회를 비롯해 권력을 가진 자와 권력을 위탁한 자가 나누는 모든 형태의 의견 교환이 공론화다. 뿐만이랴, 여론의 이름으로 형태를 갖춰 외연화되기까지 여염(閻閻)과 시정(市井)에서 이루어지는 온갖 종류의 담화 역시 공개적으로 이루어지는 한, 모두 공론화의 한 형태라고 할 수 있다. 그러니 하버마스(Habermas, 2001)의 표현을 빌리자면 사적 개인과 공적 의제를 매개하는 공론장(公論場 public sphere)의 형성과정이 현대적 의미의 공론화다. 여기에서 공론장이란 특히 왜곡되지 않은 공공커뮤니케이션을 기초로 우리 사회의 주요 현안에 대해 모든 시민이 자유롭게 숙의(熟議)하며 국민과 정치권, 국민과 정부가 소통할 수 있는 공적 공간을 의미한다.

본디 사적(私的) 개인은 공적인 일에 관심을 가질 필요가 없다. 나의 내면이나 은밀한 사생활을 굳이 다른 사람에게 내보일 필요가 무언가. 그러나 이 세상을 혼자 사는 게 아닌 이상 다른 이들과 삶의 공간이 겹쳐질 수밖에 없고 이익의 배분을 둘러싼 갈등이 발생하기 마련이다. 그리고 그때부터 함께 고민하고 해결해야 할 문제 즉, 공적(公的) 의제가 생길 수밖에 없다. 이러한 공적 의제를 함께 논의하는 곳, 그 공간을 하버마스는 공론장(public sphere)이라고 불렀다.

그리고 이러한 공론화를 통해 사회적 정당성을 획득한 의견 즉, 특정 사안에 대해 여럿이 함께 논의하고 숙고하여 그 사회의 공적 이익(공익)에 가장 잘 부합하는 것으로 인정된 공공의 의견을 공론(公論 refined/enlightened public opinion)이라고 부를 수 있다. 공론은 공공의 이익에 가장 부합하는 의견이라는 점에서 단순히 사회구성원의 의사를 모아놓은 중론(衆論 mass opinion)과도 다르고, 중론의 평균치를 낸 여론(與論 public opinion)과도 다르다. 플라톤(2006)의 표현을 빌려 쓰자면 공론은 한 시대의 정론(正論 true opinion) 즉, '참된 지식'이고 공론화는 이 정론, '참된 지식'을 만들어 가는 다양한 주체들 사이의 인식적 상호작용 과정이다.[2]

고대 중국에서부터 근대 유럽과 조선에 이르기까지 익숙한 개념, 알고 보면 새로울 것도 이상할 것도 없는 개념이 공론화다. 호주(1999)는 입헌군주제와 공화제를 두고 선택의 갈림길에 섰을 때, EU(2007)는 유로 통화체제 구축을 눈앞에 두고 그 선택을 공론화에 부쳤다. 일본(2011)은 후쿠시마 원전사고를 겪고 나서 탈원전 여부와 에너지 믹스 등 국가 에너지 정책 방향을 국민에게 물었다. 프랑스와 덴마크는 2009년과 2012년, 그리고 2015년 세 차례에 걸쳐 104개국을 대상으로 지구온난화 대응 방안을 묻는 국제적 공론화도 진행했다. 국가체제, 에너지 정책, 지구온난화, 생명복제 등의 문제는 하나같이 단일 정부에서 다루기 민감한 사안이거나 민주적 통제가 필요한 이슈 또는 사회적 대타협이 필요한 의제들이다. 미국이라고 다르지 않다. 타운홀 미팅, 시민배심원, 공론조사, 협력적 문제해결 등 공론화에 필요한 현대적 기법을 창안하고 적용하며 직접 민주주의와 대의 민주주의의 틀을 넘나드는, 가장 폭넓은 행보를 보이는 곳이 다름 아닌 미국이다. 공론화를 잘 활용하면 국가 정책의 수용성을 높이는 것은 물론 정치적 갈등이 격화되거나 사회 분열이 깊어지는 것을 막을 수 있다.

---

2 플라톤은 이 참된 지식을 '진리'라고 불렀고, 진리는 불변이라고 말했다. 그러나 뒤에서 자세히 살펴보겠지만(제2장 1절 참조) 이 책이 플라톤의 표현을 빌려 공론을 여론(public opinion)과 구별되는 정론(true opinion)으로 정의한다고 해서 공론을 진리로 간주하지도 않을뿐더러, 영원불변하다고 주장하는 것은 더더욱 아니다.

현대 공론화의 원리와 방법

다만, 현대적 의미의 공론화가 과거의 공론화와 차별될 수 있는 것은 두 가지 핵심 원리를 바탕으로 더 정교한 의사소통(커뮤니케이션) 기술을 고집하기 때문이다. 현대적 의미의 공론화가 천착하는 두 가지 핵심 원리는 참여자들 사이의 정치적 평등성과 숙의성이다.

정치적 평등성이란 토론자들 사이의 관계가 어떤 형태로든 위계화(hierarchi-zation)되지 않아 토론자들이 자유롭고 평등하게 토론할 수 있다는 것을 의미한다. 또 특정인의 의견에 가중치를 두는 것이 아니라 모든 의견을 동일하게 취급함을 의미한다. 이는 토론 과정에서 상대방의 기호와 선호를 있는 그대로 인정할 수 있는 있도록 해 대화 과정에서 자신이 가진 판단기준(즉, 자신의 합리성)을 내려놓고 대화를 통해 새로운 것을 학습하고 수용할 수 있는 유연성(즉, 자신의 의견을 되돌아보는 성찰성)을 높이도록 하는 장치다. 참여자들 사이의 평등성은 이렇게 성찰성을 극대화하며 선호전환(preferences transformation) 즉, 애초에 가진 생각 대신 새로운 생각을 받아들이게 하는 것을 용이하게 하고, 이를 통해 합의형성이 더 쉽게 이루어지도록 하는 공론화(와 공론화의 이념적 기초인 숙의민주주의)의 핵심 요소다.

숙의성이란 특정 규범과 규칙을 선호하는 다양한 주체(성) 사이에 이루어지는 상호작용을 일컫는다. 이미 선행학습을 통해 윤리적·정치적 입장이 형성된 개인들이 자신이 가진 애초의 생각을 내려놓고 상대방의 말을 경청하고 수용하는 것이 결코 쉬운 일은 아니다. 그러나 타인과의 상호작용을 통해 경험적 성찰과 반성적 사고를 거듭할수록 자신의 오류를 수정하며 의견을 변화시키는 성찰적 변화가 자주 관찰된다는 외국 학계의 보고는, 한국의 경험적 사례에서도 드물지 않게 확인된다. 이 성찰적 변화를 이끌어내는 또 하나의 원리가 숙의성이다.

다만, 공론화에 참여하는 참여자의 특성(전문가인가, 일반시민인가), 숙의 방식(구조화된 토론인가, 자유토론인가), 시간(1회 토론인가, 반복 토론인가) 등에 따라 숙의의 깊이나 방향, 방법이 달라질 수 있다. 그래서 실제 공론화를 설계할 때는 숙의 과정과 절차(기본 규칙 grounded rules)에 대한 이해당사자 간 합의가 먼저 이루어져야 한다. 그렇지 않으면 공론화가 끝난 다음 어느 한쪽이 공론화를 통해 도출된 결론을 부정하기 위해 과정과 절차의 공정성을 빌미로 시비할 수 있다.

흔히 공적인 문제인데 대립이 격화되고 갈등이 심해지면 주민투표에 부치자고 한다. 군 공항, 쓰레기 소각장, 화장장, 원자력발전소, 수소 충전소나 신재생 에너지 발전 시설 등 기피시설과 혐오시설로 분류되는 공공재의 입지갈등 때마다 불거지는 주민투표 요구가 그것이다. 조금 더 깊이 들어가면 이념갈등과 계급갈등, 나아가 세대갈등과 젠더갈등에 이르기까지, 부와 자원의 분배 구조에서 파생되는 사회갈등까지 생각해볼 수 있다. 주기적으로 되풀이되는 국회의원 총선거와 대통령선거는 사실 우리 사회에 구조화된 갈등(사회갈등)을 어떻게 예방하고 해결할 것인가를 묻는 국민의 질문이고 요구다.

투표는 민주주의의 공리주의적 원칙을 가장 잘 확인해주는 다수결이 대표적인 방식이다. 그러나 투표는 위의 두 가지 요소 가운데 숙의성을 충족시키지 못한다. 그래서 국민들의 정제된 의견을 수렴하기 어려운데, 이보다 더 큰 문제는 투표 이전보다 이후에 더 심각한 갈등이 야기될 수 있다는 사실이다. 다수결에 기초하는 투표는 승자와 패자를 가르며, 패자는 승자에 대한 복수를 다짐한다. 5년마다 되풀이하는 한국의 대통령 선거도, 제주해군기지 건설을 둘러싼 주민투표도, 중저준위 방폐장 등 비선호시설 입지에 관한 주민투표도 예외가 아니었다. 51:49의 다수결로 '소수'를 설득할 수 있는 '다수'란 애초에 존재하지 않는다.

그래서 스웨덴(2009)은 사용후핵연료 영구처분 시설입지를 결정하며 주민투표 결과를 참고했을 뿐, 그것으로 숙의과정을 대체하지 않았다. 프랑스(2013)는 주민투표 없이 오직 숙의토론만으로 고준위 방폐장 입지를 결정했다. 현대 민주주의 체제의 공론화가 포퓰리즘의 나락으로 떨어지지 않도록 보증하는 핵심 요소는 숙의성이다. 엄밀히 말해 대의민주주의의 꽃이라고 할 수 있는 정당과 의회 역시 숙의성을 기반으로 할 때 과두제의 함정과 다수의 폭력으로부터 벗어날 수 있다. 포퓰리즘의 위험도 모든 사람이 한 표를 행사하는 형평성이 숙의성과 결합되지 않을 때 나타난다. 그래서 포퓰리즘의 위험은 오히려 자유로운 숙의토론이 생략된 현대 자유민주주의의 투표 행태에서 더 자주 관찰된다. 다수결에 의존하는 투표가 아니라 숙의성에 의존하는 공론화를 통해 우리 사회의 정론을 형성하겠다는 것은 포퓰리즘에 대항하는 공적 이성의 승리다.[3]

---

3 이 책에서 말하는 현대적 의미의 공론화는 한국 사회에서 일상적인 수사(rhetoric)로 사용되는 공론화와 다르다는 점에 유념할 필요가 있다. 전자는 시민배심원, 합의회의, 공론조사, 시나리오 워크숍 등 참여민주주의와 숙의민주주의의 오랜 전통에서 개발되어 일정한 규칙과 형식에 따르는 엄격한 의미의 공론화를 의미하고, 후자는 우리의 일상적인 삶 속에서 광범위하게 사용되는 일반적인 의미의 공론화를 의미한다. 예를 들어 '우리가 어떤 결정을 내리기 전에 충분한 공론화 과정을

## 3. 규범적 처방에서 실천적 대응으로

### 공론화의 한국 내 수용맥락

다만 현대적 의미의 공론화도 조화로운 문제해결에 이바지하기보다 서로의 다름과 차이를 더욱 선명하게 드러내고 반목과 경쟁을 부추기는 계기가 될 수 있다는 건 명백한 함정이다. 앞서 정의한 것처럼 공론장이란 사회의 주요 현안에 대해 모든 시민이 자유롭게 숙의하며 국민과 정치권이, 국민과 정부가 소통할 수 있는 공적 공간을 의미한다. 여기에서 모든 개인은 각자의 이해관계를 가지고 있지만, 공동의 이익을 위해 사고할 수 있는 존재로 상정되고 특히 공론장에 참여할 때는 자신의 이성을 공공의 이익을 위해 사용하는 새로운 행태를 보일 것이라는 낙관적인 가정이 있다. 그러나 합리적인 개인이 자신의 이해관계를 온전히 벗어나 공적 존재로서 사고하지 못할 경우, 공론화는 조화로운 문제해결보다 기존의 갈등을 증폭시키거나, 기껏해야 새로운 갈등을 만드는 '긁어 부스럼'이 될 뿐이다. 따라서 공론화에 대한 조건 없는 낙관과 과도한 신뢰보다 신중하고 사려 깊은 접근이 필요하다고 강조하는 것은, 명백한 잔소리다.

게다가 참여와 숙의에 기초하는 이 '평범한' 의사결정 수단도 고도로 훈련된 관료제의 효율성에 익숙해진 한국 사회로 오면 세 가지 반론에 직면한다. 우리 사회는 서구 선진국과 같은 높은 수준의 토론문화가 정착되지 않아 공론화가 어렵다는 회의적 반응이 첫 번째다. 그런데 "토론은 서양의 수입품이 아니다"(백춘현 2012: 1). 앞서 소개한 조광조와 이이의 예만 보더라도 토론은 우리 역사에서 국가 중대사를 결정하는 문제해결 방식으로 자리 잡은 지 오래다. 사실을 자세하게 궁구하고 살펴 조사한다는 뜻의 상확(商確)[4], 찬성과 반대를 말하는 도유우불(都俞吁咈)[5]이 한국식 토론 기법이었다. 토론은 그렇게 우리의 일상과 생활세계에 깊이 침투한 매일

---

거쳐야 한다'는 표현은 후자의 예다. 여기에서의 공론화는 일정한 형식이나 규칙 없이 많은 사람이 최소한의 시간 동안 함께 생각하고 충분히 의견을 나누어야 한다는 민주주의 원칙을 재확인하는 관행적 표현일 뿐이고, 따라서 이 책의 논의 대상은 아니라는 것을 명확히 밝힌다. 공론화라는 용어에 함축된 의미의 다중성은 이 책의 제1장 참조.

4 상확은 둘 이상의 사람이 서로 의논하여 확실하게 정하는 것을 의미하는 것으로 요즘 말로 하자면 끝장토론이라고 할 수 있다.

5 특히 세종 재임 시기에 자주 활용된 도우유불은 찬반 양 진영으로 나뉘어 논제를 두고 각각 2명씩 찬성과 반대로 나뉘어 제3자에게 자신의 생각이 옳다는 것을 납득시키려고 쟁론하는 토론방식이다. 이 경우 제3자는 종종 세종 자신이었다.

의 버릇이지만 근대 이후 우리 사회에 의사결정의 수직성과 효율성에 경도된 정치·행정 패러다임이 정착하며 토론의 관행을 낯설게 만들었을 뿐이다.

　두 번째 반응은 국가의 주요 정책 의제, 특히 외교·안보·국방 분야나 과학기술 또는 에너지 정책과 같이 정교한 지식과 고도의 전문성이 필요한 분야는 공론화의 대상이 될 수 없다는 주장이다. 그러나 전문가주의라고 통칭할 수 있는 이러한 주장이 얼마나 위험한지는 이미 역사 속에서 증명되었다. "바보가 아니고선 전문가가 될 수 없다"는 영국(아일랜드) 극작가 겸 소설가, 버나드 쇼(Bernard Shaw)의 해학을 기억하자. 전문성 함양에 불가피한 분업으로 인해 상식이 결여된 전문성을 가지면서 종합적인 판단을 그르치기 일쑤인 게 전문가들의 일상이다. 전문가의 권위가 종종 권력으로 전환되어 공정한 판단을 내리지 못하게 하는 것도 문제지만, 일국의 외교관계에 정통한 전문가라고 해서 그의 주식 투자가 반드시 성공적일 것이라는 보장이 없는 것도 이 때문이다. 마찬가지로 군사 문제에 정통한 군사 전문가가 내리는 해법이라고 해서 그것이 주변 분야에 미치는 파급효과를 충분히 고려한 것이라고 단정 지을 근거는 어디에도 없다. 그래서 프랑스의 유명한 외교관이자 수상이었던 조르쥬 클레망소(Georges Clemenceau)는 '전쟁은 너무나 중요한 문제라서 군인들의 손에만 맡겨놓을 수 없다'고 일갈했다.

　특히 군사나 과학기술처럼 파급력이 큰 문제일수록 해당 분야에 대한 지식의 완성도만이 아니라 그 지식의 사회적 수용성도 고려해야 한다. 19세기 서구 열강이 자로 대고 그은 국경선을 마주한 채 지금도 부족 간 전쟁을 치르고 있는 아프리카 대륙의 비극은 아프리카에만 있는 게 아니다. 2차 세계대전 와중에 어느 미군 대위가 그은 38선으로 지구상 마지막 냉전지대가 된 한반도의 비극은 아프리카의 판박이다. 일제의 777부대와 나치 독일의 생체실험 등, 유제니즘(Eugenism)에 빠진 과학기술이 상식을 배반하고 기대를 저버린 예도 부지기수다. 민주적 통제를 받지 않고 생명 창조를 넘보았던 프랑켄슈타인의 최후가 자신의 피조물에 의한 죽임당함이었음을 기억한다면, 과학기술에 대한 사회적 통제는 이제 선택이 아니라 필수다.

## 유제니즘(eugenism)

유제니즘(eugenism)은 우생학(eugenics)을 통해 생물학적 종이나 품종, 특히 인류의 유전적 특성을 개량할 수 있다는 주의·주장을 일컫는다. 유제니즘은 19세기에 진화론의 영향으로 발현해 장애인, 범죄자 등 사회적 '부적응자'들을 제거하고 정치적·사회적·인종적 차별을 정당화하는 도구로 기능히다 1900년에서 1930년 사이 미국에서 처음 대성공을 거두었다. 이후 세계 각국에서 다양한 형태의 우생학 정책으로 퍼져나가다 히틀러의 게르만 민족주의에 이르러 절정에 달하며 공포의 근원이 되었다. 일제의 777부대가 행한 생체실험 역시 우생학적 관점에서 이루어진 실험이었다.

나치의 유대인 대학살, 홀로코스트와 일제의 생체실험 등에 이론적 기반을 제공한 '나쁜 우생학'에 대한 반성으로 이후에 발전한 '좋은 우생학'은 개입대상과 수단에 있어 현격한 차이를 보이지만 인간의 유전학적 개선을 추구하는 목적은 여전하다. 유전자 상담, 유전자 검사, 유전자 치료, 인간 게놈 프로젝트 등으로 이어지는 현대의 우생학이 그것이다. 현대의 우생학이 과거의 '나쁜 우생학'과 달리 '좋은 우생학'이 될 수 있는 것은 사회적 논의와 합의의 대상이 되어 끊임없는 사회적 통제와 감시를 받고 있기 때문일 뿐 우생학의 학문적 속성이 달라졌기 때문이 아님에 주의해야 한다.

예를 들어 인류의 질병을 예방하겠다는 '선한 의도'로 개발된 유전질환 검사 기술은 소수 다국적 기업이 지배하는 새로운 시장을 창출하며 빈자와 부자, 빈국과 부국의 불평등을 심화시킬 수 있다. 또 기업이 직원 채용 기준에 유전자 검사를 포함시면 취업에 불리한 결함유전자를 가진 아기의 출생을 꺼리게 될 개연성이 높다. 이러한 '소극적 우생학' 효과에 슈퍼 베이비를 원하는 부모의 '적극적 우생학' 효과가 결합하면 동시다발적으로 사회·경제·윤리적 문제들을 양산하게 될 게 분명하다. 비단 우생학뿐 아니라 과학기술의 발전이 사회적 통제의 대상이 되어야 하는 이유가 이것이다.

세 번째 반응은 능동적 시민참여에 기초하는 공론화가 대의민주주의 체제와 충돌하는 것 아니냐는 우려다. 공론화는 어느 경우에도 대의민주주의를 대신할 수 없으며 오직 보완적 기제가 될 뿐이다. 현실적으로 공론화에 드는 비용과 시간이 만만치 않아 모든 것을 공론화로 풀 수도 없을뿐더러 그렇게 형성된 공론을 정책으로 전환하며 매번 대표자를 새로 뽑을 수도 없다. 의회와 공론장은 근대 민주주

불턱, 제주 해녀 공동체의 숙의 공간

© eun jaeho 2019

　제주도 해안 마을 갯가에는 마을마다 '불턱'이 있다. '불턱'이란 '불을 피우는 자리'
를 뜻하는 제주어로, 해녀들이 옷을 갈아입거나 물질에서 언 몸을 녹이기 위해 불을
지피던 공간이자 그날의 물질에 필요한 의사결정을 내리던 숙의 공간이었다. 이곳에
서 해녀들은 물질에 필요한 도구를 챙기고 작업복을 갈아입고, 작업장에 대한 예비
지식과 규칙들을 전수하고 전수받으며 공동체의 규칙과 규범을 형성했다. 1980년 중
반부터 온수시설을 갖춘 현대식 탈의장이 대신하고 있지만 '불턱'은 생사를 넘나드는
위험한 물질에서 서로의 안전을 지켜주기 위해 서로 살피고 도왔던 제주 해녀공동체
문화의 상징이다. (제주특별자치도 홈페이지 '민속/문화'편 참조)

의의 시원(始原)에서부터 대립적이면서도 상호보완적인 대의제의 양대 기둥이었다.
대의제의 공식적인 제도화가 의회라면, 공론장은 비공식적 제도로 남아 정당과 의
회의 공식적 의사결정을 지원하는 역할을 해왔다. 일상적인 문제는 대의제의 틀에
서 일상적으로 처리하되, 특별히 대의제의 틀에 담아낼 수 없는 이슈는 공론화를
통해 처리하는 것이 민주주의의 시작이었고, 지금도 해외 주요국은 물론 신생 민주
주의 국가들도 그렇게 하고 있다.

따라서 공론화 자체를 거부할 필요가 없다. 두려워할 필요도 없다. 중요한 것은 공론화의 성공적인 착근과 효과적인 실행을 위해 '무엇을, 어떻게 할 것인가'라는 실천적인 고민과 대안이다. 물론 서구사회에서 발전된 문제해결 방식과 법·제도를 문화적 맥락이 다른 우리 사회에 직접 적용할 수 있는지는 별도의 검토가 필요한 예민한 문제다. 그렇다고 해서 그것을 공론화의 도입과 수용을 원천적으로 거부해도 된다는 의미로 해석해선 안 된다. 단지, 서구사회에서 먼저 발전된 문제해결 방식과 법·제도를 우리 사회에 적용할 때 우리의 문화적 맥락을 적극적으로 고려하면 보다 실천적인 접근이 가능하고, 우리 사회의 기저에 더 깊이 뿌리내릴 가능성 또한 높아질 것이라고 기대하면 된다. 그것으로 충분하다.

## 4. 이 책의 구성과 독해 방법

이 책은 원래 공론화에 대한 이론적 담론에 함몰되지 않고 한국 사회에 공론화를 안착시킬 수 있는 실천적인 고민과 대안을 부추긴다는 의미에서 기획되었다. 그래서 이 책은 공론화의 개념과 원리를 탐구하며 구체적인 실행전략에 대한 고민을 시작으로 과연 한국 사회에서 유통되는 공론화의 의미가 무엇인지, 우리 사회는 공론화를 수용할 준비가 되어 있는지 등을 살펴보는 실증 연구로 첫 장을 열었다. 특히 한국 사회에서 유통되는 공론과 공론화의 개념에 주목하며 공론화가 단순히 관념의 산물이 아니라 실천의 산물임을 스스로 이해하고자 했다. 아래는 이런 문제의식에서 출발한 이 책의 구성과 독해 방법에 대한 간략한 안내이다. 그리고 [그림 0-4]는 이 책의 논리적 전개와 서술을 시각화한 것이다.

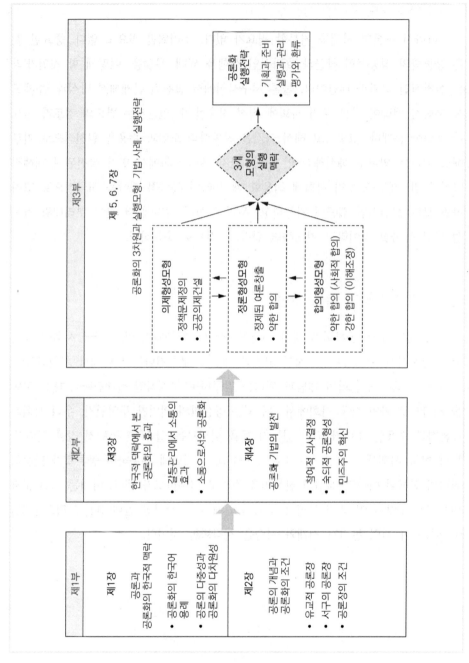

[그림 0-4] 연구 흐름도

왜, 공론화인가? 제1부

이 책의 제1부 1장은 이론적인 전망에서가 아니라 철저히 실천적인 전망에서 공론과 공론화의 개념을 탐색해 보고자 했다. 그래서 먼저 2020년 현재, 대한민국이라는 구체적인 시·공간적 맥락에서 파생된 공론과 공론화의 개념을 추적해보기로 했다(제1장). 이를 위해 이 연구는 지난 30년 동안 한국 언론에 유통된 공론과 공론화라는 표현이 용례(用例, examples)와 용법(用法, usages)을 표집하고 그 표현들에 함축된 의미망(semantic network)을 재구성함으로써 우리 사회에서 유통되는 공론과 공론화의 의미를 추적했다. 특히 우리 사회에서 사용되는 공론화의 어법(語法)을 통해 어의(語義)를 추적함으로써 우리의 언어적 실천이 만들어 가는 공론화의 개념을 해체(deconstruction)하고 재구성(re-construction)해보고자 했다.

이 분석을 마치고 한국 사회의 공론 개념은 의미의 다중성을 띠고 있으며, 공론화 개념 역시 다차원적으로 구성되어 이에 대한 명쾌한 분류와 사회적 합의가 없이는 용어 사용의 혼란이 불가피할 것이라는 결론에 도달했다. 그런데 공론화의 개념을 둘러싼 혼란은 단순히 언어 행위와 실천의 혼란으로 끝나지 않고 그로 인해 행위자 간 갈등이 촉발된다는 것이 문제다. 그렇다면 이제 한국 사회에서 공론화라는 용어와 개념이 다층적으로, 다의적으로 구성된 이유를 살펴봄으로써 우리의 언어 행위와 실천에서 비롯하는 오해와 갈등을 예방할 차례다. 한국 사회에서 공론과 공론화의 개념이 의미의 다중성을 띠게 된 이유는 무엇일까?

이 연구는 이 질문에 답하기 위해 한국 사회에서 유통되는 공론화 개념의 양대 축을 살펴보았다(제2장). 한국 사회에서 논의되는 공론과 공론화의 개념은 한편으로 유교적 공론장의 전통에, 다른 한편으로 서구 이론, 특히 독일 사회학자 하버마스로부터 수입한 의사소통행위(communicative action) 이론에 연결되어 있다. 대개 공론과 공론화를 언급하는 사회적 실천은 전자에서, 이론적 논의는 후자에서 출발한다. 조선 시대의 붕당정치와 대비되는 개념으로 사용하는 공론 정치의 '공론(公論)' 개념이 한 축이라면, 근대 서유럽의 부르주아 계급이 왕권에 대항하며 형성한 공론장의 '공론(public opinion)' 개념이 다른 한 축을 이루면서 한국사회의 공론과 공론화 개념이 형성된 것이다. 이 책은 이처럼 유교적 공론장과 서구적 공론장이라는, 서로 다른 문화적 맥락에서 파생된 두 개념을 우리 사회에서 혼용하다 보니 공론과 공론화에 대한 다양한 의미가 중층적으로 구성되어 개념적 혼란이 불가피했음을 논증한다.

### 공론화란 무엇인가? 제2부

이 책의 1장과 2장이 공론과 공론화의 개념 정립에 할애되었다면 이어지는 3장은 과연 공론화가 우리 사회의 문제를 해결하는 적절한 방법일까에 대한 의문을 담고 있다. 공론화의 필요성과 효용성에 대한 고민이다. 이를 검증하기 위해 우리 사회를 가로지른 최근의 주요 사건들을 떠올리고 그에 함축된 시대정신이 무엇일까를 생각했다. 그리고 다른 무엇보다 공정성에 주목했다. '최순실 게이트', '인국공(인천국제공항) 사태', 'LH 투기' 등, 일련의 사건 뒤에 잠복한 우리 사회의 분노는 옳든 그르든 공정사회에 대한 열망이다. 그리고 이와 함께 공정하지 못하다는 인식이 확산될수록 사회갈등이 커진다는 주장이 보편화되고 있다. 과연 그럴까? 정말 그렇다면 이 일련의 인과적 구조 속에서 공론화는 어떤 역할을 할 수 있을까?

이 연구는 우리 사회의 공정성 인식을 독립변수로, 사회갈등 인식을 종속변수로 설정하고 두 변수 사이의 인과성을 측정하는 구조방정식 모형을 통해 이러한 관찰이 경험적으로 증명될 수 있는지 살펴보았다. 또 둘 사이의 매개변수로 사적(私的) 소통과 공적(公的) 소통을 설정하고 우리 국민의 공정성 인식과 사적·공적 소통수준 간의 관계를 살펴본 후, 공·사 소통수준과 갈등 인식 간의 관계를 분석했다. 그리고 그 결과, 효과적인 갈등관리를 위해 국가가 개입해야 하는 지점은 비단 공적 소통 영역만이 아니라 사적 소통 영역도 포함됨을 알 수 있었다. 일찍이 하버마스(Habermas)가 주장한 건강한 공론장의 형성과 운영, 관리야말로 공적 소통 공간과 사적 소통 공간을 아우르며 미래의 건강한 민주주의를 견인할 수 있는 제도적 기반임을 확인한 것이다.

그렇다면 이제 우리 사회의 현실에서 건강한 공론장이 뿌리내릴 수 있는 조건과 방법을 찾을 차례다. 이를 위해 이 연구는 참여적 의사결정과 숙의적 정책형성에 뿌리내린 다양한 형태의 의사결정 방법이 구체적으로 어떻게 발현되어 어떻게 수렴되고, 어떻게 적용되는지를 살펴보았다. 사실 이 연구는 제4장을 통해 한국 사회가 당면하게 될 미래의 민주주의와 민주주의의 미래를 성찰하는 기회가 되기를 희망했다. 공론화에 관한 연구를 민주주의의 관점에서 접근하게 된 계기는 두 가지다.

하나는 공론화에 관한 논의 자체가 민주주의 혁신(democratic innovations)의 일환으로 부상했다는 지적 기원과 역사적 연원 때문이다. 실제로 이 책의 2장과 4장을 통해 살펴보겠지만, 이 책의 중심 주제인 공론화는 18세기 말, 19세기 초반으로 거슬러 올라가는 오랜 지적 전통에서 파생되어 20세기에 들어 대의민주주의의 한계를 극복하고 보완하기 위한 민주주의 혁신의 일환으로 자리 잡았다.

다른 하나는(이것이 더 중요한 이유인데) 헌법적 차원에서 규정된 민주주의 제도야말로 다른 무엇보다도 우리가 사는 현실을 구성하며 우리 사회가 진화하는 방식을 규정하는 메타 요인이라는 믿음 때문이다. 신제도주의자들이 보여주었듯이 무릇 제도(制度, institution)는 사회의 게임 규칙으로 작동하며 인간의 상호작용 양태를 규정하고 구조화한다(North, 1990: 3). 공식적이든, 비공식적이든 모든 제도는 정적이지 않고 동적이며, 중립적이지 않고 편파적이기 때문이다. 즉, 제도는 다양한 행위자들에게 다양한 방식으로 이익과 손해를 분배하거니와, 제도가 창설되거나 폐지되는 과정에서 항상 승자(이익 보는 자)와 패자(손해 보는 자)를 만들어낸다. 그렇다면 제도는 자신의 영향권 안에 있는 모든 행위자의 공식적·비공식적 정치·경제·사회적 관계와 상호작용을 구조화하는 사회적 규칙과 절차라고 정의할 수 있다.

---

### 신제도주의(Neo-institutionalism)

노스(North, 1990)는 역사적 변화에 대한 우리의 이해를 새롭게 하며 신제도주의의 물꼬를 텄다. 그는 첫째, 제도의 본질과 경제성장 및 사회발전에 대한 제도의 영향을 분명히 했다. 제도가 경제성과에 영향을 미친다는 사실, 시간이 가며 점차 드러나는 국가별 경제 발전의 차이가 근본적으로는 제도가 진화하는 방식의 영향이라는 사실을 증명했다. 그리고 둘째, 점진적 제도변화가 현재의 선택에 영향을 미치는 방식을 경로의존성(path dependancy)으로 개념화하며 제도변화 이론을 구축했다. 노스에 따를 때, 제도변화는 긴 시간을 두고 사회가 진화하는 방식을 규정하므로 역사적 변화를 이해하는 열쇠다. 역으로 말하면 제도적 변화를 통해서 사회적 진화를 추동할 수 있으며 그것이 비록 경로의존성이 강한 온건한 변화라 할지라도 궁극적으로 역사의 물줄기를 바꾸는 전기를 마련할 수 있다는 것이다. 이 책은 사실 민주주의의 제도변화를 통해 국정운영의 제 방법을 바꿈으로써 현대 한국 사회가 가지고 있는 문제들의 상당수를 해결할 수 있다는 믿음에서 출발한다.

이 책은 이러한 관점에서 되도록 국내·외 다양한 통계자료와 문헌 자료를 바탕으로 한국은 물론 세계 민주주의 실태를 객관화하기 위해 노력했다. 이는 무엇보다도 먼저 한국의 사회적 맥락과 역사적 유산에 드리워진 한국 사회의 고유성에 주목하기 위함이지만, 한국 민주주의가 겪고 있는 신뢰적자와 민주성 결핍 원인이 꼭 한국사회의 고유한 특성으로만 환원되는 것이 아니며 오히려 대의민주주의 자체에 내포된 한계임을 보여주기 위함이기도 하다. 그래서 더더욱 대의민주주의의 한계를 보완하거나 대의민주주의 자체를 다른 민주주의 제도로 대체하려는 여러 가지 시도의 역사적 연원을 살펴보며 참여민주주의와 숙의민주주의가 등장한 배경을 살펴보고자 했다.

## 공론화, 어떻게 할 것인가? 제3부

제3부는 공론화를 기획하거나 이를 적용하고 개선하고자 하는 현장 활동가들에게 헌정하는 가이드 라인 또는 실무 편람(매뉴얼)으로 꾸몄다. 그래서 이어지는 5, 6, 7장은 다양한 공론화 기법과 국내외 활용 사례를 살펴보며 우리 사회에서 직접 적용할 수 있는 방법과 기술을 추출하는데 주력했다. 또, 그 속에서 잉태된 참여적 의사결정(participatory decision-making)과 숙의적 정책형성(deliberative policy-making)의 개념을 일별하며 그 등장 배경과 유형을 공론화의 목적과 용도에 따라 분류하는 작업에 집중했다.

특히 제5장에서는 한국적 맥락에서 유통되는 공론과 공론화의 조작적 정의(操作的 定義, operational definition)를 바탕으로 현대적 의미의 공론화를 3개 차원으로 나누고 그에 조응하는 공론화 실행모형을 구축했다. 그래서 제5장은 1장과 2장에서 구성한 공론의 다중성과 공론화의 다차원성을 분해하며 공론화를 이슈 생애주기(issue life cycle)와 함께하는 세 차원의 상호작용 과정으로 제시하는 한편, 그것이 현대 정치·행정 시스템에서 갖는 의미를 민주주의와 거버넌스(governance)의 관점에서 추적했다. 의제형성 모형, 정론형성 모형, 합의형성 모형이 그것이다.

## 조작적 정의

'조작적 정의'라는 표현은 미국의 물리학자 브리지만(Bridgman, Percy Williams)이 『현대 물리학의 논리』(1927)에서 처음 사용했다. 추상적인 개념이나 용어를 경험적으로 측정할 수 있는 지표로 전환해(즉, 조작해) 의미를 구성하는 것을 말한다. 가장 대표적인 예가 시간이다. 시간은 사람의 눈으로 볼 수도 만질 수도 없지만, 조작적으로 정의된 시간 개념을 이해하고 시계를 보면 누구든지 지금이 어느 때인지, 몇 시인지 알 수 있다. 달력의 개념도 마찬가지다. 어제와 오늘, 내일의 흐름은 모두 시간에 대한 조작적 정의에서 파생된 개념이고 이 개념들이 다시 우리의 현실을 규정한다. 이처럼 우리는 조작적 정의에 힘입어 추상적인 개념을 경험적으로 관찰하고 측정할 수 있는 개념으로 전환하는 한편, 서로 다른 두 주체가 그와 관련된 의미를 주고받을 때 같은 준거를 공유함으로써 오해가 생기는 걸 예방할 수 있다. 이 책이 공론화의 조작적 정의에 주목하는 이유가 이것이다.

사실 이 세 가지 공론화 모형은 공론화를 요구하거나 실행하는 집단의 전략적 목표에 조응하는 것으로, 그 기저에는 특정한 원칙과 규범 속에서 일관되게 흐르는 공통된 원칙과 규범이 있거니와, 5장은 이에 대한 성찰을 담아 공론화의 3차원이 한국 사회에서 어떻게 접목될 수 있는지를 검토했다. 이 책이 비록 노스의 제도주의적 관점에서 한국의 미래를 견인할 수 있는 새로운 발전 기제로 공론화를 자리매김한다고 해도 이러한 제도의 힘이 성문화된 규칙이나 절차, 또는 관습 자체에서 나오는 건 아님이 분명하기 때문이다. 이 규칙과 절차, 관습의 힘은 규정 자체가 아니라 이 규정을 전략적으로 해석하고 활용하는 행위자들로부터 나온다. 그런 까닭에 제도는 스스로 변하지 않고 행위자들의 상호작용을 통해, 그리고 이 상호작용 과정에서 변화하는 데 노스(North, 1990)가 경로의존성(path dependancy)이라고 부른 점진적 변화과정을 거치는 것이 일반적이지만, 다양한 이해관계와 전략이 서로 경쟁하며 누구도 예상하거나 통제하지 못하는, 빠르고 급진적인 방식으로도 이루어질 수 있다.[6]

---

6 프랑스 사회학자 뒤르꺄임(Durkheim, 1895/1938 : XXII)이 사회과학을 일컬어 '제도의 과학' 즉, '제도의 기원과 작동에 관한 과학'(la science des institutions, de leur genèse, de leur fonc-tionnement)이라고 정의한 것도 제도 그 자체의 힘이 아니라 제도를 둘러싼 다양한 행위자들의 상호작용 과정에서 파생되는 고유한 전략과 이 전략들 사이의 상호작용 즉, 전략적 상호작용

그래서 제6장은 보다 구체적으로 공론화의 목적에 따라 다른 방법들이 활용될 수 있음을 보여주고자 했다. 특히 동일한 공론화 방법도 주어진 맥락에 따라 다르게 발현되기 때문에 다양한 상황과 조건들을 조합하는 맥락화(contextualization)를 통해 각각의 장·단점과 강·약점을 살펴보고자 했다. 또 필요에 따라서는 같은 방법도 다른 제도와의 조합을 거쳐 상이한 목적으로 활용될 수 있음을 보여주고자 했다. 그래서 이를 통해 공론화의 3차원에 조응하는 공론화를 설계하고 실행할 때 어떤 기법을 어떻게 활용할 수 있는지 보여주고자 했다. 이를 통해 공론과 공론화의 개념적 혼란을 예방하는 데 이바지하는 한편, 향후 공론화를 기획하거나 실행하고자 할 때 필요한 실천적 인식의 준거틀이 될 수 있기를 희망했다.

따라서 제7장은 공론화의 기획과 준비, 실행과 관리, 평가와 환류 과정에서 유의해야 할 세부 지침을 점검표(check-list)와 팁(tips)의 형태로 정리함으로써 누구든지 간편하게 사용할 수 있는 도구함(tool kit)이 될 수 있도록 편집했다. 공론화 6단계의 실행전략이 그것인데, 각 단계마다 소개한 점검표와 팁 등은 자연스럽게 위 3개 모형이 적용될 수 있는 우리의 문화적, 제도적 맥락에 대한 고찰로 이어질 것이며, 이러한 고민은 이 책의 결론에서 한국형 공론화 모형 정립과 법제적 기반 구축을 위한 정책 제안의 모습으로 드러날 것이다. 이는 역사적으로 구조화되고 사회적으로 조건 지어진 서구사회의 공론화 모형을 우리 사회에 접목하는 데 필요한 최소한의 고민에 불과한 까닭에, 후속 연구를 진행하는 제현(諸賢)들의 도움에 힘입어 끊임없이 수정되기를 희망한다.

이 시도는 최종적으로 우리 현실에 조응하는 공론화 실행 설명서(매뉴얼)를 마련하는 데에도 유용한 자료가 될 것이다. 어떤 설명서든 모든 설명서는 시·공간의 맥락에 따라 세부 절차를 달리하며 끊임없이 다시 씌어야 하는 숙명을 갖기 때문에 이 책이 소개하는 대략적인 설명서 역시 다시 쓰여야 한다. 그뿐 아니라, 다양한 형태의 참여적 의사결정과 숙의적 정책형성에 필요한 구체적인 기법에 따라 하나하나 실행 설명서(매뉴얼)를 작성해야 하는 숙제도 남긴다.

여기까지가 이 책의 독자들과 함께 나누고 싶은 공론과 공론화에 관한 필자의 이야기다. 공론화에 대한 담론은, 특히 공론화를 포함하는 민주주의에 관한 담론은 저 아테네 민주주의에 대한 이해를 필두로 루소(Rousseau), 토크빌(Tocqueville), 듀

---

(interaction stratégique)에 관한 연구임을 강조하기 위함이다.

이(Dewey), 아렌트(Arendt), 롤스(Rawls), 하버마스(Habermas), 마냉(Manin), 바버(Barber) 등 필자로서는 범접하기 어려운 거인들의 어깨를 짚고 탄생했기에 순수한 이론적 접근은 애초부터 필자의 역량을 뛰어넘는 것이었음을 고백한다.[7] 그런데도 서툰 걸음으로나마 원전과 주해서를 오가며 배운 저들의 저작을 통해 공론화가 미래의 한국 민주주의를 더욱 건강하고 더욱 정의롭게 할 것이라는 믿음과 기대가 더 확고해졌음도 사실이다. 공론화와 민주주의에 대한 지적 순례가 펼쳐질 앞으로의 긴 여정에 나의 동학(同學)들을 초대하는 소이(所以)가 이것이다. 아무쪼록 이 책이 추상과 현실을 교직하고 이론과 실천을 교차하는 공론화 연구의 결절점(結節點, nodal point)[8]이 되기를 희망한다.

---

[7] 비전공자들이 민주주의 사상가들의 이론 지형을 이해하는 건 결코 쉬운 작업이 아니다. 그나마 이들을 비교적 쉽게 이해하기 위한 간명한 지침서로 『스탠포드 온라인 철학사전』(Stanford Encyclopedia of Philosophy)을 추천할 수 있다(https://plato.stanford.edu/index.html 참조). 네이버 지식백과를 통해 쉽게 접근할 수 있는 임석진·윤용택·황태연·이성백(2009)의 『철학사전』(https://terms.naver.com/)과 한국행정학회의 행정학전자사전(https://www.kapa21.or.kr/data/kapa_dictionary.php)도 필자에게 매우 유용한 학습 도구였다.

[8] 결절점이란 매듭(node)을 뜻한다. 헤겔은 『논리학』의 '질량' 편에서 양적 변화가 질적 변화로 전환하는 지대를 가리켜 결절선(Knotenlinie)이라는 표현을 사용했다. 레닌은 이것을 세계의 제 현상이 연결되는 지점이라는 의미에서 결절점이라는 말로 표현했는데, 곧 매듭을 의미한다. 레닌은 이 매듭을 파악함으로써 제 현상에 관한 인식을 얻을 수 있다고 말한다. 그것은 또한 지식이나 이론이 실천에 적용됨으로써 양자의 통일이 실현될 때, 그 통일을 의미하기도 한다(철학사전편찬위원회, 2009: 54).

# 제**1**장
## 공론과 공론화의 한국적 맥락

"

새로운 언어를 상상하는 것은 또 다른 형태의 삶을
상상하는 것이다.
내 언어의 한계가 내 세계의 한계다.

루드비히 비트겐슈타인

To imagine a language means to imagine a form of life.
The limits of my language mean the limits of my world.

Ludwig Wittgenstein

"

# 01 공론과 공론화의 한국적 맥락

　이 책의 제1장은 공론화에 관한 한국인의 언어실천을 살펴보며 한국의 사회적 맥락에서 활용되는 공론화의 개념을 정립하려는 시도다. 한국 사회의 맥락에서 유통되는 공론화의 다양한 개념을 명시적으로 외연화함으로써 공론화라는 용어를 둘러싼 오해와 불신이 생기는 것을 예방하고, 공론화의 학술적 개념을 정초함으로써 공론화의 기술(art)과 장치(devices)를 발전시키는 데 이바지하는 것이 목적이다.

　이를 위해 1990년부터 2019년까지, 30년간 국내 언론에 게재된 공론화 관련 기사 2만 5,123건을 분석했다. 먼저 빅데이터 분석을 통해 공론화 용례의 큰 흐름과 범주를 파악했고, 이어서 빅데이터 분석과정에서 유실되는 맥락을 파악하기 위해 내용분석(contents analysis), 그 가운데에서도 특히 주제분석을 수행하며 구체적인 용례들을 살펴봤다. 그 결과, 한국 사회에서 유통되는 공론화는 의제형성, 정론형성, 합의형성 3개 차원으로 구성되고 공론의 의미 또한 여론, 정론, 합의 등 다중성을 띠게 됨을 알 수 있었다.

## 1. 공론화의 한국어 용례와 의미의 다중성

공론화란 무엇인가? 특히 한국 사회에서 공론화는 무엇을 의미하는가? 이런 의문을 품게 된 직접적인 계기는 우리들의 생활세계(life-world)에서 관찰되는 공론화의 한국어 용례들 때문이다. 한국 언론에 나타난 공론화의 용례들을 살펴보면 필자에 따라 공론화라는 표현에 담는 의미도 다양할뿐더러, 독자의 해석도 그와 다를 수 있고, 독자들끼리도 서로 다른 해석을 할 수 있겠다는 것을 누구나 금방 짐작할 수 있다. 예를 들어 다음 문장들을 보자.

"해외 각국의 정치인들은 한국의 미투운동을 주목하고 있다 (…) 소위 정치인들의 원초적 욕망 스토리인 '배꼽 아래 이야기'가 주목거리로 등장한 것. 그러나 해외 선진 여러 국가들의 경우, 관련 정치인들의 사생활이 정치인을 몰락의 길로 이끌지 않는다 (…) 정치인들의 배꼽 아래 문제에 대한 공론화를 금기시하는 사회적인 현상이 있다는 것이다."

"민주노총이 경제사회노동위원회 참여를 내부 문제로 결정하지 못하면서 어렵게 합의된 탄력근로제 개편에 반대한 것은 유감"이라며 "민주당은 사회적 대화를 통한 대타협은 반드시 지켜 사회적 공론화 속에서 경제사회노동문제를 해결해 나가겠다"고 말했다.

위 두 문장에 함축된 공론화의 의미는 무엇일까? 공론화라는 표현은 이미 필자마다 다른 의미로 쓰이고 있고, 그 해석도 독자마다 서로 다를 수 있다. '공론화' 역시 다른 용어들처럼 의미의 다중성[1]을 띤다는 것이다. 그런데 여기에서 더 중요

---

1 다중성(多重星)이란 본래 천문학 용어다. 육안으로 볼 때, 두 개 이상의 별이 같은 방향에 놓이거나 가까이 인접해 있어 하나처럼 보이는 별을 지칭한다. 별의 수에 따라 이중성(二重星), 삼중성(三重星), 사중성(四重星) 따위가 있는데 이중성이 가장 많고, 비슷한 말로 복성(複星), 중성(重星)이라고도 한다(네이버 국어사전 https://ko.dict.naver.com/seo.nhn?id=8476200). 이 글에서 말하는 의미의 다중성(多重性 multiplicity)은 다중성(多重星)처럼 하나의 의미처럼 보이지만 그 의미의 층위가 여러 겹으로 구성되어 있음을 지칭한다.

한 것은 공론화의 의미를 무엇으로 규정하느냐에 따라 공론화에 대한 기대 또한 달라질 수 있다는 사실이다. 인식과 기대의 차이는 무엇이 '올바른' 공론화 방식과 절차인가에 대한 규범적 시각 차이를 드러내고, 나아가 활용 방식에도 큰 차이를 나타내며 공론화 자체가 새로운 갈등의 원천이 될 수 있다.

예를 들어 2019년부터 시작해 논란이 되었던 '제주 제2공항 주민 의견수렴' 과정을 보자. 제주 도정과 제주도 의회는 의도적으로 공론화라는 표현 대신 '주민 의견수렴'이라는 표현을 사용하며 제2공항 건설에 대한 도민 의견을 집약하려 했지만, 그 방법에 대한 의견을 달리하며 공론화 실시 여부 자체가 분쟁의 원천이 되고 말았다. 도정은 제2공항 건설은 기정사실이니 이제 공항 입지와 설비에 대한 논의가 필요하다고 주장했다. 반면 의회는 처음부터 제2공항이 필요한지, 사업 타당성 검토부터 해야 한다고 주장했다. 여기에서 공론화는 '이미 결정된 국책사업을 되돌리려는 포퓰리즘의 온상'(제주 도정)이거나 '도민과의 소통을 거부하는 도정의 오만'(도의회)을 상징하게 됐다.

박근혜 정부의 뒤를 이어 문재인 정부가 두 번째로 진행한 '사용후핵연료 관리정책 재검토'도 마찬가지다. 산업부가 주관하며 '제2차 사용후핵연료 공론화'라는 애칭을 얻은 '사용후핵연료 관리정책 재검토'는 위원장과 일부 위원들이 사퇴하는 등, 박근혜 정부의 제1차 공론화보다 더 큰 혼란과 파행을 겪었다. 여기에서 공론화는 '참여 자체를 거부해놓고 이제 와서 불공정하다고 주장하는 것은 자기모순으로 문제해결을 지연하는 발목잡기'(산업부)이거나 기껏해야 '주어진 정책목표를 정당화하는 값비싼 수단일 뿐, 민주적 의견수렴 과정이 아닌 절차적 폭력'(참여연대)이 되고 말았다.

이 두 가지 사례가 함축하는 의미는 명확하다. 한국 사회에서 유통되는 공론화의 개념이 다중적인 성격을 띠고 있어 두 경우 모두 공론화 과정에 개입하는 다양한 이해관계자 집단 사이에 공론화가 무엇이고, 어떻게 하는 것이 '옳은가'에 대한 공통된 인식을 마련하는 데 실패했다. 이 연구의 시작은 이 지점이다. 공론화의 이론적·실천적 발전을 위해서는 공론화에 대한 명확한 개념 정의가 선행되어야 한다.

> ## 이론의 3차원
>
> 미국 행정학자 프레데릭슨 & 스미스(Frederickson & Smith, 2003)는 이론의 세 차원을 구분한다. 첫째는 관찰할 수 있고 비교 가능한 데이터를 사용해 가설을 엄격히 검증하는 경험이론이다. 둘째는 이해를 촉진하는 정의, 개념, 비유(은유)를 통해 증거를 제시할 목적으로 데이터를 정리하는 것을 의미한다. 셋째는 옳고 그른 것, 바람직하고 그렇지 못한 것, 정의롭고 그렇지 못한 것에 관한 규범이론이다. 이들에 따르면 행정학 연구자의 과제는 행태에서 관찰 가능한 규칙성을 설명 혹은 기술하는 이론을 발견하고 행태의 규범적 함의를 평가하는 것이라고 하면서 첫 번째의 경험이론과 세 번째의 규범이론을 모두 강조한다. 그렇지만 둘째 의미와 관련된 이론은 '행정을 이해하는 토대'를 구축한다는 점에서 첫 번째나 세 번째 이론보다 그 의미가 전혀 가볍지 않음을 강조한다(박종민, 2020: 1에서 재인용).

## 개념화 작업의 중요성과 필요성

개념의 본성과 기원에 대한 문제는 인식론의 긴 역사를 가로지르는 핵심적인 질문이다. 말하자면, 이 문제는 플라톤에서 오늘날의 분석철학에 이르기까지 2천 년을 훌쩍 뛰어넘는 논쟁사를 배경에 두고 있다. 여기에서 다시 그 길고 복잡한 인식론적 논쟁을 복기하자는 것은 아니다. 그것은 이 연구의 지향과도 한참 멀고, 필자의 역량으로부터도 수백 광년 떨어진 어려운 주제다. 다만, 공론화의 개념을 가능한 한 간략하고 명료하게 제시해 우리의 실천에 미력하나마 도움이 되기를 바라는 마음에서, 한국 사회에서 흔히 이야기하는 공론화의 이론 체계로부터가 아니라 우리의 언어 행위로부터 공론과 공론화의 개념 정의를 시도해보고자 한다. 한국 언론이 공론화라는 표현을 언제, 어떻게 사용하는지 추적해보며 공론화의 개념화(conception, conceptualization)를 시도해보자는 것이다.

개념이 명확하게 정립되지 않은 용어를 사용하면 발화자 간의 의사소통이 왜곡되는 것은 물론, 나중에는 인식과 맥락의 변화에 따라 변하기 마련인 용어의 개념을 제대로 추적하지 못해 용어의 이론화에 실패할 수밖에 없게 된다. 이미 일상어로 자리 잡았다 해도 일상어로 정착된 공론화와 이론적 배경을 가지고 학술 개념으로 정립된 공론화가 가지는 공통점과 차별점을 명확히 함으로써 용어 사용의 혼란을 막을 필요가 있다는 관찰이다. 개념화의 필요성은 여기에 그치지 않는다.

그것이 공론화든 다른 무엇이든, 이미 일상어로 정착되어 사용되고 있는 용어라 할지라도 개념적으로 이를 정교하게 다듬어 나가면 용어 뒤에 잠복해 있는 다양한 사회적 맥락을 해독(decoding)할 수 있을뿐더러 이를 통해 우리의 행동과 현실 또한 교정해나갈 수 있다. 이것이 개념 연구의 명백한 기여다.

　여기에서 '개념적으로 정교하게 다듬는다' 함은 그 용어에 함축된 전체성의 구조(통합관계망과 범례관계망)를 더 섬세하게 파악해 나간다는 것을 의미한다.[2] 즉, 개념이란 단순히 한 단어의 의미나 사용법만을 지칭하는 것이 아니라 문장 구조 속에서 구축되는 의미를 함축한다. 예를 들어, '사람'의 개념은 '사람'이라는 단어 하나의 의미라고 생각하기 쉽지만, '사람'이라는 단어의 의미는 두 축으로 구성되는 문장들의 구조에서 주어진다. 첫 번째는 통합관계축(relation syntagmatique)으로서 '사람'이라는 단어를 포함하는 모든 문장들 예컨대 '두 발로 선다', '생각한다', '도구를 쓴다' 등의 의미에서 구축된다. 두 번째는 범례관계축(relation paradigmatique)으로서 '사람'과 비교될 수 있는 '나무', '원숭이', '좀비' 등과의 관계망(구조)에서 의미가 주어진다. 이러한 두 축을 바탕으로 비로소 구성되는 의미망(réseaux sémantiques) 속에서 존재하는 것이 곧 개념이라는 것이다.

　이러한 관점에서 볼 때 개념이라는 것은 단순한 기호로 환원되지 않고 감각적 이미지의 집합보다 크다. 따라서 개념이란 개념을 정립하는 작업 즉, '개념화'를 통해 구성되는 것임에 유의해야 한다. 게다가 개념을 정립하고자 하는 개념화는 주어진 대상물에 의미를 부여하는 언어 표현에 그치지 않고 그 자체가 일종의 언어 행위임을 명심해야 한다. 단적으로 이 글이 목적하는바, 공론화의 개념을 정립하고자 할 때 이 글이 공론화를 묘사하는 표현과 그를 통해 정립하는 개념은 암묵적이긴 하지만 공론화의 방법, 수단, 목적 등에 대한 우리의 인식을 제한하고 인식은 다시 공론화에 대한 우리의 행위 양태를 규정할 것이기 때문이다.

　예를 들어 공론화의 개념을 다음과 같이 규정하는 국내 온라인 참여형 백과사전, 나무위키의 개념을 보자.


　(공론화란) 공론(公論)이 되지 않은 사실을 공론이 되게끔 한다는 의미이

---

2 개념에 대한 이 같은 관점은 엄밀히 말해 프랑스를 중심으로 등장한 구조주의 언어학의 관점이다. 구조주의 언어학의 개념 연구는 소쉬르(Saussure, 2002) 참조.

다. 즉 대중적으로 크게 알려지지 않은 사실을 공개적으로 알리는 것, 쉽게 말해 특정 사실을 공개적으로 폭로하는 것이다(출처: 나무위키).

여기에서 공론화는 '공개적인 폭로' 그 이상도 이하도 아니다. 그런데 나무위키가 제안하는 것처럼 사적(私的) 영역에 있는 개인의 이슈를 공적 영역으로 끌어내 다 함께 논의하는 것으로만 공론화를 정의한다면, 다른 유형에 함축된 이론적 토대와 실천적 의미를 간과하는 결과를 가져올 수 있다. 그 결과 공론화를 통해 얻을 수 있는 사회적 통찰력과 유용한 사회혁신의 수단을 내재화할 수 있는 기회를 잃어버릴 수 있다. 반면, 공론화의 개념을 정교하게 다듬을수록 공론화의 활용 가능성 또한 다양해지며 공론화의 방법과 수단 역시 더욱 정교하게 가공할 수 있게 된다.

따라서 이 연구는 공론화의 의미를 나무위키가 제안하는 단 하나의 의미로 환원하는 대신 한국 언론과 우리들의 생활세계에서 유통되고 소비되는 공론화의 의미망을 추적하며 그것이 구체적으로 무엇을 지칭하고, 우리가 사는 현실에서 어떻게 작동되는지 살펴보고자 한다. 이는 곧 이론을 바탕으로 현실의 언어표현과 언어 행위를 재단하는 것이 아니라, 현실의 언어표현과 언어 행위를 관찰하며 이에 조응하는 이론적 지형을 개척해 나가자는 제안이다.

### 분석자료

공론화를 둘러싼 의미망을 재구성하며 공론화의 개념을 이론적으로 정립하고자 하는 이 연구는 한국 언론진흥재단의 빅카인즈[3]를 이용해 1990년 1월 1일부터 2019년 12월 31일까지 30년간의 자료를 수집했다. 수집된 기사는 총 10만 3,401건이고 이것을 이 연구의 분석 대상(corpus)으로 삼았다. 언론사별 데이터 검토 결과 조선일보, 중앙일보, 동아일보는 빅카인즈에 기사 데이터를 제공한 것이 2018년부터로 1990년부터 2017년까지의 데이터가 없다. 따라서 이 3개 언론사의 데이터

---

3 빅카인즈(BIGKinds)는 한국언론진흥재단이 만든 언론사 뉴스 통합 데이터베이스에 빅데이터 분석 기술을 접목하여 만든 서비스다. https://www.bigkinds.or.kr/ 11개 중앙지, 8개 경제지, 28개 지역 종합지, 5개 방송사, 2개 전문지의 기사를 취합하여 제공하고 있다. 조선일보, 중앙일보, 동아일보의 기사는 2018년 이후 데이터만 제공되며, 주요 방송사(KBS, MBC, SBS)의 데이터는 1997년 이후 데이터만 제공된다. 이는 해당 언론사 또는 방송사와 빅카인즈의 협약이 체결된 시점에 따른 것이다.

는 각 사가 제공하는 자사 데이터베이스에서 직접 수집했다. 각 신문사에서 추가로 수집한 기사는 조선일보 2,643건, 중앙일보 2,796건, 동아일보 2,810건이다. 동아일보의 경우 1990년부터 1996년의 기사 데이터를 제공하지 않아 1997년부터의 데이터에 한정된다. 빅카인즈에서 수집한 데이터와 신문사에서 수집한 데이터의 총합은 11만 1,650건이다.

### 분석 방법

분석자료의 방대함과 다기함을 고려해 이 연구는 자료 분석의 첫 번째 단계로 빅데이터 분석을 통해 연도별 공론화 언급 빈도(기사 수)를 파악하고, 공론화와 관련된 주요 인물, 주제, 키워드를 도출했다. 다만, 연구의 경제성을 담보하기 위해 전체 분석자료 11만 1,650건을 언론사의 정치적 성향에 따라 보수·진보·중도 언론으로 구분하고 각 진영을 대표하는 6개 언론사의 기사만을 내용 분석하기로 했다. 보수언론으로 조선일보, 중앙일보, 동아일보의 기사를, 진보언론으로 한겨레, 경향신문의 기사를 분석하고, 중도언론으로는 서울신문 기사만을 분석해 이 연구가 분석한 기사는 총 2만 5,123건이다.

이를 통해 30년간의 큰 흐름과 범주를 파악했으나, 빅데이터 분석이 문장을 형태소 단위로 나눠 키워드 형태로 재구성함으로써 용어 사용의 맥락을 제거하는 한계에 직면했다. 따라서 한국 사회에서 유통되는 공론화의 개념을 명시적으로 외연화함으로써 공론화라는 기호의 사용을 둘러싸고 일어나는 혼란과 갈등을 예방할 것을 목적으로 주제분석(thematic analysis)이라는, 두 번째 분석 도구의 활용이 불가피했다. 주제분석은 질적 데이터에 잠복하는 의미의 유형을 식별, 분석하고 해석하는데 유용한 분석 도구인데, 이를 통해 '공론' 또는 '공론화'라는 한 가지 기호(기표, signifiant)에 얼마나 많은 의미(기의, signifié)가 함축되어 있는지를 살펴봤다. 그리고 근원표현에서 목적표현까지, '공론' 또는 '공론화'라는 표현이 들어간 각 문장이 어떻게 구성되었는지를 하나하나 읽으며 그에 함축된 '공론'과 '공론화'의 의미를 유형으로 구분했다.[4]

---

4 여기에서 다루는 30년 동안의 국내 언론자료 분석은 한국행정연구원 최미정 위촉연구원의 수고와 도움에 힘입었다. 여러가지로 손이 많이가는 데이터 처리는 물론 자료의 분석과 해석까지 그의 기여가 절대적이었다.

분석틀

그러나 '공론'과 '공론화'의 의미 유형을 분류하는 작업은 절대 쉽지 않은 작업이며, 특히 그것이 텍스트 독해를 통해 귀납적으로 형성할 수 있을 만큼 자명한 것이 아니라는데 연구의 어려움이 있었다. 어떤 필자나 화자도 '공론' 또는 '공론화'라는 표현을 쓰면서 그것이 의미하는 바를 유형화하여 제시하지 않기 때문에 그것은 오로지 연구자의 몫이 될 수밖에 없었다는 것이다. 그래서 이 연구는 '공론'과 '공론화'의 의미 유형을 분류하는 기준으로 스펙터 & 키추스(Spector & Kitsuse, 1974)의 표현을 빌려 '문제정의적 접근'(definitional approach)이라고 통칭할 수 있는 이론적 정향에 의존하는 한편, 이를 바탕으로 주어진 텍스트를 해석하고 '공론'과 '공론화'의 의미 유형을 분류하는 연역적 접근을 취했다.

사회구성주의(social constructivism)에 인식론적 기반을 두고 있는 문제정의적 접근은 현상학을 기점으로 철학과 문학은 물론 정치학과 행정학에 이르기까지 다양한 분포를 보인다. 후설(Husserl, 1936)에 이어 슈츠(Schütz, 1962)에 지적 기반을 두고 현상학을 사회과학의 구성주의로 승화시킨 버거 & 러크만(Berger & Luckmann, 1966)의 저작에 힘입어 전개된 문제정의적 접근은 정치학과 행정학에서 크게 두 갈래의 경향으로 나누어지며, 특히 1990년대에 활발한 연구가 이루어졌다.

첫째는 블루머(Blumer, 1971), 스펙터 & 키추스(Spector & Kitsuse, 1974), 거스필드(Gusfield, 1981) 등의 저작에 기대어 수행된 사회문제학파이다. 둘째는 에델만(Edelman, 1977, 1988), 콥, 로스 & 로스(Cobb, Ross & Ross, 1976), 콥 & 엘더(Cobb & Elder, 1983), 킹던(Kingdon, 1984) 등의 저작에서 촉발된 아젠다 형성이론이다. 어느 것이든 이 둘은 주어진 사회현상을 유형으로 분류하는 우리들의 모든 표상(representation)이 객관적 실체(substance)가 아니라 구체적인 생활세계의 행위자들이 엮어내는 매일매일의 인지적 상호작용에서 잉태되는 산출물, 곧 인위적 구성물(*artefact*)임을 강조한다. 이들에 따르면, 하나의 정책 문제가 형성되기까지는 다음과 같은 단계를 거친다.

첫째, 그것이 무엇이든 어떤 사회적 현상이나 이슈가 하나의 '문제'로 인정되기 위해서는 즉, '문제'라는 인식적 범주를 획득하기 위해서는 반드시 문제화(problematization)의 단계를 거쳐야 한다. 여기에서 '현상'이나 '이슈'는 아직 '비정상성'에 대한 사회적 합의가 이루어지지 않은 단계로서 단지 사회적 차원에서 주목할 만한 '이야깃거리'인지에 대한 논의가 진행되는 단계다. 그리고 주어진 현상 또는 이슈가 '이야깃거리'로서의 위상을 획득함과 아울러 그것이 '비정상'이라거나 사회적으로 '바람직하지 않다'는 공감대가 어느 정도 형성되면 비로소 사회문제(social problem)의 위상을 획득한다는 것이 블루머와 키추스 등 사회문제학파의 주장이다.

둘째, 그렇다고 해서 그 문제가 공권력이 개입하고 해결해야 할 공공문제(public problem)의 위상을 저절로 획득하는 것은 아니다. 무릇 모든 사회문제는 공권력이 작동되는 공식적 의사결정 공간으로 이관되기 전에 그것이 과연 공동체의 자원을 투입해 해결해야 할 가치가 있는지를 심사받아야 한다. 또 이렇게 어떤 사회문제가 공공문제로 전환됐다고 해서 그것이 반드시 공식적인 의사결정으로 이어지는 것도 아니다. 특정 사회문제가 공공성을 획득해 공공문제로 인정받아도 얼마든지 비결정(non-decision)의 형태로 존속하며 공권력의 즉각적인 개입 대상이 안 될 수도 있기 때문인데(Bachrach & Baratz, 1963), 이것이 공공의제 건설 과정(public agenda-building process)이다.


## 2. 한국 사회의 공론화 개관

### 언급량

한국 언론의 연도별 공론화 언급 건수를 보면 매년 지속적으로 증가하는데, 2017년을 계기로 급증한다([그림 1-1]). 1990년부터 1996년까지는 1천 건 미만이었던 반면, 1997년부터 2001년까지 1500~1850건으로 상승하고, 2002년부터는 2천 건 이상으로, 2008년부터는 3천 건 이상으로 증가했다. 2017년부터는 매년 1만 건 이상의 언급량을 보인다. 세부적으로 언론사별 공론화 기사 건수를 분석해보면, 1990년부터 2007년까지 언론사별로 유의한 차이가 나타나지 않았다. 그러나 2008년 이후 언론사별로 기사량의 차이가 나타났다(cf. [그림 1-2]).

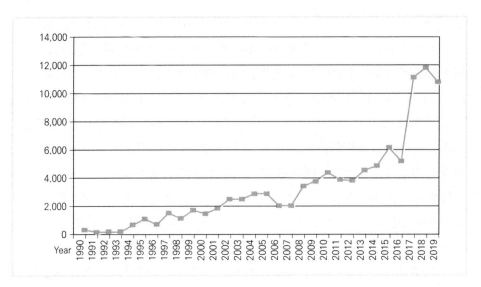

[그림 1-1] **연도별 공론화 기사 건수**

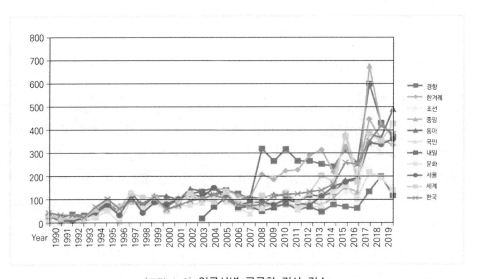

[그림 1-2] **언론사별 공론화 기사 건수**

언론사의 보수·중립·진보 성향이 유의한 차이가 나타나는 시기는 이명박·박근혜 정부인 2008년부터 2016년이었다. 이 시기에는 언론사의 보수·중립·진보적 성향에 따른 차이가 나타나지 않았다. 그러나 2008년부터 2016년은 정치적 성향에 따라 유의한 차이가 나타났다. 이 시기에는 진보언론으로 분류되는 경향신문과 한겨레신문의 공론화 기사가 타 언론사에 비해 많았다. 2017년 이후는 중앙일보와 경향신문이 가장 많았고, 문화일보와 내일신문을 제외한 다른 중앙 일간지의 기사 건수가 유사했다. 이 결과를 바탕으로 집권 정부의 정치적 성향에 따라 보수언론과 진보언론의 공론화 보도 건수에 차이가 있는지 확인해봤다(cf. <표 1−1>).

〈표 1-1〉 정부별 평균 보도 건수

| 대통령 | 분석기간 | 보수언론<br>평균 보도건수 | 중도언론<br>평균 보도건수 | 진보언론<br>평균 보도건수 | 전체<br>평균 보도건수 |
|---|---|---|---|---|---|
| 노태우 | 1990~1992 | 21 | 16 | 25 | 12 |
| 김영삼 | 1993~1997 | 52 | 58 | 61 | 33 |
| 김대중 | 1998~2002 | 104 | 86 | 93 | 56 |
| 노무현 | 2003~2007 | 104 | 109 | 124 | 68 |
| 이명박 | 2008~2012 | 90 | 85 | 255 | 90 |
| 박근혜 | 2013~2016 | 125 | 157 | 265 | 135 |
| 문재인 | 2017~2019 | 406 | 345 | 421 | 308 |

노태우·김영삼·김대중·노무현·문재인 정부시기에 언론의 정치적 성향에 따른 공론화 보도 건수에 유의미한 차이가 없다. 그러나 이명박·박근혜 정부 시기에는 보수·중립 언론의 보도 건수 대비 진보언론의 보도 건수가 2~3배가량 많이 나타났다. 왜 이와 같은 차이가 나타나는지 파악하기 위해, 언론사에 따라 공론화를 어떤 관점에서 다루는지 살펴봤다.

언론사는 그때그때 주어지는 사안을 정치, 경제, 사회, 문화 등의 여러 분야로 구분해 다룬다. 사안을 어느 부서 또는 분야에 배치하고, 어떤 주제로 다루는지를 보면 언론사가 주어진 사안에 대해 어떤 관점을 취하고 있는지 파악할 수 있다. 이를 위해 보수·중립·진보 성향의 언론사가 1990년부터 2019년까지 공론화를 어떤 주제로 다루었는지 분석한 결과 보수·중립·진보 성향에 따라 공론화를 분류하는 주제의 차이가 컸다.

- 보수언론은 1990~2001년 기간 동안 공론화를 주로 정치적 주제로 다루었다. 2002~2016년은 사회적 주제의 비중이 증가했으나, 2017년 이후 다시 정치적 주제의 비중이 증가하고 있다(cf. [그림 1−3]).

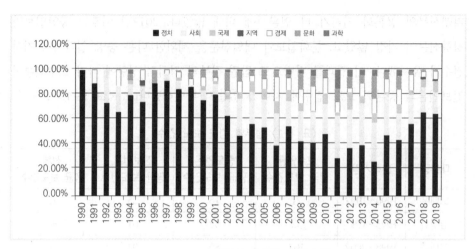

[그림 1-3] 보수언론의 공론화 주제 분류

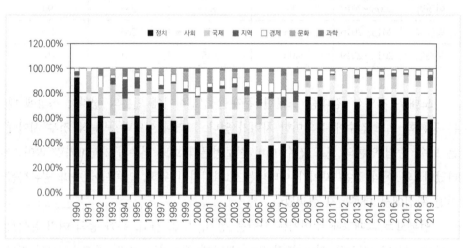

[그림 1-4] 진보언론의 공론화 주제 분류

• 보수언론과 달리 진보언론은 1991~2008년까지 정치란 외에 사회란, 국제
란 등에서도 절반 정도 분량을 다루었으나, 2009년 이후 정치란에서 다루
는 비중이 급증했고, 2018년 이후 그 비중이 다소 감소했다(cf. [그림
1-4]). 즉, 보수언론과 진보언론은 공론화를 정치적으로 다루는지 사회적
으로 다루는지에서 차이가 있을 뿐 아니라, 그 시기에서도 차이가 있었다.
보수언론은 공론화를 진보정권 시기에 정치적 주제로 다루고, 반대로 진보
언론은 보수정권 시기에 정치적인 주제로 다루는 경향이 나타났다.

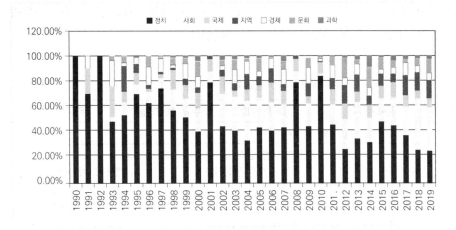

[그림 1-5] 중도언론의 공론화 주제 분류

- 중도언론은 1990~1992년 기간 동안 주로 정치란에서 다루었으나 1993년 이후부터는 특정 이슈가 발생한 해를 제외하고는 정치란에서의 비중이 감소하고 있다(cf. [그림 1-5]). 보수언론과 진보언론이 정권의 이념적 정향에 따라 공론화를 다른 관점에서 방식으로 다루었던 특성이 중도언론에서는 나타나지 않았다.

## 3. 공론화의 시기별 특성

한국 언론이 언급하고 사용하는 공론화의 의미를 추적하기 위해 공론화를 주제로 작성된 연도별 기사를 분석하고 관련 주제, 주요 인물, 그리고 키워드를 확인한 결과 지난 30년간의 한국 공론화는 크게 네 시기로 구분된다(cf. <표 1-2>).[5]

첫째는 공론화를 정치적 동원의 수단으로 사용하는 시기다. 1990년부터 대략 2003년까지, 공론화의 주제는 '내각제'였고 이처럼 공론화는 정치적 주제를 다루는 수단으로 쓰였다. 예외적으로 1993년에는 우루과이라운드 쌀 개방 문제가 공론화의 주제가 되었다. 이 시기의 공론화는 정치 쟁점을 선점하거나 형성할 목적으로

---

5 모든 시기 구분은 인식론적 관점에서 볼 때 분석의 대상을 구성(construction)하려는 시도이기 때문에 시기 구분의 절대적 기준은 없으며 연구자의 분석틀에 따라 얼마든지 달라질 수 있다. 이 연구는 공론화의 특성을 구분하는 기준으로 사용한 주제, 방법, 주요 등장인물, 키워드 가운데 어느 하나에 변동이 있을 때를 기준으로 공론화의 4시기를 구분했다.

활용되어 주로, 정치적 담론이 그 중심에 있었다. 따라서 주요 등장인물은 대통령과 정치인이었고, 주요 키워드 또한 정치인이었다.

〈표 1-2〉 공론화의 시기별 특성

| 시기 | 공론화 주제 | 공론화 방법 | 주요 등장인물 | 키워드 |
|---|---|---|---|---|
| | 정치적 동원 수단으로 활용되는 시기 | | | |
| 1990 – 2003 | 중도개혁포럼, 내각제 등 정치적 주제 (특이사항*1993년 우루과이라운드 쌀개방) | 정치적 담론 중심 – 정치 쟁점을 선점하거나 형성하는 의미의 공론화 – 예외적으로 소수 참여적 의사결정 기법 존재 | 대통령 등 정치인 | 대통령, 청와대, 정무1장관, 비서실장, 정무수석, 최고위원, 대표최고위원, 수뇌부, 대권후보, 기초단체장 등 |
| | 시민참여 수단으로 활용되는 시기 | | | |
| 2004 – 2007 | 사회공헌기금, 개헌안 등 정치적 쟁점 | 정치적 담론 중심 – 토론회, 시민단체 공청회 등 | 대통령 등 정치인, 시민단체 | 열린우리당, 한나라당, 민주노동당, 대통령, 청와대, 중임제, 지방자치, 한국경영자총협회, 공무원, 에너지, 서머타임제, 학부모, 위원장 등 |
| | 정치적 이슈에서 사회적 이슈로 전환하는 시기(공론화 확산기) | | | |
| 2008 – 2016 | 대운하, 사용후핵연료, 통일세, 사용후핵연료와 사드(THAAD) 배치 등 사회적 합의가 필요한 사안 | 정치적 담론 , 토론, 논쟁, 공청회, 설명회 – 전문가·시민 의견 청취 – 갈등조정 | 대통령, 정당 등 정치인과 중앙부처, 지역주민, 시민단체 | 청와대, 대통령, 정당, 국토해양부, 지식경제부, 외교부, 미래창조과학부, 산업통상자원부 등 중앙부처, 국회의원, 위원장, 지방자치단체, 환경운동연합, 민주주의 등 |
| | 숙의토론, 정책결정과 접목되어 활용되는 시기 | | | |
| 2017 – | 신고리 5·6호기, 도시철도 2호선, 제주 제2공항, 자사고, 공공의료 확충, 사용후핵연료 등 | 토론, 논쟁, 공청회, 설명회+공론조사 숙의토론 | 관계부처, 지방자치단체, 학부모 등 이해관계자, 공론화위원장, 위원 | 대통령, 에너지, 위원장, 한국수력원자력, 정부서울청사, 청와대, 국무회의, 국무조정실, 공론화위원장, 민주주의, 자유한국당, 광주시(기관), 광주시장, 등 |

둘째는 시민참여 수단으로 공론화가 활용되는 시기다. 대략 2004년부터 2007년까지는 첫 번째 시기와 마찬가지로 정치적 담론이 중심을 이루지만, 처음으로 '시민단체'가 등장하는 시기다. 주요 키워드로 에너지, 서머타임제, 학부모 등이 등장하는 것도 이전 시기와의 차이점이다.

셋째는 공론화에 있어 전환기라고 할 수 있는 시기다. 2008년부터 2016년은 내각제와 같이 정치적 주제를 넘어 다양한 안건이 공론화의 주제로 다루어졌다. 공론화의 대상이 대운하, 사용후핵연료, 통일세와 사드 배치 등, 사회적 합의가 필요한 사안으로 확대됐다. 또, 시민단체뿐 아니라 지역주민 등으로 공론화의 주체도 다변화됐다. 주요 키워드에 주무 부처, 지방자치단체가 나타나고, 각 부처의 주요 안건이 공론화 주제로 다뤄지기 시작했다.

마지막으로 네 번째는 공론화가 숙의 토론과 접목되어 활용되는 시기다. 공론화의 용례를 분석할 때 특히 2017년은 또 한 번의 전환기를 이룬다(cf. [그림 2]). 언론사별 공론화 기사 건수에서 볼 수 있는 것처럼 공론화라는 단어가 2017년을 기점으로 급증했는데 이는 신고리 원전 공론화와 맞물리는 시점이다. 그리고 2017년 이후의 공론화는 기존에 주류를 이루었던 정치적 담론의 성격보다 정책형성을 위한 숙의토론과 공론형성의 의미에 더 가깝게 다가가기 시작했음을 알 수 있다.

30년 기간에 나타난 공론화의 특성을 일별하는 동안, 인터넷의 영향도 감지됐다. 1993년에는 쌀 개방과 같은 국가적 이슈와 공론화라는 단어가 조합되어 사용되었으나 1993년 이후로 전 국민이 관심을 가질만한 주제와 공론화라는 단어가 조합되어 사용되지 않았다. 예를 들어 1998~99년의 IMF 사태, 2004년 노무현 대통령 탄핵, 미국산 쇠고기 수입 반대, 2016년 국정농단 촛불집회와 박근혜 대통령 탄핵이 공론화의 주제나 연관어로 나타나지 않았다. 1998년도는 인터넷이 보편화되며 누리꾼 문화가 형성되어 있던 시기고, 2004년도는 포털 뉴스 게시판과 커뮤니티 등을 통해 온라인 정치 참여가 활발히 일어났던 시기다. 정부 또는 정치인의 주도로 공론화가 진행되지 않더라도 온라인 참여를 통해 국민들이 특정 사안을 공론화할 수 있게 된 후부터 공론화의 양상이 달라졌다고 볼 수 있다. 곧 공론화가 사적 영역의 이슈나 문제를 공적 영역으로 이동하는 수단으로 활용되는, 기능적 변화가 있었음을 의미한다.

## 1. 공론화의 의미망과 변화양상

지금까지 주제분석을 통해 공론화의 사회적 활용 방식을 살펴봤다면, 이어지는 의미분석은 공론화의 사회적 인식에 관한 분석이다. 이 두 가지 분석 도구가 병렬적으로 필요한 이유는 두 가지다. 먼저, 주제분석이 제거한 맥락을 복원함으로써 공론화의 한국어 용례에 잠복한 의미의 다양성을 회복하기 위함이다. 또한 앞서 소개한 분석틀에 의거해 공론화의 다양한 용례를 유형화하기 위함이다. 아래에 소개한 공론화의 한국어 용례는 그동안 우리 사회에서 생산되고 소비된, 암묵적이지만 매우 다양한 공론화의 정의를 보여준다.

---

공론화의 한국어 용례

"여자가 아닌 사람으로 살고 싶다" 광장으로 거리로 나서는 넷페미 (입력 2018.07.05. 20:00)
출처: 한국일보 https://www.hankookilbo.com/News/Read/201807051565390228
이후 온라인 커뮤니티와 에스엔에스를 중심으로 뭉친 이른바 '넷페미'들은 '미러링'을 통해 여성 혐오에 대응하고, 낙태죄, 생리대 안전, 여아 살해, 소라넷 폐지 등 각종 이슈를 공론화했다.

한미모, "뜯어먹기 좋은 이슈인건 알겠지만…공론화는 NO" (입력 2020.05.29. 12:30)
출처: Tenasia https://tenasia.hankyung.com/topic/article/2020052999444
온라인 방송 진행자 한미모가 자신이 여배우 A씨를 성매매 알선으로 고발한 사실이 이슈가 되자 공론화 자제를 부탁했다. 한미모는 29일 자신의 인스타그램을 통해 "뜯어먹기 좋은 이슈거리인 건 알겠습니다만 추측함으로써 공론화되게 하지 말아달라"고 부탁했다.

작금의 버닝썬 사태를 바라보며 (입력 2019.03.05. 10:46)
출처: 개인블로그 (작성자 다한), https://blog.naver.com/cloverkicker/221480551585
만일 버닝썬이라고 하는 장소가 고위층들의 마약과 성폭행 등 방종한 놀이의 온상으

---

로 이용됐다면, 평범하게 생각하면 있을 수 없는 일들이 '그분들이 사는 세계'에서 일어난 일로서 쉬쉬되었던 거라면, 그를 옆에서 보고 직접 피해당한 이들은 이를 호소할 수조차 없는 상황이었기 때문에 지속하여왔고 누리는 그분들은 당당히 그 짓을 계속 해왔던 거라면 이가 <u>공론화</u>됐다고 해서 관련 인물들의 엄정처벌과 재발 방지로 이어질 수 있을까.

"플랫폼 노동 논의"…'사회적 대화 포럼' 출범 (입력 2020.04.01. 16:45)
출처: 한국경제 https://www.hankyung.com/it/article/202004018661j

배달대행기사 등 플랫폼 노동 종사자들이 급증하면서 이들의 처우와 사회적 안전망 등을 논의하기 위한 사회적 대화기구가 출발했다. '플랫폼 노동 대안 마련을 위한 사회적 대화 포럼'은 1일 서울 중구에서 출범식을 열었다 (...) 최성진 코리아스타트업포럼 대표는 "스타트업은 기존의 불편함을 해결하고 변화를 이끌어내고자 노력한다"며 "전 세계적으로 플랫폼 노동에 대한 논의되고 있는 가운데 이번 포럼에선 당장 문제해결이 어려워도 사회적 <u>공론화</u>를 통해 해결을 촉구하는 역할을 할 수 있을 것"이라고 참여 배경을 설명했다.

사용후핵연료 공론화, 다시 시작해야 한다 (기사입력 2020.06.25. 오후 3:48)
출처: 프레시안 | 네이버 － http://naver.me/x3ODdNBi

[초록發光] 공론 없는 핵폐기물 공론화
사용후핵연료 처분 방안에 대한 <u>공론</u>이 필요한 이유는 다만 <u>공론</u>이란 형식을 빌려 과정상의 정통성을 확보하기 위함이 아니다.(...) 수십만 다발의 핵폐기물을 쌓아둔 가운데, 지금도 핵발전소가 핵폐기물을 쏟아내고 있는 지금 우리에게 필요한 것은 처분 방안이지, 절차적 명분이 아니다. 사용후핵연료 <u>공론화</u>, 다시 시작해야 한다.

월성원전 맥스터 증설하지만…사용후핵연료 공론화 '갈 길 멀다' (기사입력 2020.07.24. 오후 4:16)
출처: 연합뉴스 | 네이버 － http://naver.me/xPt1WFKV

정부와 사용후핵연료 관리방안 재검토위원회는 사용후핵연료 중장기 관리방안을 놓고 <u>공론화</u> 작업을 진행 중이다.(...) 핀란드가 1983년 국회의원들과 함께 만든 '정치적 인가'(DiP, Decision in Principle)를 지금껏 준수하는 것처럼, 우리도 한번 만들면 40년 이상 지킬 수 있는 정치적 합의가 필요하다는 것이다.

표류하는 핵폐기물… '숙의 민주주의'는 어디로 (기사입력 2020.07.19. 오전 9:24)

출처: 경향신문 | 네이버 - http://naver.me/xsvybSJ4

'사용후핵연료 처리' 문제가 공론화 문턱을 넘지 못한 채 표류하고 있다. (…) 재검토 위원회를 거친 '공론화'라는 형식적인 요건만 갖추면 바로 맥스터 증설이 가능하다. 남은 과정은 공작물 축조신고가 전부다.

대구시, 모든 시민에 10만 원 지급…방식은 '공론화' (기사입력 2020.07.16. 오후 7:33)

출처: KBS | 네이버 - http://naver.me/FRYAYRsi

대구시가 코로나19 극복을 위한 2차 생계자금 예산을 편성했다 (…) 전체 예산 규모와 대상만 정했을 뿐 나머지 절차는 학계, 시민단체 등 8명으로 이뤄진 코로나19 서민생계지원위원회에서 결정한다 (…) 2차 지급 관련해서는 공론화 과정을 보강해 시민들에게 어려움을 극복할 힘이 되겠다고 밝혔다.

[조한혜정 칼럼] 신고리 5·6호기 공론화가 남긴 숙제 (등록: 2017-10-31 18:27)

출처: 한겨레신문 https://www.hani.co.kr/arti/opinion/column/816882.html#csidx95a972cf12b7cd39a5429efa125c581

2박3일 종합토론회에 모더레이터로 참가한 김희경 변호사는 이 공론장의 주인공은 단연 시민참여단이었다(고 말했다.) "시민참여단은 훌륭했고 전문가 패널은 미숙했다"고 잘라 말한 그는 "앞으로 우리나라에 4대강 같은 일은 생기지 않으리라는 기대가 든다"는 참가자의 말을 인용하면서 공론화를 통한 분쟁 해결의 시대를 열어가자고 했다.

내용분석을 통해 한국 언론에서 유통되는 공론화의 의미를 추출하면 다음 네 가지로 요약할 수 있다. (1) 공개, (2) 이슈화, (3) 사회문제화, (4) 공공의제 형성과 정론(정제된 여론)형성이 그것이다. 30년 동안의 평균 비중은 공개 29.35%, 이슈화 8.53%, 사회문제화 13.32%, 공공의제 및 정론형성 44.90%, 기타 2.14%다. 연도별 공론화 의미 분포를 살펴보면 [그림 1-6]과 같다. 전반적으로 (4) 공공의제 및 정론형성→(1) 공개→(3) 사회문제화→(2) 이슈화 순서로 비중이 높은데, 특히 2001년부터 2013년 사이에는 '공개'의 의미가 공론화에서 큰 비중을 차지하고 있다.

이 네 가지 갈래의 의미는 그 하나하나가 공론화가 진행되는 다른 층위(layer)를 나타낸다. 물론 이 층위는 단절적인 것이 아니라 연속적으로 이어져 있어 연속된 두 층위를 명확하게 구별하기가 쉽지 않다. 그런데도 각 층위에서 진행되는 공론화는 공론화 진행 주체와 방법, 목표를 달리하며 각 층위에 따라 서로 배타적으로 구별될 수 있는 특징을 보인다.

### 층위의 뜻과 은유

 층위(layer)란 지질학 용어로서 퇴적암 같은 암석에서 발견되는, 층층이 쌓인 줄무늬 구조의 각 단계를 말한다. 퇴적물이 쌓일 때 입자의 크기나 색, 성분, 퇴적 속도의 차이로 인해 층위가 형성된다. 이 층위들은 각각의 특징을 가지고 있지만 전체는 한 덩어리를 이루는 층리(bedding, stratification)로 기능해 층위 간 연속성을 가진다. 공론화의 개념이 다양한 층위로 구성된다는 것은 공론화의 개념 속에 서로 독립적인 의미망이 다층적으로 축적되지만, 그 의미망이 층리처럼 연속적으로 이어진다는 것을 강조하기 위함이다. 사회과학에서 층위와 층리의 개념을 빌려 개념의 독립성과 연속성을 설명한 대표적인 사례가 알튀세(Althusser, 1968)의 '인식론적 단절'(rupture épistémologique)이다.

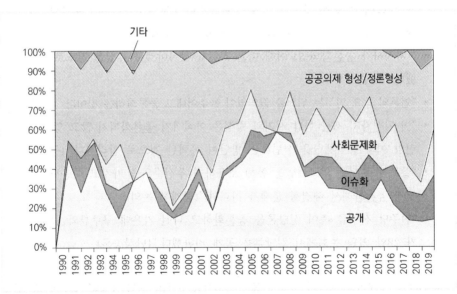

[그림 1-6] 공론화 의미의 시계열 변화

공개

    먼저 첫 번째 형태, '공개'는 개인 또는 소수만 알고 있던 사실이 대중에게 알려지는 것이다. 이러한 형태의 공론화는 세간에 알려지지 않은 일을 처음으로 공개하는 것 즉, 폭로의 형태를 띨 수 있고 유출, 공표, 공지 등을 지향하는 모든 형태의 의도적, 비의도적 행위로 인해 촉발된다. 따라서 여기에서의 공론화는 '회자하다/공개적으로 논의하다'는 의미가 큰데, 이는 말 그대로 사적 영역 또는 특수 부문에 있던 개인의 이슈를 공적 영역으로 끌어내 여럿이 함께 논의하는 것을 의미한다. 여러 사람이 모여 저희끼리만 알아들을 정도의 낮은 목소리로 의견을 나누는 '숙덕공론(--公論)', 여러 사람이 모여 충분히 의논하는 '난상공론(爛商公論)'의 수준을 벗어나지 못하는 공론화가 이것이다.[6] 아래 예문들은 숙덕공론 형태의 공론화부터 난상공론까지, 다양한 형태의 공론화를 보여주는데 여기에서의 공론이란 '가십거리', '이야깃거리'의 범주에 한정된다.

- "온라인 방송 진행자 한미모가 자신이 여배우 A씨를 성매매 알선으로 고발한 사실이 이슈가 되자 <u>공론화</u> 자제를 부탁했다. 한미모는 29일 자신의 인스타그램을 통해 '뜯어먹기 좋은 이슈거리인건 알겠습니다만 추측함으로써 <u>공론화</u>되게 하지 말아달라'고 부탁했다." (숙덕공론)
- "(가정사가 <u>공론화</u>되면) 이제 다른 직업을 찾아야겠구나 싶을 정도로 심란했다."(유출)
- "언론의 중요 임무는 위선을 끊임없이 들추어내고 <u>공론화</u>하는 것이다."(폭로)
- "이 당선자의 재산 헌납 시기와 방식은 아직까지 <u>공론화</u>되지 않고 있지만, 취임 이후 공익재단을 설립하는 방안이 유력한 것으로 알려졌다."(공개)
- "탈북자 문제는 외교채널을 통해 조용하게 우선순위를 가지고 대응해야지 크게 <u>공론화</u>해서 해결될 문제가 아니다."(공개적 논의)
- "민주당 신주류 측이 신당론을 <u>공론화</u>하고 나선 가운데 구주류와 중도파가 28일 의원 총회에서 신당론을 공개 비판했다."(난상공론)

---

6 '숙덕공론'은 순우리말 '숙덕'과 한자어 '공론'이 결합된 단어다. '쑥덕공론'으로 표현하기도 한다. (...) '숙덕'과 '쑥덕'은 동사 '숙덕거리다'와 '쑥덕거리다'의 어근이다. '뒷공론(-公論)'이란 것도 있다. 일이 끝난 뒤 쓸데없이 이러니저러니 다시 말함, 떳떳이 나서지 않고 뒤에서 이러쿵저러쿵 말하는 일로 그다지 좋지 않은 어감으로 사용한다.(이은희, [우리말 바루기] '공론'의 두 얼굴, [중앙일보] 입력 2014.10.07.)

이슈화

두 번째 형태 '이슈화'는 어떤 현상을 개인이 감내하고 해결해야 할 이슈가 아니라 사회구성원 전체가 묻고, 토론하고, 생각해 봐야 할 집단적 이슈로 정의하거나 전환하는 것을 뜻한다. 이러한 형태의 공론화는 의도적일 수도 있고 그렇지 않을 수도 있는데, 2013년까지는 '공론화되다'라는 수동태가 많아 '왜곡효과'(perverse effect) 등으로 발생한, 의도하지 않은 공론화가 많았던 것으로 보인다. 2013~2014년경부터는 '공론화하다'라는 능동형이 많아진다. 이 시기를 기점으로 공론화는 이미 존재하는 이슈를 발굴하는 소극적 의미를 넘어 명확한 의도와 지향을 가지고 이슈를 만드는(issue-fighting, issue-raising, issue-claiming), 적극적 의미로 확장된 것으로 보인다.

*소극적 이슈화 용례*
- "성대표의 죽음을 계기로 남성인권이 <u>공론화</u>되고 있다."(사건에 의한 이슈화)
- "장윤정 모친 빚 문제. 자료는 장씨의 범법행위에 관한 것도 아니고, <u>공론화</u>되어 제3의 인물이 시시비비를 가릴 수 있는 부분도 아니다. 지극히 보호되어야 할 개인의 사생활 영역이라고 못 박았다."(유출에 의한 이슈화)

*적극적 이슈화 용례*
- "한국 교회의 터부를 깨고 자살자 문제를 <u>공론화</u>하는 의미 있는 첫발이다."(이슈 제기)
- "고(故) 장자연 사건의 핵심 증언자로 세상에 모습을 드러냈던 윤지오씨는 자신과 관련된 논란에 대해 앞으로 <u>공론화</u>를 준비 중이며 꼭 진실을 밝히겠다는 의지를 드러냈다."(의도적 이슈화)
- "이후 온라인 커뮤니티와 에스엔에스를 중심으로 뭉친 이른바 '넷페미'들은 '미러링'을 통해 여성 혐오에 대응하고, 낙태죄, 생리대 안전, 여아 살해, 소라넷 폐지 등 가종 이슈를 <u>공론화</u>했다."(계획적 이슈화)

## 왜곡효과

왜곡효과의 전형으로 스트레이샌드 효과(Streisand effect)라는 게 있다. 미국의 유명 팝 가수 바브라 스트레이샌드(Barbra Streisand)가 2003년 자신의 집을 촬영하고 온라인에 공개한 사진작가 케네스 아델만(Kenneth Adelman)과 사진 전문 웹사이트 픽토피아(Pictopia.com)를 상대로 소송을 제기했다. 소송이 제기되기 전에는 단지 6명만 파일을 내려받았고 그나마 그중 두 명은 스트레이샌드의 변호사들이었다. 그런데 이 소송 소식이 전해지자 42만 명이 사이트를 방문하게 됐다. 스트레이샌드 효과는 이처럼 특정 정보를 검열하거나 제거하려는 시도가 오히려 대중의 관심을 유발해 해당 정보가 더 널리 배포되는 결과를 말한다. 남북분단 70년 만에 비무장지대가 생태 천국이 됐다든지, 전국에서 가장 좋은 유기견 관리 시설이 있어 유기견 천국이라고 불리는 군산 유기견 보호센터 인근이 전국에서 가장 유기견이 많이 발견되는 곳이 됐다든지 하는 것도 좋든 나쁘든 원래의 의도를 배반하는 왜곡효과의 전형이다.

### 사회문제화

세 번째 형태의 공론화는 '사회적 문제'의 정립 과정이다. 이는 어떤 이슈가 사회 전체의 관점에서 '바람직하다' 또는 '바람직하지 않다'라는 주관적 판단과 선호를 함축하며, 해당 이슈를 교정 또는 복원이 필요한 사회문제로 규정하는 문제화(problematization) 과정이다. 이러한 형태의 공론화는 지극히 '정상'적인 것에서 '비정상'을 보고, '평범한' 일상에 '특별한' 의미를 부여하며 이의 시정을 요구하는 행위(claim-making activity)로부터 시작해 문제의 '본질'을 새롭게 규정하는 과정(problem-naming process)에 이르는 프레이밍(framing) 과정이자(Goffman, 1974), 세간에 이미 알려진 '사실'(fact)[7]이라 해도 지금까지 알려진 바와 다른 버전의 해석을 내놓는 새로운 문제 정의 과정(problem definition process)이다.

새로운 '사회문제'의 탄생은 이렇게 이루어지며 이 단계에서 구성된 문제는 설사 그것이 정치적이거나 정책적 의제로 발전하지 못한다 해도 주어진 이슈를 사회

---

7 흔히 사실(fact)이라고 하면 그것은 곧 진리이고 절대 불변이라고 믿는다. 그러나 '사실'은 언제나 맥락 속에서만 존재한다. 그렇다면 객관적 사실로서의 fact는 세상에 존재하지 않고 자신의 신념체계에 의해 편향된 fact만 존재한다고 할 수 있다. 오직 현상에 믿음이 결부될 때에만 '사실'이라고 불리는 것이다. 라카토스(Lakatos, 1976)에 따르면 두 가지 이유 때문인데 하나는 인간의 주관적 해석(판단) 때문이고, 다른 하나는 관찰의 이론 의존성 때문이다. '사실'에 대한 현상학적 이해는 슈츠(Schütz, 1987) 참조.

구성원 다수가 함께 생각해보고 해결해 나가야 할 사회적 의제로 격상시킨다는 점에서 앞선 두 가지 형태의 공론화와 질적으로 구별된다. 이러한 형태의 공론화는 주어진 이슈가 개인의 문제에 국한되지 않음을 강조하는 두 번째 형태의 공론화에서 한 걸음 더 나아가 그것이 사회 전체가 나서서 해결해야 할 사회적 의제임을 강조한다.

- "만일 버닝썬이라고 하는 장소가 고위층들의 마약과 성폭행 등 방종한 놀이의 온상으로 이용됐다면, 평범하게 생각하면 있을 수 없는 일들이 '그분들이 사는 세계'에서 일어난 일로서 쉬쉬되었던 거라면, 그를 옆에서 보고 직접 피해당한 이들은 이를 호소할 수조차 없는 상황이었기 때문에 지속하여왔고 누리는 그분들은 당당히 그 짓을 계속 해왔던 거라면 이가 공론화됐다고 해서 관련 인물들의 엄정처벌과 재발 방지로 이어질 수 있을까." (사회문제화)
- "지난해 7월에는 2009년 한국 사회에 정착한 탈북민 한모씨(42)가 서울 시내 한 임대아파트에서 숨진 채 발견됐고, 아사 가능성까지 제기돼 탈북민 소외 문제가 다시 한번 공론화됐다."(사회문제화)

이 단계에서는 '소수자', '일탈 집단', '운동가', '활동가', '꾼' 등으로 지칭되는 능동적 소수(active minority)의 선구적 활동이 중요한 동력이 된다. 소수 활동가들이 벌이는 문제 정의(또는 재정의) 캠페인이 시민사회단체의 결성으로 결과하기도 하고 언론의 집중적인 조명을 받으며 앞선 두 가지 형태의 공론화보다 상대적으로 높은 사회적 가시성(social visibility)을 획득하게 된다. 그렇다고 이러한 문제화 과정이 반드시 '능동적 소수자' 집단에 의해서만 이루어지는 건 아니다. 소수든, 다수든 기존의 문제 정의를 전복하려는 모든 주창집단(advocacy group)은 여론과, 그리고 궁극적으로는 정책에 영향을 미치기 위해 로비, 홍보, 언론 캠페인, 여론조사, 서명운동, 연좌 농성, 퍼포먼스 등, 다양한 유형의 사회직 자원을 동원하며 동시대인들의 지각과 해석을 프레이밍(framing)하려는 시도를 일관되게 펼친다. 여기에서 돈, 시간, 지식, 인적 네트워크(인맥) 등 더 많은 자원을 보유하는 집단이 더 많은 영향력을 행사할 가능성이 더 커짐은 사회학의 자원동원이론(resource mobilization theory)이 주장하는 바와 같다(cf. Schattschneider, 1960).

## 공공의제 형성

사회문제의 건설과정은 종종 '어떤 문제가 있으니 이를 해결해야 한다'거나 '주어진 문제해결을 위해 집단의 지혜를 모아야 한다'는 주장에 머물지 않고, 사회문제 해결의 최종 심급(instance)[8]인 국가의 개입과 문제해결을 위한 구체적인 결정(決定)을 주문하며 결국 공공의제의 건설로 귀결한다. 모든 사회문제가 공공문제 즉, 정부 기관의 공식적인 의제로 전환되지 못하는 이유는 다양하다. 공적 행위자의 '인지적 한계'(Simon, 1977)로 인한 지연은 물론 제도적 권력과 자원을 가진 공적 행위자들의 '검열효과'(Favre, 1992; Bourdieu, 1995), 그리고 기존의 정책적 경로의존성으로 인한 '문화효과'(Cobb & Moss, 1997)에 이르기까지, 사회문제가 공공문제로 전환되는 것을 방해하고 억제하는 요소는 다양하다. 따라서 이 단계에서의 공론화는 종종 아젠다 형성(agenda−building)의 일 과정으로 이루어진다.

- "국내 대학교수 200여 명이 참여하는 '에너지 정책 합리화를 추구하는 교수협의회'(이하 에교협)가 에너지 전환 정책에 대한 공론화를 재차 촉구하

---

8 심급(審級 instance)이란 원래 법학 용어로서 한 사건을 반복적으로 심판하는, 급(級)이 다른 법원 사이의 심판 순서를 의미한다. 한국에서는 알튀세(Althusser)의 이론이 소개되며 국가론을 다루는 사회과학 일반에서 널리 사용됐다. 여기서는 결정권을 보유한 공적 기관을 의미한다.

고 나섰다. 원자력발전 및 석탄발전을 점차 줄이고 재생에너지 비중을 확대하는 정부의 에너지 전환 정책에 대한 국민 의견 수렴을 다시 요구한 것이다."

따라서 이 단계에서 진행되는 공론화는 공론화를 진행하고 운영하는 주체부터 큰 변화가 일어난다. 이 단계의 공론화는 앞선 세 형태의 공론화보다 공식성 (formality)의 정도가 더 높아져 특정 개인이나 사적(私的) 이익을 대변하는 집단보다는 대표성을 인정받는 노조, 협회, 단체 등의 직능단체와 언론 등의 제삼자 주도로 이루어지는 경우가 많다. 여기에서 한걸음 더 나아가 공적 권위를 가진 의사결정기구(예: 정부, 국회, 정당 등)가 주관하는 공론화가 이루어지기도 해 사회적 가시성 (social visibility)이 매우 높은 상태로 진행되는 경우가 많다. 이 네 번째 단계의 공론화는 직간접 이해당사자는 물론 주어진 문제에 관심을 표명하는 다수를 대상으로 다양한 의견을 수렴하며 그것이 과연 공권력이 개입할만한 문제인지(문제 도출), 개입한다면 언제, 어떻게 개입하는 게 좋을지(해법 도출)에 대한 여론을 광범위하게 형성하는 과정이라고 정의할 수 있다.

• "홍수정 서울시 갈등조정담당관은 '서울시민의 목소리를 직접 듣고 정책에 반영하는 시민 공론화 접근을 통해 갈등을 사전에 선제적으로 예방해나가겠다'고 말했다."

### 정론(정제된 여론)형성

그런데 여기에서 우리가 더 특별히 주목해야 할 것은 의제형성의 공론화가 단순히 의제형성에 머무르지 않고 다섯 번째 형태의 공론화 즉, 정론형성의 공론화로 쉽게 이행한다는 것이다. 왜냐하면 어떤 이슈가 더는 특정 개인만의 이슈가 아니라 우리 사회 모두가 주목할 만한 가치가 있다고 주장할 때 우리는 단순히 'x는 y다'라고 말하지 않기 때문이다. 우리가 의식하든 그렇지 않든 우리는 종종 'x는 y다. 왜냐하면 ….'의 구문(syntax)을 사용해 사고하고, 말하고, 주장한다. 즉, 어떤 이슈를 공개하기로 하거나 그 이슈가 공적 의제라고 주장하겠다는 능동적 결정 뒤에는 그 이슈를 공개할 만한 의미가 있다는 판단이 선행하고 이 판단 뒤에는 특정 가치가, 그 가치 뒤에는 해당 이슈의 원인과 해법에 대한 잠정적인(주관적인) 진단과 평가가 잠복해있다.

따라서 정론형성의 공론화는 주어진 문제해결을 위해 다양한 여론의 표집을 넘어 무엇이 문제의 '참된' 원인이며 '바람직한' 해법인지에 대한 공공의 의견을 광범위하게 표집하고 다수 의견이 무엇인지를 파악하려는 공식적이고 체계적인 시도를 담는다. 여기에서 '공식적'이라 함은 공론화가 공식적 권위를 가진 공공기관에 의해 실행됨을 의미하며 '체계적'이라 함은 그것이 일정한 규칙과 절차, 원칙에 따라 진행됨을 의미한다. 따라서 이 수준에서의 공론화는 다양한 이해관계자들의 폭넓은 참여를 바탕으로 학습과 토론이라는 숙의 기제를 통해 문제의 원인과 해법에 대한 지배적인 관점과 의견 즉, 피쉬킨(Fishkin, 2009: 4)의 표현을 빌리자면 '정제된 여론'(refined public opinion)의 형성과 진단을 목적으로 한다. 민주주의 혁신의 일환으로 서구 사회에서 발전한 공공협의(public consultation) 즉, 공공의견 청취와 진단의 형태가 그것으로 아래 예문이 이러한 경향을 명확히 보여준다.

- "서울시교육청은 학원 일요 휴무제 도입을 위해 찬반 여론조사를 시작으로 앞으로 두 달간 공론화 작업에 착수한다고 19일 밝혔다. (...) 학생들의 일요일 학원 이용 여부, 학원 일요 휴무제 찬반 의견과 이유, 도입 시 추진 방안, 현행 유지 시 대안 등을 묻게 된다."
- "참된 여론이란 어떤 공적 쟁점에 대해 주체적 의견을 가진 이성적 구성원들이 공론화 과정을 통해 형성하는 통합된 의견을 말한다."
- 공론조사 전문가인 김춘석 한국리서치 상무는 지난 25일 한겨레–한겨레 경제사회연구원의 '원전 문제 공론화 어떻게 할 것인가' 토론회에서 "공론조사는 일반 여론조사보다 충분히 숙의하고 토의한 결과를 담을 수 있기 때문에 일반 여론조사 결과보다 훨씬 더 공적 기능을 담보할 수 있다"고 말했다.

이렇게 포집한 '정제된 여론'은 그 자체로 정책결정의 정당성을 높이는 근거로 활용될 수 있다. 아래 예문들은 공론화가 어떻게 정책결정의 정당화 기제로 작동하는지 잘 보여준다.

- "금융감독위원회는 독단적으로 의사결정을 내릴 때 져야 할 부담이 너무 크다는 판단에 따라 지금부터는 공론화할 수밖에 없다는 점을 인정했다."
- "특히 형사적 중상해와는 달리 의료 사고로 인한 경우에는 다양한 소견과 비특이성으로 인해 관련 사항을 복지부가 임의로 정할 수 없어 전문가들의 면밀한 검토와 공론화 및 협의 과정을 거쳐야 한다는 게 의협 측 주장이다."
- "정부가 제대로 된 소통과 협업 없이 바이러스연구소 설립 계획을 밀어붙이고 있다며, 바이러스연구소는 사회적 공론화를 통해 설립해야 한다는 주장이 나왔다."

이러한 형태의 공론화를 통해 형성된 '정제된 여론(정론)'은 종종 '사회적 공감대'와 '사회적 합의'의 동의어로 사용되곤 한다. 대표적으로 아래 예문은 '공론화가 이루어졌다'라는 표현과 '사회적 합의가 이루어졌다'라는 표현을 동의어로 사용하고 있으며, 신고리 원전 공론화 당시 공개된 대통령 연설문도 '사회적 합의'에 대한 우리 사회의 인식을 보여준다.

- "학생들에게 교과서의 고정적 지식을 보충해 주고, 연속성과 변화성을 공유한 살아 있는 교과서로서 신문을 활용하는 교육의 필요성은 이미 공론화되어 있다."
- "찬반 양측 관계자들과 시민참여단, 그리고 국민께서도 공론화 과정을 통해 도출되는 사회적 합의 결과를 존중해주실 것을 당부드립니다. 저는 대선 때 탈원전 정책과 신고리 5·6호기 건설 중단을 공약했습니다. 그러나 공기(工期)가 상당 부분 진척되어 건설 중단과 계속 의견이 팽팽하게 맞서는 상황이 되었기 때문에 공론조사를 거쳐 사회적 합의를 도출하고, 정부는 그 결과에 따르기로 방침을 정했습니다."(문제인 대통령, 수석보좌관회의 모두 발언, 2017.9.14)

지금까지 이 글은 한국 언론에 나타난 공론화의 용례를 살펴보며 그 유형을 모두 다섯 가지로 나누어 정립했다. 이 다섯 가지 형태의 공론화는 각 형태에 따라 공론화의 진행 주체와 방법, 목표를 달리하며 서로 다른 층위를 구성한다. 여기에서 공론화가 다양한 층위로 구성된다는 것은 개인의 가장 내밀한 사적 문제가 타인에게 공개된 공간으로 나와 사회적 논의과정을 거쳐 공적 의제로 정립된 다음 사회적 합의에 이르기까지, 일련의 연속된 과정을 형성한다는 것을 의미한다. 때문에 각 층위를 공론화의 진화 또는 성숙 단계로 보아도 무방하다. 그러나 이 다섯 가지 층위는 단절적이지 않고 연속적으로 이어져 단일한 층리를 구성함에 따라 연속된 두 층위를 명확하게 구별하는 것이 언제나 쉬운 건 아니다.

예를 들어 사적 이슈를 공개하는 첫 번째 형태의 공론화와 이슈의 사회화를 지향하는 두 번째 형태의 공론화, 그리고 이슈의 문제화를 지향하는 세 번째 형태의 공론화는 사회문제의 공적 해결을 요구하는 네 번째 단계의 공론화와 한국어의 언어실천과 의미망에서 밀접하게 연결되어 있다. 그리고 이는 그 자체로 현재 우리 사회가 (또는 우리 정부가) 주어진 문제를 다루는 방식 곧, 관련된 결정(decision)이나 비결정(non-decision)이 주어진 문제해결에 적절한 대응이 될 수 없다는 판단이 내포되어 자연스럽게 공권력의 개입을 요구하는 다섯 번째 단계의 공론화 즉, 공공문제의 건설과정으로 이어진다. 그리고 이 공공문제 건설과정은, 주어진 정책 문제의 원인과 해법을 정밀하게 진단하고 새로운 정책 대안을 모색하기 위한 '정제된 여론' 형성과 진단을 요구하고 종종 그렇게 진행되기도 한다.

---

### 비결정(non-decision)

비결정은 흔히 무의사결정(無意思決定)으로도 번역되는데, 현존 질서를 파괴할 가능성이 있는 이슈가 부상되는 것을 막으려는 체계적이고 의도적인 권력작용을 일컫는다. 요컨대 기득권 집단의 편익을 저해하는 주장이나 아이디어가 공론장에 흡수되거나 공적 의시결정 공간에 편입되지 못하도록 의제선정을 회피하거나 방해하는 엘리트 집단의 영향력이 정작 중요한 사회적 이슈의 출현을 막는 일 원인임에 주목하는 한편, 정책 소외집단이 저항적·폭력적 문제해결 방식을 선택할 수밖에 없는 원인이기도 함을 강조하는 분석 틀이다. 결정과 비결정의 개념에 대해서는 바크라크 & 바라츠(Bachrach & Baratz, 1963, 1970) 참조.

---

### 합의형성

여기까지가 이 연구가 분석한 97.86%의 자룟값이다. 나머지 2.14%의 값은 위

다섯 가지 형태의 공론화에 포함되지 않는 값으로서 '기타'로 범주화한 용례들인데 이 연구는 이를 공론화의 여섯 번째 형태 즉, 합의형성의 공론화로 자리매김하고자 한다. 그 이유는 세 가지다. 첫째, 그리 많은 건 아니지만 한국인의 언어실천에서 공론화의 목표를 합의로 설정하는 예문을 다수 발견했다. 이 예문들을 보면 공론화의 목적이 다른 무엇보다 합의형성이라는 게 분명해진다.

- "군의 진로는 몇몇 정책담당자가 결정할 문제라기보다 <u>공론화</u>를 통한 국민의 합의가 필수적이다."
- "개헌 <u>공론화</u>를 통해 국민적 합의를 도출하는 것이 가장 중요하다."
- 갈등관리 분야 전문가인 김학린 단국대 교수는 "<u>공론화</u>는 숙의된 의견조사 또는 상호 의견을 접근시키려는 합의형성이 목적으로 찬반 의사결정을 목적으로 하는 것이 아니므로 여러 가지 조건부 옵션을 개발·제시해 가면서 의견을 수렴하는 것이 중요하다"는 의견을 제시했다.

둘째, 앞서 살펴본 다섯 가지 형태의 공론화와 합의형성의 공론화는 확연히 구분될 수 있는 내용을 담고 있어 개념적 차별성과 유형의 배타성을 확보할 수 있다. 앞서 이 글이 공론화의 다섯 번째 형태로 소개한 정론형성의 공론화는 '사회적 공감대'나 '사회적 합의'를 언급하지만 어느 것도 '합의'가 무엇인지, 그것을 어떻게 이룰 수 있는지를 명시적으로 언급하지 않는다. 그리고 셋째, 가장 중요한 이유는 정론형성의 공론화에서 '정론'이 종종 '사회적 공감대'와 '사회적 합의'의 동의어로 사용되는데, 과연 '정론'과 '합의'를 동의어로 사용해도 괜찮을지에 대해 강한 의문이 있다.

사실, 정론형성과 합의형성을 같은 의미로 수용하기에는 정책 현장에서 맞닥트리는 무게가 같지 않다. 게다가 사회과학의 핵심 개념 가운데 하나로서 총의(總意)로 번역되기도 하는 '합의'(consensus)에는 두 가지 관점이 혼재되어 있다. 하나는 흔히 구성원 전체의 명시적 동의(agreement) 즉, 만장일치를 합의로 보는 견해이고, 다른 하나는 만장일치가 현실적으로 언제나 가능하지 않다는 점을 고려해 다수의 의견일치를 합의로 보는 견해다. 전자는 흔히 '강한' 합의(strong consensus)로, 후자는 '약한' 합의(weak consensus)로 지칭된다.

그렇다면 다섯 번째 형태의 공론화 즉, 정론형성의 공론화를 통해 만들어진

'정론'은 비록 만장일치는 아니지만, 사회적으로 정당성을 인정받은 의견이기 때문에 '합의'에 도달한 것이라고 볼 수 있지 않을까? 숙의민주주의의 일 특징으로 합당한 이유 제공(reason-giving)의 개념을 제시한 구트만과 톰슨(Gutmann & Thompson, 2004: 4)의 표현을 빌리자면 정론은 상호 간에 수용 가능한 이유가 분명히 제시될 때 형성될 수 있거니와, 여기에서 '상호 간에 수용 가능한 이유'를 바탕으로 형성된 정론은 자연스럽게 다수를 창출할 것이기 때문이다. 그러나 그렇게 도출한 '사회적' 합의가 '합의'의 본래 개념에 조응하는 '쌍방의 명시적 동의'(agreement, 강한 합의)를 끌어낸 것도 아님이 분명하다. 따라서 이 단계에서 도출한 다수의 '정제된 의견' 즉, 종종 '사회적 합의'와 호환되는 정론을 일종의 '합의'로 간주하되, 이를 '약한' 합의로 명확히 규정하고, '강한' 합의형성의 공론화는 따로 유형화하는 것이 바람직하다는 게 이 연구의 제안이다.

'강한' 합의형성의 공론화는 두 가지 형태로 나누어볼 수 있다. 첫 번째 형태의 합의형성 공론화는 정책 과정과 정치과정에서 이해관계를 달리하는 다양한 집단과 세력 간에 이루어지는 거시적 차원의 합의 즉, 사회협약(social convention, social pact)을 지향한다. 1998년 2월 6일, 제1기 노사정위원회(위원장 한광옥) 주관으로 맺어진 '경제위기 극복을 위한 사회협약'은 우리 역사에서 흔치 않은 사회협약의 전형이다. 이처럼 합의를 지향하는 공론화는 정치공동체의 구성과 작동에 필요한 시민들 간의 새로운, 거시적 사회계약 수준에까지 이를 수도 있다. 공론화의 목표나 효력 가운데 하나 또는 둘 모두가 특정 공공문제의 해결을 넘어 주요 사회집단 간의 협약이나 헌법 개정처럼 그 파장이 넓고 깊은 수준에 이를 때 상정할 수 있는 형태다.

- "통일부는 2021년까지 공론화를 진행하고 '통일국민협약'을 체결할 것이라고 밝혔다. 통일국민협약의 목표는 정권이 바뀌더라도 유지될 대북정책의 원칙을 담는 것인데, 이 당국자는 보수·진보를 아우르며 모든 국민이 참여하는 '바텀업(bottom-up)' 방식이 될 것이라고 강조했다."
- 이강원 한국사회갈등해소센터 소장은 "공공갈등관리 기구가 있다면 이해당사자나 정치권이 다루기 힘든 의제는 물론 이주 노동자 등 중장기적 어젠다에 대한 공론화가 가능해진다"며 "광장정치가 아닌 대화정치, 토론정치로 선순환할 수 있는 기제가 마련되는 것"이라고 강조했다.

# '사회적' 합의의 개념과 '합의'의 기준

'강한' 합의와 '약한' 합의의 개념적 구분이 갖는 실익은 한국 사회에서 자주 사용되지만 의미가 불분명한 '사회적 합의'의 개념을 더 정확히 이해할 수 있는 단초가 되는 데 있다. 본래 사회적 합의(societal corporatism)란 사회적 교섭(social negotiation), 사회적 대화(social dialogue), 사회협약(social convention, social pact) 등 다양한 용어로 불리지만 공통되게 1930년대 후반부터 유럽 국가들에서 발전한 노동과 자본의 협상과 동의 과정을 지칭한다.

여기에서 핵심은 자본과 노동이라는 두 이해당사자의 자발적 참여와 대등한 협상을 기초로, 제삼자(정부)가 개입하는 이해조정 과정을 거쳐 쌍방의 명시적 동의(agreement)를 요건으로 하는 사회경제적 협력체제를 구축하는 것이다. 이 책은 이런 관점에서 엄밀한 의미의 사회적 합의 즉, 제삼자가 개입하는 이해조정을 거쳐 쌍방의 명시적 동의(agreement)를 지향하는 공론화를 별도의 유형으로 분리해서 규정하는 것이 현실에 더 조응하는 분류가 될 것임에 주목한다. '약한' 합의에 만족하는 정론형성의 공론화와 달리 합의형성의 공론화는 만장일치를 구하는 공론화라는 것이다.

합의형성의 공론화를 여섯 번째 형태의 공론화로 독립시키는 이면에는 사회적 합의의 개념을 '강한' 합의로 명확히 해야만 공론화가 비결정(non-decision)의 수단이나 빌미로 악용되는 걸 막을 수 있다는 절박한 인식이 숨어있다. 사실, 한국 사회에서 '사회적 합의'는 엄중한 사회적 문제에 대한 논의나 결정을 미루려 할 때 핑곗거리로 활용되는 경우가 자주 있다. 2000년대에 들어 연명치료 중단과 관련한 존엄사 논쟁이 일고 있는 가운데 정부가 '존엄사 법제화에 대해 사회적 합의 조성이 우선 되어야 한다'라거나, '미혼모, 비혼 가족, 동성 부부 등 가족 개념의 변화에 따른 관련 법규 개정은 사회적 합의의 대상'이라는 정부 당국자들의 발언은 명백히 사회적 합의를 핑계 삼는 정책 지연의 한 형태다. 어디 그뿐이랴. 차별금지법 제정 논의, 동성 결혼 법제화 및 입양권 논의, 양심적 병역거부 허용 논란, 낙태죄 존폐 논란, 난민 수용 등 정치적 부담이 있는 우리 사회의 주요 의제와 관련해 '사회적 합의'를 빌미로 공적 논의를 회피한 예가 적지 않다.

설사 사회적 합의를 위한 논의를 시작한다 해도 그 논의를 언제, 어떻게 진행할 것이며 무엇을 기준으로 '사회적 합의가 이루어졌다' 또는 '이루어지지 않았다'고 판정할 수 있는지에 대한 합의도 없다. 그래서 이미 오래 전에 홀스타이(Holsti, 1993: 309)는 체계(system)의 실효성을 높이는 데 필요한 합의의 범위와 유형에 대해 숙고해 온 연구자들도 합의의 기준을 명시적으로 제시하는 경우가 거의 없으며, 이 용어를 자주 사용하는 여론과 투표행태 연구자들조차도 합의를 달성하는 데 필요한 정확한 수준의 동의가 어느 정도인지 식별하지 못하는 경우가 비일비재하다고 지적했다. '사회적 합의', '약한 합의', '강한 합의'의 개념을 정초하기 위해서는 합의의 기준에 관한 논의가 반드시 후행 되어야 한다(이에 대한 자세한 논의는 이 책 제5장 1절 참조).

두 번째 형태의 합의형성 공론화는 이해관계를 달리하는 개인 또는 집단 간 협상·조정이 만들어내는 미시적 차원의 합의를 지향한다. 2004년 한탄강댐 건설 합의(김승일, 2007, 정정화, 2012)를 시작으로 2010년에 맺어진 국립서울병원 이전 합의(김광구 외, 2011), 2014년 신화1리 갈등조정 합의(박재근 외, 2016) 등이 대표적인 사례다. 이처럼 강한 합의의 효력은 때로 특정 분야, 특정 문제의 분야별, 미시적 해결에 국한될 수도 있으며, 실제로 일상의 이해충돌을 해결하기 위한 공론화가 이러한 형태를 띠고 있다.

- "플랫폼 노동자 문제를 논의하기 위해 기업과 노조가 머리를 맞댄다. (…) 최성진 포럼 대표는 "전 세계적으로 플랫폼 노동에 대한 논의가 진행되고 있는 가운데, 이번 포럼은 사회적 공론화를 통해 플랫폼 노동자 문제의 해결을 촉구하는 역할을 해볼 수 있지 않을까 해 마련한 것"이라고 말했다."
- "민주언론시민연합은 29일 논평을 내고 '방송시장 전반의 구조적 문제점을 점검하고 해결책을 찾는 계기가 돼야 한다'면서 '외주제작과 방송사 간의 불공정 거래 관행을 혁파하기 위한 표준계약지침을 사회적 공론화를 통해 마련해야 하고, 이를 공정거래위원회에서 제도화하는 조치가 절실하다'고 강조했다."
- 김희경 변호사는 (…) "공론화를 통한 분쟁 해결의 시대를 열어가자"고 했다.

어느 것이 되었든 이러한 형태의 공론화는 주어진 문제를 둘러싸고 개입하는 다양한 참여자들의 이해관계를 공적 논의 절차를 통해 조정하고 쌍방의 명시적 동의를 끌어내는 합의형성(consensus–building)을 의미한다. 이 단계에서의 공론화는 '사회적 공감대 형성'이나 '정제된 여론형성과 확인'에서 한 걸음 더 나아가 대립하는 이해관계를 적극적으로 조정하는 정책협의(policy concertation)의 형태를 띠고, 구체적인 행동이나 정책을 실행할 수 있는 공식적 의사결정을 전제로 한다는 점에서 앞서 소개한 다섯 가지 형태의 공론화와 확연히 구별된다.

## 2. 이슈생애주기와 공론화의 다차원성

### 공론화의 속성

공론화를 바라보는 이상의 시각은 사회문제와 공공문제의 성격이나 내용 자체보다 이들을 생산하고 구성하는 사회적 교환양식과 관리, 그리고 통제의 기제에 주목한다는 것을 뜻한다. 여기에서 사회적 교환양식이란 사회문제나 공공문제를 생산하고 구성하는 상호작용 체계를 의미하며, 관리와 통제 기제란 이 상호작용 과정에서 분출하는 갈등과 분쟁의 조정 기제를 의미한다. 바꿔 말하자면 다양한 사회 현상들 가운데 문제가 될 만한 것이 있는지 살펴보고, 문제가 있다고 판단되면 그것이 국가가 개입할 성질의 것인지 또 그만한 가치가 있는지를 진단한 다음, 국가의 개입이 필요하다고 판단될 때 국가가 개입하는 방법과 수준을 결정해야 하는데, 이러한 일련의 과정을 통제하고 관리하는 기제가 곧 공론화라는 것이다. 이러한 관점에서 보면, 한국어에 함축된 공론화의 의미를 다음과 같은 세 가지로 정리해볼 수 있다.

첫째, 공론화는 이슈생애주기(life cycle)와 함께하는, 이슈의 사회적 구성 과정이다. 이 글의 서두에 소개한 '나무위키'의 정의처럼 공론화를 일컬어 어떤 이슈를 '공개적으로 알리는 것'에 한정한다면 공론화를 명사(名詞)로 읽기 쉽지만, 이 글이 제안하는 것처럼 거듭되는 의미화와 재의미화를 통해 이슈의 함의를 구성해 나가는 농태적 과정으로 본다면, 공론화는 분주한 동사(動詞)이자 동원(mobilization)과 반동원(counter-mobilization), 화합과 반목의 집단적 상호작용이 교차하는 사회적 실천이라고 규정할 수 있다. 따라서 이 과정은 언제든지 중단될 수 있고, 앞으로 나아가지 못하고 전 단계로 회귀할 수도 있으며 이 과정을 주도하는 능동적 소수(active minority)의 의도와 역량에 따라 중간 단계를 뛰어넘어 곧바로 목표지점에 도달할 수도 있는 불연속적 과정이라고 할 수 있다. 어떤 이슈가 확대와 축소의 양극단을 오가다 소멸에 이르는 과정이 공론화라는 것이다.

둘째, 공론화는 이슈생애주기와 함께하며 사회문제와 공공문제를 구성하고 최종적으로는 공공정책과 사회협약을 산출하는 정책 과정(policy process)이다. 공론화 과정은 다양한 사회적 행위자들과 행위자 집단이 때로는 분명한 의도와 목적을 가지고 정교하게 다듬어가는, 또 때로는 누구도 예측하지 못한 사회적 상호작용의 결과(왜곡효과)로 발생하는 정책 이슈의 사회적 구성과정으로서 크게 시민사회 영역과 공공영역, 두 공간에서 이루어진다. 이 연구가 제안한 여섯 가지 형태의 공론화 중처음 세 가지(공개, 이슈화, 사회문제화)는 시민사회영역에서 발원해 특정 문제를 공공의제로 전환하기 위한 사회운동(social movement)의 형태로 이루어진다. 다음 세가지 형태의 공론화(의제형성, 공론형성, 합의형성)는 공공영역에서 이루어지며 공공정책의 수립과 집행 과정에서 필요한 문제 정의와 대안 마련을 위한 담론 경쟁의 공간이 된다.

셋째, 공론화는 국가와 사회, 정부와 시민 사이의 상호작용을 매개하는 수단이자 공간으로서, 주어진 정치공동체의 질서를 회복하는 정치적 협상과 조정, 거래의과정이다. 헤겔(Hegel)은 국가 공동체의 목적이 질서 유지에 있다고 했다. 그런데주어진 특정 사회의 질서 유지를 목적으로 하는 국가, 그리고 그 실천 주체인 정부는 질서 그 자체가 아니라 질서를 위협한다고 판단되는 문제의 해결(problem-solving)을 통해 질서 유지를 추구한다(Duran, 1990: 244). 환언하면, 국가가 추구하는 질서란 그 자체가 국가 행위의 직접적인 목표가 아니라 주어진 문제를 성공적으로 해결했을 때 주어지는 결과이며(Duran, 1999: 2), 그래서 모든 사회와 국가(정부)는 그 안에 주어진 문제들을 어떻게 해결하느냐에 따라 흥망의 부침을 겪는다는것이다(Rezsohazy, 1996: 13). 여기에서 '문제'(problem)는 공적 행위자들과 사적 행위자들의 상호작용을 촉발하고 중개하는 결절점(nodal point)으로 기능하는데, 그문제의 원인과 해법이 무엇인지에 관한 주장과 프레임과 집단행동의 전략이 교차하는 국가와 시민사회의 상호작용 과정이 공론화라고 할 수 있다.

## 공론화의 6층위와 3차원

<표 1-3>과 [그림 1-7]은 공론화의 한국어 용례를 분석하며 파악한 이슈의 생애주기를 공론화의 여섯 층위로 시각화하고, 공론화의 여섯 층위에서 공론화의 실천적 지위를 3개 차원으로 정리(mapping)한 것이다.

공론화의 여섯 층위 가운데 처음 세 층위는 공개, 이슈화, 사회문제화를 일컫는다. 이들은 모두 시민사회 영역에서 발원하는데 사회문제화는 시민사회 영역에서발원해 공공영역으로 침투한, 공공의제형성(public agenda-setting) 과정으로 이어지며 공론화의 첫 번째 차원, 제1차원을 구성한다. 물론 모든 형태의 이슈화와 문제 제기가 반드시 공공영역의 공식적 의사결정 공간으로 침투하는 것도 아니고, 성

<표 1-3> 한국어에 나타나는 공론화의 6층위와 3차원

| 영역 | 차원 | 층위 | | 내용 | 주체 | 방법 | 목표 |
|------|------|------|------|------|------|------|------|
| 시민<br>사회<br>영역 | 1<br>차<br>원 | 의제<br>형성 | 공개 | • 회자하다<br>• 공개적으로<br>  논의하다 | • 개인<br>• 능동적 소수 | • 폭로<br>• 공개 | • 사적 이슈의<br>  공개적 논의 |
| | | | 이슈화 | • 이슈화하다<br>• 논란거리로<br>  전환하다 | • 개인<br>• 능동적 소수<br>• 언론 등 | • 다중토론<br>• 프레이밍 | • 이슈의 사회화 |
| | | | 사회<br>문제화 | • 사회적 의제로<br>  전환하다 | • 능동적 소수<br>• 시민사회단체<br>• 언론 등 | • 문제 (재)정의<br>• 사회적 동원<br>• 프레이밍 | • 이슈의 문제화 |
| | | | 공공의<br>제형성 | • 공공의 문제로<br>  전환하다<br>• 공공의 의제로<br>  설정하다 | • 의회, 정부 등<br>  공식적 행위자 | • 숙의, 작은<br>  공중 포럼<br>• 참여적 의사결정 | • 사회문제를<br>  공공문제로<br>  전환하기 |
| 공공<br>영역 | 2<br>차<br>원 | 정론형성 | | • 중지를 모으다<br>• 다수 의견을<br>  확인하다<br>• 공식적 의사<br>  결정의 기초를<br>  형성하다 | • 시민사회단체,<br>  언론 등 비공식<br>  행위자<br>• 의회, 정부 등<br>  공식적 행위자 | • 프레이밍<br>• 참여적 의사결정<br>• 숙의, 작은<br>  공중 포럼 | • 문제의 원인과<br>  해법에 대한<br>  정제된 다수<br>  의견 형성 및<br>  진단 |
| | 3<br>차<br>원 | 합의형성 | | • 이해를 조정하다<br>• 사회적 약속과<br>  규범을 창출하다 | • 이해관계자 집단<br>• 의회, 정부 등<br>  공식 행위자 | • 협상조정(ADR)<br>• 사회협약<br>• 동의 | • 이해조정<br>• 새로운 사회계약 |

공적으로 공공문제로 전환된 모든 사회문제가 반드시 정책으로 이어지는 것도 아
니다. 이슈든, 문제든 언제든지 소멸하거나 미해결 상태로 고착되어 잠복할 수도
있다. 또 모든 이슈가 반드시 시민사회영역에서 촉발되어 공공영역으로 침투하는
것도 아니다. 공공영역에서 스스로 발굴하고 선제적으로 의제화해 시민사회영역에
서 논쟁거리가 되는 경우도 비일비재하다. 현대 국가의 행정국가화는 오히려 이런
경향을 더욱 부추긴다. 그래서 이 연구는 시민사회 영역에서 이루어지는 공개, 이
슈화, 사회문제화를 거쳐 공공영역에서 이루어지는 공공의제형성에 이르는 과정을
넓은 의미의 의제형성 공론화로, 공공영역에서 이루어지는 공공의제형성을 좁은 의
미의 의제형성 공론화로 구분하고자 한다.

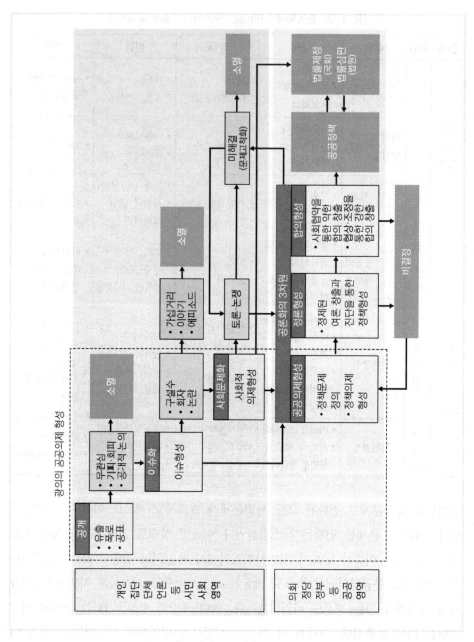

[그림 1-7] 이슈 생애주기와 공론화의 3차원

## 공공의제 건설과정 3유형

콥, 로스 & 로스(Cobb, Ross & Ross, 1976, 1994)에 따라, 공공의제 건설과정을 크게 세 가지로 유형화할 수 있다. 시민사회영역의 사회적 동원과 사회운동 과정을 거쳐 공공의제가 형성되는 외부 주도모형(outside initiative model), 공공영역의 주요 활동 인자 즉, 공무원들을 비롯해 공적 행위자들이 선제적으로 구성하고 제기하는 동원모형(mobilization model), 대중적인 여론 조성이 공공의제 형성에 오히려 방해된다고 판단할 경우 공무원, 국회의원 등 소수 능동적 행위자가 중심이 되어 구성하는 내부접근모형(inside access model)이 그것이다. 미투 운동을 비롯해 사회적 의제를 거쳐 공공의제로 전환되는 대부분의 의제가 첫 번째 경우라면 인구감소에 따른 지역소멸에 대비해야 한다는 정책의제 등은 두 번째 경우고, 한국의 핵 보유 담론과 핵잠수함 건조 등은 세 번째 경우다.

공론화의 제2차원은 다섯 번째 층위, 정론형성의 단계에 조응한다. 이 차원에서의 공론화는 문제정의(problem definition)와 대안모색 등 구체적인 정책형성을 위해 '정제되고'(refined) '계몽된'(enlightened) 다수 의견을 수렴하고 진단할 것을 목적으로 하는 공론화다. 여기에서의 공론화는 공식적인 의사결정에 필요한 '참된 여론'을 형성하고 포집할 것을 목표로 한다는 점에서 정론 형성(refined public opinion-building)의 공론화라고 부를 수 있다. 여기에서 정론(正論, refined public opinion)이란 '이성의 공적 활용'(public use of reason)을 통해 표집된 의견이라는 점에서 중론(衆論, mass opinion)보다 깨어 있고, 중론의 평균을 낸 여론(輿論, public opinion)보다 공공의 이익에 조응한다는 점에서 상대적으로 '참'으로 인정되는 '올바른' 의견을 말한다.

## 여론, 정론, 공론의 개념적 범주

논자에 따라서는 여론을 general opinion으로, 공론을 public opinion으로 사용하기도 하지만(cf. 김대영, 2004: 119), 공론의 개념적 범주를 설정하는 것은 지금도 학계의 논란거리다. 하버마스(Habermas, 2015)는 여론과 공론을 동의어로 사용하는데, 그 역시 18세기 이래 서구 역사에서 여론(public opinion)의 의미가 어떻게 변화하는지를 추적하며 시대에 따라, 논자에 따라 달라지는 여론의 개념을 재구성하고 있다. 이 글은 공론이 어느 하나의 개념으로 수렴되는 것이 아니라 다양한 차원의 의미로 발산함을 보여주기 위해 공론의 다중성이라는 이름 아래 공론의 의미 변화를 중론(general opinion)→여론(public opinion)→정론(true opinion)으로 구별해 사용한다. 여기에서 정론은 공론화를 통해 사회적 정당성을 획득한 의견 즉, '정제된 다수 의견'을 의미한다. '정론'은 원래 플라톤의 표현인데, 플라톤은 public opinion과 true opinion을 구별하며 전자를 여론의 의미로 쓰고, 후자를 객관적 지식, 진리(정론)의 의미로 사용했다. 이 글은 공론의 다중성을 보여주기 위해 플라톤의 예에 따라 이 두 가지 표현을 구별해 사용하지만, 플라톤의 이데아 개념과 달리 정론(공론)을 실체적 개념으로 받아들이는 건 아니고 오히려 '공론화 과정에서 한시적으로 생성된 지배적 의견'의 의미로 사용하고자 한다. 따라서 이 글에서 사용된 '정론'은 플라톤이 상정하듯 절대적 진리가 아니라 주어진 특정 시점과 특정 공동체 내부에서 한시적으로 정당성을 획득한 의견이라는 상대적 개념임을 강조하고자 한다.

제3차원은 앞서 소개한 합의형성(consensus–building)의 공론화다. 주지하다시피 합의형성이란 엄밀한 의미에서 다수결의 원칙에 의존하는 의사결정 방식이 아니라 상호 간의 동의(agreement)를 원칙으로 하는 의사결정 방식이다. 다만, 100% 동의(만장일치)가 현실적으로 어렵기 때문에 이 연구는 80% 이상의 동의가 있을 경우에 합의가 이루어진 것으로 간주하고자 한다(자세한 내용은 이 책의 5장 1절 참조). 그런 만큼, 이 연구가 상정하는 합의는 집단 간 갈등을 해소하기 위한 과정에서 궁극적인 목표로 떠오르곤 하나 그렇다고 해서 전체주의적인 합의를 지향하는 것은 아니다. 단지, 비타협적인 입장에 의해 의사소통이 정체되거나 봉쇄되는 것을 사전에 제어하며 상반된 이해관계의 공유지점, 즉 합의가능영역(ZOPA : zone of possible agreement)을 발견함으로써 상호 간의 이익을 증진하는 해결방안을 추구하는 것이 특징이다. 따라서 '공론화를 통한 합의형성'이라는 표현은 엄격하게 말해서 이 세 번째 차원의 공론화에 한정되어야 한다. 이 외의 방식에 의한 공론화를 통해 합의형성을 지향하는 것은 어법으로나, 실천에서나 적실성(relevance)이 없는 표현이다.

공론화의 개념이 이렇게 다차원적으로 구성되는 만큼 매 단계 형성되는 공론의 의미 또한 다중성을 가질 수밖에 없다. 처음 공론화가 시작하는 시민사회 영역에서의 '공론'은 공개적인 논의를 통해 비로소 외연화시킨 '공개적인 논의 주제', '이슈' 또는 '(사회)문제'를 의미하지만, 공공영역에서의 공론이란 '정책의제'와 '정론', 또는 '합의'를 일컫는다. 이처럼 공론화의 다차원성과 공론 개념의 다중성이 확인된 이상 앞으로의 과제는 공론화의 개념에 대한 사회적 합의를 구축함으로써 공론화의 개념적 혼란을 예방하는 것이 필요하다. 이에 이 연구는 공론화의 개념을 넓은 의미(광의)와 좁은 의미(협의)로 나누어 볼 것을 제안한다.

넓은 의미의 공론화란 시민사회 영역에서부터 공공영역에 이르는 여섯 가지 형태의 공론화 전체를 아우르는 개념이다. 여기에서의 공론화란 이슈의 사회적 구성과정으로서 단순한 '사실'의 폭로에서부터 강한 합의에 이르는 전 과정, 국가와 시민사회의 상호작용까지를 모두 포괄하는 개념이다. 이는 한국인의 생활세계(life-world)에서 일상적으로 유통되고 소비되는 공론화의 개념에 조응하는 것으로 이어서 소개할 좁은 의미의 공론화 개념이 정초하는 기반이 된다.

좁은 의미의 공론화란 공공영역에서 이루어지는 세 차원의 공론화 즉, 의제형성, 정론형성, 합의형성 공론화로 한정하고자 한다. 이 세 가지 형태의 공론화는 정부와 시민사회의 활발한 상호작용을 통해 주어진 문제해결에 필요한 정제된 의견을 형성하고 진단하는 한편, 때에 따라서는 이해당사자 간 합의를 형성하며 정책결정의 정당성을 확보하는 직접적인 통로로 기능한다. 그렇다면 이 세 가지 형태의 공론화는 하버마스가 상정했던 숙의정치 이중경로 모델(two-track model of deliberative democracy)이 한국 사회에서도 작동할 수 있다는 경험적 근거를 형성할 수 있거니와(이에 대한 자세한 논의는 이 책의 3장 참조), 우리 시대에 필요한 민주적 의사결정 방식으로 특별히 주목할 필요가 있다고 하겠다.

따라서 이 책은 이어지는 장(章)들에서 좁은 의미의 공론화에 집중하며 각각의 모형에 조응하는 실행모형 즉, 공론화의 기술(arts)과 장치(devices)를 함께 살펴보고자 한다. 공공영역에서 이루어지는 의제형성, 정론형성, 합의형성 이 세 가지 공론화 모형은 민주주의 혁신(democratic innovation)의 일환으로 서구 사회가 발전시켜온 참여적 의사결정 기법(participatory decision-making)과 작은 공중(Mini publics) 등, 숙의적 정책형성(deliberative policy-making)의 기술적 발전을 포괄할 수 있어 우리 사회의 적용맥락과 결합할 경우 한국 민주주의 발전에도 크게 이바지할 수 있을 것으로 기대된다.

# 제2장
# 공론의 개념과 공론화의 조건

‘사실’과 ‘사실의 의미’ 사이에 주어진 거리를 알고 싶다면
사회적 토론의 장으로 가보라.

존 듀이

If one wishes to realize the distance which may lie
between 'facts' and the 'meaning of facts',
let one go to the field of social discussion.

John Dewey

# 02 공론의 개념과 공론화의 조건

제1장에서 살펴본 바와 같이 한국 사회에서 소비되는 공론과 공론화의 개념은 하나가 아니고 다양한 층위에 분포되며 다중적인 의미를 띠고 있다. 그렇다면 공론과 공론화라는 용어에 함축된 의미의 다중성과 다차원성은 어디에서 비롯하는 것일까? 공론과 공론화가 한국 사회에서 의미의 다중성을 가지게 된 것은 오래전부터 '공론' (公論)이라는 용어를 사용한 한자 문화권의 영향과 하버마스의 '여론'(public opin-ion, öffentliche Meinung) 개념이 중첩되며 생긴 것으로 보인다. 즉, 유교적 공론장과 근대 유럽의 부르주아 공론장 개념이 서로 무관하게 발전해왔을지라도 오늘 우리가 사는 삶의 현장에서 두 전통이 조우하고 뒤섞이며 한편으로는 개념적 혼란을 일으키고, 다른 한편으로는 1장에서 살펴본 의미의 다중화를 가져온 것이라고 짐작할 수 있다. 이 책은 이런 관점에서 유교적 공론관과 근대 서유럽의 공론장 개념을 비교하며 두 개념의 공통점과 차이점을 드러냄으로써 공론과 공론화에 대한 우리의 이해를 넓혀 보고자 한다.

## 1. 유교적 공론장과 시비론적 공론관(是非論的 公論觀)

　　한국인의 언어 실천에서 공론과 공론화의 개념이 다중성을 띠게 된 이유를 이해하기 위해 먼저 우리 사회에 침윤된 유교적 공론장의 유산부터 살펴보자. 두말할 필요 없이 '공론'이라는 표현은 이미 우리 역사에 오래전부터 자리 잡은 정치적 쟁론의 한 형태이자 조선조 이래 절대 군주의 정치 공간과 재야 사림의 정치 공간을 이어주는 담화의 형태로 명맥을 이어왔다. 그리고 이 공론을 중시하는 정치가 조선조 정치의 대표적인 특징이라는 게 많은 연구자의 공통된 주장이다. 우리에게 익숙

### 광화문 월대와 유교적 공론장

경복궁 정문 월대 전경(사진 제공=국립민속박물관/1916년경 촬영)

　　월대는 경복궁 근정전 등 궁궐 전각과 종묘, 능침 정자각 등에서 볼 수 있는 넓은 기단 형식의 대(臺)로 주로 석재를 사용해 지반보다 높게 만들며 궁중의 각종 행사가 있을 때 사용했다. 특히 광화문 정문 앞 월대를 둘러싼 광화문 권역은 백성과 화합하고 소통하던 공간이었다. 월대는 광화문과 하나인 문화유산 건축물이었으나 일제강점기에 사라졌다(내 손안에 서울, 서울시 소통포탈 2019.11).

한 '공론정치(公論政治)'라는 표현이 웅변하는 것, 바로 그것이다.

조선 시대 유교 공론정치의 전형은 광화문 광장이다. 광화문 광장은 중요한 국가적 행사가 있을 때 경복궁 정문 앞 월대(月臺)로 국왕이 출입하며 백성과 화합하던 장소였고, 국왕의 궁궐 밖 행차가 있을 때 어가 앞 상소가 이루어지던 소통의 공간이었다(홍찬숙, 2018: 148). 그래서 나라에 부당한 정사가 펼쳐지거나 어려움이 닥쳐 개혁의 필요성이 대두될 때마다 나라님에게 올리는 유림의 상소가 이루어진 곳, 사대부의 폭정에 대항하는 동학교도의 복합 상소가 이루어진 곳이 광화문 광장이었다. 그리고 2016년 겨울, 연인원 1,800만이 운집한 광화문 광장은 촛불 시민혁명의 세례를 받으며 현대 한국 정치의 중심지로 다시 떠올랐고, 그 정치의 중심지를 메웠던 것이 다름 아닌 '공론'이었다.

### 조선의 공론정치와 공론의 개념

조선 후기 영조 시대의 정치 소통 구조와 공론정치를 연구한 박현모(2010: 20)는 조선조의 공론정치를 아래와 같이 기술한다.

> 조선조의 사람들은 어떤 조치를 정당화하거나 반대할 때 공론을 거론하곤 했다. 국왕을 비롯한 특정 정치가를 견제하려 할 때도 "공론을 듣지 않는다 [不聽公論]"라거나 "지금 온 나라의 공론을 막으려 하고 있다"라는 말로 비판하곤 하였다. 국왕 역시 "날마다 경연에 나가서 선비를 맞이하여 강론 듣는 것"을 중요한 일과로 삼았으며, 특정 정책이나 조치에 대한 지지 여부를 살피는 방편으로 공론을 사용하곤 했다. 말하자면 공론은 국왕과 신료를 불문하고 자신의 언행을 정당화하거나 상대방을 비판, 저지하려 할 때 사용되는 정치적 용어이자, 정책 결정에 있어서 정당성 여부를 가늠하는 중요한 지표였던 것이다.

공론이란 표현은 조선왕조실록이나 조선조 개인 문집들에 자주 등장하지만, 그 내용이 매우 다양하고 가변적이어서 일목요연한 개념화가 어렵다. 하지만, 조선조 정치적 정당성의 원천으로 기능한 것이 공론이었음은 분명하다. 유교 공론정치를 동북아의 독특한 '근대적' 현상이라고 설명하는 김상준(2016: 439)은 17세기에 조선에서 유교 정치가 전국화(nationalize)되었고, 그와 함께 근대적 수준의 유교적 공론장이 탄생했다고 설명한다.

이 책의 서론에서 소개한 바 있는 '상확'과 '도우유불' 등, 세종 때 유행한 한국식 토론 기법이 공론화의 기술이라면, 공론화는 그 자체로 상하좌우의 말길을 열어주는 수단이었다. 세자시절 부왕의 배려로 8년 가까이 대리청정(代理聽政)을 했던 문종(1414-1452 재위 1450-1452)은 2년 3개월이라는 짧은 치세였지만 재위 기간에 6품 이상까지 윤대(輪對)를 허락했다. 윤대는 문무관원이 교대로 궁중에 참석해 임금의 질문에 응대하던 일이다. 문종은 "아직도 언로가 좁다고 여겨 6품 이상의 조신에게 모두 윤대를 허락하고 지위가 낮은 신하라도 온화한 안색과 부드러운 말씨로 응대해서 그들이 할 말을 다 하게 했다"(이기환 기자의 팟 캐스트-흔적의 역사, 2020.10.1).

조광조(1482-1519)는 중종에게 이르기를 "언로의 열리고 막힘은 국가사의 관건이다. 통하면 치평할 것이며, 막히면 망할 것이다. 그러므로 군주는 언로에 힘써 위로는 공경·백집사로부터 시정의 민중에 이르기까지 모두 말할 수 있게 해야 한다"고 했다. 율곡 이이(1536-1584)가 "언로의 열리고 막힘에 나라의 흥하고 망함이 달려 있다 … 공론이란 한 국가의 원기이다 … 국가에 공론이 없으면 망하게 되는데 어떻게 이를 금지하고 끊어버릴 수가 있는가"라고 한 것은 모두 유교적 공론장의 단면을 보여주는 것이라고 이해할 수 있다(장공자, 2000: 64).

이상의 예만 보더라도 공론은 우리 역사에서 국가 중대사를 결정하는 문제해결 방식으로 자리 잡은 지 오래다. 박현모(2010: 21)는 조선조 정치적 정당성의 유교적 근거 가운데 하나가 흔히 대간(臺諫)으로 불리며 공론 또는 공론정치의 핵심적인 기관으로 작동된 시간원과 사헌부였음을 지적한다. 대간에게 주어진 책무는 하루에도 수많은 판단과 결정을 내려야 하는 국왕과 "천하의 득실과 생민의 이해와 사직에 관련된 큰일들"을 총괄해야 하는 재상이 잠시라도 공적인 태도를 잃지 않도록 감시하고 비판하는 일이었기 때문에 다른 이들이 갖지 못한 특별한 권한을 가지고 있었다. 백관의 인사과정에 쟁집(爭執)할 수 있는 권한, 서경권(署經權)이 그것이다.

서경의 '서(署)'는 서명한다는 뜻이고, '경(經)'은 거친다는 뜻이다. 서경에는 크게 두 가지가 있었는데 하나는 인사에 관한 것이고, 다른 하나는 법령에 관한 것이다. 인사에 관한 서경을 고신서경(告身署經)이라 불렀다. 이는 문무 관리로 임명된 사람에게 발급하는 직첩인 고신에 대간이 서명하는 것을 말한다. 그리고 법령을 제정하거나 고치는 등 인사를 제외한 주요 정책에 대해 서경하는 것을 의첩서경(依牒署經)이라 불렀다. 법령을 재개정할 때는 발의한 아문(기관)의 안을 예조에서 왕에게 올려 허락을 받은 뒤 다시 사헌부와 사간원의 서경을 거쳐 이를 해당 아문에 보내 주었다. 조선 시대에는 비록 서경의 대상이 축소되기는 했지만, 성종(재위 1469~1494) 대(代) 대간들의 역할이 확대되면서 서경권이 건국 초기보다 적극적으로 활용되기 시작했다(국사편찬위원회, 2020).

　대간의 서경권은 쟁론으로 보완되었다. "면절(面折: 얼굴 앞에서 잘못된 주장을 꺾어치움), 정쟁(庭諍: 뜰에 서서 소리쳐 고치도록 말함), 견거(牽裾: 임금의 옷깃을 잡아당기면서 간언함), 절함(折檻: 난간을 부러뜨리면서까지 간언함)"을 그들의 주요 덕목으로 간주할 정도였다. "인주(人主)[1]의 좌우에 서서 인주와 더불어 시비(是非)를 다투며, 인주는 '행할 만하다'라고 하는데도, 대간은 '결코 행할 수 없다'하고, 인주는 '마땅히 죽여야 한다'라고 하는데도, 대간은 '결코 죽여서는 안 된다'라고 하며, 진노(震怒)에 부딪히면서도 천안(天顔)에 항거하는" 중요한 "임무"를 가졌다는 믿음이 그것이다. 이처럼 정쟁의 '예방적 효과'가 중시되는 전통이 있었기 때문에, "간쟁(諫諍)은 공론의 근저(根柢)"이며, "간관이 없으면, 나라는 나라답지 못하게 된다"라는 말을 어전에서도 당당하게 할 수 있었다. 조선 후기의 지식인 이중환(李重煥, 1690−?)이 언관의 "논박과 탄핵" 때문에 조선왕조가 "삼백 년을 내려오면서도 권세를 크게 농간한 자[大權奸]가 없고, 꼬리가 커서 흔들기 곤란하여질 근심이 없었다"라고 지적한 것도 이러한 맥락에서 이해할 수 있다(박현모, 2010: 21).

　하지만 이런 공론 개념이 조선조만의 전유물이었던 건 아니다. 공론은 원래 중국의 주희(朱熹)에게서 유래하는 신유교(新儒敎)의 오래된 용어다. 이상익·강정인(2004: 85)의 연구에 따르면 유가(儒家)의 공론 개념은 천명(天命), 민심(民心)과 더불어 서양의 '이데아', '자연법', '신의 섭리', '왕권신수설', '구성원의 동의', '일반의지' 등의 개념에 조응하는 것으로 이러한 개념들은 모두 지배의 정당성을 합리화하는 개념적 도구였다. 특히 유교에서는 정치적 지배를 정당화하는 근거로 천명(天命)과 민심(民心) 그리고 공론(公論), 이 세 가지를 강조했는데, 이 중에서 결국 공론이 정치적 정당성의 원천이 되었다. 천명은 그것을 확인하기 어렵다는 인식론적 문제

---

1 군주 국가에서 나라를 다스리는 우두머리. 임금, 왕을 뜻하는 조선 시대 용어.

와 그것이 과연 실재하는 것인지조차 의심스럽다는 존재론적 문제를 가지고 있고, 또한 민심은 중요한 것이기는 하나 항상 정당한 것만은 아니라는 반성과 자각이 있었기 때문이다. 그래서 송대(宋代) 신유학(新儒學)과 함께 공론이 정치적 정당성의 근거로 부상하게 됐다. 천명에 따르면서도 민심에 부합하는 공론이 존재하고 또 그를 확인할 수 있다면 공론이야말로 정당성의 근거로서 최상일 것이기 때문이다.

### 신유교의 공론 개념과 공론화의 의미

나종석(2013: 144-151)은 공론의 개념을 이해하기 위해서는 송대(宋代) 주자학의 신유교에서 발전된 공·사(公·私) 개념을 이해해야 한다고 말한다. 주자학의 공·사(公·私) 구별은 인(仁), 천리(天理)와 인욕(人慾), 시비(是非) 등의 개념과 연결되어 사용된다. 간단히 말하자면 천리(天理)는 공(公)과 연관되어 있고 인욕(人慾)은 사(私)와 연관되어 있다는 것이 주희 공·사관(觀)의 핵심인데, 이 지점에서 중국 고유의 정치사상을 기초한 원시유교에 일대 혁신이 일어났다는 것이다.

첫째는 주희에게 공(公)은 천리(天理) 즉, 하늘의 뜻인데 정치의 궁극적 근거인 천하의 '바른 이치'이면서 인간에 내재하는 도덕적인 본성으로 이해된다. 여기에서 천리는 과거의 천명(天命)과 달리 오직 황제나 최고 권력자만 지켜야 할 도리가 아니라 원칙적으로 모든 사람이 따라야 할 도리로 정초되는 것이 가장 큰 특징이다. 이 지점에서 인욕(人慾)의 사(私)에 대비되는 천리의 공(天理之公)은 이제 모든 인간이 갖추어야 할 윤리 규범의 의미로 사용되며 이전까지 군주 한 개인의 정치적 덕성으로 여겨졌던 공(公)이 모든 사람이 갖추어야 할 덕성으로 보편화된다. 나종석은 조선 사대부들이 삶의 지침으로 삼았던 수기치인(修己治人)의 이상도 바로 이런 인식의 전환이 있었기 때문에 가능한 실천이었다고 기술한다.

둘째는 '더불어' 함께한다는 의미에서의 개방성, 모든 사람에게 골고루 돌아간다는 평분(平分)의 의미에서의 공(公), 그리고 한쪽으로 치우지 않는다는 편사(偏私)에 대비되는 공평(公平)으로서의 공(公)의 개념이 주희의 공(公) 개념에서도 그대로 적용된다. 그리고 여기에서 서양의 공론 개념과 차별화되는, 유교의 고유한 공론 개념이 정초된다. 개방과 공평을 의미하는 공(公)이란 어느 특정한 누구와 무리를 이루지 않고 두루두루, 즉 빠짐없이 골고루 사람과 어울리는 것을 의미하며, 따라서 공론이란 공평무사한 논의 즉, 문제가 되는 사안을 다양한 측면에서 종합적으로 바라본다는 것을 의미한다.

주희는 공론을 국시(國是)라 하며 '천리를 따르고 인심을 화합하여 온 천하가 모두 옳다고 하는 것'을 공론으로 규정했다(나종석, 2013: 152). 따라서 공론은 황제가 주장하는 '사적 이익'에 대항하는 담론이자(홍찬숙, 2018: 151), 유가적 군주정에서 군주의 자의적인 권력행사를 견제하는 개념(이상익·강정인, 2004: 98)이라고 규정할 수 있다. 공론은 이제부터 과거 유학이 주장했던 것처럼 군주 스스로의 수양에 의해서만 가능한 것이 아니라 다른 사회계급 특히 관료와 사대부는 물론 일반 백성에 의해서도 제기될 수 있기 때문이다(나종석, 2013: 153). 이처럼 성리학의 공론 개념은 이어서 살펴보게 될 서구의 공론장처럼 영역적(또는 공간적) 개념이 아니라 천리(天理)라는 정치적 원리를 운용하는 하위개념으로 자리매김하게 된다. 즉 성리학에서 정치의 개념은 그 자체가 곧 천리의 정치고, 천리의 정치를 이루는 방법이 공론정치다(박현모, 2010, 2013). 이것이 조선조 주자학적 공론정치의 이론 틀이 된 것은 물론이다.

나종석이 제안한 공(公)의 두 가지 개념은 자연스럽게 공론장의 개념까지 설명해준다. 공론장이란 공론이 제기되는 공간이자 이러한 공간의 정당성을 보장해주는 다양한 제도를 의미한다. 조선의 경우에는 사간원과 사헌부, 즉 대간(臺諫)이 공식적 공론장의 산실이었다면 전국 각지에 흩어진 서원과 사대부의 사랑방이 비공식적인 공론장을 구성했다. 따라서 공론상에서의 공(公)은 ① 가능한 모든 사람이 공론의 장에 참석할 수 있다는 의미와 ② 이들이 수행하는 토론이 편파적이지 않아야 하며 ③ 누구나 자유롭게 자신의 견해를 두려움 없이 표현할 수 있어야 한다는 세 가지 의미가 있는 것으로 이해된다(나종석, 2013: 151).

그런데 여기에서 특별히 주목할 것은 주희가 공론을 '천하의 모든 사람이 함께 옳게 여기는 것'으로 정의하고 이를 '천리에 따르고 인심에 부합하여 천하 사람들이 모두 함께 옳다고 여기는' 국시(國是)와 연관 지어 입론한 시비론적 공론 개념이 여전히 천명과 관련된 인식론적이고 존재론적인 문제를 떨쳐버리지 못한다는 윤형식(2013: 148)의 언급이다. 시비(是非) 즉, 옳고 그름의 궁극적 기준이 무엇인가라는 쟁점이 형성되면 주희가 기준으로 내세울 것은 천리일 것이기 때문이다. 정치적 정당성의 근거는 공론인데 공론은 천하의 바른 이치 즉, 천리이고 천리는 천명에서 나온다는 규정은 주희의 신유학이 동어반복(同語反覆, tautology)의 함정에 빠졌음을 의미할지도 모른다. 즉, 주희에게 천리와 천명은 이음동의어(異音同義語)일 수 있다는 것이다.

그런데, 박현모(2002), 이유선(2012), 윤형식(2013)은 주희의 공론관이 빠진 이 논리적 교착상태에서 벗어날 수 있는 단초를 조선 성리학, 특히 율곡(栗谷) 이이(李珥)의 수정에서 발견한다. 그에 따를 때 이이는 "천하의 사람들이 모두 함께 '옳다'고 여기는 것(天下之所同是者)"이라는, 주자의 국시에 대한 정의를 수정해 "사람의 마음이 모두 '그렇다'라고 여기는 것(人心之所同然者)"을 공론이라고 정의한다. 이이의 이 정의에서 박현모가 주목하는 것은 토론과 타협이 개입할 수 있는 여지다. 이이의 정의는 공론이란 것이 이미 결정되어있는 어떤 실체가 아니라 토론과 대화를 통해 형성되고 만들어지는 미결정의 어떤 것으로서 공론형성의 과정에 주목한 것이라고 강조한다. 이유선(2012: 60-65) 역시 공공성에 대한 논의에서 진리의 문제를 배제해야 한다고 주장하면서 이이의 공론관이 주자학적 공론관과 구분되는 점이 그것이라고 적시한다. 이른바 구성원 모두가 참여하는 공식적 논의라는 절차적 공론 개념이 정립된 것이다(윤형식, 2013: 147-150).[2]

이 책이 주목하는 것은 율곡 이이의 공론 개념에 내재하는 이런 절차적 개념이 21세기에 들어선 현대 한국 사회에 공론화(公論化)의 가능성을 열어주고 있다는 점이다. 이이의 제안에 따라 특정 사안에 대해 여럿이 함께 논의하고 숙고하며 우리 사회의 공적 이익(공익)에 가장 잘 부합하는 것으로 인정된 공공의 의견을 공론이라고 정의한다면, 공론화란 토론과 대화를 통해 주어진 특정 시점에 우리 사회의 공적 이익에 가장 부합하는 집단적 의견을 만들어가는 과정이자 절차로 정의할 수 있다. 이 과정과 절차는 특정 관점이나 의견이 사회적 정당성을 획득해 나가며 지배적 관점이나 의견으로 정립되는 과정이고 절차인데, 이것이 곧 공론화라는 것이다.[3]

---

2 설사 이이의 공론관이 절차적 개념이었다 할지라도 그것이 이후 조선의 현실 정치에서 실현되었다고 보기는 어려울 것이다. 조선조를 지배했던 공론관은 주희가 제시했던 시비론적 공론관이었고, 현대 한국 사회 역시 이러한 시비론적 개념의 공론관을 사상적 유산으로 이어받아 깊이 간직하고 있는 것으로 보인다.

3 다만, 공론과 공론화에 대한 이같은 정의는 이 연구가 취하는 조작적 정의(操作的 定義, operational definition)에 불과함을 명확히 해두고자 한다. 유교 공론장의 공론관에 대해서는 아직도 논자에 따라 현격한 해석의 차이를 보여주고 있고, 현재 진행 중인 이 논쟁의 어느 한 편을 지지하거나 반박하는 것은 필자의 역량 밖일뿐더러 이 연구의 목적에서도 벗어나기 때문이다. 특히 조선 공론정치에 대한 비판적 검토를 진행한 김경래(2012)의 관점과 경고에 주목하면 공론과 공론장에 대한 우리의 이해와 정의가 논의의 전개를 위한 조작적 개념에 불과함을 고백하지 않을 수 없다. 김경래(2012: 109, 이하 출처 인용은 같은 글)는 기왕의 연구가 각각이 구상하는 바람직한 정치의

## 2. 근대 유럽의 공론장과 절차적 공론관

한국 사회에서 공론과 공론장이란 표현이 대중화된 첫 번째 이유로 조선조 공론정치의 유산을 꼽는다면, 그 두 번째 이유는 『공론장의 구조변동』이라는 하버마스의 저작이 사회과학자들의 지식장을 넘어 일반 대중의 인식 세계로 확산하면서일 것이라고 추측할 수 있다. 본래 공론은 한국어 번역에서 출발어인 독일어 외펜틀리헤 마이눙(öffentliche Meinung)의 도착어고, 공론장은 외펜틀리히카이트(Öffentlichkeit)의 도착어다. 하버마스가 사용한 독일어 낱말, 외펜틀리헤 마이눙은 한국어 여론(輿論, public opinion)과 동의어지만 하버마스가 공론장이라는 개념을 제시하며 여론을 '일반 여론'과 정치적 중요성이 있는 공공의 사안과 관련해 집단적 토론으로 '정제된 여론', 둘로 구분하여 사용했다. 그래서 전자는 여론으로, 후자는 그와 구별되는 다른 용어로 번역해 사용하는 것이 이해의 편의성을 높일 수 있는데, 그 다른 용어가 다름 아닌 공론(公論)이었다. 이를 자세히 살펴보자.

### 하버마스의 공론장 개념

먼저 공론의 개념을 이해하기 위해서는 서구에서 공론과 여론의 개념적 분화가 어떻게 일어나는지를 살펴봐야 한다. 하버마스(2015: 199-221 이하 같은 출처일

---

모습을 공론정치라 상정하고 역으로 거기서 공론의 의미를 추출함으로써 조선의 공론, 공론정치를 당대 사유의 맥락에서 이해하는 것이 아니라, 현재의 '공론정치론'에 의해 이해하는 오류를 범하고 있다고 주장한다. 나아가 박현모(2002), 이현출(2002), 이상익(2004), 김영수(2005) 등의 연구가 조선조의 공론정치를 토론과 논의를 중시하는 심의정치로 이해하도록 하는 데 큰 영향을 끼쳤다고 기술한다(123). 그는 이러한 연구를 바탕으로 한국 사회과학계가 공론정치에서의 소통을 정치 주체들 간에 어느 정도 대등한 입장인 상황에서 이루어지는 행위처럼 묘사하거나(126) '다수 또는 전원'이라는 수적 조건이 공론의 공정성을 가늠하는 필수조건이라는 생각이 보편화되었지만, 이는 해석의 오류라고 주장한다(135). 또한 주희와 이이의 사상을 구분하여 전자를 시비론적 개념으로, 후자를 절차적 개념으로 정의하는 것 역시 주희와 이이의 오독으로서 공론의 이념형에서 공론이 가지는 도덕적 정당성은 수의 다과(多寡)나 소통 행위와 직접적으로 관련이 없으며, 가장 본질적인 요소는 각 주체의 도덕적 상태 즉, 신하들의 마음 하나하나가 공(公)한 상태, 공심(公心)이라고 주장한다(136-140). 김경래가 말하는 공심이란 첫째, 사람의 마음이 '공(公)하다'는 것은 물리적 개체성, 개별성에 얽매이지 않는 태도이다. 둘째, 사람의 마음이 '공(公)하다'는 것은 개별 주체의 욕망, 이익만을 추구하기보다 타인(他人), 타물(他物)을 사랑하고 그것을 이롭게 하고자 하는 자세이다. 결국 그 내부에 차이가 있기는 하지만, 대체로 성리학의 '공(公)한 마음'이란 개인이 가진 개체성의 한계와 제약에서 벗어난 마음, 그리고 개체적 욕심과 이익으로부터 탈피하여 공동체의 입장에서 생각하는 마음이라고 정리할 수 있다. 이는 오로지 자신의 문제에만 집중하고, 자신의 이익만을 추구하는 사사로운 마음이 아니라, 공동체의 문제에 관심을 가지고, 나아가 공공의 입장에서 사안을 판단하는 마음 자세라 할 수 있다(140).

때는 페이지만 표기)에 따르면 여론이라는 표현은 인류 역사에서 오래전부터 사견(私見), 의견(意見), 억견(臆見, doxa), 평판(評判) 등 다양한 의미를 포괄하는 용어로 사용되었다. 『공론장의 구조변동』 제4장은 여론이라는 관용어가 정착된 역사적 과정(前史)을 해부하며 그것이 18세기 후반에 들어서서야 비로소 근대적 의미의 개념 즉, '합리적 토론을 통해 형성된 의견'이라는 뜻을 획득했다고 분석한다.

이 시대에 들어서 여론은 에드먼드 버크(Edmund Burke)의 '일반 의견'(general opinion) 개념이 시사하듯이 '공적 상황에 대한 사적 숙고와 그것의 공적 토론에 상응하는 의견'(208)이고, 프랑스 중농주의자들이 주장한 것처럼 '공론장에서의 비판적 토론을 통해 참된 의견으로 정화된 의견'(209)을 뜻하게 되었다. 따라서 이 시기의 여론은 '사회적 질서의 기초에 대한 공동의, 공적 반성의 계몽된 결과'로서 국가가 사회의 요구와 교감하게 만드는 수단이 되었다는 것이 하버마스의 관찰이다. '여론은 지배하지 않지만 계몽된 지배자는 여론의 통찰을 따르기 때문이다'(210).

이처럼 하버마스가 생각하는 여론이란 18세기 정치사상의 발전과 함께 '개인 또는 부주의한 대중의 의견'에 불과했던 초기, 중세 시대의 개념을 훌쩍 뛰어넘어 '광범위한 공중이 취한 찬반 입장 표명의 집적을 각기 지각하는 바에 따라 관련 당파들이 직관적으로 그 비중을 평가하는, 논란이 되는 주제들과 제안들로 이루어진 군집(syndrome, 群集)'을 의미하게 되었다(윤형식, 2013: 147). 하버마스는 이 지점에서 특별히 이러한 개념의 여론을 지칭해 다른 표현을 제시하진 않지만, 한국어 번역어는 그것을 공론이라고 칭함으로써 '과시적'(repräsentativ) 공공성의 여론과 18세기에 형성된 정치적 공론장의 여론을 서로 다른 두 개념으로 구분해서 이야기하고 있다.

그런데, 이러한 하버마스의 여론 개념이 동시대 다른 연구자들의 여론 개념과 어떻게 분화되고 차별화되는지를 이해하기 위해서는 그것이 18세기 부르주아 사회라는 특정 시대의 정치적 공간 즉, 공론장(公論場, public sphere)의 형성과 궤를 같이한다는 것을 이해해야 한다. '합리적 토론을 통해 형성된 의견'으로서의 여론 즉, 공론은 공론장 이론을 배경으로 할 때 비로소 그 고유한 의미를 파악할 수 있다는 것이다.[4]

---

4 공론장의 번역어인 외펜틀리히카이트는 여론과 마찬가지로 유구한 역사를 가진 개념이다. 하지만 원래 공(公), 공공성(公共性), 공개성(公開性), 공공영역(公共領域) 그리고 공중(公衆) 등을 의미하던 이 말이 한국에서 공론장이라는 번역어로 자리 잡게 되기까지는 『공론장의 구조변동: 부르주아 사회의 한 범주에 관한 연구』를 번역한 한승완(하버마스, 2015: 6, 14)의 설명이 결정적이었던 것으로 보인다. 그는 역자 서문과 이어지는 역주에서 외펜틀리히카이트를 공론장으로 번역한 이유를 다

여기서 말하는 '과시적'이라 함은 하버마스(Habermas)의 표현으로서 '높은 지위가 갖는 권위를 낮은 지위의 사람들에게 과시한다'는 의미다. 하버마스는 부르주아 공론장이 성립되기 이전에 존재했던 중세의 공공성을 '과시적 공공성'이라고 표현하고 18세기 부르주아 공공성을 '공론장'으로 표현함으로써 아렌트(Arednt)가 사용한 '공공성' 개념을 '공론장'으로 축소 또는 특화했다는 평가를 받는다(사이토 준이치, 2009: 59, 윤형식, 2013: 126, 홍찬숙, 2018: 148). 하버마스의 저작, 『공론장의 구조변동』을 번역한 한승완은 '대표하다'라는 의미의 독일어 repräsentativ를 '과시하다'로 번역함으로써 중세의 공공성은 그것이 비록 공공성의 특징을 보인다 해도 '평등한 공중이 공적으로 논의에 참여하여 여론을 형성한다'라는 부르주아 공론장의 이념형과는 완전히 이질적인 것임을 나타내고자 했다(하버마스, 2015: 6-7). 홍찬숙(2018)은 이러한 관점을 조선조 공론정치에 적용해 조선 시대 공론정치가 그 이상과 외양에 있어서는 왕과 신하 사이의 수평적 쟁론을 표방했다 해도 대부분은 절대군주제의 틀을 벗어나지 못한 '과시적' 공론장에 머물렀음을 환기하며 오늘날의 한국에서 우리가 표방하고 실현해야 할 '건강한' 민주적 공론장과 구별한다.

처음 하버마스가 공론장 개념을 제시한 것은 그의 교수 자격 논문 (Habilitationsschrift), 『공론장의 구조변동 : 부르주아 사회의 한 범주에 관한 연구』(Strukturwandel der Öffentlichkeit. Untersuchungen zu einer Kategorie der bürgerlichen Gesellschaft, 1962, 영어본 1989)를 통해서였다. 이 책의 부제, '부르주아 사회의 한 범주에 관한 연구'가 말해주듯이 하버마스는 공론장을 서구 근대가 만들어낸 특정 시대의 산물이자 민주주의 투쟁의 일 성과물로 보았고, 공론은 '깨어난 대중' (enlightened public)이 공론장에서 이성의 공적 사용(public use of reason)을 통해 만드는 집단적 결과물로 보았다. 그는 17세기와 18세기 유럽에서 새로 등장한 부르주아 시민계급이 주축이 되어 합리적 토론을 벌인 신문, 정당, 의회 등 다양한

음 두 가지로 설명하며, 공론장이라는 표현이 공공영역(김용직, 1994), 공공권역(이신행, 1994), 공공성(사이토 준이치, 2009) 등, 다른 표현보다 하버마스의 관점에 더 조응할 수 있음을 주장한다. 하나는 하버마스가 국가나 공권력의 영역을 가리키는 개념으로 사용한 '공공영역'과 구분하기 위함이다. 하버마스는 공공영역과 공공부문을 구별하여 사용하지 않기 때문에 이 둘을 모두 공공영역으로 번역했음도 밝히고 있다(하버마스, 2015: 111). 다른 하나는 이것이 제도적으로 고착된 특정 영역을 넘어 사적 개인으로서의 공중이 논의하여 여론을 형성하는 마당(場)이라는 의미와 함께 토론하고 논의한다(論)는 두 개의 개념이 뒤섞여 있어 공론장이라는 번역어를 선택했다고 밝힌다.

영역(sphere)을 부르주아 공론장으로 설정하며 그것들의 발생과정을 역사적으로 추적했다. 그에게 공론장이란 자본주의 발전과 함께 등장한 근대 유럽의 시민사회에서 이분화된 국가와 시민사회, 그사이에 위치하며 둘 사이를 매개하는 영역인데, 그는 아래 그림을 통해 공론장의 개념을 정식화했다([그림 2-1] 참조).

| 사적 부문 | | 공권력의 영역 |
|---|---|---|
| 부르주아 사회<br>(상품교환과 사회적 노동의 영역) | 정치적 공론장<br>문예적 공론장<br>(클럽, 신문)<br>(문화적 재화시장)<br>'도시' | 국가<br>('내무행정'의 영역) |
| 핵가족의 내부 공간<br>(부르주아 지식인) | | 궁정<br>(궁정·귀족 사교계) |

출처: 하버마스(2015: 111)

[그림 2-1] 하버마스의 공론장 개념

이 그림에 따르면 근대 서유럽 공론장의 출현은 핵가족의 내부 공간에 숨어있는 친밀영역에서부터다. 공중을 형성하는 사적 개인들은 각기 가부장적 핵가족의 내부 공간에서부터 그 제도적 형태를 획득한 이른바 사적 생활에서 비로소 출현한다(하버마스, 2015: 136, 이하 같은 출처일 때는 페이지만 표기). 그리고 이들이 가족의 친밀한 관계를 넘어 공개성을 지향하게 됨에 따라 '커피 하우스'(영국), '살롱'(프랑스), '다과회'(독일) 등의 문예 공론장이 만들어지는데, 이것이 공론장의 시초다. 또 여기에서의 사적 교제가 증권거래소, 신문 등의 출현으로 이어지고 이와 함께 상품과 뉴스 교류가 항구화하자 사적 개인이 새로운 시민계급으로서의 주체성을 획득함에 따라 비로소 정치적 공론장이 형성되었다. 여기에서 공론장은 '공중으로 결집한 사적 개인들의 영역'(143)으로서 '처음부터 사적 성격과 논쟁적 성격을 동시에 가져'(144) 국가와 시민사회를 매개하는 고유의 성격을 갖게 되는데, 특히 정치적 공론장의 존재가 그러하다.

정치적 공론장은 자생적 만남의 장인 문예적 공론장과 달리 공권력에 대항해 사회적·정치적 요구를 담아내며 비로소 '여론'(public opinion, öffentliche Meinung)을 형성한다. 그리고 이미 계급으로 형성된 부르주아 시민들은 이를 통해 공권력에 대항하며 자기들의 요구를 관철해 나가는 공적 영역으로 성장시켜 나간다. 즉 18세기에 이르러 유럽 사회는 권위의 전시 또는 '과시적 공공성'(중세의 공공성)이나 타율적 복종이 전부였던 근대 이전의 '밀실정치'에서 벗어나 시민 스스로 자기 문제를 토론하고 결정하는 새로운 정치 공간의 생성을 목도하는데, 이 정치 공간이 부르주아 공론장이고 이 정치적 공론장에서 비로소 법이 갖는 정당성의 유일한 원천이 여론이라고 주장하는 정치의식이 발현되었다는 것이다. 그리고 18세기를 거치면서 여론은 자신이 논쟁적이고 합리적인 개념을 부여한 규범들에 대해 입법 권한을 주장하게 됨으로써(147), 근대 민주주의 체제의 정치적 자산이 되어 근대 자유주의 정치질서의 확립에 이바지하게 된다.

이 지점에 이르러 하버마스가 18세기 영국에서 이념형을 발견한 공론장의 의미가 더욱 명확해진다. 공론장이란 여론이 형성되고 결집하는 물리적 공간이자 공적 영역으로서 공공 사안에 대한 공적 토론을 통해 국가와 시민사회의 욕구를 매개하는 공간적 은유다. 앞서 언급한 바와 같이 신문과 정당, 의회 등이 근대 민주주의 정치질서의 확립에 기여한 공론장의 대표적인 형태라면, 한승완은 이 지점에서 하버마스가 논하는 공론장 자체가 사실은 시민사회의 동의어라고 기술한다(6). 하버마스가 근대 민주주의를 일컬어 국가와 부르주아 사이의 갈등이 공론장에서 진행되는 토론과 그에 따른 합의를 통해 해결되는 정치체제로 규정했음을 기억하면 이러한 주장도 과장은 아니다.5

요약하면, 하버마스의 공론장은 일반 공중이 참여하는 비공식석(절차적 규제의 존재) 여론형성 프로세스와 결정지향의 숙의 프로세스(절차적 정당성의 확립)의 상호작용을 바탕으로 한다(정병순, 2020: 24). 여러 결사체로 구성된 현대의 시민사회는 국가나 경제체제와는 구별되고, 이들은 생활세계(life world)에서 등장하는 여러 공적 문제들을 공론화하여 제도화된 공론장(국가영역)으로 이전시킨다. 공적 문제를 국가영역으로 이전하는 과정에는 다양한 행위자 집단이 개입하는데, 대표적으로 제

---

5 하버마스의 저작을 세 시기로 구분하며 공론장의 개념이 어떻게 진화했는지를 밝힌 박홍원(2012: 182 – 183)은 『공론장의 구조변동』을 출판한 1962년부터 1980년대 초반까지를 첫 번째 시기로, 『의사소통행위이론』을 출간한 1980년대를 두 번째 시기로, 『사실성과 타당성』을 출판한 1992년 이후를 세 번째 시기로 나눈다. 그리고 첫 번째 시기가 애초부터 민주주의 이론에 이바지한다는 규범적 목적을 가지고 공론장이라는 이념형을 구축한 시기라면, 두 번째 시기는 합리성과 민주적 담론을 가능하게 하는 규범적 조건을 보다 정교하게 다듬는 시기였고, 세 번째 시기는 합리적 공론형성을 넘어 법적 제도화 방안을 고민하던 시기였다고 특징짓는다.

도화된 언론은 물론 기술 발전과 함께 탄생한 새로운 매체들이 활동한다. 하버마스는 이처럼 시민사회에서 구성된 비공식적 공론장(informal public sphere)과 의회 정치체제 중심의 공식적인 정치 시스템(formal political system) 사이에 담론적 상호작용(discursive interaction)이 존재함을 주장하는데, 이 담론적 상호작용이 곧 '공론화'라고 정리할 수 있다.

## 하버마스의 공론 개념

이상에서 살펴본 바와 같이 하버마스는 18세기 이래 대중매체라는 새로운 공론장이 형성되며 중세의 과시적 공론장이 해체되고 부르주아 공론장이 형성되었음을 논증한다. 여기에서 하버마스의 공론장 개념은 부르주아 사회의 한 범주로 자리매김하지만, 이를 현대 민주주의 체제의 작동원리로 일반화하면 '사적 개인들로 하여금 공적인 문제에 대해 그들의 이성을 사용하게 만드는 기제와 더불어 나타난 제도'(이신행, 1994)이자 '여론이 형성되는 사회적 생활의 장'(김용직, 1994)이 공론장으로서, 근대 민주주의의 핵심은 다름 아닌 이 공론장이라고 할 수 있다. 이 공론장이 건강할 때 '건강한 여론' 즉, 공론을 형성할 수 있고 자유로운 공론형성이 보장될 때 민주적 의사결정 역시 건강해질 수 있다고 추론할 수 있기 때문이다.

하버마스의 '여론'을 공론장에서 형성되는 '공론'으로 번역해도 무방한 이유는 바로 이러한 관점에서다. 그리고 어쩌면 그것이 이유선(2012)과 윤형식(2013)이 주장하는 것처럼 오히려 우리의 지적 전통에 너 조응할지도 모른다. 유교적 공론장과 근대 유럽의 공론장 개념이 서로 상관없을지라도 이미 유교적 공론정치의 세례를 받은 우리의 문화적 규약(코드)에는 '공론'이라는 표현이 더 익숙하기 때문이다. 홍찬숙(2018: 148)은 이와 관련해 외펜틀리히카이트 개념을 '공론장'으로 번역한 것부터가 이미 지적 연원과 배경을 달리하는 유교의 공론정치와 하버마스의 공론장을 연결하려는 의도가 있었던 것은 아닌지 생각해볼 필요가 있다고 지적했다. 마찬가지로, 한국어 용례에서 이미 친숙한 표현을 찾다 보니 장(場)이라는 '영역' 또는 '공간'의 개념과 공론이라는 표현이 자연스럽게 접목되었을 가능성도 배제할 수 없다. 어찌 되었든 하버마스의 공론과 공론장 개념은 이미 우리에게 친숙한 유교적 개념과는 큰 차이가 있지만, 둘 다 공론과 공론장에 대한 우리의 인식체계에 영향을 미치고 있다는 사실은 마찬가지다.

다만 여기에서 우리가 잊지 말아야 할 것은 유교적 공론장에서 말하는 공론과 부르주아 공론장에서 말하는 공론의 의미가 정확히 일치하는 건 아니라는 점이다. 한국어 번역어로서 하버마스의 '여론'을 '공론'으로 번역하고자 한다면 이때의 '공론'은 어떤 경우에도 그 자체로 '공적 이익을 담보하는 절대적 의견이나 진리'라는 시비론적 개념을 담보하지 않는다. 더 엄밀히 말하자면 '천리에 따르고 인심에 부합하여 천하 사람들이 모두 함께 옳다고 여기는 의견'(天下之所同是者)이라는 송대 주자학의 시비론적 개념이 아니라, '사람의 마음이 모두 그렇다고 여기는 것'(人心之所同然者)을 의미하는 율곡 이이의 절차적 개념에 조응한다.

　　우리말로 공론화가 '이미 주어진' 공론을 '발견'하는 것이라든가 '숨겨진' 공론을 '찾는 것'이 아니라 새로운 공론을 '만들어가는 과정'과 '절차'라는 의미를 획득하게 되는 소이가 이것이다. 그렇다면 공론은 우리의 주관적 인식 행위와 무관하게 선험적으로 주어지는 실체(實體, substance)가 아니라 공론화라는 다양한 행위자들 사이의 사회적·인식적 상호작용을 통해 비로소 형성되는 사회적 구성물(social construct)이라고 규정하는 것이 더 정확할 것이다. 또, 공론화 과정에서 이루어지는 사회적·인식적 상호작용이 일상생활의 언어적 실천을 통해 이루어진다는 점에서 공론이란 무엇보다도 담론적 상호작용을 통해 산출된 사회적 구성물이라고 해도 무방하다.

### 의사소통 행위와 언어 실천

　　공론화 과정에서 이루어지는 사회적·인식적 상호작용이 의사소통행위의 기초인 언어적 실천에 뿌리를 두고 있다 함은 하버마스의 의사소통이론이 보편적 화용론(話用論, pragmatics)에 기초하고 있고, 방법론적으로 구성주의에 입각해 있음을 의미한다. 그의 구성주의는 말하고, 이해하고, 판단하고, 행동하는 우리 인간의 능력 속에 전제되어 있다고 생각되는 직관적이고 전(前) 이론적(pre-theoretical) 가정들을 드러내 보이면서 이론화되고 있는데, 그의 민주주의 이론을 가능하게 만드는 '이상화'(idealization) 즉, '발화 상황'(ideal speech situation)도 바로 이 맥락에서 등장한다. 그래서 우리는 이성이나 합의에 대한 그의 전제(assumptions)가 어떤 선험적 전제에 기반을 두는 게 아니라 우리가 일상생활에서 언어를 사용하기 때문에 가능해지는 의사소통행위 즉, 언어적 실천에 기반하고 있음을 알 수 있다(이에 관한 자세하고 친절한 논의는 이문수, 2016: 560-561 참조).

　　시비론적 개념을 함축하는 유교적 공론 개념이 하버마스의 공론 개념과 같든 다르든 공론형성 과정과 절차는 공론의 '품질' 또는 '완성도'를 결정짓는 중요한 요인으로 대두된다. 한국 사회과학계가 조선조 공론정치에서 일어나는 군신 간 소통을 어느 정도 대등한 입장에서 이뤄지는 행위처럼 묘사하는 것이나(김경래, 2012: 126) '다수 또는 전원'이라는 수적 조건이 공론의 공정성을 가늠하는 필수조건인 것처럼 소개하는 것도(김경래, 2012: 135) 어찌 보면 공론형성 과정과 절차의 정당성을 확보함으로써 공론의 정당성을 확보하려는 암묵적인 시도일지도 모른다. 실제로 그랬든 아니든 공론형성 과정과 절차가 합리적이고 정당해야만 그로부터 도출되는 공론 역시 정당할 수 있다는 규범적 전제는 시비론적 공론관에서 더욱 긴요하다. 그래서 더더욱 뒤를 잇는 유교 공론장에 관한 연구들 대부분이 '건강한' 공론장의 조건과 성공 요인을 탐색한다고 해서 그리 놀라운 일은 아니다.

　　시비(是非), 옳고 그름이 아니라 상호작용의 관점에서 공론장을 논한 서구 공론장의 지적 전통에서도 공론형성 과정과 절차에 대한 고민은 자주, 그리고 매우 풍성하게 발견된다. 그것은 아마 공론형성이 힘이나 권위가 아니라 '말'과 '생각'의 교환을 통해 이루어지는 것이기 때문일 것이다. 그런 만큼 공론장에 참여하는 참여자들의 행위 양태에 따라 공론의 품질이 달라질 것이라는 우려와 경계가 서구 공론장의 지적 전통에서도 쉽게 관찰된다. 여기에서는 하버마스의 공론장 개념과 여타 숙의민주주의 연구자들의 이론적 가정(assumptions) 속에서 자주, 그리고 명시적으로 발견되는 공론형성 과정과 절차에 대한 고민을 공론화의 원리와 원칙이라는 제목으로 소개하고자 한다.[6]

---

6 공론형성 과정과 절차에 대한 고민은 유교적 공론장의 전통에서도 매우 풍부하게 발견된다. 김경래(2012)가 말하는 공심(公心)이나(이 책 p.84−85, 각주 3 참조) 박현모(2010)가 소개한 대간(臺諫)의 서경권(署經權) 등은(이 책 pp.80−81 참조) 유교적 공론장에서 사용된 공론형성 방법이다. 그러나 필자의 과문이 아니라면 유교적 공론장에서 논의된 공론형성의 조건과 방법 대부분은 당위적 담론 수준에 머물러 실천적인 기술과 조건의 탐구로 발전하지 못했다. 이 책이 공론형성 과정과 절차에 대한 고민을 서구 공론장의 지적 전통에서 길어 올리게 된 첫 번째 이유가 이것이다. 두 번째 이유는 명백히 필자의 천박한 한문 독해 능력 때문이다.

## 1. 공론화의 원리

### 하버마스의 이상적 발화상황과 행정권력

하버마스가 촉발한 공론장 개념은 여전히 논쟁적 위치에 있지만, 현대 민주주의의 구성과 작동원리로 시민들의 합리성과 적극적인 정치참여를 강조하며 공론형성의 공정한 절차 수립을 목표로 한다는 점에서 민주주의의 이상에 한 걸음 더 나아갈 수 있는 이론체계로 인정받는다(홍성구, 2009: 81). 그래서 하버마스의 공론과 공론장 개념은 자유민주주의와도 차별되고 참여민주주의와도 구별되는, 숙의민주주의 이론의 중요한 논거 가운데 하나로 기능하며 드라이젝(Dryzek, 2000: 1)이 지적한, 현대 민주주의 이론의 '숙의적 전환'(deliberative turn)을 가져오는 중요한 모티브가 되었다.

여기에서 숙의민주주의가 자유민주주의와 구별되는 이유는 그것이 정치적 의사결정의 정당성을 정치적 선호의 집적(集積, aggregation)이 아니라 합의(合意, consensus)에서 도출한다는 점 때문이고, 참여민주주의와 구별되는 이유는 법치민주주의 절차를 통해 시민들의 정치참여를 규제하기 때문이다.[7] 공론장 개념은 바로 여기, 일반 시민의 정치참여와 정치적 의사결정을 매개하는 것이 '건강한' 공론장이라는 사실에서 그 중요성을 더한다. 그렇다면 공론장의 건강성은 어떻게 확보할 수 있을까?

공론장은 다른 무엇보다도 행위자들 사이의 의사소통 행위로 이루어지는 담론 공간(discursive arena)이라는 사실에 주목해야 한다(Fraser, 1990: 70). 하버마스의 공론장은 비공식적 여론형성 공간인 생활세계(시민사회)와 공식적 의사결정 공간인 정치기구에서 진실성, 진리성, 정당성, 이해 가능성 등을 충족시키는 토론이 일상적으로 실천될 수 있는 것으로 가정한다. 그리고 더욱 중요한 것은 주어진 주제에 대해 이 의사소통과 해석 과정을 거치는 동안 공론장에 참여한 행위자들 사이에 합의가 이루어지면 공론이 형성된다고 본다는 사실이다.

---

7 자세한 내용은 이 책의 제4장 공론화 기법의 발전 참조

## 하버마스와 푸코의 담론 개념

하버마스의 담론(diskurs) 개념은 흔히 알려진 푸코(Foucault)의 담론(discours) 개념과 다르다. 푸코의 담론 개념이 언어적 구성물로서 세상 또는 대상과의 관계에서 우리의 지각과 인식을 규정하는 매개물이라면, 하버마스의 담론은 '타당한 논증들을 생산하고 교환하는 과정'을 의미한다(유주현, 2007: 288). 따라서 하버마스의 담론 개념에는 논의, 토론의 의미가 있고 교환과 상호작용의 의미가 크다. 반면, 푸코적 의미의 담론은 경험과 이론 사이의 관계에서 양자를 매개하는 존재로서, 몸으로 직접 겪는 경험과 현실을 구성해주는 언어적 구성물 즉, 고도의 이론적 체계다(은재호, 2011: 14). 담론에 대한 푸코의 정의는 『말과 사물: 지식의 고고학』(*Les Mots et les Choses: Archéologie du Savoir*, 1969) 참조.

따라서 의사소통의 진실성, 진리성, 정당성, 이해 가능성 등은 공론 형성의 중요한 조건이자 경로로서, 이를 통해 의사소통 행위가 추구하는 상호이해의 과정에서 각 개인의 합리성과 의사가 종합될 수 있다. 하버마스에게도 건강한 공론장이 작동할 수 있는 이상적 환경과 조건이 중요한 이유는 그것이야말로 공론이 의사결정의 근거로 작동할 때 마땅히 가져야 할 규범으로서의 성격이 완성될 수 있는 실질적 조건이기 때문이다.

하버마스(Habermas, 2005: 385)는 이 지점에서 공론장이 원활하게 작동할 수 있는 이상적 환경과 조건을 '이상적 발화상황'(ideal speech situation)이라고 명명한다. 여기에서 이상적인 발화상황이란 대화에 참여하는 모든 사람이 외부의 권력과 강제에서 벗어나 자유롭게 토론하고 논쟁함으로써 합의에 이르는 것을 의미한다(강지선 외, 2018: 94). 이 이상적 발화상황은 다음과 같은 다섯 가지 조건으로 구성된다(Habermas, 1984: 177; 오현철, 2007: 78–80, 홍성구, 2011: 158, 문태현, 2011: 10, 강지선 외, 2018: 29–30의 종합과 수정). 세 번째와 네 번째 조건이 대면적 발화상황의 이상적 조건이라면 첫 번째와 두 번째, 다섯 번째는 공론장 형성의 조건이라는 데 주목할 필요가 있다.

1. 참여기회의 균등성이다. 잠재적인 토론 참여자들 모두 의사소통 행위에 참여할 수 있는 균등한 기회를 얻어야 한다. 즉, 누구나 숙의에 참여할 수 있어야 한다.

2. 토론 기회의 균등성이다. 모든 참여자들이 해석, 주장, 권고, 해명과 정당
   화를 할 수 있고, 주장의 타당성을 증명하라는 요구를 받으면 자기 주장
   의 근거를 제시하거나 반박할 수 있는 균등한 기회를 얻어야 한다. 즉, 참
   여자라면 누구나 동등하게 자신의 의견을 제안할 수 있는 기회를 가질 수
   있어야 한다.
3. 표현적 언어 행위에 대한 기회의 균등성이다. 행위자로서 표현적 언어 행
   위 즉, 자신의 견해, 감정, 소원을 표현할 수 있는 균등한 기회를 얻어야
   한다. 즉, 높은 수준의 공적 의견을 도출할 수 있도록 합리적이고 명료한
   토론과 논쟁 과정을 확보해야 한다.
4. 규제적 언어 행위에 대한 기회의 균등성이다. 행위자로서 규제적 언어 행
   위 즉, 명령하고, 반항하고, 허락하고, 금지하고, 약속하고, 약속하도록 만
   들고, 변명하고, 해명을 요구할 수 있는 균등한 기회를 얻어야 한다. 즉,
   외부 권력의 압력으로부터 자유로워 권력에 의해 왜곡되지 않은 토론이
   이루어지도록 해야 한다.
5. 이상적 대화는 절차에 대한 합의가 존재해야 한다. 즉, 숙의의 과정과 절
   차에 대한 합의가 전제되어야 한다.

하버마스(Habermas, 1992: 545)는 '이상적 발화상황'이란 단순히 건강한 공론장
의 형성 조건에 불과한 것이 아니라 실정법의 정당성을 추론할 수 있는 근거가
된다고 말한다. 그는 이런 상황에서 만들어지는 '더 나은 주장의 강제 없는 힘
(forceless force of the better argument)이 그 어떤 사회적 지위나 권위의 힘보다 더
강력한 권위와 힘이라는 것을 지적한 것이다(Dryzek, 2002 : 70). 사실, 하버마스
(1992: 341-359)는 시민들이 공론장에 적극적으로 참여하며 오직 '더 나은 주장이
가지는 힘'에 입각해 합의를 형성하는 의사소통적 권력(communicative power)을 가
질 때 전통적인 관료제의 도구적 이성을 극복하고, 행정 권력을 구성하는 공식적
의사결정 체계를 통제할 수 있다고 보았다.

## 코헨의 이상적 숙의절차와 정치적 정당성

흔히 하버마스와 비견되는 숙의민주주의 이론가로서 하버마스 못지않게 공론
의 개념에 천착한 사람은 코헨(Cohen)이다. 하버마스가 자신의 공론 개념을 조탁하

며 참고했던 사람이기도 한 코헨은 공론을 일컬어 '숙의적이고 민주적인 절차에서 비롯되는 공중의 의견'이라고 했다. 이때 '숙의적'이란 상호 존중과 자신의 판단을 타자에게 정당화하려는 노력, 자유롭고 평등한 시민 상호 간에 공적으로 이루어지는 근거(evidence)의 교환을 의미한다. 반면 '민주적'이란 자유롭고 평등한 개인들이 동등한 존엄을 가지고 상호 인정을 바탕으로 내리는 결정에 동의할 수 있는 것을 의미한다(Cohen, 1989; 정병순, 2020: 23 재인용).

코헨이 공론을 이렇게 정의하게 된 가장 큰 이유는 그의 지적 계보에서 찾을 수 있다.[8] 코헨의 스승이자 자유주의 정치철학자인 롤스는 공적 이성(public reason)을 통한 정의 사회의 구현을 주장한다. 공적 이성이란 사회적 지위나 선천적 능력, 계층 등 개인의 특징적 속성에서 비롯하는 태도나 견해, 입장을 버리고 인간 이성이 받아들일 수 있는 원칙과 이상만을 추구하는 상태를 의미한다. 이와 같은 공적 이성을 공여하는 과정을 통해 달성한 집합적 결과를 통해 결사체의 문제를 해결할 때 정의 사회가 구현되는 것이다. 그러나 롤스는 어떻게 공적 이성을 확보할 수 있는가에 대해서는 명확한 답을 제시하고 있지 않다(홍성구, 2011: 165).

---

8 하버마스가 공화주의자인 아렌트(Arendt)의 공론장 개념을 빌어 의사소통이론을 발전시켰다면, 코헨은 롤스(Rawls)의 자유주의 철학에 기초해 공적 숙의(public deliberation) 이론을 발전시켰다. 이때 주목할 점은 숙의민주주의의 대표적인 두 이론가 코헨과 하버마스가 숙의민주주의를 발전시키는 과정에서 자양분으로 섭취한 철학적 배경의 차이다. 롤스는 자유주의 철학을 주장한 학자지만, 아렌트는 공화주의를 강조한 정치철학자다. 따라서 코헨과 하버마스 및 그 후속 학자들이 개진한 숙의민주주의의 원리와 원칙 또한 일정한 차이를 드러낸다(홍성구, 2011: 165).

이에 대한 답을 찾기 위해 코헨이 주목한 것이 숙의민주주의다. 코헨에 따르면 숙의민주주의는 공적 이성의 제공을 통해 결정의 정당성을 확보하는 가장 이상적인 정치적 절차다. 따라서 코헨은 숙의민주주의의 형식적 개념화 방안으로 하버마스보다도 먼저 "이상적 숙의 절차(ideal deliberative procedure)"라는 용어를 제안했다. 코헨이 제안한 이상적 숙의 절차의 네 가지 원칙은 다음과 같다(Cohen, 1989 : 27 – 28; 정병순, 2020 : 29 – 30의 수정).

1. 이상적 숙의는 자유로워야 한다. 자유로움(be free)의 원칙은 다음 두 조건이 충족될 때 관철된다. 첫째, 숙의 참가자는 오직 숙의 결과와 숙의의 전제조건에만 구속됨을 이해해야 한다. 다양한 제안을 고려하되, 선험적 규범이나 외적 권위에 제약받지 않는다. 둘째, 숙의야말로 숙의 결과를 준수해야 하는 충분한(sufficient) 이유임을 받아들이면서 숙의 결과를 존중하고 그에 따라 행동할 것을 약속한다.
2. 숙의는 합리적이어야 함으로 각 집단은 근거(evidence)에 기초해 주장하고, 지지하고, 비판해야 한다.
3. 이상적 숙의에서 각 집단은 형식적으로나 실제적으로나 평등해야 한다. 절차를 규제하는 규정안에서 형식적으로 평등해야 한다. 숙의 역량을 가진 모두는 각각의 숙의 절차 단계에서 평등한 지위를 가져야 하며, 의제를 이슈화하고 해결방안을 제안하고, 제안에 대한 지지 또는 비판을 위해 새로운 이슈를 제기할 수 있다. 참가자들은 본래 평등하므로 기존의 힘과 자원의 분배가 숙의에 영향을 미치지 않도록 해야 한다.
4. 이상적 숙의는 이성적으로 동기화된 합의(consensus)에 도달할 것을 목표로 한다. 숙의는 자유롭고 이성적인 평가 결과에 따라 행동하는 사람들로부터 호소력 있는 근거(evidence)를 발견하는 데 목적이 있다. 이상적 조건이 달성되어도 반드시 합의에 도달한다는 보장이 없으므로 필요한 경우 다수결의 원칙에 의존해 결론을 도출할 필요가 있다.

하버마스(2007: 409 – 410)는 코헨이 제시한 공적 숙의의 이상적 절차를 다음과 같은 일곱 가지 '공준(公準)9으로 정리해서 소개하기도 했다(홍성구, 2011: 159 부분 수정).

---

9 공적인 기준. 공리처럼 확실하지는 않으나 원리로 인정되어 이론 전개에 기초가 되는 명제

1. 숙의 토론은 잘 규제된 논쟁 형식으로 이루어져야 한다. 즉, 토론은 토론 참여자들이 서로 제안을 제시하고 비판적으로 검토하며 정보와 주장의 근거를 특정한 절차에 따라 확인하고 교환하는 과정이 되어야 한다.
2. 토론은 포괄적이고 개방적이어야 한다. 원칙적으로 누구도 배제되어선 안 된다. 결정에 영향을 받을 가능성이 있는 모든 사람은 토론에 참여할 동등한 기회를 얻어야 한다.
3. 토론은 외적 강제(선행 규범이나 외부의 권위)로부터 자유로워야 한다. 참여자들은 오직 논의의 의사소통적 전제와 절차 규칙에 의해서만 구속받으며, 그런 한 주권적이다.
4. 토론은 참여자들의 동등한 위치에 영향을 줄 수 있는 내적 강제(현존하는 권력과 자원의 분배)로부터 자유로워야 한다. 각자 발언하고, 주제를 제안하고, 제안을 제시하고, 기고하고, 비판하는 동등한 기회를 얻는다. '예/아니요'의 견해 표명은 오직 더 나은 논지의 강제 없는 강제로부터 나온다.
5. 토론은 일반적으로 합리적 동기에서 나온 동의를 목표로 하며, 원칙적으로 무제한 계속될 수 있고 언제라도 재개될 수 있어야 한다. 그러나 정치(정책)적 토론은 결정을 내려야 할 필요성을 고려하여 다수결에 의해 종결되어야 한다. 또 소수자의 견해가 옳다는 것을 다수자에게 설득할 수 없는 한, 다수결 원칙을 이성적 토대로 간주해야 한다.
6. 정치(정책)적 토론은 모든 사람의 동등한 이익을 위해 규제할 수 있는 모든 의제로 확장되어야 한다. (...) 특히 평등한 의사소통 권리와 사회적 권리의 실제 행사를 좌우하는 자원의 불평등 분배는 공적인 문제들이다.
7. 또한 욕구의 해석과 전(前) 정치적(pre-political) 태도와 선호의 변화도 정치(정책)적 토론의 대상이 될 수 있어야 한다.

코헨과 하버마스가 선도한 공론화의 이상적 조건에 관한 연구는 1990년대 중반 이후 2세대 숙의민주주의 연구자들의 등장에 힘입어 더 다양한 형태로 발전한다. 코헨과 하버마스 같은 1세대 이론가들이 철학적·인식론적 논의에 집중했다면 2세대 연구자들은 숙의민주주의의 이상을 제도화하는 방안을 찾는 데 몰입했다. 구트만과 톰슨(Gutmann & Thompson), 피쉬킨(Fishkin) 등이 그들이다(정병순, 2020: 25).

## 구트만 & 톰슨의 숙의민주주의 원칙

구트만과 톰슨(Gutmann & Thompson, 1995, 1996)은 사회·정치적 문제는 물론 본질적이고 도덕적인 문제 또한 숙의의 주제로 다룰 수 있음을 강조한다. 그들에게 숙의민주주의는 시민이나 시민 대표들 사이에 도덕적 불일치(moral disagreement)가 존재하는 경우 서로 받아들일 수 있는 결론에 이를 때까지 '계속 함께 사유하는 것'을 의미한다. 여기에서 도덕적 불일치는 낙태, 동성애, 반전운동 등 사회적 이슈의 이면에 잠복하는 도덕적 근거 즉, '참'과 '거짓'에 관한 다름과 차이를 일컫는다. 이렇게 도덕적 불일치에서 기인하는 다름과 차이는 단순히 사실관계에 대한 정보의 차이나 이해관계의 차이에서 기인하는 갈등보다 더 큰 갈등과 대립을 유발할 수 있다.

구트만과 톰슨은 『도덕적 불일치와 민주주의』(Moral disagreement and Democracy, 1996)라는 저작에서 가치 다원주의와 인간에 대한 불완전한 이해, 그리고 사회적 자원의 희소성과 인간 본성에 내재하는 관대함의 한계로 인해 인간의 삶(political life)에서 도덕적 갈등이 불가피함을 직시하며 그를 숙의민주주의의 이론적 출발점으로 삼는다. 그래서 이론적으로도 불가능하지만 실제로도 매우 강압적일 것이기 때문에 도덕적 불일치로 인한 갈등을 외면하고 제거하려 할 것이 아니라, 불일치의 범위를 조금씩 좁혀가며 내 앞에 있는 사람들과 함께 사는 방법을 찾아가는 길, 그것이 숙의민주주의라고 규정한다. 그리고 숙의의 원칙으로 상호성, 공개성, 책임성 세 가지를 제안한다(정병순, 2020: 31).

1. 상호성은 시민과 대표들이 도덕적 의견에 대해 서로가 부동의하고 있음을 인정하고, 해당 사안을 토론에 부쳐야 함을 공감하는 한편 확실한 근거와 원칙을 바탕으로 상대를 이해시키고자 노력하고 동의를 추구하는 것이다.
2. 공개성은 정치적 행위의 정당화 근거를 평가하는데 필요한 정보를 공개해야 함을 의미한다. 단 개인의 자유와 기회 등 민주주의의 다른 원칙에 어긋날 때는 일정한 제약이 있을 수 있다.
3. 책임성은 숙의 참가자가 자신이 정당화하는 정책 또는 법률에 구속당할 사람들이 이를 수용해야 하는 근거를 충분히 제시할 책임이 있음을 의미한다.

이 세 가지 가운데 가장 핵심적인 원리는 상호성(reciprocity)이다. 상호성은 어떤 생각이나 관점을 지지하되, 그 이유를 명확히 제시하게 함으로써 자유주의적 다원주의가 지향하는 이익 중심의 협상과 타협이 아니라 합의가 형성되도록 하는 기제다(장동진, 2012: 70-71). 상호성이 합의형성을 유도하는 이유는 그것에 내포된 상호정당화(mutual justification) 과정 때문이다. 상호정당화 과정이란 서로가 상대의 의견에 동의하지 못함을 인정하고 해당 사안을 토론에 부쳐야 한다는 데 공감하는 한편, 확실한 근거와 원칙을 바탕으로 상대를 이해시키고자 노력하며 동의를 추구하는 과정이다(Gutmann & Thompson, 2009: 156). 합리적 개인은 이 과정에서 불일치의 범위를 조금씩 좁혀가며 지속적으로 공생의 방법을 찾게 된다(정병순·황원실, 2020: 31). 이런 상호정당화 과정에서는 참여자들의 내면에 '양가적 감정'(ambivalent emotions)이 확대되기 때문이다. 양가적 감정이란 동일한 대상에 대해 긍·부정의 감정이 동시에 발생하는 상태를 의미하는데(이종혁 외, 2015: 186), 한 대상에 대한 모순적인 태도가 발현하면 누구에게나 내적 갈등이 생기기 마련이어서(Keele & Wolak, 2008 : 654) 이것이 양가적 감정을 일으킨다. 그리고 양가성으로 인해 높아진 내적 갈등 또는 내적 압력이 증가하면 개인은 이를 회피하기 위해 자신의 본래 생각이나 과거 정보를 버리고 새로운 정보를 선택할 가능성 즉, 선호전환(preference transformation)을 선택할 수 있는데 합의는 바로 이 선호전환에 기초해 이루어진다. 둘 가운데 하나 또는 둘 모두가 애초의 생각과 주장을 버리거나 수정하면 상대방의 생각과 주장에 더 쉽게 동의할 수 있을 것이기에 그렇다.

다른 한편, 구트만과 톰슨의 후기 저작(2004: 3-7)은 숙의민주주의의 특징을 합당한 이유 제공(reason-giving), 이유에 대한 모든 시민의 접근 가능성(accessible), 일정 기간의 구속성(binding), 조건적 혹은 동적(provisional or dynamic) 성격 등 네 가지로 정리한다.

1. 합당한 이유 제공이란 민주주의 사회에서의 결정은 합리적인 수준에서 상호 간에 수용 가능한 이유가 분명히 제시될 때 이루어질 수 있다.
2. 이유에의 접근 가능성이란 앞에서 제시한 합당한 이유를 자유롭고 평등한 모든 시민이 알 수 있어야(접근할 수 있어야) 함을 뜻한다.

3. 구속성이란 숙의 절차를 거쳐 내려진 결정은 일정 기간 존중되어야 한 다는 것을 의미한다.
4. 조건적 혹은 동적 성격이란 숙의 절차를 거쳐 내려진 결정이 지금 당장 은 구속력을 갖지만, 항상 반론에 직면할 수 있으며 언젠가 바뀔 수도 있음을 의미한다.

이 네 가지 특성을 결합할 때 숙의민주주의란 곧 자유롭고 평등한 시민(과 그 대표자들)이 서로 수용할 수 있는 이유를 누구나 다 알 수 있도록 제시하는 과정에 서, 현재의 모든 시민에게는 구속력을 갖지만 미래에는 언제든지 새로운 도전에 직 면할 수 있는 결정을 정당화하는 의사결정 방법이자 정부 형태라고 할 수 있다 (Gutmann & Thompson 2004, 제1장).

### 피쉬킨의 '숙의의 질'과 계몽된 이해

공론조사(deliberative polling®)의 주창자인 피쉬킨은 공론형성 요건으로 숙의 의 질(quality)이 중요함을 강조하며 특정 쟁점에 관한 모두의 선호를 동등하게 고 려하고 모두에게 선호형성의 기회를 부여한 후, 성실한 숙의를 진행하는 것이 숙의 의 질을 높이는 방법이라고 주장한다. 피쉬킨은 특히 달(Dahl, 1989)이 제시한 민주 주의의 한 가지 조건, '계몽된 이해'(enlightened understanding)에서 영감을 받아(정 병순, 2020: 26) 충분한 정보제공이 사람들의 생각과 선호(preferences)에 변화를 가 져올 수 있다고 강조한다. 특정 이슈에 관해 깊이 생각할 수 있는 최상의 조건을 마련해 주면 사람들의 선호전환(preference transformation)이 더 쉽게 일어날 수 있 을 것이라는 기대인데, 여기에서 '계몽된 이해'란 사회구성원들이 특정 정책과 그 정책의 결과물에 관해 학습할 수 있는 평등하고 효과적인 기회를 가진 상태에서 이루어지는 이해를 의미한다.

피쉬킨은 달의 '계몽된 이해'와 더불어 숙의 과정이 있을 때야 비로소 이상적 인 민주주의를 달성할 수 있다고 주장한다. 그리고 이 숙의 과정에서 특히 정보와 판단의 균형이 이루어져야 함을 강조하는데, 다음 다섯 가지 조건이 숙의의 품질을 결정할 수 있다고 주장한다(Fishkin, 2009: 34).

1. 정보제공(information): 이슈와 관련된 것으로 보이는 정확한 정보에 참가 자들이 접근할 수 있는 정도

2. 실질적 균형(substantive balance): 어느 한쪽이나 특정 시각에서 제공하는 주장에 대해 반드시 반대편 시각을 가진 사람들의 반론이 보장되는 정도

3. 다양성(diversity): 공중의 주요 의사가 토론 참여자들에 의해 대표되는 정도

4. 성실성(conscientiousness): 참여자들이 각 주장의 장단점을 성실하게 고 려하는 정도

5. 평등한 고려(equal consideration): 누구 주장인지와 상관없이 모든 제안 의 장점을 동등하게 고려하는 정도

그는 또한 숙의민주주의가 실제 생활 현장에서 작동될 수 있는 조건으로 아홉 가지 기준을 제시했다(Fishkin, 2009: 42). 이 기준은 맥락적 요인(포용 및 담론적 평 등)과 참가자의 태도(상호성, 정당화, 성찰성, 공감성, 성실성)를 포함하며, 토론 결과(다 원성과 외부 영향)에 대한 평가를 담고 있다.

〈표 2-1〉 숙의의 기준과 의미

| 숙의의 기준 | 의미 |
| --- | --- |
| 포용성 | 논의할 문제로 인해 영향을 받을 수 있거나 그렇지 않더라도 관심 있는 사람이라면 누구나, 능동적으로든 수동적으로든 참여할 수 있어야 한다. |
| 담론의 평등성 | 참가자는 어떤 주장이든 자유롭게 소개하고 질문할 수 있고 자신의 태도, 욕망, 필요를 표현할 수 있는 기회를 가져야 한다. |
| 상호성 | 참가자는 다른 참가자가 발표하는 의견을 듣고 반응해야 한다. |
| 정당화 | 모든 의견과 제안은 합리적이고 이해가능하며 도덕적인 정당화(reasoned, accessible, and moral justifications)의 과정을 거쳐야 한다. |
| 성찰성 | 참가자들은 사회적 맥락은 물론 자신의 가치와 가정, 이익을 비판적으로 검토해야 한다. |
| 공감 | 참가자는 숙의 과정에서 소개된 다른 사람의 관점과 의견뿐 아니라 소개되지 않은 관점과 의견에 관해서도 관심을 가져야 한다. |
| 성실성 | 참가자는 모든 관련 정보와 그들의 진정한 의도, 이익, 필요와 욕구를 알리기 위해 성실한 노력을 기울여야 한다. |

| 다원성 | 숙의적 맥락은 그것이 설사 지배적인 의견이나 이데올로기에 비판적인 목소리라 해도 복수의 목소리를 보장하는 맥락이다. |
|---|---|
| 외부 영향 | 성공적인 숙의 과정은 숙의 참여자들은 물론 외부의 의견형성과 후속 결정에 영향을 미칠 수 있어야 한다. |

자료 : Fishkin(2009 : 42)

## 2. 공론화의 원칙

숙의토론(deliberative discussion)을 기반으로 진행되는 공론화는 지금까지 살펴본 바와 같이 흔히 공청회라고 불린 과거의 공론화와 달리 숙의의 원리에 따라 엄격한 운영 원칙을 준수해야 한다. 비교적 초기 연구를 진행한 코헨과 하버마스의 원칙은 '외부 힘으로부터의 자유'를 원칙으로 제시함으로써 참여자가 비교적 독립된 상태에서 숙의 과정에 참여할 수 있어야 함을 강조한다. 또 둘 다 '합리적인 토론' 즉, 근거(evidences)를 제시하며 합당한 이유로 상대방을 설득하는 균등성과 평등성의 토론을 이상적 상황으로 상정하는 점에서 같은 시각을 공유한다.

---

### 숙의토론과 경쟁토론

토론에는 경쟁토론과 비경쟁토론, 두 가지 종류가 있다. 전자가 논쟁적 토론(controversial discussion)이라면 후자가 숙의적 토론(deliberative discussion)이다. 전자는 설득과 승리를 목표로 하지만, 후자는 이해와 합의를 목표로 한다. 전자는 선험성이나 규범, 사적 이익을 근거로 판단하고 주장하지만 후자는 솔직한 감정과 성찰, 공적 이익을 기초로 판단하고 주장한다. 전자는 토론자 간의 불평등성을 전제로 하지만 후자는 평등성을 전제로 한다.

---

그러나 코헨이 공론화의 핵심이라고 할 수 있는 숙의의 조건에만 집중한다면 하버마스는 참여의 균등성과 절차에 대한 합의가 선행되어야 한다는 등, 건강한 공론장 형성의 조건에도 주목한다는 점에서 양자의 차이가 없지 않다. 후기에 등장한 피쉬킨, 구트만과 톰슨은 다른 무엇보다 해당 이슈에 관한 '풍부하고 정확한 정보 제공'과 양쪽 의견에 대한 참여자들의 '균형 잡힌 고려'를 이상적인 공론화와 숙의

의 제1원칙으로 강조한다.

이러한 차이점에도 불구하고 코헨이 제안하는 공적 숙의의 '이상적 절차'와 하버마스가 상정한 '이상적 발화상황', 구트만과 톰슨의 '숙의민주주의 원칙'이나 피쉬킨의 '숙의의 질' 등이 내포하는 숙의토론 절차는 공론장에 관해 연구를 진행한 여러 필자의 다양한 실험과 관찰 속에서 중심적인 주제가 되며 공론화의 원칙으로 정립되었다. 아래 <표 2−2>는 위에서 언급한 숙의민주주의 이론가들의 숙의 원리에서 추출한 공론화의 원칙으로서, 이 연구는 이를 다음 네 가지로 요약하고자 한다.

<표 2−2> 숙의의 원리와 조건 : 종합 및 분류

| 분 류 | 하버마스 | 코헨 | 구트만과 톰슨 | 피쉬킨 |
|---|---|---|---|---|
| 참여 | • 자율성<br>• 개방성 | • 자유 | | • 포용성 |
| | • 토론 기회의 균등성<br>• 참여의 균등성 | | | |
| 정보 | • 표현 기회의 균등성 | • 합리성 | • 합당한 이유찾기 | • 다양성(다원성)<br>• 성실성 |
| 평등 | | • 형식적·실제적 평등성 | • 공개성 | • 실질적 균형<br>• 정확한 정보제공 |
| | • 규제의 균등성 | • 주장의 합의지향성 | • 상호성 | • 평등한 고려 |
| 숙의 | • 절차에 대한 합의 | | • 조건적·동적과정 | • 상호성(정당화, 성실성, 성찰성, 공감) |
| | | • 토론 주제의 무제한성 | • 책임성<br>• 구속성 | |

자료: 하버마스, 코헨, 구트만 & 톰슨, 피쉬킨 등 선행연구 종합

참여의 포괄성·대표성·자율성

공론화의 건강함을 보장하는 첫 번째 조건은 참여의 포괄성과 대표성이다. 하버마스의 표현을 빌리자면 참여기회의 균등성과 개방성에 가장 조응하는 개념이지만 표현적 언어 행위에 대한 기회의 균등성 역시 넓은 의미에서는 참여의 포괄성

을 의미한다. 피쉬킨의 표현으로는 포용성이 그것인데, 이는 공론형성 과정에서 공동체의 구성원이라면 누구도 배제되어선 안 되고 특히 공론화 결과에 영향받을 가능성이 있는 모든 사람은, 그 사람이 설사 외국인이라 해도 토론에 참여할 동등한 기회를 얻어야 한다고 유추할 수 있다. 다만 특정 지역 주민, 특정 서비스 이용자 또는 청소년, 이주민, 미래세대 등 특정 사회집단을 대상으로 하는 공론화라면 그 목적에 조응하는 특정 대상 집단(target population)을 지정하는 것이 가능하다고 하겠다. 특정 대상 집단의 의견을 청취하고 공론을 형성하는 데 목적이 있다면 참여 대상자를 그 목적에 맞게 한정한다고 해서 참여를 제한하는 것으로 볼 수는 없기 때문이다.

이 경우에도 참여자의 수가 과다할 경우 참여자 수를 제한할 수는 있으나, 어떤 경우에도 공론장의 주관자가 참여자를 임의로 선발하지 않고 해당 집단에 대표자 선정을 요청하거나 대표성을 가진 참여자를 추첨, 표본추출, 추천 등의 방법으로 선발하는 것이 바람직하다. 하버마스가 절차에 대한 합의와 규제적 언어 행위에 대한 기회의 균등성을 강조한 것은 비단 숙의토론 과정에서뿐 아니라 이렇게 공론장의 구조(얼개)를 형성하는 과정에서도 모두의 의사가 고르게 반영될 필요가 있음을 의미한다. 또 공론장에 참여하기를 희망하는 사람은 누구나 참여하되, 자발적으로 참여할 수 있게 하는 것을 원칙으로 해야 한다. 하버마스와 코헨이 공통으로 강조하는 참여의 자율성(자유)은 참여의 포괄성과 대표성만큼이나 중요한, 건강한 공론장을 형성하는 제1조건이다.

### 정보의 투명성과 포괄성

해당 의제와 안건에 대한 '객관적인' 자료를 모두 투명하게 제공하는 것이 원칙이다. 가장 바람직하기는 완벽하게 '객관적인' 정보를 제공하는 것이지만 행위자들의 인식 세계에 존재하는 어느 정보도 처음부터 '객관적'일 수 없음에 동의한다면 정보의 객관성은 관련 정보를 모두 공개하는 포괄성으로 대체될 수밖에 없다. 따라서 입장에 따라 상호대립되는 정보가 있을 때는 어느 것이 '사실'(fact)인지를 공동으로 확인하고(fact-checking, joint fact-finding) 둘 다 인정하는 '사실'만을 제공할 필요가 있다. 과학적 불확실성이나 산식의 차이 등으로 인해 발생하는 정보의 대립이 있으면, 그리고 둘 다 합리적인 근거가 있고 일반적으로 통용되는 지식이라면 그를 쟁점으로 정리해 제시하는 것이 바람직하다. 어느 경우든 대립하고 경쟁하는 집단들로부터 제공하는 정보가 객관적이라는 동의를 끌어내는 것이 중요하기 때문이다(상호성과 책임성).

공론화 과정에서 제공하는 정보뿐 아니라 공론화 과정 자체를 투명하게 공개할 의무도 있다. 공론화 절차, 의사결정 방법과 시기, 내용 등은 물론 각종 조사 결과 등을 가능한 한 실시간으로 투명하게 공개하고 이에 관해 확인할 수 있도록 영상과 음성 기록자료를 웹사이트에 탑재하는 것이 필요하다. 공론화가 종료된 이후에도 전반적인 과정과 내용을 확인할 수 있도록 장기간 웹사이트를 존치하는 것도 권장할 만하다. 공개성(구트만과 톰슨), 정확한 정보제공(피쉬킨), 다양성(피쉬킨) 등의 강조는 숙의 참여자에게 주어지는 정보의 질이 곧 숙의의 질을 결정한다는 주장일 뿐이다.

### 정치적 평등성

참여자의 평등성은 현대적 의미의 공론화가 과거의 공론화와 차별되는 가장 중요한 근거가 된다. 참여자들 사이의 관계가 어떤 형태로든 계서화되지 않아 자유로운 토론을 보장하는 수단이기 때문이다. 여기에서 평등성이란 특정인의 의견에 가중치를 두는 것이 아니라 모든 의견을 동등하게 취급함을 의미한다. 사실 평등성은 성찰성을 극대화해 선호전환을 쉽게 하고, 이를 통해 합의형성이 더 쉽게 이루어지도록 하는 공론화의 핵심 요소다. 토론과정에서 상대방의 기호와 신호를 있는 그대로 인정할 수 있는 환경을 조성해 대화 과정에서 자신이 가진 판단기준(즉, 자신의 합리성)을 내려놓고 대화를 통해 새로운 것을 학습하고 수용할 수 있는 유연성(즉, 자신의 의견을 되돌아보는 성찰성)을 높이도록 하는 장치가 이 평등성이다. 형식적·실제적 평등성(코헨), 평등한 고려(피쉬킨), 토론 기회의 균등성(하버마스) 등에 대한 고려는 정치적 평등성의 중요성을 강조하는 이음동의어다.

### 숙의성

숙의성이란 특정 규범과 규칙을 선호하는 복수의 주체들 사이에 이루어지는 상호작용이다. 이미 선행학습을 통해 윤리적·정치적 입장이 형성된 개인들이 자신이 가진 애초의 입장을 내려놓고 상대방의 말을 경청하고 수용하는 것은 결코 쉬운 일이 아니다. 그러나 현실에서는 타인과의 상호작용을 통해 경험적 성찰과 반성적(反省的, reflexive) 사고를 거듭할수록 자신의 오류를 수정하며 의견을 변화시키는 성찰적 변화가 종종 관찰되는데, 이 성찰적 변화를 끌어내는 원리가 바로 숙의성의 원리다. 성실성(피쉬킨), 합당한 이유 제공(구트만과 톰슨), 합리성, 책임성, 상호성(구트만과 톰슨), 주장의 합의지향성(코헨) 등의 표현 역시 숙의성의 원리를 함축하고 있다.

다만, 공론화에 참여하는 참여자의 특성(전문가인가, 일반시민인가), 숙의 방식(구조화된 토론인가, 자유토론인가), 시간(1회 토론인가, 반복 토론인가) 등에 따라 숙의의 깊이나 방향이 달라질 수 있어, 공론화를 설계할 때 숙의 과정과 절차(기본규칙, ground rules)에 대한 이해당사자 간 합의를 먼저 이루어야 수용성 제고에 유리하다. 그렇지 않으면 공론화를 통해 도출된 공론을 부정하기 위해 절차와 과정의 공정성에 대한 시비를 걸어 결론에 승복하지 않을 가능성이 농후하다. 숙의는 절차에 대한 합의를 전제로 한다거나(하버마스) 숙의는 조건적·동적 과정(구트만과 톰슨)이라는 규정은 바로 수용성을 염두에 둔, 숙의의 외적 장치에 대한 언급이다.

건강한 공론장의 핵심적인 원리를 구성하는 숙의의 환경과 조건에 대한 논의는 지금도 현재 진행형이다. 어떤 형태로든 숙의토론이 진행되는 한, 세계 각국의 현장에서 관찰되는 새로운 경험들이 축적되며 이상적인 숙의의 조건과 환경에 관한 연구와 보고가 지속될 것이다. 이는 민주주의에 관한 학술 연구뿐만 아니라 실천 현장에서도 가장 주목받는 쟁점을 형성하지만, 가장 이상적인 조건을 전제하는 숙의민주주의의 비현실성을 지적하는 반론으로 돌아올 수도 있다(이에 대한 자세한 논의는 이 책의 제3장 2절, pp.143-151 참조).


## 3. 공론화와 민주주의 혁신

지금까지 살펴본 공론화의 개념과 원리, 원칙에 대한 논의는 기실 대의민주주의가 내포하는 한계를 보완하고 극복할 수 있는 실마리를 제공한다. 펑(Fung, 2006: 669-670)은 대의민주주의의 한계를 '최소 대의 정책과정'(minimal representative policy process)의 '민주성 결핍'(democratic deficit)이라는 두 마디로 요약하며, 이러한 의사결정 과정에는 시민의 직접 참여나 숙의가 개입할 여지가 없음을 지적한다.

먼저 대의민주주의가 구현하는 이상적인 정책과정을 살펴보자(cf. [그림 2-2]).

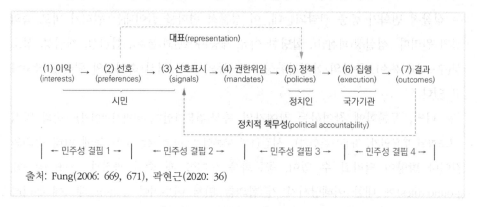

출처: Fung(2006: 669, 671), 곽현근(2020: 36)

[그림 2-2] 대의민주주의 체제의 정책과정과 민주성 결핍

대의민주주의 체제에서 시민은 (1) 특정 이슈와 관련해 자신의 이익이 무엇인지 명확히 알고, (2) 그 이익을 지키는 방법에 대해 분명한 선호를 가진 다음, (3) 특정 정당과 정치인에 대한 지지, 그리고 주기적인 선거를 통해 자신의 선호를 표현함으로써, (4) 자신의 권한을 위임하고 (5) 그 대리인들은 지지자들의 이익과 선호를 만족시키기 위해 정책을 형성한다. 그러면 (6) 3권 분립의 원칙에 따라 직업관료들이 정책을 집행함으로써 (7) 주권자의 이익과 선호에 조응하는 산출물을 만들어낸다. 이러한 대의 정책과정의 핵심은 역시 대표(위임)와 책무성의 동학이다. 최종 산출물이 애초의 이익과 선호에 조응하지 않는다면 위탁자는 대리인을 경질함으로써 자신의 이익과 선호를 만족시키게 될 것이기 때문이다. 그러나 과연 그럴까?

위의 대의 정책과정에서 관찰되는 첫 번째 민주성 결핍은 시민 자신들에서 비롯한다. 자신의 이익이나 자신의 이익에 최선이 되는 정책에 관하여 명확한 선호를 가지고 있지 못할뿐더러 설사 특정 선호가 있다 해도 깊이 내재화된 것이 아니어서 새로운 정보나 주장, 관점에 노출되는 것만으로도 쉽게 변할 수 있다. 불명확하고 불안정한 선호의 문제다.

두 번째 결핍은 시민들이 명확하고 안정된 선호를 가진다 해도 기존의 선거제도를 통해서는 정치인과 정당에 보낼 수 있는 신호가 모호해질 수밖에 없는 한계에서 기인한다. 특히 선거운동 기간에 이슈로 떠오르지 않은 문제에 대해서는 유권자가 자신의 이익을 관철하기 어려운 구조인데다, 선거 외에 정치인이 유권자의 이익과 선호를 이해할 수 있는 채널도 그다지 많지 않다.

세 번째 결핍은 정치인과 직업 공무원으로 구성된 정부에 책임을 묻기엔 현행 선거 제도가 너무 허술하다는 데서 기인한다. 선거에서 경쟁 구도가 형성되지 않는다거나, 특수 이익을 대변하는 집단의 영향이 크다거나, 결과 모니터링과 평가가 어려울 때 정치·행정 엘리트들로 하여금 자신의 이익이 아니라 시민의 이익을 좇도록 강제할 방법이 없다. 현대국가가 기술관료 집단에 권한을 광범위하게 위임한 것도 책무성을 약화하는 일 요인이다.

---

### 주인-대리인 문제

민주성 결핍의 세 번째 요인을 젠센 & 메클링(Jensen & Meckling, 1976)의 용어로 바꾸자면 주인-대리인 문제(principal-agent problem)라고 할 수 있다. 주인-대리인 문제란 계약 관계에서 파생하는 문제로 권한을 위임하는 사람을 주인(principal)이라고 하며 권한을 위임받는 사람을 대리인(agent)이라고 한다. 주인은 대리인에게 자신의 권한을 위임하면서 대리인이 주인을 위해 노력할 것을 약속받고 그에 따른 보상을 제공하기로 계약을 맺는다. 하지만, 주인이 대리인을 실시간으로 감독하지 않는 한 대리인이 최선을 다하지 않는 도덕적 해이(moral hazard)가 발생해도 그것을 알 수 없는 정보의 비대칭성으로 말미암아 주인의 이익이 달성되지 않거나 오히려 손해를 입을 수도 있는데 이러한 상황을 가리켜 대리인 문제라고 한다.

주인과 대리인 관계는 주주와 전문경영인, 의뢰인과 변호사, 집주인과 관리인 등 현실 세계에서 무수히 발견되지만, 그러한 관계의 공통적 속성은 위임관계에 기초한다는 것이다. 따라서 지역주민과 국회의원 사이에도 발생할 수 있는 전형적인 문제가 주인-대리인 문제다. 특히 대의민주주의의 공적 위임에서는 사적 위임에서와 달리 대리인이 자신의 이익을 위해 행동할 때뿐 아니라 대리인과 주인의 이익이 배치됨에 따라 대리인이 주인의 이익보다 자신의 이익을 위해 행동할 때 더 심각한 양상으로 발생한다. 대리인의 이러한 숨겨진 행위로 인해 발생하는 제반 비용도 대리인이 부담하는 것이 아니라 회사와 주주, 국민에게 전가된다는 점에 주인-대리인 문제의 심각성이 있다.

젠슨 & 메클링은 이 비용을 확증비용(bonding cost, 대리인이 주인에게 해가 되는 행위를 하지 않고 있음을 증명하기 위해 대리인이 부담하는 비용), 감시비용

(monitoring cost, 대리인의 행위가 주인의 이익과 반하는 것을 예방하기 위해 주인이 부담하는 비용), 잔여손실(residual cost, 주인의 관점에서 본 최적 의사결정과 대리인의 의사결정 사이에는 차이가 발생하는데 이러한 차이 때문에 주인이 감수할 수밖에 없게 되는 부의 감소분), 세 가지로 제시했다.

네 번째 결핍은 선거와 책무성의 기제가 보장된다 해도 정작 정책집행을 담당하는 국가기관이 시민의 이익과 선호를 만족시키는 성과 창출 역량이 부족할 때 또는 국가 자체의 역량이 부족할 때 발생한다. 예를 들어 경제 성장은 정부의 역량과 함께 시장의 역량도 중요하다. 환경, 교육, 안전 등의 분야에서는 시민 개인의 참여와 기여에 따라 성과가 달라질 수 있다.

이게 전부는 아니다. 지금까지 살펴본 대의민주주의 시스템의 내생적 한계에 덧붙여 시간이 갈수록 가속화되는 정치·행정 환경의 변화는 대의민주주의의 한계를 더욱 부각하는 외생적 요인이 되고 있다. 특히 20세기 후반부터 급속하게 진행되는 지방화, 정보화, 탈근대화 등과 함께 4차 산업혁명의 도래라는 새로운 정치·행정 환경의 도전이 그것이다. 대량 생산, 대량 소비, 대도시, 민족 국가 등과 같은 거대 조직은 사라지고 그 자리에 개인성, 유연성, 다양성, 세분화, 분산화, 국제화 등의 새로운 사조(思潮)가 나타나고 있다. 지식정보사회, 유비쿼터스 시대라는 단어가 생활용어로 정착되어 갈수록 근대화라는 거대 목표를 이끌던 '보편적 이성'의 존재가 무의미해지는 포스트모던 사회가 도래하며 대의민주주의에 대한 도전도 커지고 있다.

이 도전에 대한 응전은 여러 갈래로 나눠지지만 가장 최근에 부상한 민주주의 혁신(democratic innovations)에 주목해보자. 민주주의 혁신은 크게 두 갈래로 현재화되고 있다. 하나는 19세기 말부터 줄기차게 이어져 오다 1960년대에 본격화된 참여민주주의(participatory democracy) 운동이고, 다른 하나는 1980년대에 비로소 가시화된 숙의민주주의(deliberative democracy) 운동이다. 달리 말하자면 각자 다른 기원을 가지고 독립적으로 발전해오던 참여민주주의 운동과 숙의민주주의 운동이 20세기에 들어 민주주의 혁신이라는 사회운동으로 수렴되며 대의민주주의의 대안적 또는 보완적 개념으로 부상하고 있다(이에 대한 자세한 논의는 이 책의 제4장 참조).

# 제**3**장
# 미래의 갈등관리, 공론화

의사소통은 자신과 타인, 사적인 것과 공적인 것,
내면의 생각과 외면의 언어라는
고통스러운 구분에 대한 명백한 답이다.

존 더럼 피터스

Communication is an apparent answer to the painful
divisions between self and other, private and public,
and inner thought and outer word.

John Durham Peters

# 03 미래의 갈등관리, 공론화

이 연구는 우리 사회의 공정성 인식을 독립변수로, 사회갈등 인식을 종속변수로 설정하고 둘 사이의 매개변수로 사적 소통과 공적 소통을 설정했다. 그리고 이를 통해 우리 국민의 공정성 인식과 사적(私的), 공적(公的) 소통 수준 간 관계를 살펴본 후, 공·사 소통 수준과 갈등 인식 간의 관계를 분석했다.

분석 결과에 따르면, 공정성 인식이 낮을수록 공·사 소통 수준이 저하되며, 갈등 인식 수준은 높아졌다. 반면 국민의 공·사 소통 수준이 높을수록 갈등 인식 수준은 낮아졌는데, 사적 소통이 공적 소통보다 갈등 인식 수준을 낮추는 데 더 효과적인 것으로 나타났다. 이는 우리 사회의 갈등 인식 수준을 낮추기 위한 정부의 정책적 개입 지점이 정부의 공적 소통 영역에 한정되어선 안 되고, 사적 소통 영역으로까지 확장되어야 함을 시사한다. 그렇다고 해서 사적 소통 영역으로 확장된 국가의 개입이 '감시와 처벌'의 전체주의적 방법으로 회귀해도 된다는 것은 아니다.

그렇다면 국가가 사인 간 소통을 활성화하되 민주성을 고양하며 그것이 협력적 공동체의 밑거름이 될 수 있도록 하는 방법은 무엇일까? 미래 공동체의 협력과 통합은 건강한 소통에 있거니와, 그 건강한 소통을 활성화하는 가장 빠른 방법은 건강한 공론장의 형성과 유지에 있다. 이것이 이 책의 궁극적인 주장이다.

**소통, 사회갈등 해소 기제[1]**

　　국민일보 여론조사 결과에 따르면, 한국인이 추구해야 할 가치로서 공정성이 가장 절실한 것으로 나타났다. 공정성이 민주주의나 배려, 신뢰는 물론 평등이나 행복, 공동체 의식보다 앞서는 것으로 나타나는데, 이는 곧 우리 사회에서 가장 결핍된 사회 운영 원리가 공정성이라는 역설이기도 하다.[2]

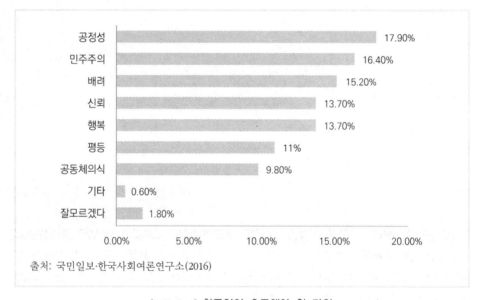

출처: 국민일보·한국사회여론연구소(2016)

[그림 3-1] 한국인이 추구해야 할 가치

　　중앙일보는 『[탄핵 1년] 시대정신 된 '공정성'…미투, 평창올림픽도 영향』이라는 제하의 기사에서 '일상에서의 평등…문제 제기 계속돼야'라는 설명문을 뽑고 공정성이 마침내 시대정신이 되었다고 진단한다.[3] 한국일보는 '조국 대전'으로 통칭되

---

1　사회갈등 해소 기제로서 소통의 유형과 방법을 살펴보는 3장 1절은 국회 입법조사처에서 발간하는 『입법과 정책』 제12권 3호, pp.57-88에 실린 임현철·은재호(2020)의 논문, '미래의 갈등관리, 어디로 가야하나?'에 기초한다.
2　국민일보(2016.12.08.), 최순실 사태에 분노한 국민 "공정성·민주주의 가치 회복이 최우선", 국민일보 창간 28주년 여론조사
3　중앙일보(2018.03.09.), [탄핵 1년] '시대정신 된 '공정성'…미투, 평창올림픽도 영향'

는 일련의 사건에서 국민 눈높이에 기반을 두는 논쟁이 사라지고 '내 편만 옳다'는 극단의 정치만 판친다는 분석을 내놓으며 현대 한국 사회에서 중도층의 합리적 목소리가 설 곳을 잃음에 따라 정치적 냉소와 무력감만 더 커졌다고 진단한다.[4]

현대 한국 사회를 가로지르는 개별 사안이 실제로 공정성을 헤쳤는가에 대한 논의와 별개로 이 모든 관찰의 기저에는 공정성이 훼손됐다는 인식이 많아질수록 사회갈등 또한 커진다는 주장이 잠복해있다. 과연 그럴까? 불공정이 커질수록 사회갈등 또한 커지는 것일까? 일견 자명해 보이는 사회현상이 우리 모두의 합리적 상식(常識)을 배신하는 경우를 종종 봐왔던 터라 다음과 같은 세 가지 연구 질문을 던지며 우리 사회의 공정성(인식)과 갈등(인식)의 상관성, 그리고 그 해법을 탐색해 보기로 했다.

첫째, 공정성에 대한 우리 사회의 인식이 사회갈등에 미치는 영향은 어느 정도일까? 주지하다시피 '최순실 사태', '평창올림픽 남북 단일팀 논란', '조국 대전', '인국공(인천국제공항) 사태' 등, 주요 이슈 뒤에 잠복한 '공정성'에 대한 논란 때문에 우리 국민이 심각한 수준의 분노와 좌절감을 경험했다는 주장이 많다. 게다가 정당을 비롯해 많은 행위자가 반대 진영에 대한 분노와 비난을 증폭시키는 인지동원(cognitive mobilization)[5] 전략으로 이를 활용하며 '갈등의 사회화'와 '사회의 갈등화'를 심화시키고 있다는 관찰도 많다. 과연 불공정에 대한 인식이 높아지면 갈등 인식 정도도 높아질까? 불공정이 갈등 인식을 심화한다면 얼마나 심화할까? 누구나 선험적으로 이해하고 경험적으로 추정하지만 최근 한국 사회에서는 이에 대한 실증적 분석이 거의 이루어지지 않았다. 그래서 이 연구는 무엇보다도 먼저 공정성과 사회갈등 사이에 형성되는 인식적 차원의 인과관계를 정량 데이터 분석을 통해 확인해보기로 했다.

둘째, 공정성에 대한 인식 변화는 개인의 사회참여 행태에 변화를 가져온다는 것이 일반적인 관찰이다(유재두, 2016; 이지호 외, 2017). 그렇다면 공정성에 대한 인

---

4 한국일보(2019.09.11.), "[조국 사태, 무엇을 남겼나] <2> 더 공고해진 진영 논리. 내 편만 옳다는 극단의 정치… 중도층 '합리적 목소리' 설 곳 없다."

5 인지동원이란 러너(Lerner, 1958)와 도이치(Deutsch, 1961) 등이 개념화한 사회적 동원(social mobilization)의 개념을 확장해 잉글하트가 정식화한 개념으로서 '광범위한 정치 공동체에 대처하는 데 필요한 정치적 기술의 배분 과정'(Inglehart, 1970: 47)을 의미한다. 20세기 대중교육의 확대와 대중매체의 확산에 힘입어 다양한 사회적 자원 가운데 특히 인지적 자원의 동원이 새로운 가치와 태도, 행동의 변화를 유인하는 데 더 저렴하고 효과적이라는 주장이다.

식이 개인의 사회참여 행태, 그 가운데서도 특히 소통 양태를 어떻게 변화시킬까? 그동안 우리 사회의 역사적 경험은 공정성이 감소하면 사회참여가 증가하는 양상을 보여주었다. 4·19 혁명, 5·18 민주화운동, 6월 민주항쟁, 그리고 헌정사상 초유의 대통령 탄핵을 가져온 2016년 겨울의 촛불집회에 이르기까지, 이 모두는 '끼리끼리 해 먹는' 불공정 행위에 맞선 시민들 사이에 사적(私的) 소통이 발현된 결과였다. 그런데 여기에서 우리가 간과하면 안 되는 부분은 공정성 감소로 인한 사적 소통의 증가는 가시적 현상일 뿐, 그 이면에 '내가 바꿀 수 있는 것은 아무것도 없어!'라는 좌절감과 냉소주의가 자리 잡을 수도 있다는 사실이다. 양은정 외(2019)와 이수인(2016)은 사회가 공정하지 않다는 인식은 국민의 사회적 효능감(social effi-cacy) 저하를 유발하고, 이는 다시 국민의 사회참여를 저해하며 심한 경우 스스로 삶을 포기하게 하는 원인이 되기도 함을 경고한다. 이처럼 공정성과 사회참여 간의 관계가 명확하지 않음에 따라, 이 연구는 공정성 인식이 사회적 소통 양태에 미치는 영향을 실증적으로 검토해 보고자 했다. 그리고 이를 위해 소통을 공적 소통과 사적 소통으로 나누어 살펴보며 공정성 인식이 공·사 소통 양태에 미치는 영향을 가늠해보기로 했다.

셋째, 우리 사회에 적합한 갈등 해결 방법은 무엇일까? 소통은 우리 사회의 갈등을 완화하는 효과적인 기제로 작동할 수 있을까? 우리 사회는 공정·불공정 문제를 비롯해 경제적 양극화, 문화적 다원화, 그리고 개인주의가 심화함에 따라 과거보다 차별과 갈등을 더 자주, 그리고 더 강하게 경험하게 됐다. 상호불신으로 인한 사회자본의 침식과 전통적인 공동체의 해체가 이미 진행 중에 있다는 관찰도 새롭지 않다(은재호, 2015: 14). 그러나 우리 사회의 갈등 증가를 마냥 부정적인 시선으로만 바라볼 필요는 없다. 많은 학자가 지적했듯이 갈등은 긍정적 사회변화를 유발하고 사회 (재)통합의 기회가 되기도 하는 등, 사회발전의 동력이 되기도 한다(Coser, 1956; 임혁백, 1994). 다만, 이 같은 순기능을 획득하기 위해서는 갈등을 통합적으로 해결해야 한다는 전제가 따른다(Coser, 1956; 은재호, 2015: 17). 이와 관련해 일군의 연구자들은 우리 사회의 갈등 해결을 위해 제도적 권위와 정당성을 지닌 정부의 역할을 강조하고(cf. 박길성, 2008; 이명진, 2008; 이병량 외, 2008; 윤건 외, 2018 등), 다른 일군의 연구자들은 의사결정의 수용성을 높임으로써 갈등을 예방하고 해결할 수 있다고 지적하면서 시민사회의 역량을 적극적으로 활용해야 한다고 주장한다(cf. 은재호, 2016; 채종헌, 2017; 심준섭 외, 2018). 두 가지 전략 중 우리 사회의 갈등을 해결하는 데 더 효과적인 전략은 무엇일까?

## 1. 공정성의 개념과 측정지표

### 공정성의 개념

고대 그리스 철학자들로부터 시작된 공정성에 대한 논의는 1960년대 들어 아담스(Adams, 1965)와 호만스(Homans, 1961)에 의해 형평성 이론(equity theory)으로 발전하며 초기 공정성 이론을 구조화했다. 이들은 공정성을 다음과 같은 두 가지 기제로 설명한다. 첫째는 공정성이 투입한 자원과 이를 통해 획득한 교환물의 가치에 따라 달라진다는 사회교환이론(social exchange theory)이고, 둘째는 공정성이 타인과 산출물의 비교를 통해 다르게 나타난다는 상대적 박탈감 이론(relative depri-vation theory)이다. 즉, 초기 공정성 이론은 공정성이 절대적 기준이 아니라 상대적 비교를 통해 인식되는 개념이라고 지적한다. 개인은 투입 대비 산출물이 부적절해도 그것이 타인이 받는 결과물과 같다고 인식하면, 공정성이 달성된 상태로 파악한다는 것이다(Greenberg, 1990: 400).

한편, 초기 공정성 이론은 개인의 공정성 인식과 심리상태의 관계에 관해서도 관심을 가졌다. 공정성의 고전 이론가들은 공정하지 않다고 인식할 때 개인의 감정적 동요가 일어날 수밖에 없지만, 그 상황이 개인에게 긍정적인 상황인지 아니면 부정적인 상황인지에 따라 개인의 감정이 다르게 표출될 수 있다고 강조한다. 즉 개인은 타인보다 산출물이 많은 '긍정적 불공정 상태'인 경우 불공정에 대한 인식 수준이 낮지만, 산출물이 타인보다 적은 '부정적 불공정 상태'에 놓이면 강한 불만이나 갈등을 경험하게 된다는 것이다(Anderson et al. 1969; Austin & Walster, 1974; Jasso, 1978; Walster et al. 1973). 이처럼 초기 공정성 이론은 자원분배와 분배의 공정성에 초점을 맞췄는데, 이를 요약하면 [그림 3-2]와 같다.

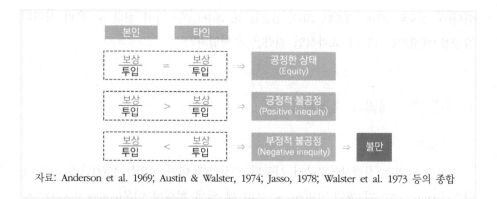

자료: Anderson et al. 1969; Austin & Walster, 1974; Jasso, 1978; Walster et al. 1973 등의 종합

[그림 3-2] 초기 공정성 이론의 공정성 인식 알고리즘

　　초기 공정성 이론을 이어받은 논의는 그 유명한 자유주의와 공동체주의의 논쟁이다. 전통적으로 자유주의자들은 동등한 사람들에게는 동등하게, 동등하지 않은 사람들에게는 동등하지 않게 분배하는 것을 결과의 평등으로 보지만, 공동체주의자는 공공선에 부합하도록 일종의 편파성(partiality)을 지닌 자원 배분을 강조한다(Rothstein & Teorell, 2008: 176). 반면, 현대 이론가들은 분배의 공정성이 사회의 지배적인 이념과 규범에 따라 다양한 의미로 해석되는 한계를 지적하면서(cf. Leventhal, 1980), 사회·경제적 지위에 따라 차별받지 않고 동등한 대우를 받을 수 있는 조건도 동시에 고려해야 한다고 강조한다. 현대 이론가들은 공정성의 다차원적 속성에 주목한 것이다(cf, Deutsch, 1975; Bies & Moag, 1986; Leventhal, 1980).[6]

　　특히 터너(Turner, 1986)는 이 같은 맥락에서 사회의 공정성을 본체론적 공정, 기회의 공정, 분배의 공정, 조건의 공정 등 네 가지 속성으로 설명한다(cf. [그림 3-3]). 본체론적 공정성은 모든 인간이 자연 상태에서 동등하다는 것을 의미한다. 이는 인본적·존재론적 평등을 의미하는 철학적 개념이다(이건, 2015 : 34). 기회의 공정성은 인종, 계급, 종교, 가족 등 개인이 선택할 수 없는 요인들로 차별받지 않는 상태를 의미한다.

---

6 1990년대 이후 공정성에 대한 논의는 조직영역에 집중되고 있다. 조직 공정성의 개념을 정립한 대표적 학자는 레반탈(Leventhal, 1980), 바이스 & 모악(Bies & Moag, 1986), 그린버그(Greenberg, 1990) 등이 있으며, 그들은 조직 공정성을 분배 공정성, 절차 공정성, 상호작용 공정성으로 나누어 설명한다. 그러나 이 연구는 조직 공정성이 아니라 사회 전체의 공정성에 대해 논하는 것이 목적이어서 터너(Turner, 1986)의 이론을 검토하기로 했다.

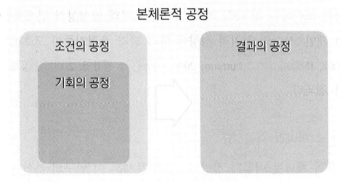

자료: Turner(1986)의 시각화

[그림 3-3] 사회 공정성의 개념도

그러나 법과 제도가 특정 집단에게 유리하게 설계된 상태에서 모든 개인에게 참여의 기회만 동등하게 제공한다면, 그것이 과연 공정한 사회일까? 기회의 공정은 모든 개인에게 형식적으로 동등한 기회를 주는 것을 초월해 실질적으로 동등한 기회를 제공해야 비로소 달성될 수 있다. 기회의 공정이 실현되기 위해서는 개인이 원천적으로 가지고 있는 차별적인 조건에 구애받지 않고 공정한 기회를 제공받을 수 있는 토대인 공정한 게임 규칙(rules of game), 즉 조건의 공정이 선행되어야 한다. 도덕적·규범적 측면에서 주어지는 기회의 공정은 제도적 관점에서 볼 때 조건의 공정을 통해 달성될 수 있다는 것이다(이종수, 2011: 21; 이건, 2015: 36). 또한 조건의 공정이 달성되지 않고서는 기회의 공정은 물론 결과의 공정 또한 논할 수 없다는 점에서 조건의 공정이야말로 초기 공정성 이론가들이 강조했던 분배 공정성의 기본가성이며, 사회질서를 유지하는 근본이라고 하겠다(Tyler, 2003).

그럼 공정성을 어떻게 측정할 수 있을까? 앞서 살펴보았던 것과 같이 조건의 공정이 달성되지 않고서는 기회의 공정은 물론 결과의 공정을 논할 수 없을 것이다. 따라서 이 연구는 제도적 측면이 공정한 사회의 첫째 조건이라 가정하고, 제도 즉, 조건의 공정성을 측정함으로써 우리 사회의 공정성을 가늠해보기로 했다. 공정성 인식을 측정하는데 활용한 변수는 ① 교육 기회, ② 취업 기회, ③ 복지혜택을 받을 기회, ④ 법 집행, ⑤ 정치 활동, ⑥ 성별에 따른 대우, ⑦ 언론 보도, 그리고

⑧ 대기업과 중소기업 관계의 공정성 여덟 개다. 이 변수들은 기회의 공정성과 조건의 공정성을 포괄하는 것으로, 기회 공정성이 결과 공정성의 전제조건이며, 결과의 공정성이 개인·사회의 정치적 성향에 따라 달라 측정기준이 모호하다는 선행연구(BMAS, 2002; INSEE, 2002; Putnam, 2000; 이동원 & 정갑영, 2009; 송경재, 2013)를 고려해 종합한 결과다.

### 사회갈등의 개념과 측정지표

사회갈등의 개념을 어떻게 정립하느냐의 문제는 이 연구의 분석단위를 무엇으로 설정하느냐의 문제와 직결되어, 개념적 정초에 더욱 신중할 필요가 있다. 이 연구는 갈등의 개념화에 천착한 국내·외 선행연구를 검토한 결과, 그들 대부분이 갈등의 개념을 갈등의 유형에 따라 다르게 규정하고 있음을 발견했다. 선행연구는 갈등의 유형을 크게 주체, 원인, 내용에 따라 분류한다.

갈등을 일으키는 주체에 따른 분류는 개인갈등과 집단갈등의 분류가 주를 이룬다. 개인갈등은 조직 내 둘 이상의 주체 간에 이루어지는 상호작용과정에서 오해, 의견 차이, 역할경쟁 등으로 인해 발생하는 갈등을 의미하고, 집단갈등은 비교적 긴 시간을 두고 사회시스템 안에 고착된 구조적 문제에 의해 발생하는 갈등을 의미한다. 전자는 의사소통 갈등, 정보갈등, 세대갈등 등이 주를 이루고 후자는 노사갈등, 계급갈등, 젠더갈등 등이 주를 이룬다. 무어(Moore, 2003)의 표현을 빌리자면 개인갈등은 행위자 간 관계에서 파생되는 관계적 갈등을, 집단갈등은 사회구조에서 발생하는 구조적 갈등을 지칭한다.

원인에 따른 갈등유형의 가장 단순한 형태는 가치갈등과 이익갈등의 구분이다. 가치갈등이란 서로 다른 가치관, 이념, 종교, 문화 등이 대립하는 갈등이며 세대갈등이나 이념갈등, 환경갈등 등이 대표적인 사례다. 이익갈등은 이해관계나 물질적 욕구 등 주로 경제적인 이익을 둘러싸고 발생하는 갈등으로서 노사갈등, 계층갈등, 지역갈등, 인종갈등 등이 대표적이다.

한편 갈등의 내용적 측면에 관한 연구는 주로 사례 연구가 중심을 이루며, 각 사례가 위치하는 영역을 기준으로 구분하려는 노력이 이루어졌다. 특히 한국의 사회적 특성을 반영하는 유형화가 활발하게 진행되고 있는데, 임동진(2011)은 갈등 이슈에 따라 정책갈등, 이익갈등, 입지갈등, 노사갈등, 개발갈등을 구분했다. 국민

대통합위원회(2014)는 대규모 사회조사 자료를 근거로 계층, 노사, 세대, 이념, 지역, 환경갈등을 한국사회의 대표적 6대 갈등유형으로 제시했다. 조원섭(2016)은 한국의 네 가지 대표적 갈등으로서 계층, 지역, 이념, 세대갈등 등을 제시했다.

그렇다면 사회갈등이란 무엇이며 사회갈등의 수준을 어떻게 측정해야 할까? 먼저 사회갈등의 개념 정립을 위해서는 '사회적'이라는 수사의 함의를 추적하고 그에 조응하는 갈등유형을 찾아낼 필요가 있다는 것이 이 연구의 주장이다. 왜냐하면, 앞서 소개한 선행연구들처럼 갈등의 주체, 원인, 내용에 따라 갈등을 분류할 경우 각 유형의 포괄성은 확보할 수 있으나 배타성은 확보하지 못함으로써 유형화의 효용이 축소되고 기능이 약화되기 때문이다. 예를 들어 남녀갈등은 개인적인 갈등인가, 사회적인 갈등인가? 노사갈등은 가치갈등인가, 이익갈등인가? 민관갈등은 관계갈등인가, 구조갈등인가? 경험적 세계에서 마주치는 각각의 사례는 어느 하나가 아니라 동시에 둘 다에 속한 경우가 비일비재하다. 이렇게 포괄성은 있지만 배타성이 없으면 분류의 혼란만 초래해 개념의 모호함을 더 크게 할 뿐, 분석의 명징성을 더해주지 못한다.

이 연구는 이러한 관점에서 '그 원인이나 주체 또는 발생지점과 상관없이 그 파장과 영향력, 중요성 등의 이유로 공권력을 비롯해 공동체의 집단적 개입이 요구되는 모든 유형의 갈등'을 사회갈등으로 정의하기로 한다. 이러한 정의의 특징은 부부 간 불화 등과 같이 개인적 차원의 갈등이라 해도 그것이 공동체의 질서와 안전을 위협하는 것으로 판단되어 공권력의 개입이 요청되는 갈등이라면 언제든지 사회갈등으로 전환될 수 있고, 그 역도 가능하다는 개방성과 순환성에 있다(p. 6 [그림 0-2] 갈등의 개념과 유형 참조).[7]

이어서 이 연구는 사회갈등의 수준을 개인의 주관적 인식 지표로 전환해, 공정성에 대한 인식을 독립변수로 설정하고 사회갈등 정도에 대한 개인의 주관적 인식을 종속변수로 설정한 다음 두 변수 사이의 인과성을 추적했다. 개인의 주관적

---

7 예를 들면 남녀문제, 세대 문제, 이익 배분 문제, 코로나19와 같은 보건위생 문제 등, 애초에는 개인적 문제나 사적 갈등 사안으로 인식되었던 문제도 그 정도가 깊어지고 사회적 파장이 커져 주어진 사회(공동체)의 존립을 위태롭게 할 우려가 생겨 집단적 해결이나 공권력의 개입이 요구되면 언제든지 사회 문제 또는 사회갈등으로 전환된다(cf. 은재호, 2007: 245-246). 이러한 접근 방식이 선행연구의 유형 분류와 구별되는 가장 큰 차이는 갈등의 유형이라는 인식 대상을 발현시키고 그것을 인식하는 방식과 인식 요소를 구성하는 인식 틀이 시간적으로나 공간적으로도 유한하다고 보는 점이다(cf. Foucault, 1966).

갈등 인식 변수는 우리 사회의 주요 현안으로 떠오른 갈등이자 다른 나라에서도 공통되게 보이는 ① 계층갈등(빈부갈등), ② 진영갈등(이념갈등), ③ 노사갈등, ④ 환경갈등, ⑤ 세대갈등, ⑥ 남녀갈등, ⑦ 종교갈등, ⑧ 외국인갈등[8]을 종합해 측정했다. 둘째, 사회통합실태조사(한국행정연구원, 2019) 항목에 수록된 7개 갈등유형이 현 시기 우리 사회에서 정당성을 획득한 사회갈등의 유형이라고 판단하고 이를 종합해 우리 사회의 갈등수준을 측정하고자 한다. 계층갈등, 노사갈등, 종교갈등, 외국인갈등, 환경갈등, 남녀갈등, 세대갈등이 그것이다.[9]

### 소통의 개념과 측정지표

소통은 사회구성원들 간 연결(network)과 의사소통(communication)을 의미한다(이민아 외, 2010: 63). 소통이 가져다주는 장점은 자명하다. 사회자본 이론에 따르면, 사회적 소통의 활성화는 지역의 연대 의식을 고양해 사회의 공익 제고로 이어짐에 따라 갈등에서 비롯되는 여러 가지 사회적 비용을 줄여준다. 즉, 소통은 무너진 공동체 의식을 회복할 수 있고, 포용 성장(inclusive growth)을 끌어내는 등 사회 안정성과 효율성 향상의 기제로서 매우 중요한 역할을 한다(cf. Putnam, 1995; Coleman, 1988; Serageldin & Grootaert, 2000). 사회자본 이론가들은 사회적 이해관계와 유대관계를 중심으로 구성원 간에 형성되는 관계 양상에 따라 소통을 결속형(bonding), 연결형(bridging), 고리형(linking)으로 분류한다(cf. Putnam, 2000; Woolcock, 2001; World Bank, 2004). [그림 3-4]는 이 세 가지 소통의 특성과 관계를 보여준다.

- 결속형(bonding) 소통은 가족과 친구, 멤버십의 일종인 향우회, 동호회 등 폐쇄적 관계에서 발생하는 수평적 소통으로 구성원 간 신뢰도와 친밀감이 매우 높은 소통이다.
- 연결형(bridging) 소통은 동일한 민족, 인종, 종교, 직업을 가진 수평적 존재 간 상호작용을 의미한다. 따라서 연결형 소통도 개인 간의 수평적 관계에서 발생하며, 상호 호혜성으로 유지된다(김인설, 2013: 125).

---

8 여러 국가에서 문제가 되는 인종 갈등을 이 연구에서는 내국인과 외국인 간 갈등 수준으로 측정했다.
9 다만, 여기에서 주의할 것은 이 7개 갈등유형이 현 시기 사회갈등의 유형임이 분명하고 이를 통해 한국 사회가 직면한 갈등의 얼개를 그려볼 수 있는 것이 분명하지만, 현 시기에 한국 사회가 직면한 사회갈등이 이 7개 유형으로만 휘원되는 건 아니라는 사실이다.

- 고리형(linking) 소통은 이질적 대상과의 수직적 소통이다. 이질적 소통의 경우, 개인 간 수평적 관계보다는 사회의 상위구조와의 관계에서 주로 발생한다.

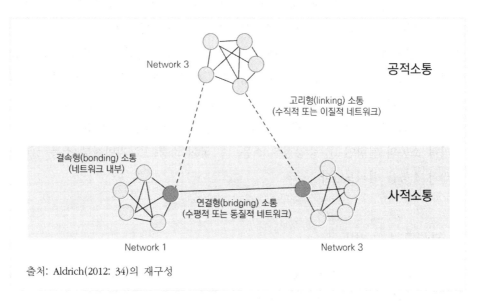

출처: Aldrich(2012: 34)의 재구성

[그림 3-4] 결속형, 연결형, 고리형 소통의 관계와 특성

그렇다면 이 세 가지 소통을 측정하려면 어떻게 해야 할까? 그동안 소통 변수는 연구자의 판단에 따라 다양한 방식으로 조작화(operationalization)가 이루어졌고, 그 방법에 따라 매우 다른 연구 결과가 생산되어 소통의 변수화에 대한 신뢰도와 타당성에 의문이 일었다. 이에 World Bank(2004), OECD(2012) 같은 국제기구는 다양한 선행연구를 근거로 소통을 사적 영역에서의 소통(사적 소통)과 공적 영역에서의 소통(공적 소통)으로 구분해 측정한다. 수많은 후속 연구도 사적(私的) 소통과 공적(公的) 소통의 속성은 명백히 다르다고 지적하면서, 만약 이 둘을 같게 취급하면 소통변수의 타당성 문제에서 벗어날 수 없다고 경고한다(BMAS, 2002; INSEE, 2002; Putnam, 2000; 송경재 2013; 이동원 & 정갑영, 2009). 여기에서 사적 소통이란 친밀하거나 동질적인 개인 간에 이루어지는 소통이고, 공적 소통이란 정부, 국회, 법원, 학교 등 공식적 조직과 이루어지는 소통이라고 정의할 수 있다.

이에 이 연구도 선행연구가 제시한 소통의 구성요소(속성)를 토대로 사회자본

이론이 말하는 소통을 사적 소통(결속형＋연결형)과 공적 소통(고리형)으로 나누어 살펴보기로 했다. 결속형 소통은 개인에게 정신적 도움과 삶의 안정감을 제공하는 소통이고, 연결형 소통은 사회적 영향력을 확대하기 위한 소통으로서 소위 말하는 인맥관리를 위한 소통인데(Putnam, 2000), 둘 다 개인 간 관계에서 발생하는 사적(私的) 소통이다. 고리형 소통은 개인이 '국민' 또는 '지역주민'의 자격으로 중앙정부나 지방자치단체의 공무원, 국회의원과 시의원, 경찰관과 소방관 등, 공적 임무를 담당한 행위자들과 행하는 공적(公的) 소통이다. 사적 소통 수준을 측정하기 위해서는 결속형 소통인 ① 가족 소통과 ② 이웃 소통을 살펴보고, 연결형 소통인 ③ 직장(동료) 소통과 ④ 세대 소통을 살펴보았다. 공적 소통 수준을 측정하기 위해서는 고리형 소통의 전형인 ① 중앙정부 소통, ② 국회 소통, ③ 지방정부 소통, ④ 지방의회 소통을 살펴보았다.

## 2. 분석모형과 방법

이 연구는 통계법 제18조와 동법 시행령 제24조에 따라 생산된 사회통합실태조사(국가승인통계 제417001호)의 2018년 자료를 사용했다. 조사 모집단은 섬, 특수사회시설, 기숙 시설, 관광호텔, 외국인 조사구, 집단 가구[10]에 거주하지 않는 만 19세~69세의 일반 국민이며, 표본추출 틀은 통계청에서 작성한 2016년 인구주택총조사 조사구 리스트이다. 이 조사는 조사의 신뢰성을 높이기 위해 다단층화 확률비례추출법을 사용해 8,000명의 표본을 추출하고, 추출된 표본을 대상으로 대인 면접조사 방식으로 자료를 수집했으며, 상황에 따라 자기기입식 조사방식을 병행했다.[11]

또, 공정성 인식과 갈등 인식 간의 관계는 부(－)의 상관관계, 공정성 인식과 사적 소통·공적 소통 간의 관계는 정(＋)의 상관관계, 사적 소통·공적 소통은 갈

---

10 집단 가구는 ① 가족이 아닌 6인 이상 가구 ② 집단시설 가구(기숙사, 양로원, 보육원 등 사회시설) ③ 외국인 가구(외국인만으로 구성된 가구)를 의미한다.

11 사회통합실태조사는 사회갈등을 최소화하고 국민통합에 기여할 것을 목적으로 하며 설문 작성은 한국행정연구원 사회조사센터에서, 실사는 한국갤럽조사연구소가 담당했다. 조사는 2018년 9월 1일부터 10월 31일까지 총 2개월간 진행되었고 조사 결과는 설계 가중치, 무응답 조정, 가구원 분포 보정, 1인 가구 보정, 사후층화 보정작업을 거친 후 발표했다. 표본추출 방법과 가중치에 관한 구체적인 내용은 한국행정연구원 사회통합실태조사 보고서에서 확인할 수 있다.

등 인식과 부(−)의 영향 관계가 있다는 가설을 설정하고 SPSS 24와 AMOS 25를 활용해 구조모형을 설계했다. 이를 바탕으로 신뢰도 분석, 확인적 요인분석을 시행해 모형과 변수의 타당성을 검정했으며, 이와 함께 구조방정식의 경로분석을 수행해 변수 간 인과관계를 살펴보았다. 마지막으로 공정성 인식과 갈등 인식의 관계에서 사적 소통과 공적 소통이 매개효과를 가졌는지 확인하기 위해 팬텀 변수를 활용한 부트스트래핑(Bootstrapping)을 실시했다. 이 연구의 구조모형과 가설은 [그림 3−5]와 같다. 여기에서 독립변수는 개인의 공정성 인식이고, 독립변수이자 매개변수는 소통변수이다.

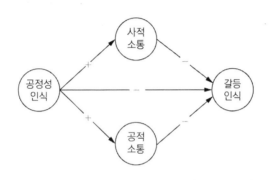

[그림 3-5] 연구모형 및 가설

이 연구모형의 구체적인 분석 문항은 <표 3−1>과 같다.

〈표 3-1〉 분석 문항

| 변 수 | 분석 문항 |
|---|---|
| 공정성 인식 | **교육 기회**가 어느 정도 공정하다고 생각하십니까?<br>**취업 기회**가 어느 정도 공정하다고 생각하십니까?<br>**복지혜택을 받을 수 있는 기회**가 어느 정도 공정하다고 생각하십니까?<br>**법 집행**이 어느 정도 공성하다고 생각하십니까?<br>**정치 활동**이 어느 정도 공정하다고 생각하십니까?<br>**성별에 따른 대우**가 어느 정도 공정하다고 생각하십니까?<br>**언론 보도**가 어느 정도 공정하다고 생각하십니까?<br>**대기업과 중소기업의 관계**가 어느 정도 공정하다고 생각하십니까? |

| | |
|---|---|
| 사적<br>소통 | **가족 간 소통**이 얼마나 잘 이루어지고 있다고 생각하십니까?<br>**직장 구성원 간 소통**이 얼마나 잘 이루어지고 있다고 생각하십니까?<br>**이웃 간 소통**이 얼마나 잘 이루어지고 있다고 생각하십니까?<br>**세대 간 소통**이 얼마나 잘 이루어지고 있다고 생각하십니까? |
| 공적<br>소통 | **중앙정부와 국민 간 소통**이 얼마나 잘 이루어지고 있다고 생각하십니까?<br>**국회와 국민 간 소통**이 얼마나 잘 이루어지고 있다고 생각하십니까?<br>**지방정부와 국민 간 소통**이 얼마나 잘 이루어지고 있다고 생각하십니까?<br>**지방의회와 국민 간 소통**이 얼마나 잘 이루어지고 있다고 생각하십니까? |
| 갈등<br>인식 | **빈곤층과 중·상층 간의 갈등** 정도가 어느 정도 심하다고 생각하십니까?<br>**근로자와 고용주 간의 갈등** 정도가 어느 정도 심하다고 생각하십니까?<br>**개발과 환경보존 간의 갈등** 정도가 어느 정도 심하다고 생각하십니까?<br>**고령층과 젊은층 간의 갈등** 정도가 어느 정도 심하다고 생각하십니까?<br>**남자와 여자 간의 갈등** 정도가 어느 정도 심하다고 생각하십니까?<br>**서로 다른 종교 간의 갈등** 정도가 어느 정도 심하다고 생각하십니까?<br>**내국인과 외국인 간의 갈등** 정도가 어느 정도 심하다고 생각하십니까? |

자료: 사회통합실태조사(한국행정연구원, 2019)

## 3. 분석 결과와 주요 발견

기술통계분석

2018년 사회통합실태조사 표본의 인구통계학적 특성을 살펴보면 남녀비율, 연령구성, 소득수준, 학력 등 대부분 특성이 우리 사회를 충실하게 대표하는 것으로 보인다. 구체적인 2018년 사회통합실태조사 표본의 인구통계학적 특성은 <표 3-2>와 같다.

〈표 3-2〉 2018년 사회통합실태조사 응답자의 인구통계학적 특성

| 구 분 | | 표본수(명) | 비율(%) |
|---|---|---|---|
| 성별 | 남성 | 3,975 | 49.69 |
| | 여성 | 4,025 | 50.31 |
| 연령 | 20대(19세 포함) | 1,356 | 16.95 |
| | 30대 | 1,419 | 17.74 |
| | 40대 | 1,751 | 21.89 |
| | 50대 | 2,020 | 25.25 |
| | 60대 | 1,454 | 18.18 |

| | | | |
|---|---|---|---|
| 가구<br>소득 | 100만 원 미만 | 0,319 | 03.99 |
| | 100만 원 이상 ~ 200만 원 미만 | 0,605 | 07.56 |
| | 200만 원 이상 ~ 300만 원 미만 | 1,161 | 14.51 |
| | 300만 원 이상 ~ 400만 원 미만 | 1,613 | 20.16 |
| | 400만 원 이상 ~ 500만 원 미만 | 1,590 | 19.88 |
| | 500만 원 이상 ~ 600만 원 미만 | 1,142 | 14.28 |
| | 600만 원 이상 | 1,570 | 19.63 |
| 학력 | 초졸 이하 | 0,318 | 03.98 |
| | 중졸 | 0,548 | 06.85 |
| | 고졸 | 3,520 | 44.00 |
| | 대졸 이상 | 3,614 | 45.17 |
| 직업 | 전문관리 | 0,440 | 05.50 |
| | 사무 | 1,535 | 19.19 |
| | 서비스 판매 | 2,372 | 29.65 |
| | 농림어업 | 0,370 | 04.63 |
| | 기능 노무 | 1,143 | 14.29 |
| | 기타 | 0,005 | 00.06 |
| | 무응답 | 2,135 | 26.69 |

출처: 사회통합실태조사(한국행정연구원, 2019)

다음으로 관측변수를 대상으로 기술통계분석을 실시했다. 먼저 공정성 인식을 설명하는 8개 관측변수 중 '교육 기회의 공정성'이 2.69점으로 유일하게 1-4점 척도의 중간수준인 2.5점 이상인 것으로 측정되었다. 그 외 공정성 인식의 관측변수는 모두 중간수준 이하로, 특히 '대기업과 중소기업 간 공정성' 수준이 4점 만점에 2.13점으로 가장 낮게 집계되었다. 다음으로 우리 사회의 '정치 활동의 공정성'(2.19점), '법 집행의 공정성'(2.25점), '언론 보도의 공정성'(2.32점)도 상대적으로 낮은 수준인 것으로 나타났는데, 이와 같은 결과는 우리 국민이 한국사회의 제도적 행위자들을 상당히 불신하고 있음을 보여주는 결과라고 해석할 수 있다.

다음으로 사적 소통을 구성하는 관측변수의 기술 통계량을 살펴보면, 가장 친밀한 관계라 할 수 있는 '가족 소통'이 4점 만점에 3.28점으로 매우 높게 나타나고, '직장 소통' 또한 2.85점으로 중간 이상이었다. 반면 '이웃 소통'은 2.42점, '세대 소통'은 2.33점으로 지역공동체의 소통수준이 다소 부족한 것으로 나타났다. 공적 소통의 관측변수인 '중앙정부 소통', '국회 소통', '지방정부 소통', '지방의회 소통'은 모두 중간 이하인 것으로 집계되었으며, 특히 '국회 소통'은 4점 만점에 1.93점으로 국회에 대해 우리 국민이 느끼는 괴리감이 상당한 수준이었다.

마지막으로 갈등 인식의 관측변수를 살펴보면, 이 연구에서 조작화한 모든 갈등의 원인이 중간수준인 2.5점을 초과하는 것으로 집계되어 우리 사회의 주관적 갈등 수준이 상당하다는 것을 확인할 수 있었다. 우리 사회에서 가장 극심한 갈등은 3.04점을 기록한 '계층갈등'이고 그 다음이 2.96점을 기록한 '노사갈등'인 것으로 미루어보아 우리 사회 갈등의 상당부분은 소득격차에서 기인하는 것으로 보인다. 이 연구에서 활용한 변수들의 기술통계분석결과는 <표 3-3>과 같다.

〈표 3-3〉 관측변수의 기술통계분석

| 구분 | 변수명 | 표본수(명) | 범위 | 평균 | 표준편차 |
|---|---|---|---|---|---|
| 공정성 인식 | 교육기회 | 8000 | 1-4 | 2.69 | 0.63 |
| | 취업기회 | 8000 | 1-4 | 2.26 | 0.71 |
| | 복지혜택 | 8000 | 1-4 | 2.44 | 0.71 |
| | 법집행 | 8000 | 1-4 | 2.25 | 0.70 |
| | 정치활동 | 8000 | 1-4 | 2.19 | 0.69 |
| | 남녀평등 | 8000 | 1-4 | 2.41 | 0.67 |
| | 언론보도 | 8000 | 1-4 | 2.32 | 0.68 |
| | 기업평등 | 8000 | 1-4 | 2.13 | 0.73 |
| 사적 소통 | 가족 소통 | 8000 | 1-4 | 3.28 | 0.69 |
| | 직장 소통 | 8000 | 1-4 | 2.85 | 0.66 |
| | 이웃 소통 | 8000 | 1-4 | 2.42 | 0.73 |
| | 세대 소통 | 8000 | 1-4 | 2.33 | 0.72 |
| 공적 소통 | 중앙정부 소통 | 8000 | 1-4 | 2.36 | 0.70 |
| | 국회 소통 | 8000 | 1-4 | 1.93 | 0.74 |
| | 지방정부 소통 | 8000 | 1-4 | 2.28 | 0.69 |
| | 지방의회 소통 | 8000 | 1-4 | 2.25 | 0.68 |

| | 계층갈등 | 8000 | 1-4 | 3.04 | 0.66 |
|---|---|---|---|---|---|
| | 노사갈등 | 8000 | 1-4 | 2.96 | 0.71 |
| | 환경갈등 | 8000 | 1-4 | 2.87 | 0.74 |
| 갈등<br>인식 | 세대갈등 | 8000 | 1-4 | 2.76 | 0.74 |
| | 남녀갈등 | 8000 | 1-4 | 2.58 | 0.76 |
| | 종교갈등 | 8000 | 1-4 | 2.68 | 0.75 |
| | 외국인갈등 | 8000 | 1-4 | 2.61 | 0.67 |

### 확인적 요인분석

먼저 모형과 변수의 타당성을 확인하기 위해 확인적 요인분석을 시행했다. 분석 결과, 연구모형의 적합도는 $\chi^2 = 5065.423(p<0.00)$, TLI $= 0.904$, CFI $= 0.916$, RMSEA $= 0.052$로 측정되어 충분히 만족할 만한 수준으로 확인되었다.[12] 다음으로 본 구조모형의 잠재변수를 구성하는 관측변수의 내적 일관성을 검증하기 위해 집중타당성을 판별해보았다. 본 모형의 집중타당성 검정 결과는 아래 <표 3-4>와 같다. 잠재변수의 평균분산추출(AVE) 값이 기준인 0.5에 미치지 못하지만, 개념신뢰도(C.R.) 값을 살펴볼 때 모든 관측변수는 통계적으로 유의미해 잠재변수의 구성요소로 적합한 것으로 판별되었다.

---

12 본 연구모형은 수정지수(Modification Index: M.I.)를 활용해 ① 교육기회↔취업기회, ② 종교갈등↔외국인갈등, ③ 계층갈등↔노사갈등 간 공분산관계를 설정했다. 구조모형에서 공분산관계는 이론적 검토를 통해 변수 간 개연성이 있을 경우에만 사용가능하다(Grych & Fincham, 1990). 본 연구모형은 공분산관계를 교육 기회가 많을수록 사회진출에 용이하며(예를 들면, Blau & Duncan, 1967; Collins, 1979; Swell et al., 1969), 외국인 노동자가 종교를 가지고 있는 경우 문화적응 스트레스가 높다는(전혜정 외, 2015; 오영훈 외, 2019) 선행연구와, 조직의 상위계급자일수록 소득이 높다는 통념에 의거해 설정했다.

| 잠재 변수 | 측정 변수 | 적재치 | | S.E. | C.R. | AVE | Cronbach's α |
|---|---|---|---|---|---|---|---|
| | | B | β | | | | |
| 공정성 인식 | 교육기회 | 1 | 0.49 | — | — | 0.34 | 0.82 |
| | 취업기회 | 1.26 | 0.55*** | 0.03 | 41.12 | | |
| | 복지혜택 | 1.28 | 0.56*** | 0.04 | 34.74 | | |
| | 법집행 | 1.44 | 0.65*** | 0.04 | 37.69 | | |
| | 정치활동 | 1.42 | 0.64*** | 0.04 | 37.26 | | |
| | 남녀평등 | 1.21 | 0.57*** | 0.04 | 34.94 | | |
| | 언론보도 | 1.49 | 0.69*** | 0.04 | 38.63 | | |
| | 기업평등 | 1.53 | 0.66*** | 0.04 | 37.89 | | |
| 사적 소통 | 가족 소통 | 1 | 0.50 | — | — | 0.40 | 0.72 |
| | 직장 소통 | 1.12 | 0.57*** | 0.03 | 33.18 | | |
| | 이웃 소통 | 1.57 | 0.72*** | 0.04 | 36.35 | | |
| | 세대 소통 | 1.54 | 0.72*** | 0.04 | 36.31 | | |
| 공적 소통 | 중앙정부 소통 | 1 | 0.62 | — | — | 0.54 | 0.81 |
| | 국회 소통 | 0.96 | 0.57*** | 0.02 | 43.18 | | |
| | 지방정부 소통 | 1.34 | 0.84*** | 0.02 | 56.86 | | |
| | 지방의회 소통 | 1.36 | 0.86*** | 0.02 | 57.34 | | |
| 갈등 인식 | 계층갈등 | 1 | 0.48 | — | — | 0.39 | 0.81 |
| | 노사갈등 | 1.23 | 0.55*** | 0.03 | 37.79 | | |
| | 환경갈등 | 1.30 | 0.56*** | 0.04 | 33.43 | | |
| | 세대갈등 | 1.75 | 0.75*** | 0.05 | 38.05 | | |
| | 남녀갈등 | 1.64 | 0.69*** | 0.05 | 36.83 | | |
| | 종교갈등 | 1.51 | 0.63*** | 0.04 | 35.30 | | |
| | 외국인갈등 | 1.37 | 0.65*** | 0.04 | 35.68 | | |

$\chi^2 = 5065.423(p < 0.00)$, TLI $= 0.904$, CFI $= 0.916$, RMSEA $= 0.052$

$*p < 0.05, **p < 0.01, ***p < 0.001$

구조모형의 판별 타당성은 잠재변수 간의 상관관계가 낮다는 것을 의미한다. 판별 타당성은 구조모형의 가장 낮은 평균분산추출 값(AVE)이 가장 큰 결정계수

값(상관계수의 제곱값)보다 높을 때 확보된다. <표 3-5>는 본 모형의 상관 분석 결과이다. 상관 분석결과 결정계수 값(괄호 안의 숫자)이 가장 큰 관계는 0.27의 결정계수 값을 가진 공정성 인식과 공적 소통 간의 관계로 나타났다. 가장 낮은 평균 분산추출(AVE) 값이 0.34인 것을 고려해볼 때, 본 모형의 판별 타당성은 상당히 양호한 수준으로 판단된다.

〈표 3-5〉 판별타당성 검증을 위한 상관분석 분석결과

| 변수 | 공정성 인식 | 사적 소통 | 공적 소통 | 갈등 인식 | AVE |
|---|---|---|---|---|---|
| 공정성 인식 | 1 | | | | 0.34 |
| 사적 소통 | 0.29 (0.09) | 1 | | | 0.40 |
| 공적 소통 | 0.52 (0.27) | 0.31 (0.09) | 1 | | 0.54 |
| 갈등 인식 | −0.26 (0.07) | −0.14 (0.02) | −0.17 (0.03) | 1 | 0.39 |

구조방정식의 경로분석

다음으로 구조모형의 경로분석을 진행했다. 분석결과 독립변수인 공정성 인식은 사적 소통과 공적 소통에 정(+)적인 영향력을 행사한다. 영향력의 강도를 보여주는 표준화 경로계수를 살펴보면, 공정성 인식과 사적 소통 사이의 경로계수는 0.292로 측정된 반면, 공정성 인식과 공적 소통 사이의 경로계수는 상대적으로 높은 0.520으로 계산된다. 이는 우리 사회의 공정성 인식 수준이 낮아질수록 공적 소통수준이 뚜렷하게 감소하고 있음을 보여주는 결과다. 우리 국민은 사회가 공정하지 않다고 인식할 때 권력기관과 소통해봐야 아무것도 바꿀 수 없다는, 일종의 좌절감에 빠지고 있다는 신호일 수도 있다.

소통변수들과 갈등 인식 간의 관계도 통계적 유의성이 있는 것으로 측정되었다. 사적 소통과 갈등 인식 간의 표준화 경로계수는 −0.062, 공적 소통과 갈등 인식 간의 표준화 경로계수는 −0.029이다. 이와 같은 결과는 사적 소통이 공적 소통보다 갈등 해결에 효과적인 수단이라 해석할 수 있는데, 이는 시민사회와의 소통을 중시하는 참여적 의사결정 기법과 대체적 분쟁해결기법이 기술관료가 주도하는 전

통적 갈등 해결 기법보다 더 효과적일 수 있다는 것을 암시한다.

마지막으로 공정성 인식과 갈등 인식도 부(-)의 상관관계가 있는 것으로 나타났다. 두 변수 사이의 표준화 경로계수는 비교적 높은 -0.235로 측정되어, 공정성이 갈등을 줄여줄 수 있는 중요한 변수라는 것을 확인할 수 있었다. <표 3-6>은 구조모형의 경로분석 결과이다.

〈표 3-6〉 구조모형의 경로분석 결과

| 경로 | | | 경로계수 | | S.E. | C.R |
|---|---|---|---|---|---|---|
| | | | B | $\beta$ | | |
| 공정성 인식 | → | 사적 소통 | 0.313 | 0.292*** | 0.018 | 17.635 |
| | | 공적 소통 | 0.724 | 0.520*** | 0.025 | 28.780 |
| 사적 소통 | | | -0.062 | -0.065*** | 0.015 | -4.241 |
| 공적 소통 | → | 갈등 인식 | -0.029 | -0.039*** | 0.012 | -2.362 |
| 공정성 인식 | | | -0.224 | -0.220*** | 0.018 | -12.16 |

$\chi^2 = 5065.423(p<0.00)$, TLI=0.904, CFI=0.916, RMSEA=0.052

  *$p<0.05$, **$p<0.01$, ***$p<0.001$

### 팬텀변수를 활용한 구조방정식의 매개효과 검정[13]

공정성 인식과 갈등 인식의 관계에서 사적 소통과 공적 소통이 매개효과를 가지는지 확인하기 위해 팬텀변수[14]를 활용한 부트스트래핑을 실시했다. 이 연구는 안정된 부트스트래핑 추정치를 얻기 위해 5,000회의 표본추출과 95%의 편향수정 신뢰구간(bias-corrected confidence interval)을 설정해 분석을 진행했다. 분석 결과는 <표 3-7>이 보여주는바, 사적 소통과 공적 소통은 공정성 인식과 갈등 인식 간의 관계에서 통계적으로 유의미한 매개변수로 확인되었다. [그림 3-6]은 이 연구의 구조모형 및 변수 간 영향력을 정리한 관계도이다.

---

13 AMOS에서는 팬텀변수를 활용해 매개효과를 검증할 때 표준화 계수가 계산되지 않는다. 따라서 이 연구에서는 비표준화 계수를 제시했다.
14 팬텀변수는 일종의 가상변수로서 측정하고자 하는 간접효과의 경로를 고정하기 위해 사용되며(김현우 외, 2015), 모델적합도와 통계치에 전혀 영향을 주지 않는다(배병렬, 2016). 즉 원 모형과 팬텀변수를 추가한 수정모형은 수학적으로 완벽히 동일하다(홍세희, 2011).

<표 3-7> 모형의 매개효과 검증

| 경로 | | | | 경로계수<br>(비표준화) | S.E. | BC | 95% 신뢰구간<br>(비표준화) |
|---|---|---|---|---|---|---|---|
| 공정성<br>인식 | → | 사적 소통 | → | 갈등<br>인식 | −0.019*** | 0.005 | 0.000 | −0.030 ~ −0.009 |
| | | 공적 소통 | | | −0.021*** | 0.010 | 0.036 | −0.039 ~ −0.001 |

*$p < 0.05$, **$p < 0.01$, ***$p < 0.001$

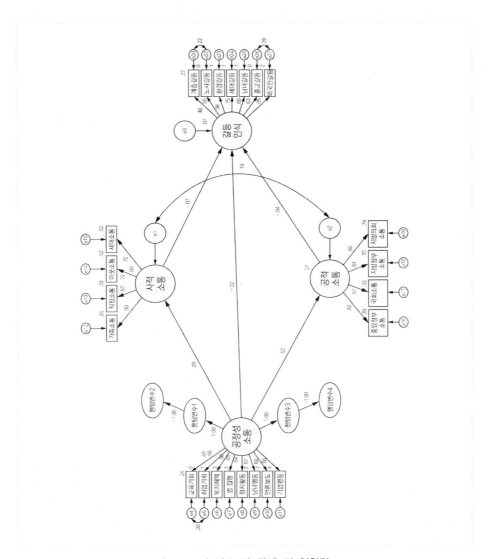

[그림 3-6] 변수 간 관계 및 영향력

민주주의 사회에서 공정성은 국가의 정당성과 지속가능성을 담보하는 핵심가치다. 이에 이 연구는 구조모형을 설계하고 거시적 관점에서 공정성 인식이 미치는 사회적 영향에 대해 살펴보았다. 공정성 인식이 갈등 인식을 얼마나 줄여주는지, 공정성 수준에 대한 인식은 우리 국민의 사회참여 행태에 어떤 영향을 미치는지, 나아가 우리 상황에 적합한 갈등해결 방법론이 무엇인지, 이 세 가지를 조망했다.[15] 그 결과와 함의는 다음과 같다.

첫째, 공정성 인식과 갈등 인식 변수 간에는 강한 부(−)적 상관관계가 있다. 즉 우리 사회가 공정하다는 인식이 높아질수록 우리 사회의 갈등이 심각하다는 인식이 줄어든다는 것이다. 사회갈등의 사후 해결은 물론 사전예방을 위해 공정성 회복이 절실함을 웅변하는 대목이다.

둘째, 공정성 인식은 사적 소통과 공적 소통에 양(+)의 영향력을 행사한다. 우리 사회의 공정성 인식이 높아질수록 사회적 소통이 증가하는 반면, 공정성 인식이 낮아지면 사회적 소통이 감소한다는 것이다. 이러한 관찰은 과거 70−80년대의 '민주화운동'이나 2016년 겨울의 '촛불시민혁명' 처럼 공정성이 훼손될 때 집단적 저항을 불러일으킬 수도 있지만, 우리 사회의 변혁 가능성에 대해 체념하고 좌절하는 뿌리 깊은 냉소주의가 함께 자리 잡을 수도 있음을 보여주는 결과라고 할 수 있다.[16]

셋째, 사적 소통과 공적 소통은 갈등 인식에 부(−)적 영향을 준다. 특히 사적 소통이 공적 소통보다 갈등 완화에 더 효과적인 것으로 나타났다. 이와 같은 결과는 우리 사회의 갈등 수준을 낮추기 위한 정부의 정책적 개입 지점이 공적 소통 영역에 한정되어선 안 되고, 사적 소통 영역으로까지 확장되어야 함을 시사한다. 즉, 우리 사회의 갈등수준을 효과적으로 완화할 주체로서 정부의 직접적인 역할 수행도 중요하지만, 사적 소통을 활성화하는 갈등 예방과 해결방식의 제도화도 병행할 필요가 있다는 것이다.

---

15 이 연구는 공정성과 소통 그리고 갈등 간의 관계를 입체적으로 보여준 연구라는 점에서 의미가 있지만, 아래와 같은 한계를 가지고 있다. 첫째, 이 연구는 단 년도 데이터를 활용해 분석한 까닭에 연구 결과의 일반화에 한계가 있다. 둘째, 구조모형의 타당도 측면에서 아쉬움이 있다. 이 연구는 모형적합도를 향상하기 위해 수정지수를 활용해 변수 간 공분산 관계를 설정했다. 또한, 개념 간 관계를 거시적 측면에서 살펴보기 위해 잠재변수를 유형별로 나누지 않았기 때문에 모형의 집중타당도가 다소 낮다. 따라서 후속 연구에서는 공정성의 유형과 갈등의 유형을 세분화한, 보다 미시적 관점의 분석이 이루어질 필요가 있다.
16 불공정 인식이 언제 집단적인 저항을 유발하고 언제 냉소주의를 유발하는지를 알기 위해서는 별도의 연구가 필요하며 이를 향후 연구과제로 남겨둔다.

**공론장, 사적 소통과 공적 소통의 교차로**

## 1. 공론장과 민주주의

그렇다면 사적 소통을 활성화하는 갈등 예방과 해결방식은 무엇일까? [그림 3-7]이 제안하듯이 갈등 해결방식을 세 가지 유형으로 나눈다면 이 가운데 특히 대체적 분쟁 해결기법과 참여적 갈등 해결기법이야말로 사적 소통에 기초하면서 공적 소통을 활성화할 수 있는 다차원적 갈등해결 기법이라고 할 수 있다.

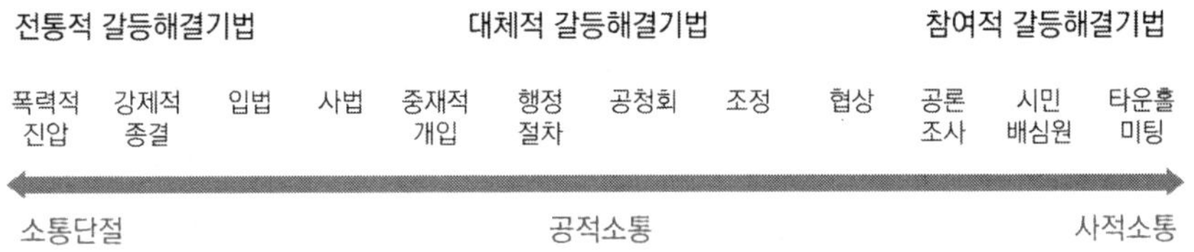

| 전통적 갈등해결기법 | | 대체적 갈등해결기법 | | | | | | 참여적 갈등해결기법 | | |
|---|---|---|---|---|---|---|---|---|---|---|
| 폭력적 진압 | 강제적 종결 | 입법 | 사법 | 중재적 개입 | 행정 절차 | 공청회 | 조정 | 협상 | 공론 조사 | 시민 배심원 | 타운홀 미팅 |

소통단절　　　　　　　　　　　공적소통　　　　　　　　　　　사적소통

자료: 지속가능발전위원회(2005), 은재호 외(2008), 이선우 외(2010, 2017)의 종합

[그림 3-7] 갈등 해결 방법의 스펙트럼

첫째, 대체적 분쟁해결(ADR: Alternative Dispute Resolution)은 한국 행정현장에서도 광범위하게 사용할 수 있는 대표적인 갈등해결 방법이다. 그동안 한국 행정현장에서 갈등관리를 위해 사용된 전통적인 갈등 해결방식은 DAD(Decide-Announce-Defend) 방식이다. DAD 방식은 정부를 비롯해 의사결정 권한을 가진 사람이 의사결정을 주도하고(Decide), 결정된 사항을 이해당사자들에게 일방적으로 공포한 후(Announce), 사후 반발이 있을 시 이를 방어하는(Defend) 방법이다. 이 방식은 소통의 원리를 활용한 방법이라 할 수 없으며 폭력적 진압, 강제적 종결, 입법, 사법적 판결 등을 사용하는, 힘과 권위에 의존하는 갈등 해결 방식이다. 이 방식은 갈등 해결이 아닌 일시적 완화 내지 휴지를 가져오는 방법이기 때문에, 추후 더 큰 갈등을 촉발할 가능성이 크다. 따라서 DAD 방식보다 갈등 당사자 간 협상이나 제삼자의 조정을 활용하는 ADR 방식이 저비용·고효율 방법이라는 데 큰 이견이 없다(Ury, Brett & Goldberg, 1988: 15; Susskind & Cruikshank, 1987: 33-34). 여기에서

제삼자는 어느 일방의 이해관계에 치우치지 않는 중립적 조정자로서 당사자들의 지각과 인식을 최대한 존중하며 문제 해결을 위한 당사자 협상을 도와주는 촉진자(facilitator)다. 이들은 이해관계자들과의 지속적인 소통을 통해 갈등 해결을 알선(斡旋, conciliation), 조정(調停, mediation), 중재(仲裁, arbitration)하는 역할을 수행한다.

제삼자의 권위와 권력에 의존하는 공적 소통보다 분쟁 당사자들의 자발적 참여와 자율적 협의라는 사적 소통이 훨씬 효과적이라는 보고는 이미 동서양을 막론하고 모든 학계에서 차고 넘치는 게 현실이다. 하지만 갈등 현장에서 갈등 조정을 한번이라도 해본 사람이라면 누구나 갈등 해결의 첫 번째 단계라고 할 수 있는, 갈등 당사자를 한자리에 불러 모아 대화의 장을 마련하는 것 자체가 매우 어렵다는 사실에 쉽게 동의할 수 있을 것이다(Saunders, 1985; Susskind & Cruikshank, 1987; Poitras & Bowen, 2002; 김광구 외, 2018: 240). 따라서 갈등 당사자를 협상 테이블로 유도하기 위한 제삼자의 역할, 즉 국회와 정부 등 공적 권위를 가진 국가 기관과 갈등 당사자 사이의 고리형 소통(공적 소통)도 매우 중요함을 간과하면 안 된다. 또 일반인 간 연결형 소통(사적 소통)을 강조하는 참여적 의사결정 기법도 정부와 시민 간 고리형 소통(공적 소통)이 보장되지 않으면 사회적 소통의 품질을 높일 수 없음에 유의해야 한다. 한국 정부 역시 이런 관점에서 중앙 및 지방행정기관의 소통을 강조하지만 여기에서 한 걸음 더 나아가 시민사회의 사적 소통 채널을 활성화하고 그것이 공적 소통과 활발하게 연계될 수 있도록 힘쓸 필요가 있다.

둘째, 그를 위해서는 참여적 의사결정 기법의 도입과 확산이 절실하다. ADR이 이해당사자의 범위가 넓고 파급력이 큰 사회갈등에 효과적으로 대처하지 못한다는 점, 상대적으로 갈등 예방보다 해결에 집중한다는 점, 그리고 힘의 불균형이 있을 경우 제삼자는 강자보다 약자에게 더 큰 양보를 요구하는 경향이 있다는 점에 대한 반성과 함께 참여적 의사결정(partcipatory decison-making)과 숙의적 정책형성(deliberative policy-making) 기법에 대한 관심이 높아지기 시작했다(cf. Amy, 1987; Conley & Moote, 2001; 은재호, 2008). 참여적 의사결정과 숙의적 정책형성은 갈등당사자뿐만 아니라 갈등과 직접 관계없는 간접 이해당사자와 주변인의 역할을 강조한다. 직장에서 발생한 갈등이면 주변 직장동료, 사회갈등이면 직·간접 이해당사자는 물론 일반시민의 참여와 소통도 중요하다는 것이다. 참여적 의사결정과 숙의적 정책형성 기법은 사적 소통(주로 연결형 소통)의 메커니즘을 활용하며, 모든 참여자의 동의를 끌어내는 합의형성(consensus-building)을 통한 갈등 예방과 해결을 궁극적인 목적으로 한다. 소위 '공론화'로 통칭하는 참여적 의사결정과 숙의적 정책형성을 활성화하고 그 토양이 되는 건강한 공론장의 형성에 관심을 가져야 하는 이유가 이것이다.

### 소통으로서의 공론화와 숙의정치 이중경로모형

현대 정치·행정시스템에서 사적 소통과 공적 소통을 연계하고 서로가 서로를 지지하고 보완할 수 있게 하는 방법은 무엇일까? 이 연구가 특별히 독일 사회학자 하버마스(Habermas, 1996, 2006b)의 의사소통행위이론(theory of communicative action)에 주목하게 된 계기는 이 질문 때문이다. 하버마스는 숙의정치 이중경로모형(two-track model of deliberative politics)을 제시하며 현대 민주주의 체제에서 형성되는 공론장의 구조와 의사소통 방법에 관심을 가졌는데, 바로 여기에서 사적 소통과 공적 소통이 직조(織造)하는 건강한 민주주의의 이상을 그려볼 수 있다.

하버마스가 공론장의 구조를 설명하며 제안한 숙의정치 이중경로모형은 행위이론과 체계이론을 통합하는 '2단계 사회구상'(Habermas, 2006b: 469)이다. 여기에서 '2단계'라 함은 하버마스가 상정하는 근대 사회가 두 영역으로 구성되기 때문이다(Habermas, 2007: 478). 하나는 매일의 일상에서 의사소통 행위(communicative action)가 주를 이루는 생활세계(life-world)이고 다른 하나는 전략적, 도구적 행동이 주를 이루는 체계(system)이다. 전자는 여론형성을 통해 체계에 영향을 미치는 일반 시민의 영역이고 후자는 제도화된 숙의를 담당하는 의회와 정부, 법원 등 공식적 행위자들의 영역이다. 이를 좀 더 자세히 살펴보면 [그림 3-8]과 같다.

먼저, 생활세계는 문화와 개인(person), 그리고 사적 영역으로 구성되는 공간으로서 일상을 영위하는 개별 행위자들에게 상황을 해석하고 행동하게 할 수 있는 배경지식을 제공한다. 여기에서 행위자들은 언어를 매개로 상호작용하며 생활세계를 상징적으로 재생산한다. 때문에 생활세계에서는 문화적 재생산과 통합 그리고 개인의 사회화가 이루어진다. 문화적 재생산이란 사회집단 내에서 문화적 지식을 획득하고 전수하는 방식을, 사회화란 주어진 집단 내에서 보편적으로 통용되는 일반적인 해석에 비추어 자신의 경험과 삶의 이야기를 해석하는 방법을 의미한다. 그리고 통합이란 주어진 집단의 결속력과 집단 구성원으로서의 정체성을 부여하는

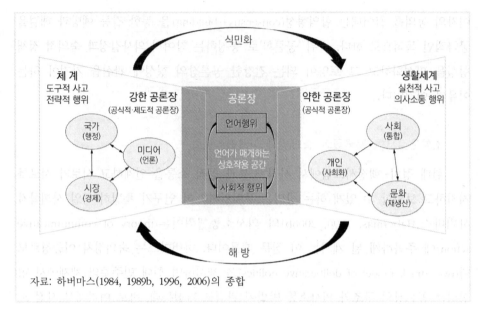

자료: 하버마스(1984, 1989b, 1996, 2006)의 종합

[그림 3-8] 공론장의 구조와 작동 체계

기능을 의미한다. 이 세 영역에서 각각 파생되는 세 가지 다른 기능은 서로 영향을 주고받으며 주어진 생활세계의 존속은 물론 와해도 가져올 수 있다는 게 하버마스가 상정하는 생활세계의 형상이다(Habermas, 1987: 140–145).[17]

공식적 행위자들의 영역인 체계는 다시 그 하위 체계인 정치체계와 경제로 이원화된다.[18] 입법, 사법, 행정을 담당하는 정치체계는 공적인 정치과정이 수행되는 영역으로서, 비공식적 영역에서 논의된 '다양한' 의견들이 공적 형태 혹은 권위적 결정의 형태로 확정되는 공간이다(장혜영, 2018: 185). 경제는 본래 전근대사회에서 사생활(intimacy)처럼 사적 영역이었지만 자본주의 경제의 부상과 함께 형성된 근대국가에서는 그것이 상품 생산과 임금 노동 등을 통해 사용가치를 창출하는 영역으로 재편됨에 따라 공적 영역으로 편입되어 오늘날에는 사생활과 분리된 사회체계

---

17 생활세계는 하버마스에게만 고유한 개념이 아니다. 오히려 현상학은 물론 20세기 현대 철학의 중심개념이라고 할 수 있다. 후설(Husserl)이 매일매일 전개되는 삶의 현장(생활)에서 주관과 객관이 하나로 통일된 '세계'의 개념을 제시한 이래 메를로-퐁티(Merleau–Ponty), 슈츠(Schütz), 하버마스로 이어지는 현상학적 접근은 객관주의에 함몰되어 구체적인 삶의 문제를 도외시하는 현대 사회과학의 몰현실성을 극복하는 개념적 기반이 되었다.
18 하버마스의 초기 저작(1984, 1989b)에서 보이는 '사적 영역'이 후기 저작(1996, 2006)에서는 '시민사회'로 대체되고 체계의 일원으로 '미디어 체계'가 부가된다.

의 하위 체계로 기능한다고 본다. 여기에서 체계는 행위자들에게 세금과 충성이라는 체계의 의무를 부과하는 반면 행위자들은 납세와 권력(위임)이라는 탈언어어화된 매개물로 체계의 통치를 정당화한다. 그래서 행위자는 공급자(suppliers)와 고객(customers)이라는 두 가지 역할을 동시에 수행한다. 개인은 세금(돈)을 납부하고 조직의 돌봄을 받는다는 점에서 공권력의 고객이지만, 또한 다량의 충성을 투입하고 정치적 결정을 산출물로 받는다는 점에서 공급자로 자리매김되기도 한다(Habermas, 1989b: 320).

하버마스가 주목하는 것은 체계와 생활세계, 이 두 영역 사이에 생기는 긴장과 대립이다. 그에 따르면, 근대 사회에서는 전근대 사회에서와 달리 체계의 복합성과 강제성이 증대함에 따라 예술과 문화를 포함하는 생활세계의 가치가 체계의 도구적 합리성에 의해 끊임없이 식민화(colonization)되며 생활세계의 일상적 실천이 위협받고 파괴된다. 또 지식생산이 제도화되면서 등장하는 전문가 문화가 일반인의 문화적 참여를 차단함으로써 생활세계의 문화적 빈곤이 심화한다. 체계에 의한 생활세계의 이러한 종속화를 하버마스는 '생활세계의 식민화'로 개념화한다. 그반면, 이러한 생활세계의 식민화를 저지하고 방어하려는, 그래서 합리적이고 실천적인 의사소통을 제도화하려는 일련의 새로운 사회운동이 일어날 수 있고 일어났는데, 하버마스는 이를 해방(emancipation) 운동이라고 지칭한다. 이 운동은 고전적인 마르크스주의 운동과 달리 분배 문제에서 촉발되는 것이 아니라 생활세계의 문법, 즉 문화적 재생산, 사회통합, 사회화 등에 관한 의문과 반론으로 시작된다는 점에서 이제까지 체계의 생산과 재생산 영역에서 발생했던 계급투쟁이나 권력투쟁과 운동의 양상을 달리한다.

여기에서 우리에게 중요한 것은 공론장 개념의 핵심인 생활세계와 체계, 사적 영역과 공적 영역의 구별이 이 이중경로모형에서도 여전히 존재하지만, 이 둘은 뚜렷이 구분되지 않고 공론장을 매개로 연속성을 형성한다는 관점이다. 다시 말하면 공론장은 이렇게 서로 다른 두 영역이 중첩되는 곳에 존재하는데, 하버마스는 공론장이 생활세계에 대한 체계의 식민화와 체계로부터 생활세계의 해방이라는, 서로 대립하는 두 힘의 긴장과 마찰로 추진 동력을 얻는다고 본다. 그래서 공론장은 공식적 의사결정 기관과 경제 집단, 그리고 미디어 집단으로 구성되는 한 극단과 시민사회 집단으로 구성되는 다른 극단을 이어주는 중개 네트워크(intermediary network)로 기능한다(Widdersheim & Koizumi 2016: 4). 즉, 한쪽의 일상 세계에서는 분권화되고 비공식적이며 분산된 형태로 숙의가 진행되고, 다른 쪽의 체계 영역에서는 공식적이고 결정지향적인 숙의가 진행되는데, 전자가 후자의 의제 설정 기능을 수행할 수 있어(Landemore, 2017: 3) 두 세계는 단절된 것이 아니라 연결되어 있고, 그 연결의 중심 고리가 공론장이라는 것이다.

하버마스에 따를 때, 시민들은 생활세계의 공론장에서 결정의 부담을 면제받고 오직 공적 의견과 공적 의지를 생성할 뿐이다. 그래서 이렇게 생활세계의 공론장이 현실의 문제점을 지각하고, 의제화하고, 해법을 제시하면 정부나 의회와 같이 제도화된 공론장이 이를 수용하고 처리하는 구조다. 전자의 숙의가 주어진 사회의 중요한 이슈들을 발굴하는 발견의 맥락(context of discovery)이라면 후자의 숙의는 시민사회에서 형성된 공론에 반응해 법·정책·규제 등을 공식적인 의사결정 공간에서 산출하는, 정당화의 맥락(context of justification)을 구성한다. 하버마스가 이렇게 공론장을 양분한 것은 현실의 민주주의 체제에서 의회와 같이 제도화된 공적 숙의 기구를 배제할 수 없을뿐더러, 생활세계의 공론장에서 일반 시민들의 합의를 산출하는 데 시간적 제약이 따르고 그것을 산출하는 것도 사실상 불가능하다고 보았기 때문이다(홍성구, 2011: 159).[19]

### 체계이론과 권력순환모형

이처럼 하버마스의 공론장 개념은 일반 공중이 참여하는 비공식적 여론형성 과정과 여론을 수용하고 결정으로 전환하는 공식적 숙의과정의 상호작용을 바탕으로 형성된다. 달리 말하자면, 하버마스가 제안한 이중경로모형의 가치와 효과성이 드러나는 때는 두 개의 숙의 영역이 소통을 통해 연계되었을 때라고 할 수 있다. 하버마스는 담론민주주의(discursive democracy)를 설명하는 과정에서 두 개의 숙의 트랙이 상호 소통할 수 있는 구조가 이상적인 민주적 과정이라고 보았다(장혜영,

---

[19] 하버마스가 기왕의 의사소통이론과 생활세계 개념에 체계 개념을 결합해 제시한 2단계 사회이론은 지금도 다양한 관점에서 비판적으로 검토되고 있다. 2단계 사회구상은 생활세계와 체계 즉, 사회통합의 영역과 체계통합의 영역을 '물화'시키며 이를 실체화함으로써 선험적 전제가 아니라 언어적 실천에 기초를 두었던 그의 사회이론을 이론적 허구에 기초하게 만듦으로써 '해석학과 기능주의의 불행한 결혼'으로 끝나고 말았다(강병호, 2020: 214)는 평가는 특별히 주목할 만하다. 하버마스가 의사소통이론과 체계 개념을 결합해 만든 2단계 사회구상의 득과 실에 대한 논의는 장명학(2003), 이영재(2004), 오현철(2006), 이문수(2016), 강병호(2020) 참조.

2018: 185). 여기에서 중요한 것은 현대 민주주의 국가의 정치적 정당성이 바로 이 두 과정의 상호작용 속에서 확보될 수 있다는 사실이다. 비공식적 공론장에서 숙의 과정을 통해 형성된 공론이 공식적 정치체계의 숙의 과정으로 유입할 때 이 두 영역 간 소통이 원활해지며 숙의의 정도가 강해짐은 물론(Flynn, 2004: 439-440), 비공식적 공론장(시민사회)의 요구에 대한 공식적 공론장(국가)의 반응성(responsi-veness)이 높아져 정치체계의 정당성도 높아질 것이기 때문이다.

이미 1950년대에 구조기능주의의 연장 위에서 정치분석의 일반적인 구조를 정치체계로 제시하고 정치과정을 투입(input)→전환(conversion)→산출(output)→환류(feed-back)의 순환 과정으로 설명한 이스턴(Easton, 1953, 1957)의 정치체계 개념에 이를 적용하자면, [그림 3-9]와 같다. 여기에서 하버마스는 이스턴이 강조한 '전환(conversion)'의 품질 즉, 투입과 산출의 조응 정도가 비공식적 공론장과 공식적 공론장 사이의 소통 정도에 따라 달라질 수 있음을 밝혀 이스턴이 암실(black box)로 남겨두었던 전환 과정을 새로운 관점에서 조망할 수 있는 실마리를 제공했다. 민주주의는 소통(communication)으로 이해해야 하며 민주주의의 정당성은 개방과 평등이 실현된 환경에서 사려 깊고 능력 있는 시민들 간의 자유롭고 공적이며 합리적인 토론으로부터 나온다는 하버마스의 언명(1996: 305-306)이 그것이다.

이는 다른 한편으로 자유로운 공론장의 형성과 발전이 대의민주주의를 위협하는 것이 아니라 오히려 대의민주주의의 민주적 결핍(democratic deficit)을 완화하고 보완하는 기제가 될 수 있음을 시사한다(Flynn, 2004; Setälä, 2011). 그래서 백스터 (Baxter, 2011)는 하버마스가 제안한 숙의정치의 이중경로모형을 권력순환모형(cir-

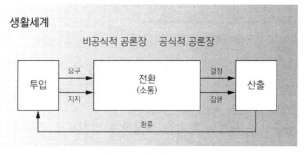

자료 : Easton(1953, 1957)과 Habermas(1996)의 조합

[그림 3-9] 체계이론과 숙의정치 이중경로모형

culation of power model)이라고 파악했다. 하버마스의 이중경로모형이란 생활 현장에서 형성된 공론이 의사소통 행위를 통해 국가 정책과정에 연계되었다가 다시 생활 현장으로 되돌아온 후 또다시 국가 정책과정으로 환류되는, 영원한 반복적 상호작용 과정에 있는데 특히 두 개의 서로 다른 권력체계가 순환적으로 작동되는 모형이라는 것이다.

여기에서 정치체계의 주변에 있는 다양한 행위자 집단은 공론장에서 그리고 공론장을 활용해 자기들의 소통권력(communicative power)을 정치체계의 핵심에 전달함으로써 중앙의 의사결정기구가 관할하는 정치적 결정에 영향을 미친다. 또 중앙의 정치체계는 한편으로는 시민이지만 다른 한편으로는 고객인 사회집단들의 필요와 요구에 부응하여 자신의 행정권력(administrative power)을 행사한다. 행정권력과 소통권력이 어떤 경로와 순서를 통해 사회적 의제를 공공의제로 전환하고, 공공의제가 어떻게 결정과 정책, 규범(법)으로 전환되어 환류되는지를 잘 보여주는 것이 [그림 3-10]이다.

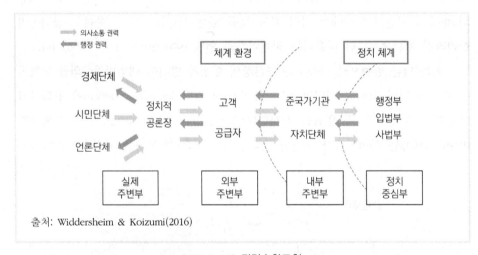

[그림 3-10] 권력순환모형

여기에서 공론장은 체계의 환경을 형성하며 정치체계 외부에 있는 것으로 자리매김한다. 공론장에서 의사소통의 중요한 행위자로 등장하는 다양한 집단과 단체 역시 정치체계 내부가 아니라 그 외곽에 위치한다. 공론장의 기능은 체계 외부 주변부(outer periphery)에서 다양한 메시지를 수신하고 패키지화하여 의사결정기관에 전달하는 것이다. 체계 내부 주변부(inner periphery)에서는 이를 받아 다시 숙의하고 검토하는 일련의 의사결정 과정이 진행된다. 따라서 전자는 비공식적 공론장을 형성하고 후자는 공식적 공론장을 형성하는데, 비공식적 공론장과 제도적 정치 시스템 내의 숙의 과정은 독립적이지만 유기적으로 연계되어 발생할 수 있으며 바로 이 지점이 이 연구가 주목하는 공론장의 기본 구조이자 공론화의 기본 체제를 구성한다.

## 2. 공론화의 함정

하버마스를 비롯해 숙의민주주의 이론가들이 개진하는 공론장의 구조와 의사소통 체계를 따라가다 보면 건강한 공론장의 이상과 거기에서 비롯하는 공론화의 의미와 기능을 더 명확하게 이해할 수 있다. 공론장이란 사회구성원들이 언어를 매개로 소통하는 공간이자 사적 의제를 공적 의제로 전환하는 체계와 생활세계의 소통 공간이다. 결국 민주주의는 소통(communication)으로 이해해야 하며, 민주주의의 정당성은 개방과 평등이 실현된 환경에서 사려 깊고 유능한 시민들 간의 자유롭고 공개적이며 합리적인 토론으로부터 나온다는 하버마스의 주장은 현대 민주주의의 위기가 소통의 위기임을 보여주는 단적인 징표라고 하겠다(장혜영, 2018: 184). 그리고 여기에서 이루어지는 소통의 위기란 곧 공론장에서 이루어지는 공론 형성의 상호작용, 공론화의 위기라는 것을 쉽게 짐작할 수 있다. 그렇다면 이 위기는 구체적으로 어디에서, 어떻게 생기는 걸까?

이 위기는 하버마스의 공론장 개념에 내포된 비현실성 또는 공론화 개념의 협소한 외연(外延, extension)에서 비롯한다. 하버마스 정치이론의 요체인 공론장은 '더 나은 논증의 힘'(forceless force of the better argument)에 의해 지배되는 이성적 숙의 공간이지만, 현실의 경험에 비추어보면 그것이 현실보다 이상에 더 가까움을 쉽게 알 수 있다. 구체적으로 생활세계(시민사회)와 정치체계에서의 공론 형성과정을 살펴보면 하버마스가 상정한 정치적 공론장의 이상적 조건이 얼마나 허구인지 명료하게 드러나는데, 다음 세 가지 현실에 직면하면 더욱 이를 부정할 수 없게 된다. 그래서 하버마스 역시 '조직된 사적 이해관계의 경쟁이 공론장에 침투하며 공론장이 재봉건화 되어가는 것'(하버마스, 2015: 330)을 법치 민주주의의 관점에서 길게 서술하며 자신의 저서 상당 부분을 여기에 할애했다.

---

### 개념의 구성요소, 내포와 외연

개념(槪念, concept)은 대상에 관한 여러 지식 속에서 공통된 요소를 뽑아내어 종합한, 하나의 통일된 지식이다. 모든 개념은 내포와 외연을 지닌다. 외연이란 개념이 적용될 수 있는 사물의 범위를 의미한다. 또는 개념이 타당하게 적용될 수 있는 대상들의 범위를 나타내는 범위 전체를 그 개념의 외연이라고 한다. 예를 들면, 인간이란 개념의 외연은 인간의 집합이고, 행성이라는 개념의 외연은 수성, 금성, 지구, 화성 등과 같은 행성들의 집합이다. 외연의 반대말은 내포인데, 내포(內包, intension)란 개념이 지닌 의미, 개념의 내용을 말한다. 현실적인 대상과 대상이 상호 구별되는 요소를 속성이라고 한다면, 개념과 개념의 상호 구별 요소는 징표(徵表 mark)라고 하며, 이 징표의 전체를 개념의 내포라고 한다. 따라서 내포는 일차적 계기이고 외연은 이차적 계기라고 말할 수 있다. 외연은 내포를 통해서 규정되는 것이다. 내포와 외연은 수학적으로 반비례 관계에 있다. 대체로 개념의 내포가 풍부해질수록 개념의 외연은 작아지며, 외연이 증대될수록 내포는 감소한다. 개념의 내포와 외연의 관계에서 내포를 증가시키고 외연이 줄어드는 것을 한정(限定)이라 말하며, 그와 반대로 개념의 외연을 확대함으로써 내포가 줄어드는 것을 개괄(槪括)이라고 한다(황장엽·이신철, 2010: 65-66).

---

### 공론장의 왜곡 1. 개인과 개인 사이의 소통

공론장의 가장 근원적이고 미시적인 왜곡은 개인의 행태적 차원과 인지적 차원, 그리고 개인과 개인의 관계 또는 간주관적(inter-subjective) 차원에서 일어날 수 있다. 다음 네 가지가 그것이다.

첫째, 의사소통 행위의 관점에서 볼 때, 사회 문제에 대한 인식이 일어나는 곳은 우리들의 일상적인 생활세계이고 따라서 이곳에서 이루어지는 자유로운 논의를 통해 공론이 형성되어야 하지만, 생활세계의 정치 관련 대화는 하버마스가 상정하는 것만큼 자주 토론에 의지하지 않고 사람들 역시 자신의 의견을 공개적으로 말하는 것보다 친밀집단 내에서 공유하는 것을 선호하는 행태를 보인다(오현철, 2007: 79). 그 이유야 여러 가지겠지만 무엇보다도 의사소통 방식과 능력의 차이를 빼놓을 수 없다. 숙의란 토론이라는 의사소통을 통해 합의에 이르는 과정이어서 모든 참여자들이 토론이라는 의사소통 도구에 능숙해야 하며 다른 참여자들의 관점과 정보를 비판적으로 독해하고 평가할 수 있는 자질과 역량이 거의 동등하다는 것이 전제되어야 한다. 그러나 과연 현실에서 이러한 조건이 충족될 수 있을까? 우스웨이트(Outhwaite, 1994: 38)와 렌 등(Renn, Webler & Wiedemann, 1995: 44, 오현철, 2006: 46에서 재인용)은 이에 대해 매우 회의적이다. 의사소통 능력의 차이는 엘리트와 비엘리트의 격차를 그대로 드러내며 숙의토론에 기초하는 정책 결정이 그들 사이의 권력 격차를 더 심화시킬 가능성이 농후하다.

둘째, 이 과정에서 기존에 가진 생각을 뒷받침하는 정보를 편향적으로 취사하고 선택하는 인지오류(cognitive error)로 인해 토론의 출발점이라고 할 수 있는 자기주장의 선택지(argument pools)가 협소해진다(Fishkin et al, 2005: 292). (선·악의 이분법적) 고정관념, (보고 싶은 것만 보는) 선택적 지각, (잘 알려진 사람이나 자신이 좋아하는 사람의 행동을 비판 없이 수용하는) 자기 동조화, (자신의 신념과 다른 정보는 무시하는) 확증편향, (같은 성향과 신념을 가진 사람끼리 모이는) 집단분극화 등에 매몰된 개인과 집단의 참여로 공론 형성과정은 얼마든지 오염되고 왜곡될 수 있다.

### 인지오류의 합리적 동기

피쉬킨이 주목한 인지오류는 순전히 개인의 인지 체계 안에서 '무의식적으로' 생길 수도 있지만, 합리적 동기에서도 생길 수 있다. 유권자의 행태를 경제적 관점에서 분석한 미국 정치학자 다운즈(Downs, 1957)가 '합리적 무지(rational ignorance)'라고 불렀던 대중의 합리적 선택이 그것이다. 다운즈는 '왜 유권자들은 정치인 평가를 위해 더 많은 시간과 노력을 기울이지 않는가'라는 의문을 가지고 미국 유권자들의 투표행태를 분석했다. 그리고 많은 유권자가 자기가 행사할 수 있는 표의 가치(편익)와 입후보자 평가를 위해 들여야 하는 시간과 노력(비용)을 비교하는데, 이때 대부분 편익 대비 비용이 더 크다고 판단해 정치인 평가를 위해 적절한 노력을 기울이지 않는 경향이 있음을 발견했다.

예를 들어, 여당 지지자가 여당과 야당의 주장 각각에 어떤 의미가 있는지 알아보기 위해서는 일부러 시간과 노력을 들여야 하는데 야당(상대편)의 주장을 조사하고 이해하는 데 드는 비용이 여당(우리 편)의 것을 조사하고 이해하는 데 드는 비용보다 일반적으로 더 크기 때문에 대부분 사람은 자신의 선행 지식에 조응하는 정보들만 취사선택하는, 편리한 선택을 하게 된다는 것이다. 결국 유권자들은 후보자 선택 과정에서 이미 가지고 있던 기준에 따라 후보자를 선택하는 '무지'의 상태에 있는 것이 새로운 후보자가 누구인지를 알아보기 위해 노력하는 것보다 더 '합리적'이라는 판단을 하게 된다고 하며, 다운즈는 이를 '합리적 무지'로 개념화했다.

이런 합리적 무지가 현대 공론장을 위협하는 이유는 만일 다른 정보를 선택하고 수용하는 일이 오랜 친구들과의 단절이나 자기 인생관의 포기 등과 같이 아주 값비싼 대가를 요구하는 일이라면 아예 새로운 정보에 귀를 막고 기존의 믿음을 강화하는 정보를 줄 수 있는 사람들과만 교류하는 메아리방 효과(echo chamber effect)에 빠지고 말기 때문이다.

코로나19와 함께 대안적 공론장으로 부상하는 온라인 공론장에서라고 다르지 않다. 오히려 오프라인 공론장보다 온라인 공론장에서 개인의 지각과 인식이 더 쉽게 왜곡되며 더 많은 집단으로 쪼개지는 분극화 현상이 나타난다(Sunstein, 2003, 오현철, 2007: 79에서 재인용). 이처럼 건강한 공공의식과 합리적 토론 양식을 학습하지 않은 시민들의 적극적인 참여는 공론형성을 위한 숙의에 우호적인 환경을 조성하는 게 아니라, 오히려 합리적인 토론을 방해할 수 있다(허진희, 2016: 52). 또 피쉬킨(Fishkin, 2009: 34)은 모든 정보를 상반된 두 가지 형태로 제공하고 둘 사이의 균형을 전제로 판단하도록 해야 한다고 권고하지만, 숙의 현장에서 끊임없이 제기되는 질문은 '과연 우리가 모든 정보를 균형 있게 다루고 있는가?'라는 질문이다. 상반된 두 가지 정보의 품질 이전에 '충분한' 정보의 범위(scope and corpus)가 어디까지인지를 둘러싸고도 늘 이견이 생긴다.

셋째, 공론화를 둘러싼 사회적 환경 때문에 공론화의 원칙을 존중할 수 없게 될 때도 있다. 예를 들어 참여자들 사이의 동등성, 공평성, 평등성은 반드시 필요한 숙의 조건이다(Gutmann & Thompson, 1996: 194). 공론화를 통한 의사결정 과정은 경제적 부를 지닌 자나 권력을 지닌 자에 의해 주도되어서도 안 되고, 외적 강제에 구속되어서도 안 되기 때문이다(Habermas, 1975: 108). 게다가 공론화는 '참여자들이 전략적이고 비겁한 행위를 하지 않으며 공정하게 처신하는'(Dryzek, 2000: 2) 조건에서 성립할 수 있는 대중적 의사소통 행위다. 이 모든 조건은 선호 전환을 쉽게 하는 데 있어 필수적인 조건들이다. 그러나 이렇게 추상적인 원칙들을 구체적인 현실에서 구현하기엔 돈과 시간이 필요한데 모든 숙의 과정이 충분한 시간을 두고,

넉넉한 예산을 지원받는 건 아니다. 예를 들어 한국의 신고리 원전 공론화는 기획부터 결론에 이르기까지 채 3개월이 걸리지 않았다. 이 기간이 숙의에 충분한 시간인지, 그렇지 않은지를 판단할 수 있는 근거는 어디에도 없다.

　　마지막으로 숙의의 가장 이상적인 장점이자 가장 치명적인 약점이라고 할 수 있는 '합의'의 문제가 남는다. 하버마스를 비롯해 숙의민주주의 1세대 연구자들은 모두 숙의의 목적이 의사소통 행위를 통한 이성적 합의라고 했다. 하버마스가 '담론적 상호작용의 제도화'나 '제약이나 구속 없는 의사소통 행위'를 강조한 이유도 공적 토론이 자유롭게 이루어질 때 공론이라는 '더 나은 논증의 힘'으로 참된 '합의'에 이를 가능성이 보장된다고 보았기 때문이다(손석춘, 2005: 12). 그러나 여기에서 굴드(Gould, 1996: 174)는 숙의민주주의 이론이 화해할 수 없는 갈등의 존재를 과소평가하고 있음을 지적한다. 구트만과 톰슨(Gutmann & Thompson, 1999: 248－250)도 자원 부족, 배타적인 자기 관심, 근본적인 도덕적 불일치, 개인과 집단에 최선의 이익이 무엇인지에 대한 불완전한 이해 등이 합의를 방해할 수 있다고 인정한다. 합의는 롤스를 비롯해 1세대 숙의 이론가들이 상정한 바와 달리 그리 쉽게 이루어지지 않는 게 현실이다(오현철, 2006: 47). 하버마스의 민주주의 이론에 대한 더 비관적인 비판은 무페(Mouffe)에서 찾아볼 수 있다. 무페 주장의 핵심은 하버마스가 민주주의 이론을 구성하는 과정에서 숙의(deliberation)와 합의(consensus)에 지나치게 무게를 둠으로써 다원적 가치가 서로 갈등하는 상황에 필수적으로 수반되는 '급진적 우연성(radical contingency)'을 설명할 수 없고, 결과적으로 보편적 규범 질서에 동화되기 어려운 차이(difference)를 이론틀 내부로 포섭할 수 없다는 데 있다. 다른 말로 표현하면, 가치 다원적 사회에 적합한 모델이라고 스스로 주장하는 하버마스의 숙의민주주의 이론이 가치 다원주의 사회에 존재하는 적대성(antagonism)과 결정불가능성(undecidability)을 애써 외면함으로써 가치 다원주의 사회의 본질을 회피한다는 것이다(Mouffe, 1997: 27, 이문수, 2016: 560에서 재인용).

### 공론장의 왜곡 2. 생활세계와 체계의 소통

　　공론장이 왜곡되는 또 하나의 원천은 하버마스가 말하는 '체계' 자체의 힘이다. 의도적이든 아니든 경제·사회적 힘은 물론 미디어의 힘으로 공론장에서 형성되는 담론이 특정 관점을 소외시키면서 특정 집단에게 특권을 주는 방식으로 작동할 위험성이 매우 크다. 그래서 하버마스마저도 공론장의 다양한 행위자들이 공론 장의 질적 발전을 이루는 데 이바지하기보다 정치·경제체제의 권력에 포획되어 '공론장의 재봉건화'(refeudalization)를 구조화할 수 있다고 경고했다. 대중사회의 등장, 자본의 집중과 국가개입의 확대, 이익집단에 포획된 관료제, 계파정치로 사당화된 정당, 기업화된 언론 등이 시민들을 정치의 영역에서 소외시키며 공론장의 재봉건화를 초래할 수 있다는 진단이 그것이다. 이럴 때 공론장은 집단적 가치와 공적 이익에 가장 부합하는 공론형성의 장으로 기능하며 숙의정치의 이중경로모형을 작동시키는 원천이 아니라 체계에 의해 시민사회의 식민화가 일어나는 직접적인, 게다가 은밀한 경로가 될 수 있다.

정치철학자 레빈(Levine, 2019)은 체계에 의한 생활세계의 식민화를 [그림 3-11]과 같이 재미있는 그림으로 표현했다. 그는 무엇보다도 먼저 자신의 생활세계를 즐기는 각 개인의 존재에 주목한다. 그리고 각 개인의 경험은 특수하고 고유한 (unique) 것으로 가정하지만, 의미의 공유도 가능하다는 점에서 각 개인의 공간을 다른 사람들의 공간과 겹쳐서 표시한다. 각 개인은 삶의 조건과 현실 세계의 변화를 끌어내고자 한다면 어쨌든 공론장에 개입해야 하며, 여기에 참여하는 다른 사람들을 공공선에 응답하는 자유로운 주체로 인정해야 한다. 그리고 그들과 함께 여론을 만든다. 그러나 이들의 의견은 언제나 불일치를 수반하기 마련이기 때문에 시민

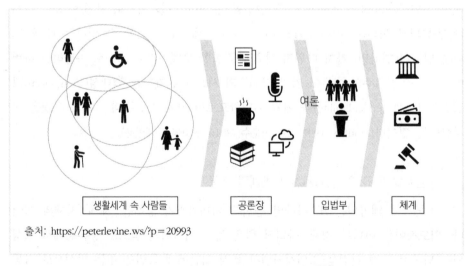

출처: https://peterlevine.ws/?p=20993

[그림 3-11] 숙의민주주의의 이상적 절차

의 의견을 듣고 결정을 내리는 것은 숙의적 대의기구이며 이 결정은 법, 시장 그리고 정부 시스템에 영향을 미친다. 그러나 이것은 이상적인 숙의민주주의의 모습일 뿐, 공론장이 실제로 작동하는 방식은 [그림 3-12]와 같다.

정치선전(프로파겐다), 광고, 미디어 기업, 관료주의적 확장, 법률주의의 과잉

출처: https ://peterlevine.ws/?p=20993

[그림 3-12] 생활세계의 식민화

이 그림이 보여주는바, 돈과 권력의 체계는 생활세계에서 전달되는 여론을 수동적으로 수용하는 존재가 아니라 생활세계에 침투해 여론형성에 영향을 미치는 존재다. 여기에서 여론에 영향을 미치는 특별한 메커니즘 하나는 본래부터 생활세계의 친구였던 것처럼 교묘하게 전달되는 체계의 메시지다. 한꺼번에 다량으로 뿌려지는 페이스북, 카카오톡, 트위터 등 SNS의 진짜 위력은 다른 매체를 거치지 않고 개인에서 개인으로 직접 전달되는 친밀성에 있다. 예를 들어 21세기 미국에서 백주대낮에 일어난 국회의사당 점거를 생각해보자. 미국 민주주의의 후퇴를 상징하는 이 사건에 동참한 이들을 움직이게 한건 무엇일까? 대통령 선거 무효를 주장하며 국회의사당 점거를 호소하는 트윗이 '나', 개인에게 전달된 '대통령' 트럼프의 트윗이라면, 더욱이 내가 그의 열성 지지자라면 그 트윗을 무시하기 힘들다. 그렇다면 앞서 소개한 하버마스의 숙의정치 이중경로모형이란 백스터(Baxter, 2011)가 지적했듯이 건강한 공론형성 모형이 아니라 국가와 경제체계가 어떻게 문화와 제도

적 질서 그리고 행위자들의 정체성을 형성하며 그들의 인식과 행동을 지배하게 되는지를 보여주는 역설적 모형일지도 모른다(Widdersheim & Koizumi, 2016: 4).

공론장의 왜곡 3. 공식적 공론장과 비공식적 공론장의 소통

하버마스가 상정한 숙의정치 이중경로모형은 의회 밖 시민사회에서의 숙의와 의회 내의 공적 숙의가 상호 교차하는 숙의과정을 통해 정책을 결정하는 정치과정으로서, 의견형성을 목표로 하는 비공식적 공론장과 결정을 목표로 하는 공식적 공론장의 기능분화를 바탕으로 작동한다. 의견형성의 기능을 수행하는 비공식적 공론장에서는 참여자들이 찬성과 반대 의견을 가능한 한 선명하게 피력할 뿐 굳이 합의를 형성하기 위해 노력할 필요가 없다. 합의를 기반으로 결정을 시도하는 것은 공식적 공론장에서 활동하는 정당, 의회, 정부의 몫이다(Habermas, 2000a: 599).

그런데, 비공식적 공론장의 숙의가 쉽게 훼손되듯이 공식적 공론장의 숙의 또한 자주 왜곡되는 게 현실이다. 생활세계와 시민사회의 공론장이 이상적 토론 공간을 제공하지 못한다면 대의민주주의 체제에 남아있는 첫 번째 가능성은 제도 공간인 의회인데, 의회도 이제는 진지한 담론의 생산지나 토론장이 아니라는 것이다(오현철, 2007: 79). 국회든, 지방의회든 전 세계 대부분의 의회는 자신이 소속된 정당의 정파적 입장에 복종하는 높은 정당 기율(Party discipline)을 요구해, 의원 자신의 자율성은 그에 반비례한다. 때문에 의회 공간에서의 자유로운 숙의는 물론 소신 있는 표결과 의사결정을 기대하기 어렵다.

행정부와 사법부라고 해서 다르지 않다. 그것이 정부든 법원이든 공적 의사결정 기관들의 숙의 과정을 보노라면 그것이 하버마스가 상정한 '이상적 담화 과정'을 통해 이루어지기보다 이미 제도화된 규정과 절차, 그리고 관행이라는 이름의 역관계(power relationship)에 지배당하는 것을 종종 관찰할 수 있다. 엄격한 위계질서와 기관 간 분절화, 칸막이 문화로 인한 토론과 협력의 부재는 특히 한국의 관료제와 공조직이 청산해야 할 우선 과제라는 게 거의 모든 연구자의 공통된 관찰이다(정무권, 2011, 박순애 외, 2019).

## 공론장의 왜곡과 쇠락

사회학자 김호기(2013)는 하버마스가 경고하는 공론장의 왜곡과 쇠락 즉, 재봉건화를 아주 간명하게 이해하고자 한다면 『카타리나 블룸의 잃어버린 명예(Die verlorene Ehre der Katharina Blum)』(1975)를 읽어보라고 권한다. 1972년 노벨문학상 수상 작가 하인리히 뵐(Heinrich Böll)이 쓴 이 소설은 성실하고 평판 좋은 이혼녀이자 가정관리사인 카타리나 블룸이 한 남자와 하룻밤을 보냈다는 이유만으로 살인범의 정부, 테러리스트의 조력자, 음탕한 공산주의자로 매도되는 과정을 그린다. 언론의 폭력에 의해 명예를 잃어버린 그녀가 자신을 궁지에 몰아넣은 일간지 기자를 살해하고 자수한다는 것이 대강의 줄거리인데, 하인리히 뵐이 이 작품에서 고발하는 것은 전후 독일 사회의 공론장에 드리워진 그늘과 폭력, 공론장의 쇠락이다. 하버마스는 18세기에 근대 민주주의를 열고 그것을 지탱해온 지반이 공론장이지만 이 공론장이 20세기에 들어와 '재봉건화'를 겪게 됐다고 지적한다. 재봉건화란 공론장에 부여된 정치·사회적 역할이 약화하면서 국가와 시민사회가 다시 봉건사회처럼 재결합되는 과정을 말한다. 이 재봉건화 과정에서 시민들이 더는 비판적 공중으로 조직화하지 못한 채 소비문화의 소비자로만 남아 정치적 공론장의 쇠락을 앞당긴다.

지금까지 살펴본 공론장의 이 세 가지 비현실성 즉, 생활세계에서 이루어지는 개인과 개인의 소통, 생활세계와 체계의 소통, 그리고 공식적 공론장과 비공식적 공론장의 소통에서 나타나는 소통의 부재 또는 왜곡이야말로 현대 민주주의의 위기를 극복하기 위해 지금 당장 우리가 개입할 수 있는 지점이 어디인지를 보여준다. 역설적이지만 하버마스의 공론장 개념을 비롯해 숙의의 원리와 원칙에 내포된 비현실성에 직면할 때 비로소 민주주의 체제의 소통 공간으로서 사적 소통 공간과 공적 소통 공간의 연계 즉, 건강한 공론장과 공론화가 얼마나 소중하고 필요한지를 깨닫게 된다.

# 제**4**장
# 공론화 기법의 발전과 수렴

누구나 말하지만, 누구도 이해하지 못하는 말, 민주주의.
만일 유능하고 자비로운 독재자가 없어서 독재가
망했다면, 모든 사람이 유능한 유권자가 되기를 요구하는
민주주의에는 어떤 운명이 기다릴까.

조오지 버나드 쇼

Democracy is a word all public men use
and none understand.

If Despotism failed only for want of a capable
benevolent despot, what chance has Democracy,
which requires a whole population of capable voters.

George Bernard Shaw

# 04 공론화 기법의 발전과 수렴

　이 책의 제1부는 우리들의 일상생활에서 소비되는 양태를 공론의 다중성과 공론화의 다차원성으로 정리하며(제1장), 한국의 정치사회적 맥락에서 떠오르는 공론화의 필요성과 효과성을 살펴 보았다(제2장). 그리고 공론과 공론화의 의미에 잠복해있는 유교적 개념과 근대 유럽에서의 개념을 추적하며 공론화의 가장 이상적인 조건들을 공론화의 원리와 원칙으로 정리했다(제3장). 제4장에서는 현대 민주주의 체제의 공론장에서 활용되는 공론화 방식을 살펴보며 구체적으로 한국의 정치·행정 맥락에서 활용할 수 있는 공론화 방법을 탐색한다.

　이는 공론화의 개념화(槪念化, conceptualization) 단계에서 조작화(操作化, operationalization) 단계로 이행하자는 제안이기도 하다. 개념화가 모호하고 추상적인 개념을 구체화하고 정교화하는 작업이라면, 조작화는 그러한 개념을 현실 세계에서 직접 관찰할 수 있는 인식의 얼개로 전환함으로써 경험적인 자료를 구성하고 축적할 수 있도록 하는 구체적인 절차의 개발을 의미한다. 따라서 조작화는 추상적인 개념을 관찰할 수 있고 측정할 수 있는 특성으로 정의하는 방법을 찾는 과정이기도 한데 이 연구는 공론화의 실행 방법을 의제형성, 정론형성, 합의형성, 세 가지로 모형화함으로써 조작화의 정도를 높이고자 한다. 이 세 가지 모형은 현실 생활에서 공론화를 기획하고 평가하는 기준으로 작동될 수 있어 공론화의 현실 적용성을 높일 수 있을 뿐더러, 이를 통해 다양한 경험적 데이터를 구축할 수 있기 때문에 그만큼 공론화의 현장 적실성을 높일 수 있을 것이라고 기대할 수 있다.

**거버넌스의 제도화와 참여적 의사결정의 다변화**

민주주의 체제의 소통 공간으로서 건강한 공론장과 공론화의 중요성에 주목하면 우리에게 주어지는 다음 질문은 '어떻게'라는 질문이다. 여기, 오늘의 한국 사회에 적용하고 활용할 수 있는 공론화의 방법과 절차는 무엇일까? 건강한 공론장 형성을 위해서 언제, 어떤 방법을 사용해야 할까?

이 질문에 대한 답을 찾기 위한 여정에서 이 연구는 현대 민주주의 체제의 민주성 결핍을 해소하고 보완하려는 다양한 노력 가운데 우리가 공론화로 통칭하는 다양한 대안들이 서서히 생성되었음을 확인할 수 있었다. 대의민주주의의 한계에 대한 오랜 논의를 넘어 최근 주요국을 중심으로 확산하고 있는 민주주의 혁신(democratic innovations)에 관한 논의가 그것이다.

민주주의 혁신이란 '민주적 실천의 혁신'(innovations of democratic practices)을 의미하는 것으로, 1990년대부터 영미권 정치학계에서 먼저 쓰이기 시작한 표현이지만 아직 그 개념에 대한 학계의 합의가 광범위하게 이루어지지는 않았다. 엘스텁 & 에스코바(Elstub & Escobar, 2017: 8)에 의하면 민주주의 혁신이라는 표현을 가장 먼저 쓴 학자는 미국 사회학자 라이드너(Leidner, 1991)다. 그녀는 전국여성학회(National Women's Studies Association)에서 1인 1표의 다수결 선거가 불합리하다고 주장하며 소수자에게 더 큰 목소리를 낼 기회를 주는 것이 민주주의를 혁신하는 길이라고 주장했다.[1]

그러나 라이드너가 민주주의 혁신에 대한 정의를 명시적으로 제시한 건 아니다. 민주주의 혁신에 대한 최초의 명시적 개념 정의는 지방정부의 정책과정을 연구한 스튜어트(Stewart, 1996: 32)의 저작에서 발견된다. 그는 '정보에 기반한 일반 시민의 견해를 지방정부의 정책과정에 반영하도록 설계한 프로세스'를 '민주적 실천의 혁신'(innovations in democratic practice)으로 정의했다. 민주주의 혁신과 관련된 이후의 논의는 뉴턴 & 가이셀(Newton & Geissel, 2020)의 저작에서 볼 수 있듯이 지방정부의 정책과정에 한정되지 않고 국가적, 심지어 초국가적 거버넌스 혁신까지

---

1 이미 이 첫 번째 용례에서 민주주의 혁신의 중심 주제를 확인할 수 있다. 특히 '지지자 수와 관계 없이 모든 논거가 동일한 가중치를 가져야 한다'는 라이드너의 주장이 시사하는바, 그녀가 생각하는 민주주의 혁신의 개념은 숙의민주주의와 연결되는 개념이라고 심작할 수 있다.

도 포함한다. 어느 수준에서든 일반 시민의 참여와 '정보에 기반을 두는 견해'(in-formed views)에 방점이 찍혀 한편으로는 참여(직접)민주주의와, 다른 한편으로는 숙의민주주의와 강한 친화력을 드러낸다. 그래서 민주주의 혁신은 참여민주주의의 전통에서 비롯한 참여적 의사결정 방법과 숙의민주주의에 지적 기반을 두는 숙의적 정책형성 방법에 주목하는데, 그 교차로에 공론화가 있다는 것이 이 책의 관찰이다.

## 1. 참여민주주의의 등장과 거버넌스의 제도화

공론장의 활성화를 위해 필요한 첫 번째 조건은 참여의 활성화다. 그러나 정치적 참여는 1950년대까지만 해도 자유주의적 흐름의 영향을 받아 공직자의 선출과 교체를 통해 개인의 사적 이익을 보호하는 데 필요한 것으로 설명되었다(이종혁 외, 2015: 10-11). 게다가 시장 중심 자본주의가 번영하던 20세기 중반부터는 엘리트 중심주의가 나타나며 대중의 정치 참여를 대표자의 선택으로 축소하는 경향이 나타났다. 특히 민주주의의 시원이라는 아테네의 직접민주주의는 20세기 대중사회의 출현과 함께 비현실적이라는 관점이 확산하며 대의민주주의가 서구 민주주의의 지배적인 정치체제로 자리 잡았다.

대표적으로 슘페터(Schumpeter, 1976: 269)는 민주주의를 질서유지의 한 '방법' (method)으로 자리매김하며 민주주의의 가장 중요한 특징을 '리더십 획득을 위한 경쟁'으로 규정했다. 슘페터는 자신을 비롯해 많은 이론가가 개인 의지(individual will), 공동의지(common will) 또는 공동선(commom good) 등을 가정하지만 이런 선험적 개념들이 민주주의의 필수 요소라는 것을 부인했다. 그는 민주주의는 내재적 가치가 존재하지 않는 일개 방법에 불과할 뿐이며, 지도자를 선택하는 것이 민주주의의 유일한 기능이라고 규정했다. 지도자들이 유권자들의 통제를 받지 않고 자신의 견해를 옳다고 주장하며 대중에게 강요하는 것도 당연하다고 주장했다. 여기에서 국민의 역할은 단순히 국가의 통치 리더십을 담당할 정부를 선출하는 것, 그 이상도 이하도 아니다.

이렇게 대의민주주의와 투표가 동의어로 인식되며 대의민주주의가 서구 민주주의의 지배적인 정치체제로 정착되었을 때 이에 도전하는 대의민주주의의 대안론이 다양하게 부상했는데, 그 첫 번째 대안이 1960년대와 70년대에 시작한 참여민주주의의 등장이다. 이러한 전환은 맥퍼슨(Macpherson, 1977), 페이트만(Pateman, 1970), 달(Dahl, 1970), 바버(Barber, 1984), 굴드(Gould, 1988), 바크라크 & 보트위닉(Bachrach & Botwinick, 1992) 등을 중심으로 발전하는데, 이들은 참여민주주의라는 이름 아래 시민들의 직접적인 권력통제와 생활민주주의, 두 가지 이상을 추구했다.

### 참여민주주의의 이론적 연원

참여민주주의의 1세대라고 할 수 있는 이들의 저작은 다양한 사상적 연원에 기반을 두고 있다. 예를 들어 시민성의 중요성을 강조한 아렌트(Arendt, 1958)는 참여민주주의라는 개념을 명시적으로 제시한 건 아니지만 참여가 아테네 민주주의를 가능하게 한 전제조건이라고 했다. 듀이(Dewey, 1927)는 스스로 문제를 조사하고 그에 대한 해법을 마련할 수 있는 역량을 갖춘 '능동적 대중'의 형성이 실용주의의 조건이라고 했다. 참여민주주의의 고양을 위해 시민성의 중요성을 특히 강조한 이는 바버(Barber, 1984)다. 바버는 과도한 자유주의가 시민들 사이에서 투표에 대한 냉소와 정치로부터의 소외를 불러일으켜 민주주의의 근간을 훼손했다고 진단한다. 그는 이미 많은 시민이 투표하지 않을뿐더러, 정치적으로 적극적인 시민들이라 해도 그들이 할 수 있는 일은 대표자를 뽑는 것뿐이고, 정작 공무(公務)는 대표자들에게 위임함에 따라 생기는 소외를 지적한 것이다. 그래서 그는 살아있는 '민주 공동체'에서 토론을 통해 끊임없이 거듭나는 '우리'라는 존재로 살아가는 '삶의 방식'을 '강한 민주주의'(Strong democracy)의 조건으로 규정했다(Barber, 1997: 175).

이러한 지향은 모두 개인의 자유가 발현될 수 있는 조건으로 모든 시민이 정치 공동체(cité politique)에 참여할 것을 주장한 루소(Rousseau)와 밀(Mill)의 사상 안에서 잉태되어 현실의 생활 정치에서 원하는 만큼 또는 기대한 만큼 작동되지 않는 대의민주주의의 혁신을 겨냥한다. 이들은 시민의 의식 변화 즉, 건강한 시민성을 바탕으로 한 적극적 참여, 사회구성원 간 평등한 참여, 정치·경제·사회·생활 영역으로 확장된 참여를 요구한다. 이런 관점에서의 참여는 시민을 수동적 존재로 전환하는 대의 개념과 제도를 비판하며 시작할뿐더러 시민의 자유와 개인의 성취 즉, 시민성의 발현을 위한 전제조건이 공적 사안에 대한 시민의 참여라는 것을 명백히 밝힌다(Blondiaux, 2008: 39).

여기에서 직접적인 권력통제란 국민(주민)발안, 국민(주민)투표, 국민(주민)소환

등의 직접민주주의 제도와 시민(추첨)의회, 각종 자치제도 등의 제도화를 의미한다. 대의 기관들이 독점해온 정치적 의사결정 과정을 개방하고 시민 참여를 활성화하자는 것이다. 여기에서 참여는 대중이 자신의 이익을 실현하기 위해 정부나 정치인의 정책 결정과 집행에 영향을 미치는 모든 형태의 행위를 뜻한다. 그래서 참여는 관습적 참여와 비관습적 참여 둘 다를 포함한다(Barnes, Kaase et al., 1979). 관습적 참여는 투표, 토론, 집회, 정당 활동, 정치인 접촉 등으로 제도화된 공식적 참여를 의미하고 비관습적 참여는 청원, 서명, 집회·시위, 불매운동(보이코트), 점거, 농성, 단식투쟁 등 제도 밖에서 행하는 비공식적 참여를 의미한다.

    대의민주주의의 민주성 결핍에 대응하는 두 번째 대안은 생활민주주의(democracy of everyday life)다. 생활민주주의는 대의민주주의 체제의 하위 정책결정 과정에 시민들의 직접 참여를 접목하는 참여적 의사결정(participatory decison-making)이 해법이라고 주장한다. 이 두 번째 지향은 시민 참여를 바탕으로 이루어지는 생활정치와 정책 과정의 결합을 목표로 한다. 시민들이 자신의 문제와 관련되는 주요 정책의 형성과 집행 과정에 직접 참여하는 기회를 제도화하는 거버넌스(governance) 체계의 확립이 그것이다. 여기에서 거버넌스는 대의기구 특히, 시민들의 구체적인 일상생활을 규제하거나 그에 필요한 공공서비스를 제공하는 행정권력의 의사결정권을 시민사회와 시장, 정부가 분점하는 민·관 협력체제를 의미한다.

    대의민주주의 체제에서 참여민주주의 즉, 직접적인 권력통제와 생활민주주의가 대의민주주의의 대안으로 떠오른 배경을 이해하고자 한다면 대의민주주의의 선도국이라고 할 수 있는 OECD 회원국들의 탈정치화(de-politicization) 현상과 하위 정치 영역(sub-politics arena)의 팽창, 두 가지 현상을 눈여겨보면 된다. 물론 여기에서 한국도 예외는 아니다.

### 탈정치화의 진전

    탈정치화란 공식적인 정치과정에 참여하는 일에 무관심해지는 소극적 행태와 그를 의도적으로 거부하는 적극적 행태, 둘 다를 일컫는다. 본래 탈정치화는 라스웰과 캐플란(Lasswell & Kaplan, 2014, 초판 1950)이 제기한 정치적 무관심(political apathy)의 한 형태로 개념화되었는데, 이들은 탈정치화를 가져오는 정치적 무관심을 세 가지 형태로 나눴다. ① 예술·과학 등 비정치적 영역에 열중하느라 정치적 사안에 관심을 잃게 되는 무(無)정치적인 형태(a-political type), ② 무정부주의자나 종교적 신비주의자와 같이 자신의 신념이 정치와 충돌할 때 발생하는 반(反)정치적인 형태(anti-political type), ③ 자신의 요구나 기대가 기존의 권력체계 안에서 만족스럽게 충족되지 못하기 때문에 정치를 외면하면서 생기는 탈(脫)정치적인 형태(de-political type), 이 세 가지가 그것이다.

어느 경우든 정치적 무관심은 공식적인 채널을 통한 정치 참여의 감소로 이어지는데, 특히 제도권 정치의 가장 상징적인 참여 경로인 투표율의 감소가 두드러진다. 한국도 예외가 아니다. [그림 4-1]은 1975년 이후 한국의 투표율과 스위스, OECD 회원국 평균 그리고 세계 평균 투표율을 비교하는 그림이다. 여기에서 투표율은 중앙 대의기구 즉, 국회와 대통령 선거에서 기록된 투표율을 집계한 것이다. 이 자료를 보면 세계 투표율 평균은 완만한 상승세를 보이다가 최근에 와서 정체되고 있는 것을 볼 수 있다. 반면, OECD 회원국의 투표율과 직접민주주의의 가장 대표적인 나라인 스위스의 투표율은 둘 다 완만한 하향곡선을 그리고 있다. 한국의 경우에도 정치·사회적 맥락에 따라 큰 폭의 변동이 있지만 평균선의 추세는 역시 하향세를 그린다.

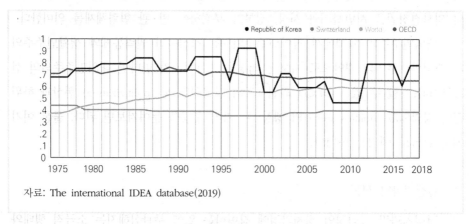

자료: The international IDEA database(2019)

[그림 4-1] 총선 투표율 변화추이 비교(1975-2018)

[그림 4-2]는 오세아니아, 유럽, 미주, 아시아, 아프리카 등 지역별 투표율 평균을 낸 것이다. 여기에서의 투표율은 하원(양원제일 때) 투표율만 집계한 것이며 1945년부터 2015년까지 총 1,833개 투표 참여율을 시계열로 작성했다. 이 그림에

따르면 2차 세계대전 이후 전 세계의 평균 투표 참여율이 점진적으로 하락하다가 1980년대 중반에 들어서서 급격하게 하향세를 그리는데 1990년대 중반부터 약간 둔화하지만, 오늘날까지 지속해서 하락하는 것을 볼 수 있다.

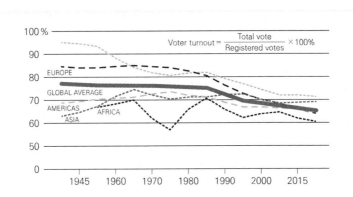

자료: Voter Turnout Database, www.idea.int/data-tools/data/voter-turnout

[그림 4-2] 총선(하원) 투표율 변화추이 비교(1945-2015)

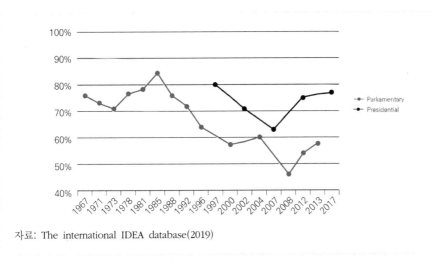

자료: The international IDEA database(2019)

[그림 4-3] 한국의 투표율 변화추이(1967-2017)

한국의 경우만 따로 떼어놓고 보면 이러한 추세를 더 명확히 확인할 수 있다. 한국의 투표율은 1985년을 제외하고 [그림 4-1]과 [그림 4-2]에 나타나는 평균

값보다 훨씬 더 큰 폭으로 하락하다가 2007년과 2008년에 최하점을 찍고 반등했다. 그리고 그 후에 벌어진 2016년 겨울의 촛불집회에 이르기까지, 한국 사회의 투표율이 다시 급격하게 높아지며 일시적으로 놀라운 정치적 역동성을 보여준다. 이러한 경향은 대통령 선거와 국회의원 선거 둘 다에서 공통적으로 나타나는 현상이다(cf. [그림 4-3]). 다만 이후의 정치참여가 이러한 역동성을 지속할 것이라고 예단할 근거는 어디에도 없다.

반면, 한국의 시민 참여는 투표율의 지속적인 하락 추세와 달리 지속적인 상승추세를 보인다. 특히 2000년대에 들어와서는 2008년부터 2016년 기간을 제외하면 세계 평균은 물론 OECD 평균을 상회한다(cf. [그림 4-4]). 다만, 세계에서 제일 높은 시민 참여율을 기록하지만 최근 들어 다소 내림세를 보이는 스위스의 참여율보다는 아직 하위에 위치해 1980년대부터 지속해서 상승한 한국의 시민 참여가 막바지 상승지점을 향해 나아가는 것으로 보인다.

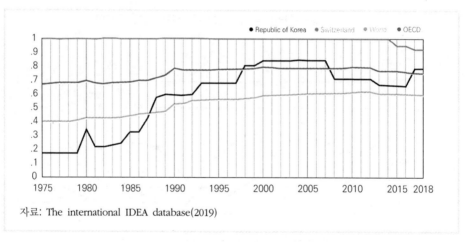

자료: The international IDEA database(2019)

[그림 4-4] 시민 참여(1975-2018)

### 하위정치영역의 팽창

이상의 관찰이 시사하는 바는 무엇일까? 서구 중심의 근대화가 '위험사회'(Risk society)를 낳는다고 경고함으로써 현대사회를 읽는 키워드로 위험을 부각한 사람은 독일 사회학자 울리히 벡(Ulirich Beck)이다. 그의 표현을 빌려 이상의 관찰을 해석하자면 2000년대 한국의 권력 질서가 이미 정당과 국회, 정부와 기술관료로 상징되는 대의민주주의 공간에서 다양한 하위정치영역(sub-politics arena)으로 이행하고 있는 신호라고 해석할 수 있다.

벡은 그의 저서 『위험사회』(1986, 1992)에서 산업화와 근대화를 통한 과학기술의 발전이 현대인들에게 물질적 풍요를 가져다주었지만, 그와 동시에 재난의 규모와 위험성 역시 그만큼 커졌다고 분석한다. 그는 또한 현대의 위험(risk)은 전근대 사회나 후진국에서 발생하는 위험(danger)과 달리 과학기술과 산업이 발달한 선진국에서 나타나고 이 위험은 극복하고 회피할 수 있는 것도 아닌, 일상적인 위험으로 항구화되었다고 진단한다. 그래서 그는 합리성 증대로 모든 문제를 해결하려는 '단순 근대화'를 계속할 때 위험사회에서 살아남을 수 없다며 새로운 방식의 근대화 즉, '2차 근대성'(second modernity)인 '성찰적 근대화'(reflexive modernization)가 필요하다고 주장했다. 단순 근대화가 전근대사회를 산업사회로 이행시키는 일방향적 변화였다면 성찰적 근대화는 근대적 제도가 위험 생산의 원천이기도 함을 인지하고 비판적 공론장을 형성해 전체 사회구성원이 근대적 제도의 적실성을 함께 논의하며 발전시켜 나가는 과정이 필요하다는 진단이다.

---

### 위험의 항구화와 재난의 대형화

예를 들어 2018년 11월 24일에 발생한 KT(한국통신) 아현지사 지하 통신구 화재 사고는 경제·사회·안보 등 모든 분야가 유·무선 통신망으로 연결된 정보기술 사회의 위험을 보여주는 대표적인 사례다. 이 사고 하나로 서대문구·중구·용산구·마포구·은평구 일대는 물론 일산 등 주변 수도권까지 광범위하게 통신 장애가 발생했다. 또 이 화재로 핵심적인 통신설비인 광케이블과 전화선이 불타면서 시민들의 유·무선 통신 장애는 물론 서울 중심부의 통신, 인터넷, 카드 결제 등이 마비되고, 피해지역을 담당하는 경찰서들의 112 신고, 소방당국의 119 신고 시스템, 병원 응급실 연락망도 제대로 가동되지 못했다. 자율주행차·사물인터넷·스마트홈 서비스의 일상화가 멀지 않은 시점에 'IT 연결사회'의 치명적 위험(risk)이 무엇인지 쉽게 짐작할 수 있게 하는 사건이다.

---

그렇다면 이러한 진단을 구체적인 실천으로 연계할 수 있는 개념적 장치가 있을까? 두 층위를 매개하는 개념적 장치로 벡이 제시한 것이 하위정치(sub-politics)

라는 개념이다. 여기에서 하위정치란 생태주의, 환경, 동물, 인권운동, 소수자 운동 등의 사례에서 볼 수 있는 것처럼 공식적으로 인정된 제도권 정치를 벗어나 그 틀 밖에서 이루어지는 정치 활동을 의미한다. 예컨대 위험사회를 초래한 과학기술의 정당성을 소수 전문가와 기술관료에게만 맡기지 않고 일반 시민들도 참여해 관련 정책에 대한 비판적 공론장을 형성하면서 과학기술의 평가와 선택적 발전에 대해 자신의 의사를 표출하는 것처럼[2], 일반 시민이 자신의 생활 영역에서 실행할 수 있는 생활정치(politics of everyday life)가 곧 하위정치다. 따라서 하위정치는 공적 사안을 다루는 정치를 의회나 정당 등 소수 대표자에게만 맡겨두지 않고 일반 시민이 직접 자신의 의사를 표출하고 관철할 수 있는 제도적 기반과 실천을 담보하는 생활정치의 동의어라고 할 수 있다.

벡의 하위정치론에 의하면 일반 시민이 자신의 생활에 근접한 위험과 불안에 대한 문제를 제기할 때 생활정치가 실현되고 하위정치영역이 확장된다. 여기에서 하위정치영역이란 현대국가의 시민들이 더는 정당, 국회 등의 대의민주주의 제도를 바탕으로 자신의 이익을 관철하려 하지 않고, 자기들의 생활 현장에서 자발적인 결사와 집회를 통해 이해당사자들끼리 직접 문제를 풀려는 시도가 증가하는 추세에서 형성되는 사회적 활동공간을 의미한다. 이러한 생활정치 영역에서는 고전적인 개념의 정치적 행동과 비정치적 행동의 경계가 모호해지며 새로운 형태의 정치 참여가 부상하는데 그것이 시민들의 직접 참여다. 하위정치영역이 확장되면 그동안 일반 시민을 대신해 대표자가 결정했던 사안들도 시민들이 직접 결정하는 것은 물론, 기존 정치권의 소수 엘리트가 주도했던 거시적인 사회 변혁도 이 하위정치영역에서 활동하는 일반 시민들에 의해 촉발될 가능성이 훨씬 더 커진다.

성찰적 근대화를 위한 하위정치의 필요성을 이론화한 벡의 위험사회론은 독일 사회의 맥락에서 탄생한 사회학적 상상력의 산물이다. 그러나 주영기·유명순(2016)이 지적했듯이 벡의 진단과 처방을 독일 사회의 특수성으로만 치부해 버리기엔 한국 사회가 지나온 과정과 상황이 독일의 그것과 닮은 꼴이다. 독일은 과학기술의 발달과 국가의 '기획'에 의해 무한한 사회 진보가 가능할 것이라는 믿음이 지배적이던 시기 곧, '라인강 자본주의' 시대의 정점인 1950~1960년대를 지나 1973년 오

---

2 벡은 성찰적 근대화에 필요한 성찰적 과학 발전의 시작은 그동안 과학자들이 독점했던 일부 중요한 사회적 결정에 일반인이 참여하는 것부터 시작한다고 했다. 미국을 필두로 전 세계에 퍼진 기술평가(technology assessment) 제도가 그것이다(이에 대한 자세한 내용은 이 책 p.244 참조).

일쇼크를 거치며 경제성장의 한계를 체험하게 되고 무한 성장과 진보의 환상이 깨지는 1980년대를 거쳤다. 국가 주도 아래 1960~1970년대에 고도성장의 길을 걸은 한국 사회 역시 기술과 성장에 대한 신뢰가 짙게 배어 있다. 여기에 1980년대부터 급속한 민주화가 진행되며 한국 사회도 독일 사회학자가 진단한 '단순 근대화'의 선두에 섰음을 부인할 수 없다. 그러나 한국 사회는 곧이어 닥친 IMF 쇼크로 노동시장의 안정성이 붕괴하며 저성장의 길로 들어서 한국의 발전사 역시 벡의 시대 진단을 탄생시킨 독일의 그것과 유사한 양상을 보인다고 할 수 있다.

이런 시대 배경은 한국에서도 성찰적 근대화의 필요성을 자각하는 사회적 계기를 만들어주었고, 그 결정적인 계기는 역시 2014년 4월의 세월호 사건이었다는 것을 부정할 수 없다. 한국 사회가 벡이 제안한 새로운 근대성 즉, '성찰적 근대성'과 '2차 근대성'을 발견하는 본격적인 계기가 되었다는 의미에서 그렇다. 한국은 이 때에 이르러 비로소 '국가란 무엇인가'에 대해 집단적 성찰과 전망이 시작했다고 진단한다면 지나친 과장일까?

이 시기는 또한 '내가 나를 대표한다'는 구호가 등장한 시기로서 직접 참여에 대한 사회적 욕망이 가감 없이 분출되는 시기이기도 했다. 이즈음의 시대정신에 가장 근접한 문화적 기호는 2014년 5월에 발매된 한국의 힙합 그룹, 빅 베어즈(Big Bears)의 두 번째 싱글 앨범에서 찾을 수 있다(cf. [그림 4-5]). 이 앨범의 자켓과 제목, 가사에서 '내가 나를 대표해'라는 표현이 사용된 것이 과연 우연일까?

그리고 이어진 2016년 겨울의 정치적 격변을 보자. '이게 나라냐'라는 물음은, 주권자 시민들이 자신의 대표자에게 엄중하게 책임을 묻는 역사적 변곡점이 되었다. 그리고 사회적으로 구성된 이런 욕망은 [그림 4-6]에서 볼 수 있는 것처럼 재빨리 제도 정치권에 포섭되어 특정 정당의 구호로 편입되었다. 그러나 이 포스터에 새겨진 '내가 나를 대표한다'는 구호는 대의민주주의의 대표를 뽑는 투표 행위의 주인임이 다시 한번 강조될 뿐, 내가 나를 대표하는 직접민주주의의 제도적 장치와 실천적 행위에 대한 고민을 담고 있지 못하다는 점에서 촛불집회 이전과 이후에 정치권의 인식 세계가 그다지 달라지지 않았음을 보여준다.

출처: 빅 베어즈 싱글 앨범 자켓, '내가 나를 대표해'

[그림 4-5] 빅 베어즈 싱글 앨범 자켓

출처: https://m.post.naver.com/

[그림 4-6] 내가 나를 대표한다

거버넌스의 제도화

시민들의 직접 참여를 통해 민주주의의 이상을 회복하려는 시도는 많은 나라에서 참여(직접)민주주의의 소환으로 결과한다. 국민(주민)투표, 국민(주민)발의, 국민(주민)소환은 참여(직접)민주주의 3종 세트로서 거의 전 세계에서 통용되는 직접 참여 수단이자 '강력한 권력 공유 수단'(안성호, 2018: 52)이다.3 이 세 가지 권력 공유 수단의 사용은 이론적으로 민주주의의 원칙인 포괄성과 정치적 평등 기준을 모두 충족한다.

대의민주주의의 대안으로 부상한 참여(직접)민주주의는 국가적 수준에서의 직접 참여는 물론 지역적 수준과 시민 개인의 일상생활 수준에서의 참여에 관심을 기울이며 규범적인 논의보다 실천적인 방법을 모색하고 개발하는 데 더 큰 노력을 기울였다. 특히 페이트만(Pateman, 1970)과 바버(Barber, 1984)는 참여민주주의를 고양하는 참여의 의미가 정치적 의사결정에 한정되지 않고, 직장과 지역 사회에서의 일상적 참여를 포함하고 있고 또 포함해야 한다고 강조했다.

그러면서 그들은 민주주의가 작동하는 과정에서 참여가 수행하는 기능이자 참여의 효과로 다음 세 가지를 적시했다(Michels & De Graaf, 2010: 480). 첫 번째는 시민들이 공공 의사결정에 참여하면 시민역량(civic skills)이 향상되어 더 유능해진다는 교육적 기능이다. 두 번째는 시민들에게 자신이 공동체의 일부라는, 공적 시민(public citizens)의 정체성을 갖도록 하는 데 이바지해 공적 결정에 대해 개인적으로 더 큰 책임감을 느끼게 하는 통합적 기능이다. 세 번째는 참여가 모든 사람이 수용할 수 있는 규칙을 생성하는 데 중요한 역할을 하므로 공적 결정의 정당성을 강화하는, 정당화의 기능이다.

약간 결이 다르지만 이와 비슷한 견해를 퍼트넘(Putnam)의 사회자본 연구에서도 찾아볼 수 있다. 그의 저작 『나 홀로 볼링』(Bowling Alone: America's Declining Social Capital)은 부제가 함축하듯이 미국인들이 교회, 문화 단체, 스포츠 클럽 또는 정치 단체와 같은 사회 구조로부터 점점 더 단절되는 과정을 자세히 묘사한다(Putnam, 2000: 338-340). 그는 사회적 네트워크와 자발적 조직에 참여하는 것이야말로 삶의 만족감을 높이고 민주주의 발전에 이바지한다고 주장한다. 시민들이 사

---

3 시민의 직접 참여에 기초하는 직접민주주의는 이 세 가지 외에도 다양한 제도적 방안이 있다. 더 자세한 내용은 정상호(2018) 참조.

회 네트워크에 참여하면 정부에 대해 자신의 이해관계와 요구를 표현할 수 있어 그렇게 하지 않았다면 조용히 묻히고 말 그들 각자의 목소리를 들려주므로 더 많은 사회적 포용으로 이어지게 된다는 것이다.

그는 또 시민참여 네트워크는 시민을 더 유능하게 만든다고 지적한다. 자발적 결사체로서 시민단체는 시민역량을 증진하고 시민의 의무를 학습하게 하는 민주주의 학교라는 것이다. 여기에서 참가자는 공적 문제를 주제로 토론하는 방법과 공개적으로 발언하는 방법, 회의 진행하는 방법 등을 배우며 공적 생활에 적극적으로 참여하는 한편, 신뢰받을 만한 태도와 행태를 교학상장(敎學相長)하며 서로 주고받는 호혜성(reciprocity) 등의 시민 덕성을 체화하게 된다.

이러한 관찰은 대의기관 특히 정부와 시민의 파트너십 강화가 현대 민주주의의 위기를 극복하는 데 유용한 해법이라는 주장으로 이어진다. 정부-시민 파트너십은 정부와 시민의 관계를 수직적 관계가 아니라 수평적 관계로 보는 새로운 행정관을 제안하고, 행정의 하향적(top-down) 접근방식에 상향적(bottom-up) 방식을 보완하고 접목할 것을 제안한다(Council of Europe, 2004; OECD 2001, 2005, 2008, 2009). 물론 이러한 제안 뒤에는 대의민주주의의 위기가 정부와 의회 등 대의기관의 신뢰 하락으로 나타나는데, 위기에 처한 민주주의와 대의기관의 신뢰적자(trust deficit)가 시민의 국정 참여로 회복할 수 있다는 진단과 처방이 있다(정정화 외, 2014: 163).

대략 20세기 말부터 본격화된 시민 참여의 입법화는 다양한 행위자의 협력이 필요한 환경보호 분야와 더 일반적으로는 지속가능발전 분야에서 가장 활발하게 이루어졌다(Carter, 2006: 23). 그동안 정부 혼자서도 충분히 정책성과를 낼 수 있었던 다른 분야와 달리 환경과 지속가능발전을 위해서는 시민사회와 이해관계자의 능동적인 참여가 불가피하다는 자각에서 비롯한 것이 국제 협약과 개별국 법률, 규정과 새로 설계한 행정 프로세스들이다. 대표적인 국제협약으로는 오르후스 협약 (UNECE, 1998)과 열린 정부 파트너십(OGP, 2011), 유럽연합 물 정책 지침, 특히 통합 하천 유역 관리 지침(Directive, 2000/60/EC) 등을 들 수 있고, 개별국 법률로는 2002년 제정된 프랑스의 「근접민주주의에 관한 법」(LOI n° 2002-276 du 27 février, 2002)과 「환경에 관한 국가의 의무에 관한 법」(LOI n° 2010-788 du 12 juillet, 2010) 등을 들 수 있다. 또, 새로운 행정 프로세스 설계의 전형으로는 거버넌스에 대한

EC 정책(CEC, 2001) 등을 들 수 있다.

이 가운데에서 특히 리우선언(1992)[4]을 계기로 촉발된 오르후스 협약(1998)은 환경보호를 위한 의사결정과정에 일반 대중의 참여를 규정하는 인류 최초의 국제협약으로서, 이후 세계 각국에서 시민 참여가 국정관리 일반원칙으로 정착되는 결정적인 계기가 되었다. 또, 오바마 미국 대통령이 주도한 다국적 선언이자 운영체계인 '열린 정부 파트너십'(Open Government Partnership)도 2011년 설립 이후 75개국 정부와 수백 개 시민사회 단체가 참여하며 민·관협력에 기초하는 국정운영 즉, 거버넌스 활성화에 기여하고 있다.

---

### 오르후스 협약(Aarhus Convention)

오르후스 협약은 "환경과 개발을 위한 리우선언"의 시민 참여 관련 조항의 이행을 목적으로 체결된 협약이다. 그 내용은 크게 환경정보에 관한 접근권(art. 4), 의사결정에 대한 대중의 참여권(art. 6, art. 7 등), 사법접근권(art. 9) 등으로 구성된다.[5][6]

- (환경정보에 관한 접근권) 체약국이 환경정보를 요청받았을 경우, 체약국의 국내법에 저촉되지 않는다면, 대중에 정보를 이용 할 수 있도록 해야 하며, 정보를 요청하고자 할 때 이해관계의 적시는 불필요(art. 4)
- 체약국은 환경정보를 수집 및 발굴하여야 하며, 공공기관은 이를 위한 구속력 있는 적절한 체계를 구축(art. 5)
- (의사결정에 대한 대중의 참여권) 특별한 활동에 대한 참여권(art. 6)과 그 외 환경계획, 프로그램, 정책에 대한 참여권으로 구성(art. 7)
- 특별한 활동에 대한 대중 참여는 협약서의 부속서에서 열거하고 있는 활동 또는 부속서에서 열거하고 있지 않아도 체약국의 국내법에서 열거하고 있는 활동, 앞서 두 조건에 해당하지 않더라도 환경영향평가 대상인 활동에 대해 가능하도록 규정
- 참여 절차는 대중에 대한 충분한 정보전달을 가능하게 하는 적절한 일정을 포함하고, 조기 참여가 가능하도록 하며, 효과적인 참여를 위한 적절한 장소의 제공하고,

---

4 리우선언이란 '환경과 개발에 관한 리우선언'을 말한다. 1992년 브라질의 리우데자네이루에서 개최된 UN 환경개발회의(UNCED)에서 채택된 이 선언은 1972년 스톡홀름 회의에서 채택된 '인간 환경선언'의 정신을 확대·강화한 것으로서 '환경적으로 건전하고 지속 가능한 개발(ESSD; Environmentally Sound and Sustainable Development)'을 실현하기 위한 27개 행동원칙으로 구성되어 있다. 또 리우선언의 원칙을 실천하기 위해 '21세기 지구환경실천강령(Agenda 21)'이 채택되었다.

5 https://www.unece.org/env/pp/introduction.html(최종접속일: 2020.11.29)

국내법에서 범위 안에서 의사결정에 필요한 정보가 요청되었을 경우 무료로 가능한 한 즉시 제공할 수 있도록 규정

- 참여한 대중은 자신의 의견 등을 제시할 수 있으며, 대중 참여의 결과는 의사결정에서 고려하도록 규정
- 위에 열거된 활동 외에도 환경과 관련된 계획 및 프로그램, 정책에 대중이 참여할 수 있음을 규정하면서 이때 참여 절차에는 투명하고 공정한 틀 안에서 대중에게 정보가 제공되어야 함을 규정
- (사법접근권) art. 4에 따른 환경정보에 대한 접근권이 침해받았거나(art. 9(1)), 충분한 이해관계가 있는 공중이나 행정절차법상의 당사자자격을 갖춘 자가 권리 침해를 받았을 때(art. 9(2)), 또는 국내법상에서 요건을 갖춘 공중의 경우 권리의 구제를 청구할 수 있도록 규정

출처: 한국갈등학회·한국정책과학학회(2020: 533-534)

거버넌스가 현대 정치·행정 시스템의 구성 원리이자 국정 운영의 새로운 패러다임으로 자리 잡기까지는 다양한 배경이 겹쳐진다. 그 가운데에서도 특히 삼권분립에 입각한 정부 형태와 전통적인 관료제의 비효율과 무능, 정부 의사결정 과정의 개방을 요구하는 시장과 시민사회의 요구, 그리고 이를 통한 국가 경쟁력 강화의 필요성을 빼트릴 수 없다. 곧, 거버넌스가 현대 국정 운영의 한 축을 이루며 각국 정치·행정 시스템에 적극적으로 도입된 까닭은 거버넌스 체제의 구축으로 정치·행정의 효율성과 효과성, 대응성과 투명성, 민주성 등을 높일 수 있고 이를 통해 해당 국가의 경쟁력 강화를 기대할 수 있다는 믿음 때문이었다(은재호, 2011: 3).

거버넌스(governance)는 다양한 방식으로 정의되고 사용된다. 1960년대 후반에 이 용어가 처음 등장했을 때는 통치(governing) 또는 정치적 방향잡기(political steering)의 의미로 사용되었지만(Carter, 2006: 4), 이후에는 더 포괄적으로 정의되며 다양한 주체들 사이의 상호작용과 상호의존을 강조하는 경향이 커지고 있다. 예를 들어 로즈(Rhodes, 1996: 652)는 거버넌스를 일컬어 '국정 운영의 새로운 과정 또는 사회를 통치하는 새로운 방법'이라고 하며 정부 주도의 일방적인 국정운영 방식과 구별되는 새로운 '과정'과 새로운 '방법'의 등장에 방점을 찍는다. 피에르 & 피터스(Pierre & Peters, 2000: 14)는 한 걸음 더 나아가 거버넌스를 '다양한 이해당사자가

---

6 https://www.unece.org/fileadmin/DAM/env/pp/documents/cep43e.pdf(최종접속일: 2020.11.29.)

정책 결정 과정에 주체적인 행위자로 참여하며 협의와 합의를 통해 정책을 결정하고 집행하는 사회적 통치 시스템'이라고 정의한다. 이들은 특히 국내적 차원은 물론 국제적 차원에서도 빠르게 증가하는 국가와 비국가 행위자 사이의 상호작용과 상호의존에 주목한다.

따라서 불확실성이 증대되는 현대사회에서 거버넌스가 전통적인 국정관리 방식보다 유용하고 현실적인 대안이 될 수 있음을 주장하는 연구자들은 관료제가 의지했던 하향적이고 집권적인 조향(操向, hierarchical steering)이 아니라 거기에 시장과 시민사회가 함께 참여하는 공동조향(co-steering)을 강조하고, 그와 함께 공동규제(co-regulation), 공동생산(co-production), 공동지도(co-guidance) 등을 구체적인 정책대안으로 제시한다.

그리고 물론 그 핵심에 참여가 있다. 거버넌스에서 참여가 중요한 이유는 규범적, 실질적, 도구적 근거 세 가지로 설명할 수 있다(Carter, 2006: 4). 규범직 근거는 참여를 통해 의사결정과정에 다른 행위자들을 포함하는 것이 더욱 건강한 민주사회로 가는 길이기 때문이다. 실질적 근거는 참여 프로세스가 더 넓은 지식 기반을 구축하고 새롭고 창의적인 관점을 통해 문제에 대한 이해를 더 깊게하고 수용가능성이 더 높은 해결책을 형성하는 데 이바지함으로써 의사결정의 품질을 향상할 수 있다는 점이다. 도구적 근거는 참여 프로세스가 직·간접 이해당사자 간의 협상을 통해 갈등을 해결하고 신뢰를 구축하는 발판을 마련해줌으로써 결정과 실행을 쉽게 한다는 관찰에서 찾아볼 수 있다.


## 2. 참여적 의사결정 기법의 다변화

그렇다면 시민 참여는 어떤 방식으로 이루어지고, 어떻게 조직화할 수 있을까? 이 구체적인 질문에 이르러 비로소 다양한 시민 참여의 유형과 방법, 수단에 관한 연구가 이루어졌다. 영·미권 국가들을 중심으로 광범위하게 이루어진 참여적 의사결정(participatory decision-making)이 그것이다.

규범적 참여에서...

먼저, 시민 참여의 수준과 질을 분류한 방식 가운데 가장 광범위하게 활용되

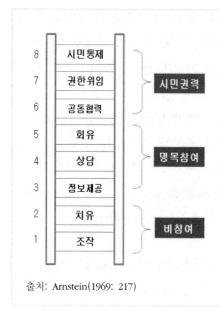

| 8 | 시민통제 | | |
|---|---|---|---|
| 7 | 권한위임 | 시민권력 | |
| 6 | 공동협력 | | |
| 5 | 회유 | | |
| 4 | 상담 | 명목참여 | |
| 3 | 정보제공 | | |
| 2 | 치유 | 비참여 | |
| 1 | 조작 | | |

1. 조작(manipulation)
2. 치유(therapy): 비참여, 참여자의 치료 또는 교육. 홍보에 의한 대중지지 확보
3. 정보제공(informing): 정보의 단방향 흐름
4. 상담(consultation): 시민의 태도와 입장 조사. 반상회, 공청회 등 보여주기식 행사
5. 회유(placation): 시민들의 제언 청취. 권력자는 조언의 정당성이나 실현가능성을 판단할 권리 보유
6. 공동협력(partnership): 권력은 시민과 권한자의 협상을 통해 재분배, 의사결정 책임 공유
7. 권한위임(delegated power): 의사결정 시, 대중은 책임 규명에 관한 권한 보유
8. 시민통제(citizen control): 참여자는 프로그램 기획, 정책 수립 및 관리 업무 전체 관리

출처: Arnstein(1969: 217)

[그림 4-7] 참여의 사다리(Arnstein, 1969)

는 방식은 참여를 사다리에 비유한 아른슈타인(Arnstein, 1969)의 8단계 분류다. 아른슈타인은 시민 참여의 영향력을 기준으로 크게 비참여, 형식적 참여, 실질적 참여로 3분하고 이를 다시 8단계로 세분화해 계도단계와 교정단계는 비참여로, 정보제공/의견수렴/유화단계는 형식적 참여로, 파트너십/권한위임/시민통제는 실질적 참여로 분류했다.

여기에서의 시민 참여는 일반 대중의 참여보다 주로 이해관계자(stakeholders) 집단의 참여를 의미한다. 이해관계자는 의사결정 과정에 영향을 미치거나 영향을 미칠 수 있는 개인, 집단 또는 조직으로 정의할 수 있는데, 이들이 주어진 사안과 관련해 반드시 직접적인 이해관계를 가져야 하는 것은 아니다. 여기에서 이해관계자는 주어진 사안과 관련해 실체적 이익(interests)을 다투는 자뿐 아니라 언론인, 연구자, 시민단체 활동가, 공무원 등처럼 자기의 사회적 입지(position)와 기능(function) 때문에 주어진 사안에 관심을 가지고 참여해야 하는 간접 이해관계자까지를 포함하는 매우 넓은 개념이다.[7]

---

7 이해관계자 접근방식은 단속적(斷續的)으로 발전했다. 1960년대에 처음 개념이 정립된 이래 1970년대에 비로소 본격적인 연구자료가 수집되기 시작했고, 1980년대에 들어 비로소 부문별 사례와 지식이 축적되었다. 그리고 90년대부터는 지속가능개발 과정에서 이해관계자들의 참여가 당연한

아른슈타인의 분류와 제안은 후속 연구를 촉발하는 계기가 되어 이후, 다양한 형태의 시민참여론이 등장했다. 예를 들어 빅스(Biggs, 1989)는 시민 참여의 유형을 계약적(contractual), 자문적(consultative), 협력적(collaborative), 집단적(collegiate) 참여로 나누었다. 패링턴(Farrington, 1998)은 자문적(consultative) 참여와 기능적(functional) 참여, 그리고 권한 부여(empowering) 세 가지 수준으로 유형을 단순화했다. 어느 것이 되었든 이 유형들의 공통점은 아른슈타인의 분류와 마찬가지로 계층적 특성을 가진다는 것이다. 특정 유형의 참여 즉, 계층의 상위 수준에 있는 참여가 다른 유형 즉, 계층 하단에 있는 참여보다 더 선호된다.

반면, 리챠즈(Richards et al., 2004)와 티핏(Tippet et al., 2007) 등은 모든 단계의 시민 참여가 참여의 목적에 따라 모두 적절할 수 있다고 주장하며 참여의 개념을 재정립하는데 기여했다. 이 새로운 관점에 따르면 참여의 단계나 수준에 더 '바람직'하다거나 더 '이상적인' 상태는 없고, 단지 주어진 목표를 달성하는 데 '필요한' 방법이 있을 뿐이다. 이와 관련해 스코트랜드 지방의회(South Lanarkshire) 지역 조정관이었던 데이빗슨(Davidson, 1998: 14-15)은 참여의 사다리 위로 높이 올라가는 것을 목표로 해야 한다는 규범적 주장을 거부하고 모든 시민 참여 유형은 그 나름대로 존재이유가 있다는 것을 표현하기 위해 '참여의 바퀴'(wheel of participation)라는 새로운 은유를 제안했다.

그에 따르면 시민 참여란 다양한 상황에서 다르게 설정되는 목표에 따라 그때그때 적합한 시민 참여 방식을 고안하고 실행하는 과정이다. 이 과정은 [그림 4-8]과 같이 정보제공(information), 의견수렴(consultation), 참여(participation), 권한이양(empowering), 이 네 가지 영역에 조응하는 각각의 목표를 수립하고 이를 각자 달성하는 비선형적 과정인데 이렇게 하다 보면 바퀴가 굴러가듯이 자연스럽게 적절한 수준의 시민 참여를 끌어낼 수 있다는 것이 그의 주장이다.

---

것으로 받아들여지기 시작했다. 그러나 그와 동시에 다양한 실패 사례가 생기며 시민 참여의 한계가 드러났고 이에 대한 비판과 우려도 함께 증가했다. 이런 일련의 과정을 거쳐 2000년대에 들어서야 비로소 시민 참여의 모범 사례를 정의하는 단계에 도달했다고 볼 수 있다. 이해관계자 접근 방식은 시민 행동주의(social activism), 성인 교육, 응용 인류학, 자연자원 관리, 생태 등 다양한 분야에서 발전했다. 이러한 발전단계를 거치는 동안 시민 참여의 개념은 이념적, 사회적, 정치적, 방법론적 의미를 띠기 시작했다(Option consommateurs, 2011: 14).

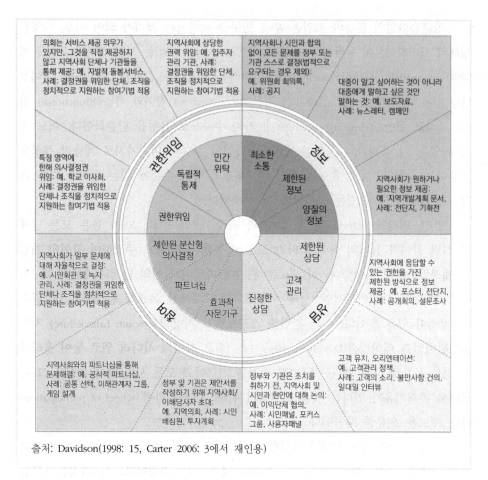

의회는 서비스 제공 의무가 있지만, 그것을 직접 제공하지 않고 지역사회 단체나 기관들을 통해 제공: 예. 자발적 돌봄서비스, 사례: 결정권을 위임한 단체, 조직을 정치적으로 지원하는 참여기법 적용

지역사회에 상당한 권력 위임: 예. 입주자 관리 기관, 사례: 결정권을 위임한 단체, 조직을 정치적으로 지원하는 참여기법 적용

지역사회나 시민과 합의 없이 모든 문제를 정부 또는 기관 스스로 결정(법적으로 요구되는 경우 제외): 예. 위원회 회의록, 사례: 공지

대중이 알고 싶어하는 것이 아니라 대중에게 말하고 싶은 것만 말하는 것: 예. 보도자료, 사례: 뉴스레터, 캠페인

특정 영역에 한하여 의사결정권 위임: 예. 학교 이사회, 사례: 결정권을 위임한 단체나 조직을 정치적으로 지원하는 참여기법 적용

지역사회가 원하거나 필요한 정보 제공: 예. 지역개발계획 문서, 사례: 전단지, 기획전

지역사회가 일부 문제에 대해 자율적으로 결정: 예. 시민회관 및 녹지 관리, 사례: 결정권을 위임한 단체나 조직을 정치적으로 지원하는 참여기법 적용

지역사회에 응답할 수 있는 권한을 가진 제한된 방식으로 정보 제공: 예. 포스터, 전단지, 사례: 공개회의, 설문조사

지역사회와의 파트너십을 통해 문제해결: 예. 공식적 파트너십, 사례: 공동 선택, 이해관계자 그룹, 게임 설계

정부 및 기관은 제안서를 작성하기 위해 지역사회/이해당사자 초대: 예. 지역의회, 사례: 시민 배심원, 투자계획

정부와 기관은 조치를 취하기 전, 지역사회 및 시민과 현안에 대해 논의: 예. 이익단체 협의, 사례: 시민패널, 포커스 그룹, 사용자패널

고객 유치, 오리엔테이션: 예. 고객관리 정책, 사례: 고객의 소리, 불만사항 건의, 일대일 인터뷰

**안쪽 원 (wheel):**
권한위임 / 정보 / 협력 / 참여

민간 위탁 · 최소한 소통
독립적 통제 · 제한된 정보
권한위임 · 양질의 정보
제한된 분산형 의사결정 · 제한된 상담
파트너십 · 고객 관리
효과적 자문기구 · 진정한 상담

출처: Davidson(1998: 15, Carter 2006: 3에서 재인용)

[그림 4-8] 참여의 바퀴

'참여의 바퀴'를 발전시킨 보다 최근의 연구는 리드 등(Reed et al., 2017: 5-6)이 수행한 연구다. 이들은 상향식(bottom-up)과 하향식(top-down)으로 구성되는 외부 휠과 네 가지 참여 유형으로 구성되는 내부 휠이 그때그때 다른 방식으로 결합하며 참여의 다양한 조합을 만들 수 있음을 보여준다. [그림 4-9]를 보면 참여를 기획하고 유인하는 다양한 주체(agency) 즉, 대의기관과 시민사회가 한 축이 되고 단방향 소통에서 공동생산에 이르는 다양한 참여 방법(mode of participation)이 다른 한 축이 되어 이 둘을 조합하면 크게 네 가지 유형의 참여를 식별할 수 있다. 하향식 단방향 소통(communication)과 의견수렴(consultation), 하향식 숙의(deliberation)와 공동생산(coproduction), 상향식 단방향 소통과 의견수렴, 그리고 상향식 숙의와 공

동생산이 그것이다. 이들은 참여의 목표를 언제나 상향식 공동생산이라는 최상의 목표에 고정할 필요는 없으며 참여의 바퀴를 사용해 참여의 목적과 맥락에 따라 그에 조응하는 적절한 유형의 참여 방법을 찾아야 한다고 주장한다.

[그림 4-9] 참여의 바퀴와 시민 참여 4유형

... 능동적 참여와 시민개입으로[8]

이렇게 촉발된 참여에 관한 관심은 정치학, 행정학, 경영학 등 다양한 분야에서 참여의 형태와 구체적인 방법에 관한 연구로 귀결했다(정정화 외, 2014: 163 – 168 참조). 예를 들어 퍼시(Percy, 1983)는 정부와 주민들간의 협력 여부와 시민들끼리의 협력 여부를 기준으로 시민 참여의 네 가지 유형을 분류했다. 여기에서 정부와의 협력은 적극적인 경우와 소극적인 경우로 나눌 수 있고, 시민들끼리의 협력은 개인적 활동과 집단적 활동으로 나눌 수 있다.

8 시민 참여의 유형과 방법에 관한 논의는 정정화·은재호·남재결(2014)의 논문(pp.164 – 168)에서 재인용

〈표 4-1〉 퍼시의 시민 참여 유형: 방범활동을 위한 정부와 시민들의 협력 유형

| | | 시민들과의 협력여부 | |
|---|---|---|---|
| | | 개별적 활동 | 집단적 활동 |
| 정부와 협력 여부 | 비협력 (소극적) | - 집 안에 경보기 설치<br>- 집 밖에 보조등 설치 | - 시민자율 순찰대를 조직하여 지역 순찰<br>- 로비 그룹을 형성 |
| | 협력 (적극적) | - 자원경찰로 근무<br>- 경찰관과 함께 순찰 | - 경찰에 의해 조직된 시민순찰대에서 봉사함<br>- 경찰과의 협조로 범죄예방단체 조직 |

출처: Percy(1983), 김병준(2010: 646)에서 재인용.

짐머맨(Zimmerman, 1986: 6 - 13) 역시 참여의 적극성을 기준으로 수동적 참여와 능동적 참여를 구분했다. 수동적 참여는 관료가 제공하는 정보를 통하여 공직자와 정책을 판단하는 소극적 태도를 보이는 것을 말한다. 능동적 참여는 시민 스스로 시민총회, 시민투표 등에 적극적으로 참여하는 것을 말한다.

〈표 4-2〉 짐머맨의 수동적·능동적 참여

| 수동적 참여 | - 설문 응답, 정부주도 공청회 참석 |
|---|---|
| 능동적 참여 | - 시민총회, 시민자문위원회에 적극 참여<br>- 시민투표, 시민발의, 시민소환에 적극 참여 |

자료: Zimmerman(1986: 8)

시민 참여를 정부의 정책 과정을 중심으로 분류하는 방식도 광범위하게 사용되고 있다(cf. <표 4-3>).

〈표 4-3〉 시민의 정책 과정 참여유형

| 정책 과정 단계 | 정보 (Information) | 협의 (Consultation) | 능동적 참여 (Active participation) |
|---|---|---|---|
| 설계 | - 백서, 정책 문서<br>- 입법프로그램<br>- 법률 및 규제 초안 | - 대규모 의견조사<br>- 토론회 또는 시민패널 활용<br>- 법률안에 대한 의견 수렴 | - 법률이나 정책의 대안 제시<br>- 정책의제 및 대안에 대한 공적 토론 |

| | | | |
|---|---|---|---|
| 집행 | - 새로운 정책 혹은 규제 시행 | - 부수적 법률안 마련을 위한 포커스그룹 활용 | - 시민사회단체와 협력, 법률에 대한 순응 확보를 위해 정보 제공 |
| 평가 | - 평가 및 참여기회에 대한 공지 | - 정부평가프로그램 및 결과 검토시 이해관계자 참여 | - 시민사회단체에 의한 독자적 평가 |

출처: OECD(2001: 22).

이러한 분류방식은 정부 정책단계에 맞추어 시민 참여를 파악할 수 있어 정책단계별로 참여의 정도와 수단을 명확히 파악할 수 있는 장점이 있다. 특히 OECD는 각국의 민관협치 또는 시민 참여에 대한 다양한 현실을 종합하며 시민 참여의 역할이 정보→협의→능동적 참여로, 갈수록 더 적극적으로 발전할 수 있음을 제시했다. 여기서 능동적 참여는 민·관 협력이 진전됨에 따라 더 확대될 것으로 예측되는데, 정보와 협의는 정부가 시민에게 제공하거나 제시하는 일방적 소통이 지배적이지만, 능동적 참여는 정부와 시민의 쌍방향적 소통이 불가결함을 보여준다.

정부-시민 관계를 모색하는 OECD의 관점에서 능동적 참여란 시민들에게 토론을 통해 정책방안을 생산하는 자율적 역량이 있음을 인정하고, 정부가 의제설정 단계에서부터 정책형성 과정을 시민과 공유하며 공동의 대안 모색을 통해 정책을 결정하는 것을 의미한다. 여기에서 시민의 능동적 참여는 활용되지 않는 사회적 자원을 유용한 자원으로 전환하고, 정부의 촉진자(facilitator) 역할을 강화해 정부역량과 정통성을 높이는 데 이바지할 것으로 기대된다. 능동적 참여의 구체적인 정책수단은 아래 <표 4-4>에 잘 나타나 있다.

〈표 4-4〉 시민 참여의 법·정책·제도 및 도구

| | | 입법 | 정책 | 제도 | 도구 |
|---|---|---|---|---|---|
| 정보 | 소극적 | • 소극적 정보자유법 | • 응답시간제한제 | • 집행 : 모든 행정기관<br>• 법적용 : 법원, 옴부즈만 | • 등록제<br>• 정보관리체계<br>• 정부 포탈 |
| | 적극적 | • 적극적 정보자유법 (뉴질랜드 등) | • 정부의 커뮤니케이션 정책 | • 정부 정보담당 기관의 선제적 정보제공 | • TV<br>• 라디오<br>• 인쇄매체<br>• 인터넷 방송 |

| | | | | | |
|---|---|---|---|---|---|
| 협의 | 비권유적 | | | • 집행 : 민원기관<br>• 법적용 : 법원,<br> 옴부즈만 | • 자료분석<br> 소프트웨어<br>• 이메일 주소 |
| | 권유적 | • 환경영향평가법 | • 규제영향평가<br>• 협의정치(사회적<br> 파트너십) | • 행정기관<br>• 중앙정부의<br> 전략지원기관 | • 설문조사<br>• 공청회<br>• 시민패널<br>• 포커스그룹<br>• 협의 가이드라인<br>• 온라인 채팅 |
| 참여 | 정부주도 | • 시민투표<br>• 새로운 제도<br> 창설(연구) | • 시민 참여정책<br>• 민관파트너십 | • 행정기관<br>• 중앙의<br> 전략지원기관 | • 합의회의<br>• 시민배심원제<br>• 공공대화<br>• 온오프라인토론 |
| | 시민주도 | • 시민발의 | • 정책대안 개발<br>• 자율적 규제 | • NGO<br>• 학계<br>• 싱크 탱크 | • 오프라인 토론<br>• 독립적 웹사이트<br>• 온라인 채팅그룹 |

출처: OECD(2001: 44).

시민의 능동적 참여가 중시되는 배경은 다음 세 가지다(정정화 외, 2014: 164). 첫째, 모든 국가가 당면한 거버넌스의 도전은 인적 자본과 정책아이디어 등을 포함해 한 사회에 주어진 모든 가용 자원의 동원을 요구하고 있다. 이런 자원 동원은 적극적이고 자발적이며 능동적인 시민들의 참여를 통해서만 가능하다. 둘째, 시민들은 자신의 삶에 영향을 미치는 정책에 자신의 목소리가 반영될 것을 요구하고 있다. 시민들은 이제 정책이 이루어지는 모습을 바라보는 방관자가 아니며 단순히 의견만을 제시하는 존재도 아니다. 자신의 견해가 정책에 반영되고 집행되는 것을 보고 싶어 하는 주권자들이다. 셋째, 정부는 이제 개인과 단체가 시장과 시민사회에서 벌여나갈 활동을 스스로 조직하고 자기들끼리의 관계를 조정하는 준거틀을 마련해주는 역할로 전환 중이다.

시민들의 능동적 참여는 이후 참여(participation)와 개입(engagement)으로, 개념적 분화를 거치며 더욱 고도화된다(cf. [그림 4-10]). 여기에서 시민 참여(citizen participation)는 시민 주도적인 참여이며 비공식적인 참여를 의미한다. 시민 참여 방식은 시민 본인의 의사에 입각한 자발적 참여이기 때문에 대부분 시민이 이해관계자의 한 사람으로 정책결정에 참여하는, 상향식 참여일 때가 많다.

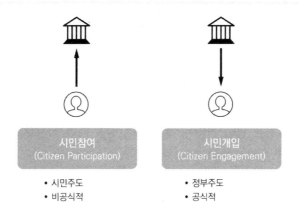

시민참여
(Citizen Participation)
• 시민주도
• 비공식적

시민개입
(Citizen Engagement)
• 정부주도
• 공식적

[그림 4-10] 시민참여와 시민개입

반면 시민개입(citizen engagement)은 정부의 의사결정 과정에 정부 주도로 시민이 참어하도록 하는 것으로 법적, 제도적 기반 위에 이루어지는 공식적인 참여고 따라서 하향식 참여인 경우가 많다. 그렇다고 해서 권위주의 체제에서 흔히 있었던 비자발적 동원이 아니라 이해당사자는 물론 다양한 기법에 의해 선택된 다수 시민이 자발적으로 참여할 수 있는 경로를 보장한다.9 결국 시민 참여와 시민개입의 가장 큰 차이점은 민주적 원칙에 입각한 제도적 장치의 유무라고 할 수 있다. 시민 참여의 제도적 장치가 결여되어 있으면 시민들의 참여는 단발성에 그치기 쉽고, 시민 참여를 통해 도출된 결과가 공식적인 정책이나 제도로 연결될 가능성이 낮다는 점에서 개입은 참여보다 진일보한 형태라고 말할 수 있다.

비공식적·상향식 시민 참여가 공식적·하향식 참여로 이어지는 개념적 분화는 후속 연구에서 정부와 시민사회, 공식적 공론장과 비공식적 공론장의 상호작용 양태를 더욱 세분화하는 계기를 마련했다. 특히, 캐나다 컨설팅 업체 대표 월러스 (Patrick Kirk Wallace)는 공식적 의사결정 공간(정부 등 대의제 기관)과 비공식적 공론 형성 공간(시민사회 및 시장)이 주고받는 의사소통 방향에 따라 참여의 연속성을 더

---

9 시민개입은 대중참여, 참여민주주의, 숙의민주주의 및 협력적 거버넌스의 개념을 모두 포괄하는 개념이다. 시민개입은 온라인 환경을 통해 전자민주주의, 디지털민주주의, 전자정부 및 전자거버넌스의 형태로 나타나기도 한다. 시민개입에 있어서 가장 중요한 것은 그들의 삶에 직접 영향을 미치는 주요 정책결정에 시민이 발언 할 수 있는 권리가 있음을 인식하게 만드는 것이다. 이 권리는 제도의 형태로 구체화된다. 조작적 정의(operational definition)이기는 하지만 이것이 참여와 개입의 가장 중요한 개념적 차이다.

욱 세분화해 참여의 수준을 다섯 단계로 시각화했다. 이를 응용해 정부 의사결정 과정에서 시민 참여의 스펙트럼을 제시한 캐나다 보건부의 시민 참여 매뉴얼(Santé Canada 2000 : 15-18)을 보면 그 개념이 더욱 명확해진다([그림 4-11]).

제1단계는 홍보(communication) 즉, 정보제공(inform)과 교육(educate) 단계다. 여기서는 시민들을 향한 정부 또는 여타 공공기관의 단방향 정보제공이 주를 이루며 이미 내려진 결정을 널리 알리는 것이 목적이다. 따라서 정부의 역할 또한 다른 모형에서보다 훨씬 명확하고 비중도 크다.

제2단계는 정부를 비롯한 공공기관이 시민들의 의견을 듣는(listening) 단계다. 이 역시 단방향 정보제공이 목적이지만 여기에서는 1단계의 역방향으로 정보가 흘러 시민들이 공공기관에게 정보를 제공하게 된다. 여기에서의 목적은 물론 정부가 이해관계자들의 정보를 수집하는 것, 즉 의견수렴(gathering information)이다. 이 단계에서 정부는 아직 결정을 내린 게 없고 단지 결정을 내리기 위해 준비하는 과정에 있을 뿐이며, 수집된 의견을 반드시 반영하겠다는 확고한 약속을 한 것도 아닌 상태다.

제3단계는 협의(consulting) 단계다. 정부와 시민들 간의 토론(discussion)을 통해 양방향 정보 교환이 이루어지는 상태라고 할 수 있다. 여기에 참여하는 개인과 집단은 해당 문제에 관심이 많으며 토론 결과에 직접적인 영향을 받을 가능성이 크다. 또 이들의 참여로 만들어지는 투입(input)은 정책 방향과 내용을 형성하는 데 영향을 미칠 개연성이 크다.

제4단계는 본격적인 개입(engaging) 단계다. 특정 기법을 통해 시민들이 모여 복잡하고 의미 있는 주제에 관해 진지하게 논의해야 하는 단계로서, 시민들이 정부 정책과 결정을 구체적으로 평가하고 논의할 수 있는 능력이 요구되는 단계다. 또한, 시민들이 특정 문제에 대해 자신의 관점을 표현하는 데 그치지 않고 자신의 입장(position)을 다듬어가야 하는 과정이기도 하다.

제5단계는 파트너십(partnering) 단계다. 이 단계의 '운전석'에는 정부가 아니라 시민이 앉아 시민이 프로세스를 관리하고, 정부는 엔진이 되어 일하는 단계다. 여기에서 정부는 다른 파트너들과 동등한 행위자 가운데 하나일 뿐, 더는 혼자서 결정하고 지시하고 감독하는 자리에 앉을 수 없다. 그래서 [그림 4-11]을 보면 1단계에서 부터 점점 작아진 정부의 크기가 5단계에 이르면 여느 행위자의 크기와 다름없는 크기로 줄어든다.

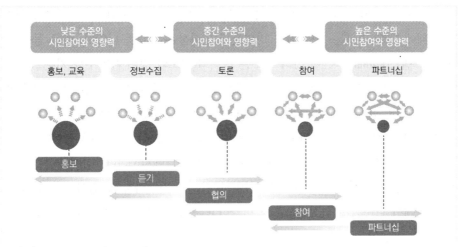

출처: Santé Canada(2000: 14)

[그림 4-11] 의사소통 방향에 따른 참여의 스펙트럼

출처: Kamlage & Nanz(2017), 박해육·김지수(2018: 23)에서 재인용.

[그림 4-12] 시민참여 절차의 스펙트럼

참여민주주의, 특히 민·관 협력(거버넌스) 관점에서 진행된 시민 참여의 다양한 형태에 대한 연구는 시민 참여 방법을 고도화하는 결과를 낳았다. 예를 들어 캄래지 & 낸스(Kamlage & Nanz)의 연구는 참여의 강도와 참여자의 수를 기준으로 다양한 시민 참여 방식을 정렬함으로써 매우 포괄적인 참여 방식을 일목요연하게 보여준다(박해육·김지수, 2018: 22). [그림 4-12]가 제시하는 참여자의 수는 십여 명부터 수천 명에 이르는 참여자를 포함하며, 참여의 강도는 정보제공-협의-공동 거버넌스-자율조직, 4단계로 점증한다. 이 그림이 예시하는바, 참여를 촉발하고 참여를 응집하는 이슈(주제)에 따라 참여의 강도를 차별화하고, 참여자의 범위(수)를 소수에서 다수까지 확장함으로써 다양하고 폭넓은 참여 기제를 상황에 맞게 선택적으로 운용할 수 있음을 알 수 있다.

# 거버넌스 실패와 숙의적 정책형성의 고도화

## 1. 거버넌스 실패와 숙의민주주의의 등장

대의민주주의의 한계를 보완하기 위해 1960년대와 70년대에 걸쳐 참여민주주의가 싹텄다면 1980년대에 이르러서는 숙의민주주의에 대한 논의가 꽃피었다. 그리고 1990년대에 들어서면 '숙의적 전환(deliberative turn)'이라는 표현이 생길 만큼 숙의민주주의에 대한 담론이 풍성해졌다. 숙의민주주의의 주창자들도 참여민주주의 이론가들과 마찬가지로 시민 참여의 부재를 대의제의 핵심적 오류로 지적하며 대의민주주의 시스템 안에 시민 참여를 복원하고 증진하는 것이 중요하다고 강조한다. 하지만 참여민주주의자들이 주장하는 것처럼 다수의 참여를 증진하는 것만으로는 집단적 의사결정의 정당성과 합리성을 높일 수 없고 참여의 본질과 방식을 바꿔야 하는데, '깊이 생각하고 의논하는' 숙의(熟議, deliberation)가 바로 그 대안이라고 주장한다. 충분한 정보와 능동적 참여로 무장된 건강한 시민성이 참여민주주의의 근간이라면, 숙의민주주의는 여기에서 한 걸음 더 나아가 '이성의 공적 사용'(public use of reason)에 능한 합리적 인간들의 사려 깊은 토론이야말로 의사결정의 합리성과 민주적 정당성의 바탕을 이룬다는 것이다.

---

### 숙의민주주의의 이론적 연원

숙의민주주의 연구도 다른 연구들처럼 선형적으로 발전하지 않았고 다양한 개념 요소들이 점차 정교화되면서 변화하고 재구조화되는 복잡한 과정을 통해 진행되었다. '숙의적 전환'이라는 표현은 드라이젝(Dryzek, 2000: 2-7)이 1990년대를 숙의적 전환의 시기로 명명한 데서 시작했다. 이후부터 숙의적 전환이라는 표현이 현대 민주주의 연구에서 자주 사용되며 논자에 따라 그 시기를 구분하는 기준 또한 다양해졌다.

예를 들어 엘스텁(Elstub, 2010)은 숙의민주주의 연구자들을 3세대로 나누고 롤스(Rawls)와 하버마스(Habermas)를 1세대 연구자로 구분한다. 이어서 1990년대부터 왕성한 활동을 보인 보만(Bohman, 1996)과 구트만 & 톰슨(Gutmann & Thompson, 1996) 등을 2세대 연구자로, 그리고 바버 & 바틀렛(Baber & Bartlett, 2005), 오플린

(O'Flynn, 2006), 파킨슨(Parkinson, 2006) 등을 3세대 연구로 이행하는 징검다리를
놓은 연구자로 분류한다.

반면 플로리디아(Floridia, 2018)는 1980년에서 1993년 사이라는 매우 구체적인 시기에 일어난 숙의적 전환을 총 5단계로 구분한다. 60년대와 70년대를 특징 짓는 참여민주주의 모델과 확연히 구분되는 1980년의 이론적 전환과 혁신(1단계), 80년대 초반의 첫 번째 공식화(2단계), 80년대 후반의 본격적인 이론화(3단계), 다른 지적 전통과의 중첩(4단계) 그리고 하버마스와 롤스가 주도한 90년대 초반의 철학적 토대의 강화(5단계)가 그것이다(cf. The Oxford Handbook of Deliberative Democracy).

숙의민주주의의 등장에는 그보다 조금 앞서 전개된 참여민주주의 운동의 한계에 대한 자각이 있다. 시민 참여와 거버넌스는 앞서 살펴본 바와 같이 훼손된 민주주의의 정당성을 복원할 수 있지만, 이 책의 2장 2절에서 언급한 바와 같이 하버마스도 참여의 불안정한 과정이 왜곡되며 의도하지 않은 결과를 산출할 수 있음을 경고했다. 시마르 & 코테(Simard & Côté, 2010: 64)는 시민 참여의 불안정성을 크게 네 가지 유형의 위험으로 나누는데 정치적 조작, 정보 왜곡, 참여의 형평성 부족, 재정적 투자 부족이 그것이다. 이게 다는 아니다. 시간과 노력의 부족은 말할 것도 없고, 너무 잦은 참여로 인한 이해관계자들의 피로감도 쌓이는데 그렇게 참여해봐야 결국 달라진 게 없다는 냉소주의(cynicism)까지, 참여의 제약 요소는 부지기수다.

## 거버넌스 실패와 포퓰리즘의 부상

행정 현장에서 파생된 경험적 지향이 이론적 패러다임으로 발전한, 전형적인 현실 지향적 모델(practice-driven model)로 정초된 거버넌스(Pierre & Peters, 2000: 3)는 더 적나라한 현실을 증언한다. 초기의 낙관적인 기대와 달리 거버넌스도 19세기의 '시장실패'(market failure)나 20세기의 '정부실패'(government failure)와 마찬가지로 실패할 수 있다는 후속 연구가 그것이다(Kooiman, 1993, Dunsire, 1996, Jessop, 1998, 2002). 거버넌스가 실패하는 이유를 요약하면 다음 두 가지로 압축할 수 있다(은재호, 2011: 3-4).

첫째는 정책결정 단위가 확대됨에 따라 갈등이 발생하고 이를 적절하게 통제

하지 못해 일어나는 실패다. 거버넌스는 정책결정과 집행 과정에 다양한 이해당사자들의 참여를 보장함으로써 정책의 효율성과 효과성을 높이려는 시도지만, 정책결정 단위가 확대되면 예기치 못한 혼란이 증가하고 갈등이 격화될 수 있거니와, 이를 제대로 제어하지 못할 때 심각한 사회적 분열과 불필요한 사회적 비용이 유발될 수 있다. 바꿔 말하자면 거버넌스 체계의 도입으로 인해 확대된 다양한 이해당사자들의 참여가 협력적 관계로 전환되지 못할 때 거버넌스 실패가 일어날 수 있다는 것이다. 한국 현대사의 대표적인 갈등 사례라고 할 수 있는 부안 방폐장 입지, 천성산 터널 건설, 새만금 개발, 평택 미군기지 이전, 제주 해군기지 건설 등 굵직굵직한 국책사업의 예를 통해 볼 수 있듯이 다수 이해관계자가 참여하는 정책결정과 집행 과정에서 이들 사이에 협력적 관계를 형성하는 데 실패하면 공공서비스의 공동생산(Co-production)이란 '만만의 콩떡, 그림의 떡'일 뿐이다.

둘째는 다양한 행위자 집단의 참여와 권한 배분에 따라 발생하는 책무성(accountability)[10]의 약화 때문에 생기는 실패다. 과거 국가 중심 행정 체계에서는 책임 주체가 분명하던 것에 비해, 민·관이 함께 참여하는 거버넌스 체제에서는 정책 결정 단위가 넓어지면서 '누가', '누구에게', '얼마만큼'의 책임을 지는지가 불분명해짐으로써 거버넌스 실패가 일어날 수 있다. 관료들은 자기들에게 주어진 권한이 상실된 만큼 또는 그 이상으로 책임을 떠넘기려 하고, 새로 결정에 참여하게 된 주체들은 권한을 향유하면서 책임은 회피해 책무성 부재의 문제를 더 심화시킨다. 책무성 부재의 문제는 특히 업무처리 지연, 소통 방해, 산출물의 질적 저하 등을 결과해 앞서 제기한 참여자 간의 갈등을 더욱 부추기는 요인이 될 수 있어 거버넌스 실패를 야기하는 중요한 이유가 될 수 있다.

---

### 책무성의 개념 범주

한국어 문헌에서 종종 책임성으로도 번역되는 책무성(accountability)이란 고대 그리스 시대부터 사용된 개념으로 회계(accounting)의 개념에 뿌리를 두고 있어, 처음에는 부기를 수행하고 이를 외부인에게 설명한다(audit, account)는 의미로 사용되기 시작했다(이숙종·양세진, 2007: 80-81). 그러나 오늘날 공공행정의 책무성을 말

---

10 책무성에 대한 국내외 학자들의 더 자세한 논의는 Eun(2010) 참조.

할 때는 더욱 진화된 의미로 쓰여, 가장 간단하게는 응답성(answerability)과 연관된 개념으로 사용된다. 대표적으로 정우일(1996)은 자신들의 행위에 대하여 해명하고, 보고하고, 설명하고, 이유를 제시하고, 외부의 판단에 순응하는 것을 책무성으로 정의한다. 책무성을 응답성으로 보는 견해는 다른 연구에서도 자주 차용되는 보편적 관점이지만 논자에 따라 강조점을 달리하며 부수적인 관점들을 다양하게 함축하고 있다. 예를 들어 최흥석(2003)은 공공조직의 특정한 행위 또는 측면에 대해 누가 대답해야 하는지를 나타내는 것이 책무성이라고 정의하며 책무성의 주체(subject) 문제를 부각한다. 이숙종·양세진(2007)은 재원에 대해 어떻게 효과적이고 효율적으로 활동을 수행했는지, 그리고 어떤 유의미한 성과를 창출했으며 사회변화에 영향을 미치고 기여했는지에 대해서 책임 있게 설명하고 응답할 의무를 지칭한다고 함으로써 성과(performance)의 측면을 부각한다.

대의민주주의의 신뢰적자(trust deficit)와 민주성 결핍(democratic deficit)에 대한 대안으로 부상한 참여민주주의는 참여를 협력으로 전환하지 못하고 책무성이 약화할 때 포퓰리즘(populism, 대중영합주의)이라는, 민주주의의 더 큰 적에게 자리를 내줄 수 있다는 점에서 치명적이다. 포퓰리즘은 대중, 인민이라는 의미가 있는 라틴어 populus에서 파생된 단어로서, 선출된 대표자나 엘리트가 아니라 대중이 이끄는 정부를 지칭한다.

포퓰리즘은 원래 대의정치와 엘리트주의에 대한 반작용으로 미국과 라틴아메리카에서는 일반적으로 좌파 운동과 연계해서, 유럽에서는 우파 운동과 연합해 발전했다. 민주주의는 국민의 순수한 의지를 정확하게 반영해야 한다는 포퓰리즘의 중심 교리가 좌우 이념 어느 것과도 쉽게 결합할 수 있음을 의미한다. 그래서 종종 참여민주주의는 포퓰리즘 즉, '대중주의'와 구분하기 어려울 때가 있다. 이러한 관찰은 2008년 재정위기를 계기로 신자유주의적 미래상의 허구를 깨달은 대중들의 참여가 세계 곳곳에서 '포퓰리즘의 폭발'(populist explosion)로 결과한 최근의 동향에서 현실화되었다(Judis, 2016).

특이한 것은 중국과 아프리카 국가들에서 보이는 포퓰리즘의 약진이 민주주의의 산실로 불렸던 미국과 서유럽 국가들에서마저도 똑같이 관찰된다는 것이다(cf. [그림 4-13]).

자료 없음
감소
동일
증가

출처: World Economic Survey(WES) II/2017 보만스(Baumans, 2017: 42)에서 재인용

[그림 4-13] **포퓰리즘 현황**

### 포퓰리즘의 기술 기반과 양면성

포퓰리즘이 전 세계적 현상으로 빠르게 확산하기까지는 21세기에 접어들며 발전한 소셜 미디어 등 ICT 기술의 존재를 빠트릴 수 없다. ICT 기술의 발전은 조직에 의존하는 고전적인 형태의 집단행동(collective action)과 달리 개인의 메시지 하나로도 많은 사람을 움직이게 하는 연결행동(connective action)을 가능하게 한다. 전 세계 진보 운동가들이 벌였던 '점령운동'(Occupy movement) 시위와 '우리가 99%다'(We are the 99%) 운동, 프랑스의 노란 조끼 운동(mouvement des Gilets jaunes) 등은 모두 경제·사회적 불평등에 대한 대중적 저항으로 일어났지만 그 기저에는 개인 간, 집단 간 연결을 쉽게 한 ICT 기술이 있다. ICT는 이렇게 참여의 비용을 현격히 떨어트리면서 효과는 이전보다 훨씬 큰 경제적 행위여서 포퓰리즘의 급속한 확산을 가져올 수 있었다(Bennett & Segerberg, 2012).

다만, 이 연구가 제기하는 한 가지 의문은 ICT 기술 이전의 포퓰리즘과 이후의 포퓰리즘을 등가로 볼 수 있느냐는 문제다. ICT는 참여의 비용을 떨어뜨릴 뿐만 아니라 참여의 품질을 획기적으로 높이는 양면성을 갖기 때문이다. 때문에 이 연구는 모든 포퓰리즘이 다 나쁜 것은 아닐뿐더러 오히려 참여의 대중적 기반을 넓히는 좋은 포퓰리즘('민중주의')도 가능하다는 데 주목하고자 한다. 가장 대표적인 예가 스페인의 포데모스 연합이다.

트럼피즘(Trumpism)에 휩싸인 미국의 애국 포퓰리즘을 보자. 대표적인 민주주의 국가라 할 수 있는 미국에서도 트럼프식 포퓰리즘이 국가의 민주주의 제도와 규범을 점차 권위주의화하는 민주주의의 후퇴를 불러왔다. 프랑스의 민족전선(Front National), 이탈리아 북부동맹(Lega Nord), 벨기에의 플랑드르 이익당(Vlaams Belang) 등은 EU 통합과 난민 문제로 골머리를 앓고 있는 유럽 우파 포퓰리즘의 전형이다.

그리스의 급진좌파연합($\Sigma\upsilon\nu\alpha\sigma\pi\iota\omega\mu\acute{o}\varsigma$ $P\iota\zeta\omega\sigma\pi\alpha\sigma\tau\iota\kappa\acute{\eta}\varsigma$ $A\rho\iota\sigma\tau\epsilon\rho\acute{\alpha}\varsigma$)과 스페인의 포데모스 연합(Unidas Podemos)은 남유럽 좌파 포퓰리즘의 일례다. 심지어는 그간 안정적인 정당정치 확립으로 포퓰리즘과 거리가 멀었던 북유럽 국가들에서조차 이들 정당이 연립정치의 한 축을 구성할 정도로 성장하고 있다(장선화, 2017: 83). 유럽에서 가장 성공적인 우파 포퓰리즘 정당으로 평가받는 노르웨이 진보당(Fremskrittspartiet) 이야기다.

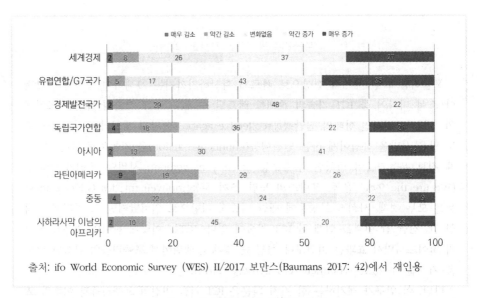

출처: ifo World Economic Survey (WES) II/2017 보만스(Baumans 2017: 42)에서 재인용

[그림 4-14] 포퓰리즘의 지역별 약진

이처럼 오늘날의 포퓰리즘은 과거와 달리 지역적으로나 이념적으로나 전혀 예상하지 못했던 나라들, 그것도 성숙한 민주주의 국가라고 믿었던 나라들에서 화려하게 전개되는 것이 특징이다(cf. [그림 4-14]). 다만, 여기에서 우리가 주의해야 할

것은 포퓰리즘이 어느 나라에서나 종종 부정적 의미를 함축하는 정치적 수사(修辭)로 활용되는 까닭에 그 맥락과 표현의 사회적 용법(social use)에 주목하지 않을 경우, 부지불식간에 상대방을 비난하는 어느 일방의 정치적 입장에 동조하고 그를 지지하는 우(愚)를 범할 수 있다는 점이다. 한국의 맥락에서 보자면 무상복지나 기본소득을 둘러싼 정치적 공방에서 어김없이 등장하는 포퓰리즘 논란이 대표적이다. 여기에서 포퓰리즘이 각각의 정책에 대한 합리적인 논쟁이나 검증이 아니라 상대방을 비난하는 정치적 수사로만 사용되면 그 역시 전혀 바람직하지 않은 '선동정치'의 도구가 될 수 있음에 주의해야 한다.

결국, 합리적 토론을 통한 진지한 공적 이성의 발현을 통해 무분별한 참여에서 오는 포퓰리즘을 경계하지 않을 때, 주체적 시민의 능동적 참여를 전제로 하는 참여민주주의의 이상이 오히려 무질서의 원천이자 중우정치(衆愚政治, mobocracy)의 시작이 될 수 있음에 유의해야 한다. 그래서 더더욱 참여민주주의의 이상을 실현하기 위해서는 예나 지금이나 한결같이 주체적 시민의 능동적 참여를 고양할 필요가 있다. 그리고 그 필요에 부응하는 대안 가운데 하나가 지금부터 살펴보게 될 숙의민주주의의 제 방법과 수단이다.

참여민주주의와 포퓰리즘

출처: 앱솔루트 코리아 홈페이지

[그림 4-15] 광화문 촛불집회 패러디

스웨덴 보드카 브랜드 앱솔루트는 2016년 촛불집회 사진을 브랜드 광고에 사용했다. 이 사진은 포토샵으로 촛불집회 장면을 보드카 병 모양으로 처리하고, 영문으로 '앱솔루트 코리아'(ABSOLUT KOREA)라는 재치있는 표현을 썼다. 앱솔루트 코리아는 앱솔루트 보드카 한국지사라는 뜻도 되지만, 완벽한 한국이라는 뜻도 담을 수 있어 읽는 이의 재미를 더한다. 또, 광고 하단에는 (약간의 과장을 덧붙여 의역하자면) '미래는 개척해나갈 당신의 운명'이라는 문구를 새겼다.

일부에서는 논란이 되기도 했지만 앱솔루트가 광고 제작의 모티브로 세계 여러 나라와 도시의 역사적 사건을 종종 활용해왔다는 사실에 주목하면, 시사성과 광고를 결합한 재치있는 패러디라고 할 수 있다. 게다가 광고 하단에 나오는 '책임지고 즐기라'(ENJOY RESPONSIBLY)는 모든 주류 광고에 등장하는 공익적 문구지만 참여와 직접민주주의에 수반하는 책임성을 강조하는 중의적 의미로 해석해도 무방할 만큼 의미심장하다.

## 숙의민주주의의 부상[11]

숙의민주주의(deliberative democracy)라는 용어는 베세트(Bessette, 1980)가 처음 사용했지만, 그 이론적 연원은 이 책 제2장에서 언급한 하버마스와 롤스를 넘어 듀이에까지 이른다. 듀이(Dewey, 1927)는 전문가에 의해 의사결정이 독점될 때 민주주의가 축소되고 공공성이 침해된다고 지적하며, 공공성을 확보하는 수단으로 공동체 구성원 간의 '의사소통'을 강화하고 '사회적 협력'을 이루어야 한다고 강조했다. 숙의민주주의의 지적 계보를 재구성할 때 주목하는 부분은 바로 여기, 듀이에서 하버마스로 이어진 '의사소통의 합리화'와 롤스로 이어진 '사회적 협력'의 개념이다.[12]

엘스터(Elster, 1998: 8)는 숙의민주주의의 개념에 관해 학자마다 조금씩 다른 관점을 개진하지만, 그 다양한 관점 속에서도 중첩되는 부분이 있음에 주목하며 그것을 숙의민주주의의 핵심 요소로 간주한다. 그리고 '결정에 영향을 받는 모든 사

---

11 숙의민주주의의 이론적 지형을 학습하고 정리하는 과정에서 한국행정연구원 이찬희·임현철·김형연 위촉연구원의 도움이 절대적이었다.

12 비전공자들이 하버마스와 롤스의 이론 지형을 이해하는 건 결코 쉬운 작업이 아니다. 그나마 이들을 비교적 쉽게 이해하기 위한 간명한 지침서로 『스탠포드 온라인 철학사전』(Stanford Encyclopedia of Philosophy)을 추천할 수 있다(https://plato.stanford.edu/index.html 참조). 네이버 지식백과를 통해 쉽게 접근할 수 있는 임석진·윤용택·황태연·이성백(2009)의 『철학사전』도 매우 유용한 도구다(https://terms.naver.com/ 참조).

람이나 그들의 대표자들이 참여하는 집단적 의사결정'이라는 민주적 요소와 '민주성, 합리성, 공명정대성을 추구하는 참여자들이 토론을 통해 내리는 의사결정'이라는 심의적 요소, 이 두 가지를 숙의민주주의의 핵심으로 소개한다. 정규호(2005: 32–33) 역시 이러한 관점의 연장 위에서 숙의민주주의의 특징과 효과를 다음과 같이 정리한다. 숙의민주주의는 의사결정 과정에 대한 개방적이고 폭넓은 참여와 함께 참여자들의 반성적이고 자기 성찰적인 자세에 기반한 진정한 심의를 강조하며, 이를 통한 다양하고 풍부한 토의과정이 참여자들의 선호 전환을 동반함으로써 합의를 쉽게 해 집단적 의사결정의 품질을 높인다는 것이 그것이다. 이 책은 숙의민주주의의 개념을 이해하기 위해 숙의민주주의의 핵심 키워드를 참여, 숙의(심의), 정치적 평등성, 세 가지로 나누어 보고자 한다.

## 숙의와 심의

한국에서 숙의(熟議)와 심의(審議)는 자주 호환되는 표현이다. 숙의와 심의 모두 영어 단어 deliberation의 번역어로서 둘 다 '어떤 사항에 관해 그 이해득실 등을 상세하고 치밀하게 토의하는 일'(두산백과사전)을 지칭하는 술어다. 숙의든 심의든 모든 회의에서 이루어지는 깊은 논의를 의미하지만, 특히 민주주의론에서는 의회정치를 지탱하는 중요한 원리 가운데 하나로 자리매김한다. 대표의 원리에 따라 선출된 의원이 중심적인 구실을 하는 의회정치는 의원들의 이성적인 토론을 통해 주어진 문제의 해결을 목적으로 하기 때문이다. 숙의민주주의는 deliberative democracy의 번역어로, 심의민주주의는 discursive democracy의 번역어로 사용될 때가 많다. 어느 것이 되었든 민주주의의 핵심은 단순히 투표 행위에 있는 것이 아니라 실제적인 논의(deliberation)에 있고, 이 논의가 담론(discourse)을 통해 이루어진다는 점에서 숙의와 심의는 동의어다.

숙의민주주의의 첫 번째 원리는 대의제의 핵심적 오류 가운데 하나인 참여의 제한을 수정하려는 시도에 있다. 숙의민주주의 이론가들은 참여민주주의 이론가들과 마찬가지로 대중적 참여가 가장 핵심적이고 생산적인 자원이라는 믿음에서 출발하며, 광범위하고 실질적인 시민 참여를 장려하고 조직하려 한다. 나아가 참여민주주의 담론이 무수히 강조한 것과 마찬가지로 참여의 개방성과 포용성을 규범화한다. 특히 정치적 결정에 관련된 시민이라면 누구나 폭넓게 숙의 과정에 참여해 (개방성) 자신의 이해관계를 반영할 수 있게 하는 것(포용성)을 숙의민주주의의 실천을 위한 핵심 요인으로 간주한다(정규호, 2005: 38). 다만, 일부 참여민주주의 이론이 그런 것처럼 참여자의 수를 최대로 늘리는 것에 그치지 않고 참가자 간의 동등한 지위와 힘의 균형을 유지하려고 한다(Eckersley, 2000: 18). 그래서 대의제 시스템에서는 엘리트들의 선거경쟁 과정에서 조직되는 대중의 동원과 참여가 주를 이루지만, 숙의민주주의 시스템에서는 밑으로부터 자발적으로 조직된 참여가 주를 이룬다. '제한 없는 참여', '다양한 참여', 그리고 '밑으로부터의 참여'가 가지는 장점은 다음 세 가지로 정리할 수 있다(Fung & Wright, 2001: 19).

하나, 풀뿌리 조직에서 일하고 있는 활동가들의 참여는 주권자들에게 새로운 접근성을 부여하고 정부의 정치적 책임성을 높이며 소수 엘리트의 전통적인 카르텔 구조를 허무는 데 이바지한다. 그렇다고 해서 전문가와 관료들을 정책결정 과정에서 배제하는 것은 아니다. 단지 중요한 의사결정 과정에서 전문가와 관료들이 거의 독점적으로 누리던 배타적 권한을 시민 참여로 제한하고 또 일정 부분 이를 시민들과 공유하려는 시도일 뿐이다.

둘, 그 결과 정책 대안의 다양성을 늘리고 선택지를 넓힌다. 다양한 영역에서 다양한 경험을 가진 사람들이 참여할 때 정치 엘리트와 기술관료들이 가지고 있는 정형화된 행동반경과 인식세계를 넘어, 새로운 문제해결 방안을 도출할 가능성이 커지기 때문이다. 제한 없는 대중적 참여는 공공정책 결정 과정에서 다양한 대안에 대한 새로운 정보 유입을 가능하게 하고, 정책대상집단(target population)의 환류(feed-back)를 가능하게 하는 한편, 전략수행 과정에서 새로운 대중적 에너지를 유입할 수 있게 한다.

셋, 시민들은 '힘 있는 참여'를 통해 자신들의 영향력을 생생하게 체험한다. 일반 시민과 같은 비전문가들에게 공공정책의 결정 범주를 자신들이 사는 삶의 현장으로 좁혀주어 이슈를 완전히 이해하게 하고 정책 결정에 필요한 지식을 갖출 기회와 정보를 제공하는 한편, 문제해결 중심의 논의를 진행하면 의사결정 과정의 합리성을 높일 뿐 아니라 시민들의 정치 효능감(political efficacy) 또한 높아져 건강한 정치공동체를 만드는 데 이바지하게 된다.

정치 효능감(效能感)이란 개인의 정치적 행동이 주어진 사회의 정치과정에서 영향력을 미치거나 미칠 수 있다는 신념이나 감정을 의미한다(Campbell et al., 1954). 정치 효능감은 크게 두 가지로 구분되는데 하나는 개인이 자신의 정치적 행동으로 인해 사회 내 무엇인가를 바꿀 수 있다는 적극적인 신념(내적 효능감)이고, 다른 하나는 권위 있는 정치기구와 정부 관료 등, 정치 주체들이 시민의 요구에 적절히 반응할 것이라는 주관적인 신념(외적 효능감)이다.

그렇다고 해서 숙의민주주의가 직접(참여)민주주의로 회귀하는 것은 아니다. 숙의민주주의가 직접민주주의의 일 형태이긴 하지만 오히려 직접민주주의를 보완하는 측면이 더 크다. 직접민주주의가 시민사회의 자발성과 자치를 극대화하는 것이라면, 숙의민주주의는 다소 국가중심적 속성을 가짐으로써 다양한 시민사회의 자치원리에 비해서 다소 온건한 편이기 때문이다. 시민자치가 종종 '권력에 대한 저항'을 함축하고 있는 것에 비해, 숙의민주주의는 국가의 메커니즘을 이용해 지속해서 유권자를 정치적으로 동원하고, 그 메커니즘에 들어와서 유권자 스스로가 심사숙고하기를 희망한다. 다시 말해서 숙의민주주의는 시민 참여의 확대를 위해서 국가 메커니즘을 활용하고 국가 메커니즘이 시민 참여의 확대를 창출하도록 전환하는 것을 의미한다(Fung & Wright, 2001: 23~24). 시민운동, 환경운동, 지역 사회경제운동, 소수자운동 등이 국가 제도의 외부에서 정치적 압력을 통해 공공정책 결정과정에 영향을 미치려고 하는 것에 비해, 숙의민주주의는 국가의 권한과 재원을 대중적 참여와 숙의를 통해 정당하고 합리적으로 배분하고자 한다.

그런데 숙의민주주의는 국가 권한 행사와 관련해 단순히 권력 행사 방향만을 변화시키려고 시도하는 것이 아니라 국가 정책결정 과정에 대한 변화를 추구한다는 점에서 직접민주주의나 참여민주주의보다 더 근본적인 변화를 추구한다고 평가할 수도 있다. 기존 정치제도에서는 정치 엘리트들이 특정 결과물을 위해 대중적 참여를 조직하고 동원해 선거 경쟁에서 이기는 방식으로 진행되었다면, 숙의민주주의에서는 정치 엘리트들이 대중들을 자신들의 정치적 편익을 위해 동원하거나 조직하려 하지 않는다. 숙의민주주의는 단지 공정하고 공평한 정책과정에의 참여를 장려하기 위해 평범한 시민들의 지속적인 정치 참여를 제도화하고 조직하기 위해 노력할 뿐이다.

숙의민주주의의 두 번째 원칙은 다양한 참여자들 사이의 숙의를 통해 합의형성을 지향한다는 것에 있다. 문제 해결방안을 도출하는 데 있어 중요한 이 원칙에는 두 가지 전제와 가정이 숨어 있다. 하나는 사람의 선호는 외생적인 것이 아니라 내생적이라는 것, 또 고정된 것이 아니라 언제든 변할 수 있다는 가정이다. 다른 하나는 모든 인간에게 이성적 논증 능력이 있다는 믿음이다. 이를 하나씩 살펴보자.

먼저, 대의민주주의자들은 선호를 외생적인 것으로 보지만, 숙의민주주의자들은 선호를 내생적인 것으로 간주한다. 달리 말하자면, 개인이나 집단의 선호(選好, preference)라는 것이 공적 의사결정 과정 이전에, 그것보다 선행해 먼저 존재한다기보다 그 과정을 통해 서서히 형성된다고 본다(Elstub, 2010: 294). 숙의민주주의자들이 의사결정 기제로 숙의를 선호하고 대의민주주의자들이 신뢰하는 투표를 거부하는 이유가 이것이다.

대의민주주의자들은 주어진 선호가 고정되어있고 쉽게 변하지 않기 때문에 이를 집적(aggregation)함으로써 다수결의 원칙에 따라 의사결정을 할 수 있다고 본다. 그 반면 숙의민주주의자들은 토론, 대화, 숙의라는 방식을 거칠 때야 비로소 선호가 형성되고, 이미 형성되어 있는 선호라 할지라도 이 과정을 통해 비교적 쉽게 변할 수 있을 것으로 생각한다. 그리고 그들은 이러한 의사결정 방식을 통해 대의민주주의의 다수결 방식보다 질적으로 개선된, 즉 공익에 더 가까운 집단적 의사를 도출할 수 있다고 믿는다.

왜냐하면, 토론 과정에서 시민들은 단순히 자신의 고정된 선호를 표출하며 자신의 의견을 앵무새처럼 반복적으로 주장하는 것에 그치는 것이 아니라 그 이유와 근거를 설득력 있게 제시해야 하는데, 이때 지극히 사적인 이유는 다른 사람들이 수용하지 않을 것이기 때문이다. 즉, 상대방의 이익을 배려한 공적 근거를 갖춘 의견이라야만 다른 구성원을 설득할 수 있다는 것이다(박상혁, 2015: 12-13). 따라서 개인의 견해는 공동의 이익을 탐색하는 방향으로 발전할 수 있는데, 이는 숙의와 같은 쌍방향적 소통을 통해 상대를 이해시킬 수 있는 유일한 논거가 보편적 이익에 호소하는 것이라는 점을 학습하게 되기 때문이다(정규호, 2005: 38-39). 임혁백(1999: 198)은 시민들이 자신의 견해를 형성하고 정교하하며 자신의 불완전한 선호를 교정해나가는 이러한 상호발견과 설득의 과정이 숙의 과정이라고 규정한다.

　숙의민주주의 이론에 함축된 또 하나의 전제는 인간이 자신의 이성을 공적 목표를 달성하는 데 사용할 수 있는 존재라는 가정이다. 이는 '합리적이고 공평무사한 시민'이라는 엘스터(Elster, 1998: 8)의 언급과 일맥상통하는 것으로, 건강한 시민이라면 누구나 성찰적이고(reflective) 반성적인(introspective) 참여자가 될 수 있다는 것을 의미한다. 따라서 건강한 시민은 개인의 이익이 아니라 공동의 이익을 위해 고민하고 사유할 수 있는 존재이고, 칸트(Kant)의 표현을 빌리자면 '이성의 공적 사용'(public use of reason)이 가능한 존재임을 의미한다(Hofman, 2017: 89). 이러한 전제는 숙의민주주의 이론을 정초한 롤스와 하버마스 등 1세대 이론가들에게서 공통적으로 관찰되는 전제인데, 이들은 모두 숙의에 참여한 시민들의 이성적 논증이 동질적이고 보편적이며 공평무사할 경우 이성적 논증을 통해 집단적 선호를 형성할 수 있다고 믿었다(Elstub, 2010: 294). 특히 롤스는 시민들이 의견을 교환하고 자신들이 지지하는 근거에 관해 토론하는 과정에서 자신의 의견을 수정할 수 있고, 이 과정에서 비로소 공적 이성(public reason)이 실현된다고 보았다(장동진, 2012: 26–27).

---

### 성찰적 평형

　대표적으로 롤스(Rawls, 1971: 60–74)는 인간은 누구나 정의를 분별하는 감각을 지녔다고 주장하면서 이를 전제로 성찰적 평형(reflective equilibrium) 개념을 소개한다. 성찰적 평형이란 어떤 사건이나 이론에 대해 의견 불일치가 생길 경우, 논의를 통해 심사숙고하고 상호수정하며 의견 일치를 끌어내는 방법 또는 이미 끌어낸 상태를 의미한다. 즉 반성적으로(상호적으로) 알아가는 과정, 상호조정 과정을 일컫는 개념이 성찰적 평형인데, 롤스는 정의의 원칙을 만족시키기 위해 효과적으로 사용할 수 있는 방법이 이 성찰적 평형이라고 주장한다.

---

　숙의민주주의의 세 번째 원칙은 평등한 참여자들 사이의 제한 없는 대화와 소통이다. 앞서 언급한 선호전환(preferences transformation)이 일어나는 곳은 바로 이 대화와 소통의 과정, 숙의 과정에서다. 그런데 선호전환이 일어나기 위해서는 숙의에 참여하는 시민들 사이의 관계가 자유롭고 평등한 것이어야 한다는 전제가 있다.

왜냐하면, 참가자 간의 동등한 지위와 권력(세력) 균형이 보장될 때에야 비로소 개인의 특정 관점과 이해관계가 타인의 도전을 받을 수 있어 성찰성(reflexivity)을 바탕으로 하는 진정한 숙의가 시작할 수 있기 때문이다.

따라서 숙의민주주의의 주창자들이 기대하듯이 선호전환이 일어나 다수 의견이 형성되고, 여기서 한 걸음 더 나아가 합의가 형성될 수 있게 되기까지는 평등한 숙의(egalitarian deliberation) 과정의 보장이 불가결하다. 참여자의 합리성과 형평성, 논리에 기초한 설득, 참여자의 자기 성찰과 상호 간 토론과 논변을 통한 의견 수렴, 동태적인 상호학습 과정, 그리고 이를 통해 사회통합이 진행되는 모든 과정이 숙의 과정인데(박재창, 2010 : 139), 이러한 숙의 과정도 반드시 참여자들 사이의 정치적 평등성을 보장할 때만 가능하다는 것이다.

숙의 과정이 개인들의 선호도를 단순 집계하는 과정에 불과한 대의제의 투표와 결정적으로 다른 점이 여기에 있다. 숙의 과정은 투표 과정처럼 일회적 참여를 바탕으로 선호의 집적을 겨냥하는 것이 아니라 오랜 시간 숙성된 토론과 양방향 소통을 통해 선호의 전환을 겨냥하며 궁극적으로는 합의를 지향한다. 따라서 대의제가 의미하는 결정과 숙의민주주의가 의미하는 결정의 개념도 달라질 수밖에 없다. 대의제의 결정은 다수결에 기초하기 때문에 소수는 다수에 승복해야 하고, 따라서 다수 의견이 곧 최종안이 되어 다수는 승자, 소수는 패자라는 의미를 띄게 된다. 그러나 숙의를 통한 결정이란 치열한 토론 과정에서 특정 주장의 이유와 근거에 대한 동의(agreement)를 뜻하게 되어 서서히 형성되는 다수 의견과 그에 따른 결정에 대해 소수자의 수용성이 높아짐에 따라 승·패의 개념을 떠나게 된다.

오히려 여기에서 소수자는 공적 관점에서 순전히 협소한 사적 이해와 자기중심적 주장을 거세하는 확장된 사유(enlarged thinking) 또는 대의적 사고(repre-sentative thinking)를 실천하는 바람직한 시민, 공동체의 이익을 위해 자기 자신의 사적(私的) 이익을 내려놓을 줄 아는 공적(公的) 존재로 우뚝 서게 된다. 그래서 결과적으로 숙의민주주의는 정치적 의사결정의 민주성을 강화한다. 투표가 1인 1표를 통해 개별 선호의 평등에 대해 기계적인 고려를 하고 소수파를 수동적 피치자로 전락시킨다면, 숙의는 정보와 의견의 교환을 통한 설득과 합의를 지향하므로 실질적인 상호 존중이 이루어질 수 있도록 한다.

지금까지 살펴본 것처럼 숙의민주주의는 확장된 참여와 숙의 토론을 통한 문제해결 그리고 대화와 소통의 원칙을 가지고 작동된다. 이 세 가지 원리에 따른 의사결정의 효과는 절대 가볍지 않다. 의사결정의 정당성 강화와 사회적 수용성 증대라는 이중 효과 때문이다. 이 책의 2장에서도 자세히 논구한 것처럼 숙의민주주의자들은 숙의 과정 그 자체가 정치적 의사결정의 정당성을 한층 높여줄 수 있다고 말한다. 상식적으로 판단해도 의회에서 대표자의 정략적 계산이 개입하는 정치적 거래와 타협의 결과로 주어지는 결정보다는 사회구성원들의 심사숙고와 토론을 바탕으로 형성된 집단적 의사가 더 정당할 것이라고 쉽게 유추할 수 있다.

사실, 대의민주주의와 숙의민주주의는 민주적 결정의 정당성이 형성되는 근원적 동기에 대해서 완전히 다른 관점을 가지고 있다(cf. <표 4-5>). 대표자의 의사결정은 시민들로부터 합법적인 경로를 통해 결정권을 위임받아 이루어진 결정이기 때문에 정당하다는 것이 대의민주주의의 관점이다. 반면, 숙의민주주의는 공공의 의사결정에 참여할 권리를 가진 모든 사람이 동등한 위치에서 이성적 상호작용을 통해 사회적 합의에 도달했기 때문에 그 결정이 정당하다고 주장한다(은재호 외, 2016: 122). 또 대의민주주의는 다수가 동의하고 결정했기 때문에 그 자체로 정당성을 획득한 것이라고 본다. 그러나 숙의민주주의는 어떤 정치적 결정이 다수의 지지를 받는다고 해서 무조건 민주적 정당성을 부여받는 것이 아니라 시민들의 자발적 참여를 바탕으로 한 자유롭고 평등한 숙의를 통해 구성원들이 그 결정의 동기와 이유를 지지하기 때문에 민주적 정당성을 획득하는 것이라고 본다.

<표 4-5> 정당성의 근거

| | 대의민주주의 | 숙의민주주의 |
|---|---|---|
| 위임 vs 합의 | 합법적 위임 | 사회적 합의 |
| 다수 vs 숙의 | 다수의 동의 | 숙의를 통한 동의와 지지 |
| 선호에 대한 인식 | 고정된 선호의 집적 | 선호전환을 통한 집단적 의사 창출 |
| 정당성 형성공간 | 의회 등 제도적 공간 | 시민사회 공론장에서 시작 |

자료: 임혁백(1999), Fung & Wright(2001), 은재호 외(2016)의 종합

민주적 정당성에 대한 두 이론 진영의 차이는 앞서 언급한 선호에 대한 관점의 차이에서도 기인한다. 대의민주주의는 개인의 고정된 선호를 다수결의 원칙에

따라 집적한 결론이 민주적인 의사결정이라고 보지만 숙의민주주의는 숙의, 대화, 토론 등을 통해 개인의 선호가 변경될 수 있다고 보고 그러한 조정 과정을 통해 형성된 집단적 의사가 정치적 정당성을 갖는다고 본다(임혁백, 1999: 168).

　　의사결정의 정당성과 관련해서 우리가 눈여겨봐야 할 또 하나의 특징은 실질적인 정치·행정의 의사결정이 의회를 비롯한 정부 등의 공식적인 대의제 공간에서 이루어짐에도 불구하고, 민주적 정당성의 시작은 이 제도 영역 밖에 있는, 시민사회에서의 의견형성 과정에 있다는 숙의민주주의자들의 관점이다(이 책의 2장 2절 참조). 그들은(특히 하버마스는) 사적 공론장(private sphere)에서 참여자들이 자신의 의사를 표현하고 형성해나가면 의회와 같은 제도화된 공론장에서 공적 의사결정이 이루어지는 메커니즘이 가장 이상적이라고 생각한다. 제도 정치 영역 밖에서 숙의를 통해 형성된 집단적 의사는 최종적으로 의회와 같이 제도화된 공적 숙의 기구와의 상호작용을 통해서 정치적 의사결정으로 전환될 수 있다는 것이다. 달리 말하면 제도화된 숙의 기구의 공식적 의사결정은 시민사회의 숙의로 정제(crystalli-zation)되고 구성(construction)된 집단적 의사에 기초해야 민주적 정당성을 갖출 수 있게 된다는 것이다(홍성구, 2011: 159-161) 이처럼 숙의민주주의 주창자들은 민주적 정당성의 원천이 제도 영역이 아니라 시민사회에서의 숙의 과정에 있다고 주장하면서도 제도화된 공론장과 제도권 밖에 있는 시민사회 공론장을 구분해 생각하는 것은, 기존의 대의민주주의 시스템에 또 다른 효과를 창출한다.

　　첫째, 숙의 과정에서 모든 참여자의 의견이 그들 사이에 이루어진 권력의 배분과 상관없이 동등하게 반영되도록 하므로 시민과 정치엘리트 간의 수직적 구조를 수평적 구조로 전환한다. 정치적 의사결정이 이루어지는 숙의 과정에서 시민과 대표의 거리는 좁아지고(임혁백, 1999: 171), 이들 사이의 직접 소통이 확대되며 최종 결정의 정당성이 증진된다.

　　둘째, 숙의를 통한 결정이 더 많은 정당성을 가지게 되는 이유는 그것이 시민과 대표의 직접 소통으로 이루어지기 때문만은 아니다. 숙의는 기본적으로 이 책의 제2장에서 소개한 '이상적 발화상황'이 전제하는 것처럼 '서로 대등한 관계에서 이루어지는 공평하고 자유로운 담론행위'(O'Flynn & Curato, 2015)인 까닭에 그를 통한 결정은 항상 공적 이유와 근거를 토대로 이루어지게 마련인데, 이는 곧 모든 참여자가 자율적인 주체로 존중받는다는 것을 의미하기 때문에 민주주의의 이상에 더욱 근접하며 더 많은 정당성을 부여받는다는 것이다(박상혁, 2015: 12 – 13).

숙의적 정책형성과 숙의 기법의 다변화

지금까지 살펴본 것처럼 숙의민주주의는 구성원들의 합의에 바탕을 둔다는 사실만으로 그 민주적 정당성과 사회적 수용성이 강화될 수 있다. 숙의민주주의의 최종 산출물이라고 할 수 있는 숙의적 정책 결정은 개인의 선호를 산술적으로 집약하려 하지도 않고, 대립하고 경합하는 의견과 주장을 거래와 흥정으로 조정하려 하지도 않는다. 숙의적 정책 결정은 대화와 토론을 통해 자발적인 동의와 지지를 구하면서(정규호, 2007: 98), 집단적 의사결정의 품질을 향상시키려는 시도다(Fishkin, 2009; Elstub, 2014). 때문에 초기(1세대) 연구가 숙의민주주의의 규범과 이상을 정립했다면, 이어서 진행된 연구(2세대와 3세대)는 어떻게 하면 숙의 과정의 품질을 높여 그로부터 산출되는 집단적 의사결정의 품질을 높일 수 있을 것인가라는, 더 구체적이고 실천적인 질문으로 수렴되었다.

그래서 2000년대에 등장한 2세대 숙의민주주의자들은 1세대 숙의민주주의의 규범적 경직성과 오용 가능성을 지적하면서, 어떻게 하면 숙의민주주의의 이상을 복잡한 사회 현실에 적용시킬지 고민하기 시작했다(Elstub, 2010). 특히 드라이젝 (Dryzek 2000, 2007: 13 – 30)은 하버마스의 의사소통이론이 근대 합리주의와 인간중심주의에 머무르는 한계가 있다고 지적하며 소통의 장을 인간의 범주에서 자연의 범주로 확대해야 한다고 강조했다. 민주주의라는 게 하버마스가 지적하듯 선호의 집적만이 아니라 효과적인 의사소통의 문제인데, 이 의사소통이라는 것이 인간들 사이에서만 있는 것이 아니고 인간이 다루는 자연과의 관계에서도 있을 수 있는 일이기 때문에 자연과의 의사소통문제도 다뤄야 한다는 것이다. 그는 생태 민주화 (ecological democratisation)가 정치적 의사소통과 생태적 의사소통을 통합하는 문제라고 규정하며, 생태민주주의의 원칙은 기존 제도를 비판하고 정치와 생태를 더 잘 통합할 수 있는 대안적 제도를 찾는 데 영감을 줄 수 있다고 주장했다. 궁극적으로 숙의민주주의의 공론장은 지배적인 가치에 대한 성찰과 서로 다른 의견 간의 열린 의사소통을 통해 더 개방적인 의사소통의 장으로 기능해야 한다는 것이다(정규호, 2005: 43)

영(Young, 2000) 역시 1세대 숙의민주주의 이론가들이 상정한 '이성적 토론'이라는 전제가 지나치게 이상적이라는 문제를 제기했다. 사회구성원들은 각자 자기가 처한 사회적 위치에 따라 다른 경험과 다른 인식 세계를 가짐으로 상황의 특수성으로부터 자유로운 보편적 관점은 있을 수 없을뿐더러, 보편적 관점을 상정하는 것 자체가 일반성이라는 이름으로 자행하는 폭력과 배제일 뿐이라는 비판이다. 그래서 영은 이성적 담화에 기반한 합의형성보다는 다양성에 기반한 차이의 정치(politics of difference)가 정치적 의사결정을 보다 타당하게 할 것이라며 차이를 포용하는 의사소통의 필요성을 강조했다(손영달, 2018).

튤리(Tully, 2002: 218-223)는 초창기 숙의민주주의 이론에 함축된 '객관성'의 위험을 경고했다. 특히 하버마스가 말하는 '더 나은 논증이 가지는 힘'(force of the better arguments) 뒤에는 지배집단의 전통적인 논증 방식이 더 규범적이고 보편적이며, 더 합리적이라는 전제와 가정이 있다는 것이다. 이러한 전제와 가정은 기존 논증 방식의 정당화를 넘어 그것만이 우월하거나 바람직하고, 여기에서 벗어나는 다른 논증 방식들은 열등하거나 비합리적인 것으로 치부할 수 있다는 것이 그의 주장이다. 따라서 숙의의 원칙은 '더 나은 주장'이 아니라 상호 경청(*audi alteram partem*, mutual listening)이 되어야 하며, 끊임없는 이의제기와 조정에 개방된 시스템이 더 바람직한 토론 질서라는 것을 역설했다.

에르칸 & 드라이젝(Ercan & Dryzek, 2015)의 경우에도 다양한 경험적 관찰을 통해 숙의 결과가 반드시 합의에 도달해야 하는 것은 아니라고 하며, 숙의의 목표는 합의만이 아니라 상호 이해의 추구도 될 수도 있다고 적시한다. 맨스브리지(Mansbridge, 1999) 역시 이런 관점에서 숙의민주주의 제도가 발현되는 장이 반드시 국가와 같은 큰 단위여야만 하는 건 아니고, 오히려 일상의 대화(everyday talks)에서부터 숙의민주주의 개념이 활용되어야 한다고 강조했다.

구트만 & 톰슨(Gutman & Thompson, 2004)은 하버마스가 상정했던 '이상적 대화 상황'과 관련해 현실의 권력관계로부터 자유로운 대화 상황이 과연 가능한가를 자문했다. 구체적인 현실 정치 상황에서는 가치 충돌과 오해나 불완전한 이해가 다반사인데, 이들을 소통의 장애물로 간주하고 극복해야 할 대상으로 삼는 것이 과연 현실적인가라는 질문이다. 그들은 이것이 극복해야 할 대상이 아니라 적응하고 조정해야 할 조건이라고 주장한다. 따라서 이들은 의견대립과 도덕적 불일치(moral disagreement)를 소통의 장애물이 아니라 소통의 출발점으로 간주하고, 거기서부터 서로 동의할 수 있는 결정 곧, 합의에 도달하기 위해 숙의를 지속하는 것이 숙의민주주의의 핵심이라고 보았다.

## 2. '작은 공중' 운동과 숙의적 정책형성의 고도화

지금까지 살펴본 숙의민주주의에 대한 관점의 다변화와 이론적 지평의 확대는 자연스럽게 구체적인 숙의 기법에 대한 논의를 활성화했다. 숙의형 정책 결정 방식은 그 종류가 매우 다양하다. 같은 기법이지만 약간의 변형을 거치면서 이름도 달라진 파생 모형까지 고려하면 숙의형 정책 결정의 유형과 방법은 더욱 다양해진다. 다만 숙의민주주의 이론가들이 개발한 숙의 기법은 참여민주주의 이론가들이 개발한 참여적 의사결정과 달리 대규모 참여보다 소규모 참여를 선호하고 대의민주주의의 대표성 개념과 화해하려는 한다는 것이 차이다. 대의민주주의의 투표나 참여민주주의의 참여 기법보다 늦게, 비교적 최근에 개발된 '미니 퍼블릭스'(mini‒publics, 작은 공중) 기법이 그것이다.

'미니 퍼블릭스'란 미국 정치학자 달(Dahl, 1989: 340)이 제안한 '미니 포풀루스'(mini‒populus) 개념을 발전시킨 것으로, '미니'란 사회의 축소판(microcosm)을 의미한다. 또 사회의 축소판이란 단순히 작은 사이즈를 의미하는 것이 아니고 인구통계학적 대표성에 기초해 시민들을 선발함으로써 일부가 전체를 대표할 수 있게 하는 것을 의미한다. 그리고 이렇게 선발된 일군의 시민들에게 특정 주제에 관해 일정 기간 학습하고 숙의할 수 있는 기회를 부여하고, 그렇게 모은 의견을 전체 사회와 의사결정권자에게 전달하면 그것이 일반적인 여론조사보다 훨씬 정확하고 합리적인 공공정책의 밑거름이 될 수 있다는 것이 달의 주장인데, 달은 이러한 형식의 숙의토론을 '미니‒포풀루스'라고 이름 붙였다.

### '작은 공중' 운동

'미니‒포풀루스'(mini‒populus)가 '미니 퍼블릭스'(mini‒publics)로 문패를 바꿔 달게 된 것은 숙의민주주의에 대한 이론적 근거를 고민하던 구딘(Goodin, 2008)과 스미스(Smith, 2009) 등, 3세대 숙의민주주의 이론가들에 이르러서다. 이들은 애초에 달이 제안한 미니 포풀루스의 기술적 제약 조건을 극복하기 위해 그 절차와 형식을 더욱 다양하고 정교하게 다듬어 실천성을 획기적으로 높였다. 그래서 대략 1년 동안 진행되는 미니 포풀루스와 달리 '작은 공중'의 실행 기간을 짧게는 하루부터 4~5일까지로 단축했다. 그리고 참가자의 대표성을 확보하고 합리적인 토론 환경을 보장하기 위해 의식적인 노력을 기울이는 숙의 토론 형식을 뭉뚱그려 '미니 퍼블릭스'(이하 작은 공중)라고 불렀다. 전 세계적으로 1990년대와 2000년대에 걸쳐 다양하게 꽃 핀 시민배심원(citizens' jury), 플래닝 셀(planning cell), 합의회의 (consensus conference), 공론조사(deliberative polling), 시민의회(citizens' assembly) 등이 그 구체적인 예들이다.

미니 포풀루스와 '작은 공중'의 차이는 절차와 형식의 차이일 뿐 개념적 차이는 그다지 크지 않다. 이들은 대표성의 개념을 비롯해 인간 합리성의 보편성에 대한 낙관을 공유한다. 먼저, 대표성의 개념을 보자. 그들에게 '작은'(mini)이란 전체 유권자를 대표할 수 있는 적정 규모의 소수 대표자를 선정하는 것이기에 주어진 사회의 '축소판'(microcosm)을 의미한다. 하버마스나 직접(참여)민주주의의 주창자들이 주장하는 것처럼 구성원 전체가 참여해 토론하는 시민사회는 존재하기 어려울 뿐 아니라, 대표성이 확보되지 않은 일부의 토론 결과를 전체 시민의 토론 결과로 확대하기도 곤란하다는 점에서 대표성을 가진 작은 공중을 구성하는 것이 현실적으로 실현할 수 있고 바람직한 대안이라는 것이 이들의 주장이다(오현철, 2009: 259-260). 그렇다고 이들이 현대 대의민주주의 체제의 기초를 이루는 '탁월성의 원

---

### 로마 공화정의 대의적 요소

로마 공화정은 '탁월성의 원칙'과 대표자의 '독립성'을 강조하는 과두제적 정치제도였다(이동수, 2005: 16). 로마 시민들은 정치적 비중이 차등적인 선거제도에 의해 행정관을 선출했지만, 누구나 행정관이 될 기회를 얻지는 못했다. 실질적으로 상위계층 혹은 귀족에게 모든 직위와 권한이 집중되는 제도 속에서 하위계층은 상위계층의 후보들 가운데 몇 명을 투표로 선택할 수 있는 권한만을 가질 수 있었다(Manin, 2004: 70-71; 이동수, 2005: 17에서 재인용). 동등한 시민 누구나 통치자가 될 수 있고 그 통치자는 시민과 유사하다는 아테네 민주정의 원칙과 반대로 로마 공화정은 엘리트에게 공적 의사결정을 맡기고, 그 엘리트의 독립성을 보장하는 제도를 바탕으로 운영되었다. 근대 대의민주주의의는 아테네 민주주의가 아니라 로마의 과두제를 이어받고 있다.

리'로 돌아가자고 주장하는 것은 아니다. 오히려 현대사회에서 제대로 발현되지 못하고 있는 '가능성의 평등'과 '유사성의 원칙'이라는, 아테네 민주주의 원리에 내포된 대의제의 원 뜻을 살려 주어진 사회의 특성을 작은 규모로 재현하는 것이 중요하다는 것이 그들의 주장이다.

---

### 아테네 직접민주주의의 대의적 요소

아테네의 직접민주주의 역시 선출된 소수 행정관이 상당한 권력을 가졌다는 점에서 근본적으로 대의적 요소를 가지고 있었다. 그러나 선거가 아닌 추첨으로 대표를 선발했다는 점에서 근대 민주주의와 근본적으로 달랐다(Manin, 2004). 아테네 민주주의에서 활용된 추첨 방식을 통한 공직자 선발은 공직을 원하는 사람은 누구나 공직자가 될 수 있어야 한다는 '가능성의 평등'(equality of possibility)과 대표와 대표되는 사람 사이에는 유사성이 높아야 한다는 '유사성의 원칙'(principle of resemblance)을 구현할 수 있었다. 그러나 근대 대의민주주의는 아테네 민주주의를 계승한다고 하면서도 아테네 민주주의가 사용했던 추첨(sortition)을 선거(election)로 대체하며 아테네 민주주의가 추구한, 공직 배분이라는 정치적 평등의 의미를 투표권의 평등으로 축소했다. 선거는 세습과 비교해 인민의 주권을 인정해주는 방식이지만 추첨보다 공직 배분의 평등성을 저해한다는 측면이 간과되어 쉽게 새로운 대표 선출 방식으로 받아들여질 수 있었다(이영재, 2010: 14). 그러나 선거가 모든 사람에게 1인 1표를 행사할 권리를 줬다 하더라도 특정 사람들만이 대표자로 선출되는 경향이 나타나 추첨에 내포된 대의제의 의미 즉, '가능성의 평등'과 '유사성의 원칙'을 훼손하고 말았다. 숙의민주주의자들 역시 대의민주주의에 내포된 구성 원리의 모순을 여기에서 찾으며 이를 복원하는 방법으로 추첨에 의존하는 '작은 공중'의 원리를 제안했다.

---

다만, 달은 전체 인구에서 '임의로'(randomly) 선출한, 즉 인구통계학적 대표성을 가지는 천 명의 시민이 약 일 년 동안 특정 쟁점에 대해 숙고하는 형태를 '미니포플루스' 실행전략으로 제안했지만, 이후에 발전한 '작은 공중'은 그것이 꼭 인구통계학적 대표성에 한정될 필요는 없으며 관점과 의견의 대표성으로도 충분하다는 주장을 전개한다. '사회의 거울'이라는, 관습적·인구통계학적 의미에서의 대표성 개념을 버리고 '사회적 특성의 다양성과 관점의 다원성'이 실질적으로 보장되도록

하면 대표성에 대한 요구를 만족시킬 수 있다는 것이다(Dryzek, 2006 : 221). 이런 관점에서는 이해당사자 집단에서 각 이해관계를 대표하는 시민들을 뽑는, 의견 대표성도 사회의 축소판이다. 여기에서 중요한 것은 관련 사안에 의해 영향을 받는 모든 사람이 선정될 수 있는 동등한 기회를 얻어야 한다는 것이고, 이것은 숙의민주주의의 절차적 정당성을 뒷받침한다. 때문에 그 논리적 귀결로서 작은 공중 기법은 표본추출에 있어 단순임의추출(simple random sampling) 보다 모든 의견을 고르게 대표할 수 있도록 하는 층화표본추출(stratified random sampling)을 선호한다.

---

### 표본추출 방법

표본추출 방법(sampling method)은 모집단에서 표본을 확률적으로 추출하는 방법이다. 표본추출을 비확률적인 방법으로 할 때는 표본 변동을 파악하기 어렵다. 상황에 맞는 표본추출을 하게 되면 표본의 모집단 대표성과 추정의 정확도가 높아진다. 표본추출 방법으로는 단순임의추출(simple random sampling), 계통추출(systematic sampling, 체계적 추출), 층화임의추출(stratified random sampling) 등이 있는데, 층화임의추출법은 모집단이 구분할 수 있고 몇 개의 집단(=층)으로 집단 간 차이가 집단 내 변이보다 큰 경우에서, 모집단을 층으로 나누고 각 층에서 개체들을 임의추출하는 표본추출 방법이다. 층 간 차이가 뚜렷할수록 층화임의추출은 효율성이 높아진다(네이버 지식백과, 표본추출방법, 수학백과, 2015.5). 미니 포퓰루스를 구성할 때 달이 제안한 것은 임의추출 방법이지만 작은 공중의 논리는 그 외에 층화 표본추출도 가능하다는 것이다. 그래서 인구통계학적 표본이 아니라 모집단이 상대적으로 작은, 의견집단(찬·반 등) 별 표본으로 구성함으로써 숙의의 경제를 이룰 수 있다는 것이다.

---

어느 경우든 여기에서의 '대표'는 대의민주주의 체제의 의회 의원들처럼 모든 문제의 대표가 아니라 특정 문제의 대표라는 공통점이 있다. 또 여기에서 '작은' 집단은 모든 인간이 공통으로 가지고 있는 상식적 판단과 합리적 사고 능력의 '축소판'(microcosm)으로 간주된다. 따라서 여기에 참여하는 이해관계자들은 반드시 전문가일 필요도 없지만, 특정 입장이나 이익을 대변하는 파견인(delegate)이 아니라 수탁인(trustee)이라는 것이 기존의 대의민주주의 체제의 대표 개념과 다르다. 이들

은 단지, 자신의 사적 이익을 배제하고 진지한 숙의를 통해 공적 판단(public judgment)을 내릴 수 있을 정도의 상식과 사고력을 가진 사람이면 된다. 이러한 사람들을 모아 이 책의 제2장 2절에서 제시한 건강한 공론화의 조건을 충족시키며 어떤 결론에 도달하면 굳이 그 사람들이 아니어도 누구나 그런 결론에 도달할 수 있을 것이라는, 합리적 인간에 대한 기대와 인간 합리성의 보편성에 대한 낙관이 잠복해있다.

## 대표의 개념

대표의 개념은 크게 세 가지로 정리될 수 있다. 첫째, 피대표자의 소우주(microcosm) 즉, 축소판이 되어야 한다는 개념이다. 선거를 통해 선출되는 민의의 대표기구는 모든 면에서 국가의 축소판이 되어야 한다는 것으로 여자는 여자를, 상인은 상인을 대표할 수 있다는 주장이다. 따라서 '미니 포풀루스' 개념은 인구통계학적 대표성을 중요한 요인으로 수용한다. 비례성(proportionality)이야말로 소우주 개념에 조응한다고 주장하며 비례대표제의 정치철학적 근거를 제공한 것도 이런 관점에서다. 둘째, 대리인 개념이다. 주로 의회의 구성 방법에 주목하는 소우주 개념과 달리 '의회와 의원이 어떤 일을 해야 하는가'라는 문제에 주목하는 주인—대리인(principal—agent) 모델이 부상했다. 주인—대리인 모델은 두 가지로 나뉘는데 하나는 파견인(delegate) 모델이다. 지역구의 이익과 지역민의 개별적 이익에 봉사하는 의원 활동을 뒷받침하는 논리로서 선거구 봉사모델(constituency service model)이라고도 한다. 다른 하나는 수탁자(trustee) 모델이다. 대표자도 유권자와 동일한 주체이기 때문에 독립된 재량권과 자신의 판단력에 따라 의회 활동을 해야 한다는 입장이다. 셋째, 정당인 개념이다. 선거권이 확대되고 현대적 정당체계가 확립되면서 정당인(partisan) 개념이 널리 수용되기 시작했다. 소우주 개념과 더불어 비례대표제의 논리를 제공한 주장이다(더 자세한 논의는 안순철, 2016 참조)

데이비스(Davies, 2005: 601)가 숙의의 경제(deliberative economy)라고 지칭한 작은 공중의 논리는 하버마스가 상정했던 '이상적 대화 상황'과 그로부터 비롯하는 '진정한 토론'을 현실화함으로써 한편으로는 기존의 정치체계를 대신하는 대체재나 보완재로 여겨지기도 하고, 다른 한편으로는 '미시'와 '거시'를 연결하는 수단으로 간주되기도 한다. 오현철(2009: 262)의 소개에 힘입어 작은 공중의 정치적 기능을 바라보는 두 가지 관점을 자세히 살펴보면 다음과 같다.

첫째, 작은 공중을 기존의 정치체계를 대신하는 대체물 혹은 보완물로 바라보는 관점은 아직 현실화하지 않았지만 많은 연구자의 이상 속에서 존재한다. 번하임 (Brunheim, 1985)은 대의민주주의를 종식시키고 무작위로 선발된 소수 시민이 다양한 이슈를 토론하는 숙의 기구를 제도화하자고 했다. 헬드(Held, 1993)는 인구통계학적 대표성을 획득한 시민들, 즉 성과 인종을 포함해 주요 사회 범주의 통계적 대표자들로 상원을 구성하자고 제안했다. 법학자 웅거는 작은 공중으로 구성되는 제4부를 주장했고(Unger, 1996), 래이브(Leib, 2004)도 배심원 제도와 비슷하게 '무작위로 선발된 시민의회'에서 공공정책을 판결하는, 입법·사법·행정부와는 구분되는 제4부 구성을 주장했다. 이들의 관점에는 선발된 소수 시민의 숙의가 현대의 대의제적 의사결정보다 우월하다는 신뢰가 공통으로 담겨있다(오현철, 2007a: 93).

둘째, 작은 공중을 '미시'와 '거시'의 연결 수단으로 보는 관점은 작은 공중이 정치체계의 자문에 응하거나 자발적으로 공적 여론을 형성하는 자문기구의 성격임을 강조하는 것인데, 이 유형은 이 책의 제5장에서 보게 될 바와 같이 전 세계에 걸쳐 이미 많은 사례가 축적되었다. 여기에서 '미시'는 미시적 숙의 기제(micro-deliberative mechanism) 즉, 민주적 대표성을 보유하는 작은 공중을 지칭하고, '거시'는 거시적 대의제도(macro-representative institutions) 즉, 제도화된 정치체제와 사회적 권위를 획득한 집단적인 의사결정을 의미한다(Goodin, 2008: 12).[13] 그 가운데에 가장 많이, 또 가장 자주 사용되는 여섯 가지 기법을 소개하면 다음과 같다.

## '작은 공중' 기법

• 시민배심원(Citizen Jury)

시민배심원은 1971년 미국 제퍼슨 센터[14]의 네드 크로스비(Ned Crosby)가 처

---

13 공론화라는 숙의 기제가 대의민주주의 체제 안에 안착할 수 있는 논리적 근거가 이것이고, 숙의 민주주의와 대의민주주의가 서로 상충하지 않는다는 관찰의 근거가 여기에 있다.

14 제퍼슨 센터(Jefferson Center for New Democratic Processes)는 BLM(Black Lives Matter) 운동의 영향으로 2021년, 앞의 수식어 제퍼슨을 삭제하고 『새로운 민주주의 프로세스 센터』(Center for New Democratic Processes, CNDP)로 개칭했다. BLM 운동은 2012년에 처음 등장했으나 2020년 조지 플로이드 사망 사건으로 본격화된 운동으로, 아프리카계 미국인에 대한 경찰의 차별에 대항하는 비폭력 시민불복종 운동이다. 그리고 이와 함께 제퍼슨은 노예제 폐지를 주장했지만 정작 노예농장을 소유했던 농장주였다는 사실 등으로 거센 비판을 받았다. 이 때문에 버지니아주 폴스처치 교육위원회도 2020년 12월 토머스 제퍼슨 초등학교의 명칭 변경을 만장일치로 의결했다.

음 고안했지만 이후 영국, 네덜란드, 아일랜드, 프랑스, 오스트레일리아 등에서 더 많이 시행되었다. 시민배심원단은 기간이나 지리적 요소 등 다양한 기준에 따라 약 13,900달러에서 41,700달러(한화 약 1,600만 원에서 4,700만 원 정도)의 비용이 발생할 수 있다. 대개 12−25명으로 구성되는 배심원들은 2−5일 동안 모여 특정 사안에 대해 논의하고, 권고 또는 판결을 채택한다. 시민배심원단은 증인으로 전문가들을 선택할 수 있고 그들과 의견을 주고받으며 자신의 판단 기준을 만들어 나간다 (Escobar & Elstub, 2017).

• 합의회의(Consensus Conference)

합의회의는 덴마크에서 유래했다. 1980년대 후반, 덴마크 기술위원회가 국회 의원들에게 과학기술 문제에 대해 조언하기 위해 고안한 숙의 방법으로 대다수 회의가 덴마크에서 열렸다. 더불어 호주, 아르헨티나, 뉴질랜드, 한국, 이스라엘, 일본, 캐나다, 영국, 미국 등 여러 나라에서도 활용되었다. 층화표본추출법에 의해 선정된 10명 내지 25명의 시민이 참여하게 되는데, 대략 41,700달러에서 138,900달러(약 4,700만 원에서 1억 6천만 원)의 비용이 발생한다. 덴마크식 합의회의는 두 단계로 나뉜다. 선정된 시민들은 먼저(첫 번째 단계) 몇 주에 걸쳐 주말마다 모여 토론 주제와 토론 절차, 그리고 다른 참여자들에 익숙해지는 시간을 갖는다. 또한, 두번째 단계에서는 해당 문제 전문가와 이익 집단들 중 시민들에게 의견을 제시하고 조언해줄 사람들을 선정한다. 두 번째 단계는 약 4일간 지속되며, 그 기간 동안 참여자들은 전문가와 이익 집단의 발표를 듣고 질문한다. 그 후 집단적 결정을 정리한 종합 보고서를 작성한다.[15]

• 플래닝 셀(Planning Cell)

플래닝 셀은 1970년대 독일 우페르탈 대학교 시민참여연구소의 피터 디넬 (Peter Dienel)이 만들었는데, 독일뿐 아니라 오스트리아, 스위스, 스페인, 미국에서도 널리 활용되며 주로 도시계획 분야에 적용되었다. 비용은 대개 125,000달러에

---

15 덴마크식 합의회의와 미국의 시민배심원제도는 모두 자문위원회를 활용한다는 공통점이 있다. 자문위원회는 참가 시민을 선발하고, 시민이 선택한 전문가 풀을 관리한다. 또한 참고 자료를 만들고 운영자들을 선정하는 일을 담당한다. 자문위원회는 주로 학계, 활동가, 해당 사안에 대해 다양한 관점을 가진 전문가와 이익 단체 대표들로 구성되는 경우가 많다. 이 경우, 자문위원회는 합의회의의 기획을 책임지고 모니터링 과정에 참여함으로써 공정성과 숙의의 이상적 조건을 보증한다.

서 166,700달러(약 1억 4천만 원에서 1억 9천만 원) 정도가 소요된다. 약 4일 동안 25 여 명의 시민이 동일한 사안에 대해 숙의를 진행하는데 이 그룹을 한 셀(세포)이라 고 한다. 평소에는 6개 내지 10개, 때로는 많으면 20개의 셀을 구성하여 보통 100~500명의 시민이 참여하게 된다. 플래닝 셀 대표자는 모든 셀의 의견을 보고 서 형태로 정리한 후 다양한 셀에서 선발된 시민들이 해당 보고서를 검토하고 승 인한다. 이후에 보고서는 관련 정책결정자와 이해관계자들에게 배포된다.

- 공론조사(Deliberative Polling)

스탠포드 대학 공론조사센터(Center for Deliberative Polling)는 피쉬킨(James Fishkin)의 주도 아래 1988년, 공론조사 방법을 창안했다. 공론조사는 인구통계학적 대표성을 가진 130−500개의 표본(참가자)으로 구성되는데, 일반 시민이 특정 정책 사안을 배우며 다양한 관점을 고려할 수 있을 때 그 문제에 대해 어떻게 생각하는 지를 추적하기 위해 고안되었다. 세계 최초의 공론조사는 1994년 영국에서 시행됐 고, 이후 캐나다, 미국, 덴마크, 헝가리, 불가리아, 그리스, 브라질, 호주, 중국, 한 국 등을 포함한 많은 나라가 채택했다. 공론조사를 위해서는 약 280,000달러(한화 약 3억 1,600만 원)의 비용이 발생한다. 공론조사는 유권자의 확률 표본을 추출해 사 안에 대한 의견을 조사한 뒤(1차 조사) 해당 주제에 대한 정보를 제공한 다음, 참여 시민들을 한데 모아 소규모 그룹 회의와 전체 회의에서 전문가들과 함께 토론하게 한 뒤 다시 의견을 조사하는 것이다(2차 조사). 텔레비전 방영으로 모든 절차를 투 명하게 공개하는 것이 이상적이지만 그렇지 못할 경우 여러 매체를 활용해 언론에 공개함으로써 투명성을 유지한다. 시민배심원이나 합의회의처럼 숙의를 통해 집단 적인 결정(합의)을 직접 내릴 필요가 없어 참가자들의 선호도가 높은 편이다.

- 시민의회(Citizens' Assembly)

시민의회는 2004년 이후에 나타난 비교적 새로운 제도이며, 현재까지 고안한 작은 공중 방법들 중에서 가장 급진적이고 민주적인 방법이다. 캐나다의 브리티시 컬럼비아와 온타리오, 네덜란드, 아일랜드 등 소수 사례만 있어 해당 유형을 평가 하기가 쉽지 않지만, 2019−2020년이래 벨기에와 독일 등 유럽을 중심으로 확산 되는 추세다. 캐나다의 두 지역은 선거제도 개혁을 위한 국민투표에 앞서 시민의회가 국민투표 개혁안을 만들고, 의회가 이를 수정하는 사례를 창출했다. 네덜란드는 시민의회가 특정 의제에 대해 권고안을 작성하고 이를 정부에 전달하는 형식이다. 아일랜드 시민의회는 시민뿐 아니라 현직 의회 의원들도 포함해 가장 혁신적이라는 평가를 받았다.

시민의회는 수개월 또는 일 년까지 지속될 수 있으며, 현재까지 시행된 시민의회에는 일반적으로 100−160명의 시민들이 참여했다. 선거인 명부에서 무작위로 선정된 시민들이 시민의회에 참여하는데, 필요한 경우 참여를 희망하는 사람들 중에서 추가로 무작위 추출을 더 하게 된다. 이는 시민의회에 참여하는 시민들이 무작위 표본이 아니라는 것을 의미한다. 그럼에도 불구하고, 시민의회가 다른 방법보다 연령, 성별, 지리적 측면에서 더 대표성이 높다고 볼 수 있다. 시민의회는 3단계로 진행된다. 첫 번째로 두 세 번의 주말에 걸쳐 이루어지는 시민 참여자들의 학습 단계가 있다. 두 번째로는 무작위 선정된 시민의회 참여자들이 지역구에서 공청회를 운영해 관련 정보와 의견을 수렴하는 협의 단계가 있다. 마지막 세 번째로 시민들이 사안에 대해 토의하고 최종 안에 대해 동의를 구하는 숙의 단계가 있다. 숙의 후, 사안에 대한 최종 결정을 위해 투표가 실시된다.

• 시나리오 워크숍(Scenario Workshop)

시나리오 워크숍은 주어진 문제에 대한 해법을 도출하기 위해 정책 결정자, 기업 대표, 전문가, 시민 등 서로 다른 네 집단의 대화체이자 지역 회의다. 참가자들은 워크숍이 열리기 전에 사안에 대한 해결책이나 미래에 발생할 개연성이 높은 시나리오를 작성하고 관련 문제를 평가하며 그에 대한 관리방안을 제시하는 등, 공동의 비전을 실현할 수 있는 방법을 찾는 것이 목적이다. 워크숍에서는 시나리오가 워크숍의 진행과정과 해법 제시에 중요한 역할을 하지만 시나리오 중에서 어느 하나를 선택하거나 우선순위를 정하는 것이 중요한 게 아니라 그들 자신의 비전을 실현할 수 있는 다양한 방법에 대해 의견을 나누는 게 중요하다. 시나리오 워크숍은 하루나 이틀 가량 진행되며, 세 단계로 구성된다. 비전 실현에 걸림돌이 되는 문제 파악, 미래 시나리오 구성과 토론, 해결 방안 제시가 그것이다. 이 과정은 진행자(facilitator)가 안내하며 역할그룹 세션, 테마그룹 세션 그리고 전체 세션으로 나누어 진행한다.

## 〈표 4-6〉 작은 공중의 기법별 특징

| | 시민배심원 | 플래닝 셀 | 합의회의 | 공론조사 | 시민의회 | 시나리오 워크숍 |
|---|---|---|---|---|---|---|
| 창시자 (첫 사례) | 네드 크로스비 (Ned Crosby, 미국, 1971) | 피터 디넬 (Peter Dienel, 독일, 1970s) | 덴마크 기술 위원회(Danish Board of Technology, 1987) | 제임스 피쉬킨 (James Fishkin, 미국, 1994) | 고든 깁슨 (Gordon Gibson, 캐나다, 2002) | 덴마크 기술 위원회 (1991-1993) |
| 참여 규모 | 12-26명 | 100-500명 | 10-25명 | 100-500명 | 100-160명 | |
| 소요 시간 | 2-5일 | 4-5일 | 7-8일 | 2-3일 | 20-30일 | 1-2일 |
| 예산 | US$ 13,900 - 41,700 (한화 약 1,600만-4,700만 원) | US$ 125,000 - 166,700달러 (한화 약 1억 4천만-1억 9천만 원) | US$ 41,700 - 138,900달러 (한화 약 4,700만-1억 6천만 원) | US$ 280,000달러 (한화 약 3억 1,600만 원) | - | - |
| 방법 | 무작위추출 | 무작위추출 | 무작위추출, 지원 | 무작위추출 | 무작위추출, 지원 | 이해관계자 집단별 대표자 선발 |
| 내용 | 정보수집, 숙의 | 정보수집, 숙의 | 정보수집, 숙의 | 정보수집, 숙의 | 정보수집, 협의, 숙의 | 시나리오 작성, 숙의 |
| 결과 | 집합적 입장 보고서 | 설문조사 내용, 집합적 입장 보고서 | 집합적 입장 보고서 | 설문조사 내용 | 세부적인 정책안 | 세부적인 정책안 |
| 제안 대상 | 후원기관, 대중매체 | 후원기관, 대중매체 | 의회, 대중매체 | 후원기관, 대중매체 | 의회, 정부, 국민투표 | 지역사회 |

출처: Fournier(2011: 11) Andersen & Jæger(1997: 331-340), Escobar & Elstub 2017: 4)의 종합

## 숙의민주주의와 대의민주주의의 친화력

　숙의민주주의와 참여민주주의는 다함께 시민 참여를 강조하지만, 참여민주주의는 대의민주주의를 대체하려고 하는 반면, 숙의민주주의는 대의민주주의를 보완하는 성격이 더 크다. 참여민주주의가 시민사회의 자발성과 자치를 극대화하는 것이라면, 숙의민주주의는 국가중심적 속성을 가짐으로써 다양한 시민사회의 자치주의에 비해서 다소 온건한 편이기 때문이다. 시민운동, 환경운동, 마을운동(지역 사회경제 운동), 소수자 운동 등이 국가 제도의 외부에서 정치적 압력을 통해 공공정책 결정 과정에 영향을 미치려고 하는 것에 비해, 숙의민주주의는 국가의 권한과 재원을 대중적 참여와 숙의를 통해 정당화하고 합리적으로 배분하고자 한다. 시민 자치가 종종 '권력에 대한 저항'을 함축하고 있는 것에 비해, 숙의민주주의는 국가 기구와 제도를 이용해 지속해서 유권자를 정치적으로 동원하고, 그 기구와 제도에 들어와서 유권자 스스로가 심사숙고하기를 희망한다는 점에서 참여민주주의와 구별된다. 다시 말해서 숙의민주주의는 시민 참여의 확대를 위해서 국가 메커니즘을 활용하고 국가 메커니즘이 시민 참여의 확대를 창출하도록 전환하는 것을 의미한다(Fung & Wright, 2001: 23~24). 그런데 숙의민주주의는 국가 권한 행사와 관련해 단순히 권력 행사 방향만을 변화시키려고 시도하는 것이 아니라 국가 정책 결정 과정에 대한 변화를 추구한다는 점에서 참여민주주의보다 더 근본적인 변화를 추구한다고 평가할 수도 있다.

### 숙의적 정책형성의 고도화

　'미니 포풀루스'에서 '작은 공중'으로 이어지는 숙의 기법은 대의민주주의의 민주성 결핍을 견제하고 보완하는 공론화 방법으로 시민사회 영역에서는 물론 정부 부문에서도 널리 제도화되고 있다. 그 결과, 지난 40여 년 동안 OECD 회원국과 EU 회원국들이 실시한 공론화 현황을 한국과 비교해 보면 훨씬 많은 공론화가 더 자주 그리고 더 큰 규모로 이루어지고 있음을 알 수 있다(cf. [그림 4-16]).

　주제도 도로·항만·철도 등 사회간접자본(Social Overhead Capital)의 설치·운영에 관한 문제부터 보건·의료·예산 등 국가 주요 정책은 물론 도시계획, 기본소득, 환경보호, 과학기술 평가, 헌법 개정 등의 영역으로 무한정 확장하며 의미 있는 공론장의 한 형태로 자리매김했다(cf. [그림 4-17]).

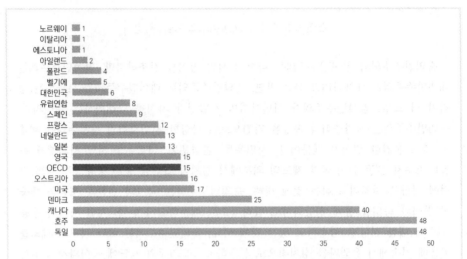

참고: N=282; 2019년 현재 OECD 회원국 18개국의 사례와 유럽연합 사례 종합. 조사 사례는 OECD가 수집한 사례에 불과할 뿐, 한 국가의 모든 사례를 망라하는 것은 아니어서 공론화 건수를 순위로 해석하는 건 무리임에 유의할 것.

출처: OECD Database of Representative Deliberative Processes and Institutions (2020).

[그림 4-16] 국가별 공론화(작은 공중) 실시 현황(1986-2019)

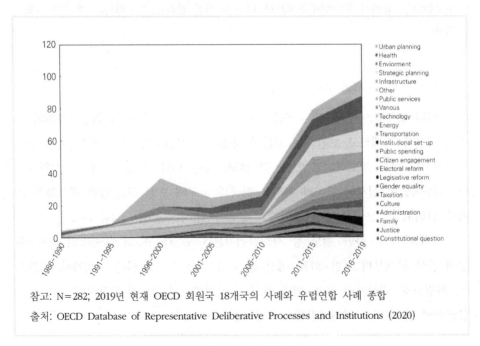

참고: N=282; 2019년 현재 OECD 회원국 18개국의 사례와 유럽연합 사례 종합

출처: OECD Database of Representative Deliberative Processes and Institutions (2020)

[그림 4-17] 공론화 주제 변동현황(1986-2019)

이때 사용된 공론화 기법들을 살펴보면 실로 다종다양하다. 피쉬킨(2009: 85)은 이 다양한 기법들을 의사결정 규칙(decision rule)과 선호형성 방법(mode of preference formation)이라는 두 가지 변수를 교차시켜 네 가지 유형으로 정리했다. 여기서 의사결정 규칙은 다수결 원칙을 기반으로 구성원들의 정치적 평등을 중요하게 고려하는 집합적 의사결정 방안과 오랜 시간 동안 토론과 자문을 통해 합의를 형성해 나가는 합의적 의사결정 방안, 두 가지로 분류한다. 선호형성 방법은 학습과 토론 과정을 진행하는 숙의 방안과 의사결정 참여자가 기존에 가진 의견을 제시하는 것에 그치는 방안, 두 가지로 나눈다.

그리고 그 두 가지 방안을 교차시킬 때 다음과 같이 네 가지 값을 구할 수 있다. ① 구성원들 사이에 일정 기간의 학습과 토의를 바탕으로 한 숙의가 이루어지기는 하지만 의사결정은 다수결과 같은 집합적 방법을 활용하는 집합적 숙의, ② 숙의와 함께 합의적 방법을 활용해 의사결정을 내리는 합의적 숙의, ③ 숙의 과정 없이 자신들의 선호를 있는 그대로 제시하고 이를 집합해 의사결정에 반영하는 집합적 직접 선호, ④ 구성원들이 숙의 과정을 거치지 않고 합의를 하는 합의적 직접 선호가 그것이다. 처음 두 가지 방법은 각각 공론조사(deliberative polling)와 합의회의(consensus conference)를 지칭하는데, 이 두 가지가 나중의 두 가지보다 민주적 가치에 더 부응한다는 것이 그의 주장이다. 집합적 직접 선호는 대중의 의견을 '날 것'(raw) 그대로 합산하는 대의제의 국민투표 방식에 불과하고, 합의적 집단 선호는 무늬만 '합의'일 뿐 실제로는 전체주의 사회의 '세뇌'나 다름없기 때문이다.

〈표 4-7〉 의사결정 규칙과 선호형성 방법에 따른 의사결정 유형

| | | 의사결정 규칙 | |
|---|---|---|---|
| | | 집합적 | 합의적 |
| 선호<br>형성<br>방법 | 숙의적<br>(deliberative) | ① 집합적 숙의<br>(예: 공론조사) | ② 합의적 숙의<br>(예: 합의회의) |
| | 집합적<br>(raw) | ③ 집합적 직접 선호<br>(예: 국민투표, 예비선거) | ④ 합의적 직접 선호<br>(예: 집단적 세뇌를 통한 합의) |

출처: Fishkin(2009: 87), 김정인(2018a: 347)

린델(Lindell, 2011)은 최종 의사결정 방법과 함께 구체적인 참여자의 수를 변

수로 활용함으로써 작은 공중의 분류 체계를 수정하는데, 이 체계를 통해 우리가 실제 공론화를 기획하고 실행할 수 있는, 적용성이 매우 높은 모형들을 유형화하는데 도움을 받을 수 있다. 그는 먼저 참여자의 수를 다수(100명 초과)와 소수(30명 미만)로 나누며 참여의 크기에 주목했다. 또한 의사결정을 위한 최종 의사결정 방법에 주목해 그것을 둘로 나누는데, 하나는 '합의'를 통해 최종 대안을 형성하고 발표하는 공동성명 방식이고 다른 하나는 참여자의 개인적 판단을 조사하는 '선호 집합적 방식' 즉, 개인투표 결과의 합산이다.

〈표 4-8〉 작은 공중(Mini-Publics)의 분류

| | | 최종 의사결정 방법 | |
|---|---|---|---|
| | | 공동성명<br>(Common statement) | 개인투표<br>(Individual voting) |
| 참여자수 | 다수 (100명 초과) | ① 시민의회 | ② 공론조사, 플래닝 셀 |
| | 소수 (30명 미만) | ③ 합의회의, 시민배심원 | ④ 없음 |

출처: Lindell(2011), 김정인(2018b: 140)

이 연구에 따르면 ① 다수의 참여자가 합의에 도달해 의사결정을 하는 방안으로 시민의회가 있는데, 이는 20－30일의 집중 회의 기간을 포함해 1년여에 이르는 장기간 진행되며, 구체적인 정책 제안을 정부에 제공할 수 있는 장점이 있다. ② 다수 참여자의 개별 의사를 투표로 모아 최종 의사결정을 하는 방안으로 공론조사와 플래닝 셀이 있다. 공론조사는 특정 정책 이슈에 대한 정확하고 충분한 정보가 주어졌을 때 참여자들이 그 이슈에 대해 어떻게 평가하고 인식하는지를 알 수 있는 장점이 있고, 플래닝 셀은 집중적인 숙의 과정 이후 참여자 개개인의 견해를 취합한 집합적 입장 보고서(collective position report)를 작성하며 정부 기관에 미치는 영향력의 크기를 크게 할 수 있다는 특징이 있다. ③ 소수 참여자가 합의를 바탕으로 의사결정을 하는 방안으로 합의회의와 시민배심원제가 있다. 합의회의는 준비모임과 전문가의 도움을 받는 학습과정을 거치며 공통의견을 도출한 후 이를 바탕으로 패널 보고서(panel's report) 또는 합의 보고서(consensus report)를 작성하는 것으로 끝나고, 시민배심원은 참여자들이 전문가에게 충분한 정보를 제공받아 이를 학습하고 숙지한 후 합의를 바탕으로 정책권고안을 작성한 후 관계 기관에 제출하는

것으로 종료된다. 끝으로 ④ 소수 참여자의 개별 의사를 투표로 확인하고 최종 의사결정을 하는 방안이 있으나 작은 공중에서는 이런 경우를 가정하지 않는다. 소수가 참여하면 합의를 이루는 게 바람직하고, 다수가 참여하면 실질적으로 합의형성이 어려워지기 때문에 개인투표도 가능하다는 것이 작은 공중의 기본 논리이기 때문이다.

# 제5장
## 공론화의 3차원과 실행모형

"" 이론적 모형이 자동차처럼 단 몇 년 만에
폐기된다 해도 한 곳에서 다른 곳으로 데려다주는
목적만큼은 달성한다.

데이비드 L. 윈게이트

Even if a scientific model, like a car, has
only a few years to run before it is discarded
it serves its purpose for getting from one place to
another.

David L. Wingate

# 05 공론화의 3차원과 실행모형

이 책의 4장은 참여민주주의와 숙의민주주의가 다양한 유형의 공론화 기법을 산출하는데 기여했음을 살펴보았다. 이어지는 5장에서는 서로 다른 지적 기반과 목표를 가지고 발전한 두 유형의 민주주의론이 서로 수렴하며 현대적 기법의 공론화를 만드는데 기여하는 과정을 살펴보고자 한다. 이어서 이렇게 수렴된 공론화 기법들을 바탕으로 한국 사회의 정치·행정 맥락에서 활용할 수 있는 구체적인 실행전략을 모색하며 이를 3대 실행모형으로 정립해보고자 한다. 곧, 이 책의 제1장에서 살펴본 공론화의 한국어 용례를 차용해 공론화 실행모형을 의제형성, 정론형성, 합의형성 3개 모형으로 정립하고 그 구체적인 적용 맥락과 실행 기법을 논구해보는 것이다.

이 세 가지 적용 맥락에 대한 논의와 실천은 우리 사회에서 이미 적지 않게 이루어져 왔음에도 불구하고 이 세 가지를 모형화해 다시 검토하는 이유는 간단하다. 이 책은 참여적 의사결정과 숙의적 정책형성의 일환으로 도입된 공론화가 우리 사회에 안착하는 데 조금이나마 도움이 되기를 바라는 마음에서 기획되었거니와, 그 목표를 달성하기 위해서는 우리 사회의 암묵지(暗默知, tacit knowledge)를 형식지(形式知, explicit knowledge)로 표출하고, 이렇게 표출된 형식지를 다시 체계화하고 내면화하는 순환 과정이 불가결하기 때문이다. 공론화에 대한 단편적 지식이 하나의 지식 체계로 구축되는 것도 이 순환 과정을 통해서고, 공론화라는 사회적 현상에 대한 이해와 실천, 비판과 개선이 가능해지는 것도 이렇게 완성된 지식체계를 바탕으로 할 때일 것이다.

## 1. 참여와 숙의의 상충성

지금까지 살펴본 참여적 의사결정과 숙의적 정책형성 방식은 단지 이론적 모형이 아니라 우리 삶의 현장에서 구체적인 문제해결 방식으로 자리 잡아 나가며 실천적인 실행 기법에 대한 고민으로 이어졌다. 그리고 그 과정에서 같은 목표를 지향하는 참여와 숙의가 반드시 조화로운 것만이 아니고, 오히려 서로 충돌하는 길항관계(拮抗關係)에 있음이 드러난다. 대표적으로 같은 해에 출간된 애커만과 피쉬킨(Ackermann & Fishkin, 2004), 코헨과 펑(Cohen & Fung, 2004)의 연구는 참여와 숙의가 서로 다른 이론적 기반 위에 서 있을 뿐만 아니라 심지어 서로 반대의 목적지를 향해가고 있음을 알게 해준다.

그러나 이 두 가지 서로 다른 지적 전통과 기술적 장치들은 그 상충성에도 불구하고 점차 수렴되며 효과적인 공론화 방식의 개발로 열매 맺어 이 책의 2장과 3장에서 살펴본, 하버마스의 숙의정치 이중경로 모형과 유교적 공론장 개념에 담긴 민주적 가치를 구현하는 방법을 열어주었다. 참여적 숙의(participatory deliberation) 또는 숙의적 참여(deliberative participation)가 그것이다. 한국적 맥락에 조응하는 공론화의 실행모형 역시 이같은 이론적 수렴 속에서 구축할 수 있거니와, 이를 하나씩 살펴보면 다음과 같다.

먼저 애커만과 피쉬킨(Ackermann & Fishkin, 2004: 289-301), 코헨과 펑(Cohen & Fung, 2004: 23-34)의 연구는 참여와 숙의의 상충성을 딜레마 상황으로 보는데, 이를 요약하면 다음 네 가지로 정리할 수 있다. 첫째, 숙의의 질을 높이려다 보면 참여를 희생시킬 수 있다. 예를 들어 국회의원들이 국회 본연의 기능인 숙의를 통해 의사결정을 내리는 상황을 가정해보자. 의원들이 유권자의 의견을 대표함으로써 유권자들의 이익을 증진하거나 자기의 재선 가능성을 높이려고 하는 대신 합리적인 토론과 논쟁을 통해 의사결정을 내리고자 하는 경우가 자주 있는 일은 아니지만, 전혀 불가능한 것도 아니다. 그런데 이를 위한 첫 번째 조건은 부족한 정보를 바탕으로 단정하기 일쑤고 '비합리적' 정서에 영향받을 가능성이 큰 유권자의 의견을 경계하는 것이다. 아이러니하지만 숙의와 참여의 숙명적인 길항관계를 가장 잘 볼 수 있는 곳이 대의기구 안에서 활동하는 대표자들의 상황이다.

둘째, 위와 반대로 참여를 확대하면 숙의의 질을 떨어트릴 수 있다. 여기에서 참여를 확대한다는 것은 참여자의 수를 늘리거나 대중이 직접 통제하는 문제의 범위를 넓히는 것, 둘 가운데 하나를 의미한다. 예를 들어 주민투표, 주민소환, 주민발안과 같은 직접민주주의 기제를 통해 유권자들이 입법과정은 물론 정책 결정 과정에 보다 직접적인 방식으로 참여하게 하거나, 아주 구체적인 정책 이슈의 정책 과정을 개방해 문제 진단부터 해법 마련과 집행 과정까지 전 과정에서 이해당사자들의 의견이 반영되도록 할 수 있다. 그런데 이런 입법과정이나 정책과정에서 다수의 참여가 지혜를 더하기는커녕 합리적인 논의를 방해하며 의사결정 과정을 왜곡했던 경험이 전혀 없지 않다. 깊은 숙의를 통해 정제되고 다듬어진 좋은 입법안이나 정책 대안을 대상으로 찬반 투표를 진행하다 보면 기껏 소수의 숙고를 통해 다듬은 결과물을 다시 다수의 피상적인 판단에 맡기며 숙의 효과를 상쇄하는 결과를 낳는 것이다.

셋째, 참여와 숙의의 상충성은 현대 사회의 규모(scale)로 인해 가중될 수 있다. 숙의의 질은 쟁점으로 떠오른 문제에 관한 '충분한' 관심과 지식을 갖춘 참여자가 얼마나 많으냐에 달려 있다. 그러나 어떤 문제든 '충분한' 지식과 관심을 가진 행위자의 수는 상대적으로 적을 수밖에 없어 참여가 제한될 수밖에 없고, 이는 숙의의 질을 떨어트릴 수 있다. 물론 관심과 지식은 고정되어 있지 않으며, 둘 다 숙의를 통해 얼마든지 향상시킬 수 있다. 그러나 그렇게 하기 위해서는 '충분한' 시간과 자원이 필요한데, 이의 제약으로 인해 완전히 숙의적이면서 포괄적인 참여를 기획하는 것이 늘 쉬운 건 아니다.

넷째, 더 근본적인 문제는 현대 사회의 복잡성(complexity)에서 기인한다. 어떤 문제에 대해 깊이 숙의할 수 있다고 해서 다른 문제도 똑같은 깊이로 숙의할 수 있는 게 아니다. 예를 들어 경제 문제에 깊은 관심을 가지고 충실한 숙의에 임하는 사람이라고 해서 교육, 환경, 복지 등 다른 문제에 대해서도 그만큼의 관심과 지식을 가지고 똑같이 충실한 숙의에 임할 수 있는 게 아니라는 것이다. 게다가 어떤 공동체든 시급하게 해결할 문제가 하나만 있는 게 아니다. 현대 사회는 시급하게 해결해야 할 문제가 동시다발적으로 주어지는 복잡성이 높아진 사회로서, 숙의와 참여를 다 함께 확보할 수 있는 경우는 전체 주제의 극히 일부에 한정된다.

피쉬킨(Fishkin, 2009)은 이러한 논의를 발전시켜 민주주의 개혁의 트릴레마(trilemma, 삼중모순)를 완성했다. 그는 (정치적) 평등, (대규모) 참여, 그리고 (의미 있는) 숙의가 민주적 가치로서 매우 중요하지만, 두 가지를 만족시키면 다른 하나는 만족시킬 수 없어 이 세 가지를 동시에 만족시킬 수 없다는 것을 적나라하게 보여준다(cf. <표 5-1>). 예를 들어, 현대 민주주의의 바탕을 이루는 대의민주주의는 다른 말로 대중 민주주의(mass democracy)라고도 하는데, 이의 장점은 1인 1표에 기초하는 보통선거와 대중적 참여를 결합하며 정치적 평등이라는 민주주의의 가치를 극대화하는 데 있다. 그러나 여기에서 숙의는 애초부터 불가능하다는 것을 누구나 짐작할 수 있다.

대중민주주의의 반대는 국가이슈포럼, 타운홀 미팅, 시민 배심원, 합의회의 등 작은 공중(mini publics) 형태로 운영되는 미시적 숙의(microscopic deliberation)다. 이들은 다양한 의사소통 방법을 통한 숙의와 표본추출을 통한 대표를 통해 정치적 평등을 확보하는데, 이렇게 작은 참여의 규모로는 전체 모집단을 적정하게 대표하기 어렵다는 한계가 있다.

<표 5-1> 평등·참여·숙의의 트릴레마

| | 평등 | 참여 | 숙의 |
|---|---|---|---|
| 1. 대중민주주의 (보통선거) | + | + | − |
| 2. 동원된 숙의 (선별적 초대) | − | + | + |
| 3. 미시적 숙의 (표본추출) | + | − | + |

출처: Fishkin(2009: 47)

전체 인구를 대상으로 표본추출을 통해 참여자를 선발하는 미시적 숙의와 달리 특정 집단만을 대상으로 하는 동원된 숙의(mobilized deliberation)도 마찬가지다. 이 방법은 참여와 숙의의 조건을 만족시킬 수 있지만, 평등의 가치는 실현해내기 어렵다. 예를 들어 미국의 국가이슈포럼이나 프랑스의 공공토론은 표본추출에 의존하지 않고 숙의 토론에 참여를 희망하는 사람이라면 누구나 적극적으로 초대한다. 이러한 방식은 주어진 주제에 대한 관심도와 선행 지식 정도가 높을수록 참여가 수월해짐으로써 참여와 숙의의 조건을 모두 충족시킬 수 있지만, 여기에서는 평등성이 희생되는 것을 막을 수 없다.

이게 다는 아니다. 여기에서 더욱 중요한 것은 이렇게 스스로 추천하고 참여하는, 자기선택적인 숙의(self-selected deliberation)가 어떤 경우에는 비슷한 관점과 생각을 가진 참여자들끼리의 토론과 숙의로 귀결할 수 있다는 점이다. 선스타인(Sunstein, 2002)은 이런 숙의를 가리켜 '고립지 숙의'(enclave deliberation)라고 불렀는데, 고립지 숙의는 상대방의 의견을 경청하며 자신의 의견과 교차함으로써 자기의 생각과 의견을 성찰하는 '열린 숙의'(open deliberation)가 아니라 이미 형성된 자기 의견을 재확인하고 강화하는 '거품 숙의'(bubble deliberation) 즉, '무늬만 숙의'에 불과할 수 있다. 이런 숙의는 공적 이성의 상호이해와 합의를 통해 합리적 의사결정을 지향하는 숙의의 참된 의미를 훼손하며 숙의에 대한 피로감만 가져오는 데 그치지 않고, 오히려 확증편향(confirmation bias)의 계기로 작용할 수 있어 더 심각한 후유증을 남길 수 있다는 게 문제다.

## 2. 참여와 숙의의 상보성

참여와 숙의가 반대 방향으로 달리는 상충(trade-off) 관계에 있다는 것은 공적 의사결정을 더욱 어렵게 하는 요인인 것이 분명하다. 그렇다면 민주주의 혁신의 일환으로 고안된 참여와 숙의의 방법들을 모두 폐기해야 할까? 그렇지 않다. 숙의와 참여의 상충성은 제도의 조합에 따라 얼마든지 상보성으로 전환할 수 있다. 즉, 이 책의 제4장에서 살펴본 것처럼 참여의 규범적 논의를 실용적 논의로 전환했던 데이빗슨(Davidson, 1998)과 리드 외(Reed et al., 2017)의 연구처럼 참여와 숙의 사이에 규범적 가치를 두기보다 이 둘을 결합하는 실용적 관점을 취한다면 참여와 숙의는 대립적인 것이 아니라 얼마든지 상호보완적인 관계로 전환될 수 있다는 것이다.

더욱이 참여는 일반 시민이 행동을 취할 수 있도록 권한을 부여하는 데 초점을 맞추지만, 숙의는 시민과 시민, 이해관계자와 다른 이해관계자 사이의 토론에 초점을 맞춰 서로 다른 지향성을 가짐에 따라 양자의 상보적 결합은 훨씬 쉬워진다. 또 참여는 국정관리의 동반자로서 일반 시민의 참여 행위 자체에 초점을 맞추지만, 숙의는 정책 결정에 선행하는 의사결정 과정에 초점을 맞춘다는 사실에 주목하면 참여와 숙의는 오히려 서로 떼려야 뗄 수 없는 관계라고 할 수 있다.

예를 들어 박재창(2010: 132−135)은 숙의민주주의의 등장 배경을 현대사회의 정보화 특성과 결합해 설명하는데, 이를 통해 숙의와 참여를 대립적으로 보지 않고 상보적으로 보는 그의 관점을 여과 없이 드러낸다. 그에 따르면 원래 대의민주주의는 일반 시민의 정책 선호나 의지가 상당 기간 지속하는 고정성을 가지기 때문에, 당연히 이들 간의 조정과 타협을 진행할 수 있는 공간이 마련되어 있다는 전제를 가지고 구성되었다. 그러나 속도가 생명인 정보사회의 출현이 인간 사회의 관계를 즉흥적인 체제로 재편하면서 대의 구조의 핵심이라고 할 수 있는 조정과 타협의 시·공간이 증발해버렸다. 정보사회에서 정보유통이 지니는 속도성과 광역성은 한 지역에서 발행한 정책과제를 거의 동시에 전국적 이슈로 전환함으로써 전국의 시민이 각자의 정책적 선호나 의지를 거의 동시에 표출하도록 하는 결과를 낳는다. 정보통신기술은 주권자들의 참여방식을 다양화하고 참여 횟수를 무제한으로 늘리며, 시·공간적 제약으로부터도 자유를 가져다주었다. 그뿐 아니라 정보자원의 유동성이 커지면서 대표자들과 선거구 주민들과의 관계를 근본적으로 변화시키고 있다. 그리고 이와 함께 풍부한 정보가 때로는 균등하게, 균질적으로 주어지며 주민들의 정책 선호도 역시 급속하게 빠른 속도로 변할 수 있는 여지를 확대한다.

〈표 5-2〉 주민의사 전달 방식 비교

| 주민의사전달 방식 | 대표성 | 현장성 | 속도성 | 쌍방향성 |
|---|---|---|---|---|
| 대의민주주의 제도(의회) | ○ | × | × | × |
| 정부−NGO 거버넌스 | △ | ○ | △ | ○ |
| 전통적 참여기제 (여론조사, 공청회, 간담회 등) | △ | ○ | △ | × |
| 숙의적 참여 기제(공론조사, 시민배심원, 합의회의 등 작은 공중) | ○ | ○ | ○ | ○ |

출처: 장수찬(2011: 46)의 수정    ○: '우수' △: '보통' ×: '미흡'

그러나 의회제도는 정책 선호를 조정하는 과정이 오래 걸리기 때문에 주민들의 선호 변화를 제때 반영하는 데 어려움이 많다. <표 5−2>가 보여주듯이 대의기관은 선거라는 엄격한 제도를 통해 선출되므로 높은 수준의 대표성을 갖지만, 주권자들의 의사와 선호를 정부에 전달하는 데는 한계가 많다. 정보화 시대에 주민들의 의사를 정부에 전달하는 과정에서 속도성에서뿐만 아니라 현장성(직접성)과 쌍방향성도 현저히 낮다. 주민들의 정책 선호도는 시시때때로 변하는데 앞서 언급한 대로 대의제도를 통한 조정과 타협은 시간이 너무 많이 걸리기 때문에 주민들의 요구에 대한 정부의 대응성이 낮아진다. 그리고 탈근대 사회의 주권자들은 정부로부터 일방적 설명회나 간담회, 여론조사와 같은 수동적인 방식의 참여를 원하는 것이 아니라 정부에 자신의 의사를 표현하고 이를 상호교차하기를 원하고 있다. 간단히 말해서 정보화 시대의 대의민주주의나 전통적 참여방식이 더는 원활하게 작동되지 못함에 따라 이를 보완할 필요성이 강하게 대두되었고, 그 대안으로 참여적 의사결정 기법을 활용하는 숙의민주주의 기제가 부상했다.

참여와 숙의의 상보성에 주목하는 보다 최근의 논의는 레닝거(Leighninger, 2017)의 작업에서 찾아볼 수 있다. 그는 참여민주주의, 공공참여, 시민참여와 같은 용어를 더 명확히 하기 위해 참여의 개념과 유형을 세 가지로 나누어 설명한다. '관습적 참여', '얇은 참여', '두꺼운 참여'가 그것이다.

'관습적 참여'(Conventional engagement)는 오늘날 대부분의 민주 정부가 채택하는 형태의 참여를 일컫는다. 그러나 관습적인 형태의 참여 구조에서는 시민과 공무원이 서로 분리되어 있고 본격적인 토론이나 분임토의 등 숙의 토론이 없는, 단지 전체 발언 형식으로 짧게(대략 2-4분) 자기 의견을 피력할 기회가 있는 형태다. 이런 참여는 우리가 익히 알고 있는 자문위원회, 공청회 등의 형태로 드러난다. 회의를 주재하는 공무원이 있고, 참여자들은 원탁에 앉거나 정방형 테이블에 앉아 돌아가며 자기 의견을 수분씩 한두 차례 이야기하고 마치는 형태다. 때로 방청객도 있지만, 이들은 교탁과 학생이 마주 보는 학교 교실에서처럼 단상과 방청석이 구분되어 있고 주로 단상에 초대받은 사람들이 발언권을 독점한 채 기회를 얻은 두세 명에게 발언권이 돌아가는 구조다. 이런 참여는 질서와 책임성, 투명성을 부여하기 위해 개발된 오래된 형태의 참여다. 다양한 형태의 '두꺼운' 참여와 '얇은' 참여가 시민들에게 권한을 부여하기 위해 고안되었다면, '관습적' 참여는 시민들에게 정부 권력을 견제할 기회를 제공하는 것이 목적이었다.

'얇은 참여'(Thin engagement)는 빠르고 쉽게 또 편리하게 조직할 수 있는 참여 형태다. 여기에는 사람들이 자신의 의견을 자유롭게 표현하거나, 다양한 선택지

가운데 하나를 선택하거나, 또는 특정 사람들로 하여금 커뮤니티를 형성할 수 있는 다양한 활동이 포함된다. 이런 형태의 참여는 시민들에게 문제에 대한 정보를 제공하고 그에 대한 각자의 의견을 요청하는 여론조사, 설문조사, 청원 등의 활동이 포함된다. 우리가 흔히 보는 정책박람회, 국민신문고, 청와대 국민청원도 이런 형태고 블로그나 커뮤니티와 같은 SNS 활동에서 '좋아요', '추천' 등으로 피드백을 제출할 수 있는 형태의 참여가 전형적인 예이다. 따라서 '얇은' 참여는 더 빠르고, 저렴하고, 효율적인 방식으로 더 많은 시민의 참여를 유인할 수 있는 손쉬운 참여 방식이다. 그래서 소수 전문가나 행정 관료들이 독점하다시피 하는 관습적인 참여보다 참여의 범위를 확대하면서도 자금, 자원, 인력 또는 시간 제약으로 인해 실행할 수 없거나 실행하기 어려운 경우가 많은 '두꺼운 참여'보다 참여의 질을 높여 '얇은 참여'는 어느 조직에서든 활용도가 높은 편이다.

'두꺼운 참여'(Thick engagement)는 풍부한 정보를 기반으로 깊은 토론(숙의)이 이루어지는 형태의 참여다. 대부분의 토론은 소그룹(분임)에서 이루어지며 참가자들에게 자신의 경험을 공유할 수 있을 만큼 충분한 기회와 시간을 제공한다. 다양한 견해 또는 선택지를 제시하되 '얇은 참여'가 항용 그렇듯이 단순 선택을 유도하는 것이 아니라 숙의 후 자신의 주장과 선호를 점검하며 변화가 생길 여지를 만들만큼 깊이 있는 토론을 권고한다. 때문에 '두꺼운' 참여 과정은 연령, 인종, 지역, 학력 등의 사회·문화적 차이로 평상시라면 함께 할 수 없는 사람들과 더불어 이야기를 나누게 함으로써 다른 사람들에게서 듣고 배울 기회를 제공한다는 점에서 공동체의 유지와 발전이라는 관점에서는 더 고무적이고 바람직하다고 할 수 있다. 그 토론 과정을 통해 공동의 목표를 달성하기 위해 타인과 협력하며 때로는 자신의 관점과 이익을 내려놓을 수 있는 공적 이성을 발휘하도록 하는 계기가 될 수 있기 때문이다. '두꺼운' 참여가 대중적 의사결정에서 가장 바람직하고 가장 민주적인 형태의 참여라는 데 이견이 없는 것은 이런 연유다.

부아 & 에스코바(Bua & Escobar, 2018: 126)는 이 같은 관점에서 시민참여와 숙의가 정책과정에서 이미 관습적인(conventional) 것이 되었다고 진단하며 이 둘을 결합해 참여적 숙의 과정(participatory-deliberative processes)으로 부른다. 참여적 숙의 과정은 시민들의 직접 참여와 담론(숙의)민주주의를 결합해 시민참여 예산제부터 작은 공중은 물론 온라인 크라우드소싱(crowdsourcing)[1]에 이르는 광범위한 프로세스를 포함하며 정책형성의 효과성과 품질을 높이는 데 매우 효과적이라는 것이 이들의 주장이다.

나아가 참여와 숙의의 원리를 대의제와 결합하면 대의민주주의의 한계를 보완하고 보정할 수 있다는 주장도 갈수록 힘을 얻고 있다. 예를 들어 『혁신적 시민참여와 새로운 민주주의 제도』(Innovative Citizen Participation and New Democratic Institutions)라는 제목의 OECD(2020) 보고서는 '대의적 숙의 프로세스'(representa-tive deliberative processes)가 전 세계적으로 자리 잡고 있음에 주목한다. 참여적 기제와 숙의적 기제는 더 이상 대의민주주의와 대립되는 것이 아니라 대의민주주의를 완성할 수 있는 기제라는 것이 핵심적인 주장이다.

이처럼 참여와 숙의에 대한 고민은 이론적 연원을 달리해도 점차 서로 동화되고 수렴되며 참여 없는 숙의도, 숙의 없는 참여도 불가능하다는 관찰과 진단이 보편적인 명제로 자리 잡고 있다. 여기에서 중요한 것은 이 다양한 기법들의 목적과 용도다. 즉, 시민참여와 숙의를 통해 얻고자 하는 것에 따라 참여와 숙의의 기법을 조합하며 탄력적인 운용이 가능하다는 것이다. 그리고 바로 이 지점에서 참여와 숙의 즉, 공론화의 기법은 다양한 형태와 다기한 조합으로 발전할 수 있으며 특정 사회에 주어진 맥락적 특성 즉, 역사적으로 구조화되고 사회적으로 조건 지어진 구체적인 맥락 속에서 그때그때 적절한 방법을 선택할 수 있게 된다.

## 3. 공론화의 3차원과 한국형 실행모형

그렇다면 우리가 사는 오늘날의 한국 사회에 적합한 공론화는 무엇일까? 이와 관련해 이 연구는 참여와 숙의의 제도적 조합을 이 책의 제1장 2절(pp. 50-74)에서 도출한 공론화의 3차원과 교차함으로써 한국의 정치·행정 맥락에 조응하는 공론화 실행모형을 정립해보고자 한다. 이런 선택의 동기와 그것이 갖는 장점을 요약

---

1 크라우드소싱(crowdsourcing)은 '대중'(crowd)과 '외부 자원 활용'(outsourcing)의 합성어로 2006년 6월, 제프 하우(Jeff Howe)가 미국 월간지 와이어드(Wired)에서 처음 사용했다. 이전에는 전문가들이나 내부자들만 접근할 수 있었던 기업활동 과정에 소비자와 대중이 참여할 수 있도록 일부를 개방하고 그들의 기여로 기업활동 능력이 향상되면 그 수익을 참여자와 공유하는 방법이다. 이 과정은 참여의 개방을 통한 지식의 공유와 아이디어의 창발을 통한 혁신을 지향한다. 시민 참여는 공공부문에서 민간의 크라우드소싱과 같은 방식으로 작동해 공공서비스의 품질을 높이는 데 기여할 수 있다는 것이다.

하면 모형의 맥락적 적실성과 효과성 두 가지다.

모형의 맥락적 적실성

첫째, 한국인의 언어 실천에 내포된 공론화의 3차원에 따라 실행모형을 구성하면 한국 사회의 맥락에 조응하는 실행모형을 구성할 수 있어 모형의 이론적 적실성(relevance)을 높일 수 있다. 복기하자면, 한국에서 유통되는 공론화의 3차원은 의제형성, 정론형성, 합의형성이라는 세 가지 목적에 조응해서 형성되었다. 이 세 가지 기능은 시민사회 영역과 공공영역이 조우하고 교차하는 상호작용 공간 즉, 공론장(public sphere)에서 펼쳐지는 의사결정 세 단계를 의미하기 때문에 각 단계에서 참여와 숙의의 제도적 조합을 달리하면 각 단계별로 적실성 있는 공론화 기법을 찾아낼 수 있다. 여기에서 이 책의 제1장에서 기술한 공론화의 3차원은 구체적인 공론화 유형과 방법을 찾도록 인도해주는 개념적 장치로 기능한다. [그림 5-1]은 한국 사회에서 통용되는 공론화의 의미에 조응해 참여의 범위(scope)와 숙의의 정도(depth)를 조작할 때 구할 수 있는 실행모형 세 가지다.

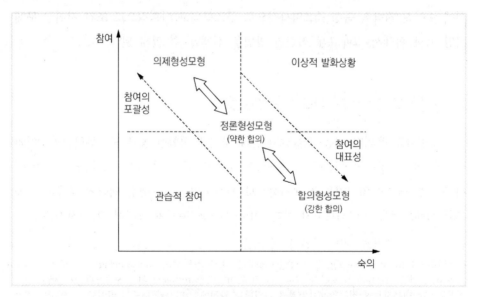

[그림 5-1] 한국적 맥락에서의 공론화 실행모형

주지하다시피 한국에서 유통되는 공론화의 첫 번째 용례는 정보 유출과 폭로,

문제 제기 등의 형태로 이루어지는 사회적 동원과 프레이밍 과정에서 관찰된다. 여기에서 공론화란 공공의제를 설정하는 행위자들의 의도와 상호작용을 지칭하는 의제형성(agenda-building) 과정이다. 따라서 이 단계에서는 문제의 원인과 해법에 대한 동의와 합의보다 무엇을 논의할 것인가, 국가가 시급하게 개입해야 할 문제는 무엇인가 등, 국가가 해결해야 할 공공문제의 우선순위를 정하는 게 중요하다. 그렇다면 이 과정에서는 숙의보다 참여에, 참여의 대표성보다 포괄성에 방점을 두고 가능한 많은 이야기를 빠짐없이 듣는 것이 중요하므로 이를 의제형성 모형으로 정립할 수 있다.

공론화의 두 번째 용례는 이 연구가 정론형성(refined public opinion-building)이라고 부르는 일련의 과정, 곧 정부가 정책 결정을 위해 공공의 지혜를 모으며 여론을 조사·진단하는 한편, 다수 의견을 형성하는 정당화(legitimation) 과정을 통해 광범위한 '사회적 합의'를 형성하는 과정이다. 이 과정에서는 문제의 원인과 해법에 대한 특정 관점이나 주장이 다른 관점이나 주장과의 경쟁을 뚫고 사회적 정당성을 획득하는 것이 중요하기 때문에 애초에 소수 전문가나 이해당사자들의 동의만으로는 충분하지 않으며 다수 참여자, 특히 일반 시민들의 공감과 지지가 중요해진다. 따라서 정론형성은 의제형성 과정보다 또는, 의제형성 과정만큼 참여가 필요하지만 충실한 숙의 과정 또한 외면할 수 없는 조건이 된다.

그렇다고 해서 바로 이어서 살펴보게 될 합의형성 모형에 필요한 깊은 숙의 즉, 80% 이상이 동의하는 '강한' 합의에 이를 필요는 없다. 현실적으로 모든 문제의 원인과 해법을 숙의하는 과정에서 경쟁하는 둘 이상의 집단 사이에 완전한 동의 즉, 강한 합의가 언제나 가능한 것도 아니고 그에 필요한 충분한 시간과 자원을 늘 확보할 수 있는 것도 아니기 때문이다. 따라서 이 단계에서는 참여와 숙의를 바탕으로 도출된 다양한 선택지 가운데 하나 또는 하나 이상을 표결로 결정하는, 다수결에 기초하는 '약한' 합의도 가능하거니와, 여론조사의 사회적 컨센서스를 기준으로 하면 대략 60% 이상 80% 미만의 동의를 상정할 수 있다. 그리고 여기에서 정부는 이해관계자 가운데 하나로 참여하며 다른 이해관계자 집단들과 합의를 구축하기 위해 노력하는 것이 아니라, 제삼자의 위치에서 다양한 집단의 의견을 수렴한다는 것이 합의형성 모형과의 근본적인 차이다. 그래서 이 연구는 이를 정론형성 모형으로 정립하고자 한다.

〈표 5-3〉 약한 합의(사회적 합의)와 강한 합의(사회협약과 만장일치)의 산술적 기준

| 분류 | 원문 | 분류 기준 |
|---|---|---|
| 다수 | majority | 50% 초과~ 60% 미만 |
| 사회적 합의 (약한 합의) | social consensus | 60% 이상~ 80% 미만 |
| 사실상 만장일치 (강한 합의) | virtual unanimity | 80% 이상 |
| 만장일치 (강한 합의) | unanimity | 100% |

출처 : Kullberg & Zimmerman(1999: 337)의 수정

공론화의 세 번째 용례는 이해관계자들 사이의 명시적 동의를 바탕으로 특정 사회문제나 갈등을 해결하려는 합의형성(consensus-building) 과정을 지칭한다. 공론화는 다양한 행위자 집단 사이의 합의를 목표로 할 수 있으며, 이 때 합의형성을 위한 노력은 합의형성 과정에 참여하는 모든 이해관계자의 이익을 충족시켜 만장일치에 도달하는 것을 목표로 한다. 여기에서 합의란 앞서 살펴본 정론형성 모형이 추구하는 '계몽된' 또는 '정제된' 다수 의견(enlightened or refined majority)이나 '사회적' 합의가 아니라 '합의형성 과정에 참여하는 모든 이해관계자들의 동의(agreement)'를 뜻한다(Mckearnan & Fairman 1999: 327). 이렇게 정론형성 모형과 합의형성 모형의 궁극적 차이는 그것이 지향하는 바가 다수 의견인지 만장일치(합의)인지에 따라 구분될 수 있다. 그래서 이 연구는 엄격한 의미의 합의 즉 만장일치를 '강한 합의'(strong consensus)로, '계몽된' 또는 '정제된 다수' 의견이나 60% 이상 80% 미만 사이의 동의를 '약한 합의'(weak consensus) 즉, '사회적 합의'(social consensus)로 정의하며 양자를 개념적으로 구분해서 사용하고자 한다.

다만, 이 연구가 제안하는 '강한 합의'가 반드시 100% 동의만을 의미하는 건 아니고 합의(consensus) 이론에 따라 80% 이상의 동의도 '강한 합의'로 간주함을 강조하고자 한다. 100% 동의만을 합의라고 보게 되면 대부분의 합의형성 이론가들이 주장하는 바와 같이 그 부작용이 만만치 않기 때문이다. 특히 미국의 대표적인 분쟁 전문가 서스카인드(Susskind, 1999)는 우리가 사는 현실에서 만장일치보다 다수 의견에 따른 의사결정이 훨씬 더 자주 일어남에 주목하며, 만장일치에 의한 합의에 도달하지 못해도 구성원의 절대다수가 동의하는 '압도적 동의(overwhelming agreement)'가 있다면 그것도 합의로 봐야 한다고 주장한다. 즉, 합의형성(consensus-building)이란 '모든 이해관계자의 이익을 만족시키기 위해 선의의 노력을 바탕으로 만장일치의 동의를 찾아가는 과정(a process of seeking unanimous agreement)'을 의미할 뿐, 합의의 조건이 만장일치라는 것은 아니다(Susskind, 1999: 6). 왜 그럴까?

우리가 사는 현실에서는 합의를 위한 협상 테이블이 자주 마련되지만, 그 과정에서 합의를 거부하는 것이 자신의 이익에 더 부합한다고 믿고 합의를 거부하는 사람이나 집단이 늘 있게 마련이다. 만일 여기에서 압도적 동의를 합의라 하지 않고 만장일치만을 합의라고 하면, 종종 합의에 동의하지 않는 집단의 협박과 트집(즉, 논의 중인 문제와 무관한 터무니없는 요구)에 사로잡혀 결국 합의에 이를 수 있는 사안이 하나도 없을 수 있다. 그래서 그는 합의형성 과정에서 모든 이해관계자의 이익을 충족시키기 위해 노력해야 한다는 것은 애초의 반대 집단이 보기에도 거부할 수 없는 합리적인 주장과 근거를 바탕으로 반대자를 지지자로 변화시키기 위해 노력하는 적극적인 책임(affirmative responsibility)으로 이해해야지, 반드시 만장일치를 의미하는 것은 아니라고 말한다. 메커어넌 & 페어맨(Mckearnan & Fairman, 1999: 327-328) 역시 합의형성이란 어떤 결정에 도달하기 위해 추구해야 할 과정일 뿐, 결정의 필수 요건이 아님을 분명히 한다. 즉, 만장일치 없이도 합의는 형성될 수 있고 형성되는 것이 바람직하기조차 하다는 것이다.

이처럼 대부분의 분쟁 전문가들은 만장일치를 추구하는 것이 바람직하지만 만장일치가 아니라 압도적 동의(overwhelming agreement)가 '모든' 이해관계자의 이익을 최대한 충족시키는 것이 되는 때도 있다고 말한다. 그렇다면 압도적 동의의 요건은 무엇일까? 앞서 소개한 <표 5-3>의 합의(consensus) 기준에 따르자면 대략 80% 이상의 동의를 의미한다. '사실상 만장일치(virtual unanimity)'를 의미하는 80% 이상의 동의는 흔히 '80% rule'로 불리며 전 세계 공론화 현장에서 공통으로 적용되는 합의 기준이기도 하다. 특히 노동과 자본, 플랫폼 이용자(또는 노동자)와 플랫폼 운영자, 구산업 종사자와 신산업 종사자 등이 새로운 사회계약의 형태로 거대집단 간 사회협약(social pact, social convention)을 지향할 때는 소속 구성원들의 요구를 100% 수용하기 어려운 경우가 대부분이다. 이렇게 이해당사자 간의 100% 동의가 아니라도 정당한 절차에 따라 80% 이상의 동의를 획득한 의견이라면 그것도 '강한 합의'의 하나로 보자는 것이 이 연구의 제안이기도 하다.

합의형성 단계에서의 공론화는 의제형성 모형에서의 공론화와 달리 참여를 희망하는 모든 이에게 개방된 참여도 아니고 참여자가 자신의 편의에 따라 마음대로 들고나는 참여를 허용하지도 않는다. 여기에서의 참여는 직·간접 이해당사자나 소수 대표자에게 한정된 참여가 이루어질 수밖에 없어 참여의 포괄성 보다 대표성을 더 중시하고, 참여의 거부나 철회는 동의의 거부나 철회를 의미하기 때문에 참여의 기율도 더 강할 수밖에 없다. 또 약한 합의를 지향하는 정론형성 모형의 공론화보다 숙의성을 더 강조하며 일반 시민이나 전문가들이 아니라 이해당사자들의 직접 참여에 기초하고, 때로는 (예를 들어 노·사·정 협상 같은 경우에는) 정부를 비롯한 국가 기관이 이해관계자의 일원으로 참여하기도 한다. 합의형성의 공론화는 100% 동의를 필요로 하는 이해 조정이나 80% 이상의 동의를 필요로 하는 사회협약을 대상으로 하는 경우가 대부분이기 때문이다. 어느 경우든 여기에서 정부는 (또 국가 기관은) 좋든 싫든 사회적 자원의 권위적 배분을 책임지는 행위자로서 협상의 일 당사자가 될 수밖에 없다.

지금까지 살펴본 것처럼 이 연구는 공론화 모형을 세 가지로 구분한다. 그렇다고 각 모형 사이에 배타적 경계가 있는 것은 아니어서 참여와 숙의의 제도적 조합에 따라 이 세 가지 실행모형을 얼마든지 확장하거나 축소해서 사용할 수 있다.

특히 의제형성 모형과 정론형성 모형은 상호보완적으로 사용될 수 있다. 공공문제의 우선순위를 탐색하기 위해서는 광범위한 참여가 전제되지만 우선순위를 확정하기 위해서는 다수의 동의를 바탕으로 하는 광범위한 '사회적 합의'가 필요하기 때문이다. 정론형성 모형과 합의형성 모형도 마찬가지다. 특히 주어진 사회의 새로운 규칙과 규범을 정하는 새로운 사회계약 또는 사회협약은 '강한 합의'가 요구하는 명시적 동의의 수준(100%)에 도달하지 못한다고 해도 정론형성 모형보다 높은 수준(80% 이상)의 대표성과 충실한 숙의를 요구한다.

### 모형의 효과성

이 연구가 한국형 공론화 실행모형을 의제형성, 정론형성, 합의형성 3개 모형으로 정립하고자 하는 두 번째 이유는 참여와 숙의의 제도적 조합을 달리하며 각모형에 투입하는 사회적 자원을 적절하게 배분할 수 있어 공론화의 효과성을 높일수 있기 때문이다. 공론화가 우발적인 집단행동이 아니고 이 책의 제1장이 분석했던 바와 같이 능동적 소수(active minority)와 일부 주창 집단(advocacy group)의 의도적이고 계획적인 문제 정의(problem definition) 과정이라면 그 과정에 참여하는 참여자 집단을 달리하는 것이 공론화의 목표를 달성하는 데 더 효과적일 수 있고, 따라서 가장 적절한 공론화 기법을 선택하는 데 도움이 될 수 있다.

달리 말하자면, 정책 담당자든 '이슈 파이터'든 공론화를 통해 주어진 문제의 공적 해결을 지향하는 사람이라면 주어진 정책문제에 대해 가장 정확한 의견을 수렴하고 가장 많은 참여자의 동의와 지지를 구할 방법을 모색하는 것이 필연적인데이때, 이슈(정책의제)의 특성과 공론화의 목표에 따라 참여의 범위를 조작화(operationalization)하는 것이 가능하고 또 효율적이라는 것이다. 즉, 이슈의 특성과 공론화의 목적에 따라 참여자를 전문가 집단에 한정할 수도 있고, 일반 시민으로 확대할 수도 있으며, 이해관계자들끼리의 직접 협상으로 방향을 전환할 수도 있을것이다.

이런 관점에서 공론화의 3차원(정책 과정의 세 단계)과 공론화의 대상 집단이라는 두 변수를 교차시키면 아홉 가지 경우(cases)가 나온다. 공론화의 목적이 의제형성인지, 공론형성인지 또는 합의형성인지에 따라 다른 기법을 사용할 수 있는데 그것이 전문가 대상인지, 이해관계자 대상인지 또는 일반 시민 대상인지에 따라 다른 기법을 사용할 수 있다는 것이다. 따라서 이 책의 제4장에서 살펴본, 다양한 연구자들이 소개한 각각의 공론화 기법도 이 아홉 가지 경우에 조응하도록 배분할 수 있다. <표 5-4>는 공론화의 3차원에 따라 구성된 아홉 개 실행모형을 정리하고 지금까지 국내외에서 실험된 다양한 공론화 기법을 이 아홉 가지 실행모형에 선택적으로 배분한 것이다.

<표 5-4> 공론화의 실행모형과 적용 기법

| 정책단계<br>대상집단 | (1) 의제형성 모형 | (2) 정론형성 모형 | (3) 합의형성 모형 |
|---|---|---|---|
| 전문가<br>대상(a) | 1a 엘리트 시민 의제형성<br>• 자문회의(자문위원회)<br>• 라운드테이블<br>• 포커스 그룹 인터뷰(FGI)<br>• 공청회 등 | 2a 전문가 공론형성<br><br>△ | 3a 엘리트 시민 합의형성<br>• 심의위원회 등 |
| 이해<br>관계자<br>대상(b) | 1b 이해관계자 의제형성<br>• 포커스 그룹 인터뷰<br>• 공청회<br>• 공공토론 등 | 2b 이해관계자 공론형성<br><br>× | 3b 이해관계자 합의형성<br>• 협력적 문제해결<br>• 시나리오 워크숍<br>• 규제협상<br>• 이해조정회의<br>  (갈등조정협의회) 등 |
| 일반<br>시민<br>대상(c) | 1c 일반 시민 의제형성<br>• 공청회<br>• 공공토론<br>• 타운홀미팅<br>• 이슈포럼<br>• 플래닝 셀<br>• 숙의적 시민참여 회의<br>• 공론조사<br>• 초이스 워크 다이얼로그<br> 등 | 2c 일반 시민 공론형성<br>• 공청회<br>• 공공토론<br>• 타운홀미팅<br>• 이슈포럼<br>• 숙의의 날<br>• 주민참여예산제<br>• 시민배심원<br>• 합의회의<br>• 공론조사<br>• 초이스 워크 다이얼로그<br>• G1000 등 | 3c 일반 시민 합의형성<br>• 시민의회(시민헌장)<br>• 동부벨기에 모델 등 |

물론 여기에서 하나의 기법이 반드시 하나의 모형에만 사용되는 것은 아니다. 예를 들어 의제형성 단계에서는 그 대상이 전문가든, 이해관계자든 또는 일반 시민

이든 동일한 기법을 사용할 수 있다. 자문회의, 공청회, 공공토론, 타운 홀 미팅이나 이슈포럼 등과 같은 기법이 그것이다. 또 라운드 테이블, 공론조사, 초이스 워크 다이얼로그와 같은 기법을 사용할 수도 있다. 대상 집단이 전문가인지, 이해관계자인지, 일반 시민인지에 따라 참여자의 수와 선정 방법, 공론화 기간과 횟수 등을 달리하며 얼마든지 동일한 절차를 변형해 사용할 수 있기 때문이다. 일반적으로 1단계보다는 2단계에서, 2단계보다는 3단계에서 더 정교한 기술과 설계가 필요하고, 따라서 더 많은 시간과 비용이 투입된다. 마찬가지로 a 모형보다는 b 모형에서, b 모형보다는 c 모형에서 참여자의 수가 더 많아지고 공론화 횟수와 기간 또한 더 길어짐에 따라 공론화의 비용도 더 늘어나는 경향이 있다.

## 1. 의제형성 모형

의제형성(agenda-building)이란 주어진 특정 시점에 다양하게 주어진 이슈들 가운데 공공기관이 우선적으로 개입해야 할 이슈를 선정하고 다함께 논의해야 할 공통의 관심사를 선정하는 일이다. 따라서 의제형성 단계에서는 참여자들 사이의 명시적 동의나 합의를 구하지 않고 단지 폭넓게 의견을 포집하는 것이 중요하다. 이 단계에서는 참여의 포괄성이 중요하고, 숙의의 조건이나 질보다 숙의 과정에 자유롭게 참여할 수 있는 개방성과 모든 의견을 동등하게 고려하는 형평성이 더 중요한 요인으로 부각된다.

### 1a(엘리트 시민 의제형성) 모형의 특징과 적용 기법

전문가 집단은 시민사회의 일원이지만 일반 시민과 구별되는 엘리트 시민 집단으로서 특정 분야에 대해 해박한 지식과 정보를 가지고 있다. 따라서 이들을 대상으로 하는 공론화(1a)는 다른 집단들을 대상으로 하는 공론화와 달리 전문적 식견에 따라 공공문제를 정의하고 정책의제의 우선순위를 도출하는 데 매우 효과적이다. 적은 수가 모여도 폭넓은 지식과 다양한 아이디어를 수집할 수 있어 비용 대비 효과가 크므로 매우 경제적이고 효율적인 공론화를 진행할 수 있는 것도 큰 장점이다.

시민참여(와 거버넌스)가 1970-80년대를 기점으로 현대 행정의 원리로 부상한 이래 세계 각국 정부가 채택해서 운영하는 자문단이나 자문위원회(advisory group 또는 committee), 포커스 그룹(focus group), 라운드 테이블(round table), 공청회(public hearings) 등이 대표적인 전문가 대상 공론화 기법이다. 바꿔 말하자면 이미 한국 행정 현장에서 진부하다고 할 만큼 자주 사용되는 이러한 기법들도 그 원형을 복원하고 형식성을 극복하면 본질에서는 이미 훌륭한 공론화 기법이라는 것이다.[2]

---

2 어느 나라에서나 마찬가지지만 공공기관의 자문위원회나 전문가위원회는 종종 공공기관의 편의에 따라 구성되고 운영되는 한계를 드러낸다. 구성에 있어서 편향적이고 운영에 있어서 편파적이라는 게 선문가위원회가 극복해야 할 형식성의 전형이다.

이런 기법들은 대개 시민참여에 기반을 두고 정책형성을 목적으로 고안된 장치(devices)로, 대의제와 관료제의 한계를 극복하기 위해 대두한 참여민주주의의 전통을 충실히 계승하는 기법들이다. 그러나 전문가라는 엘리트 시민들이 유·무형의 이해관계와 완전히 무관한, 중립적인 심판자의 임무를 수행할 수 있다고 기대하는 것은 너무나 순진한 접근이다. 특정 집단과 얽혀있는 물질적 이해관계로부터도 자유롭지 못하겠지만 전문가 집단 내부에서만 유통되는 사회적 재화 즉, 연구자로서의 '명성' 추구라든지 '연구비'나 '특허' 획득을 위한 경쟁으로부터 초연하기를 기대하는 것은 지나치게 이상적이다. 더욱이 특정 분야의 전문가 집단이란 곧이어 살펴보게 될 이해관계자 집단이나 일반 시민 집단보다 규모가 작을뿐더러 종종 학연과 지연 등의 제도적 재생산구조 속에서 서열화되어 있는 경우가 많아 '그 나물에 그 밥'일 때가 적지 않다. 이설(異說)이 거의 없는, 동질성의 정도가 높은 전문가 집단이라면 더더욱 집단 내에 정착된 지배적 관점과 주장을 되풀이할 가능성이 커 이해관계자 집단이나 일반 시민 집단의 관점과 분리되고, 나아가 충돌할 수 있음에 주의해야 한다.

### 1b(이해관계자 의제형성) 모형의 특징과 적용 기법

이해관계자 집단을 통한 의제 형성(1b)은 전문가 집단을 통한 그것보다 고려해야 할 이익의 충돌이 첨예해져 공론화에 투입할 돈과 시간, 노력의 총량이 늘어날 수밖에 없다. 그러나 사회적으로 표면화되는 갈등 대부분이 특정 정책이나 사업에 대한 이해관계자들의 거부와 반발임에 주목하면, 이해관계자 집단을 통한 의제형성이야말로 사회 갈등을 예방하고 공동체의 질서를 복원하는 첩경이다. 앞서 소개한 자문위원회, 포커스 그룹, 라운드 테이블, 공청회 등 전문가를 대상으로 하는 공론화 기법은 이해관계자 집단을 대상으로도 사용할 수 있다. 그 대상이 전문가든, 이해관계자든 의제형성 단계에서의 공론화는 매우 폭넓게 다양한 의견을 듣고, 토론하고, 우선순위를 정하는 것이 목적이기 때문이다.

다만 여기에서 주의할 것은 이해관계자의 개념이다. 이해관계자(stakeholders)란 원론적으로 '대상 정책이나 이슈와 관련해 직·간접 이해관계를 가진 사회적 행위자 집단 또는 조직'을 의미하는 것으로 국제기구, 국가, 공식적 의사결정자, 공공기관, 노동조합, 영리조직, 비영리조직, 시민사회단체, 사용자 등으로 구분된다.[3] 예를 들어 기업의 이해관계자로는 기업의 생존과 안녕에 필수적인 직접 이해관계자 (주주, 고용인, 금융기관, 시장감시기관, 소비자 등 일차 이해관계자)가 있다. 또 그 기업과 상호작용 관계를 맺지만, 기업의 생존에는 필수적이지 않은 간접 이해관계자(언론, 시민단체, 경영학자, 메세나협회 등 이차 이해관계자)도 있다. 의제 형성단계에서의 공론화가 다양한 의견을 듣고 그로부터 우선순위를 도출하는 것이 목적이라면 특히 이해관계자를 대상으로 하는 공론화가 성공하기 위해서는 엄격한 이해관계자 분석 (stakeholders analysis)을 통해 직·간접 이해관계자 집단들 가운데 어느 한 집단도 빠트리지 않고 모두에게 참여의 기회를 동등하게 주는 것이 중요하다. 어느 일방의 소외나 배제는 대다수가 동의할 수 있는, 합리적인 의제형성은 고사하고 훗날의 합의형성마저 위태롭게 할 수 있다.

---

### 이해관계자의 의미와 범주

일부 시민단체 활동가들은 시민단체가 특수 이익을 추구하는 집단이 아니므로 이해관계자라든지 이해당사자라는 표현이 적절하지 않다고 주장한다. 이는 영어 단어 stakeholders에서 stake(내기, 말뚝, 이해관계)를 한국어로 옮기는 과정에서 발생한 오해다. 우리 말 이해관계자의 출발어 stakeholder는 원래 도박판에서 판돈(stake)을 들고 있는 사람(holder) 즉, 노름꾼들의 판돈을 맡아 보관하면서 도박이 순조롭게 진행되도록 관리하는 사람을 뜻한다. 이 사람은 직접 도박에 참여하지 않지만, 도박판 자체에 이해관계가 걸린 사람이다. 반면, 땅에 말뚝을 박아 자기 땅을 표시하던 서부 개척 시대의 미국 풍습에서 어원을 찾는 이도 있다. 아무에게나 말뚝을 들어주는 건 아니라는 점에서 말뚝을 들어주는 건 결국 이해도 공유함을 뜻한다는 것이다. 기업과 주주, 정부와 유권자의 관계도 이와 다르지 않다. 그렇다면 여기에서 이해관계자는 '특수(사적) 이익을 추구하는 집단'만이 아니라, '관련 이슈에 대해 직·간접적으로 특정 입장을 가진 집단'으로 의미를 넓혀서 해석하는 것이 더 정확할 수 있다. 예를 들어 영어 단어 stakeholder(s)는 프랑스어로 partie(s) prenante(s)로 번역되는데, 이는 '(전체 파이에서) 한 조각을 취한 사람'을 의미하며, 유무형의 물질적 이해관계

---

3 이해관계자에 대한 이러한 정의는 경영학에서 발전시킨 가장 보편적인 정의로서 프리만(Freeman, 1984)의 저작, 「전략 관리: 이해관계자 접근」(Strategic Management: A Stakeholder Approach)에 나오는 정의다. 프리만은 이해관계자로 '조직의 목표 달성에 영향을 받거나 영향을 받을 수 있는 모든 그룹 또는 개인'을 규정하며 이를 넓은 의미의 개념으로 소개한다. 좁은 의미에서는 '조직이 생존을 위해 의존하는 식별 가능한 그룹 또는 개인'을 의미한다. 나중에 이해관계자의 개념은 '조직이 관심을 두지 않더라도 소식에 관심을 두는 모든 사람'으로 확장된다.

가 있는 사람들과 집단만이 아니라 특정 가치와 이념을 추구하는 사람들과 집단, 그리고 공무원처럼 법이 정한 규범과 절차에 따라 관리책임을 가진 사람들과 집단까지를 포함한다.

## 1c(일반 시민 의제형성) 모형의 특징과 적용 기법

일반시민을 대상으로 하는 공론화(1c)는 의제형성을 위한 공론화 모형 가운데 돈과 시간과 노력이 가장 많이 투입되는 형태다. 시민들의 직접 참여 기제로 발전한 자문위원회, 라운드 테이블, 포커스 그룹, 공청회 등이 한국 행정 현장에서 전문가 또는 이해관계자 중심의 참여 기법으로 활용된다면, 일반 시민을 대상으로 진행하는 공론화는 공공토론(프랑스), 플래닝 셀(독일), 이슈포럼(미국), 타운홀 미팅(미국) 등이 전형적인 방법이다. 이 방법들의 공통점으로는 뒤이어 살펴보게 될 합의형성 공론화와 달리 상대적으로 큰 규모의 시민참여를 염두에 두고 진행되어 사회적 정당성을 쉽게 획득할 수 있지만, 참여자의 수가 많은 만큼 참여자 1인당 숙의 시간은 길지 않다는 함정이 있다. 그럼에도 불구하고 다량의 정보를 투명하게 공개하고 본격적인 대중 토론을 유인하며 일반시민의 의견을 폭넓게 듣기 위해 노력한다는 것은 분명히 과거의 공청회와 다른 면이라고 하겠다.

[그림 5-2]는 의제형성 모형에 속하는 공론화 기법들을 숙의의 정도와 참여자의 수라는 관점에서 분류한 것이다. 이 그림에서 볼 수 있는 것처럼 의제형성 단계에서의 공론화에 자주 쓰이는 기법들은 고전적인 공청회 형태보다 참여자의 수가 많고 숙의의 정도가 더 깊다. 그러나 이들은 일반적으로 정론형성 모형이나 합의형성 모형보다 숙의의 정도가 떨어진다. 플래닝 셀을 제외하면 거의 대부분 1일 또는 길어야 2일 정도의 짧은 기간 동안 증인 또는 전문가들에게 질문할 기회를 가지게 되고, 길어야 열 시간 안팎의 숙의 시간을 가질 뿐이다. 자문회의, 라운드테이블, 포커스 그룹 인터뷰가 10여 명 안팎을 넘나드는 소수의 전문가나 이해관계자 집단의 대표자를 대상으로 진행되는 반면, 일반 시민을 대상으로 하는 공청회, 플래닝 셀, 공공토론, 타운홀 미팅, 이슈포럼 등의 경우는 참여의 폭이 확대됨에 따라 참여의 포괄성이라든지 형평성과 개방성, 숙의의 질 등에 대한 추가적인 고려가 필요해진다.

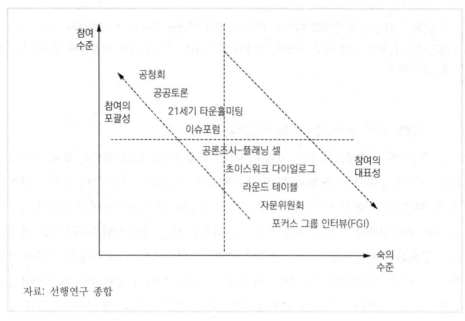

[그림 5-2] 의제형성 모형의 공론화 기법

자료: 선행연구 종합

　　자문회의, 라운드테이블, 포커스 그룹 인터뷰 등이 비교적 손쉽게 작은 규모로
추진할 수 있다면 공청회, 플래닝 셀, 공공토론, 타운홀 미팅, 이슈포럼, 숙의적 시
민참여 회의, 공론조사, 초이스 워크 다이얼로그 등은 작게는 수십 명에서 많게는
수백 명에 이르는 참여자들을 초대하기 때문에 상대적으로 더 많은 비용이 들어
그만큼 준비도 더 많이 필요하다. 일반적으로 전문가보다 이해관계자를 대상으로
할 때, 이해관계자보다 일반 시민을 대상으로 할 때 준비가 더 많이 필요하고 세심
한 절차관리가 필요한 건 어느 나라에서나 동일하다.

〈표 5-5〉 의제형성을 위한 공론화 기법

| 기법 | 주요특징 | 목표/규모/방법 |
|---|---|---|
| 공청회 | • 행정청이 공개적인 토론을 통해 어떤 행정작용에 대해 당사자, 전문지식과 경험을 가진 사람, 그 밖의 일반인으로부터 의견을 널리 수렴하는 절차<br>• 처분전 사전 의견청취 절차, 특정 구성원 간의 대립된 의견의 조정, 특정 정책이나 제도의 도입·개선 등에 관한 여론이나 의견수렴이 목적<br>• 공청회 개최 결정 ☞ 공고 및 통지 ☞ 발표자 선정 | • 의견청취, 의견조정, 의견수렴<br>• 관련자 및 이해관계자 임의(자율) 참석<br>• 회당 2시간 내외 |

| | 및 선정결과 통지 ☞ 정보통신망 의견수렴 또는 전자공청회 개최 ☞ 공청회 개최 ☞ 공청회 결과반영 | |
|---|---|---|
| 공공토론<br>(Public debate) | • 프랑스 국가공공토론위원회(CNDP)가 개발한 시민참여 방법<br>• 특정 정책문제나 이슈에 대해 전 국민의 여론 또는 관련 지역 주민들의 의견을 수렴<br>• 중앙의 본 위원회는 일정 기준 이상의 주요 국가정책과 사업에 대한 공공토론을 담당하고, 소규모 지역 정책과 사업은 특별위원회(CPDP)가 담당<br>• 짧게는 3개월에서 길게는 10개월까지 다양한 형태의 정보공개, 공청회, 토론회 등을 개최하고 여론 보고서를 작성, 정부 (사업자)에게 제출하고 보고서를 공개<br>• 토론규모는 10여 명에서 수백여 명까지 다양<br>• 위원회는 독자적인 권고안을 만들지 않고 여론만 취합, 전달<br>• 최근에는 시민배심원 등 숙의토론, 조정(mediation)과도 결합, 갈등조정 영역까지 업무범위 확장 | • 특정 문제에 대한 정확한 여론 수렴 및 대안 형성<br>• 참여 희망자는 누구나 참여 가능<br>• 3개월에서 6개월<br>• 공론화 예산은 전체 사업비의 1/1000이 원칙(전체 사업비에서 차지하는 '민주주의의 비용') |
| 주민참여예산제<br>(Participatory budgeting) | • 브라질 뽀르뚜 알레그리(Porto Allgre) 시 노동자 당에서 창안한, 주민 직접참여에 의한 예산통제시스템<br>• 시 정부 예산의 25% 정도에 해당하는 예산 배정과 집행에 지역 주민들의 직접 참여가 가능하도록 설계<br>• 16개 지역에서 교통, 교육·문화, 보건·사회복지, 경제개발·조세, 도시개발 등 5개 주제별 총회 개최<br>• 1차 총회(3−4월): 대규모 시민총회에서 과년도 투자사업 평가 등 정보공유와 시민요구 수렴 및 대의원 선출<br>• 2차 총회(5−6월): 대의원과 조정관으로 구성되는 중재회의(지역별, 주제별 대의원 포럼)에서 투자 우선순위 도출 및 예산 배분 기준 결정<br>• 주 1회 예산평의회개최<br>• 기획실은 최종 예산안 작성 및 예산평의회 확정을 거쳐 시장에게 제출 | • 지역정부의 투자우선순위 도출 및 예산 배분기준 확정을 통한 예산통제<br>• 지역 주민 전체<br>• 연중 행정조직과 지역주민을 중재하는 중간조직 활성화 |
| 이슈 포럼<br>(Issue Forums) | • 미국의 비영리기관 케터링 파운데이션(Kettering Foundation)이 개발<br>• 정책이슈의 숙의를 지향, 초당적 전국단위 네트워크<br>• 홈페이지에 지역회의 개최일, 개최시간 및 연락처를 공개, 누구나 자유롭게 참여<br>• 참여자는 당면이슈의 심각성을 확인하고, 나아가 해결책을 찾기 위해 논의하고, 숙고하고, 협력하는 과정에 동행 | • 이슈에 대한 대중인식 제고<br>• 참여자 수 2−100명<br>• 회의기간 1−14일 |

| | | |
|---|---|---|
| | • 포럼은 일 년 내내 열리며, 포럼이 개최되는 장소의 규모는 가정집에서 대형 강당에 이르기까지 경우에 따라 다양<br>• 토론 진행을 전문 퍼실리테이터가 진행하고 결과를 지역 의사결정권자에게 전달<br>• 토론 기초자료는 세 가지 정치적 관점에 대한 배경지식 제공(단, 기초자료는 특정 관점에 편향되지는 않음) | |
| 21세기 타운홀미팅<br>(21st century<br>Town Hall<br>meeting) | • 캐롤라인 루켄스마이어(Carolyn Lukensmeyer)가 미국 식민지 시대 마을공동체의 의사결정방식(타운홀미팅)을 소환, 현대의 사회구조에 맞게 규모를 확대(up-sizing), '21세기 타운홀미팅'이라는 대중토론 방식을 창안<br>• 이를 실행하기 위해 1995년 '아메리카 스픽스'(AmericaSpeaks®)라는 비영리단체 설립<br>• 약 500명-5,000명이 참여하며 당면이슈에 대한 참여자들의 우선순위를 확인하는 일일 행사로 진행<br>• 참가자를 선발하는 절차는 다양하지만, 대체로 시민의 대표성 확보를 중시<br>• 참여자는 10-12명 수준의 소규모 그룹(인구통계학적으로 구성된 표본 집단) 토론을 진행<br>• 주최자가 의견 표집, 이후 해당 주제에 대한 권고안 수립 또는 후속 토론의 기초자료로 활용<br>• 드물게 표결과 연계, 의사결정을 시도하는 경우도 있음 | • 아젠다 선정, 우선순위결정 등<br>• 500-5,000명(숙의: 15명 이내의 소그룹)<br>• 숙의 |
| 포커스 그룹 인터뷰<br>(FGI : Focus<br>Group Interveiw) | • 심층적인 여론을 확인하기 위해 특정 주제에 대해 소그룹 형태로 조직하는 토론집단<br>• 영국, 미국 지역사회를 중심으로 사용된 공동체 운영방식을 제도화한 것<br>• 정책 결정과정에 이해관계자들뿐만 아니라, 전문가 및 일반시민들을 포함시켜 이들과의 협의를 통해 의사결정을 이루어내는 일련의 과정<br>• 시민사회의 다양한 행위자들이 결정과정에 참여하는 것으로 숙의적 민주주의와 합의형성 강조로 민주주의 증진에 기여<br>• 공공기관 또는 특정 정책의 목적에 적합한 대상자를 의도적으로 선택해, 심층적 문제에 대한 여론확인을 목적으로 사용되는 것이 일반적<br>• 정책의 내용, 방법을 선택할 목적으로 구성, 단일안을 제시하는 경우도 있음 | • 특정 문제에 대한 정확한 여론수렴 및 대안 형성<br>• 인터뷰 진행자가 주요 행위자를 임의로 추출<br>• 1회에서 수회, 수시간에서 수일 가능하나 대개 그룹 당 2시간 내외로 진행 |

자료: Santé Canada(2000), OECD(2002), Bachtiger et al.(2018), 심준섭 외(2018), 박해욱·김지수(2018), Bua & Escobar(2018), 하동현(2020), OECD(2020) 등의 수정·보완

## 2. 정론형성 모형

정론형성(refined public opinion – building)이란 구체적인 정책형성을 위해 '정제되고'(refined) '계몽된'(enlightened) 다수 의견을 수렴하고 형성하는 수준의 공론화다. 여기에서의 공론화는 공식적인 의사결정에 필요한 '참된 여론'을 형성하고 포집할 것을 목표로 한다. 2a, 2b, 2c 유형은 모두 정론형성이라는 공통의 목적을 갖지만, 참여 집단의 성격에 따라 그것이 가능할 수도 있고(2c), 가능하지 않을 수도 있으며(2b), 절반만 가능할 수도 있어(2a) 의제형성 모형에서보다 좀 더 세심한 주의가 필요하다.

### 2a(엘리트 시민 정론형성) 모형의 특징과 적용 기법

전문가들을 대상으로 하는 공론화(2a)를 통해 정론을 형성하는 것이 어디까지 가능할지에 대해서는 많은 논의가 필요하다. 먼저, 여느 집단과 마찬가지로 전문가 집단 내에서 중지(中智)를 모으는 일도, 지배적인 가설이나 이론을 정립하는 일도 모두 가능하므로 정론형성 역시 가능하다고 할 수 있다. 특히 고전적인 공청회나 포커스 그룹 인터뷰 같은 방식은 물론 의제 형성단계에서 일반 시민을 대상으로 사용하는 공론조사나 초이스 워크 다이얼로그 같은 도구도 얼마든지 정론형성의 도구로 활용될 수 있다. 조사 의제를 설정하고 질문 항목을 설계하는 방식에 따라 의제의 우선순위를 진단하는 데 사용할 수도 있고, 정론이 무엇인지를 진단하는 데 사용할 수도 있기 때문이다. '무엇이 우선이냐'고 묻는 것은 의제형성에 유용한 질문법이고, '무엇이 옳으냐'고 묻는 것은 정론형성에 필요한 질문법으로서 의제형성과 정론형성은 이렇게 질문만 달리할 뿐 같은 절차에 따라 진행할 수 있다.

그러나 그것이 전체 사회에서 유통될 수 있는 정론임을 의미하는 것은 아니라는 점에서 전문가들을 대상으로 하는 공론화(2a)를 통해 '사회적' 정론을 형성하는 것은 가능하지 않다. 이 연구의 관점에서 정론(正論, true opinion)이란 '숙의를 통해 사회적 정당성을 획득한 다수의 의견'을 지칭할 뿐, 플라톤류(類)의 영원불변한 '객관적 진리'를 의미하는 것이 아니기 때문이다. 다만, 전문가 공동체 내에서 인정된 '다수설'은 분명히 존재하고 정리(定理, theorem) 또한 존재하기 때문에 그것이 '사회적' 정당성을 획득하고 '사회적' 진리로 유통되기 위해서는 별도의 공론화 절차가 필요하다. 과학기술의 사회적·민주적 통제를 위해 만들어진 기술평가(technology assessment) 제도가 대표적인 예이다.

## 과학기술평가 제도와 방법

기술평가는 새로운 기술이 처음 출현할 때 과학기술의 사회적 측면을 검토하는 의사소통 과정이다. 대부분 기술 적용의 장단기 결과 즉, 사회적, 경제적, 윤리적, 법적 영향을 조사하는 정책 연구의 한 형태인데 다양한 방식이 있다. 가장 고전적인 형태는 전문가 평가(expert assessment)로서, 전문가에 의한 전문가 평가라는 점에서 이해관계자 집단이나 관련 외부인의 개입이 쉽지 않은 구조다. 따라서 평가의 효과성이 제한됨에 따라 해외 주요국에서는 대부분 의회가 관할권을 갖도록 하는 경우가 많다. 그래서 의회가 직접 통제하기도 하고(프랑스 및 핀란드), 의회 관련 기관이나 (영국, 독일 및 덴마크) 의회와 직접 관련되지 않은 독립기관이 통제하기도 한다(네덜란드와 스위스).

통제 방식과 관련해서는 구성적 평가(constructive assessment)와 참여적 평가(participatory assessment), 그리고 담론적 평가(discursive/argumentative assessment)가 있다. 구성적 평가란 네덜란드에서 첫선을 보였는데 과학기술 개발 과정 중간에 평가가 개입해 과학, 기술, 사회가 공진화할 수 있도록 함으로써 종종 미국 OTA (Office of Technology Assessment 1995년 폐지) 기술 평가의 한계로 지적된 사후평가의 한계를 극복하고자 하는 시도이다. 참여형 평가는 이해관계자와 시민사회 단체, 일반 시민, 과학자, 기술자, 국가 시스템의 대리자 등 다양한 종류의 사회적 행위자를 평가자와 토론자로 참여시키며 사회적 수용성을 검토하는 방법으로서 이 책에서 소개하는 합의회의, 포커스 그룹, 시나리오 워크숍 등이 여기에 포함된다. 마지막으로 담론적 평가는 기술 변화의 부작용 등 미래 효과 예측을 넘어 과학기술 개발의 정치적·규범적 논쟁을 정면으로 겨냥하며 특정 기술 개발이 규범적으로 바람직한 것인지에 대한 가치 논쟁을 피하지 않는다.

게다가 1a(엘리트 시민 의제형성) 모형에 대한 설명에서도 언급했듯이 전문가들 역시 자신의 이해관계에 종속될 수 있고, 이러한 이해관계를 논의과정에서 참여자의 수를 키움으로써 희석하기에는 전문가 공동체의 수가 다른 집단보다 상대적으로 작아 더 어려울 수 있다는 점에 주목할 필요가 있다. 게다가 전문가들은 일반 시민들보다 신념체계(belief system)가 더 정교하고 자기 확신(self-conviction)이 더 강한 집단이기 때문에 일반인에 비해 그만큼 선호전환이 어려운 게 사실이다. 때문에 2a 모형의 공론화를 통해 전문가 집단의 정론을 형성한다는 것은 현실적으로 매우 어렵고, 그것이 설사 가능하다고 해도 전체 사회의 수용성 또는 '대중적 지지'라는 관점에서 재검토할 필요가 있다.

### 2b(이해관계자 정론형성) 모형의 특징

정론형성 단계에서 이해관계자를 대상으로 하는 공론화가 가능할지는 미지수다. 이 연구가 말하는 정론(正論, true opinion)이란 이 책의 제1장과 2장에서 소개한 바와 같이, 또 칸트(Kant)의 표현을 빌리자면 '이성의 공적 활용'(public use of reason)을 통해 표집된 의견을 의미하기 때문에 이해관계자들 사이의 정론형성이란 개념적으로 불가능하다고 하겠다. 자신의 사적 이해를 추구하는 이해관계자들 사이에서는 합의가 가능할 뿐, 애초부터 '이성의 공적 활용'을 기대하는 것은 현실적으로 어려울 것이기 때문이다. 이해관계자들 사이의 정론이란 이처럼 그 자체로(by definition) 합의를 의미하기 때문에 정론과 합의를 구분하는 것도 실익이 없다. 따라서 2b 유형은 이 연구에서 개념적으로 존재하지 않는 모형이라고 하겠다.

### 2c(일반 시민 정론형성) 모형의 특징과 적용 기법

이 연구는 올곧은 정론형성이 오직 일반 시민 집단을 대상으로 하는 공론화에서만 가능한 것으로 분류했다(2c). 일반 시민들도 이해관계에 종속될 수 있고 롤스가 상정하는 바와 달리 언제나 이성의 공적 활용(pubic use of reason)을 통해 공적 판단(public judgment)을 앞세우는 건 아니지만, 그 수가 상대적으로 많아 숙의 과정을 거치며 서로의 이해관계를 객관화(objectification)할 가능성이 더 크다는 것이 그 이유다. 특히 일반시민을 대상으로 하는 정론형성이 중요한 것은 그것이 전문가 집단에서 형성된 정론(2a)이나 엘리트 시민들의 합의(3a)에 대한 민주적 통제 기제로 작동될 수 있다는 사실 때문이다.

의제형성 단계의 공론화 기법인 공공토론, 타운 홀 미팅, 이슈포럼, 공론조사, 초이스 워크 다이얼로그 등의 기법은 그 내재적 특성에 힘입어 또, 공론화가 진행되는 조건과 환경에 따라 2c 모형 즉, 일반 시민의 정론형성 도구로도 사용될 수 있다. 공론화의 목표를 의제 형성으로 설정할지, 정론형성으로 설정할지는 공론화 기획자의 의도대로 선택할 수 있거니와, 의제형성 공론화 기법들에 대표성의 요건을 장착하면 한 시대의 정론을 형성하고 진단하는 도구로 활용할 수 있다. 공공토론과 타운(홀) 미팅은 본래 대표성 보다 참여의 자율성과 함께, 원하는 사람이라면 누구나 참여할 수 있는 개방성을 중시하는 기법이지만 여기에 표본추출 등의 기술적 장치를 결합해 대표성의 요건을 충족시키면 숙의여론조사(공론조사)나 초이스 워크 다이얼로그처럼 정론형성의 도구가 될 수 있다.

주어진 한 시대의 '숙성된 여론'(refined public opinion), '계몽된 여론'(enlightened public opinion) 또는 '정보 기반 여론'(informed public opinion)이라는 의미에서의 정론을 표집하기 위해 더욱 특화된 기법을 소개하자면 주민참여예산제(participatory budgeting)와 시민배심원(citizens' jury), 플래닝 셀, 합의회의(consensus conference) 등을 들 수 있다. 시민배심원은 미국의 제퍼슨 센터(Jefferson center)가 주관하며 1974년에 처음 국가 의료보건 계획에 대한 국민 의견을 수렴하는 데 활용된 이래 교육, 복지, 환경, 에너지, 도시계획 등 다양한 분야로 확산되었다. 또 영국, 그리스, 호주, 캐나다 등으로 전파되었는데 영국은 폐기물 관리 분야에서, 호주는 사용후핵연료 관리 분야에서 이를 유용하게 활용한 바 있다. 합의회의는 중요한 사회적, 윤리적 문제를 초래하는 새로운 과학기술 개발에 대한 평가과정에서 대중의 의견을 청취하고 통합하는 수단으로 덴마크 기술위원회(Danish Board of Technology)가 1980년대부터 운영했다. 일반 시민 패널의 권고(recommendations)는 법적 구속력을 갖지 못하지만, 덴마크 의회의 입법 과정과 정부 정책결정 과정에 직접적인 영향을 미치고 있다. 예를 들면, 유전공학에 대한 시민 패널의 권고는 산업과 농업 분야의 생명공학 연구개발 프로그램에서 동물의 유전자 조작 금지를 입법화하는 동력이 되었다. 과학기술의 사전적·민주적 통제라는 기술위원회의 본래 임무에 부응하는 결과다. 시민배심원과 합의회의는 일반적으로 11명에서 25명에 이르는 소규모 시민들이 참여하지만, 숙의의 질이 높아 이처럼 종종 정책 결정의 중요한 근거로 활용되곤 한다.

사실 이런 공론화 방식은 참여자의 대표성을 바탕으로 특정 의제에 대한 구체적인 결정을 지향한다는 점에서 숙의적 정책형성의 근간을 이루는 작은 공중(mini-publics) 개념에 조응하는 기법들이다. 여기에 참여하는 시민 패널은 주어진 이슈를 논의하기 위해 관련 주제에 대해 3~6일 정도의 비교적 긴 시간 동안 깊은 논의를 전개한다. 또 작은 공중기법은 하나같이 참여자의 대표성을 엄격하게 존중하며 높은 수준의 숙의성을 보장하기 위해 노력한다. 참여자들이 개인적 이익을 내려놓고 철저하게 공적 관점에서 주어진 이슈를 판단할 수 있도록 숙박, 식사, 수당 등의 개인적인 편의를 제공함은 물론 전문가 Q&A와 숙의 촉진(facilitation) 등 최적의 숙의 환경을 제공하며 그 과정이 투명하고 공정하게 진행될 수 있도록 하고, 참여자의 인구통계학적 대표성은 물론 층화표본추출을 통한 의견 형평성과 중립성까지를 요구한다.

## 공론화의 5W1H 문제

어떤 공론화든 공론화를 진행하다 보면 이슈 선택과 관련 정보의 선택과정에서 늘 의심과 반론에 직면한다. 이 연구가 5W 1H 문제라고 부르는 것이 그것인데, '누가(Who), 언제(When), 왜(Why), 어떤 이슈(What issue)를 주제로, 어떤 정보(What information)를, 어떻게(How) 제공할 것이냐'를 둘러싼 논란이 모든 공론화 과정에서 제기된다.

먼저, 누가 공론화를 소집하는가는 매우 중요한 질문이다. 순전히 일반 시민들의 의견이 궁금해서 또는 주어진 정책 문제에 대한 최상의 해법을 찾기 위해 공론화를 소집한다 해도 늘 공론화의 결과로 이익을 보는 집단과 손해를 보는 집단이 생기기 마련이다. 이때, 공론화를 소집하는 사람 또는 집단은 공론화로 인해 이익을 얻는 게 아니라해도 손해도 이익도 보지않거나, 최소한 손해를 감수해야 하는 집단은 아닐 것이라는 게 합리적인 예측이다. 그래서 공론화를 소집할 수 있는 상황과 권한을 가진 사람이 법규로 제도화되어 있지 않으면 '그가 왜 지금 이 이슈에 대해 공론화를 소집하는가'에 대한 논란은 피해갈 수 없는 현실이다.

또 공론화가 소집되었다 하더라도 누가 언제, 어떻게 정보를 제공하느냐에 따라 시민 패널의 수용성이 달라질 수 있다. 그의 정보전달기술(프리젠테이션 스킬)이나 전문성은 물론 그의 직업, 소속, 과거 이력 등에 따라 정보 수용도에 차이가 나기 때문이다. 정보를 언제 전달하는지도 중요하다. 사전에 배포하는 숙의 자료집이 전달하는 인쇄 정보와 시민 패널이 모인 숙의 공간에서 제공하는 담화 정보는 정보의 품질과 수용성에서 큰 차이를 나타낸다. 정보를 전달하는 목적도 중요하다. 설명이나 설득을 목적으로 제공하는 정보와 비교를 목적으로 제공하는 정보가 같을 수 없다. 어떤 정보를 왜, 그 시점에, 그 방식으로 전달하는지를 설명하지 못하면 상당 부분 정보에 의존하는 숙의의 객관성과 중립성이 훼손될 수밖에 없다.

합의회의는 시민패널들이 전문가와 증인에게 던질 질문을 직접 선택하게 하는 과정을 마련함으로써 이러한 문제 제기를 비껴가고자 한다. 또 시민배심원제는 시민 패널에게 증인이나 전문가를 선택할 수 있는 권한을 부여함으로써 공론화 기획자가 의제와 정보를 임의적으로 선택(cherry-picking)한다는 비판을 벗어나려 한다. 그럼에도 불구하고 합의회의나 시민배심원에 참여하는 소수 시민이 광범위한 정치·사회 공동체를 대표할 수 있는지에 대한 논란은 여전하고, 공론화 과정이 과연 참여자들의 공적 이성을 자유롭게 발현하게 할 수 있을 것인가에 대해서도 여전히 회의적이다. 참여자들이 합의를 달성하기 위해 개인의 내적 갈등이나 집단 내부의 갈등을 억제해야 한다는 압박감을 종종 느낀다는 보고가 적지않기 때문이다.

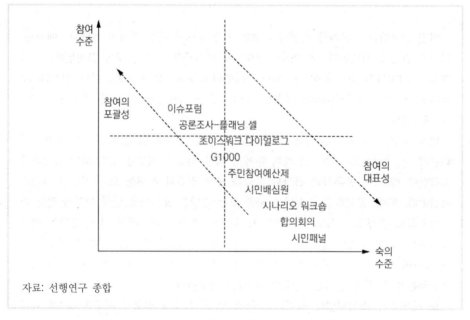

자료: 선행연구 종합

[그림 5-3] 정론형성 모형의 공론화 기법

[그림 5-3]은 정론형성 모형에 속하는 공론화 기법들을 숙의 정도와 참여자의 수라는 두 변수로 교차하고 정론 형성에 적합한 공론화 기법들을 배열한 것이다. 정론형성을 목표로 공론화를 기획하고자 한다면 이슈의 특성과 참여 집단의 속성, 공론화에 투입할 수 있는 예산과 자원, 시간 등을 고려해 이 가운데 하나를 선택하거나 둘 이상을 조합해 사용할 수 있다. 정론형성의 공론화는 정론형성 방법에 따라 다수결형 정론형성과 합의형 정론형성, 두 가지 유형으로 구분할 수 있다. 전

자는 표결이나 의견조사로 마무리해 우선순위를 결정하는 것이고 후자는 동의를 통한 의견일치를 추구하는 게 차이다. 그러나 후자의 경우에도 만장일치가 쉽게 이루어지지 않을 경우 표결이나 의견조사로 마무리하는 경우가 드물지 않다는 점에서 둘 다 '약한' 합의(즉, 사회적 합의)에 만족한다고 해도 과언이 아니다.

〈표 5-6〉 정론형성을 위한 공론화 기법의 유형

| 정론형성방법 / 참여자 | 표결형 (투표 또는 의견조사) | 합의형 (동의, 의견일치) |
|---|---|---|
| 다수 (수십명~수백명) | • 이슈포럼<br>• 공론조사<br>• 초이스워크다이얼로그<br>• 시민참여예산제<br>• G1000 | • 시민참여예산제 |
| 소수 (10~50명 내외) | • 숙의매핑<br>• 숙의적 시민참여 회의 | • 플래닝셀<br>• 합의회의<br>• 시민배심원<br>• 시나리오워크숍<br>• 시민패널 |

자료: 선행연구 종합

〈표 5-7〉 정론형성을 위한 공론화 기법

| 기법 | 주요특징 | 목표/규모/방법 |
|---|---|---|
| 표결형(숙의 후 투표·의견 조사에 의한) 정론형성 | | |
| 공론조사 (Deliberative polling) | • 미국 텍사스 오스틴 대학에서 James 피쉬킨이 개발, 시민에게 이슈에 대한 정보를 제공하면, 여론이 어떻게 변하는지 확인하기 위한 방법으로 2차의 설문조사와 숙의 토론을 결합<br>• 현재는 스탠포드 대학 숙의민주주의센터(Center for deliberative Democracy)가 주관<br>• 참여자 선정과정에서 무작위추출을 강조<br>• 참여자는 공론조사 전에 본인의 가치 선호에 대한 설문조사를 진행한 후, 하루에서 이틀간 소그룹 토론 및 전문가와 질의응답을 하며 당면 이슈에 대해 학습<br>• 이 같은 숙의과정 후에 다시 한번 선호와 가치에 대한 설문조사를 통해 시민의 의견변화를 확인 | • 특정문제에 대한 대안선택<br>• 200명~300명 내외<br>• 회의기간 1-2일 (유급)<br>• 숙의 전-후 의견조사 |

| | | |
|---|---|---|
| | • 기존의 여론조사와 마찬가지로 숙의 결과도 합의라기보다 개개인의 의견을 취합한 결과지만, 이때 개개인의 의견이 숙의과정을 통해 형성된다는 점이 차이 | |
| 숙의 매핑 (Deliberative mapping) | • 숙의 매핑은 시민 패널과 전문가들 간의 인터뷰 및 시민·전문가 합동 워크숍 등 시민과 전문가의 상호작용을 촉진하는 일련의 과정을 진행<br>• 먼저, 시민위원회는 여러 차례 만남을 통해 다양한 선택지에 대한 평가와 점수 부여<br>• 전문가들 역시 평가에 참여하지만, 이들의 평가는 개별 인터뷰에서 다중 매핑 기법으로 수행<br>• 이후 시민과 전문가들이 합동 워크숍에서 시민패널에 의해 제기된 문제에 대해 의견을 교환하고, 워크숍 이후 다시 한번 시민패널과 전문가들이 기준을 재검토하는 한편, 선택지를 재평가 | • 구체적 대안의 선택<br>• 20명 내외<br>• 전문가 인터뷰, 숙의, 평가 |
| 숙의의 날 (Deliberation Day) | • 미국 정치학자 애커만과 피쉬킨이 선거제도 개혁방안으로 제안<br>• 숙의민주주의 촉진을 위해 공휴일인 미국의 '대통령의 날'을 '숙의의 날'로 전환할 것을 제안<br>• 다가오는 선거에 대비, 등록 유권자 전원을 공개 커뮤니티 토론에 참여하도록 초대하고 정치적 무관심자의 참여를 장려하기 위해 재정 보상을 제안(1일 약 160$)<br>• 숙의 과정은 공론조사과정과 동일<br>• 관련 전문가 및 이해관계자로 구성된 자문위원회에서 작성한 브리핑 자료 수령 ☞ 행사장 도착 시 소그룹으로 무작위 배정 ☞ 1차 설문 응답 ☞ 전문 촉진자(퍼실리테이터)와 함께 소그룹 토의 ☞ 전체 회의에서 찬반 또는 지지와 반대 전문가 및 정책 입안자로 구성된 패널과 Q&A 진행 ☞ 주말 내내 소그룹과 전체회의 진행 ☞ 프로세스가 끝날 때 응답자들은 첫 번째와 동일한 설문지에 응답 | • 대통령 후보의 공약, 정치적 이슈에 대한 이해증진 및 정책우선순위 도출<br>• 200명~300명 내외<br>• 회의기간 1－2일 (유급)<br>• 숙의 전－후 의견조사 |
| 숙의적 시민참여 회의 (Deliberative public participation meeting) | • 본 회의와 소규모 세션으로 구성된 일반적 숙의 방법<br>• 일반적으로 하루 정도의 회의 동안 당면 문제에 대한 일반적인 정보를 시민, 이해관계자, 전문가들에게 제공<br>• 이와 같은 숙의적 시민참여 회의는 종종 실질적인 숙의 자료로 필요한 구체적인 질문을 개발하기 위해 체계적인 검토나 포커스 그룹 인터뷰 등이 선행되기도 함<br>• 숙의 결과는 공식적인 투표나 순위 지정, 또는 전후 의견조사 등을 통해 확인 가능 | • 사회적 논의, 의제선정, 우선순위 설정 등<br>• 세션별로 약 10명 내외<br>• 숙의, 투표 |
| 주민참여예산제 | • 브라질 뽀르뚜 알레그리(Porto Allgre)시 노동자 당에서 | • 지역정부의 투자 |

| | 창안한, 주민 직접참여에 의한 예산통제시스템 | |
|---|---|---|
| (Participatory budget system) | • 지역주민들의 의사에 따라 시 정부 예산의 약 25%에 해당하는 액수를 배정하고 집행하는 시스템<br>• 16개 구(區)에서 교통, 교육·문화, 보건·사회복지, 경제개발·조세, 도시개발 등 5개 주제별 총회 개최<br>• 1차 총회(3-4월) 대규모 시민총회에서 전년도 투자사업 평가 등 정보공유와 시민 요구 수렴 및 대의원 선출<br>• 2차 총회(5-6월) 대의원과 조정관으로 구성되는 중재회의(지역별, 주제별 대의원 포럼)에서 투자우선순위 도출 및 예산 배분 기준 결정<br>• 예산평의회는 주 1회 개최<br>• 기획실은 최종 예산안 작성 및 예산평의회 확정을 거쳐 시장에게 제출 | 우선순위 도출 및 예산배분기준 확정을 통한 예산 통제<br>• 지역주민 전체와 대의원·중재관<br>• 연중 행정조직과 지역주민을 중재하는 중간조직 활성화 |
| 초이스워크 다이얼로그 (Choicework Dialogue) | • 뷰포인트 러닝(Viewpoint Learning)이 개발한 숙의 방법<br>• 대략 40여 명의 시민을 선택한 후 약 8시간의 숙의과정(선택과 절충의 과정)을 통해 공공문제 및 조직정책에 대한 시민의 의견형성을 돕는 과정<br>• 초이스워크다이얼로그는 시민 대부분이 공공문제에 대한 정보가 부족해서 정확한 의견형성이 어렵고, 시민이 의견을 형성하더라도 정치적 이해관계나 가치의 상충관계를 고려하지 못해 전혀 현실성이 없다는 것을 강조<br>• 시민에게 정책 문제에 대해 배울 기회를 제공해 정책이슈에 대한 이해도를 증진시키는 것이 목적이며 단순히 정보교환을 위한 토론보다는 시민의 가치의 우선순위 형성을 지향, 구조화된 숙의 방법 활용<br>• 최대 40명까지 무작위로 선정된 개인이 여러 가지 정책의 목적과 대안을 설명하는 사례자료를 읽고, 단일 정책문제의 해법을 도출<br>• 시작과 끝에 설문조사 실시<br>• 이 결과는 시민이 정책 이슈에 대한 정보를 가지기 전과 후의 가치변화를 제시, 전통적인 여론조사보다 안정적이고 유용한 것으로 평가<br>• 설문 결과는 정부(정책결정자)에게 전달 | • 특정 정책에 대한 문제해결/ 대안 개발<br>• 시민의 가치 형성을 위한 정보제공<br>• 40명 이하<br>• 회의시간 8시간<br>• 숙의 전-후 의견 조사 |
| G1000 | • 주로 네덜란드, 독일, 스페인에서 사용하는 방법<br>• 시민대표회의, 시민포럼, 시민회의 3단계로 진행 후 제안투표 진행<br>  ☞ 무작위로 선정된 시민들이 1일 동안 모여 공동의 비전과 당면 문제에 대해 열린 대화 진행<br>  ☞ 소그룹으로 저녁에 모여 구체적인 제안 도출 | • 정책 현안을 알리고 폭넓은 아이디어와 반응 수렴<br>• 시민패널 18~499명<br>• 다수결 원칙에 따 |

| | | |
|---|---|---|
| | ☞ 다시 회의를 통해 제안을 숙의하고 다수결 원칙에 따라 수용가능한 대안 결정<br>• 참가자들의 서명을 받아 지방정부로 전달 | 라 대안결정 |

## 합의형(약한 합의에 의한) 정론형성

| | | |
|---|---|---|
| 시민배심원<br>(Community<br>or citizens'<br>juries) | • 미국의 네드 크로스비(Ned Crosby)가 개발하고 그가 설립한 제퍼슨 센터(Jefferson Center)에서 주로 사용한 의사결정 방법으로 12-24명의 개인을 무작위 표본추출(random sampling)로 선발하고 4일에서 최대 7일 동안 숙의과정을 통해 정책권고안을 도출<br>• 최근에는 12-24명을 한 단위로 하여 여러개 집단으로 구성해 참여의 포괄성을 증진<br>• 이슈와 관련된 배경자료를 전문가 및 관련자(증인)로부터 전달 받은 후 다양한 관점을 가진 배심원 간 숙의토론을 통해 해결책 모색<br>• 채택된 결과는 문서형태로 만들어져 정부(의사결정자)와 언론(미디어)에 제출, 최종 결의안을 대중에게 공개 | • 특정 정책에 대한 문제해결<br>• 12~24명<br>• 회의기간 4-7일<br>• 숙의, 권고안 제출 |
| 시민패널<br>(Citizens'<br>panels) | • 시민배심원과 유사하지만, 여러 가지 이슈나 하나의 이슈에 대한 여러 차원을 고민하기 위해 장기적 관점에서 정기적인 만남을 가지게 된다는 점이 차이 | • 정책구상, 장기적 계획<br>• 12~24명<br>• 숙의 |
| 시나리오 워크숍<br>(Scenario<br>workshop) | • 지역개발 이슈를 둘러싸고 미래에 있을 법한 일련의 시나리오를 작성한 다음 각각의 시나리오들이 가질 수 있는 문제점들을 여러 측면에서 평가하고 해결방안 및 대안마련(행동프로그램의 작성과 행위자 간 상호이해 및 신뢰구축이 목적)<br>• 현황분석을 기초로 시나리오 작성 ☞ 토론을 통해 참가자 전체의 전망을 수립 ☞ 주제별로 구체적 행동계획을 작성, 권고안 정리·발표<br>• 주로 지역적 차원의 개발계획 수립 등에 활용<br>• 유형별 이해관계자 집단이 참여하되 지방정부, 기술전문가, 지역주민, 기업 등 네 그룹이 균등한 비율로 참여(20~30명), 주로 1박2일의 일정으로 진행<br>• 통상 2일간 운영되며, 참가자들을 역할그룹으로 구성해 대표성을 유지함<br>• 상이한 비전을 가진 지역공동체의 다양한 행위자간 상호이해와 신뢰구축 및 지속가능한 거시적 발전계획 도출 가능 | • 정책구상 및 비전 제시<br>• 25명 내외<br>• 1박2일 숙의 |
| 심의회의<br>(Deliberative | • 정기적인 대면 회의로 과반수 이상의 위원이 참석한 정규회의를 통해 심의하는 정규 심의와 1인 이상의 특정 | • 10-20인 규모<br>• 의견조정과 합의 |

| | 위원에게 심의 권한을 위임해 신속하게 심의하도록 하는 신속 심의로 구분<br>• 심의는 숙의의 동의어로서 안건에 대해 발언과 토론을 통해 각자 자유로이 의사를 표시하고 의견을 교환하며 조정하는 것을 의미<br>• 심의 결과 채택한 합의안이 행정기관에 대해 법적 구속력을 갖는 결정은 아니라는 점에서 의결기관의 의결과 차이 | 형성<br>• 회당 2시간 내외/수회 반복 가능 |
|---|---|---|
| meeting) | | |
| 플래닝 셀<br>(Planning cell) | • 1969년 독일 우퍼탈(Wuppertal) 대학 피터 디에넬(Peter Dienel)이 개발<br>• 주로 정책 이슈에 대한 시민 선호 파악을 위해 활용, 사회문제에 대한 대중의 태도나 믿음의 원인을 이해하거나, 특정 정책대안들에 대한 대중의 반응을 평가하는 목적으로도 사용<br>• 무작위로 선정된 시민들이 25명 내외의 소그룹별로 전문 퍼실리테이터의 도움을 받지 않고 토론을 진행, 세션마다 구성원을 변경<br>• 소그룹 토론 결과는 매번 공개, 전체 논의 결과를 토대로 합의에 기초하는 시민보고서 작성<br>• 한 플래닝 셀당 약 25명의 참가자들이 사흘간 숙의토론 진행, 일반적으로 4개에서 20개 셀로 구성, 100~500명 참여 | • 정책 이슈에 대한 시민 선호 파악<br>• 셀 당 무작위 추출한 시민 참가자 25명 내외<br>• 100-500명 규모 |
| 합의회의<br>(Consensus conferences) | • 덴마크 기술위원회(Danish Board of Technology)가 개발하고 미국 국립과학아카데미(National Academy of Sciences)도 수용한 합의회의(Consensus Conference)는 정책이슈에 대한 시민의 평균 견해를 확인하는 것이 목적<br>• 합의회의는 10명에서 20명의 시민으로 구성된 '시민패널'과 해당이슈의 전문가로 구성된 '전문가패널'로 구성<br>• 시민 패널은 사전에 이슈와 관련된 각종 정보를 제공받고 전문가 패널의 질의응답을 통해 시민의 의견을 발전시키고 최종 결과(일반시민의 평균 견해)를 도출<br>• 합의회의에서 전문가패널은 일반시민이 아니기 때문에, 정보제공의 역할을 맡을 뿐 최종 결과는 오직 시민 패널의 의견만을 반영<br>• 최종 결과는 전문가패널이 보고서로 작성해 정부(의사결정자)에게 전달<br>• 합의회의의 표본은 일반 대중 가운데 광고를 보고 참가할 것을 신청한 이들 중에서 인구사회학적 분포에 따라 선출(일반적으로 집단을 대표할 수 있도록 15명 내외로 | • 의제설정<br>• 20명 이하 무작위 추출<br>• 숙의, 권고안작성 |

구성된 시민패널이 참가, 무작위추출)
- 다양한 전문가의 의견을 듣고 취합해, 정부가 해야 할 행동을 권고 형태로 제시
- 시민 패널과 주제별 전문가가 한쪽에 편중돼서는 안 됨
- 시민 패널은 보고서를 작성해 주요 결과를 종합하고 합의에 기초하는 권장 사항을 작성

자료: Santé Canada(2000), OECD(2002), Bachtiger et al.(2018), 심준섭 외(2018), 박해육·김지수 (2018), Bua & Escobar(2018), 하동현(2020), OECD(2020) 등의 수정·보완

## 3. 합의형성 모형

합의형성(consensus-building)이란 원칙적으로 다수결 원칙에 의존하는 의사결정 방식이 아니라 상호 간의 동의(agreement)를 원칙으로 하는 의사결정 방식이다. 때문에 3a, 3b, 3c 모형은 모두 합의형성을 지향한다고 하지만 각각의 모형에서 사용되는 합의의 개념이 미묘하게 다를 수 있음에 주의해야 한다. 먼저 전문가를 대상으로 하는 합의형성(3a)이나, 이해관계자를 대상으로 하는 합의형성(3b)은 그 본질에 있어서 대동소이하다. 전자가 전문적 식견을 바탕으로 특정 쟁점에 대한 합의를 추구한다면, 후자는 각자의 이해관계에 따라 쟁점에 대한 합의를 추구한다는 것이 다를 뿐이다. 반면, 일반 시민들을 대상으로 추구하는 합의형성(3c)은 종종 헌법적 질서에 준하는, 새로운 사회계약 수준에 이르는 대타협을 지향한다는 점에서 앞선 두 가지 합의형성 모형과 질적으로 차원을 달리한다. [그림 5-4]는 합의형성 모형에 속하는 공론화 기법들을 숙의 정도와 참여자의 수라는 관점에서 분류한 것이다. 일반적으로 3b 모형에 속하는 기법들이 숙의의 정도가 높고 대표성의 조건이 엄격하며, 참여자의 수가 제한적임을 알 수 있다.

### 3a(엘리트 시민 합의형성) 모형의 특징과 적용 기법

앞서 2a 모형에 대한 설명에서도 언급했듯이 전문가 집단 내에서의 정론형성이 가능하다면 합의형성 역시 가능하다고 할 수 있다. 다만, 전문가들을 대상으로 하는 공론화의 의제는 '무엇이 옳은가?', '무엇이 진리인가?'라는 질문을 피해야 한다. '진리는 다수결로 결정되지 않는다'는 교황 베네딕토 16세의 직설(直說)처럼 무엇이 옳고, 무엇이 진리인지를 공론화로 결정할 수는 없는 일이다. 대다수 전문가

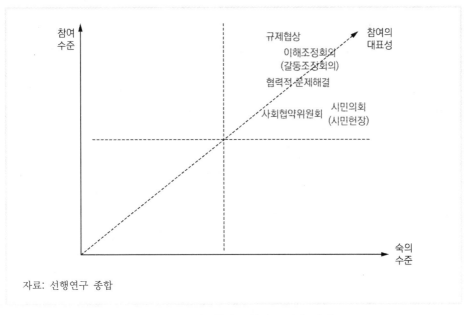

[그림 5-4] 합의형성 모형의 공론화 기법

에게 진리란 '순수한' 과학적 탐구의 산물일 뿐, '합의'의 대상이 아니기 때문이다. 설사 진리를 전문가 공동체 사회의 '합의'로 보는 관점을 수용한다 해도 '진리'의 문제를 사회적 공론장에서 검증하고 인정받으려 하지 않을 것이다. 그들에게는 전통적으로 학회와 심포지움 등, 전문성과 수월성(秀越性)을 검토하는 동료평가(peer review) 기제가 탄탄하게 구축되어 있다. 때문에 여기에서 진리를 '객관적 진리'로 보든, 전문가 공동체 내부의 '합의'로 보든, 전문가 집단 내부의 합의형성은 전문가 집단 내부의 고유한 작동 논리로 풀어가는 게 맞다.

## 공론화와 '진리'의 사회적 구성

과학자 공동체 내부의 고유한 작동 논리에 대해서는 프랑스 사회학자 피에르 부르디외(Pierre Bourdieu, 1976)의 연구를 참조할 수 있다. 고전적인 과학사 연구는 내적 접근법과 외적 접근법 가운데 어느 하나의 접근방식을 취하는 게 일반적이다. 내적 접근법은 과학이론을 발견한 주요 연구자들을 중심으로 각 분야의 과학 개념과 이론이 어떻게 변화되며 오늘에 이르렀는지를 살펴보는 것으로 과학적 실천은 순전히 이성의 활동이라는 견해를 밝힌다(cf. Koyré, Kuhn 등). 외적 접근법은 과학의 태동과 형성, 공고화 과정이 특정 사회·문화적 배경을 바탕으로 이루어졌음에 주목하며 그에 대한 사회적 필요성, 이데올로기 등의 영향과 과학적 요인과 사회적 요인의 상호작용 과정에 주목한다(cf. Marx, Durkheim 등). 즉, 전자는 과학이론이 잉태되어 세상에 드러나는 논리적 과정을 주요 연구대상으로 하고, 후자는 과학이 탄생하는 사회적 맥락 속에서 벌어지는 연구자들의 투쟁 과정에 주된 관심을 둔다(은재호, 2016: 304).

이처럼 내적 접근과 외적 접근이 첨예하게 대립하는 과학계의 작동 논리에 대해 부르디외는 이를 극복할 수 있는 대안적 개념으로 자신의 장(場, champ) 이론과 결합한 과학장(champ scientifique, scientific field) 개념을 제시했다. 단순화의 위험을 무릅쓰고 이를 간략히 요약하자면 과학장 내부에서 지배적인 위치를 차지하는 이론 즉, 과학적 진리란 그것이 반드시 '순수한' 과학적 자본(이론의 적실성에 대한 동료들의 인정) 때문만도 아니고, '제도화된' 과학적 자본(정치적 활동의 산물로 획득하는 지위와 권력) 때문만도 아닌, 양자의 축적과 상호작용의 결과로 구성된다. 그렇다면 우리 사회가 과학적 진리에 더 가까이 다가가는 방법은 공론화의 공적 판단(public judgment)을 통해 무엇이 진리인지를 합의로 결정하는 것보다 그것이 과학장 내부의 투쟁(경쟁과 협력)을 통해 서서히 구성될 수 있도록 고도의 자율성을 보장하는 것이 더 신뢰할 수 있는 방법임을 알 수 있다.

다만, 전문가 집단 내에서의 합의는 정책적 판단이 시급히 필요한데 과학적 불확실성이 높아 누구도 자신 있게 '정답'을 말하지 못하는 상황에서 유용하게 작동할 수 있다. 예를 들어 코로나19와 같이 새로운 감염병 출현으로 현 지식 체계가 도전받는 상황이지만 그에 대한 대안이 분분할 뿐 다수설로 확립된 이론 체계가 없을 때 전문가 집단의 의견을 다양하게 청취함으로써 즉각적인 대응 방안을 마련할 수 있다. 이때 사용될 수 있는 방법은 2a 모형에서 사용했던 것과 같은 공청회, 포커스 그룹 인터뷰, 공론조사나 초이스 워크 다이얼로그 등이 될 수 있다.

### 3b(이해관계자 합의형성) 모형의 특징과 적용 기법

이해관계자 중심의 합의형성 공론화로는 표결이 아니라 100% 합의에 기초해 의사를 결정하는, 이른바 '강한' 합의를 지향하는 사회적 대화(social dialogue)와 대체적 분쟁해결제도(Alternative Dispute Resolution, ADR) 방식들이 포함된다. 예컨대 직접 이해당사자들의 공식적 대표자들이 모여 구체적인 이익과 선호의 교환을 통해 쌍방의 명시적 동의를 추구하는 노사정 대화를 필두로 이해관계자 대표들 사이의 윈－윈 협상을 도모하는 규제협상(regulatory negotiation)과 조정(mediation), 그리고 작은 공중의 전통에서 고안된 시나리오 워크숍(scenario workshop) 등이 이 범주에 속한다.

이 기법들은 오직 이해관계자들 사이의 합의형성에만 적용되는 기법들이고, 따라서 다른 어떤 기법들보다 의사결정의 효력이 명확하고 정치적으로 악용될 우려도 상대적으로 적은 편이다. 다만, 국가 공동체 전체의 관점에서 문제의 해법을 찾기보다 양방의 거래와 타협을 통해 문제를 해결하고자 한다는 점에서 아쉬움이 전혀 없는 것은 아니다. 이런 방법은 양쪽의 힘이 대등할 때 정의를 회복하는 수단이 될 수 있으나, 양쪽의 역관계가 대등하지 않다면 합의의 압력을 상대적으로 더 크게 받는 약자의 희생을 담보로 할 가능성도 없지 않다. ADR이 사인 간 분쟁을 해결하는 데 크게 이바지하는 것은 사실이지만 그 적용대상이 지나치게 확장되면 국민의 준법정신이나 법치주의 이념을 퇴색시키고, 국민의 재판 받을 권리를 침해할 우려가 있다는 점에서 공법 영역에의 적용은 바람직하지 않다는 주장도 있다(정동윤, 1992: 18, 류승훈, 2001: 2).

### 협상 · 조정과 공론화

협상과 조정을 통한 이해당사자들의 합의형성을 공론화의 한 형태로 보는 연구는 많지 않다. 필자의 과문이 아니라면 참여적 의사결정이나 작은 공중에 할애된 대부분의 해외 문헌은 협상과 조정을 통한 대체적 분쟁해결을 공론화의 일 범주로 상정하지 않는다. 오히려 국내 문헌 가운데 공론화 모델을 선택하는 요건과 유형을 압축적으로 정리해 제시하는 이강원·김학린(2020)의 연구에 이르러 이해당사자 간 합의형성이 공론화의 한 형태로 편입되었다.

이들은 공론화의 목적에 부합하는 공론화 모델을 선택하는 것이 중요함을 강조하며 유형 구분 기준으로 참여자의 특성, 갈등 존재 여부, 공론화의 목적 세 가지를 교차시킨다. 이 표가 분류하는 이해관계자 중심(ADR 확장형) 공론화가 이 연구의 3b 유형 즉, 이해관계자 합의형성 공론화를 의미한다. 이러한 접근은 공론화에 관한 한국인의 언어실천과 인식 세계에 조응하는 것으로 한국 사회의 맥락적 특수성을 잘 보여주는 것이라고 평가할 수 있다.

〈표 5-8〉 한국형 공론화 모델 유형

| 공론화의 목적 〈br〉 비용/편익·참여자의 특성 | | 의제발굴 및 구체화형 | 찬반 등 옵션선택형 | | 합의형성형 | |
| --- | --- | --- | --- | --- | --- | --- |
| | | 갈등발생 전 | 갈등발생 전 | 갈등발생 후 | 갈등발생 전 | 갈등발생 후 |
| 비용-편익 집중 ⇕ | 이해관계자 중심: ADR 확장형 | | 시나리오 워크숍 | 숙의적 공공참여회의 | hybrid A (공공토의+협의체) | hybrid B (협의체+숙의여론조사) |
| 비용-편익 분산 | 일반시민 중심: 참여적 숙의 모델 | 공공토의 모델 | 숙의여론조사 | 시민참여형 조사 | 합의회의, 시민배심제, 플래닝 셀 | |

출처: 이강원·김학린(2020: 251)

### 3c(일반 시민 합의형성) 모형의 특징과 적용 기법

일반 시민을 대상으로 합의형성을 추구할 때 사용할 수 있는 기법은 주로 잠재적 또는 명시적 갈등 이슈를 중심으로 정책결정자, 전문가, 이해관계자들이 모여 밀도 있는 숙의를 통해 공동의 비전과 해법을 도출하는 협력적 문제해결(collaborative problem-solving)과 시민의회(citizens' assembly) 모델, 그리고 시민의회 모형을 발전시킨 동부벨기에 모델(Ostbelgien model) 등이 있다. 이 모델들의 특징은 처음 시작할 때부터 공적 의사결정기구, 예컨대 의회와 정부로부터 공식적인 인정을 받고 그 합의를 존중하겠다는 명시적 선언과 함께 출범한다는 것이다.

특히 기존 대의민주주의 체제에서 제도화된 의회가 있음에도 불구하고 시민들의 직접 참여를 통해 합의 구축을 시도하는 시민의회 모델과 동부벨기에 모델은 기존 의회가 정쟁으로 인해 마비되었거나 의회의 대표 기능이 원활하게 작동되지 않을 때, 또는 의회에 직접 관련된 사안으로서 의회 자신이 이해관계자가 될 때 선택하는 방법이다. 실제로 헌법 개정이나 의회제도 및 선거제도의 개혁, 의회 의원들의 신분과 처우에 관한 규정 등을 다룰 때 대표성을 갖춘 일반 시민들의 직접 참여를 바탕으로 숙의와 표결을 통해 합의적 의사결정(consensual decision-making)을 시도하면 교착상태(deadlock)에 빠진 국정운영의 돌파구를 마련하는 데 효과적일 수 있다.

258 ▮ 제5장 공론화의 3차원과 실행모형

그러나 이때의 합의는 앞서 살펴본 이해관계자 합의형성 모형처럼 만장일치를 추구하는 게 아니라 80% 이상의 압도적 동의(overwhelming agreement) 또는 '사실상' 만장일치를 추구하는 경우가 대부분이다. 엄격한 의미에서의 합의 즉, '강한' 합의는 종종 우리가 상상하고 기대하는 이상적 상황으로 끝날 때가 많기 때문이다. 모든 경우에 합의가 이루어지는 것도 아니지만, 시한을 정해놓지 않고 무한정 숙의를 진행한다고 해서 반드시 만장일치에 의존하는 '강한' 합의에 도달한다는 보장도 없다. 오히려 숙의는 많은 경우에 서로의 다름과 차이를 확인해주는 계기가 될 뿐, 합의에 이르는 지름길이 아니라는 보고가 적지 않다. 게다가 충분한 숙의 후에도 합의형성이 여의치 않을 때가 있거니와, 어떤 형태로든 '결정'을 내려야 한다면 결국 표결로 귀결할 수밖에 없는데 이런 경우에는 공론조사, 초이스 워크 다이얼로그 등의 표결 방식과 연계하는 것도 대안이 될 수 있다. 래퍼렌덤(referendum)이든 플레비사이트(plebiscite)든, 숙의가 동반되지 않는 표결보다는 오랜 숙의 끝에 행해지는 표결이 합의에 더 가까울 것이기 때문이다.

---

### 레퍼랜덤과 플레비사이트

레퍼렌덤과 플레비사이트는 둘 다 직접민주제의 한 형태로서 공히 국민투표를 일컫는 다른 용어다. 전자는 특정 법안에 대한 국민의 승인 혹은 거부 의사를 확인하기 위해 사용되는 경향이 있고, 후자는 EU 가입이나 탈퇴, 영토의 변경·병합처럼 특정 의제와 관련해서 사용되는 경향이 있다. 다만, 플레비사이트의 경우에는 프랑스 대통령 드골의 재신임 투표(1969)나 한국 대통령 박정희의 10월유신(1972)처럼 지배자가 그 권력의 정당성을 획득하기 위해 실시하는 경우가 많아 흔히 권위주의 정치체제의 특징으로도 분류된다.

---

따라서 일반 시민을 대상으로 하는 합의형성 기법과 합의형 정론형성은 그 의사결정 방식이 대동소이하지만, 합의형 정론형성 기법이 주로 구체적인 정책의제를 대상으로 20-50여 명의 소수 대표자가 모여 숙의를 진행하고 '약한' 수준(약 60% 이상~80% 미만)의 합의를 지향하는 반면, 일반 시민 합의형성 공론화는 100-150여 명에 이르는 상대적으로 더 많은 수의 시민이 모여 주로 거시적 의제 즉, 법률이나 헌법 개정 또는 노동·복지·교육·생활 규범 등 새로운 사회계약과 관련된 주

제들을 논의하기 위해 활용된다. 그것은 후자가 전자보다 더 '강한'(약 80% 이상) 사회적 동의가 필요함에 따라 더 많은 참여자를 통해 사회적 정당성을 확보할 필요성에서 기인한다.

〈표 5-9〉 합의형성을 위한 공론화 기법

| 기법 | 주요특징 | 목표/규모/방법 |
|---|---|---|
| 표결형 | | |
| 시민의회<br>(Citizens<br>Asssemblies) | • 캐나다 브리티시-컬럼비아(British-Columbia)주에서 개발한 방법<br>• 지역 선거구마다 남자 한 명, 여자 한 명의 지역대표를 무작위로 선정<br>• 시민의원은 전문가의 도움을 받아 당면이슈에 대해 학습<br>☞ 시민의원은 당면이슈에 대한 지역적 의견 차이를 확인하기 위해 공청회에 참여, 중립적 정보 획득<br>☞ 획득한 정보를 기반으로 숙의 진행<br>☞ 표결<br>• 이 과정을 통해 지역의 의견 차이를 확인하고 이를 조율해 모든 지역이 동의할 수 있는 최종 권고안을 작성 (일정 요건을 충족하면 투표로 채택 여부를 결정)<br>• 회의결과는 주지사를 비롯한 의사결정자에게 전달 | • 시민이 생각하는 가치의 우선순위 파악<br>• 100-5,000명<br>• 자유로운 토론과 숙의, 권고안 제출 |
| 동부 벨기에 모델 | • 상설 대표숙의기구와 대표 숙의절차를 결합한 형태로 가장 최근에 개발된 모델<br>• 숙의 및 참여 과정에 일반 시민들과 실무자, 학자, 전문가 참여<br>• 6개월마다 집단의 1/3이 순환되어 무작위로 선택된 시민으로 대체. 정치인들이 먼저 교체되고 추첨을 통해 선발된 시민들 교체<br>• 시민회의는 정책 이슈와 관련해 최대 3개의 임시 시민패널을 출범시킬 수 있음<br>☞ 각 시민패널은 무작위로 선정된 25~50명의 시민으로 구성하고 3개월 동안 최소 3회 이상 회의 진행 | • 시민들이 직접 정책의제설정<br>• 24(시민 위원회 무작위 6인, 정치인 6인, 시민 무작위 12인)<br>• 시민패널을 통한 만든 대안을 지역 의회에 제출 |
| 만장일치형 | | |
| 규제협상<br>(Negotiated<br>rule-making) | • 규제기관과 이해관계자 집단이 협상을 통해 합의된 규제안을 도출하는 제도<br>• 규제협상대상으로는 이익집단의 대표체계가 잘 갖추어진 조직화된 집단이 존재하고 이 집단이 대표성을 가질 수 있는 이슈에 적합 | • 규제안 작성<br>• 이해관계자 대표<br>• 수일 동안의 협상 |

| | | |
|---|---|---|
| | ① 규제협상을 적용할 이슈 및 이해관계자를 파악 ☞ ② 주관자 선정 ☞ ③ 규칙제정위원회 설치 ☞ ④ 이해관계자 간 구체적인 규제협상 ☞ ⑤ 규제합의안 도출 ☞ ⑥ 행정기관이 규칙제정안 작성 | |
| 이해조정회의 (Conciliation, Non-binding mediation) | • 갈등조정이란 중립적인 제3자가 갈등상태에 있는 둘 이상의 당사자가 자신들의 문제를 해결하도록 돕는 과정<br>• 조정은 갈등 당사자의 주장을 듣고 판결을 내리는 재판과는 다르게, 당사자가 스스로 문제를 해결할 수 있도록 도와주는 과정이며, 조정자는 그러한 과정을 이끌어가는 역할을 수행<br>• 따라서 조정자는 의사결정에는 관여하지 않고, 당사자 간의 원만한 대화와 논의, 합의가 이루어질 수 있도록 진행과정을 설계하고 돕는 역할을 수행<br>• 갈등조정협의회는 다수의 이해관계자가 다양한 입장과 견해, 이해관계의 차이로 인해 갈등이 발생하였으나, 발생한 갈등을 이해관계자 스스로 합의나 협상에 의해 해결하지 못하는 경우에 활용하는 갈등 조정의 한 방법<br>• 갈등조정협의회에는 이해관계자 간 대화를 촉진하고, 상호 이해를 도모하고, 이해관계자가 합리적인 결과를 도출할 수 있도록 지원하는 객관적이고 공정하고 신뢰할 수 있는 중립적인 제3자, 즉 갈등조정인이 참여 | • 당사자 합의를 통한 갈등(이해) 조정<br>• 이해관계자 집단 대표<br>• 수일-수개월 (약 3-6개월) 동안 조정자의 조력을 받아 당사자 협상 |
| 협력적 문제해결 (Collaborative problem-solving) | • 숙련된 촉진자(퍼실리테이터)의 도움을 받아 이해관계자들이 모여 관련자 모두의 모여 핵심 이해관계와 문제를 정의하고 해결책을 모색하는 방안<br>• 공적/사적 자원의 최적 활용으로 사회적 신뢰 제고에 기여<br>• 사전 컨설팅 ☞ 이슈 평가 및 프로세스 디자인 ☞ 참여자 준비 ☞ 합의형성 ☞ 집행 5단계로 진행<br>• 이슈와 이해관계자 집단이 명확하게 존재하고 아직 해결책이 결정되지 않았을 때, 협상과정을 지원할 수 있는 충분한 자원이 주어지고 합의에 이를 만큼 시간적으로 충분한 여유가 있을 때 그리고 사회적 환경이 협상에 우호적일 때 활용 가능<br>• 다부처, 다기관 관할 사항일 때 특히 효과적 | • 이해관계조정<br>• 이해관계집단의 대표자 수 명<br>• 협상/조정을 통한 의사결정 (만장일치 우선, 만장일치 어려울 때 예외적으로 절대 다수결) |

자료: Santé Canada(2000), OECD(2002), Bachtiger et al.(2018), 심준섭 외(2018), 박해욱·김지수 (2018), Bua & Escobar(2018), 하동현(2020), OECD(2020) 등의 수정·보완

# 제6장
# 공론화 실행모형과 적용사례

'탈진실의 민주주의의'는 [...] 더 이상 민주주의가 아니다.

위르겐 하버마스

Eine "Post-Wahrheit-Demokratie" [...] wäre keine
Demokratie mehr.

Jürgen Habermas

# 06 공론화 실행모형과 적용사례

  이 책의 제5장은 공론화의 한국어 용례에 따라 공론화 실행모형으로 구성한 3개 모형 즉, 의제형성 모형, 정론형성 모형, 합의형성 모형의 구체적인 적용 맥락과 실행 기법을 살펴보았다. 이어지는 6장에서는 공론화의 구체적인 적용사례를 살펴보며 각각의 기법에 내포된 장점과 단점, 기여와 한계를 비교해봄으로써 제7장에서 논의하게 될 구체적인 실행전략(매뉴얼)의 적용 팁을 추출해보고자 한다. 모든 사례는 그 자체로 각 사례의 고유한 맥락과 특성을 웅변하지만, 어느 것이든 '탈진실'(post-Truth)의 시대에 사회적 합의를 통해 '진실'을 구성하고자 노력했던 동·서양의 경험을 보여준다는 의미에서 하나하나가 매우 소중한 사회적 실험이다.

  랄프 케예스(Ralph Keyes)가 말한 것처럼 진실을 말하지 않아도 문제가 되지 않는 사회적 맥락과 이를 부추기는 사회의 작동 방식이 곧 '탈진실'이라면 탈진실의 시대에 범람하는 '대안적 사실'(alternative facts)은 오직 사실 확인(fact check)을 통해서만 진위가 밝혀질 터이다. 그러나 서로 다른 의견의 교류가 없는 사실 확인은 그 자체로 또 하나의 '대안적 사실'에 머무르며 사실과 사실의 충돌만 가져와 탈진실을 더욱 부추길 수 있다. 동·서양을 막론하고 모두가 인정하는 사실과 진실은 어느 일방에 의한 타방의 검증이 아니라 서로 다른 일방과 타방의 인식적 상호작용과 그를 통한 상호 이해와 합의가 있을 때 만들어질 수 있다. 제6장은 이러한 인식적 상호작용의 구체적인 사례를 들여다보며 그것을 우리 사회에 적용할 때 발생할 수 있는 다양한 효과를 가늠해보고자 한다.

　　의제형성 모형의 공론화 기법으로는 자문회의(자문위원회), 라운드테이블(원탁회의), 포커스 그룹, 공청회 등 우리 사회에 이미 익숙해진 관습적 참여(conventional engagement) 기법들로부터 공공토론, 타운홀 미팅, 이슈포럼 등, 비교적 생소한 기법들에 이르기까지 그 종류가 무척 다양하다. 이들 기법은 10여 명에 불과한 소수부터 5000명에 달하는 다수에 이르기까지 참여자의 규모를 탄력적으로 운영할 수 있고, 토론과 숙의 시간도 수 시간부터 수일, 수개월에 달해 공론화의 조건과 상황은 물론 기획자의 의도에 따라 공론화 방법을 신축적으로 운영할 수 있다는 장점이 있다. 그런데 여기에서 우리가 주목할 것은 이러한 기법들이 단순히 특정 정책부문의 의제 설정을 위해서만 사용되는 것이 아니라 탈진실의 시대에 전 국민적 에너지를 모아 국가·사회의 미래 비전을 건설하는 사회통합의 도구로도 사용될 수 있다는 사실이다.

---

### 포스트 트루스, 탈진실

　　포스트 트루스(post−truth, 탈진실)는 2016년도 말에 영국 옥스퍼드 사전이 뽑은 '올해의 단어'다. 영국의 EU 탈퇴(Brexit) 여부를 묻는 국민투표와 미국 대통령 선거가 있던 2016년에 '포스트 트루스'라는 용어의 사용 빈도가 전년 대비 20배 증가했다. '포스트 트루스'는 객관적 사실보다 개인의 감정과 신념이 여론 형성에 더 큰 영향을 미치는 상황과 사회의 작동 방식을 뜻하지만, 그게 다는 아니다. 포스트 트루스는 정보가 많아질수록 허위 정보와 가짜 뉴스(fake news)도 넘쳐나 단순히 정보 유통량이 많아진다고 해서 진실에 더 가까이 다가갈 수 있는 건 아니라는 것을 웅변한다. 이 역설을 바로잡을 수 있는 것이 공론화를 통한 인식적 상호작용이다. 이것이 이 책의 핵심적인 주장 가운데 하나이다.

# 1. 정책의제 진단과 형성

## 알메달렌 정치주간(스웨덴)[1]

스웨덴은 정치박람회를 통해 주요 정책과 국가적 이슈를 공론화하는 축제형 모델을 발전시켜 왔다. 여기에서 '축제형' 모델이라는 것은 주제나 참여자에 대한 특별한 제한도 없고 참여 방법에 대한 정형화된 틀도 없다는 것을 의미하는데, '알메달렌 주간'(Almedalen Week)이 가장 대표적인 예다. 알메달렌 주간의 기원은 매우 우발적이다. 1968년, 당시 총리 내정자인 올로프 팔메(Olof Palme) 사회민주당 대표가 본인의 여름휴가 동안 고틀란드 섬 비스비(Visby) 시의 알메달렌 공원에서 트럭 짐칸에 올라 다른 휴가객들과 격의 없는 대화를 나누었다. 이를 시작으로 총리의 연설이 연례행사로 개최되자, 사회민주당을 필두로 다른 정당들이 참여하면서 점차 확대되다가 1982년 스웨덴 정당 대부분이 참여하는 알메달렌 정치주간으로 공식화되었다. 이어서 1994년부터는 시민단체, 노조, 경영자 단체, 언론, 학계 등이 참여하는 대규모 행사로 발전했고, 2000년대에는 스웨덴의 대표적인 정치 축제로 자리 잡았다. 그래서 인구 1000만이 안 되는 나라의 휴양지 비스비에서 매년 1,000개가 넘는 세미나, 정당·정치인과의 대화, 단체활동 소개, 연구 결과 발표 등 정치적 행사를 비롯해 길거리 연주회, 연극 공연 등 다양한 행사와 자유로운 시민 참여가 이루어진다.

유럽과 북미의 정치지도자가 초청되어 국제적 행사로 위상이 확대된 알메달렌 정치주간은 매년 27주차(대개 7월)에 8일 동안 개최되며, 고틀란드 지방정부 주관 하에 스웨덴 8개 정당의 고틀란드 지구당이 조직위원회를 구성해 운영한다. 이들이 주체가 되어 개최하는 공식 프로그램이 흔히 알메달렌 주간(Almedalsveckan)으로 불리는 정치박람회고, 공식 프로그램에는 중앙과 지방의 정치인과 언론인, 노동조합, 사회단체 활동가 등 일정 기준을 충족하는 프로그램을 제안하는 단체 또는 사람 누구나 참여하되 오직 공적 이슈를 다루는 정치토론 프로그램만 제안할 수 있다. 이와 별도로 조직되는 문화 프로그램은 누구나 자유롭게 조직할 수 있으며 카페, 식당, 선상, 야외, 길거리 등 다양한 장소에서 자유롭게 펼쳐지는 정치토론과 어우러지며 전형적인 휴가철 모습을 재현한다.

---

1 알메달렌 정치주간에 대한 자세한 논의는 https://almedalsveckan.info/english 참조.

2000년대 이후 매년 평균 10만 명 이상이 참가하며 참여 기관도 확대되는 추세다. 초기 6개 기관으로 시작해(1998), 50개(2001), 250개(2005), 560개(2009년) 기관의 참여로 확대됐다. 2013년 기준 매일 약 4만 명, 누적 참가인원 32만 명 이상이 참가했으며 총 2,285개 세미나가 열리고, 전 세계 729명의 언론인이 참석하는 등 사회적 관심이 집중되었다. 공식 프로그램의 주를 이루는 정당 연설회는 의석수나 당원 수에 상관없이 하루 한 차례, 모든 정당에게 동등하게 배분된다. 2021년 정치주간은 코로나19의 여파로 7월 4일부터 7월 7일까지 온라인으로 진행됐다.

정치가 의회라는 폐쇄적인 공간을 넘어 알메달렌 공원이라는 넓은 공적 공간으로 확장되며 회의장이 주는 형식이나 국회의 의석수 제한 등에서 벗어나 자유로운 정치토론과 소통이 이루어진다. 격식에 얽매이지 않는 행사를 통해 총리와 장관, 정당 당수들과 시민이 격의 없는 대화를 나누는 기회를 마련하고, 시민이 정치를 쉽게 접할 수 있도록 함으로써 시민참여를 활성화하고 정치 신뢰를 제고하는 데 기여한다. 토론은 찬반으로 나뉜 의견 대립 형식보다 자유로운 브레인스토밍 방식으로 이루어지며 이런 과정에서 자연스럽게 갈등을 조율하고, 자유롭게 정책을 논의하며, 풍부한 정보를 공유하는 기회로 작동한다.

알메달렌 주간 동안 제시된 정책은 세미나와 토론을 거쳐 시민들의 의견이 반영된 새로운 정책으로 거듭나며, 선거에서 시민 매니페스토 형태로 제시된다. 정치주간 행사가 언론을 통해 집중적으로 방송·보도됨으로써 직접 참여하지 않았던 시민들도 각 정당의 정책에 대해 판단하고 숙고할 수 있는 기회를 갖게 된다. 또 시민들이 각 정당의 정책을 비교할 수 있게 됨으로써 공정한 정책경쟁이 이루어지고, 토론 결과와 시민 여론의 환류과정(feedback)을 통해 민의를 보다 잘 반영하는 새로운 정책이 도출된다.

### 고준위 방폐장 공공토론(프랑스)[2]

프랑스 역시 스웨덴과 비슷하게 축제형 공론화 모형을 발전시켰다. 다만, 국가공공토론위원회(Commission Nationale du Débat Public, 이하 CNDP)라는 중앙행정기관을 통해 정부 주도로 진행함으로써 스웨덴보다는 더 정형화되고 공식화의 정도

---

2 이에 대한 자세한 소개는 https://www.debatpublic.fr/ 참조. 프랑스 공공토론 사례 분석은 한국행정연구원 정철주 위촉연구원의 도움에 힘입었다.

가 더 높은 형태의 공론화 방식을 개발했다. 그렇다고 조금 있다 살펴보게 될 21세기 타운홀 미팅처럼 숙의적 전통을 이어받아 명확한 토론규칙을 가진 '작은 공중'의 형태를 띠는 것은 아니다. 프랑스식 공공토론은 숙의 방법도 다양하고 참여의 범위도 훨씬 넓어, 특정한 숙의 방법이라기보다는 다양한 형태의 참여와 숙의를 조합하는 참여적 의사결정의 한 형태라고 보는 게 더 정확하다.

예를 들어 한국에서 그런 것처럼 프랑스 사회에서도 난제 가운데 난제인 고준위 핵폐기물 심지층 처분장(Centre Industriel de Stockage Géologique, 이하 씨제오 CIGEO) 건설 관련 공론화를 보자. 프랑스는 고준위 방폐물 및 장주기 중준위방폐물 처분장 선정을 위한 조사를 1980년대부터 시작했으나 그 과정에서 지역주민들의 거듭된 반발과 갈등으로 난항을 겪던 중, 1990년 총리가 정부 주도 부지선정 절차의 중지를 발표하고 본격적인 시민참여 공론화 단계를 거쳐 입지선정 절차에 돌입하기로 했다. 그리고 '1991년 12월 30일 법 n° 91－1381'(일명 바타이유 법)을 계기로 본격적인 공론화 단계에 접어들었다.

## 프랑스 국가공공토론위원회(CNDP) 설립 배경

CNDP의 설립은 우연이 아니다. 프랑스는 2차 세계대전 이후, 1950년대 말에서 80년대 초반에 이르기까지 비약적인 경제발전을 이루었다. 그러나 흔히 '영광의 30년'(Trente glorieuse)이라고 불리는 이 기간은 일방적인 국책사업 추진과 그에 따른 공공갈등의 심화를 함께 목도한 시기이기도 하다. 따라서 이 기간에 주요 국책사업이 지연되거나 백지화되는 경우가 자주 일어났고 이러한 경험에서 영미식의 대체적 분쟁해결제도(ADR)와 구별될 수 있는 '프랑스식 공공갈등관리' 방안이 정착되기 시작했다. 특히, 1980년대에 들어와서 전개된 두 건의 환경분쟁은 시민참여에 기초하는 공론장 형성과 이를 통한 의사결정의 필요성을 자각하는 계기를 마련했다. 하나는 고속철도 지중해선(TGV－Méditerranée) 건설사업과 관련된 분쟁으로 5년 동안(1989－1994) 건설부 장관 네 명의 사임을 불러와 그 정치적 파장이 만만치 않았다. 다른 하나는 프랑스 중부에 위치하는 르와르(Loire) 지방 재개발 사업과정에서 환경운동가들의 반대로 11개 보 건설 사업계획 가운데 3개 보 건설계획을 철회하고, 기건설된 2개 보를 해체함으로써 전통적인 정부주도형 사업에 제동이 걸린 사건이다. 이러한 경험을 바탕으로 제도화된 CNDP는 '중대한 사회·경제적 효과를 가지거나, 환경 또는 국토개발에 중대한 영향을 미치게 되는 국토개발 사업과 설비사업'의 전반을 감독하며 공공토론을 통해 사업의 목적, 적정성, 특징 등 사업 전반에 대해 공공 의사를 수렴·반영해 사업의 효율적 진행을 도모할 것을 목표로 한다.

CNDP가 주관한 방사성 폐기물 관리에 대한 제1차 공공토론은 2005년에 시작해 2006년 초까지, 15년 동안의 연구 성과를 토대로 고준위 방폐물 처분 방식에 대한 시민들의 의견을 물었다.[3] 곧 임시저장을 할 것인지, 혹은 심지층 처분을 할 것인지에 대한 시민들의 판단을 구하는 내용이었다. 이를 위해 원자력위원회(Conseil d'Energie Atomique)가 일반 시민을 위해 최초로 방사성 폐기물 관리 기술(저장 및 분리–전환)에 대한 보고서를 작성하고 이를 학습 자료로 제공했다. 그리고 연인원 3,000여 명이 참여한 13회의 공개토론회를 거쳐 다양한 의견을 두 가지 대안으로 수렴했다. 첫 번째는 '책임과 행동 윤리'를 기반으로 사용후핵연료의 회수가능성(가역성)[4]을 확보하고 뷔르(Bure) 지역에 심층 저장하는 방안이다. 두 번째는 '대비 윤리'에 중점을 두고 심층 저장 전에 '현장 실험'을 실시하는 방안이다. 정부는 이 토론 결과와 원자력안전청(Agence de Sécurité Nucléaire)의 평가를 기반으로 2006년 방사성폐기물 법('2006년 6월 28일 법 n° 2006–739', 일명 계획법)을 제정, 고준위 및 장주기 중준위 폐기물 장기 관리를 위한 준거 해결책으로 임시저장이 아닌 심지층 처분을 선택하고, 최소 100년 이내에 다른 선택을 할 수 있도록 가역성(revesibilité)의 선택권을 남겨두었다.

CIGEO 프로젝트에 대한 두 번째 공공토론은 2013년 5월부터 2014년 1월까지, 9개월 동안 진행됐다. 이는 2006년 법이 규정하는 심지층 처분 관리 방법을 기초로 고준위 방폐장의 입지를 선정하기 위한 토론회로서 이와 함께 장주기 중고준위 방폐물 처분장 부지 선정 작업이 본격화되었다. 그러나 CIGEO 프로젝트 반대

3 프랑스 장주기 중고준위 방폐물 처분장 부지 선정의 본격적인 시작은 1991년 12월 30일 법 n° 91–1381(일명 바타이유 법)이 계기가 되었다. 동 법은 방폐물 관리방안을 수립하기 전에 향후 15년 동안 연구를 진행하고 그 결과에 따라 관련 정책을 결정하고 개정안을 마련하도록 규정했는데 1994년, 심지층 저장 타당성 조사를 위한 지하 연구소 건설을 위해 4개 부지에 대한 지질 조사를 실시하고 1998년 8월, 뷔르(뫼즈/오뜨–마른느) 지역을 지하 연구시설 용지로 승인했다. 2000년에는 뫼즈/오뜨–마른느 연구소 건설 및 실험 프로그램을 확정했는데 실업률 증가와 지역개발 침체에 직면한 지방의원과 지자체장들은 대체로 찬성하는 의견이었으나 본격적인 주민 반대에 직면, 주민투표(referendum) 요구가 비등했다.
4 가역성이란 미래세대가 기술 진보 상황 속에서 미래세대 고유의 목표 또는 우려 사항에 따라 핵폐기물 관리를 수정 또는 개선할 가능성을 의미

단체의 반발로 공공토론이 불가능해짐에 따라 온라인 토론으로 전환했다. 발제 150건, 질문 1,500여 개, 의견 500여 건(이 중 25%는 뫼즈와 오뜨－마른느 지역 주민이 표명), 반대 토론 9회를 개최할 때 온라인 접속자는 9천여 명 이상이 집계됐다. 또 CNDP 역사상 처음으로 덴마크식 합의회의(conférence des citoyens)를 도입, 현 세대는 '[원자력] 생산으로부터 기인한 폐기물 관리 부담을 미래 세대에 전가할 권리가 없다'는 결론에 다다르며 핵폐기물 관리의 가역적 심지층 처분 방안을 재확인했다. 또한 방사성폐기물관리청(Agence Nationale des Déchets Radio Actifs)은 CIGEO 추진과정에서 시민 사회와의 통합을 강화하기 위해 프로젝트에 시민참여 기제를 더욱 활성화하기로 결정했다.

이 뿐만 아니다. CNDP는 에너지 전환에 대한 대규모 시민토론을 2012년 11월부터 2013년 7월까지 프랑스 전역에서 개최하고 그 결과를 2013년 9월, 프랑스 정부가 개최한 제2회 환경회의에 제출하는 등, 에너지 분야 전반에서 시민참여를 활성화하고 있다. 중앙집권적 전통이 강한 나폴레옹 국가(État napoléonien) 프랑스에서 행정 엘리트 중심의 전통적인 의사결정 과정에 시민참여를 접목시킨 것은 오히려 이례적인 것으로 아직도 논란이 많지만 CNDP는 다음 4개 원칙을 고수하고 있다.

- 형평성의 원칙 : 모든 참여자는 동등한 발언권을 가진다.
- 근거기반 주장의 원칙 : 모든 찬·반 의견은 반드시 그 근거를 제시해야 한다.
- 투명성의 원칙 : 모든 정보는 공개한다.
- 중립성 : CNDP는 어떤 경우에도 토론 주제에 대해 자기 의견을 표명하지 않으며, 어떤 형태의 권고안도 제시하지 않는다.

이 가운데서도 특히 네 번째, 중립성의 원칙은 우리 현실에서도 눈여겨봐야 할 부분이다. CNDP는 사업기획 단계에서 종결단계에 이르기까지, 사업 전 과정에서 시민참여를 보장하며 활발하게 공론화를 진행하더라도 공론화를 통해 도출된 시민들의 의견에 구속력을 부여하지도 않을뿐더러 CNDP 이름으로 독자적인 권고안을 제출하지 않는다. 즉, CNDP는 공론화 과정에서 수렴된 의견들을 충실히 요약하고 정리해서 사업자에게 제공할 뿐, 어느 것이 바람직하고 필요한지 판단하지 않는다. 그리고 이 다양한 의견들 가운데 어느 것을 수용하고 수용하지 않을지는 온전히 사업자(정부)가 결정한다.

그런데도 2002년 이래 공공토론에 붙여진 130건의 사업 가운데 10여 개 사업이 전면 취소되고 약 70%가 원안 수정되었다. 아무런 법적 구속력이 없는 공론화가 실제 사업 계획의 취소나 수정으로 이어진 것은 왜일까? 프랑스식 공공토론의 실효성은 법적 구속력에서 나오는 것이 아니라 여론의 감시와 공공기관의 도덕적 책무에서 나온다는 것이 CNDP의 논리다. 즉, 사업 계획 수정은 정부 사업자에게 주어진 법적 의무 때문이 아니라 모든 참여자가 동등한 발언권을 가지는 공론장에서의 토론 내용을 가감 없이 공개해 행정명령이나 결정보다도 더 엄중한 '여론'의 감시를 받기 때문에 가능한 것이라는 설명이다(프로젝트 매니저 Emma Letellier). 이것이 프랑스식 공공토론이 합의회의나 시민배심원 등 작은 공중 기법들과 근본적으로 차별화되는 지점이다.

---

### 프랑스 사회의 공론화 비판

프랑스의 전통적인 분쟁해결제도는 혁명 이후 의회주의에 기반하고 있기 때문에 프랑스는 숙의민주주의 또는 지역민주주의(démocratie de proximité)의 개념을 수용하기가 상대적으로 더 어려웠다. 그런데도 프랑스 사회에서 안전판으로 기능하는 의회주의가 과다한 사회적 비용을 야기한다는 반성에서 숙의민주주의의 일환으로 CNDP를 도입한 것은 이례적이라는 평가가 지배적이다. 그런만큼 프랑스 내부에서 이에 대한 비판이 만만치 않다. 정치·행정시스템 내부에서 이미 이루어진 결정을 공론화를 통해 정당화하려는 '정치 쇼'라는 비판이 있는가 하면, 대의민주주의 제도와 양립 불가능한 변종 민주주의 제도이며 행정의 집행 속도만 떨어트릴 우려가 있다는 회의적 시각도 있다. 숙의민주주의 또는 지역민주주의라는 미명아래 의회를 중심으로 하는 대의민주주의의 정당성을 훼손할 우려가 있다는 지적도 있다. 또한 전문성이 결여된 대중의 의견이나 권고는 피상적일 수밖에 없다는 회의적 시각도 있다. 대중 참여를 보장한다고 하나 특정 사업과 관련해 사업계획을 작성하고 기반 기술을 검토할 수 있는 능력은 사업자가 독점하고 있는 현실에서 전문성을 검증할 수 있는 전문가 집단의 조력을 받을 권리를 보장하지 않을 경우, 대중 참여가 형식화될 우려가 있다는 지적이다. 공론화에 대한 한국사회 일각의 비판과 매우 흡사하다.

### 21세기 타운홀미팅(미국)[5]

21세기 타운홀미팅(21st Century Town Hall Meeting)은 미국 비영리단체 '아메리카스픽스'(AmericaSpeaks)[6]가 1995년부터 주민참여를 통한 정책 결정을 실현하기 위해 개발하고 발전시켜온 참여적 의사결정 기법의 하나로서, 미국 식민지 시대 마을공동체 주민이 마을회관(타운 홀)에 모여 토론을 통해 마을의 규칙과 규범을 결정했던 전통에 그 기원을 두고 있다. 그렇지만 21세기 타운홀미팅은 과거와 달리 기술적으로나 절차적으로나 훨씬 발전된 형태의 숙의 토론 방법을 고안했다. 숙의 촉진(faciliated deliberation), 컴퓨터 네트워킹(networked computers), 주제 발굴(theming), 여론조사 키패드(polling keypad) 등의 기술적 진화가 그것이다.

- 숙의 촉진(faciliated deliberation)은 인구통계학적 대표성을 바탕으로 선정한 참여자들을 10−12명으로 이루어진 소집단(분임)으로 나누고 전문성을 가진 훈련된 촉진자(facilitator)가 개입해 토론 절차를 관리하게 하는 것을 의미한다.
- 컴퓨터 네트워킹(networked computers)은 각 테이블의 컴퓨터가 전자 플립차트의 역할을 해 테이블에서 나온 아이디어를 바로 기록하는 것으로, 시민들은 무선망을 통해 자기 생각을 중앙 데이터베이스로 전송하며, 모든 테이블에서 나온 생각을 거의 실시간으로 한눈에 볼 수 있게 하는 장치다.
- 주제 발굴(theming)은 토론자와 별도로 구성된 분석 담당자들이 실시간으로 각 테이블에서 전송된 참여자들의 의견을 읽고 핵심 주제와 메시지를 뽑아내는 것을 말하며, 이 주제들은 다시 각 테이블에 피드백된다.
- 여론조사 키패드(polling keypad)는 참여자에게 나눠주는 무선 키패드로서 이를 통해 이슈에 투표하고 다른 참여자들의 선택을 즉시 알 수 있게 하는 장치로서, 거의 실시간으로 조사 결과를 집계할 수 있어 절차의 투명성을 높여 신뢰를 높이는 장치다.

---

5 21세기 타운홀미팅에 대한 자세한 소개는 https://participedia.net/method/145 참조.
6 1995년 캐롤라인 루켄스마이어(Carolyn Lukensmeyer)가 창설한 아메리카스픽스는 정치적으로 중립을 지키며, 자신들의 삶에 영향을 미치는 정책결정 과정에 시민들이 참여할 수 있도록 함으로써 숙의민주주의가 추구하는 바를 실현하고자 한다. 한때 회원 수가 16만여 명으로 불어나 미국 전역과 전 세계에 분포했지만 운영과 재정상의 문제로 2014년 1월로 활동을 중단했다.

이 같은 기술적 결합은 스웨덴의 알메달렌 정치박람회나 프랑스의 공공토론보다 숙의 절차를 더욱 정교하고 세련되게 다듬어 참여자의 의견이 좀 더 수월하게 수렴되도록 함으로써 숙의를 통한 의사결정에 한 걸음 더 나아갈 수 있게 하는 긍정적인 효과를 산출한다. 더욱이 21세기 타운홀미팅은 이런 기술적 장치에 사전 준비단계, 토론 진행단계, 사후 정리단계라는 절차적 장치를 결합하며 토론의 효율성과 신뢰도를 더욱 높인다.

- 사전 준비단계에서는 초기 쟁점 도출을 위한 여론조사, 토론 참가자 모집, 토론 진행자 교육, 장소 선정과 기술적·실무적 점검 등이 이루어진다. 이때 참가자들이 인구통계학적으로 고르게 분포될 수 있도록 공개 모집하고, 참가자들에게는 의제에 관련된 자료를 미리 제공해 예비지식과 정보를 공유한다.
- 토론 진행단계에서는 보통 몇 시간이나 하루 종일 토론이 이어진다. 참가자 수는 거의 제한이 없으며, 테이블당 10~12인 정도가 참여하는 원탁회의 방식으로 진행된다. 사전에 정해진 토론규칙에 따라 각 테이블은 동일한 순서와 주제로 토론을 진행한다. 각 테이블의 토론내용과 결과는 IT를 활용해 본부석으로 취합되고, 분석팀은 실시간으로 분석해 결과를 공개하고, 토론자들은 분석 결과를 공유하며 다음 단계의 토론을 이어가게 된다. 토론 마지막 단계에서는 키패드 투표방식으로 특정 제안들에 대한 투표를 실시한다.
- 사후 정리단계에서는 행사가 끝나는 당일에 1차 보고서를 작성해 토론 참여자들이 토론 결과를 현장에서 직접 확인토록 함으로써 효능감을 높이고, 토론에 참석한 정책결정자에게 직접 전달한다. 이후 심층 분석을 거쳐 의제 관련 일정에 따라 최종보고서를 제출한다.

21세기 타운홀미팅의 운영원칙은 다음 다섯 가지다.

- 다양한 대표성(diverse representation)으로 커뮤니티 구성원의 다양성이 정책 결정 과정에 충분히 반영되도록 한다.
- 충분한 정보가 주어지는 시민참여(informed participation)를 기반으로 한

다. 이는 지역 현안이나 이슈에 대해 충분한 자료와 정보를 제공하고 숙지한 후, 이를 토대로 정책 관련 토론이 이루어지도록 한다.

- 숙의 촉진(facilitated deliberation)을 중시한다. 숙련된 퍼실리테이터를 두어 어떤 의견이든 충분히 논의되고 토론할 수 있는 기회를 제공한다.
- 폭넓은 영역에 걸쳐 있는 다양한 의제들의 우선순위를 시민 주도로 결정(clear regionwide priorities)한다. 이는 참가자들이 스스로 숙의 주제와 이슈를 찾아내고 우선순위를 결정함을 의미한다.
- 행동으로 연계(Link to Action)한다. 시민참여가 정책결정자, 언론, 이해당사자, 공중과 연계되고 상호 신뢰가 형성될 수 있는 환경을 마련한다.

이처럼 21세기 타운홀미팅은 청문회와 같은, 전통적인 시민참여방식은 물론 스웨덴의 알메달렌 정치박람회나 프랑스의 공공토론과 뚜렷이 구별되는 시민참여 기법이다. 소수 이해관계자와 전문가의 참여를 넘어 일반 시민들로 참여가 확장되며 연설, 발표, 질의응답으로 이어지는 전통적인 방식이 아닌 참여자의 토론과 숙의 과정을 거쳐서 핵심 의제를 결정하는 방식이다. 또한 이해관계자, 전문가, 시민 사회단체 활동가, 정치인, 일반 시민들이 모여서 토론하고 투표를 통해 정책을 만들어가는 참여적 의사결정방법의 대표적 사례다. 21세기 타운홀미팅은 민간영역의 자발적 시민참여 프로그램으로서 법적 구속력을 갖지는 않지만, 단순한 의견수렴을 넘어 사회적 합의형성 과정을 통해 토론 결과가 정책 결정이나 정치적 행동으로 연결될 수 있도록 한다는 점에서 시민참여와 숙의에 기반한 정책 결정의 새로운 방향을 잘 보여주고 있다.

21세기 타운홀미팅이 30여 개 주에서 40회 이상 개최되며 현대 민주주의의 본향이라는 미국에서 마저 큰 반향을 일으킨 건 우연이 아니다. 대표적 사례로는 2002년 7월에 개최된 『시민에게 듣기』(Listening to the city) 프로젝트를 들 수 있다. 이 프로젝트는 9.11 테러로 폐허가 된 뉴욕 세계무역센터(World Trade Center) 부지의 활용방안을 결정하기 위해 뉴욕시가 개최한 시민토론회다. 이 시민토론회를 통해 비로소 붕괴된 무역센터 보다 더 높은 빌딩을 지어 미국의 힘을 과시하던 부동산 개발자들의 제안이 '그라운드 제로 프로젝트'로 변경되어, 애초의 상업적 공간들이 희생자들의 추모와 시민을 위한 공간으로 거듭났다. 특히 21세기 타운홀미팅은 주제와 관련된 참여대상자들의 인구통계학적 특성을 파악한 후 해당 주제와 관련된 특정 집단을 추가적으로 고려하는데, 세계무역센터의 재개발 계획을 위한 타운홀미팅에서는 피해자의 가족들을 토론자로 참여하도록 해 사회적 의미를 더했다. 희생자 가족의 참여는 현대 민주주의 절차에 각인된 참여와 숙의가 사회적 트라우마를 집단적으로 치유하는 사회적 제례(祭禮, ritual)가 될 수 있음을 보여준 사례가 되었다.

2007년 카트리나 피해 복구를 위한 뉴올리언스 타운홀미팅 사례도 특기할 만하다. 2005년 뉴올리언스에서는 허리케인 카트리나 피해로 10만 개의 일자리가 사라지고, 주택의 70%가 유실되었으며, 18개월이 지나도록 주민 중 50%가 복귀하지 못했다. 이 와중에 당시 주지사가 발표한 재건계획이 주민들의 신뢰를 얻지 못하자 대안으로 내놓은 것이 타운홀미팅인데, 이를 계기로 시민들이 지역발전 계획을 수립하는 주체로 떠오르며 지역 공동체의 통합이 깊어지고 빨라졌다. 또, 여기에 참가한 4,000명의 대표자들이 독자적인 재건계획안을 만들고 참가자의 92%가 찬성하자 2007년 6월 뉴올리언스 시의회가 이 계획을 승인함에 따라 14억 5천만 달러의 예산이 시설복구 사업 등에 투입되었다.

## 2. 미래비전 형성과 공유

### 싱가포르 국민대화(싱가포르)[7]

지금까지 살펴본 공론화 기법들이 주로 정책의제 형성과 진단을 위한 것이라면 공론화가 정책의제를 넘어 미래 비전 형성과 공유를 위해서도 사용될 수 있음을 보여주는 사례가 있다. 싱가포르 사례가 그렇다. 싱가포르의 공론화 역사는 짧지 않다. 1991년에는 '다음 차례'(The Next Lap), 1999년에는 '싱가포르 21'(Singapore 21), 2003년에는 '싱가포르 다시 만들기'(Remaking Singapore)와 같이 다양한 공론화 프로그램이 있었다. 그리고 가장 최근의 모델로 2013년에 시작한 '우리의 싱가포르 대화'(Our Singapore Conversation, 이하 OSC)는 2019년과 2020년에도 다시 개최될 만큼 정부·여당의 활용도는 물론 국민적 지지가 컸던, 미래 비전 창출과 공유를 위한 싱가포르식(式) 공론화 모형이다.

---

7 싱가포르 사례는 다음 출처에 자세히 소개되어 있다.
   https://lkyspp.nus.edu.sg/docs/default−source/case−studies/20180301_our_singapore_con−versation_bridging_the_great_affective_divide.pdf?sfvrsn=9429e0b_2

싱가포르가 광범위한 국민참여에 기초하는 공론화를 통해 싱가포르의 미래에 대해 묻고 그 의견을 반영해 정책을 설계하는 전통은 처음에 정치적 동기에서 비롯했고 전형적인 하향식 공론화로 진행됐다. 즉, 의제 선정부터 방법, 시기 등 모든 것이 정부 주도로 진행됐으며 진지한 성찰적 접근이라기보다 대중동원의 성격이 강했다. 사실, 1991년부터 싱가포르 정부가 개발한 네 가지 형태의 공론화는 모두 집권당인 대중행동당(People's Action Party)이 총선에서 저조한 득표율을 기록하자 국민들의 지지를 다시 얻고자 할 요량으로 기획된, 전형적인 권위주의적 동원 캠페인이었다.

다만, '가짜 참여'(pseudo-participation)라는 비판을 받은 이전 방법과 달리 2013년에 시작한 OSC는 시민참여의 진정한 의의를 살리기 위해 상향식으로 조직했다. 먼저 2030년을 기준점으로 싱가포르인들이 기대하는 싱가포르의 미래에 대해 포괄적이고 자유로운 논의를 진행하고 이를 정책으로 전환할 수 있는 의미 있는 데이터와 관점을 추출하기 위해 노력했다. 그래서 OSC 위원회는 공론화 과정을 두 단계로 나누었다.

2012년 10월부터 2013년 2월까지 진행된 1단계는 '이상적인 싱가포르'에 대한 다양한 견해와 아이디어를 창출하기 위한 개방형 토론이다. 퍼실리테이터의 도움을 받아 진행된 1차 토론은 660여 개에 달하는 대화 프로그램으로 구성되었고, 여기에 약 4만 7000여 명의 국민들이 참여해 미래의 싱가포르에 대한 자신의 기대와 바람을 표명했다. 그리고 최종적으로 12개 비전(perspectives)에 대한 국민적 합의를 구축하는 데 성공했다. 이 비전은 OSC 사무국이 참가자들의 대면 숙의는 물론 이메일, 페이스북 등 온라인 소통 채널을 통해서 수집된 의견을 포함했다. 이렇게 구축된 12대 비전은 다음과 같다.

1. 능력주의(meritocracy)의 실태를 검토하고 학문적, 물질적 성공을 넘어서 성공의 의미를 다양하게 정의할 줄 아는 사회
2. 업무 외의 다른 목표를 추구할 수 있는 공간을 가진, 보다 만족스러운 삶의 속도를 지닌 싱가포르
3. 사회복지를 보장하면서도 싱가포르 사람에게 더 많은 기회를 보장할 수 있는, 더 강하고 활기찬 경제를 제공하는 싱가포르
4. 끈끈한 가족이 사는 사회('가족'의 의미에 대해 다른 개념을 가진 사람들

도 있지만)

5. 사람 살 만한 싱가포르(이미 가진 것에 만족해야 한다고 생각하는 사람들
   도 있지만)

6. 사랑하는 사람과 함께 품위 있게 늙어갈 수 있는 사회, 선배들의 공헌을
   존중하는 사회

7. 강력한 사회 안전망이 자원봉사 문화로 보완되는, 소외계층을 돌보는 사회

8. 캄풍정신(Kampung Spirit)의 부흥을 통해 표현되는, 더 큰 동반자(Together-
   ness) 의식을 가진 사회[8]

9. 우리 사회의 인구학적 변화에도 불구하고 국가 정체성을 강하게 유지하
   는, 싱가포르인을 위한 싱가포르

10. 상호존중과 성실성 그리고 공감으로 특징지어지는, 정부와 국민이 보다
    협력적인 관계를 맺는 사회

11. 우리의 태도와 행동, 열망이 가치에 기반을 두는 사회

12. 국민들에 대한 책무성이 뛰어난, 유능하고 신뢰할 수 있는 정부를 가진
    싱가포르


2013년 3월부터 2013년 6월까지 이어진 2단계는 공공대화와 주택, 교육, 의료, 일자리와 같은 세부 주제에 대한 부처 주도의 토론으로서 OSC 1차 토론에서 도출된 12대 비전을 중심으로 이루어졌다. 예를 들어, 생활공간을 직업 추구보다 더 중시하는 1차 토론의 결론을 이어받아 2013년 3월에는 '캄풍 정신' 부흥을 위한 정책방향에 대한 토론이 이루어졌다. 이처럼 2차 토론 의제는 그 당시 정부 부처가 검토하고 있던 구체적인 정책 분야와 연계해 1차 토론이 도출한 12대 비전의 구체적인 실행계획과 로드맵을 구성하는 데 주력했다. 그리고 2단계 논의의 마지막에는 싱가포르인들이 사회 발전을 위해 이끌어야 한다고 믿는 5대 희망(aspirations)을 정립했다. 그 5대 희망은 기회(opportunities), 목적(purpose), 보장(assurance), 정신(spirit), 신뢰(trust)다.

---

8 싱가포르인들은 흔히 말하기를 현대적 불빛으로 반짝이는 대도시 싱가포르의 저변에 훨씬 단순한 생활양식을 지향하는 캄풍 문화가 자리 잡고 있다고 한다. 캄풍은 말레이어로 '마을'을 의미하며 캄풍 문화는 싱가포르의 소박한 과거에 뿌리를 둔 이웃 정신을 의미한다. 그것은 또한 자연과의 합일을 의미하기도 하고, 사회적 연결을 의미하며, 무언의 명예 코드를 의미하기도 한다. 그래서 캄풍 정신은 싱가포르 국민을 하나로 묶는 문화적 유산이자 공동체 의식을 지칭한다. (cf. https://www.jetstar.com/sg/en/inspiration/articles/sg-keeping-kampong-culture-alive)

- 좋은 삶을 영위하고 자신의 열망을 추구할 수 있는, 기회가 있는 나라
- 경제적 성취보다 국가 유산, 기억의 공유, 공동체 공간을 소중히 여기는, 공동체에 살 이유가 있는 나라
- 주택, 의료, 교통 및 기타 기본적인 요구사항이 삶의 불확실성에도 불구하고 적절한 수준으로 유지될 수 있다는 보장이 있는 나라
- 가족과 공동의 가치를 우선하고 배경에 상관없이 모든 싱가포르인의 존엄성이 유지되는, 정신이 살아있는 나라

출처: Our Singapore Conversation (2015)

[그림 6-1] 싱가포르 국민대화 12대 비전

- 타인과 건설적이고 개방적이며 진실된 방식으로 소통할 수 있는 능력을 배양해 싱가포르인들 간의 상호 이해가 자라나는, 신뢰가 있는 나라

OSC를 통해 산출된 정책들은 2015년 총선에서 집권 여당이 압도적으로 승리할 수 있는 배경이 되었다(Edelman Trust Barometer, 2016). 그런 만큼 공론화가 정치적 의도를 가지고 정치적 동원의 일 수단으로 사용될 수 있음을 경계해야겠지만, 그것이 대의민주주의의 체제의 양당제 구도에서 정쟁이 격화되어 의회 내 숙의가 불가능할 경우 국민적 합의를 창출하는 또 하나의 대안이 될 수 있음에 주목해야 한다. 특히 싱가포르 사례는 대중 참여에 기초하는 숙의적 공공토론이 미시적 정책 의제에 대한 국민 의견수렴을 넘어 국가 공동체의 미래 전망을 묻고 미래 비전을 수립하는 데 활용될 수 있음을 보여준다. 이는 주로 토목·시설 사업 등 국가 SOC 사업의 타당성 검토와 사회적 수용성 제고를 위해 기획되는 프랑스식 공공토론과 명확히 대비되는 면이다.

### 2014 국민대토론회(대한민국)[9]

싱가포르의 '국민대화'처럼 본격적인 국정과제 도출에 이르지 못했지만, 한국에서도 이를 벤치마킹해 시민참여를 근간으로 국정의제를 형성하고자 했던(national agenda-building) 시도가 있었다. 2014년, 대통령 직속 국민대통합위원회(위원장 한광옥)가 기획하고 시행했던 국민대토론회 '대한민국, 국민에게 길을 묻다'가 그 경우다. 다만, 싱가포르 사례와 달리 기획 단계를 포함해 10개월 미만의 짧은 기간에 수행되었고 1차 미래비전 도출 이후 2차 국정 아젠다 도출이 일반 시민들의 공론화가 아니라 전문가 집단의 자문과 분석으로 이루어져 싱가포르 사례보다 시민참여의 양과 깊이가 덜하다는 것이 큰 차이다.

국민대통합위원회는 2014년 하반기에 '국민통합을 위한 미래가치'를 주제로 의제 선정을 위한 기본조사 → 의제별 1차 선호도 조사 및 4대 권역 토론회 → 종합토론회 → 토론 결과의 정책의제 전환을 위한 의제별 2차 선호도 조사를 진행했다. 또한 4대 권역별 토론회와 종합토론회 전후로는 동일 설문지를 바탕으로 의제

---

9 2014 국민대토론회에 대한 자세한 소개는 국민대통합위원회 백서(『대한민국, 국민에게 길을 묻다 2014 국민대토론회』) 참조.

별 대안에 관한 선호도 조사를 반복했다. 이는 애초부터 공론조사(deliberative polling)의 장점이라고 할 수 있는 대표성과 의견변화율 분석, 그리고 합의회의 (consensus conference)의 높은 숙의성을 결합하고 여기에 전문가 집단의 숙의를 덧붙인 융합형 모형을 지향한 것으로, 이를 숙의적 공론진단모형(deliberative public consultation model)으로 이름했다.[10]

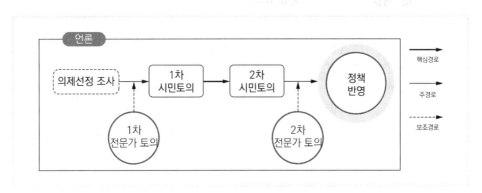

[그림 6-2] 숙의적 공론형성모형 얼개

토론회의 단계는 국민의 다양한 의견을 소수 명제로 수렴해 나가는 상향식 (bottom-up) 방식으로 설계했다. 의제 선정을 위한 기본조사는 3,300명의 일반국민이 참여하는 설문조사로 진행되었다. 삶의 질, 사회·경제 등 분야별 주요 선결과제, 대한민국 SWOT 분석[11] 등으로 큰 범주의 설문 문항을 구성해 국민 의견을 묻

10 숙의적 공론진단 모형은 피쉬킨의 공론조사 모형을 한국적 맥락에 맞게 수정한 것이다. 이 모형이 한국 정치-행정의 맥락적 특수성으로 고려한 것은 다음 네 가지다. ① 숙의민주주의의 논리에 익숙하지 않은 한국인들은 참여의 대표성과 형평성에 매우 민감하다는 점, ② 정보 제공자의 전문성을 중시한다는 점, ③ 정부를 비롯해 제도적 행위자에 대한 불신이 크다는 점, ④ 정책 결정 기간이 비교적 짧고 의견수렴을 위한 예산투입에 소극적이라는 점 등이 그것이다. 숙의적 공론진단 모형은 '대한민국 미래비전 국민대토론회'(2014)를 시발로 '신고리 원전 공론화'(2017)와 '경기도 기본소득 공론화'(2020)에 적용된 모형이기도 하다. 이 모형의 처음 시작은 은재호(2014)의 '한국형 공론화 모델 구축을 위한 시론적 제안'이라는 국민대통합위원회 내부 문건을 바탕으로 하지만, 여기에 한국리서치 김춘석 상무의 실무 지원이 결합해 비로소 완성되었다.

11 SWOT은 Strength(강점), Weakness(약점), Opportunity(기회), Threat(위협)의 머리글자를 모아 만든 단어로 경영 전략을 수립하기 위한 분석 도구다. 조직 내부 상황을 분석하는 강/약점 요인과 조직 외부 환경을 분석하는 기회/위협 요인을 교차해 강점/기회(SO) 분석, 강점/위기(ST) 분석, 약점/기회(WO) 분석, 약점/위기(WT) 분석 네 가지를 실시하고 각 요인에 따른 대응 전략을 수립한다. 2014 국민대토론회는 외부 전문가의 조언을 들어 위 네 가지 요인 분석을 실시하고 이를 설문 문항으로 전환해 일반 국민들의 인식을 조사·분석하는 기본 자료로 활용했다.

는 의제선정 조사가 그것이다. 또한 국민 의견을 정리하기 위한 전문가토론회[12]를 거쳐 지역토론회에서 논의할 5개 핵심의제(공통 의제 1, 개별 의제 4)를 도출했다. 공통의제로는 '국민대통합을 위한 미래가치'가, 개별의제로는 ① 저출산·고령화 인구구조 변화 ② 미래 공동체 ③ 저성장 시대의 고용과 노동 ④ 사회갈등 완화와 양극화 해소가 가장 시급한 미래과제로 선정되었다. 이상의 의제는 가장 관심도가 높은 권역별로 배분해 진행했다(<표 6-1> 참조).

⟨표 6-1⟩ 2014 국민대토론회 권역별 의제

| | 논의 주제 | 권역배정 이유와 참여자 규모 |
|---|---|---|
| 중부권<br>(2014.10.11.) | 저출산·고령화 등<br>인구구조 변화 대응 | • 4개 권역 중 사회·문화에 가장 높은 관심<br>• 대한민국 위험요인과 우선 해결 과제<br>• 226명(미래세대 29명) |
| 수도권<br>(2014.10.18.) | 미래 공동체<br>발전방안 | • 4개 권역 중 정치분야에 가장 높은 관심<br>• 대의/직접/숙의민주주의의 장·단점 및 실효적 대안 논의 필요<br>• 243명(미래세대 30명) |
| 영남권<br>(2014.10.25.) | 저성장 시대의<br>고용과 노동 | • 4개 권역 중 경제분야에 가장 높은 관심<br>• 경제·복지분야에서 가장 시급하게 해결해야 할 과제<br>• 253명(미래세대 33명) |
| 호남권<br>(2014.11.1.) | 사회갈등 완화와<br>양극화 해소 | • 4개 권역 중 복지분야에 가장 높은 관심<br>• 정치분야 선결 의제 1위, 경제사회분야 선결 의제 2위, 대한민국 SWOT 중 위협요인 3위<br>• 245명(미래세대 29명) |
| 총 참여자 수 | | • 967명(미래세대 121명) |

출처: 2014 국민대토론회 운영위원회(2014)

의제선정 프로세스가 끝난 후 지역별 토론회를 개최했다. 지역별 토론회에 참여하는 국민은 성별, 연령, 지역 등 인구통계학적 특성을 충실히 반영함으로써 대표성이 확보될 수 있도록 선발했다. 또한 2014년 국민대토론회는 '미래 가치'가 핵심 주제이기 때문에 중·고등학교에 재학 중인 미래세대를 참여시켜 이들의 목소리를 담고자 했다. 모든 토론회는 전문 진행자(퍼실리테이터)의 사회를 통해 진행했고,

---

12 전문가는 일반 시민에게 각종 정보를 제공하는 한편, 종합토론회 결과를 정책 아젠다로 전환하는 역할만 수행하고 시민 숙의 과정에는 참여하지 않았다.

10명 단위의 분임토론 후 모바일 어플리케이션을 이용한 다중투표로 의견을 수렴했다.

이와 더불어 국민권익위원회의 국민신문고와 인터넷 포털사이트를 연결해 온라인 토론과 설문을 병행함으로써, 대토론회에 참여하지 못하는 일반 국민 의견까지 청취하고자 했다. 아울러 종합토론회는 1박 2일 일성으로 진행했다. 종합토론회 참여자는 지역별 토론회에 참가한 사람들 가운데 종합토론회 참여를 희망하는 사람 중 인구통계학적 대표성을 고려해 254명(미래세대 51명 포함)을 선발했다. 총 30개 분임을 구성했으며 종합토론 직전과 직후, 두 차례에 걸쳐 인식조사를 시행하고 의견변화율을 측정했다(cf. <표 6-2>).

〈표 6-2〉 2014 국민대토론회 숙의 여론조사의 주요 의견 변화 결과

| | 설문문항 | 1차조사 | 2차조사 | 변화폭 |
|---|---|---|---|---|
| 인구<br>정책<br>관련 | 저출산은 불가피한 현상으로 받아들이고 이를 효과적으로 활용하는 데 역점을 두어야 한다. | 27.0% | 40.4% | ▲ 13.4%P |
| | 저출산으로 인한 생산가능인구 증대방안으로 외국인 근로자 유입이나 외국인 이민의 대폭 허용하는 방안에 대해 찬성한다. | 34.8% | 28.7% | ▼ 6.1%P |
| | 저출산으로 인한 생산가능인구 증대방안으로 정부 정책상의 노인연령을 70세나 75세로 올리는 방안에 대해 찬성한다. | 52.8% | 61.2% | ▲ 8.4%P |
| 복지<br>정책<br>관련 | 세 가지 복지정책 방향 중에서 가장 바람직하다고 보는 것은 ①저부담·저복지, ②중부담·중복지, ③고부담·고복지이다. | ①6.6%<br>②61.4%<br>③27.9% | ①15.5%<br>②67.2%<br>③12.2% | ▲ 8.9%P<br>▲ 5.8%P<br>▼ 12.2%P |
| | 복지확충을 위해 세금을 더 낼 의향이 있다 | 58.7% | 66% | ▲ 7.3%P |
| | 복지정책 확대에 있어 미래세대의 부담을 고려한 정책을 시행할 필요가 있다. | 90.2% | 90.6% | ▲ 0.4%P |
| | 복지재정이 효율적으로 운영되지 않는 가장 큰 책임은 복지정책을 효율적으로 집행하지 못하는 정부에 있다. | 31.7% | 46.3% | ▲ 14.6%P |
| 미래<br>공동체<br>관련 | 정책과정이나 정치과정에 국민의 참여 폭을 넓히고 실제로 국민이 많이 참여하는 것이 바람직하다. | 91.4% | 94.1% | ▲ 2.7%P |
| | 정책과정이나 정치과정에 국민의 참여도가 높지 않는 가장 큰 이유는 국민 스스로가 참여에 소극적이거나 잘 모르고 있기 때문이다. | 35.7% | 29.9% | ▼ 5.8%P |

| 일자리 창출 관련 | 양질의 일자리 창출에 정부 정책이 크게 기여할 수 있을 것이다. | 66.2% | 68.0% | ▲ 1.8%P |
|---|---|---|---|---|
| | 앞으로 저성장 시대를 극복하고 고성장 시대가 다시 도래할 수 있을 것이다. | 35.4% | 32.5% | ▼ 2.9%P |

출처: 2014 국민대토론회 운영위원회(2014)

2014 국민대토론회는 숙의토론을 이용해 우리 사회의 주요 정책현안에 대한 국민 의견을 수렴하고, 중장기 미래비전을 도출함은 물론 그 미래로 가기 위해 지금 당장 우리 정부가 해야 할 국정과제의 우선순위를 도출하고자 한 의미 있는 작업이었다. 아울러 참여자들의 만족도와 정치효능감이 높아져 정부신뢰를 높일 수 있는 새로운 소통 기제로 작동됨도 확인할 수 있었다. 그러나 토론 주관 기관이 대통령 직속 자문위원회임에도 불구하고 대체로 정부의 무관심 속에서 진행되고, 토론 결과를 실제 정부 정책으로 연계할 수 있는 법제적 기반도 없어 결과적으로 1회성 이벤트로 끝난, 아쉬움이 큰 행사였다.

© eun jaeho 2014

[그림 6-3] 『대한민국, 국민에게 길을 묻다』 2014 국민대토론회 장면

## 1. 표결형 정론형성

텍사스 자원계획 공론조사(미국)

표결형 정론형성의 가장 대표적인 방법은 미국 스탠포드대학교 숙의민주주의 센터(Center for Deliberative Democracy, 이하 CDD)가 운영하는 공론조사(deliberative poll)다. 2014 국민대토론회를 통해 정립한 '숙의적 공론형성 모형'의 중요한 한 축이기도 한 공론조사는 대개 전문가 집단의 자문을 토대로 의제를 선정하고 설문지와 자료집을 작성, 설문지를 기초로 1차 의견조사를 하는 한편 자료집은 참여자에게 학습 자료로 제공한다. 이어서 소정의 숙의 과정을 거치게 한 다음 숙의를 마치고 1차 의견조사와 동일한 설문지로 2차 의견조사를 실시한다. 이렇게 과학적 확률 표집으로 대표성 있는 시민을 선발해 1차 여론조사를 하고, 숙의 후에 2차 여론조사를 진행해 숙의 전후의 의견변화를 측정함으로써 공론을 확인하는 방법이 공론조사다.

이는 현대 대의민주주의의 정치적 평등성(political equality)과 숙의성(deliberation)을 보완하고, 일반 여론조사의 한계를 극복하는 기법이라고 평가할 수 있다. 평등성은 인구통계학적 대표성을 고려한 표본추출을 통해 보장될 수 있다. 공론조사는 대표성 보증 요건으로 단순 무작위 추출(random sampling)에 의한 엄정한 표본추출을 강조하며, 이로 인해 조사 결과를 일반화할 수 있다. 숙의성과 일반 여론조사의 한계 극복은 충분한 정보 제공과 학습, 그리고 토론 보장과 의견변화율(opinion change rate)의 고려에서 찾아진다. 공론조사는 특히 숙의를 활성화하기 위해 합숙을 권장한다. 그래서 1일 동안 진행한 사례도 다수 있지만, 대개 1박 2일과 2박 3일이 가장 빈번하다. 숙의를 위한 합숙 기간은 이슈의 질보다 다루어야 할 이슈의 양에 따라 길어진다. 공론조사 기간은 기획부터 종료까지, 1개월에서 6개월까지 탄력적으로 진행할 수 있다.

이와 같은 공론조사의 사례로 미국 텍사스에서 시행한 자원계획 공론조사 사례를 들 수 있다. 텍사스 주 정부는 자원계획에 대해 재생 에너지, 화석연료 발전소, 에너지 보존, 또는 텍사스 주 외부의 에너지 구매와 수송, 네 개 옵션을 제시하고 선택하도록 했는데, 숙의가 깊어질수록 중요한 변화가 생김을 알게 되었다. 숙의 전에는 재생 에너지가 첫 번째 선택이었지만, 시간이 갈수록 에너지 보존으로 선호가 이동했다. 그러나 재생 에너지에 관한 관심이 사라진 것은 아니며, 오히려 재생 에너지에 더 많은 투자를 할 수 있도록 더 많은 세금을 납부할 의사가 있다는 의견이 증가했고 그 결과, 에너지 보존이 매우 비용 효율적 해법으로 간주되었다. 피쉬킨(Fishkin)은 대중이 많은 시간을 투자하거나 주의를 기울이지 않는 주제에 대한 대개의 반응은 '순간적으로 머리에 스친' 생각일 수 있고, 심지어는 '무의식적'이거나 '마음에도 없는' 생각을 말하는 것이어서 이런 주제일수록 깊이 생각하고 판단하면 생각의 변화가 커질 가능성이 매우 크다는 점을 강조한다.

〈표 6-3〉 공론조사와 여론조사의 차이

| 구분 | 공론조사 | 여론조사 |
|---|---|---|
| 방법 | • 집단적 학습과 토론 전·후 대면 집단 설문조사(1차 설문 → 학습·토론 → 2차 설문)<br>• 1차와 2차 조사 시 동일 설문지를 사용, 의견변화율(opinion change rate) 측정<br>• 본인의 학습·토론·성찰에 기반하는 능동적 참여 | • 대면조사 및 전화, 우편, 웹사이트 등 매체 기반 비대면 설문조사<br>• 1차 조사로 의견 측정(opinion snapshot)<br>• 조사자의 질문에 응답·반응하는 수동적 참여 |
| 효과 | • 선호 전환(transformation) | • 선호 취합(aggregation) |
| 장점 | • 학습과 토론에 기반하는 신중한 의견 형성과 비교적 지속성이 긴 의견 수렴 | • 통계학적으로 충분한 표본(1,000여 명) |
| 단점 | • 복잡한 절차와 비용·시간·인력 소요<br>• 통계학적으로 작은 표본 (100−500명)<br>• 의견 동조화(쏠림) 현상 우려 | • 비교적 단순하고 피상적인 의견수렴<br>• 정확성, 지속성 결여 |

출처: Fishkin(2009), Luskin(2015) 등 종합

공론조사는 미국, 유럽, 아시아, 남아메리카 등 전 세계 20여 개 국가에서 폭넓게 시행되고 있다. 주제는 대통령 선거·공직자 선출·정치체제 등 정치적 의제를 필두로 교육·범죄·환경·에너지·이민자 문제·연금제도 등 사회 분야, 빈곤·실업·일자리·주택 등 경제 분야, 국가안보·대외정책 등 외교 분야, 정체성·시민의 권리와 책임 등의 가치관 분야 등에 이르기까지 매우 다양하다. 미국 공영방송 PBS는 2002년부터 'By the People'이라는 토론 프로그램을 편성하고 주요 이슈에 대한

일반 시민들의 의견, 그것도 '정보에 입각한 의견'(informed opinion)을 표집·조사하기 위해 공론조사 방식을 채택했다.[13] 유럽연합의 경우 27개 모든 회원국이 참여하는 공론조사를 2009년과 2012년, 두 차례에 걸쳐 실시했다. 일본은 세계 최초로 중앙정부 주관하에 2012년에 후쿠시마 원전 누출 이후 원전 운용 관련 공론조사를 실시해, 2030년에 원전 비중 0%라는 공론을 도출한 바 있다.

한국도 공론조사 경험이 적지 않다. 8.31 부동산 정책 공론조사(2005), 부산 북항 재개발 공론조사(2007) 등을 필두로 사용후 핵연료 공론조사(2014), 서울대 시흥캠퍼스 유치 공론조사(2014) 등 CDD에 등록되지 않은 경험까지 합치면, 공론조사는 우리 정부의 의사결정 과정에서 드물지 않게 활용된 숙의·표결형 공론진단과 형성 방식이다.

출처: CDD(2020)

[그림 6-4] 공론조사 실시현황

---

13 PBS(Public Broadcasting Service)의 'By the People'(이하 BTP)은 중요한 공공문제에 대해 '평범한' 시민들이 숙고한 견해를 토론 형식으로 전달하는 프로그램이다. BTP는 비당파적이며 특정 정책, 입장 또는 관점을 지원하지 않는 것을 원칙으로 하고 정보에 입각한 대화를 장려하는 것이 유일한 목적이다. 2002년에 출범한 이래 국가안보에서 의료에 이르기까지, 다양한 이슈에 대해 200개 이상의 시민 숙의 프로젝트를 실행했고 100개 이상의 방송 프로그램을 송출했다. BTP 프로젝트는 켈로그 재단(W.K. Kellogg Foundation)과 록펠러 형제 기금(Rockefeller Brothers Fund)의 후원으로 성사되었다. 자세한 내용은 https://www.pbs.org/newshour/spc/btp/about.html 참조.

다만, 공론조사가 과학적 표본추출 과정을 통해 응답자 선정의 대표성을 보증한다고 하지만 현실적으로 이를 준수하기가 쉽지 않다는 게 문제다. 그래서 공론조사 사례를 살펴보면 할당추출(quota sampling)을 한 경우가 다수이며, 단순무작위추출을 엄정하게 준수한 경우는 오히려 소수다. 일부 온라인 조사는 조사 회사의 응답자 패널을 대상으로 공론조사를 수행한다. 또 1차 의견조사 응답자 가운데 2차 의견조사와 숙의과정에 참여하는 참석자가 상대적으로 적은 경우, 이들이 1차 의견조사 응답자를 대표할 수 있는가라는 의문이 제기된다. 즉, 표본 수 감소가 대표성 훼손 문제를 야기하는 것이다.

또 공론조사 결과가 정부와 정책담당자에게 구속적 효력은 없으며 단지 주어진 문제의 원인과 해법에 대한 사회적 합의를 확인하고 이를 정책추진에 반영할 것을 권장하는 것에 머물러 '값비싼 여론조사'라는 비판도 받는다. 사실 공론조사는 큰 비용이 소요되어 모든 원칙을 준수하며 시행하기 어려울 뿐만 아니라, 공론조사(deliberative polling)라는 명칭은 상표등록이 되어 있어 조사 기획 시 CDD와 협의하고 비용을 지불해야 한다. 이에 따라 이슈 특성이나 참석자의 이해도 등에 따라 숙의 방식을 탄력적으로 적용할 필요가 부상한다.

---

### 공론조사의 특징과 기여(러스킨 2015)

 아래 인터뷰는 제임스 피쉬킨(James S. Fishkin) 교수의 동료로서 공론조사 연구를 활발히 진행하고 있는 로버트 러스킨(Robert C. Luskin) 교수와 필자가 수행한 인터뷰 내용이다. 2013년 6월과 2015년 4월, 두 차례에 걸쳐 한국을 방문했을 때 나눈 대화의 요약이다.

Q1. 일반 여론조사의 단점을 극복하기 위해 공론조사가 개발된 것으로 알고 있다. 일반 여론조사의 단점은 무엇이며 그러한 단점을 극복하기 위한 공론조사의 특징은 무엇인가?

A. 보통 여론조사를 제대로 수행하면 우리 사회의 평균적인 여론을 잘 찾아낼 수 있다. 그러나 기존의 여론조사는 일반적으로 응답자가 해당 사안에 대해 잘 모르는 상태에서 또, 즉흥적인 생각에 의존해 답을 구하는 경향이 있다. 반면

공론조사는 모든 응답자로부터 해당 이슈에 대한 풍부한 정보를 바탕으로 더 깊이 생각한 결과를 끌어올리는 것을 목적으로 해, 규범적으로 더 가치 있는 여론을 찾아낼 수 있다.

Q2. 공론조사는 숙의에 기반하는 정책형성이 정책대상 집단의 요구를 더욱 잘 파악할 수 있어 정책의 현장 적실성을 높일 수 있다는 가정에 기초한다. 그리고 학습과 토론은 숙의를 위한 두 가지 중요한 도구다. 그러나 학습과 토론 과정에서 참여자들이 전문가들의 성향에 영향을 받을 수 있지 않을까? 그렇다면 일반인의 숙의 과정은 궁극적으로 전문가의 편견을 재현(representation)해내는 것에 불과한 것이 아닐까?

A. 그럴 가능성은 적지만 생각해볼 만한 문제이긴 하다. 우선 우리는 균형 잡힌 브리핑 자료와 전문가 패널을 구성해 공론조사 참여자들이 모든 이슈의 양면을 읽고, 들을 수 있도록 한다. 그다음 일반 시민들끼리 진행하는 소그룹 토론에서 의견과 정보를 교환하는데 여기에서는 전문가가 아무런 역할을 하지 않는다. 그리고 우리 연구 결과에 따르면 참가자의 숙의 태도에 가장 큰 영향을 미치는 것은 전문가 집단의 발표가 아니라 이 소그룹 토론이다. 게다가 전문가들의 주장을 소개하고 인용하지만, 그 주장을 다른 주장과 언제나 비교하고(전문가들 사이에 종종 차이가 있으므로) 검증하기 때문에 전문가들의 의견이라고 해서 있는 그대로 받아들여지는 경우가 거의 없다. 브리핑 자료나 전문가 패널에 의해 공론조사가 편향될 수 있다고 생각하지 않는다.

Q3. 공론조사를 비롯해 숙의 토론을 진행하는 '작은 공중'의 특징 하나는 토론을 진행하는 촉진자(facilitator)가 있다는 것이다. 그런데 최근 들어 피쉬킨 교수와 함께 소모임 숙의 과정에 촉진자가 적극적으로 개입해 참여자들의 토론을 활성화하도록 하는 것보다 오히려 참여자들의 침묵을 존중해주는 것이 바람직하다는 의견을 개진하고 있다. 당신들이 미니멀리즘(minimalism)이라고 부르는 촉진자의 이러한 태도가 사회적 약자나 소수자들에게 불리하게 작용하지는 않을까?

A. 현재 20건의 공론조사 데이터를 사용해 이 문제를 조사하고 있다. 당신의 우려는 합리적이지만, 지금까지의 조사 결과에 따르면 그럴 우려는 없다는 것이 우리의 결론이다. 미니멀리즘이 소그룹 토론에서 사회적으로 더 우위에 있는 참여자들의 입장을 더 강화한다거나 토론을 지배하게 하는 것 같지는 않다. 설사 아무 말 하지 않는 참여자가 있다고 해도, 그가 소그룹의 지배적인 의견에 반드시 동조하는 것도 아닐뿐더러 공론조사에서는 표결을 통해 자신의 의견을 표명할 기회가 주어지기 때문에 굳이 자신의 의견을 공개하도록 강요할 필요가 없

다는 것이 미니멀리즘의 의미이다.

Q4. 공론조사에 참여한 시민들의 태도 변화를 추적한다면 어떤 부분에서 가장 큰 차이가 나타나나?

A. 조사 결과에 따르면 공론조사에 참여하는 시민들의 내적 정치 효능감이 매우 높아짐을 볼 수 있다. 또 공론조사에 참여한 이후의 행태 변화를 조사해보니 공론조사 참여 후에 다른 정치적 참여 역시 소폭 증가했다. 정부의 후원을 받는 공론조사에 참여했을 때는 외적 효능감 역시 증가했다.

Q5. 21세기의 거의 모든 국가에서는 생활정치와 하위정치영역이 확대됨에 따라 대의민주주의의 한계를 느끼는 것 같다. 심지어 미국도 예외는 아니다. 대의민주주의의 대안으로서 숙의민주주의 전망을 어떻게 평가하는가?

A. 숙의민주주의는 대의민주주의의 대안이 되지 못한다(현실에서는 모든 시민이 참여하는 숙의 토론을 실현할 수 없다.) 숙의민주주의는 대의민주주의의 좋은 버전일 뿐이다. 공론조사는 숙의민주주의가 낳은 의견과 투표에 의미를 부여하므로 일상적(덜 숙의적인 대의) 민주주의로 가는, 가치 있는 보완책이다.

Q6. 숙의에 기초하는 공론화 방법은 여러 가지가 있다. 그런데 왜 유독 공론조사가 최상의 방법이라고 주장하는가?

A. 나는 우리 사회에서 숙의를 통해 형성한 공론과 그에 기초하는 투표를 추정하기 위해 공론조사를 사용할 것을 권고한다. 시민배심원제, 합의회의 등 여러 숙의토론 방식이 있다. 하지만 이들 중 어느 것도 무작위 표본추출(또는 적어도 근사치)에 주목하지 않는다. 숙의의 원리는 모든 사람들이 동일한 과정을 겪게 된다면 동일한 결론에 도달할 것이라는 가정에 기초하는데, 이렇게 형성된 결론과 실제 투표 사이에 어떤 연속성이 있을지는, 아무도 모른다. 대부분의 숙의토론은 합의를 향해 참가자들을 밀어붙이기 때문에 소수 의견을 모호하게 만들고, 실제로 많은 사람이 원하는 것을 왜곡할 수도 있다. 대부분의 숙의토론은 전형적인 공론조사보다 더 짧거나, 더 단절적인 세션으로 구성된다. 여기에서 숙의는 약한 경향이 있다. 숙의 과정 전후에 심도 있고 세밀한 의견 측정도 없고, 그 의견들을 설명하는 데 도움이 되는 설명 등을 포함하는 때도 거의 없다. 공론조사에서 기준이 되는 통제 집단을 포함하는 경우는 거의 없으며, 의견의 전후 변화가 진정으로 그런 과정의 결과라는 확신도 제공하지 않는다. 또 원만한 토론을 위해 대부분은 절제를 요구한다. 이는 토론을 방해하고 촉진자 또는 공론화 주최 측의 지적 구조를 참여자에게 강요하는 위험을 만들기도 한다.

Q7. 숙의민주주의가 우리 사회에 뿌리내리게 하는 데 필요한 것은 무엇이라고 생각하는가?

A. 사회를 더 숙의적으로 만들기 위해서는 중·고등학교의 민주시민교육 과정에서 수업에서 논의할 수 있는 생생한 쟁점을 중심으로 활발하게 토론하도록 하는 것이다. 수업 내 토론은 중립성을 보장하기 위해 세심하게 조직되어야 하지만 학생들에게 각 대안의 긍정적이고 부정적인 결과를 이해하도록 하는 효과를 가질 것이다. 또 반대 의견을 더 잘 이해하도록 하는 것은 물론, 의견이 다른 사람들을 존중하는 법도 배우게 할 수 있다. 만일 학교 밖에서 그런 비슷한 교육과정을 조직한다면, 공론조사가 그런 경우다.

### 신고리원전 공론화(한국)[14]

'시민참여형 숙의조사'라는 이름으로 진행된 한국의 신고리 원전 공론화 사례는 앞서 살펴본 '2014 국민대토론회'의 숙의적 공론형성모형을 이어받은 것으로, 공론조사 방법을 기본 얼개로 일반적인 공론조사 모형보다 시민들의 숙의 과정을 더욱 강화한 국가적 차원의 첫 공론화였다. 신고리 원전 공론화는 '건설 중인 신고리 원전 2기의 공사를 계속할 것인가, 중단할 것인가'를 일반 시민에게 묻는 공론화인데, 그것을 '국가적 차원'의 첫 시도라고 하는 것은 다음 두 가지 점에서 과거의 공론화와 내용을 달리하기 때문이다.

첫째, 이슈의 성격과 그로부터 파생된 이해관계자 집단의 범위가 그동안 다루었던 정책의제의 그것과 확연히 달랐다. 원전이라는 의제는 다른 정책의제들과 달리 이미 수십 년 전부터 첨예한 갈등 사안으로 부상한 국가적 난제(wicked problem)였다. 더욱이 여기에는 안전과 환경은 물론 에너지의 안정적 공급, 전기세 인상 등 시민 개개인이 누리는 삶의 질에 영향을 미치는 문제들이 내포되어 전 국민의 이슈로 부상할 수밖에 없는 내적 속성을 가지고 있었다. 또한 '공사 계속'이라는 결론이 나올 경우 '탈핵'을 공약한 대통령의 입장과 정면으로 배치될 수 있다는 정치적 의미까지 더해지며 이슈의 확장성이 더욱 커졌다.

둘째, 신고리 원전 공론화가 앞선 공론화와 구별될 수 있는 또 하나의 특징은 '공론화 결과를 100% 존중하고, 그 결론을 그대로 따르겠다'는 행정청의 명시적인

---

14 이 글은 한국정책학회 뉴스레터 The KAPS 52권에 실린 글을 수정·보완한 것이다(정책논단: 신고리 원전 공론화가 남긴 것: 평가와 전망, pp.18－31 참조).

약속이 있었다는 점이다. 공론화 과정에 참여하는 '시민대표단'에 대한 행정청의 권한위임(empowerment)은 한국 행정사는 물론 세계 어디에서도 찾아보기 힘든, 가장 높은 단계의 참여였음이 분명하다. 게다가 그 행정청이 국정 최고 책임자이자 헌법기구인 대통령이라는 사실은 공론화 참여자들의 정치적 효능감(political efficacy)을 극대화시키는 한편 전 국민적 관심을 촉발하며 원전 공론화를 다른 공론화와 확연하게 구별 짓게 하는 외적 요인이 되었다.

원전 공론화는 공청회, 토론회, 시민포럼 등 다른 참여 기제와 비교할 수 없을 정도로 사회적 수용성이 높았다. 일각의 의심과 거부에도 불구하고 공론화에 참여한 시민대표단의 90.4%는 공론화가 전반적으로 공정하게 진행되었다고 응답하며 공론화 과정에 대한 신뢰와 만족을 표시했다. 또 93.3%라는 압도적인 수치로 '내 의견과 다른 의견이 채택되더라도 수용할 의사가 있다'고 해, 과정에 대한 만족이 결론에 대한 순응도 높인다는 숙의민주주의 일반이론을 경험적으로 증명했다.

2017년 10월 25일, 세계일보가 만 19세 이상 전국 성인남녀 1006명을 대상으로 한 조사에서도 공론화위원회의 활동에 대한 긍정 평가(56.0%)가 부정 평가(32.1%)보다 많았다. 일반시민의 83.2%는 향후 다른 의제로 공론화를 도입하는 것에 찬성하고, 72.7%는 공론화의 상설화에 공감한다는 입장을 밝혔다. '원전 건설은 재개하되 탈원전 정책은 지속해야 한다'는 시민대표단의 선택이 새로운 갈등의 시작으로 귀결되지 않고 사회적 합의로 마무리된 것은 기존의 행정과정에서 찾아보기 어려운 매우 큰 '성공'이다. 그 성공 요인은 크게 두 가지다.

하나는 공론화위원회의 독립성과 중립성, 그리고 이로부터 파생된 공정성으로 요약되는 절차적 정당성이다. 여러 가지 논란과 여러 번의 위기가 있었지만, 대통령과 정부는 '지원하되 간섭하지 않는다'는 원칙을 비교적 충실하게 지켰다. 여기에 공론화 과정의 투명성을 보장하며 찬·반 이해관계자 집단의 참여가 균형을 이루도록 하고, 찬·반 진영의 합의에 기초해 공정한 공론화 과정을 설계함으로써 절차적 정당성을 확보하는 데 성공했다.

두 번째 성공 요인은 원전 공론화의 두 가지 목표와 임무에 충실하게 조응하는 조사 설계의 치밀한 구조다. 원전 공론화의 우선 목표와 임무는 건설 중인 신고리 원전의 계속 건설과 중단 가운데 어느 것이 '공론' 즉, '공익에 부합하는 여론'인지를 파악함으로써, 정부의 정책적 선택을 용이하게 하는 것이었다(명시적 목표). 이를 위해 공론화위원회는 숙의 토론 전·후의 의견조사에서 공사 재개와 중단 가운데 어느 하나를 반드시 선택하도록 설문 문항을 구조화함으로써 이러한 목적을 충분히 달성했다. 원전 공론화의 두 번째 목표는 정부도 주문하지 않았고 누구도 충분히 주목하지 않았지만 선제적 갈등관리를 통해 공론화 이전보다 이후의 갈등이 더 증폭되지 않도록 하는 것이있다(암묵적 목표). 그래시 원전 공론화의 조사설계는 공사 재개 찬·반을 넘어 탈원전 찬·반을 묻는 항목을 삽입했다. 원전 공사 재개에 대한 찬·반 의견과 탈원전에 대한 찬·반 의견이 반드시 일치하지 않을 수 있기 때문이다. 그리고 이렇게 두 가지 항목의 두 가지 선택지를 교차하면 정부가 시민들의 선호분포를 쉽게 파악할 수 있고 정책의 선택지도 더 많이 설계할 수 있을 것이라는 기대가 있었기 때문이다. 즉, 이렇게 조사 범위를 확장해 원전 공사 재개 여부와 탈원전 정책을 연계하면 찬성과 반대의 분쟁 프로세스를 배분적(대립적) 거래에서 통합적 거래로 전환할 수 있을 것이라는 예측이었고, 이 예측은 기대를 저버리지 않았다. 결과적으로 한국의 원전 공론화는 공사 중단과 재개를 선택하되 그 선택의 전제(또는 부가) 조건이 무엇인지를 함께 조사함으로써 숙의토론 과정에서 형성된 성찰성을 찬·반 양론이 아니라 대안창출로 수렴하고, 이를 통해 사회적 합의형성과 수용성 제고라는 두 가지 목적을 동시에 충족시켰다.

신고리 원전 공론화는 그동안 소수 전문가와 기술 관료들이 독점해 온 의사

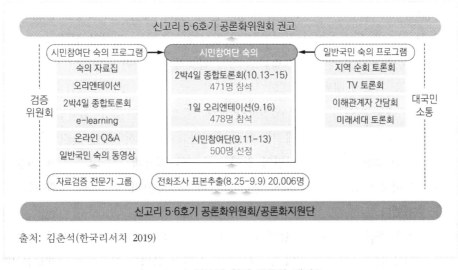

출처: 김춘석(한국리서치 2019)

[그림 6-5] 신고리 원전 공론화 개념도

결정 과정을 일반 시민에게 개방하고 그들의 공적 이성이 참여할 기회를 제공함으로써 주어진 문제에 대한 '공적 의견'을 구하는 것은 물론 한국 민주주의의 공간을 이중으로 확장하는 효과를 가져왔다.

첫째, 공론화는 2016년 말 촛불 시민혁명으로 분출된 우리 시민의 폭발적인 참여 욕망을 적극적으로 끌어안는 효과를 산출했다. 2016년 겨울의 1,700만 '촛불 시민혁명'이 일어난 이유를 단순히 최순실 국정농단 때문 만이라고 보는 것은 너무 순진한 관찰이다. 비폭력 시위 하나로 '살아 있는 권력'과의 계약을 해지하는 데 성공할 수 있었던 것은 '최순실 국정농단'이라는 기폭제에 두 가지 구조적 요인이 결합했기 때문이다. '당원 없는 정당정치'에 기대는 한국 대의민주주의 시스템의 심각한 신뢰 적자와 '내가 나를 대표 한다'는 '하위정치 영역'의 급속한 확대가 그것이다. 공론화는 특정 정치적 상황과 구조적 맥락이 결합하며 분출시킨 참여와 소통의 열망이 공식적인 의사결정 공간으로 수렴될 수 있는 계기를 제공해 비로소 장내와 장외, 공식적 의사결정 공간과 비공식적 의사소통 공간, 대의기구와 시민의 공론장을 결합하는 새로운 민주주의, 참여민주주의의 가능성을 열어주었다.

둘째, 공론화는 참여를 제도화하되 이를 학습과 토론이라는 숙의와 결합해 참여를 협력으로 전환시킴으로써 단순한 참여를 넘어 합의를 지향하는 숙의민주주의의 가능성을 창출했다. 시민들의 직접 참여는 바람직한 정치적 이상이지만 참여가 반드시 협력으로 귀결되는 건 아니다. 참여가 많아질수록 이해관계가 복잡해지며 다양한 욕구가 상충해 오히려 갈등이 증폭될 수 있다. 촛불 시민혁명을 통해 극대화된 현 시기의 정치 참여가 무한정 시민 참여에 의존하는 '길거리 정치'로 남아서는 안 되는 이유가 이것이다. 그렇다고 이미 집단적 자의식이 극대화된 시민들에게 심각한 신뢰 적자에 허덕이는 대의민주주의 체제로 복귀할 것을 강요할 수도 없다. 숙의 없는 대중 참여가 정치적 무질서와 포퓰리즘으로 회귀할 수 있다면, 대중 참여가 없는 대의제는 정당정치에 기초하는 대의민주주의가 허구임을 드러낼 뿐이다. 신고리 원전 공론화는 일반 시민의 참여를 숙의와 결합해 개개인의 공적 이성을 발현하게 하고 이를 수용함으로써 오히려 대의기구(정부)의 정당성을 강화하는 기능을 수행했다.

신고리 원전 공론화는 전통적인 대의민주주의 의사결정 과정에 숙의적 합의 형성을 접목하는 국가적 차원의 첫 시도이자 사회적 합의를 이끌어내는 새로운 방식의 실험이었고, 양당제의 틀에 갇힌 대의민주주의의 공간을 확장하는 효과를 가져왔다. 그렇다고 아쉬움이 없는 것도 아니고 문제가 없는 것도 아니다. '옥'이 고울수록 '티'가 더 크게 보이기 마련이라면, 원전 공론화의 위험(risk) 역시 그러했다.

첫 번째 위험은 정치적 도구화의 위험이다. 누구나 알고 있듯이 문재인 정부는 '안전한 대한민국'을 표방하며 탈핵과 신고리 원전 5,6호기 공사 중단을 공약으로 제시하고 당선됐다. 따라서 공약의 진정성을 보여줄 수 있는 신고리 5,6호기 공사 백지화가 당면과제였지만 이는 23조의 매몰비용을 비롯해 무시할 수 없는 경제·사회적 비용과 그만큼의 정치적 부담을 안겨주는 문제이기도 했다. 이러한 정책적·정치적 딜레마 상황에서의 선택이 공론화였다고 짐작한다면 과장된 것일까? 흔히 원전 공론화를 '답정너'('답은 정해져 있으니 너는 대답만 해')라고 비판했지만 애초부터 그럴 가능성이 없었던 것은 공론화야말로 정치적 비용을 최소화하는 '합리적' 선택이었기 때문이다. 공론화를 통해 공사 중단이 결정될 경우 신고리 원전 백지화라는 공약으로부터 명예롭게 퇴진할 수 있는 빌미를 얻는 반면, 공사 재개가 결정된다면 공약의 정당성을 재확인하는 기회가 되어 공론화란 양날의 칼이었다. 문재인 정부의 공론화가 '시민이 주인 되는 정부'를 만들기 위한 순수한 소통도구만으로 볼 수 없는 이유가 이것이다.[15]

두 번째 위험은 기술적인 차원의 위험으로서 공론화 실행 단계에서 항용 관찰되는 단순화의 위험이다. 공론화에 활용될 수 있는 시민참여형 의사결정 방식은 매우 다양하며 공론화의 목적과 맥락에 따라 얼마든지 달라질 수 있고, 달라져야 한다. 원전 공론화가 차용한 공론조사는 조사대상자의 의견 차이를 계량화해 최종적인 결과는 물론 조사 회차 간의 의견변화율까지 간명하게 보여줄 수 있어 정부의 정책적 선택을 용이하게 하고, 다수결에 익숙한 우리 사회의 정서에 부합하는 장점이 있다. 게다가 이 방법은 표결이 숙의토론과 연계되어 일반적인 여론조사보다 숙성된 의견을 표집할 수 있는 장점이 있고 그 과정을 탄력적으로 설계할 수 있어 현실 적용도가 무척 높은 숙의적 여론조사 방식임이 분명하다. 원전 공론화 역시 공론조사 방식을 도입하되 원형보다 숙의토론 과정을 대폭 강화하고 조사 항목을 탄력적으로 설계해 공론화 주문자(정부)의 필요를 만족시키는 한편 '탈원전'에 대한 사회적 합의를 창출하는 데 기여했다.

---

15 이 책의 제5장(229쪽)에서 제기한 5W 1H의 문제가 갖는 위험성이 바로 정치적 도구화의 위험이다.

그러나 그것이 숙성된 의견의 집적(aggregation)을 통해 상대 다수를 절대 다수로 전환하는 효과가 있다할지라도 여전히 다수에 의사결정의 정당성을 부여한다면 소수에 대한 배려와 숙의를 통한 합의창출의 가능성은 그만큼 축소된다는 데 공론조사를 비롯해 표결형 공론형성 방법의 결정적인 한계가 있다. 그 과정이야 어떻든 표결에 의존하는 결정은 많은 경우 승자와 패자의 구도를 만들며 다수에 대한 소수의 불복종을 유도할 가능성이 있기 때문이다. 공론화에 참여한 시민대표단의 경우에는 '자신의 주장과 다른 주장이 채택되더라도 이를 수용하겠다'는 의견이 93.3%에 달했지만 직접 참여하지 않은 일반 시민들의 경우에는 공론화에 대한 긍정적인 평가가 56%에 머무는 통계 수치가 암시하는 것은 바로 이것이다. 표결보다 숙의토론에 의존하는 시나리오 플래닝(Scenario planning), 합의회의(consensus conference), 시민배심원(citizens' jury) 등의 다양한 공론화 방법을 활용할 필요성이 제기되는 이유도 여기에 있다. 표결보다 숙의토론을 우선할 경우 상반된 주장을 병렬적으로 검토하며 다양한 선택지를 조합해 제3의 대안을 창출할 수 있는 공론화가 가능해진다. 물론 이러한 방식의 공론화와 공론조사를 결합하는 것도 가능하다.

## 2. 합의형 정론형성

### 연방예산 시민배심원(미국)과 울산 북구 시민배심원(한국)

미국의 비영리 조직인 제퍼슨 센터는 정책 결정 과정에서 이해관계자, 전문가, 시민들의 체계적 숙의를 통해 여론을 형성하고 이를 정책에 반영하는 방법으로 시민배심원 제도를 고안했다. 시민배심원제는 이해당사자가 아닌 일반시민의 관점에서 이해당사자들을 대표하는 증인들의 증언을 듣고 학습과 토론의 숙의 과정을 거쳐 도출된 의견을 공공정책에 반영하게 하는 것이 목적이다.

가장 대표적인 시민배심원제 사례는 1993년 2월, 미국 각지에서 무작위 선발된 24명의 시민배심원단이 워싱턴에 모여 연방 예산에 관한 숙의 토론을 진행했을 때 만들어졌다. 배심원단들은 지방 정부 예산 지출의 균형에 관해 보수와 진보 측 생각을 듣고 숙의 과정을 통해 의견을 도출했다. 시민배심원단의 원칙은 특정 지역이나 특정 이해당사자만을 대변해서는 안 되며, 전 시민을 대변할 수 있는 대표성을 지녀야 한다는 것이다. 따라서 시민배심원들은 그들이 사는 지역사회 시민의 구성비율과 유사할 수 있도록 무작위 선발되었다. 또 배심원으로 선정된 사람들의 수락율을 높이기 위해 적절한 일급을 지불했다. 가령, 2001년 실시된 시민배심원제의 경우, 배심원들은 참여 대가로 1일 $150을 지급받았다.

진행 절차를 구체적으로 살펴보면 무작위로 선발된 배심원들은 특정 정책이슈에 대해 사전에 제공된 자료들을 보며 개별적으로 학습하고, 이후 개최되는 배심회의 때 관련 증인들의 증언을 듣고 해결책을 함께 토론하고 숙의하는 과정을 거친다. 배심원들에게 가장 효과적으로 정보를 제시하는 방법은 문서를 읽게 하거나 스태프가 요약 발표하는 것이 아니라, 배심원들 각자의 관점을 서로 대표하고 직접 듣게 하는 것이다. 배심원이 질문에 답할 시간을 충분히 주는 것도 중요하다. 제퍼슨 센터는 훌륭한 숙의를 할 수 있는 가장 큰 규모를 최대 24명으로 보았으며 이를 소규모 토의가 가능한 4-6명의 작은 집단으로 나누어 진행하는 게 필요하다고 말한다. 또한 제퍼슨 센터는 의제 설정과 증인 선택 시 외부 자문위원회의 전문성을 활용했다. 증인들의 증언은 해당 이슈에 대한 다양한 시각과 주장들이 균형 있게 제시될 수 있도록 설계하고, 시민배심원들은 주어진 문제를 해결하기 위해 질의응답식의 증언 과정에 참여한다. 시민배심원단의 숙의 절차를 통해 나온 최종 결과는 정책권고안의 형태로 일반에게 공개하고 정부에 전달했다.

1993년 연방 정부 예산 균형에 관한 시민 배심원제의 경우, 배심원 17명 중에서 7명이 정부 적자를 $2,200억 이하로 감소시키기를 원했으며, 이를 위해 $700억의 세금 인상에 찬성 투표했다. 한 배심원단은 다음과 같이 말했다. "내가 세금 올리는 선택을 하게 될 줄 꿈에도 상상 못 했어요. 그러나 우리는 우리 아이들을 위해서 희생해야만 해요."

시민배심원제는 배심원단이 여러 정보를 깊게 탐색하고 스스로 변화할 기회를 제공했다. 그렇다고 해서 아쉬움이 없는 것은 아니다. 첫째, 배심원의 대표성 확보 문제다. 시민배심원들은 연령, 교육, 성별, 거주지, 인종, 정치적 성향 등의 측면에서 그들의 지역사회와 가장 유사할 수 있도록 무작위로 선택되는 것이 중요하지만 그것이 언제나 쉬운 것은 아니다. 특히 25명 내외의 작은 규모로 대표성을 충족시켰다고 말하기엔 현대사회의 복잡성이 너무 커져 있다. 참여자들의 수락률을 높이기 위해서 적절한 일급을 지불하는 것도 필요하다. 가령 2001년 프로젝트의 경우, 배심원들은 참여 수당으로 1일 $150을 수령했다.

둘째, 스태프의 편향성과 외부 조작 가능성의 최소화가 필요하다. 촉진자(facilitator)의 보디랭귀지를 통제하는 등 스태프의 편향성을 최소화하려는 노력이 필요하며 이를 위해 프로젝트 말미에 배심원들이 촉진자를 평가하거나, 그들의 언어로 최종 권고안을 대표할 수 있게 하거나, 정책 결정 전 마지막 보고서를 검토할 기회를 주어야 한다.

셋째, 충분한 숙의 시간을 보장해야 한다. 1980년대 말, 시민배심은 대개 5일 동안 진행되었다. 5일이 길다는 불만은 전혀 없었으며, 오히려 너무 짧다는 의견들이 많았다. 그러나 5일보다 더 길 경우 참여자 모집이 어려울 수 있다. 숙의적 방법이 보다 널리 이용되고 영향력이 높아진다면, 지역사회의 소집단으로 더 오랜 기간의 프로젝트를 수행할 수 있는 날이 올 것이다.

넷째, 정책결정자와 매스컴의 관심이 반드시 필요하다. 시민배심원제 설계의 주요 딜레마는 시민배심원이 어떻게 공공정책에 영향을 미치면서 시민들의 역량을 강화할 수 있는가이다. 먼저, 시민배심원이 공공정책에 영향을 미치기 위해서는 정책결정자의 약속 혹은 주요 언론의 보도가 있어야 한다. 그러나 언론 입장에서는 24명의 배심원으로 이루어진 5일 행사보다는 수천 명의 일회적 행사가 더 매력적일 수 있다.

다섯째, 제퍼슨 센터도 주목했듯이 생산적인 대화를 끌어내기 위해서는 능숙한 촉진이 중요하다. 촉진자는 배심원들이 자신의 의견을 자유롭게 개진하되 상대방의 질문에 집중하고, 토론의 균형을 맞추어야 하며 증인은 배심원의 질문에 답할 충분한 시간을 보장 받아야 한다는 일반 원칙을 충분히 숙지하도록 해야 한다.

시민배심원 제도는 전 세계로 뻗어나가며 대표적인 숙의적 정책형성 도구로 자리 잡아 가고 있다. 한국에서도 시민배심원 제도를 통해 울산 음식물 자원화 시설의 타당성을 검토하며 관 주도의 일방적인 의사결정을 탈피한 바 있다. 한국의 경험은 제퍼슨 센터의 원형과 상당 부분 다르지만(cf. <표 6-4>), 학습과 토론을 바탕으로 하는 숙의적 의사결정의 성숙한 모습을 보여주기는 매 한가지다.

첫째, 도입과 구성 차원에서 큰 차이를 드러낸다. 제퍼슨 모델이 사업 기획단계에서 여론 형성을 통해 갈등을 예방할 목적으로 구성된다면, 울산 북구 모델은 정책집행단계에서 이미 표출된 갈등을 해결하기 위해 구성됨으로써 시민배심원단의 구성 자체가 통계적 대표성보다는 이해관계의 대표성을 확보할 수 있도록 조율

<표 6-4> 울산 시민배심원제의 특징

| 구 분 | | 미국 제퍼슨 센터 시민배심원제 | 울산 북구 시민배심원제 |
|---|---|---|---|
| 도입 및 구성 | 도입 절차 | 사업발주처(행정기관, 기업, 사회단체 등 사업기획자가 의뢰) | 갈등 당사자 간 합의(민노당 6인소위원회 제안 ▷ 북구청과 주민대표 수용 ▷ 사회적 수용) |
| | 도입 시기 | 사업 기획단계 | 사업집행 단계 |
| | 운영 주체 | 비영리 민간단체(Jefferson Center) | 합의에 의해 선정된 배심원단 |
| | 목적 | 공적 문제에 대한 여론형성과 갈등 예방 | 첨예하게 대두한 민관갈등의 평화적 해결 |
| | 적용 사안 | 중요한 공공문제(예: 조세개혁, 폐기물 관리, 수질오염, 생명윤리 등) | 음식물자원화시설 건립 문제 |
| | 배심원 수 | 18~24명 | 43명 |
| | 구성 방법 | 무작위 선발 또는 통계적 대표성 중시: 무작위 전화설문을 통한 배심원단 풀 구성 후 의제관련 표본수집 또는 인구학적으로 대표성을 가진 시민패널을 통해 선택 | 이해관계의 대표성(중립성) 중시: 갈등당사자를 배제하되 갈등당사자 양쪽의 이해를 대표할 수 있는 시민단체, 학계, 종교계 인사로 구성 |
| 운영 방법 | 운영 기간 | 준비기간 포함, 수개월~수년 | 2주(2004.10.13.－12.28.) |
| | 청문회 | 5일간 합숙(원칙) 또는 비합숙 | 2주간 비합숙 |
| | 수당 | 지급 | 미지급 |
| | 정보 제공 | 집단적 합의 추구: 이슈와 관련된 모든 측면을 공정하게 청취, 균형 있는 정보를 추구하며 집단적 합의를 추구 | 개별적 합리성 판단: 이해 당사자 및 대리인의 주장, 관련 전문가의 의견을 청취하고 현장 방문과 견학 후, 각 주장의 합리성을 배심원 개인적으로 판단하고 표결 |
| | 역할 범위 | 정책(대안) 권고 | 사업 타당성 판정 및 결정, 정책 권고 |

자료: 김소연(2006: 187)의 보완 및 재구성

되었다. 곧, 갈등 해결에 대한 실마리가 보이지 않는 막다른 시점에서 도입된 울산 북구 시민배심원제도는 구청이나 주민 모두에게 선택의 여지가 없는 마지막 선택이었다. 특히 주민들은 자기들에 대한 고소·고발을 취하하는 조건으로 북구청장이 제안한 배심원제도를 수용했으며, 북구청장은 북구청장 나름대로 자신의 정치적 기반이자 민노당 지지자들인 중산동 주민들과의 지속적인 갈등관계를 피하기 위해 배심원제를 수용하지 않으면 안 되는 절박한 상황이었다. 이처럼 강제된 상황에서의 선택은 시민배심원제도를 이미 심화된 갈등의 조정과 중재자로 상정할 수밖에 없도록 했고, 이는 시민배심원단의 결정이 이해당사자들에게 구속력을 갖도록 설계할 수밖에 없었던 원인이 되었던 것으로 보인다.

둘째, 운영 방법과 역할 범위 설정에서도 큰 차이가 있다. 제퍼슨 모델이 운영 절차에 있어서 주최기관이 미리 정해놓은 절차와 규정에 따라 숙의 과정만 수행하고 정책대안을 권고하는 수준에서 끝난다면, 울산 북구 모델은 심의 절차와 규정 자체를 배심원단 스스로 마련했고 정책대안에 대해 '권고'가 아니라 '결정'을 내림으로써 강제적 구속력을 확보하는 것은 물론, 결정의 실효성 확보를 위한 후속 절차까지 권고의 형태로 제시했다. 곧 제퍼슨 모델이 제3의 '바람직한'(곧, 갈등을 최소화할 수 있는) 대안을 찾기 위해 5일 동안 방대한 자료와 정보를 바탕으로 다양한 의견을 청취하며 학습과 토론을 지향한다면, 울산 북구 모델은 2주라는 긴 시간 동안 주로 갈등 당사자로 부각된 북구청과 주민 대표단의 직·간접적 진술과 정보제공에 의존해 숙의를 진행함으로써 제3의 대안을 창출하기보다는 어느 주장이 '합리적인가'를 판단하는 숙의를 진행했다. 울산 북구 모형은 이렇게 제퍼슨 모형과 다르지만, 결과적으로 2004년 울산 사회의 맥락에서 성공적인 갈등 해결 기제로 작동됐다.

---

### 시민배심원제의 특징과 기여(카일 보첸코 2018)

*아래 인터뷰는 시민배심원제로 유명한 미국 CNDP(전 제퍼슨 센터) 카일 보첸코(Kyle Botzenko) 소장이 서울시가 주관한 2018 국제갈등포럼 참석차 한국을 방문했을 때 필자가 진행했던 두 차례의 대면 인터뷰 내용이다.*

Q1. 시민배심원제도는 숙의민주주의 역사상 가장 오래된 숙의 제도 중 하나다. 시민배심원제도의 기원과 현황을 소개해 달라.

A. 시민배심원제도는 1971년 제퍼슨 센터의 창립자이자 CNDP (Center for New Democratic Processes)의 이사장인 정치학자 네드 크로스비(Ned Crosby)가 박

---

사학위 논문에서 처음 언급했다. 그의 목표는 공공정책 문제를 논의할 때나 공직 후보자의 자질을 평가할 때 시민들의 이성적 토론을 바탕으로 시민들이 공감할 수 있는 합리적 절차를 만드는 것이었다. 그래서 그는 시민배심원제도를 발전시키는 한편 시민 숙의에 기초하는 민주적 절차를 개발하기 위해 1974년 제퍼슨 센터(Jefferson Center)를 설립했다.

제퍼슨 센터는 50년 동안 혁신적인 숙의과정을 지속적으로 실험하고 실행함으로써 민주주의의 경계를 확장해왔다. 1970년대부터 90년대에 걸쳐 농업이 수질에 미치는 영향, 학교 보건소 예산 편성부터 연방 예산 심사에 이르기까지 다양한 문제에 활용되었고, 미국 상원의원 후보자들의 직무적합성을 평가하는 데도 활용되었다. 2000년대 초부터는 세계 기후변화 대응방안, 시민발의안 검토(워싱턴), 숙의민주주의 활용 방안 및 선거 재검표제도 개선 방안(호주) 등과 같은 다양한 문제도 다루었다.

2021년 현재 제퍼슨 센터는 CNDP(Center for New Democratic Processes)로 이름을 바꾸고 숙의에 기초하는 시민참여 프로젝트의 설계와 실행 전략을 심도 있게 연구 중이다. 2012년부터 개최한 숙의민주주의 행사(시민배심원, 시민의회, 커뮤니티 패널, 정책 배심원 등)와 토론회 등이 125회를 훌쩍 넘는다. 그리고 공공, 민간, 학술단체, 정부와 협력해 지방정부에서 연방정부에 이르기까지 국가 정책과 집행 과정에서 드러나는 다양한 문제를 연구했다. 최근에는 개인정보 보호와 거버넌스, 기술정책과 인공지능(AI) 규제 지침에 대한 정보 제공, 환자의 안전과 진단 오류 문제해결, 의료 서비스 전달체계 변경에 관한 연구를 수행했다. 그리고 기후변화 대응방안과 재생 에너지 개발 문제에 관한 숙읩의 토론을 진행했다. 또한 미네소타 주민의회 프로젝트(MN Community Assembly Project)를 통해 미국에서 처음으로 시민의회를 만들었다. 오하이오 주에서는 뉴스 보도에 관한 숙의 토론을 진행하며 지역 언론과 시민들 사이의 신뢰를 구축하고 있다. 이 모든 것을 통해 우리가 지향하는 것은 모두에게 더 강하고 활기찬 민주주의를 만들어내는 것이다.

Q2. 시민배심원제도의 가장 큰 장점은 합의(consensus)를 도출하는 것이다. 합의는 어떻게 이루어지는가? 표결(voting)과 동의(agreement) 가운데 어느 것이 바람직한가?

A. 시민배심원제는 합의를 지향하지만 일반적으로 순수한 동의(agreement) 즉, 강한 합의(strong consensus)에 도달하기 어렵기 때문에 다양한 형태의 투표 방식을 활용해 약한 합의(weak consensus) 즉, 표결을 통한 우선순위 결정 방식(ranking)을 선택하기도 한다. 참여자가 적은 소규모 숙의나 이해관계가 정면

으로 대립하지 않는 사소한 문제와 관련해서는 강한 합의가 이루어지기도 하지만 대부분의 경우에 100% 합의는 가능하지 않아 결국 표결이 불가피하다. 다만, 일정 수준의 숙의가 진행되면 그 다음 단계 즉, 결정으로 이행하기 위해 의사결정 기준을 사전에 명확히 규정해야 한다. 예를 들어, 과반수로* 할 것인지 아니면 특정 비율(대개 80%) 이상으로 할 것인지 미리 결정해야 한다. 우리가 선호하는 방법은 단순 찬반 투표를 넘어 다양한 대안들을 제시하고 우선순위를 도출하는 방식(ranking)이다. 이렇게 하면 어느 의견도 배제되지 않고 모두 생각해 볼 기회를 가지되, 자연스럽게 다수 의견도 형성될 수 있다.

Q3. 우선순위를 도출하는 방식(ranking)은 참여자들이 숙의 과정에서 합의에 대한 압박감 때문에 다수 의견에 이견을 제기하지 못한다는 비판을 잠재울 수 있을 듯하다. 사실, 소극적이거나 말주변이 없는 사람들은 하버마스가 말하는 "이상적인 발화 상황"(ideal speech situation)을 누릴 수 없는 것 아닌가?
A. 바로 그 점이다. 참여자들이 다수 의견에 이의를 제기하지 못할 가능성은 모든 형태의 숙의에 잠복해 있다. 그래서 의사결정을 내릴 때 무리하게 합의를 재촉하기보다 투표, 우선순위 도출(ranking) 등 다양한 방법을 사용해야 한다. 이를 통해 참여자들은 숙의과정에서도 의견 불일치가 존재할 수 있음을 납득할 수 있다. 그렇다고 아무 것도 결정할 수 없는 것은 아니다. 투표 또는 순위 결정 방법을 활용하면 만장일치로 합의하지 않더라도 어느 의견이 다수의 지지를 받고 왜 그런지 이해할 수 있게 된다. 자신의 의견이 상위에 랭킹되지 않더라도 자연스럽게 그를 받아들이고 타인의 의견을 존중할 수 있는 토양이 만들어진다.

Q4. 숙의민주주의를 둘러싼 쟁점 하나는 대표성(representativeness) 문제다. 일반적으로 시민배심원은 20−25명으로 구성된다. 이 작은 집단이 이룬 합의가 우리 사회 모든 구성원들의 생각을 대표한다고 말할 수 있을까?
A. 물론 20−25명으로 구성된 작은 집단의 결정이 통계적으로 완벽한 대표성을 지닌다고 할 수 없다. 그럼에도 불구하고, 시민배심원들에게 어떤 문제에 대해 배우고 숙고할 시간과 기회를 준다면, 일반 대중들의 기대치에 근접한 결과들을 제시할 수 있음을 여러 경로로 확인했다. 물론 시민배심원들의 태도, 신념, 특정 문제에 대한 의견이 일반 대중의 의견과 다를 수 있다(이는 일반 대중을 대상으로 설문조사를 실시하고 그렇게 취합된 의견을 시민배심원들의 의견과 비교해 보면 알 수 있다). 그러나 우리 경험에 따르면 동일한 주제에 대해 동일한 숙의 과정을 거치면 그게 누구든 매우 유사한 결론에 도달하게 된다. 예를 들어 같은 주제로 동시에 3개 시민배심원단을 운영해보자. 각 배심원단별로 다른 결론에

도달할까? 그렇지 않다. 각 배심원단이 유사한 결론을 도출한다. 이는 곧 일반 대중도 동일한 문제에 대해 동일한 숙의 과정을 거친다면 배심원단의 결론과 유사한 결론에 도달할 것이라고 유추할 수 있는 근거가 된다.

Q5. 시민배심원단을 구성하기에 가장 좋은 상황은 언제인가? 시민배심원 제도에게 가장 이상적인 주제 또는 질문이 있다면, 그게 무엇인가? 또 시민배심원제를 언제 활용하는 것이 가장 좋은가?

A. 시민배심원은 여러 가지 이유와 이슈로 설계될 수 있고 그 방법도 다양할 수 있다. 숙의민주주의 활동가들은 시민배심원 제도를 모든 상황에 적용할 수 있는 일률적 모델(one size fits all model)로 개발하려고 하는 경향이 있다. 그러나 시민배심원 제도의 설계와 운영에는 각 상황에 맞는 접근방식이 필요하다. 시민배심원 제도를 활용할 수 있는 "최선"의 상황은 하나만 있는 것이 아니다. 그러므로 각 상황에 맞는 숙의민주주의를 설계하려면 1) 시민배심원 제도가 주어진 상황과 맥락에 적합한지 검토하고, 2) 각 상황에 맞는 구성요소들이 무엇인지를 함께 고려해야 한다.

Q6. 배심원은 어떻게 선정하는가? 왜 그런 방식으로 선정하는가?

A. 시민배심원은 주제 연관성과 필요성을 고려해 선정한다. 시민배심원 제도는 문제 해결을 위한 방법이 명확하지 않고 논쟁이나 잠재적 분열을 초래할 수 있는 복잡한 주제에 활용되기 때문에 주제에 따라서는 여러 이해관계자와 기득권자가 참여할 수밖에 없다. 그래서 더욱 배심원단의 균형이 중요하다. 희망자들의 지원을 받아 모집단을 선정한 다음, 가급적 모든 의견과 성별, 연령, 지역 등이 고르게 대표될 수 있도록 선정하기도 하고 추첨으로 선정하기도 한다. 배심원단을 구성하는 것은 많은 시간과 자원이 소모되는 일이다. 그런 만큼 배심원단을 조직하고 운영할 수 있는 시간과 투자도 충분해야 한다. 배심원단의 구성 방식은 배심원 제도의 합법성과 잠재력을 보증하는 중요한 요소다.

Q7. 숙의 포럼이나 시민배심원 제도의 미래 기획자들에게 조언을 준다면 먼저 무슨 말을 해주고 싶나?

A. 가장 말하고 싶은 것은 이 일을 수행하는 과정에 마주하게 될 도전들에 대해서 충분히 대비해야 한다는 것이다. 복잡하고 중요한 주제일수록 규율이 필요하고, 특정 결과를 추구하는 행위자와 이해관계자들 사이에서 복잡하고 어려운 정치적, 사회적, 문화적 관계에 대한 협상이 필요하다. 분명히 말하지만 시민배심원 제도는 사회적 갈등을 자동으로 사라지게 하는 마술이 아니다. 다만 사회적

갈등에 대처하는 새로운 방법을 제시할 뿐이다. 시민배심원제를 비롯해 다양한 숙의 기제가 효과적인 갈등해결 기제로 작동하도록 하기 위해서는 엄청난 노력이 필요하다. 때로는 사회적인 압력에 노출되기도 하고 정치적인 책임을 져야할 때도 있다. 하지만 이 모든 것을 잘 관리하고 그 결과와 영향력을 두 눈으로 확인한다면 그것만큼 보람된 일도 없을 것이다.

### 2015 기후·에너지 세계시민회의(프랑스, 덴마크)

일반 시민들의 정론형성을 목표로 진행된 합의형 정론형성 모형 가운데 주목할 만한 것 하나는 '2015 기후와 에너지에 관한 세계시민회의'(World Wide Views on Climate and Energy 2015, 이하 세계시민회의)다. UN 기후변화협약 사무국, 프랑스 국가공공토론위원회(CNDP), 덴마크 기술위원회(DBT)[16]가 주도한 세계시민회의는 76개국, 106개 파트너 기관들이 준비한 97개 토론장에 만여 명이 참여한 국제적 규모의 합의회의였다.[17]

세계시민회의는 2014년 구상 이후 약 1년여 동안 파트너 기관 선정, 자료집 준비, 시민 패널 선정, 주최자 훈련 등의 과정을 거쳐 2015년 6월 6일, 현지 시각 오전 9시에 열린 피지에서의 첫 회의를 시작으로 27시간 후 미국 애리조나에서 종료되었다. 또한 모든 나라에서 다섯 개 의제별로 세션을 구성하고 세션마다 정보전달-숙의토론-투표라는 동일한 과정을 거쳤다. 이때 각국의 파트너 기관들은 각각 약 100명 규모의 시민 패널을 구성하고, 기후변화와 에너지에 관한 동일한 정보자료를 바탕으로 합의회의를 진행했다. 각 세션이 종료될 때마다 시민 패널은 해당하는 세션에 관한 질문[18]에 객관식 선택지로 응답해 투표하고, 투표 직후 주최

16 덴마크 기술위원회(DBT)는 2009년과 2012년, 이미 두 차례 세계시민회의를 주도한 경험이 있으며 2015년 세계시민회의는 덴마크 기술위원회가 주최한 세 번째 행사다.

17 세계시민회의의 법적 근거는 1992년에 체결된 유엔기후변화협약 (United Nations Framework Convention on Climate Change, UNFCCC) 제6조(교육·훈련 및 공공인식) 3항이다. 이에 따르면 협약 당사국은 "기후변화와 그 효과에 대응하고 적절한 대응책을 개발하는 데 공공의 참여를 촉진하고 장려"하는데 기여해야 한다. 이를 바탕으로 세계시민회의를 기획하기까지는 환경정책이 국제적으로 일반 시민들에게 막대한 영향을 끼칠 수 있음에도 불구하고 그간 정부·전문가·이익집단 및 NGO 간 국제협상으로 결정되어왔다는 문제의식이 있었다. 또한, 세계시민회의를 통해 글로벌 이슈인 기후변화 정책 결정에 시민들의 의견을 포함함으로써 더욱 책임성(accountability)이 있는 정책 결정이 가능하며, 향후 협의의 이행력을 담보하는데 필요한 시민들의 지지 확보가 더 쉬울 수 있다는 장점에도 주목했다(World Wide Views on Climate Change, 2015)

18 자세한 질문 내용은 기후변화 세계시민회의 웹사이트 출판(Publications) 섹션에 게시된 시민들을 위한 질문(Questions for the Citizens) 편 참조

측이 개표해 해당 결과를 실시간으로 세계시민회의 웹사이트에 공지했다. 2015 세계시민회의는 <표 6-5>의 여섯 가지 원칙에 따라 구성했다.

〈표 6-5〉 세계시민회의 6원칙

| 원칙 | 내용 |
|---|---|
| 쉽고 저렴한 방식 | 소득과 교육 수준에 상관없이 어느 나라나 개최할 수 있도록 저비용의 쉬운 방법으로 진행 |
| 정책 결정과의 연관성 | 정책 결정 현안에 직접적으로 관련되는 이슈를 논의 |
| 국제기구 정책과 국내 정책 연계 | 세계적인 정책 결정에 관련되는 동시에 국가정책 결정에도 연계될 수 있는 정책대안 모색 |
| 비교가능한 결과 | 회의 결과는 전 세계적으로 비교가능한 방식이어야 하며 정책 결정자들에게 전달될 수 있도록 간결한 방식으로 작성 |
| 균형 잡힌 정보전달 | 정책결정자들 사이에서 논의되는 이슈를 이해할 수 있도록 시민 참가자들에게 균형 잡힌 정보 제공 의무 |
| 숙의과정 | 결론에 이르기 전 모든 시민 참가자가 자신의 관점에 대해 논할 기회 제공 |

출처: World Wide Views on Climate and Energy (2015)

세계시민회에서 79%의 참가자들은 '자국의 온실가스 감소가 필요하다'는데 동의했으며, 97%의 참가자들은 '2100년까지 온실가스 배출을 없애는 국제조약을 원한다'는 의견을 제시했다. 또, 참가자의 97%는 파리협정이 21세기 말까지 '탄소배출 제로' 달성을 장기적 목표로 포함해야 한다는 데 동의했으며, 3분의 2는 모든 국가가 해당 목표에 법적으로 구속되어야 한다고 주장했다. 또한, 탄소 세금을 지지하는가라는 질문에 대해 참여자의 16%는 '모든 국가에 부여', 41%는 '모든 국가에 부여하는 동시에 배출량을 줄이지 않는 국가에는 추가 비용 부여', 30%는 '개발 정도에 따른 차등적 부여'로 응답했으며, 오직 9%만이 반대했다. 탄소 배출량을 낮추기 위한 접근법에 대해서는 참여자의 56%가 대체에너지에 대한 보조금 지급을 주장했으며, 45%는 저탄소배출 기술 개발을 선택했다.[19]

해당 회의 결과 내용은 2015 파리 기후변화회의(UN Climate Change Conference Paris 2015)에 반영되어 197개국 중 184개국 정부가 서명하는 「파리협정」으로 열매

19 해당 질문에 대해 응답자는 두 개의 답변을 선택 가능함으로써 응답의 총 합은 100%를 초과

를 맺었다. 파리 기후변화회의는 국제정치사에 있어 일반 시민의 의견이 국제협약에 반영된 흔치 않은 사례로 기록되는데, 사실 이 회의는 ① 기후와 에너지 정책에 관한 시민들의 의견을 취합해 2015년 12월에 파리에서 개최되는 기후변화 총회(21st Conference of the Parties; COP21)에 전달함으로써 기후·에너지 정책에 대한 세계 시민들의 의견을 각국의 정책결정자들에게 전달하는 것은 물론, ② 시민들의 숙의 과정을 통해 정책결정자와 시민 간에 벌어진 민주적 격차(democratic gap)를 해소하는 것이 목적이었다. 여기에서의 민주적 격차란 지구촌의 글로벌 이슈들이 정부 간 협상이나 소수 전문가의 결정으로 이루어짐에 따라 일반 시민들의 의견이 반영되지 않는 현상을 의미한다.

세계시민회의는 합의회의와 마찬가지로 시민 패널 선정·주요정보 전달·숙의토론·결과 보고라는 형태를 따르지만, 패널의 규모·정보전달 방식·토론 기간 및 방식에 있어 중요한 차이를 보인다(박주형 & 이윤정, 2015: 43-44). 첫째, 합의회의가 일반적으로 10명에서 20명 규모의 소규모 시민 패널을 선발하는 바와 달리 세계시민회의는 회의마다 100명 규모의 시민 패널을 선발해 세계적으로 10,000명에 달하는 인원을 모집함으로써 표본 수를 대폭 확대했다. 둘째, 합의회의는 약 3개월이라는 기간을 두고 두 차례의 사전 예비모임을 통해 시민 패널이 토론 주제에 대해 숙지할 수 있는 시간이 충분히 주어지지만, 세계시민회의에서는 사전에 토론용 자료집과 행사 당일 영상자료만을 제공해 숙의의 정도가 비교적 약했다. 셋째, 일반적으로 2-3일에 걸쳐 이뤄지는 회의 기간 또한 세계시민회의에서는 단 하루에 마무리되었다. 넷째, 시민 패널이 예비모임에서 질문을 직접 만들고 이에 대한 답변을 받아 숙의토론을 거쳐 결과보고서를 주도해 작성하는 일반적인 형태의 합의회의와 달리 세계시민회의에서의 주요 질문들이 세계운영본부가 준비한 질문들로 획일화되어 있었으며 시민 패널은 객관식 항목에 대한 투표를 통해 선호를 제출했다.

이러한 관찰이 시사하는 바는 자명하다. 본래 합의회의는 합의형성을 목적으로 하는 대표적인 작은 공중 기법이지만 목적과 환경에 따라 얼마든지 변형 가능하다. 또 정론과 합의의 경계는 우리가 상정하듯 그리 명확하지 않다. 원래 형태라면 순전히 숙의를 통해 합의를 지향하는 합의회의도 필요에 따라서는 표결을 도입해 시간과 자원의 한계를 뛰어넘을 수 있고, 그렇게 파악된 정론은 굳이 합의가 아니어도 의사결정 과정에서 얼마든지 정책에 영향을 미칠 수 있다. 다만, 공적 의사결정 과정에서 고려해야 할 한 사회의 정론이란 의사결정의 정당성을 강화하는 근거이자 수단으로 기능하거니와 정책결정자가 그 결정의 책임을 오롯이 짊어질 때 더욱 빛난다고 하겠다.[20]

---

20 한국에서 처음 실시된 합의회의는 1990년대로 거슬러 올라간다. 유전자 조작 식품의 안전과 생명윤리에 관한 합의회의(1998)와 생명복제 기술에 관한 합의회의(1999), 두 사례는 주제의 중요성과 시민의 관심도, 민·관 기관의 참여도 등을 고려할 때 한국 사회에서 매우 큰 반향을 끌어냈다. 반(半) 민간기관인 유네스코한국위원회가 개최했으나, 실무 역할과 책임은 '과학기술 민주화를 위한 모임'(과민모)이 담당했다. 과민모는 1997년 11월, 참여연대 산하에 발족한 과학기술 시민단체로, 과학기술의 민주화 개념을 한국 사회에 본격적으로 제기한 최초의 시민단체다. 이 두 사례는 공론화와 숙의민주주의의 개념이 생소하던 시절에 한국에서 숙의민주주의의 가능성을 보여준 중요한 이정표다.

## 1. 사회협약

### 시민의회(아일랜드)

시민의회는 지금까지 개발된 모든 작은 공중 기법 중에서 가장 최신이며 잠재적으로 가장 급진적이고, 가장 민주적인 방식의 숙의적 참여 기제다. 그러나 캐나다 브리티시 컬럼비아(2004)와 온타리오(2006) 사례, 그리고 네덜란드(2006)와 아일랜드(2011, 2018) 사례만 있고 축적된 경험이 많지 않아 아직 일반화가 어려운 편이다. 또 그것이 대의민주주의 체제의 의회와 정면으로 충돌하는 게 아니냐는 우려도 크다. 그러나 주민투표와 연결되거나 의회투표와 연결될 경우, 시민의회도 대의민주주의 체제 안에서 의회와 병존하며 안착할 수 있음을 보여준다.

선거법 개정을 의제로 다룬 네덜란드 사례는 시민의회가 권고안을 마련해 이를 정부에 전달하는 형태였다. 온타리오와 브리티시 컬럼비아, 두 캐나다 사례 역시 선거법 개정을 의제로 다루었는데, 그에 대한 시민투표(레퍼렌덤)를 실시하기에 앞서 시민투표의 선택지와 산출물에 대한 권장 사항을 시민의회가 작성한 사례여서 네델란드 사례보다 진일보한 형태다. 비록 시민의회의 권고안이 주민투표에서 부결되었지만, 추첨이라는 평등한 참여 수단을 통해 선택된 보통 시민들이 숙의 토론을 바탕으로 선거제 개혁안을 결정했다는 사실과 시민의원들이 편향성에 기울지 않고 진지한 태도를 유지하는 시민의 덕성을 발휘했다는 점을 고려하면 시민의회 실험을 성공한 것으로 평가할 수 있다(오현철, 2010: 41).

아일랜드 사례는 가장 최근의 사례일뿐더러 시민의회 구성원으로 현직 의회 의원이 참여해 함께 논의하고 그 권고안을 시민투표에 붙였다는 점에서 가장 혁신적인 사례라고 할 수 있다. 먼저 2012년에 헌법회의(The Convention on the Constitution)라는 이름으로 구성된 시민의회 사례를 보자. 이 사례는 '1987년 체제'를 구축한 이래 번번이 헌법 개정에 실패한 한국 상황에 시사하는 바가 매우 크다.

2008년 아일랜드는 IMF 상황이라는 최악의 경제위기를 맞아 정치개혁의 필요성이 급부상하고 이에 대한 시민적 공감대가 널리 형성되었다. 이에 주요 정당들은 2011년 총선에서 헌법 개정 논의에 시민참여를 보장하겠다고 약속하고 2012년

2월 정부안을 마련해 7월, 헌법회의 설립 결의안을 통과시켰다. 이렇게 탄생한 헌법회의는 의장을 포함해 총 100명 규모로 구성되었는데 의장 1인, 일반 시민 66인 그리고 의회의원 33인이 참여했으며, 일반 시민은 선거인 명부를 바탕으로 조사회사가 표본 추출함으로써 중립성과 투명성을 확보했다. 헌법회의는 1년여를 지속하며 주말을 이용해 하루 반나절 동안 진행되었는데 크게 다음 세 단계로 진행되었다. 먼저, 헌법회의 구성원들이 관련 이슈를 공부하는, 수주 동안의 학습 단계가 있었다. 두 번째는 지역 공론화 단계로서 전국의 모든 선거구별로 무작위 선택된 시민들을 대상으로 공청회를 개최해 다른 대중의 의견을 청취하며 숙의를 유도함으로써 아일랜드 사회 전체가 관련 정보를 공유하고 이슈화하는 데 주력했다. 세 번째, 마지막 단계는 숙의 단계로서 그동안 축적된 정보와 의견을 바탕으로 최종 합의안을 만들었다. 각 회의는 미리 배포한 자료에 대한 전문가들의 발표, 이슈의 찬반 입장에 따라 나뉜 집단 간 토론, 조력자(facilitator)와 기록 담당자(note taker)가 배석한 가운데 이루어지는 라운드 테이블로 구성되었다. 헌법회의의 최종안을 만드는 과정에서 표결은 불가피했고, 또 그에 승복함으로써 합의를 이루어냈다. 토요일 숙의가 끝난 후 일요일 오전, 구성원들은 전날의 논의에 대해 재고한 후, 표결에 참여하는 방식이다. 헌법회의의 모든 결정은 다수결 원칙을 기반으로 하는데, 동수일 경우 의장이 캐스팅 투표권을 행사했다. 안건 중 대통령 출마자격을 35살에서 21살로 낮추는 것(헌법회의는 대통령 임기 단축안을 토론에 부쳤지만 이를 부결시키고 대신 대통령 입후보 나이를 낮추는 방안 마련)과 동성결혼 허용 등 2건은 의회 논의를 거쳐 최종적으로 시민투표에 부쳐졌다.

　두 번째 사례는 2018년 5월 25일, 시민투표를 통해 낙태를 전면 금지하는 수정헌법 8조를 개정함으로써 아일랜드 민주주의의 신기원을 연 사례다. 가톨릭 신자가 88%인 아일랜드의 낙태죄 폐지는 전 세계적으로 화제가 됐는데, 그 이면에도 시민의회가 있었다. 이번 시민의회는 앞선 헌법회의와 달리 의장 1명과 지역, 성, 연령, 사회적 계층 등에 기초해 추첨으로 뽑은 시민 99명으로 구성하고, 의회 의원들과 관련 시민단체 회원들의 참여를 금지했다. 이들이 과반수로 권고안을 채택해 의회에 전달하면 의회는 이에 대한 수용 여부를 밝혀야 하는데, 의사결정 과정에 특별한 하자가 없는 이상 권고안을 수용하고 헌법 개정이 필요한 사안에 대해선 시민투표를 실시하는 것이 예정된 프로세스였다. 결국 헌법에 규정된 낙태죄에 대해서 시민의회 구성원의 87%가 폐지 의견을 냄에 따라 의회가 이를 수용하고 시민투표에 붙였는데, 시민투표에서도 66.4%의 시민이 이를 지지해 결국 낙태죄가 폐지되고 헌법개정에 이르렀다. 이 경우에도 전문가나 초청 연사의 발제와 토론, 참여 시민들의 원탁회의(round table)가 중요한 동력이었다. 이 밖에도 모든 일반 대중뿐 아니라 시민단체, 이익단체 등이 제출하는 서면제안서(written submissions)를 접수하고 검토하며 시민의회가 나머지 사회구성원들로부터 고립되지 않도록 주의했다.

### 평화·통일을 위한 사회적 대화(한국)

아일랜드 시민의회처럼 제도화된 사례는 아니지만 한국에서도 그에 못지않은 개혁적 시도가 있었다. '평화·통일을 위한 사회적 대화' 프로그램이 그것이다. '평화·통일을 위한 사회적 대화'는 보수·진보·중도를 아우르는 시민 패널을 구성하되 정치 성향별로 1:1:1의 비율을 유지, 우리 정부의 통일·외교·안보 정책이 존중해야 할 최소 규범에 관한 합의 형성을 시도한 공론화로서 2018년부터 2021년까지, 총 4년 동안 진행됐다.

2018년에는 전국을 4개 권역별로 나누고 권역별 토론회를 진행하되, 진영대화와 미래세대 토론을 더해 총 6개의 사회적 대화를 조직하고 총 495명이 참여하는

출처: 통일비전시민회의 사회적 대화 백서(2021)

[그림 6-6] 평화·통일을 위한 사회적 대화

숙의토론을 진행했다. 아울러 지역 시민사회 단체가 참여하는 17개 시도별 지역 대화를 개최하고 '평화 통일비전 전국시민회의'의 발기인 대회로 한 해를 마무리하며 평화통일의 기본 규범에 대한 시민 합의를 시도했다.

이 사업은 2019년에도 이어졌다. 그래서 모든 이념적 지향이 함께 참여하는 초정파적 민간추진기구로 '통일비전시민회의'를 창립하고 이를 필두로 일반 시민이 참여하는 4개 권역(수도권, 중부권, 영남권, 호남권)별 사회적 대화와 지역 통일운동을 전개하는 풀뿌리 시민사회단체 및 관계 기관이 참여하는 17개 광역시도 숙의형 사회적 대화를 진행했다. 뿐만 아니라 80여 개국 한인회장단과 함께하는 사회적 대화를 진행하며 한반도 통일을 둘러싼 좌우, 보수·진보의 시각을 허심탄회하게 교차하고 경청하는 기회를 만들었다. 같은 해 10월에는 성별, 성향, 연령, 지역 등의 표본추출을 통해 선정한 일반 시민 150여 명이 참가하는 평화·통일비전 사회적 대화 종합토론회를 개최하고, 그동안의 논의에서 거론된 다양한 주제들에 대해 이념적 정파성으로부터 자유로운 일반 시민의 의견을 물었다. 2020년에도 4개 권역(수도권, 충청권, 영남권, 호남권)별 사회적 대화와 종합 대화, 평화도시 인천을 위한 사회적 대화, 서울시 사회적 대화 등 지경 수준의 사회적 대화를 이끌며 평화통일에 대한 건강한 공론장 형성을 위해 노력했다. 그리고 2021년 6월 26일, 사회적 대화의 최종 산출물로 통일국민협약안을 발표함으로써 4년간의 긴 여정을 마쳤다.

한국에서는 보기 드물게 4년이라는 긴 시간 동안 진행된 이 사회적 대화는 크게 네 가지 사업을 추진했다.

- 통일국민협약안 마련을 위한 사회적 대화
- 숙의모형/의제/교재 개발과 의제에 특화된 전문 퍼실리테이터 육성
- 지역 활동가 및 주민과 함께 하는 평화·통일 사회적 대화
- 평화·통일 사회적 대화의 제도화를 위한 국회 초정파 의원 모임 추진

이 가운데 가장 중심적인 사업은 통일부가 후원한 통일국민협약안 마련을 위한 사회적 대화였다. 전국 규모의 나머지 사회적 대화들은 모두 통일국민협약 사업의 일환으로 진행된 것들이다. 이때 통일부는 '지원하되 간섭하지 않는다'는 공론화 운영 원칙을 철저히 준수하며 공론장의 자율성과 중립성을 존중함으로써 사업 성

공의 동력을 제공했다고 통일비전시민회의 보고서가 증언한다.

원래 계획대로라면 시민사회 영역에서 이루어진 공론화 결과를 종합해 국회에 전달하고, 여야가 합의하는 「통일 시민협약」을 반포하게 함으로써 평화통일 시민 선언이라는 사회협약을 체결하는 것이 최종 목표였다. 그러나 여러 가지 이유로 시민사회 공론장과 제도적 공론장의 단절을 극복하지 못했고, '평화·통일을 위한 사회적 대화' 프로그램은 2021년을 끝으로 종료되었다. 이 사회적 대화 프로그램은 시민의회라는 명칭을 사용하지도 않았고, 그에 따르는 절차를 설계한 것도 아니지만 그 과정과 내용에 있어서는 모든 시민이 참여하는 사회협약을 지향한 것으로, 노사정 협약과 다른 형태의 사회협약이 한국에서도 가능할 수 있다는 것을 보여준 사례로 평가할 만하다. 특히 통일·안보처럼 인화성과 폭발력이 매우 큰 주제를, 그것도 이념적 성향이 다른 집단들을 한자리에 모아 안정된 숙의 토론을 진행하는 것이 가능했다는 것만으로도 이 공론화는 한국 현실에서 매우 성공한 공론화라고 평가할 수 있겠다.

### 몽플레 시나리오 컨퍼런스(남아프리카공화국)

몽플레 시나리오 워크숍은 남아프리카 공화국에서 1991년에 개최된 '이해관계자' 협의 프로세스다. 여기에서 '이해관계자'란 흑인 좌파 정치가, 우파 분리주의자, 아프리카민족회의 관계자, 노동조합 대표, 주류 경제학자, 백인 기업 고위 임원 등 다양한 인종과 정치 세력을 망라한 22명을 의미한다. 따라서 여기에는 ANC, PAC, 전국 광산 노동자 연합, 남아프리카 공산당 대표 등으로 이루어진 좌파 지도자들과 백인 기업인과 학계 인사 등, 상호 적대적 집단들이 포함되었다. 이처럼 몽플레 시나리오 워크숍에 참여한 '이해관계자'는 미시적 정책이나 사업의 이해관계자가 아니라 남아프리카 공화국의 현 정치세력과 미래의 정치세력을 대표하는 자들이었다. 그런만큼 몽플레 시나리오 컨퍼런스는 민주주의 이행 방안을 논의하며 미래의 국가발전 시나리오를 설계하고 합의하는 것에 목적을 둔, 민주주의 이행과정에서 나타나기 마련인 첨예한 갈등을 국민통합으로 이끈 대표적인 사례가 되었다.

때는 1990년 2월, 인종차별 정책(Apartheid)의 종식이 선언되고 흑·백차별 반대의 선봉에 섰던 아프리카민족회의가 합법화되는 한편, 지도자 만델라가 석방된다. 이에 따라 남아공은 '흑백이 공존하는 평화 정착이냐, 갈등이 폭발하는 혼란이

냐'의 기로에 서게 되었고, 새로운 출구를 모색하지 않으면 스스로 와해될 위기에 봉착했다. 이 와중에 남아공 대학교수인 피이터 르 루(Pieter le Roux)가 흑·백을 대표하는 정치세력들이 대화를 통해 공동의 비전을 건설하는 방법으로 기획한 것이 몽플레 시나리오 컨퍼런스(Mont fleur Scenario Conference)다. 다만, 뿌리 깊은 적대적 대화와 논쟁이 정쟁으로 비화하지 않도록 전문 퍼실리테이터(facilitator) 애덤 카헨(Adam Kahane)[21]을 초청해 일정한 토론 규칙에 따라 컨퍼런스를 진행하도록 한 것이 근본적인 차이다.

여기에서 카헨은 참가자들의 관점과 입장을 반영한 다양한 시나리오를 구성해 논의했으며 이와 별도로 다른 배경을 가진 사람들이 섞인 작은 분임을 여럿 만들어 브레인스토밍을 진행했다. 참가자들은 현재가 아닌 10년 후 남아공의 미래를 그려보는 것으로 공동의 대화를 시작했다. 이 때 대화의 기본 원칙을 간명하게 정했는데 자신이나 지지 단체가 '원하는 미래'에 대해 말하지 않고, 앞으로 일어날 수 있는 일들에 대해서만 말하게 했다. '왜 그런 일이 날 수 있는가?' '그 다음에는 어떤 일이 날 수 있는가?' 등의 질문이 그것이다. 그래서 다음 3가지 질문에 대한 답변에 따라 다양한 시나리오를 도출했다.

- 남아공 미래 비전에 대한 합의가 이루어졌는가? 아닐 경우 대표성이 결여된 정부가 출범한다.
- 정권 교체가 신속하고 결단력 있게 이루어지고 있는가? 아닐 경우 무능한 정부가 출범한다.
- 정부의 정책은 지속가능한가? 아닐 경우 갈등이 분출하고 경제가 무너진다. 새로운 정부가 지속가능한 정책을 추진한다면 민주주의와 경제성장을 달성할 수 있게 된다.

1991년 9월, 1차 워크숍을 개최하고 남아공의 10년 후 미래에 대한 브레인스토밍을 진행하며 3일 동안의 워크숍을 통해 30개 시나리오를 도출했다. 이후 참가

---

21  국제 사회적 기업, 레오 파트너스(Reos Partners) 대표. 캐나다 맥길에서 물리학을(BA), 버클리에서 에너지·자원 경제학을(MA), 하버드에서 협상을 공부한 캐나다 국적의 전문 퍼실리테이터다. 정부 부문과 민간 부문을 가리지 않고 활동한 결과 세계 주요 분쟁지역에는 그가 있었다. 남아프리카 인종차별정책은 물론, 이스라엘-팔레스타인 분쟁, 키프로스 분쟁, 북아일랜드와 콜롬비아 내전, 바스크 분리주의 운동, 과테말라 인종청소 현장에도 그가 있었다.

자들은 2차 워크숍을 통해 30개 시나리오를 9개 시나리오로 압축하며 그중 남아공 상황에 적절한, 가장 중요하고 설득력 있는 4개 시나리오를 채택하는데, 이를 새에 비유해 제목을 붙였다. 타조, 오리, 이카루스, 홍학이 그들이다. 워크숍 후 참가자들은 자신이 속한 단체와 학계로 돌아가 4개 시나리오를 검토하고 확산하는 과정을 가졌다. 1992년 3월, 3차 워크숍을 진행하며 4개 시나리오를 재검토하고 공표 방안을 논의했다. 또 단순하고 명쾌하게 다듬은 4개 시나리오에 '몽플레 시나리오'라는 이름을 붙였다. 1992년 8월, 4차 워크숍을 진행하는 한편, 70여 개 그룹에서 시나리오 타당성을 검토하도록 한 후, 이를 공표했다. 시나리오 결과물은 비디오와

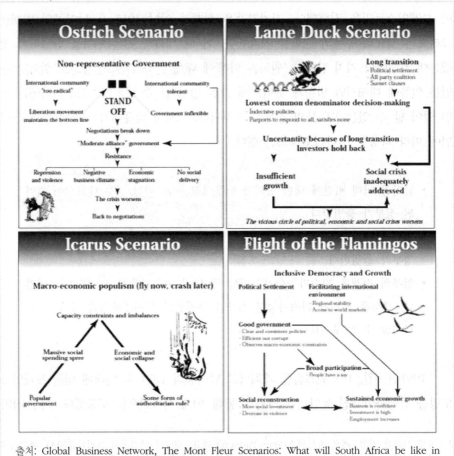

출처: Global Business Network, The Mont Fleur Scenarios: What will South Africa be like in the year 2002? 『DEEPER NEWS』 Volume 7 No.1

[그림 6-7] 몽플레 4개 시나리오

소책자로 제작, 신문 뉴스 등을 통해 전국에 배포했다. 그 4개 시나리오는 다음과 같다.

- 타조 시나리오(Ostrich Scenario): 백인 정부가 다수 흑인의 요구사항을 외면하고 민주주의 이행을 거부하는 상황으로서 시민적 합의가 이루어지지 않아 정부의 대표성이 결여된다. 백인 분리주의자와 흑인 극단주의자의 영향력이 커지고 국가 전체가 양극화되어 혼란에 빠진다.
- 레임덕 시나리오(Lame Duck Scenario): 약체 과도정부가 들어서서 모든 세력의 눈치를 보지만, 그 어떤 세력도 만족시키지 못하고 개혁이 지연되는 상황이다. 정부는 신속하고 결단력 있게 정책 결정을 하지 못하는 무능력을 보이며, 투자자는 투자를 망설이고 성장과 개발은 불확실성 속에서 활력을 잃게 된다.
- 이카루스 시나리오(Icarus Scenario): 흑인 정부가 대중의 지지를 얻어 권력을 장악하는 상황에서 정부는 시민의 사회·경제적 요구를 급진적으로 달성하고자 한다. 흑인정부가 대중적 지지에 기반해 포퓰리즘 정책을 제시하고 복지재정 확충과 대규모 국가사업을 추진하지만, 현실과 괴리되면서 재정 파탄과 경제 붕괴에 이르게 된다.
- 홍학의 비행 시나리오(Flight of Flamingos Scenario): 모든 정치세력이 연합해 점진적으로 개혁을 이루어나가는 상황으로, 현실적이고 협력적인 과정에서 정치적 민주주의와 경제성장이 균형을 이루는 국가발전에 성공한다.

이후 이 4개 시나리오를 바탕으로 각 정당과 정파, 시민사회단체 등이 참여하는 가운데 경제, 복지, 사회문화, 환경 등 부문별 정책에 대한 공론화가 이루어진다. 1994년 4월 남아공 최초의 자유선거 결과 집권한 만델라 정부는 '이카루스 시나리오'의 문제점과 경고를 염두에 두면서 '홍학의 비행 시나리오'를 채택해 흑백 양 세력의 협조를 이끌어내고, 갈등과 혼란을 최소화하면서 점진적 개혁을 추진했다. 이 과정에서 몽플레 시나리오가 큰 영향을 미친 것으로 평가되는 것은 물론이다. 그 성공요인을 배경과 맥락이라는 관점에서 보면 다음 네 가지로 요약할 수 있다.

- 시기가 적절했다. 남아공의 전환이 시작될 때 공론화가 새로운 미래를 창

조할 기회의 창이 되었었다.

- 모든 수준에서 최고의 정치적 동의와 참여가 있었다.
- 공론화 프로세스 자체가 의미 있는 사회적 관계를 구축하는 동력이 되었고, 많은 국민이 시나리오 구성에 참여하며 같은 비전을 공유했다.
- 후속 조치가 광범위했다. 시나리오와 관련된 스토리를 자세하게 작성하고 워크숍 현장에서는 물론 매스미디어와 텔레비전을 통해 전국민에게 충실히 전달했다.

몽플레 시나리오 컨퍼런스의 성공 요인을 특히 공론화의 원리와 기술이라는 관점에서 기술하면 다음 두 가지다.

첫째, 참가자들의 다양한 의견을 경청하고 특정 집단의 시각에 편중되지 않도록 토론과정을 진행해 공동의 시나리오를 도출하기까지, 전문 퍼실리테이터의 기여를 빼놓을 수 없다. 참가자들의 열린 태도와 상호존중 과정이 합의형성의 핵심요소인데, 실제로 몽플레에서는 서로 다른 배경의 참여자들이 각자 자신의 주장을 관철하기보다 끊임없이 토론하고 경청하는 태도를 통해 서로 인정할 수 있는 해결책을 추구했다. 그래서 결국 다양하고 이질적인 참가자가 함께 논의하고 작업해 공동의 합의를 도출했다. 참가자들 모두 구체적인 대안에 동의한 건 아니지만, 남아공이 처한 위기와 미래 전망 등에 대해 일정한 합의에 도달하기까지 중립적 시각을 가진 제3의 조정자가 얼마나 중요한 역할을 했을는지 짐작할 수 있는 대목이다.

둘째, 워크숍에 참여하는 대표자들의 대표성이 사회적으로 광범위한 지지를 받음에 따라 수용성이 높아졌다. 몽플레 시나리오는 소그룹 참가자들을 구성할 때 자신이 속한 그룹의 공식적인 대표가 아니라해도 미래 지도자로서 잠재적인 영향력이 있고 신뢰받는 사람들을 선발했다. 또, 이들이 다양한 비공식 네트워크를 통해 상호 이해의 기반을 넓혀가는 데 성공함으로써 자신이 속한 그룹에 영향을 주고 궁극적으로 정치세력의 정책에도 영향을 미치게 되었다. 그렇게 몽플레 시나리오 워크숍은 남아공의 미래라는 대전제 아래 공통의 개념과 대화의 원칙을 공유하면서 합리적 토론과 논의 과정을 진행함으로써 각자의 입장과 관점을 넘어 남아공이 처한 위기 상황을 타개할 수 있는 사회적 합의안을 도출하는 데 성공했다.

## 2. 이해조정

### ○○리 갈등조정회의(한국)

강한 합의의 가장 전형적인 예는 대체적 분쟁 해결(Alternative Dispute Resolution, ADR) 방식이 규정하는 협상(ncgotiation), 조정(mediation), 알선(conciliation), 중재(arbitration) 등이다. 이들은 모두 신속하고 효율적일 뿐만 아니라 수용성이 높은 저비용 고효율의 갈등 해결 방식으로서 이해당사자 간의 명시적인 동의(agreement)에 기초한다. 이 가운데서도 특히 조정(mediation)은 갈등 해결에 있어 실효성이 매우 높은 문제 해결 방식으로 평가받고 있다. 갈등 상황에서 이미 감정이 고조된 양 당사자는 상호협력에 대한 심리적 거부감이 매우 커서 통합적인(협력적인) 해결책을 모색하기가 쉽지 않다. 특히 공공기관과 주민 사이에는 힘의 차이가 커서 서로를 동등한 대화상대로 인정하고 신뢰하는 것이 더욱 어렵다. 그러나 그것이 전혀 불가능하지 않음이 다수 국내 사례에서도 확인된 바, 성공적인 조정 절차의 예로 경상북도 ○○리 갈등 사례를 살펴보자(박재근·은재호, 2016 참조).

---

#### 대체적 분쟁해결(ADR)

흔히 대체적 분쟁해결제도라고도 불리우는 대표적인 갈등해결 방식으로는 협상(negotiation)·조정(mediation)·알선(conciliation)·중재(arbitration)를 들 수 있는데 이들은 각기 개입지점과 구속력이 다르다는 점에서 구별된다. 협상은 경쟁하는 두 당사자 간의 직접적인 문제해결 방식으로 합의의 구속력 부여 여부도 합의사항이다. 조정은 당사자 간 문제해결이 어려울 경우 중립적 제3자의 도움을 얻어 협상의 자리를 만들되, 조정자는 내용에 개입하지 않고 절차관리만 하게 함으로써 당사자들 스스로 합의점에 도달하는 방식이고 구속력 부여 여부 역시 합의에 따른다. 알선은 조정과 마찬가지로 제3자가 개입하되 당사자 간 합의가 이루어질 수 있도록 조정자가 보다 적극적으로 개입해 때로 내용에 개입할 수 있으나 합의의 효력은 당사자 합의에 따를 뿐이다. 반면 중재는 중립적 제3자가 당사자들을 대신해 결론(판결)을 내려주는 방식으로 합의의 내용이 구속적 효력을 갖는다. 국내에서도 2004년 한탄강댐 건설 갈등을 시작으로 국립서울병원 이전을 둘러싼 갈등 해소과정 등에 조정(mediation) 방식이 적용된 바 있다. 그런데, 국내에서는 환경분쟁조정위원회의 조정 사례에서 볼 수 있는 것처럼 조정이라는 용어를 사용하지만 실제로는 중재를 주요 기능으로 하는 등, 조정과 중재라는 용어가 혼재되어 사용되고 있다. 이 연구에서는 mediation을 조정이라고 풀어쓰되, arbitration(중재)과는 구분되는 개념임을 분명히 하고자 한다.

경상북도 ○○리는 700년 이상의 오랜 역사를 지닌 마을이다. 그러나 마을 어귀에 원자력발전소가 들어선 후 인구가 점차 줄어 2014년 현재 65가구 약 80여 명이 거주하고 있다. ○○리는 원자력발전소(가동 6기, 건설 중 2기, 건설 예정 2기)로부터 약 1.3km 떨어져 있으며, 주변에 11기의 송전탑과 4기의 변전소가 자리하고 있다. 해안을 따라 원자력 발전소가 건설되면서 해안도로가 이설되었는데, 이설된 도로가 마을을 관통하면서 잦은 사고와 소음을 초래했다. 근래 발생한 밀양송전선로 갈등과 일본 후쿠시마 원자력 발전소 사고로 인해 원자력 발전시설에 대한 주민들의 위험 인식이 강화됐다. 특히, 원자력 발전소 인접 마을임에도 불구하고 발전소로부터 상대적으로 멀리 떨어진 마을들과 유사한 수준의 지원을 받는다는 점에 대해 불만이 높았다.[22]

결국 주민들은 ○○리 생존권대책위원회(이하 주민대책위)를 만들고 한국전력(이하 한전) 태백전력소에 전자파와 송전탑 소음 해소 방안을 내놓으라는 민원을 제기했고, 국민권익위원회에 같은 내용의 진정서를 제출했다. 또한 국회로 찾아가 지역구 국회의원과 산업통상자원위원회 소속 국회의원 등을 면담하면서 송전탑으로 인한 피해와 이주대책에 대한 조정 해결을 촉구하는 민원을 제기했다. 주민대책위의 민원을 요약해보면 주민들을 집단이주 시킬 것, ○○리 마을을 우선지원할 것, 송전선로 정비사업 실시 계획 승인을 취소할 것, 정비사업을 포기 또는 지중화할 것, 원전 전용도로를 개설할 것 등이다.

이에 따라 산업부, 한전, 한수원, 울진군 등 이해관계기관은 ○○리 주민들의 '집단이주'를 협의하기 위해 주민대표도 참여하는, '○○리 현안문제(집단이주 포함) 해결을 위한 실무협의체'라는 5자 협의체를 구성하게 되었다. 첫 번째 회의 이후 9개월 동안 총 10회 회의를 진행했다. 그러나 5자 협의체를 진행하면서 4차 회의부

---

22 「발전소주변지역 지원에 관한 법률」 제2조(정의)에 따르면 주변지역이란 발전기가 설치되어 있거나 설치될 지점으로부터 반지름 5km 이내의 육지 및 섬지역이 속하는 읍·면·동 지역을 말한다. 그리고 동법 제27조 4항에서 사업자 지원사업의 대상을 발전소 주변지역이라 규정함으로써 발전기로부터 5km 내에서는 거리와 관계없이 동일한 지원을 제공히도록 되어 있다(www.moleg.go.kr).

터는 산업부가 불참하고, 9개월이 되도록 논의가 지지부진하자 다시 갈등이 격화되기 시작했다. 이에 기존의 5자 협의체만으로는 대화가 어려움을 깨닫고 조정 전문가 박수선 등 세 명의 민간 갈등 전문가로 구성된 조정팀을 구성했다. 조정팀은 먼저 주민들에게 생소한 조정 절차의 목적과 과정을 설명하고 조정팀을 소개하기 위해 주민설명회를 열었다. 주민설명회에서 조정팀은 갈등조정팀의 역할을 아래와 같이 설명했다.

- 갈등조정팀은 최대 3개월 동안 이해당사자들이 서로 대화를 통해 해결책을 찾아갈 수 있도록 돕는 역할을 한다.
- 갈등조정팀이 지키게 될 가장 중요한 원칙은 중립성이다. 갈등조정팀은 이해당사자 누구의 편도 들지 않고, 양측 모두에 공정하게 당사자들이 협력적으로 대화하도록 돕는다.
- 갈등조정팀은 이해당사자 면담을 통해 ○○리 주민 민원의 핵심 문제를 파악하고, 그 문제가 제대로 다뤄지고 해결될 수 있도록 회의 또는 해결과정을 설계한다.
- 갈등조정팀은 갈등 당사자 회의에서 참여자들이 안전하면서도 원활히 이야기하고 들으며, 문제 중심으로 해결책을 찾을 수 있도록 회의를 진행하고 안내한다.
- 갈등조정팀은 문제해결책을 제시하거나 강요하지 않으며, 모든 결정은 당사자들의 의지에 따른다.
- 갈등조정팀은 면담이나 회의 등 과정에서 나오는 이야기를 다른 사람에게 전하지 않으며, 이해당사자들이 서로 솔직하고 자유롭게 대화할 수 있도록 돕는다.

그리고 3개월 동안 진행하게 될 합의형성과정을 아래와 같이 설명했다.

- 이해관계자 개별면담을 통한 이해관계 파악(0.5개월)
  - 현재 문제에 대한 인식
  - 원자력 발전소와 송전선로 설치로 인한 영향
  - 문제 해결과 관계 회복을 위해 필요하다고 생각하는 점

- 해결 방법
- 합의형성과정에서 다루어져야 하는 의제
- 개별 면담 내용에 따른 조정팀의 합의형성과정 절차 설계 제안(0.5개월)
  - 참여자의 범위
  - 회의 횟수, 시간, 장소
  - 주요 안건 및 쟁점
  - 원활한 회의 진행을 위한 기본 규칙(안)
- 이해관계자 개별 면담을 통한 합의형성과정 절차에 대한 합의
- 합의형성 과정 절차의 진행과 합의안 도출(2개월)

© eun jaeho 2014

[그림 6-8] 2014. 8. 20 ○○리 마을회관에서 열린 제1차 조정회의 장면

8월 20일 1차 회의를 시작으로 본격적인 조정회의를 시작했다. 그리고 원래 9월 말까지 마치기로 한 조정회의는 참여자들의 동의 아래 2개월 더 연장해 11월 21일까지, 총 12회차 회의를 진행하고 결국 당사자 간 합의를 이루었다. 합의는 전반적으로 충실히 지켜졌고 이어지는 갈등이 더 없어 원만한 타결이 이루어진 것으로 보인다. 이러한 결과는 선진적 대화 문화를 가진 서구 사회의 갈등 조정 이론을

한국 사회에 도입하는 것이 무리라는, 일각의 주장을 반박하기에 충분한 근거가 될 수 있음을 보여준다. 즉, 강한 합의형성을 목적으로 하는 공론화에 대한 사회적 요구가 있을 때 이를 수용하는 데 더 망설일 이유가 없다는 것이다.

다만, 조정이 성공적으로 우리 사회에 안착할 수 있도록 관련 법·제적 근거 마련을 진지하게 검토할 필요가 있다. 또 조정자의 전문성을 담보할 수 있는 방안도 마련할 필요가 있다. 조정자의 전문성과 원칙 준수는 합의형성에 정(+)의 영향을 미치는 것이 다양한 경로로 확인되고 있다(박재근·은재호, 2016: 549). 국내에서도 조정에 대한 사회적 관심이 높아짐에 따라 전문적인 조정인력이 늘고 있는데, 아직까지 조정자에 대한 체계적인 관리 시스템이 마련되어 있지 않다. 따라서 미국과 같은 갈등해결 선진국에서 운영하고 있는 전문 갈등조정자 명부(roster) 관리 방식에 대한 세밀한 검토와 벤치마킹을 시도해볼 수 있다.[23] 뿐만 아니라, 갈등 후 상황(post-conflict situation)을 체계적으로 모니터링할 수 있는 제도와 시스템 마련도 필요하다. 합의 결과의 이행 담보 여부 가능성에 대한 확신 또는 긍정적인 인식은 합의형성에 정(+)의 영향을 미치기 때문이다(박재근·은재호, 2016: 554).

### 사회적 대화 또는 사회협약(유럽)

서구 각국의 사회협약(social convention)은 원래 경제위기에 대응하는, 임금과 일자리 중심의 노사정 대타협을 의미하는데, 최근 들어서는 의제의 범위가 점차 확장되는 추세다. 그래서 경제운용 원칙과 경제성장, (재)분배, 시장 규칙, 시장과 국가의 관계, 노동권 등 노사관계, 사회안전망 확충, 국가경쟁력 제고 등 거시적이고 사회계약적인 의제들로 대상이 확대되고 있다.[24] 이는 정확히 미시적 정책의제를 중심으로 찬반 이견을 포집하고 사회적 정론을 형성하기 위한 공론화의 활성화와 맥락을 같이하는 것으로 미시와 거시라는 양극단에서 서로 수렴되는 것이라고 볼

---

23 미국에서는 www.mediate.com과 같은 사이트를 통해 갈등 조정자 명부를 관리하고 조정을 희망하는 이해관계자들에게 관련 정보를 제공한다. 지역과 주요활동 분야 등 하위 기준에 따라 조정자를 검색하면 조정자의 학력, 주요 교육·훈련 경험, 현장 갈등 조정 경험, 비용, 연락처 등 다양한 정보를 얻을 수 있다.

24 우리나라에서도 사회협약의 의미와 필요성에 대해 주목한 지 오래되었다. 정부 차원의 공식 보고서로는 대통령 자문 정책기획위원회(2004), 『글로벌 시대의 사회적 대타협, 조건과 방법』 등 참조. 최근의 국내외 동향이 궁금하면 경제사회노동위원회가 발간하는 계간 『사회적 대화』 참조. 사회적 대화에 관한 가장 체계적인 연구로는 선학태(2015). 『합의제 민주주의 동학: 한국 민주주의의 민주화』(전남대학교 출판부) 참조.

수 있다.

1980년대 중반 이후 사라져가던 사회협약이 유럽에서 다시 등장하고, 1990년 대 이후에는 각국이 국가적 역량을 결집할 목적으로 사회적 대화를 중시함으로써 제도화된 사회적 대화 기구들에 대한 관심이 증가하고 있다. 프랑스 경제사회위원 회(CES), 이탈리아 국가경제노동위원회(CNEL), 네덜란드 사회경제위원회(SER), 아일 랜드 국가경제사회위원회(NESC), 스페인 경제사회위원회(CES), 브라질 경제사회발 전위원회(BNDES) 등이 대표적인 사례다.

사회적 대화 기구는 일반적으로 노사정 기구와 공익(전문가)집단을 중심으로 하지만 아일랜드와 프랑스에서는 정당과 지방정부, 취약계층 대표 등 다양한 사회 단체도 참여시켜 국민 여론을 반영하고자 한다. 이들 국가의 사회적 대화 기구는 헌법, 법률, 대통령과 총리령 등 근거 기반이 명확하고, 위원회 활동과 논의 결과를 권고안 제출이나 입법 제안 방식으로 수렴해 이행을 강제하는, 강한 합의(strong consensus)의 전형을 이룬다. 사회적 대화 과정은 대개 사회적 대화 기구의 의제 제안(전략보고서)→교섭·공감대 형성→노사협약→정부의 정책 수용 선언→이행평가 ·감독의 순서로 진행된다.

세계적으로 성공한 사회협약은 크게 네덜란드(상향식), 스웨덴(하향식), 아일랜 드(양방향식) 3가지 모델로 분류할 수 있다. 상향식 모델(네덜란드)은 단위사업장별 로 협의가 이루어지고 타협에 성공한 사례 중 바람직한 모델을 중앙에서 수용해 여타의 사업장으로 확산시켜 나가는 방식이다. 사업장 단위에서의 대타협은 중앙에 서의 거시적 대타협보다 비교적 쉽게 이루어지며, 정부는 분위기를 조성하고 지원 하는 역할을 담당할 뿐 노사협상에 직접 개입하지는 않는다. 하향식 모델(스웨덴)은 먼저 중앙 차원에서 사회적 대타협을 이룬 후 그 내용을 산별·지역별·사업체별로 진행하는 방식이다. 이 모델은 대화 주체들의 대표성이 높아 하부 단위들에 대한 통제력이 강할 때 실효성이 있는 것으로, 각 단위 사업장별로 지향점이나 특징의 차이가 클 때는 유연성을 발휘하기 어려운 모델이다. 양방향식 모델(아일랜드)은 하 향식과 상향식의 장점만을 결합해 추구한다. 중앙에서 큰 틀을 만들고 방향을 잡아 주면 하부 조직에서는 협상 기준을 가질 수 있고, 단위사업장에서의 타협 과정을 중앙 차원에서 격려·지원하는 일이 비교적 용이하다.

한국은 20세기의 고도성장기를 거치며 경제성장과 민주화를 동시에 이루어낸,

전 세계에 몇 안 되는 국가지만 그 과정에서 사회갈등은 지속적으로 증가하고 확장되는 나라다. 1987년 민주주의 헌정 질서가 성립된 이후 정치적 참여 수준에서의 민주주의는 이루어졌지만, 지난 30여 년 동안 경제 양극화 등 사회경제적 수준에서 필요한 실질적 민주주의 구현은 여전히 해결해야 할 과제로 남아있다. 장기적으로 이를 개선하는 방법으로 서구 사회의 사회적 대타협과 사회적 대화기구의 활동에 주목하고 이를 우리 사회에 뿌리내리려는 노력이 필요하다고 하겠다.

# 제**7**장
# 공론화 6단계와 실행 전략

우리는 모든 의사소통의 규범적 기반을 드러내고
체계적으로 왜곡된 의사소통의 가능성을 설명하는
보편적 실용주의를 개발해야 한다.

위르겐 하버마스

We have to develop a universal pragmatics that
exhibits the normative basis of all communication and
explains the possibility of systematically distorted
communication

Jürgen Habermas

# 07 공론화 6단계와 실행 전략

'공론화를 언제, 어떻게, 무엇을 위해 활용할 수 있는가'라는 질문은 이 책의 기획 의도에 비추어볼 때 매우 중요한 질문이다. 주지하다시피 이 책의 목적은 공론화가 실행되는 한국 사회의 조건과 환경을 맥락화 함으로써 우리 사회에 공론화가 착근될 수 있는 '올바르고 효과적인' 방법을 찾아내는 것이었다. 공론화의 실행전략을 정면으로 겨냥하는 제7장이 시민사회단체 활동가든 공무원이든, 공론화를 기획하고 운영하는 모든 이들에게 유용한 지침이 될 수 있는 길라잡이(가이드 라인) 또는 실무 편람(매뉴얼)이 되기를 희망한다.

　　이 책의 제7장은 공론화의 기획과 진행, 평가를 위한 실질적인 안내서이자 구체적인 공론화 방법을 설계하고 운영하는 데 필요한 실무 매뉴얼이 되기를 희망한다. 특히 공론화 기획과 실행 6단계를 제공함으로써 공론화의 목적과 의제의 특성, 참여자의 특성 등을 고려하여 최적 방법을 선택하는 데 유용한 길잡이가 되기를 기대한다.

　　공론화 과정은 반드시 목표지향적(objective-driven)이어야 하며, 기술지향적(technique-driven)이어서는 안 된다. 즉, 공론화의 목표를 먼저 설정하고 이슈와 참여자의 특성을 파악한 후 그에 조응하는 기법을 선택해야지, 그럴듯한 공론화 기법에 맞춰 공론화 과정을 설계해서는 안 된다는 것이다. 게다가 암묵적으로나 명시적으로나 이미 내려진 결론을 정당화하기 위한 도구로 공론화를 이용해서도 안 된다.

　　불행히도 한국은 물론 주요국 공론화 사례에서도 공론화를 이미 선택한 정책 방안에 대한 정당화 작업으로 활용한 사례가 적지 않고, 그런 경우에는 하나의 예외도 없이 대중성과 과시성이 높은 공론화 기법을 선호했다. 따라서 공론화를 통해 실질적으로 정책 과정에서 활용할 수 있는 유용한 결과를 얻고자 한다면, 그리고 공론화의 진정성을 검증해보고자 한다면 공론화의 설계는 물론 전체 과정에 대한 이해를 바탕으로 다음과 같은 질문을 던져보는 것이 올바른 순서다.

- 누가 공론화를 기획하는가?
- 공론화의 목표가 무엇인가?
- 누가 공론화를 조직하고 진행하는가?
- 주어진 목표를 달성하기 위해 가장 효과적인 공론화 방법은 무엇인가?
- 누가 퍼실리테이터(촉진자)인가?

---

1　이 책이 제안하는 공론화 6단계와 실행전략은 앞서 살펴본 이론적 논의에 덧붙여 다양한 국내외 공론화 매뉴얼을 참고해 작성했다. 특히 Santé Canada(2000), OECD(2001, 2005, 2020), Ministry of Fisheries, Canada(2004), Lukensmeyer & Torres(2006), Kaner(2007), Nabatchi(2012), 은재호 외(2016) 등에 빚지고 있다. 다만, 모든 매뉴얼이 그렇듯 해외 주요국의 매뉴얼 역시 자국의 특수한 제도적·사회적 맥락을 바탕으로 구성되어 이를 한국사회의 맥락에서 재해석하고 변환하고자 노력했다. 주요국 매뉴얼의 구조를 분석하고 기획·진행·평가라는 관점에서 이를 재구성하기까지 한국행정연구원 이찬희·이수아·김혜지 위촉연구원의 도움이 절대적이었다.

- 참여자들의 반응을 어떻게 활용하는가?
- 공론화 결과를 의사결정 과정에서 어떻게 반영하는가?
- 공론화를 평가하는 기준이 무엇인가?

이 매뉴얼은 공론화 준비에서 시행 그리고 평가에 이르기까지, 공론화 전 과정에 대한 단계별 체크 리스트를 제공한다. 이를 위해 ① 먼저, 공론화 절차를 소개하고, ② 공론화 과정에서 고려해야 할 사항을 제시했다. 특별히 주목할 만한 내용은 박스 안에 담아 간결하게 정리했다. 그리고 ③ 이 연구가 포괄하지 못하는 다양한 사례에 대비하고 또, 개별 사례의 특수성이 요구하는 세부 지식의 심화를 위해 즉시 활용할 수 있는 매뉴얼 참고 문헌을 정리했다.

공론화 1단계부터 5단계까지는 각 단계에서 고려해야 할 사항을 요약한 것으로 공론화 운영팀이 각별히 주목할 만한 내용들이다. 공론화는 여기에 설명된 모든 단계와 사항을 언제나 포함하는 게 아닐 수 있지만, 전체 과정을 이해하면 공론화 시행을 준비하고 평가를 준비하는 사람들에게 유용한 지침이 될 수 있을 것이다. 이 연구가 제시하는 매뉴얼은 앞서 살펴본 다양한 사례와 필자가 참여한 몇 가지 사례의 일반화 과정을 거쳐 작성한 표준 매뉴얼로서 일반적 상황에 대한 길라잡이에 불과하다. 따라서 특정 공론화를 설계하고 운영하는 사람이라면 자신이 처한 구체적인 맥락과 상황 속에서 이 매뉴얼을 반드시 재해석해 활용해야 한다. 이 매뉴얼은 단지 공론화 과정과 절차에 대한 순차적인 설명을 바탕으로 참여자들의 행동 규범과 평가 지표 등, 약간의 부가 정보를 담고 있을 뿐이다.

 모든 상황에 적용되는 유일한 해법은 없다. 이 매뉴얼은 공론화 기획과 운영을 위해 주목해야 할 가장 기초적인 내용을 담고 있다.

<표 7-1> 공론화 기획 및 실행(집행·평가)을 위한 6단계

| 구분 | 내용 |
|---|---|
| 1단계<br>준비–전략기획 | ■ 시민참여 촉진을 위해 공론화 방법을 적용할지, 적용한다면 어떤 방법이 적정할지 여부를 검토하는 단계<br>• 기획팀 구성<br>• 공론화 목표 설정 및 공론화 과정에 대한 평가 방법과 기준 선택<br>• 참여자 확인<br>• 시간 계획<br>• 맥락 개발<br>• 예산 편성<br>• 커뮤니케이션(소통) 전략마련 |
| 2단계<br>디자인 | ■ 실행을 위한 기안단계로서, 향후 전체 과정의 로드맵을 설정하는 단계<br>• 공론화 방법 선정<br> ✓ 토론 주제 선정<br> ✓ 토론운영팀 선정<br> ✓ 이해관계자 집단 선정<br>• 유연성 보장 |
| 3단계<br>실행 | ■ 공론화 방법을 대행할 기관을 선정하여 해당 기관 중심으로 실행하는 단계<br>• 공론화 관리 및 촉진<br> ✓ 토론 세부의제 합의 및 토론 기본규칙 합의<br> ✓ 공론화 개시 및 갈등관리<br>• 참여자들의 의견 관리<br>• 결과보고서 채택 및 공개<br>• 과정 전반에 걸친 평가 |
| 4단계<br>종합 및 보고 | ■ 실행 결과와 성과를 갈등의제 해소 과정에 반영하는 단계<br>• 주문자에 결과보고서 및 주요 정책의제 제시<br>• 피드백 요약<br>• 결과 보고 |
| 5단계<br>평가 | ■ 과정평가와 결과평가<br>• 토론 종료 및 후속 토론 기획<br>• 과정에 대한 평가를 완료 |
| 6단계<br>환류 | ■ 실행 성과를 반영한 결과를 공론화 과정에 참여한 참석자와 일반 시민에게 알리는 단계<br>• 다음 단계 기획 |

# 1. 제1단계 : 준비 - 전략기획

공론화의 목표에 조응하는 절차적 일관성을 유지하기 위해서는 전략기획 (Strategic planning)이 필요하다. 특히 전략기획을 통한 사전 평가와 사전 기획은 공론화 시행 전에 공론화의 잠재적 이슈를 파악하고 이해관계자와 참여자의 관심 수준, 그리고 관심 사항을 파악하는 데 매우 유용한 방법이다. 따라서 내·외부에 존재하는 공론화 파트너(이해관계자)들과 공식·비공식 토론을 통해 사전 기획과 평가를 활성화하는 것이 바람직하다.

---

전략기획서 작성

- 전략기획서를 작성해 공론화에 대한 주요 변수들을 미리 파악하는 것이 중요
- 전략기획(Strategic planning)이란 주어진 목표를 달성하기 위한 관리자의 접근 방법을 정리하는 것
  - 전략기획의 3요소 : 현 상태, 전략, 전략계획

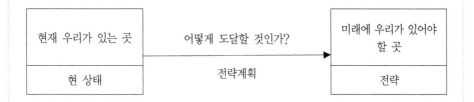

- 전략기획은 예측 가능한 변수들에 대비할 수 있도록 해준다는 점에서 불확실성을 제거하고 확실성을 높이는 수단이 될 수 있으나, 그보다는 예측불가능한 변수가 생겼을 때 관련 부서와 구성원들이 긴밀히 협력할 수 있도록 미리 협력적 관계를 만드는 소통 과정

  - ★ 중요한 것은 계획이 아니라 기획이다 - 윈스턴 처칠
    (Plans are of little importance, but planning is essential)
  - ★ 계획은 쓸모없다. 중요한 건 기획이다 - 드와이트 아이젠하워
    (Plans are worthless, but planning is everything)

- 공론화 절차는 반드시 전략기획서에 제시된 순서대로 진행되는 것이 아니며 언제나 상황에 따라 끊임없이 진화하는 과정이라는 점에 유의

---

★ 공론화는 진행 과정에 대한 지속적인 모니터링으로 상황에 충실하게 대응하는 과정에서 얼마든지 진화할 수 있는 생물체이자 다양한 이해관계자들이 벌이는 상호작용의 산물
★ 그때그때 주어지는 현장 정보와 상황에 맞게 탄력적으로 대응하는 것이 중요

사전 기획과 사전 평가 내용은 외부에 공개하는 것이 바람직하다. 사전 기획을 수립하고 이를 공개하는 것은 공론화의 목표와 공론화 과정에 대한 이해를 증진시켜 외부 관찰자와 이해관계자들은 물론 공론화 참여자들의 기대치를 어느 정도 비슷하게 조정하는 효과를 산출해 훗날에 있을 수 있는 갈등을 미리 차단하는 효과가 있다. 게다가 공론화의 사전 기획은 기획팀에게 다음과 같은 기회를 제공할 수 있다.

• 공론화 절차를 미리 검토하며 각 단계별로 필요한 자원을 파악할 수 있다.
• 공론화 절차를 명확하게 규정함으로써 실현가능하고 측정 가능한 공론화 절차를 수립할 수 있고 이를 통해 공론화를 통해 달성해야 하는 전략적 목표와 각 단계별 목표를 수립할 수 있다.
• 각 단계별로 필요한 시간 또는 반대로 전체 일정 속에서 주어진 시간(가용 시간)을 가늠해볼 수 있다.
• 공론화 과정에서 발생할 수 있는 문제를 예측하고 그에 대한 대응방안을 준비할 수 있다.
• 부서 내에서 또 다른 부서와 조정이 필요한 영역 또는 문제를 확인할 수 있다.
• 전체 공론화에 대한 평가 지표를 수립할 수 있다.

특히 공론화의 필요성 여부를 검토하고 또 어떤 방법을 사용해야 하는지 미리 검토하면 이후 과정을 더욱 원활하게 진행할 수 있다. 아래 표는 공론화의 필요성을 고려하는 기관들에게 일반적인 지침으로 사용될 수 있다.

<표 7-2> 공론화를 위한 사전 고려사항

| 핵심 고려사항 | 해당 경우에 동그라미로 표시 | | |
|---|---|---|---|
| **문제의 기밀성** | | | |
| 정책이나 사업에 기밀 정보가 포함되는가? | 예 | 아니오 | |
| **문제의 긴급성** | | | |
| 정책/사업 개발이 시급하고 그를 위한 시간이 짧은가? | 예 | 아니오 | |
| 만약 시행이 지연될 경우, 부정적인 영향이 있는가? | 예 | 아니오 | |
| **이해관계자들에게 미치는 영향** | | | |
| 정책/사업이 이해관계자들에게 미치는 영향이 얼마나 중요한가? | 낮음 | 보통 | 높음 |
| 이 문제에 대해 주요 이해관계자들이 어느 정도 주목하고 있는가? | 낮음 | 보통 | 높음 |
| **대중의 관심 정도** | | | |
| 정책/사업에 대한 대중의 관심 수준이 어느 정도인가? | 낮음 | 보통 | 높음 |
| 언론 매체가 해당 문제에 대해 관심을 가지는 정도는? | 낮음 | 보통 | 높음 |
| **영향력의 범위** | | | |
| 이해관계자들의 의견을 기초로 정책/사업을 변경할 수 있는 범위는 어느 정도 인가? | 낮음 | 보통 | 높음 |
| 권고사항 | 대부분의 답변이 이 열에 포함된다면 공론화는 필요하지 않을 수 있다. | 대부분의 답변이 이 열에 포함된다면 직접적인 영향을 받는 이해당사자 집단과의 협의를 권장한다. | 대부분의 답변이 이 열에 포함된다면 더 많은 참여자와의 대규모 공론화를 권장한다. |

\* 문제의 기밀성과 긴급성이 낮을수록 공론화에 유리하다. 이해관계자들에게 미치는 영향이 높고 대중의 관심이 높을수록 공론화 방법과 절차에 대한 숙고가 필요하고 고난도의 갈등관리 기술이 필요하다. 그리고 영향력의 범위가 높을수록 공론화의 효과가 더 커진다.

## 1) 기획팀 구성

공론화 팀의 효과성을 높이기 위해서는 기획, 조직, 실행 등의 분야에서 다양하고 상호 보완적인 기술을 갖춘 팀원들로 구성해야 한다. 이 팀은 어떤 공론화 방법을 사용하는 게 좋을지를 알아야 하고, 유기적인 내부 보고 체계와 기획, 조직 및 실행에 관련된 적정 기술을 보유하고 있어야 한다. 또한 이 팀은 공론화에 영향을 미칠 수 있는 요소들을 식별하기 위해서라도 다른 조직 또는 기관들을 충분히 참여시켜 협업할 수 있을 만큼의 능동적인 활동력을 가져야 한다. 따라서 공론화 기획 단계에서부터 직접 이해관계자 집단을 참여시킬 수 있을 만큼 충분한 네트워크 역량을 가져야 한다. 공론화 기획 단계에서 다양한 이해관계자들이 참여하면 공론화 과정에서 다루어야 할 중요한 이슈를 확인하고 다양한 사회적 맥락을 검토하는데 도움을 줄 수 있다.

---

### 누가 기획팀에 참여해야 할까?

- 공론화의 주제(이슈) 또는 대상 지역(현장) 상황을 잘 아는 사람
- 행정 업무에 능숙한 사람
- 법률 서비스를 제공할 수 있는 사람(예: 변호사, 노무사 등)
- 갈등관리 전문가
- 퍼실리테이션(촉진)과 조정 전문가
- 홍보 및 소통(커뮤니케이션) 전문가
- 때에 따라 공론화에 우호적이고 상호 협력적인 직간접 이해관계자들

---

## 2) 의사결정의 범위, 공론화 목표 설정 및 평가 방법과 기준 선택

### 의사결정의 범위

의사결정의 범위란 무엇을 결정해야 하는지에 대한 간단한 정의 또는 서술을 의미한다. 의사결정의 범위를 명확하게 하는 것은 공론화에 참여하는 시민들이 공론화의 마지막 단계에서 어떤 유형과 내용의 결정을 내려야 하는지를 확실히 알게 하는 효과가 있다. 따라서 필요할 경우 주요 이해관계자들과 함께 의사결정의 범위를 정할 수 있다. 이렇게 하면 공론화 자체를 거부할 소지가 현저하게 줄어든다.

의사결정의 범위를 질문 형태로 확정하는 것도 가능하다. 예를 들어 '철새 도래지의 환경 보호를 위해 누가, 무엇을 어떻게 해야 하나?', '30년 후의 대한민국, 어떤 나라가 되기를 원하는가?' 등과 같이 개방형 질문을 던질 수 있다. 반대로 '신고리 원전 2·3호기의 공사는 중단해야 하나?', '전 국민 기본소득에 찬성하는가?' 등과 같이 '예/아니오'로 답하는 폐쇄형 질문도 가능하다. 개방형 질문의 의사결정 범위가 폐쇄형 질문의 그것보다 훨씬 더 넓다는 건 불문가지다.

어느 것을 선택할지는 공론화의 목적과 목표, 참여자의 규모와 특성, 이슈의 복잡성과 갈등 강도 등에 따라 달라진다. 개방형 질문을 던지며 결정 범위를 넓힐수록 창의적인 해결 방안을 개발할 여지가 많아진다. 반면 퍼실리테이션(촉진자)의 역량이 부족할 경우 의견이 수렴되지 않고 발산할 가능성도 전혀 없지 않다. 만약 공론화를 특정 분야, 특정 질문에 한정하는 것이 필요하다면, 개방형 질문의 형태로 의제를 설정하되 의사결정 범위를 보다 작고 정밀하게 제한할 필요가 있다. 예를 들어 '환경보호를 위해 필요한 쓰레기 재활용 방법을 어떻게 개선하면 좋을까?'와 같이 제한된 형식의 질문을 던지면 된다.

---

### 의사결정 범위란?

- 의사결정 범위란 의사결정의 최종적인 형태를 설명하는 간단한 정의 또는 진술이다.
- 예를 들어 에너지 정책이라고 할 경우, 의사결정의 범위는 크게 다음 3단계에서 이루어질 수 있다.
  - ☞ 에너지 생산, 유통, 소비, 폐기 등 장기적으로 국가 에너지 계획에 담을 기본 관리방안에 대한 거시적인 정책기조
  - ☞ 재생 에너지, 화력, 원자력 등 특정 에너지의 생산과 유통, 소비, 폐기 등에 관한 중범위 관리방안
  - ☞ 특정 발전소 또는 특정 에너지원의 확대 또는 폐쇄 등 구체적인 정책 수단에 관한 의사결정

---

폐쇄형 질문을 던지면 결정 범위가 '예/아니요'나 '찬성/반대'로 줄어들어 명쾌한 답을 얻을 수 있다. 그러나 공론화 기획자가 미리 만들어 놓은 답안 가운데 하나를 선택하거나 주어진 범주 안에서 사고하도록 유도하게 되어 기획자의 의도를

뛰어넘는 창의적 해법을 모색할 수 없다. 만일 '예/아니요'나 '찬성/반대'로 의견을 정리할 필요가 있지만, 그 이유를 알아봄으로써 타협과 절충의 여지가 있다면 개방형 질문과 혼합해 이유를 물어 다양한 이유들 사이의 우선순위를 파악하고 그를 정책에 반영함으로써 '예/아니요'나 '찬/반'으로 촉발되는 갈등을 예방할 수 있다. 예를 들어 '신고리 원전 2·3호기의 공사는 중단/계속해야 하나?'라는 질문에 덧붙여 '탈원전에 찬성/반대하는가?'라는 질문을 동시에 던짐으로써 시민참여단이 신고리 원전 공사 중단을 지지한 이유는 원자력 발전을 찬성해서가 아니라 매몰비용 등 경제성 때문임을 알 수 있었다.

개방형과 폐쇄형, 어느 유형을 선택하든 참여자의 의견을 수렴할 때는 단순히 '찬/반'이나 '예/아니요'의 응답만을 유도해서는 안 된다. 공론화 과정에 포함된 숙의 토론은 상대방을 설득하고 자신을 설득하는 합리적인 과정인데, 참여자도 이해할 수 없는 결론은 필연적으로 공론화의 사회적 수용성을 저하할 뿐이다. 현대의 공론화가 과거의 공론화보다 진일보했다고 말할 수 있는 것은 공론화 참여자들이 왜, 어떤 이유로 그러한 결론을 선택했는지 그 이유와 동기를 파악하고 그것을 공공의 선택(정책)에 반영할 수 있는 체계적인 접근 방법을 개발했기 때문이다. 그리고 그 방법은 질문을 던지는 방식, 그 자체에 숨어있다.

---

### 공론화의 원칙

- 코헨(Cohen)이 제안한 공론화 원칙 2번은 합리성의 원칙이다(이 책 2장 2절 참조).
  ☞ 주장은 근거에 기반하고 이 주장에 대한 지지와 비판도 근거에 기반할 것.
- 피쉬킨(Fishkin)이 제안한 공론화 원칙 4번은 성실성의 원칙이다(이 책 2장 2절 참조).
  ☞ 참여자들은 성실하게 쟁점을 비교·평가할 것.

---

목표 설정 및 평가 지표 개발

참여자들이 공론화의 궁극적인 목표와 하위목표를 명확히 인식하는 것이 매우 중요하다. 공론화의 목표를 명확하게 공지하고 이해하는 것이 참여자들의 토론 과정에서 나타날 수 있는 혼란과 충돌을 예방할 수 있다. 현실적이고 실현 가능한 목표를 명확히 설정함과 아울러 공론화 결과가 어떻게 의사결정 과정에서 활용될지, 그리고 공론화 과정의 성공 여부를 평가하기 위해 어떤 지표가 사용될지를 명확하게 제시하고 이를 미리 알려주면 공론화 과정에서 불필요한 혼란과 갈등을 막아 참여자들의 열기와 에너지를 한 방향으로 수렴하기가 더 쉬워진다.

목표는 또한 공론화 과정에서 어떤 변화와 효과가 수반되어야 하는지를 명확히 설명할 수 있어야 한다. 명확한 목표 설정은 참여자들이 공론화에 집중할 수 있도록 하고 자신들의 활동을 평가할 수 있는 기초를 제공하며, 전반적인 공론화 과정과 산출물을 평가할 수 있는 근거가 된다.

훌륭한 목표를 설정하기 위해서는 '공론화를 매개로 우리 사회(공동체)에 어떤 변화들이 이루어져야 하는가?'라는 질문이 매우 유용하다. 목표 설정은 이에 대한 답을 찾는 것으로부터 시작할 수 있는데, 가능한 답변은 다음과 같다.

- 공익적 관점에 조응하는 정책/사업 방안 도출
- 규제 과정(regulatory process) 등 공공재(공유재) 관리에 대한 지식 증대
- 특정 이슈에 대한 일반 대중의 이해 증대
- 정책 결정 과정에 기여할 수 있는, 참여자들의 역량(토론 역량, 의사결정 역량, 정치적 효능감 등) 강화
- 적대적 이해관계자들 사이에 우호적 관계 형성(rapport-building)

---

### 목표란 무엇인가?

■ 다음은 1·2차 목표와 평가 지표에 대한 몇 가지 예시다.

■ 1차 목표 : 명시적으로 추구하는 목표
- 정책/사업을 결정할 때 추구해야 하는 중요한 가치를 식별
- 조례, 시행령, 법령 등을 개정하는데 필요한 변화가 무엇인지를 파악
☞ 평가 지표 참조
- 정책/사업을 결정할 때 필요한 가치에 대한 합의 또는 동의 여부
- 조례, 시행령, 법령 등을 개정하는 데 필요한, 다양한 선택지의 발굴

■ 2차 목표 : 암묵적으로 추구하는 목표
  • 이슈에 대한 이해관계자와 참여자들의 이해 증진
  • 이해관계자들 사이의 (우호적) 관계(rapport) 형성
  • 이해관계자들과의 파트너십(동반자 의식) 형성
  ☞ 평가 지표 참조
  • 공론화 이후 공론화 주제(정책/사업)에 대한 이해도 확대 여부(최종 설문 조사에서 확인 가능)
  • 공론화 과정을 거치며 이해관계자들 사이의 관계가 개선되었는지 여부
  • 상설 자문위원회 구성 또는 향후 협력을 위한 협약서 서명 여부

 평가 지표는 목표와 연동해서 만드는 것이 바람직하고, 평가 지표는 거꾸로 목표 개발을 위한 지침이 될 수 있다.

## 3) 참여자 선정

의사결정자는 다양한 사회적 배경과 관점, 전문 지식을 고려해 의사결정을 내리는 것이 의사결정의 타당성을 높일 수 있음에 유의해야 한다. 따라서 공론화 참여자들의 다양성을 높이는 것이 공론화에서 이루어질 논의를 풍부하게 하는 것은 물론, 그를 통해 내리게 될 의사결정의 타당성을 높일 수 있음에 주목해야 한다.

참여자들의 몰입 정도는 주제에 대한 그들의 관심 수준과 그들이 의사결정에 미치는 영향도에 따라 달라진다. 자신이 직접 이해관계자가 될 때 즉, 자신의 문제가 공론화 주제가 될 때 참여의 적극성이 높아지고, 의사결정권자가 공론화 결과를 정책에 즉시, 적극적으로 반영하겠다고 약속할 때 참여의 적극성도 높아진다. 예를 들어 신고리 원전 공론화처럼 국정 최고 책임자(대통령)가 공론화 결과를 즉시 수용하고 그에 따라 관련 정책을 결정하겠다고 했을 때, 공론화가 전국적 이슈로 떠오른 건 물론 참여자들의 몰입도를 현저하게 높였다.

따라서 의사결정과정에 크게 기여할 수 있는 사람들의 의견을 구하고 참여를 촉진하는 것이 공론화 성공의 첫걸음이다. 공론화 과정에서 수집된 의견의 품질과 공론화의 효과성은 누가 참여자들로 선정되었고 그들이 어떻게 공론화를 수행했는지에 따라 현격하게 달라진다.

- '일반(적인) 공론화'가 광범위한 일반 시민들을 대상으로 한다면, '집중(적인) 공론화'는 특정 이해관계자들과 특정 집단들을 대상으로 하는 공론화다.
- 직간접 이해관계자가 아니라 일반 시민의 중립적인(상식적인) 의견수렴을 목적으로 하는 일반 공론화일 경우에는 해당 지역주민들의 비중을 특별히 고려할 필요가 없다.
- 일반 공론화는 공동체의 규범, 지향, 가치, 발전 방향 등의 주제를 다루는 데 유용하고, 집중 공론화는 특정 규범, 지향, 가치, 방향 등의 구체적인 수단, 방법, 절차 등 세부 주제를 다루는 데 유용하다.

공론화의 목적과 목표에 조응하는 참여자를 선정하는 것이 공론화 성공의 중요한 조건이다. 이슈가 복수 지역에 관련되면 복수 지역 주민들을 고르게 참여시키는 것이 당연하다. 예를 들어 어업 관할권, 수자원 관할권, 신도시 개발, 원자력발전소 등 비선호시설 입지, 국토개발과 이용 등을 주제로 한다면 다른 지역과 인근 경계 지역의 주민들도 공론화에 참여시키는 것이 바람직하다. 예를 들어 경북 의성군과 군위군의 경계 지역이 대구 군 공항 이전 후보지가 되었을 때 두 지역주민 모두 공론화에 참여하도록 했다.

---

### 공론화 참여자로 누구를 선정할 것인가?

■ 한국에서처럼 사회적으로 정당성이 폭넓게 인정된 공론화 절차가 없다면 다음과 같은 외부 행위자들을 고려할 수 있지만, 공론화의 목표와 이슈에 따라 참여자를 달리 선정할 수 있다.
- (공무원 대상 공론화의 경우) 해당 이슈를 책임지고 있는 주무 부처 공무원
- (공무원 대상 공론화의 경우) 상급 기관 또는 관련 기관 공무원
- (공무원 대상 공론화의 경우) 지방자치단체 공무원
- 해당 이슈의 정책대상집단
- 해당 이슈의 직·간접 이해관계자
- 해당 이슈와 직·간접 이해관계가 없는 일반 시민
- 외국인

■ 이해관계자들은 다음과 같은 그룹으로 분류될 수 있다.

1. 정책이나 사업을 통해 혜택을 보는 개인이나 집단
2. 정책이나 사업으로 인해 부정적인 영향을 받는 개인이나 집단
3. 정책이나 사업 개발과정에 기여할 만한 능력이나 자원을 가진 개인이나 집단
4. 정책이나 사업 자체 또는 정책이나 사업 개발 과정에 관심이 있는 개인이나 집단

✓ 이해관계자 집단이 협의하는 방식과 정도는 지식수준, 전문성 그리고 정책이나 사업이 다른 집단에 미치는 영향에 따라 달라질 수 있다.

■ NGO와 직·간접 이해관계자 단체의 대표자들이 참여할 경우, 공론화 과정이 직·간접 이해관계자들의 이익 추구 때문에 왜곡되지 않도록 조심해야 한다. 공론화는 공동체의 미래를 위해 공익을 추구하는 공적 이성(public reason)의 발현을 궁극적인 목표로 한다. 따라서 모든 과정과 정보는 투명하게 공개되어야 하는데, 이 원칙은 NGO와 직·간접 이해관계자 단체에도 적용되어야 한다. 이를 위해서는 단체 대표자들에게 다음 사항에 대한 약속과 동의를 확보해야 한다.

• 회원 명단 제출
• 회원들에게 제공한 정보의 내용
• 회원들의 반응

■ 공론화 참여자들은 어떤 사람들과 함께 공론화에 참여하는지 알고 싶어 하며, 이들이 어떤 기준에 의해 선발되었는지를 투명하게 공개하는 것이 필요하다.

가능한 한 모든 의견을 포집하기 위해서는 이해관계의 다양성이 고르게 표현되도록 할 필요가 있다.[2] 하지만 타운 홀 미팅(시민 토론회)이나 공공토론(공개 토론회), 대규모 공론조사처럼 참여자의 범위가 넓은 일반 공론화를 기획할 때는, 사전에 공론화 절차에 관해 의논하고 양해를 구할 대표자를 선정하는 것이 거의 불가능하다. 특히 공론조사 등과 같이 인구통계학적 대표성을 고려해 참여자를 선발하

---

2 '누구를 참여시킬 것인가?'라는 질문은 공론화의 성패를 좌우하는 중요한 질문이지만 어느 경우에든 답을 내리기 쉽지 않다. 특히 숙의 토론에 대한 이해가 크지 않고 공론화를 공론조사와 동일시하는 한국 사회에서는 공론화를 '약간 더 꼼꼼한 여론조사' 정도로 생각하며 반드시 '우리 편'이 더 많이 들어가야 한다는 생각에 쉽게 사로잡혀 참여자 선정 단계부터 갈등이 시작한다. '우리 편'이 과소 대표된다고 판단될 때엔 공론화 참여 자체를 거부하기도 한다. 이해관계자 분석에 관한 자세한 소개는 https://blog.voxcitio.com/2017/06/26/public-stakeholder-engagement/ 참조.

는 방식이면, 특별히 대표자를 뽑기도 어렵다. 이런 경우에는, 어떤 이슈들이 제기 될지 미리 예측하기도 어렵거니와 이슈에 대한 참여자들의 이해 정도나 지식수준 을 측정하기도 어렵다. 어떤 참여자들은 공론화 의제의 지엽적인 부분에 더 집중하 거나, 숙의 토론의 일반 원칙을 숙지하지 못해 공론화의 흐름을 방해할 수도 있다. 그런 만큼, 참여자들에게 참여의 원리와 숙의토론의 원칙을 사전에 충분히 이해시 키는 게 필요하다.

---

### 참여자들을 어떻게 선정해야 하나?

- 참여자 선정 기준을 사전에 명확히 하는 게 필요하다.
- 이해관계자를 대상으로 하는 공론화라면, 이해관계자들이 공론화에 참석할 의향이 있는지 미리 확인할 필요가 있다.
- 해당 이슈에 대한 이해관계자들의 입장(position)과 이해관계(interests)를 파악하 기 위해 과거의 공론화 사례를 조사할 필요가 있다.
- 공론화에 참여하기 위해 특별한 지식이 필요한지 검토한다.
- 공론화 과정에서 수행할 역할에 따라 참여자의 유형을 구분할 필요가 있다(예: 일 반 시민, 이슈 전문가, 퍼실리테이터, 법률 자문, 과학 자문, 행사 진행, 안전 등)
- 핵심 이해관계자 집단과 누가 참여해야 하는지에 대한 논의를 사전에 진행하고 합 의해야 한다. 그렇지 않으면 공론화의 사회적 정당성과 수용성이 훼손될 수 있다.

---

### 참여 집단과 효과적인 파트너십을 촉진하기 위한 고려사항

- ■ 특히 이해관계자 집단을 대상으로 하는 공론화를 진행할 때 또는 이해관계자 집 단이 파트너로 참여하는 공론화를 기획할 때 이해관계자 단체와 효과적인 파트 너십을 촉진하기 위해 다음 사항을 고려할 필요가 있다.
  - 충분한 시간을 제공하라. 파트너 단체를 활용할 때는 파트너 단체가 필요한 자 원을 동원할 수 있도록 충분한 리드 타임(lead time)을 제공하는 것이 중요하 다. 주관 기관은 파트너 단체에게 최소 1개월 전에 통지하고 파트너 단체들이 기관을 대신해 의견을 수집하는데 최소 3개월의 기간을 제공해야 한다.
  - 충분하고 포괄적인 정보를 제공하라. 주관 기관은 파트너 단체들이 정책 내용과 그에 대한 고려사항을 잘 이해할 수 있도록 협의 과정 전에 파트너 단체들에게

포괄적인 정보를 제공해야 한다. 이를 통해 파트너 단체들은 실제 협의 과정에서 구성원들이 제기하는 문제를 보다 효과적으로 해결할 수 있다.

- 논의 자료를 제공하라. 공론화 주관 기관은 파트너 단체들과 협의를 진행할 때 소통을 위한 기초자료를 제공해야 한다. 여기에는 브리핑(발표자 발표문 포함), 팸플릿 및 질의응답이 포함된다.
- 기금지원과 기술지원을 아끼지 마라. 공론화 주관 기관은 파트너 단체들 사이의 역량 차이가 크다고 인지할 경우, 특히 불리한 입장에 있는 파트너 단체에게 상대 단체의 동의를 얻어 또는 두 단체 모두에게 공평한 기술 지원(예: 설문 질문 구성, 발표 기술 등)과 자금 지원(예: 공로화 전 자체 대화 및 협의 세션 구성 등)을 아끼지 말아야 한다.

## 4) 시간 계획

공론화 기획서는 공론화 과정의 모든 단계에서 수행해야 할 구체적인 활동 사항과 일정을 명확하게 담고 있어야 한다. 공론화 각 단계마다 할당되는 시간은 이슈의 복잡성과 채택하는 공론화 방법에 따라 천차만별이다. 많은 요소들을 고려하는 것이 필요한데 무엇보다도 기획, 실행 및 평가에 소요되는 시간을 과소평가하기 쉽다. 특히 한국의 경우, 신고리 원전 공론화가 3개월 만에 종료되며 3개월을 공론화 적정 기간으로 간주하는 경향이 생겼는데, 해외 주요국의 경우 이슈의 크기(사이즈)에 따라 다르지만 대략 6개월에서 2－3년까지 지속하는 경우가 비일비재하다. 공론화의 목적과 목표를 최종 산출물(결정) 그 자체에 두는 것이 아니라 최종 산출물에 도달하는 과정에서 파생되는 부산물 즉, 상호이해, 관계형성, 신뢰증진, 사회통합 등에 둔다면 너무 서두르지 않는 것이 바람직하다.

특히 공론화를 어떤 정책 결정에 도움을 받기 위해 조직한다고 해도, 그 논의 과정에서 생길 수 있는 다양한 효과를 고려한다면 시간에 쫓기는 것보다는 충분한 시간 속에 성찰성을 최대한 끌어올리는 것이 사회발전에 도움이 될 수 있다. 예를 들어 9·11 사태 이후 세계무역센터 '쌍둥이 빌딩'의 재건 여부를 물은 뉴욕 타운홀 미팅은 '그라운드 제로'라는 추모 공간 마련을 결정하는 것으로 끝나지 않았다. 행사 자체는 하루에 불과했지만 그를 준비하고 공유하는 수개월 동안의 공론화 전 과정이 테러와 고인(故人)들에 대한 미국인들의 트라우마를 치유하는 집단적 제의로 기능했다. 마찬가지로 2014년 세월호 사건 이후 현재까지, 경기도 안산에서 꾸준히 조직되는 일련의 공론화는 갈등조정 역량의 한계를 드러내기도 했지만 공동체 회복을 위한 사회적 기제로 작동되기도 했다. 또한 문재인 정부 출범 이후 통일부가 4년 동안 진행한 '통일국민협약을 위한 사회적 대화' 역시 좌·우, 보수·진보로 갈라진 통일 운동 진영의 해묵은 반목과 갈등을 치유하며 공동의 비전을 창출하는 튼튼한 버팀목이 되어가고 있다. 이와 같은 부수적 효과를 고려한다면 예산과 조직, 인력, 의사결정의 시급성 등으로 시간 요소를 고려할 수밖에 없지만 무조건 서두르는 게 능사가 아니라는 것을 알 수 있다.

---

### 시간 계획을 위한 고려요인

- 의사결정 시간
- 자료집(정보자료) 개발 시간
- 대중 소통 전략과 소통 자료를 개발하기 위한 홍보 및 소통(커뮤니케이션) 전문가와의 협업 시간
- 참여자와 이해관계자들이 자료집(정보자료)을 이해하고, 공론화 전에 자신들의 의견을 개진할 충분한 시간
- 시즌 효과
  - ★ 예를 들어 휴가철, 방학, 선거기간 등은 피해야 하며 영업시간 등 일상적인 경제활동 시간을 피하는 것이 공론화 참여를 활성화할 수 있는 조건이다.
- 참여자들이 공론화 장소로 이동하기 위한 시간
- 공론화 결과를 분석하고 정리해 참여자들에게 보고하는 데 필요한 시간
- 공론화에서 수렴된 의견을 정책이나 사업으로 변환하고 이를 참여자와 이해관계자 그리고 국민들에게 보고하는 시간

---

공론화 절차를 설계하며 일정표를 짜는데 참여자들의 의견을 묻는 것은 관계 형성과 신뢰 구축에 중요한 부분이 될 수 있다. 설사 참여자들과 의논해 일정을 짜지 않더라도 참여자들이 항상 전체 일정을 알고 있어야 한다. 이렇게 하면 공론화 과정 전반에 집중할 수 있고, 과정 전반을 모니터링 할 수 있으며, 돌발적인 상황이 발생할 경우 애초 기획의 수정이 큰 혼란 없이 이루어질 수 있다.

 참여자들에게 전체 일정과 단계별 임무를 끊임없이 주지시켜야 한다.

## 5) 맥락(상황) 살피기(context scan)

공론화를 기획하는 사회적 맥락을 살펴봄으로써 공론화에 영향을 줄 수 있는 기회 요인과 장애 요인들을 확인할 수 있다. 예를 들어, 맥락 살피기를 통해 과거 이해당사자들 사이의 관계는 물론 특정 정치·경제·사회적 맥락에 영향을 받는 특수한 관계들도 파악할 수 있다. 특정 이슈에 대한 정치·경제·사회적 맥락(상황)에 관한 연구를 하면 참여자들이 공론화에 참가할 때 이룰 수 있는 합의가능영역(ZOPA: Zone Of Possible Agreement)[3]을 미리 파악할 수 있고 갈등의 원인이나 요소 등을 미리 파악할 수 있다.

---

맥락 파악을 위한 정보는 어디서 찾을 수 있는가?

- 관련 분야 웹 사이트(환경 살피기)
- 홍보 및 소통(커뮤니케이션) 부서에서 기 축적한 자료
- 언론 스크랩
- 자문위원회과 같이 기 구축된 제도의 회의록
- 신문기사와 이해관계자 집단의 웹 사이트
- 이해관계자들과의 직접 접촉

---

3 합의가능영역(ZOPA: Zone Of Possible Agreement)은 협상 용어로서 흥정영역(bargaining zone) 또는 타협영역(settlement zone)이라고도 한다. 월튼 & 맥커지(Walton & McKersie, 1965)가 제안한 합의가능영역은 흔히 ZOPA로 약칭되는데, 두 당사자가 가진 유보치 사이의 공통 영역을 의미하며 이 영역에서 협상이 타결될 수 있는 범위다. 당사자들의 유보치 영역이 중첩되어 긍정적 흥정영역이 존재할 때 협상이 가능해지며, 중첩되지 않아 합의가능영역이 존재하지 않을 경우 부정적 흥정영역이 만들어져 협상은 이루어질 수 없게 된다(은재호 외, 2011: 25-26).

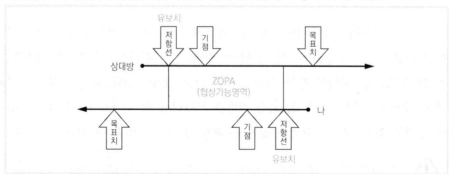

[그림 7-1] **협상가능영역의 개념도**

홍보 및 소통(커뮤니케이션) 전문가는 여론조사와 언론자료 분석을 통해 맥락 살피기에 직접적인 도움을 줄 수 있다. 만일 공론화 기획 단계에서 이해관계자 협의체를 구성한다면, 이들과의 심층 인터뷰를 통해 기회 요인과 위협 요인을 찾아낼 수 있다.

맥락 살피기는 관련 이슈에 대한 정보를 수집하는 것이기 때문에 폭 넓은 시각을 유지하는 것이 특히 중요하다. 특정 기관이나 조직이 공론화를 진행하고자 할 경우에는 내부 환경 평가(internal environment assessment)를 통해 이슈에 대한 자기 조직의 이해수준을 먼저 확인하는 것도 필요하다. 공론화 개최 이유와 목적, 공론화 결과의 활용에 대한 조직 내부의 이해와 협조가 없이는 공론화 절차를 제대로 운영하기도 어렵지만, 사후에 공론화 결과를 정책이나 사업으로 변환하는 데 어려움을 겪게 되기 때문이다.

---

### 사전 조사를 통해 확인할 사항

- 과거 공론화 사례에서 드러난 이해관계자들의 관심 사항을 파악
- 이해관계자들이 이전의 공론화에서 제시한 견해들을 참고
- 이해관계자들과 담당 부처와의 관계, 이해관계자들 간의 관계를 파악
- 잠재적 참여자들의 주요 관심사가 무엇인지 미리 조사하고 확인
- 이해관계자들이 선호하는 공론화 방식을 선제적으로 파악
- 관련 이슈에 대한 다른 부서, 기관 및 정부의 입장과 위임 사항을 확인

---

공론화 및 갈등관리 전문가로 구성되는 '자문위원회'를 통해서는 기존의 공론화 방법과 절차에 대한 자문을 구할 수 있을 뿐 아니라 앞으로 진행하게 될 공론화에 대한 분석과 평가를 위탁할 수 있다. 신고리 원전 공론화, 대학 입시제도 개편 공론화 등 한국 공론화 사례에서 흔히 '검증 팀'으로 부른 '모니터링 단'을 구성해 실시간 모니터링을 진행하며 현장 평가와 사후 평가를 실시함으로써 향후 공론화 기법을 발전시키는 데 활용한 것이 그 예다. 다만, 여기에서 특별히 주의할 것은 모니터링단의 활동 목적이 공론화 운영 팀을 감시하고 평가하기 위한 것이 아니라는 것이다. 모니터링 단은 공론화 현장에서 원활한 숙의토론을 방해하지만 운영 팀

이 간과할 수 있는 절차적 문제가 있는지 파악하고 이를 환기시켜주는 한편, 이번 공론화의 기여와 한계, 장·단점을 분석해 다음번 공론화의 완성도를 높이는 방법을 찾자는 게 목적이다.

## 6) 예산 편성

예산 편성은 공론화의 설계, 실행 및 평가 단계에서 필요한 비용을 예측하는 데 도움을 준다. 예산은 당연히 공론화 장소와 방법, 공론화 과정에서 기대되는 참여와 숙의의 수준을 고려해야 한다. 공론화 기획 단계에서 '이해관계자 협의회'를 구성해 활용할 경우 의제 선정, 자료집 제작 등의 공론화 전 과정에서 단시간에 핵심적인 정보를 수집할 수 있어 비용 절감이 가능하다. 공론화 방법이나 참여 범위가 가용 예산 수준을 초과하는 경우, 공론화의 목표를 재정의 할 필요가 있으며, 이해관계자와 참여자를 보다 명확히 선별해 공론화의 크기(size)를 축소하는 것도 가능하다.

---

### 예산에는 무엇이 포함되는가?

- 자료집 제작비
- 유인물(hand-out), 회의록 및 요약본, 백서, (대정부) 보고서, (필요할 경우) 통·번역 비용
- 적절한 시설, 기술 및 장비 대여비
- 홍보 및 광고비
- 서비스 제공자 인건비 및 각종 행정 소요(식·음료비, 회의비, 숙박비 등)
- 행정 비용(사무용품, 필기구)
- 장애가 있는 참여자들을 위한 지원활동비
- 참여자 수당 및 교통비
- 외부 전문가 자문비
- 내부 인력 수당 및 활동비

---

예산 편성은 유익한 공론화를 위해 무엇이 필수적인지를 식별할 수 있는 기회를 제공한다. 기획팀과 예산팀은 서로 협력하며 예산수립과 집행의 모든 과정을 모

니터링하고 공론화 프로세스를 보다 정교하게 설계하는 계기로 활용해야 한다.

---

어떤 비용이 필수적이고 어떤 비용이 선택적인지를 신중하게 판단

- 예: 외국인이 참여하거나 외국 전문가의 참여가 필요할 경우, 또는 외국자료가 다수 필요할 경우에는 통·번역비가 필수적
- 예: 장애인의 참여가 예상되는 경우 보조인의 인건비와 식·음료와 숙박비 등 부대비용이 필수

---

### 7) 홍보/소통 전문가 및 미디어와의 협력

공론화 과정에서 홍보 및 소통(커뮤니케이션) 전문가들은 언론과 관계를 맺고 유지하는데 유익하게 기능해 일반 대중뿐만 아니라 공론화 기획·운영팀과 참여자 모두에게 매우 유익하다. 홍보 및 소통(커뮤니케이션) 전문가들은 어떤 유형의 커뮤니케이션 전략이 필요한지 판별하고, 어떤 유형의 커뮤니케이션 수단이 필요한지 식별하는 초기 단계에서 특히 중요하다.

---

홍보 및 소통 전문가들의 검토가 필요한 업무 범위

- 방송 및 신문 기사 내용
- 비공식 기자회견 내용
- 질의응답을 포함한다. 대변인의 기자회견 내용
- (교육용) 정보자료집 내용
- 공론화 홍보를 위한 브로슈어나 팜플렛
- 사실 관계 확인자료(fact sheet)
- 직원들의 미디어 트레이닝과 대 미디어 전략 수립
- 광고
- 웹사이트

---

모든 공론화 과정에는 반드시 홍보 및 소통(커뮤니케이션) 기획이 필요하며 공

개 배포를 목적으로 작성되는 모든 정보자료집은 소통·홍보팀의 공식 승인 과정을 거치는 것이 안전하다. 또 외부로 나가는 공론화위원회의 모든 발표는 소통·홍보팀(대변인실)으로 일원화해 '한목소리'(one voice)를 유지하는 것이 중요하다. 이를 통해 불필요한 오해나 혼선을 줄일 수 있기 때문이다.

또한 홍보 및 소통(커뮤니케이션) 팀은 공론화에 대한 언론 활동과 여론 조사를 모니터링하여 언론을 최대한 활용할 수 있도록 노력해야 한다. 언론이 공론화 과정에 직접 영향을 미칠 수 있기 때문에 언론과의 관계는 공론화의 성공에 있어 매우 중요하기 때문이다.

---

홍보 및 소통 전문가는 무엇을 할 수 있는가?

- 언론과의 관계를 조정
- 일반 대중을 위한 정보의 양과 유형을 파악
- 공론화 참여자들을 위해 어려운 이슈를 평이한 언어로 전환
- 쟁점이 되는 이슈를 명확하게 드러내고 특히 복잡한 이슈의 경우, 간명한 메시지로 전환
- 언론 활동을 위해 대변인과 공조

---

## 2. 제2단계 – 디자인(설계)

공론화 과정을 설계한다 함은 공론화의 목표를 달성할 수 있는 구체적인 프로세스를 공론화 진행 단계별로 마련하는 것을 의미한다. 특히 공론화 방법을 선택하는 것은 공론화 과정의 유연성을 보장하는 것인 만큼 매우 중요한 요소이자 가장 핵심적인 설계 요소다. 공론화 방법을 선정할 때, 다음과 같은 핵심 요소들에 주목하는 것이 중요한다.

- 이슈와 그 이슈의 긴급성
- 인적 그리고 경제적 자원의 가용성
- 시간과 기술의 가용성

- 지리적 요소(전국적인 규모인가, 지역적인 규모인가 또는 둘 다인가?)
- 이해관계자들의 범위
- 의사결정권자들이 원하는 참여의 정도
- 이해관계자들이 원하는 공론화 방법

## 1) 공론화 방법 선정

공론화에는 수많은 방법이 존재한다. 모든 상황에 적합한 유일한 방법이나 절차는 존재하지 않는다. 다양하게 개발된 공론화 방법은 제 각각 고유의 강점과 약점을 가지고 있기 때문이다. 가장 효과적인 공론화 방식은 이해관계자들의 필요를 충족시키고, 공론화 과정의 효율성과 효과성을 극대화할 수 있는 최적 기법을 사용하는 것이다.

대부분의 정부 관리자들과 민간 부문의 공론화 기획자들은 일반적으로 이슈에 대한 피드백과 제안, 다양한 옵션을 수집하는 전통적인 공론화 과정, 예를 들어 한국에서는 타운 홀 미팅이나 공론조사와 같은 방법에 친숙하다. 그러나 친숙하다고 해서 그것이 해당 공론화에 최적화된 방식은 아니라는 데 유의해야 한다. 시민, 전문가, 선출직 공무원과 정부 간의 대화를 촉진하고 보다 높은 수준의 시민참여를 가능하게 하는 것은 대규모 집단이 모여 진행하는 하루, 이틀 사이의 대화와 표결보다 합의회의나 시민배심원, 시나리오 워크숍 등이 더 유용할 수 있다. 숙의적 대화(deliberative dialogue)나 협력적 문제해결(collaborative problem-solving) 방식은 다양한 이해관계자들 사이의 우호적 관계 형성을 돕는 데 특히 유용하다.

전 세계적으로 새로운 공론화 방법이 지속적으로 개발되고 있고 나날이 발전하고 있다. 여기에는 이미 개발된 인터넷 기술의 통합은 물론, 코로나19 등 감염병 확산으로 인해 비대면·비접촉 공론화의 필요성이 높아지자 개발된 새로운 방법들도 포함된다. 중요한 것은 새로운 공론화 방법을 모색하고, 공론화의 목표에 조응하는 새로운 방법을 언제 그리고 어떻게 사용할 것인지를 신중하게 결정하는 것이다. 그래서 공론화의 목표가 설정되면 다음과 같은 질문을 하는 것이 유용하다. 그리고 이 질문에 대한 답에 따라 이 책의 제5장 <표 5-4>(p.234) 공론화의 실행 모형과 적용 기법을 참조해 공론화 방법을 선택할 수 있다.

- 공론화의 목표가 무엇인가?
- 예산은 얼마인가?
- 이해관계자들과 참여자들이 지리적으로 분포되어 있는 곳은 어디인가?
- 이해관계자들은 인터넷 등 새로운 기술을 이용할 수 있는 집단인가?
- 일반적으로 이 이슈(주제)와 이해관계자들을 대상으로 공론화를 진행하기 위해 사용되는 방법들은 어떤 것이 있는가? 이때 사용된 방법의 장점과 단점은 무엇인가?
- 공론화 과정을 수립하는 데 이해관계자들의 참여가 필요한가? 또는 바람직한가?
- 과거의 공론화에 동일한 이해관계자들이 참여하는가? 이밖에도 참여해야 하는 다른 이해관계자나 정책대상 집단이 있는가? 어떻게 그들을 참여시킬 수 있는가? 이해관계가 첨예하게 다른 집단들을 같은 테이블에 초대하는 게 필요한가?
- 공론화를 통해 기대하는 결과가 무엇인가? 공론화의 목표가 소수 이해관계자 집단 사이의 동의(agreement)인가? 아니면 다수 공동체 구성원들 사이의 합의(consensus)인가? 합의형성이 목표가 아니라면, 어떤 방법으로 다수의견을 창출할 것인가? 의견의 불일치도 수용할 수 있는가?
- 참여자들은 공론화 기획자가 제시하는 대안에 대해 충분한 피드백을 제공할 수 있다고 예상하는가?
- 참여자들이 대안을 개발하고 잠재적인 해결방안을 제시할 수 있다고 예상하는가?
- 참여자들이 이슈 담당 기관에서 집행할 수 있을만한 결정을 내릴 수 있다고 기대하는가?
- 참여자들이 자신들의 결정에 주인의식을 가질 수 있다고 기대하는가?

### 어떤 공론화 방법을 선택할 것인가?

아래 그림은 공론화 방법의 선택 기준을 간략히 예시하고 있으며, 주어진 이슈의 특성을 바탕으로 시민참여를 활성화할 수 있는 방법을 보여주고자 작성한 것이다.

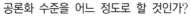

공론화 수준을 어느 정도로 할 것인가?

의견 제시

숙의토론/표결

합의

시간이 많지 않을 경우
다수 참여자 사이의
낮은 상호작용이 가능한 방법을 사용

• 참여자 수를 얼마로 할 것인가?
• 얼마나 민감한 이슈인가?

시간 여유가 있을 경우
소수 참여자들 사이의
높은 상호작용이 가능한 방법을 사용

[검토사항]

1) 해당 이슈(주제)가 시민참여에 기초하는 공론화 방법을 적용할 수 있는 의제인가?
   • (보안성) 이슈와 관련한 사항을 외부에 공개해도 되는가?
   • (전문성) 이슈와 관련한 사항을 일반 시민이 논의하고 판단할 수 있는가? 특정한 이해관계자나 전문가 그룹만이 논의하고 판단할 이슈인가?
   ☞ 고도의 보안성이 요구되는 국방·안보·외교전략의 경우에는 일반 시민을 대상으로 하는 공론화가 부적절할 수 있다. 다만, 중·장기 비전이나 원칙 등 시의성이 적은 주제는 무방하다.
   ☞ 숙의민주주의는 원칙적으로 공공생활의 모든 의제를 공론화의 대상으로 간주한다. 공론화 검토 단계에서는 '일반 시민이 논의할 수 없는 이슈는 없다'는 원칙적인 입장을 견지하는 것이 바람직하다.
   • (실효성) 공론화 방법을 적용할 경우 갈등을 해소하거나 사회적 합의를 도출하는데 도움이 되는가? 오히려 논란을 확대·재생산하는 것은 아닌가?
   ☞ 공론화 방법은 애초의 목적을 달성하지 못한다 해도 정책과정의 정당성 확보, 시민의 수용성 제고 등, 공론화 방법을 적용함으로써 얻을 수 있는 그 자체의 효력도 적지 않다.
   • (현실성) 공론화방법을 적용할 수 있는 기간과 예산이 확보되었거나 확보할 수 있는가?
   ☞ 공론화 방법을 적용할 때는 예측할 수 없는 상황이 발생할 수 있다는 점에서 기간과 예산을 충분히 확보해야 한다.
2) 유사 이슈에 관해 공론화를 실시한 국내외 사례가 있는가?
   • 유사 국내 이슈 중 공론화 방법을 적용한 사례와 그렇지 않은 사례를 검토·정리

- 유사 국외 이슈 중 공론화 방법을 적용한 사례와 그렇지 않은 사례를 검토·정리
  ☞ 유사 사례가 있을 경우, 문헌만 참조할 것이 아니라 가능하면 관계자 인터뷰를 통해 해당 공론화의 맥락과 이면 정보도 파악할 필요가 있다.
3) 공론화 방법을 적용한다면 어떤 방법이 적정한가?
  - 이슈 특성과 공론화 방법의 장단점을 비교하여 적정 방안을 선택
  ☞ 단일한 방법만을 고려할 것이 아니라 일반 시민 토론＋전문가 라운드테이블＋이해관계자 합의회의 등, 복수의 방법을 병행 추진하는 방안도 고려할 수 있다.

〈표 7-3〉 공론화 기법 선택을 위한 프레임워크

| | 의제 설정 | 분석 | 설계 | 집행 | 평가 |
|---|---|---|---|---|---|
| 이 단계에서 기관은 무엇을 성취하고자 하는가? | • 정책 또는 개혁의 필요성 수립<br>• 해결해야 할 문제를 정의 | • 문제와 관련된 기회 및 위협 요인 확인<br>• 질적, 양적 증거를 적절한 정책 대안과 연결<br>• 정책 초안 작성 | • 정책대안 평가<br>• 실행 가능한 정책 개발 | • 공익증진을 위한 프로그램, 지침 및 프로세스 수립 | • 정책 결과를 모니터링하여 정책 목표가 실현되었는지 확인 |
| 시민 참여를 위한 합리적인 근거는 무엇인가? | • 가치 설정<br>• 가치의 우선순위 파악<br>• 가치의 우선순위 공표 | • 정책으로 다루고자 할 문제에 대한 확인을 위한 시민 참여 | • 정책의 가치 및 결과를 이해시키기 위한 시민참여 | • 정책에 대한 시민의 인식증대와 정책에 대한 지원 보장 | • 정책 결과가 공공의 목적을 달성했는지 확인 |
| 주요 과제는 무엇인가? | • 논의가 곧바로 정책이 될 것이라는 기대감 관리<br>• 주요 견해가 표현되도록 보장 | • 지식과 경험을 바탕으로 한 지식 통합<br>• 균형과 중립성을 보장하는 배경 자료 개발 | • 정책에 영향 받는 시민이 포함되는 것을 보장<br>• 논의된 결과가 정책에 미치는 영향력 확보 | • 논의결과를 광범위하게 전달<br>• 정책과정 참여자의 정책 수용력 확보 | • 책임 메커니즘 개발<br>• 정보수집 메커니즘 개발<br>• 수집된 정보를 정책 피드백 사이클에 연결 |
| 어떤 공론화 기법이 가장 효과적인가? | • 공론조사<br>• 의사결정 토론<br>• 타운미팅 | • 시민배심원제<br>• 합의 회의 | • 타운홀미팅<br>• 합의 회의<br>• 의사결정 토론<br>• 원탁회의 | • 공청회<br>• 주류 미디어 | • 사회적 모니터링<br>• 심사표 |

| 이 기법의 강점은 무엇인가? | • 랜덤 샘플링 사용<br>• 가치의 명확화<br>• 미디어의 관심 유발 | • 저렴한 비용<br>• 랜덤샘플링 사용<br>• 심층적인 문제 탐구<br>• 전문가의 견해 반영<br>• 미디이의 관심 회피 | • 많은 시민이 참여 가능<br>• 합의된 결과 도출 가능<br>• 대중의 우선순위 결정<br>• 미디어의 관심 유발 | • 저렴한 비용<br>• 많은 수의 시민 참여<br>• 공직자와 전문가의 리더십 강화 | • 정책 후속조치에 시민 참여<br>• 새로운 기술 개발<br>• 지역사회 시민 참여<br>• 수집된 정보를 널리 배포 |
|---|---|---|---|---|---|

## 2) 유연성 확보

공론화 기획팀은 만약에 있을 수 있는 상황 변화에 민감하게 대처할 수 있을 만큼 공론화 과정을 유연하게 설계해야 한다. 예를 들어 목적을 재설계해야 할 경우도 생길 수 있고, 목표나 참여자들이 시간의 흐름에 따라 바뀔 수도 있으며, 우선순위도 바뀔 수 있음에 유의해야 한다. 공론화 과정 내에 삽입되는 각 활동에 대해 구체적인 계획을 수립하면 유연성을 확보할 수 있다.

이 계획들은 참여자들의 특성과 소재지 그리고 다른 변수들에 따라 각각의 활동들을 어떻게 조직하고 촉진할지에 대한 고민을 포함해야 한다. 또한 대체 토론 진행자(퍼실리테이터), 또는 장소에 대한 비상계획안(PLAN B)을 가지고 있어야 하며 어떤 경우에든 반드시 참여자들과 변경 사항을 공유해 투명성을 높여야 한다. 공론화 기획서를 작성할 때 아래 양식을 참고할 수 있는데 계획의 유연성을 담보하기 위해 각 사례 특성에 맞는 다양한 고려를 삽입하는 것이 바람직하다.

<표 7-4> 공론화 기획서(예)

| 공론화 발주 기관 | | | |
|---|---|---|---|
| 공론화 관련 정책 및 사업 | | | |
| 공론화 관련 정책 및 사업 | | | |
| 공론화 시작일 | | 희망 완료 일자 | |
| A. 공론화의 목적 / 목표 | | | |
| 1 | | | |
| 2 | | | |

## B. 공론화 전략

| | 이해관계자 | 어떤 소통 채널이나 도구가 이해관계자들을 참여시키기에 가장 적합한가? | 잠재적인 문제나 위험은 무엇인가? | 완화 전략은 무엇인가? |
|---|---|---|---|---|
| 혜택을 보게 될 이해관계자 집단 | 1. 예: 노인층 | 예: 지역 모임, 공공 포럼 | 예: 참여율이 낮을 가능성 | 예: NGO (예. Third Age, Tsao foundation) 와의 파트너쉽 |
| | 2. | | | |
| 부정적인 영향을 받게 될 이해관계자 집단 | 2. | | | |
| 공론화에 기여할 만한 자원이나 기술이 있는 이해관계자 집단 | 1. | | | |
| | 2. | | | |
| 관심이 있을법한 다른 이해관계자 집단 | 1. | | | |
| | 2. | | | |

## C. 실행 계획과 일정

| 분류 | 핵심 활동 | 예상 소요시간 | 책임자 | 계획 시작일 | 계획된 완료일 | 상태 |
|---|---|---|---|---|---|---|
| 공론화 전략 | 공론화전략 개발 | | | | | |
| | 공론화전략 승인 획득 | | | | | |
| 공론화 자료 | 공론화 자료집 초안 작성 | | | | | |
| | 공론화 자료집 승인 획득 | | | | | |
| | 공론화 홍보 | | | | | |
| 공론화를 위한 인식제고 | 소통 계획 수립 | | | | | |
| | 소통 계획 승인 | | | | | |
| | 인식제고를 위한 소통활동 수행 | | | | | |

| | | | | | | |
|---|---|---|---|---|---|---|
| **행사 준비** | 공론화 실행 계획 수립 | | | | | |
| | 대행사 선정 및 시설준비 (예: 장소, 다과) | | | | | |
| | 발표자, 파트너, 촉진자 선정 및 초대 | | | | | |
| | 참가자들에게 알림과 초청장 송부 | | | | | |
| **공론화 실행 중** | 참여율 추적 | | | | | |
| | 의견 수집 및 분석 | | | | | |
| | 공론화 기간 연장 필요성 또는 추가 정보 제공 필요성 검토 | | | | | |
| **공론화 종료 후** | 의견정리 및 종합보고서 작성 | | | | | |
| | 종합보고서 승인 획득 | | | | | |
| | 종합보고서 공개 및 참가자들에게 보고서 송부 | | | | | |

## 1. 제3단계 - 실행

실행 단계의 성패를 좌우하는 것은 공론화 기획팀의 관리능력과 퍼실리테이터 (촉진자)의 숙의 토론 운영기술이다. 공론화를 발주하는 공공기관이 공론화에 필요한 전문성이 부족하다고 판단될 경우 경험있는 시민사회단체나 전문성을 가진 민간 조직에 공론화를 위탁·운영하는 것도 고려해볼 수 있다. 독립적인 제3자에게 위탁·운영하는 것은 전문성뿐 아니라 독립성이라는 관점에서도 적극적으로 고려해볼 만하다. 이는 특히 공론화 발주 기관이 신뢰를 받지 못하거나 이해당사자들의 이해충돌이 격화되어 절차의 불공정성에 대한 논란이 우려될 때 필요한 고려다. 절차의 불공정성은 전체 공론화의 정당성을 훼손하게 되고, 그런 공론화 과정을 통해 도출된 결론은 그것이 아무리 '합리적'이라고 해도 수용성이 떨어질 것이기 때문이다. 그래서 공론화 조직과 운영의 공정성을 확보하기 위해 독립적인 운영기관에 이를 위임하는 예도 적지 않다.[4]

공론화의 중립성을 확보하기 위한 노력은 비단 공론화 운영자에게만 적용되는 건 아니어서, 참여자도 동일하게 그를 위해 노력해야 한다. 공론화에 참여하는 사람들에게 소정의 수당은 지급할지언정 사회적 이익, 승진, 또는 대의기구에 선출될

---

4 공론화의 기획과 진행을 중립적인 제3자에게 위탁하거나 담당 기관을 독립기관으로 편제하는 것은 두 가지 경우에 특히 유용하다. 첫째, 행정 공무원이 정책 집행과 사업 추진 주체가 되어 갈등의 일 당사자가 됨에 따라 주민들의 신뢰를 받을 수 없어 자체적인 갈등관리가 불가능하거나 그럴 우려가 있을 때다. 예를 들어, 대규모 국책사업을 추진하는 경우, 행정기관 자체적으로 주민참여 기제를 활용하고 협의체를 구성해 사전 예방과 이해관계 조정에 임할 수 있지만. 행정기관의 진정성이나 역량과 무관하게 사업 집행기관이기 때문에 관련 주민들의 신뢰를 받기 어려울 때가 생길 수 있다. 이런 경우 즉, '심판과 선수'를 겸해야 하는 어려움이 생길 때 그 조정을 중립성과 형평성을 갖춘 외부의 제3자에게 의뢰하는 것이 좋은데 한국의 행정체계에서는 이 제3자를 독립 행정위원회로 제도화할 수 있다. 우리나라에서 옴부즈만 제도로 자리잡은 국민권익위원회가 대표적인 예다. 둘째, 행정과 정치가 교차하는 부분, 특히 대통령이나 자치단체장의 공약사업 또는 미래 가치나 국가 비전과 같이 전 국민적 합의가 필요한 사항은 행정기관 독자적으로 합의형성 절차를 설계하고 집행할 수 없는 정치적 영역이 존재한다. 이처럼 정치와 행정이 교차하는 경우 행정 부서 보다는 별도의 제3기관이 국가적 차원 또는 자치단체 차원의 공론장을 구축하고 여기에서 다양한 의견을 교차시키며 합의형성의 장으로 활용하는 것이 가능하다. 캐나다와 프랑스, 미국과 덴마크 역시 이런 기관들을 가지고 있으며 국책사업의 타당성과 적실성 검토를 시작으로 과학기술 정책 입안을 위한 방향실징에 이르기까지, 맥락에 따라 그 사용례가 매우 다양하다.

기회를 부여하지 않음으로써 공론화가 참여자들의 정치적 동기에 복무하는 기회를 차단하는 것은 그 자체로 민주적 숙의의 잠재력을 높이려 하는 시도다. 공론화가 참여자의 개인적인 이익으로 연결되는 모든 고리를 끊음으로써 공론화의 독립성과 공공성을 높이겠다는 이런 시도는 전 세계적으로 공통된 접근이다. 그런데도 공론화는 의제설정의 편파성과 결과조작의 가능성, 참여자의 대표성과 편견에 대한 우려로부터 언제나 자유롭지 않아 실행 단계에서도 각별한 주의를 요한다. 실행 단계에서의 주요 과제는 다음과 같다.

- 공론화 절차를 관리하며 순조롭게 진행될 수 있도록 하는 것
- 참여자들 사이의 의견 교환을 촉진하고 생산적 참여를 독려하는 것
- 공론화 전 과정을 실시간으로 평가하며 선제적으로 갈등을 관리하는 것

실행계획을 상세하게 수립할수록 공론화 활동의 성공과 과정 전체의 완결성을 높일 수 있다.

---

실행계획이란?

- 기획팀, 퍼실리테이터, 전문가, 공론화 발주처 등과 참여자들의 필요를 확인하고 다음 사항들을 고려하고 점검해야 한다.
  - 공론화 장소
  - 물리적 안정성과 접근성
  - 참여자들의 문서해독 능력
  - 기술적 지식
  - 컴퓨터 접근성
  - 참여자들의 분포장소(여행시간과 비용, 정보자료 등 문서 접근성)
  - 언어적·문화적 차이
  - 퍼실리테이터의 역량과 가용성
  - 전문가의 역량과 가용성

---

공론화에 참가하는 발주처, 미디어, 이해관계자들은 물론 일반 참여자들을 포

함, 공론화에 참여하게 될 모든 사람들의 성향을 가급적 미리 파악해 아래 세부 사항을 점검할 필요가 있다.

<표 7-5> 공론화 준비 점검표

### 초청장

- 초청장에 명시된 기간동안 참여자들에게 필요한 안내 사항을 충분히 제공하는가?
- 초청장에 공론화 자료와 공론화 절차에 대한 정확한 정보가 모두 포함되어 있는가?
- 참여자들에게 보내는 초청장에 공론화의 범위/한도 및 목표가 명확하게 기술되어 있는가?
- 공론화에 적합한 복장 규정(캐주얼 또는 비즈니스 복장에 대한 사회적 또는 문화적 선호도에 따른 드레스 코드)을 안내하고 있는가?

### 행사 관리

- 행사장에 예상 참가 인원을 수용할 수 있는 공간이 충분한가?
- 공론화 장소에는 음향 시스템, 시청각 장비, 프로젝터, 스크린, 와이파이 수신구역 지정 등이 준비되었는가?
- 공론화 장소에 휠체어 등 장애우들을 위한 시설이 준비되어 있는가?
- 충분한 음식이나 다과가 제공되는가? (비건, 할랄 음식 등 문화적 소수자를 위한 배려도 필요)

### 공론화 접근성

- 초청된 모든 참여자들(문맹자, IT에 미숙한 이해관계자 또는 지체 장애인 포함)이 토론에 참여하는 데 필요한 인적 조건(안내인, 수화 통역 등)과 물적 조건(시설과 장비)이 충분히 준비되어 있는가?
- 전체 토론방과 분임 토론방의 선정과 배분이 적절하고 보안성과 접근성이 충분한가?

### 자료

- 참가자 대부분이 이해할 수 있을 만큼 준비된 자료가 평이한 언어와 표현으로 작성되었는가?
- 참가자로부터 유의미한 의견을 얻기 위해 준비한 자료들이 정책이나 사업의 배경을 충분히, 명쾌하게 설명하고 있는가?

### 연사/촉진자(facilitator)

- 연사나 촉진자는 공론화의 목적과 배경을 충분히 인지하고 있는가?
- 참가자들의 예상 질문이나 의견에 연사나 촉진자가 답할 수 있도록 추가 설명자료를 충분히 제공했는가?
- 연사나 촉진자는 참가자들의 프로필을 대강으로나마 인지하고 일반적인 우려 사항이 무엇인지 알고 있는가?
- 공론화가 초점에서 벗어나지 않고 제대로 진행될 수 있을만큼 충분히 역량 있는 촉진자를 신중하게 선택했는가?

- 참여자와 일반 대중이 공론화 과정에서관련 정책이나 사업에 대한 추가적인 정보를 쉽게 얻을 수 있는가?

**의견 모니터링**
- 공론화를 진행하는 동안 참여자들이 개진한 의견 내용과 응답률을 추적할 수 있는 시스템이나 자원이 있는가?
- 공론화의 효과에 대한 의견을 수집하는 시스템이 있는가?(예: 공론화 평가 양식)
- 공론화에서 핵심 의견을 제공한 참여자나 대중에게 환류할 수 있는 소통 시스템이 있는가?

## 1) 공론화의 관리와 촉진

공론화의 성공적인 관리와 촉진을 위해서는 아래 사항들이 필요하다.

- 공론화의 목표에 대한 명확한 이해
- 공론화 과정에서 사용할 의사결정과정에 대한 이해
- 참여자들이 제기할 가능성이 있는 이슈에 대한 지식

---

- ■ 공론화를 관리하고 진행하기 위해서는 다음 지식과 기술이 필요하다
  - 경청
  - 합의형성
  - 집단 역학(group dynamics)에 대한 이해[5]
  - 촉진(퍼실리테이션)
  - 협상
  - 갈등관리

---

5 집단역학(集團力學)은 사회 집단 내에서, 또는 사회 집단 간에 발생하는 행동과 심리적 과정의 체계를 말한다. 사회심리학자 레빈(Lewin)이 주창한 것으로 레빈은 집단을 한 개의 고정된 조직이 아니라 개인적·사회적·문화적인 여러 가지 힘에 의해 합성된 힘의 장이라고 생각해 그 균형과 변화의 법칙을 실험을 통해 실증하고 이론화하는 노력을 기울였다. 그래서 (1) 집단생활의 어떤 상태를 유지하는 힘의 종류와 방향은 어떤 것인가, (2) 집단 내부의 어떤 운동(힘의 변화)이 어떤 변화를 가져올 가능성이 있는가, (3) 집단의 변화에 대해서 저항을 나타내는 힘의 성질은 어떤 것인가 하는 세 가지 점에 분석의 초점을 맞춘다. 집단역학 개념은 집단구조라는 개념이 사실상 무의미하며 집단이란 변화의 가능성을 지닌 여러 가지 힘이 일정한 균형을 유지하고 있는 상태를 가리키는 것에 불과하다고 생각한다.
https://ko.wikipedia.org/wiki/%EC%A7%91%EB%8B%A8%EC%97%AD%ED%95%99

공론화 절차를 관리하는 것과 공론화 활동을 촉진(퍼실리테이션)하는 것은 두 개의 서로 다른 임무다. 절차관리란 세부 사항을 관찰하고 예기치 않은 상황을 관리하며 필요에 따라 공론화 절차와 과정을 수정하는 것을 의미한다. 촉진(퍼실리테이션)은 참여자들이 자신의 의견을 부담 없이 밝힐 수 있도록 옆에서 돕고 서로의 생각을 쉽게 교환할 수 있도록 조장하는 것을 의미한다. 따라서 공론화의 절차를 관리하는 사람과 촉진을 임무로 하는 사람(퍼실리테이터)을 따로 두는 것이 바람직하다.

그러나 외부 퍼실리테이터(촉진자)를 고용하는 것이 항상 가능한 게 아니기 때문에 공론화 발주처나 관리자들이 때때로 공론화의 퍼실리테이터(촉진자)와 관리자 역할을 동시에 담당해야 하는 경우도 있다. 다만, 공론화의 촉진을 외부 퍼실리테이터(촉진자)에게 의뢰하는 것이 공론화의 중립성을 보장해 불필요한 오해를 사전에 예방할 가능성이 크기 때문에 공론화의 절차관리와 촉진을 분리해 가급적 촉진은 외부 퍼실리테이터에게 의뢰하는 것이 바람직하다.

| | 누가 퍼실리테이터(촉진자)가 될 수 있는가? | |
|---|---|---|
| | 발주처 담당자 (내용 전문가) | 중립적인 제삼자 (절차 전문가) |
| 장점 | • 이슈에 대한 심층적인 지식을 가짐 | • 전문적인 훈련을 받음<br>• 공정하다고 판단됨 |
| 단점 | • 공정한 것으로 보이지 않을 수 있음<br>• 갈등관리 및 촉진 (퍼실리테이션) 기술이 부족할 수 있음 | • 이슈에 대한 세부 이해가 부족할 수 있음<br>• 정보에 대한 정확한 해석이 어려울 수 있음 |
| 잠재적 해결방안 | • 균형을 이루기 위해 반대 의견 측을 공동 촉진자로 위촉<br>• 사전에 전문적인 촉진자(퍼실리테이터)와 공론화 과정 및 기대 산출물에 대해 토론 | • 발주처 담당자들은 필요에 따라 추가 정보를 제공하는 내용 전문가의 역할을 수행할 수 있음<br>• 기획팀 멤버가 공동 촉진자(퍼실리테이터)가 될 수 있음 |

공론화의 성공을 위해서는 기획과 관리계획의 완성도를 높여 참여자들 사이의 잠재적인 충돌 영역을 식별하고 대비하는 것이 필요하다. 공론화 중에는 어떤 형태로든 갈등이 발생하기 마련이므로 갈등의 다양한 수준과 유형, 원인을 미리 파악하

는 것이 갈등과 대면하고 적절하게 반응하기 위한 최고의 방법이다. 이를 위해 대면적 상황에서든, 비대면적 상황에서든 갈등 구조를 분석하고 갈등 상황에서의 대화 기술을 습득한 갈등관리 전문가가 공론화 과정 전체를 총괄하고 모니터링하는 것이 바람직하다.

 공론화를 시작하며 참여자의 기대와 발주처의 기대를 서로 나눌 기회를 마련하는 것이 중요한 이유는 이 기대 차이를 줄이는 것이 공론화가 원래 목적대로 진행될 수 있는 토대를 만들기 때문이다.

공론화 과정에서 발생하는 가장 흔한 갈등 하나는 의사결정의 범위를 둘러싼 갈등이다. 어떤 참여자들은 자신이 원하는 의제가 토론 의제로 선정되지 않은 것에 대해 의구심을 가지고 불만을 표출하기도 한다. 때문에 공론화 시작 단계에서부터 토론 주제와 의사결정의 범위를 미리 명확하게 알려주면, 토론에서 다루어야 할 주제와 다루지 말아야 할 주제 등을 미리 식별할 수 있도록 해줘 불필요한 갈등을 예방할 수 있다.

한 번의 공론화로 모든 이슈를 한꺼번에 논의하거나 해결할 수 없음을 알려주는 것도 중요하다. 또, 하나의 이슈지만 그를 주제로 만족스럽게 토론한 경험을 낳는 좋은 공론화는 다른 이슈들을 어떻게 논의하고 해결할지에 대한 좋은 본보기가 될 수 있어, 이같은 갈등을 완화하는 데 좋은 선례가 되기도 한다. 그래서 공론화를 마치며 후속 공론화에서 제기할 만한 의제(이슈)와 그에 대한 논의방안을 참여자들 스스로 제안하도록 장려할 필요가 있다.

---

고려 사항

■ 공론화 시작 전 갈등관리 전략
- 기획자, 진행자 등 공론화 담당자들을 대상으로 대화의 기술(커뮤니케이션 스킬)을 함양하는 데 필요한 교육 시행
- 갈등 유형, 자기의 갈등관리 유형, 갈등관리 전략 등에 대한 이해를 돕기 위한 갈등관리 교육 시행
  - ✓ 특히 왜 특정 입장(position)을 갖게 되었는지 물어봄으로써 잠재적 갈등의 본질을 파악하는 훈련(예: 맥락 살피기) 시행

- 공론화 과정에서의 갈등관리 전략
  - 공론화에서 각 참여자가 가지는 책임과 권한을 명확히 설명
  - 참여자들과 함께 공론화의 목표와 이슈(쟁점) 정의(issue definition)를 공유
  - 공론화 시작과 함께 참여자들에게 참여의 유형과 수준 그리고 공론화 과정에 대해 자세히 설명
  - 참여자들과 함께 공론화에 대한 기대치를 공유하고 참여자들끼리도 서로 기대치를 나눌 수 있는 기회 제공
  - 주어진 문제에 대해 만족스러운 해결책이 존재할 수 있다는 가능성을 끊임없이 확인해주는 것이 필요
  - 관리자나 촉진자는 참여자들이 무엇을 알고, 어떻게 느끼고 생각하는지를 자기가 규정해서 말하지 말고, 열린 질문(open questions)을 통해 참여자들 스스로 자신의 의견을 밝히도록 유도
    - ✓ 예: "당신은 이런저런 것을 알고 있고 이에 대해 이런저런 느낌을 가지고 있군요."라고 말하기보다 "선생님에게 중요한 문제인 것 같은데 어떻게 알고 계시나요? 또 그 관점에 대해 어떻게 생각하시나요?"라고 말하는 게 중요
    - ✓ 관리자나 촉진자가 참여자의 의중을 알고 있다고 해도 이를 자기가 말하지 않고 참여자 스스로 말하게 함으로써 자존감을 고양하는 것이 바람직
  - 공론화 운영자와 촉진자는 갑자기 불거진 갈등 이슈가 참여자들에게 중요한 정도를 파악하고 갈등을 즉시 해결하는 게 좋을지 아니면 갈등 해결을 일시적으로 보류해도 되는지 적시에 판단하는 것이 중요
  - 주어진 이슈에 대한 종합적인 해결책을 모색하기보다 갈등 이슈를 여러 부분으로 분해하고 각각에 대한 해결책을 개발할 줄 아는 역량이 필요
  - 참여자들의 요구와 필요에 부응하기 위해서 다른 부서(부처)나 기관 등, 관련 기관을 참여시켜야 하는지 확인이 필요
  - 공론화 기획팀이 주어진 이슈 해결을 위해 관계 부서(부처)나 기관 등과 사전 조율을 거쳤는지 또는 지금이라도(공론화 과정 중간이라도) 거쳐야 하는지 확인이 필요
  - 공론화 참여자들이 대안을 찾아볼 의향과 의지가 있는지 확인이 필요

공론화 과정의 갈등관리 방식 가운데 가장 적극적인 방식은 공론화에 참여하는 개인이나 집단이 민주시민의 권리를 가짐과 동시에 책임도 가짐을 인식하도록 하는 데 있다. 즉, 공론화 과정에서 모든 참여자는 숙의민주주의 이론가들이 제안했던 가장 이상적인 숙의 조건을 충실하게 이행하기 위해 노력해야 할 의무가 있

음을 명심해야 한다는 것이다. 그래서 공론화에 참여하는 시민 하나하나가 공동의 이익을 찾기 위해 성실하고 투명하게 숙의의 원칙들을 지키도록 해야 하고 이를 명문화해야 한다. 공론화 참여자의 윤리규정이 그것이다.

---

### 공론화 참여자의 윤리규정

■ 공론화 참여자는 다음 사항을 준수하기로 약속한다.

1. 다음 사항을 통해 참여자 간 정보 교환을 극대화하고 오해를 최소화하기 위해 노력한다.
   - 명료하게 말하고, 주의 깊게 듣고, 어떤 점이 자신에게 중요하고 중요하지 않은지 명확히 밝힌다.
   - 당면한 이슈와 관련된 정보를 최대한 공유한다.
   - 다른 참여자, 이슈 또는 프로세스에 대한 우려가 있으면 그를 공개적으로 밝힌다.
   - 자기의 관심사가 무엇인지, 왜 그런지를 명확하게 설명한다.
   - 가능한 한 간결하고 간략하게 서술한다.

2. 모든 참여자가 발언할 기회를 얻으며 모든 관점과 의견이 고르게 표명되도록 노력한다.
   - 모든 참여자가 동등하게 참여할 수 있도록 한다.
   - 어떤 결정이든 결정을 내리기 전에 모든 참여자가 자신의 의견을 충분히 개진할 기회를 제공한다.

3. 다음과 같은 방법으로 토론에 우호적인 분위기를 유지하기 위해 노력한다.
   - 서로의 가치와 관심을 존중한다.
   - 문제와 사람을 분리한다.(문제는 냉철하게 파악하되 사람에게는 예의를 다한다.)
   - 비난 또는 비판적 언어와 무례한 행동을 삼가고 고정관념을 벗어나기 위해 노력한다.
   - 다른 사람이 하는 말을 중단하지 않고 경청한다.
   - 회의는 정시에 시작한다.
   - 열린 마음으로 다른 사람의 관점을 더 잘 이해하고자 노력한다.

4. 공론화 과정에서 다음과 같은 방법으로 공익을 위한 합의를 촉진하기 위해 노력한다.
   - 선의에 기초하는 논의를 바탕으로 가능한 한 다양한 합의가 이루어지도록 노력한다.
   - 공론화 과정을 저해할 수 있는 활동을 자제한다.

- 입장(position)보다는 근본적인 이익(interest)이나 목표(objectif)에 초점을 맞추고 다른 사람의 이익을 이해하기 위해 노력한다.
- 상호 이익, 가치 및 원칙에 대한 합의를 긍정적인 관계 육성의 근거로 인정한다.
- 모든 이해관계의 정당성을 인정한다.
- 문제가 무엇이든 그것을 개인 간 또는 집단 간 충돌로 간주하지 않고, 함께 해결해야 할 공동의 문제로 인식한다.
- 모든 참여자는 향후 논의에 대한 편견을 벗고 창의적으로 브레인스토밍하며, 모든 아이디어를 실험할 수 있는 자유를 서로 보장한다.
- 일단 합의된 내용에 대해서는 긍정적으로 지지한다.

5. 언론과의 접촉 과정에서 공론화에 참여한 모든 이들을 존중한다.

공론화 참여자의 윤리규정은 사실 일반 시민들의 성찰적 숙의토론과 공론화가 애초부터 불가능하다는 비관적 반론에 대응하는 성격이 강하다. 즉, 참여와 숙의를 강조하며 건강한 공론장의 형성을 통해 현대 정치체계의 민주적 결핍(democratic deficit)을 보완하고자 하는 모든 노력도 이 책의 제2장 2절에서 밝힌 공론장의 왜곡 때문에 현실에서는 이루어지기 어렵다는 비관적 전망을 상쇄하려는 노력이다.

숙의 과정에 내포된 참여자들 사이의 의사소통 역량 차이를 부정하는 것이 아니라, 있는 그대로 그것을 인정하며 그 격차를 줄여나가려고 노력하는 한편, 상호 존중과 경청을 통해 공동의 이익을 모색하는 협력의 과정이 공론화라면, 공론화의 현장에서는 자신의 특수한 이익이 아니라 모두의 이익을 먼저 생각하고 고민하는 성숙한 태도를 보여야 한다. 그리고 이를 위해서는 모든 참여자에게 자신이 가진 기존의 판단과 주장을 유보하며 경쟁적인 토론을 지양하는 게 필요함을 이해하도록 해야 한다. 참여자의 윤리규정이 겨냥하는 바가 이것이다.

## 2) 참여자들의 의견 관리

참여자들은 공론화 과정에서 다양한 방식으로 공론화 과정과 주제에 대한 의견을 제공할 수 있고, 또 그렇게 하도록 권장하는 것이 바람직하다. 참여자들의 의견을 경청하고 반영하려고 노력하는 모습만 보여줘도 공론화에 대한 참여자들의 신뢰를 높일 수 있기 때문이다. 특히 공론화 주제와 관련해 참여자들의 의견을 듣고 기록하는 절차가 공개적이고 투명할수록 의사결정 과정의 진정성과 투명성이 높아져 공론화 과정이 더욱 정당하다는 느낌을 줄 수 있다.

때문에 참여자들의 의견을 제대로 듣고 해석했는지 확인하기 위해 참여자들의 의견을 재차 확인하는 것은 매우 유용한 신뢰 확보 장치가 될 수 있다. 또, 공론화 과정에서 개진된 모든 의견과 반응을 데이터베이스로 관리하고, 모든 문서를 보존하며 공론화 과정 자체를 투명하게 공개하는 것은 공론화를 통한 의사결정의 투명성 향상에 기여할 수 있다. 거의 실시간으로 표집된 의견을 컴퓨터 화면, 게시판, 모바일 등의 형태로 전달하고 공개하는 것이 필요한 것은 이 때문이다. 신뢰는 모든 정보가 투명하게 공개될 때 구축될 수 있음을 명심해야 한다.

 필요할 경우 또 현실적으로나 기술적으로 가능할 경우, 회의록이나 세션 요약본을 온라인에 게시하거나 공개된 장소에서 열람할 수 있도록 하고 이메일이나 우편을 통해 개인과 단체에 보낼 수 있다.

사회 전반에 영향을 미치거나(예: 대입 제도 개편) 본질적으로 논쟁의 여지가 있는 정책이나 사업(예: 영리병원 인가 등)에 대한 의견은 매우 다양할 수 있으며, 따라서 관리하기 어려운 경우가 다반사다. 이때 표출되는 다양한 의견 가운데 하나라도 빠트리거나 왜곡하면 의도치 않은 오해를 받을 수 있다. 참여자들 사이에서 가장 시급하고 가장 일반적인 관심사를 식별하고 처리하기 위해서는 체계적인 의견 표집과 분류, 분석이 필요하다. 아래 <표 7-6>은 참여자들의 의견을 분류하는 가장 간단한 방법이다.

〈표 7-6〉 의견 분류하기

| 집단별 의견과 우선순위 | |
| --- | --- |
| 직접적인 영향을 받는 참여자들의 요구 | 1.<br>2.<br>n. |
| 공통적인 관심 영역 | 1.<br>2.<br>n. |
| 소수 집단의 요구 | 1.<br>2.<br>n. |

토론이 격화되며 혼란이 일어나는 것을 막기 위해 기획팀은 참여자들의 의견을 예측하고 대비하는 한편, 참여자들의 의견에 대한 피드백 의견 즉, 후속조치를 공개할 수 있는 시점을 미리 정해놓고 이를 명확히 설계해야 한다. 또, 참여자들의 의견을 바탕으로 이번 공론화가 수용할 수 있는 후속 조치의 범위를 미리 알리는 것도 중요하다. 예를 들어 시민사회단체, 지자체, 중앙 부처 등, 공론화 개최를 요청한 기관의 단위에 따라 후속 조치의 실질적인 범위가 달라질 수 있다. 경우에 따라서는 헌법 개정이 필요한 후속 조치를 무조건 약속할 수는 없다.

### 3) 합의형성 또는 결과보고서 채택과 공개

공론화란 모든 사람이 공존하고 상생할 수 있는 효과적인 방법을 찾아 집단 전체에 의사결정의 소유권(ownership)을 부여하는 창의적인 프로세스다. 그리고 그를 위한 한 가지 형태가 합의(consensus)다. 합의란 어떤 문제에 대해 그 문제를 둘러싼 집단들의 공통점(common ground)을 바탕으로 하나의 예외도 없이 모두가 수용할 수 있는 해법을 찾기 위해 노력하는 과정이다.[6] 합의는 무엇보다 다수결의 원리(다수의 지배)에 내재하는 소수자의 소외를 피하고자 하는 시도이고, 그래서 모든 사람의 의견을 동등하고 소중하게 생각한다. 합의는 집단 내 모든 구성원의 동의(agreement)를 전제로 한다. 충실하고 진정한 합의를 위한 전제 조건은 다음과 같다.

- 합의는 자신의 이해관계가 걸린 사안을 대상으로 하며 여기에 모든 사람이 합의에 도달하기 위해 최선을 다해야 한다.
- 참여자들은 합의 과정에 적극적으로 참여해야 하며 양질의 의사진행 절차(facilitation)가 보장되어야 한다.
- 참여자들은 참여자들 사이에 공통점(공동의 이익)이 있음을 인식해야 한다. 이것은 의견 불일치로 참여자 간에 불화가 발생해 회의가 깨질 경우 참여자들을 다시 회의장으로 돌아오게 하는 데 매우 유용하다.
- 모든 사람이 합의 절차를 명확히 이해하고 있어야 한다.
- 합의는 효력이 보장되는, 실질적인 결정이어야 한다.
- 합의 절차에 충분한 시간이 허용되어야 한다.

---

6 합의형성의 다양한 기술에 관해서는 peopleandplanet.org/unis/gg/consensus/tools 참조.

숙의 토론의 가장 이상적인 장점은 그를 통해 다수결이 아니라 합의에 이를 수 있다는 것이다. 그리고 합의를 통해 모든 참여자가 만족할 수 있는 제3의 대안을 찾아 서로 윈–윈(win–win)할 수 있다는것이다. 그래서 하버마스를 비롯해 숙의민주주의 1세대 연구자들은 모두 숙의의 목적이 의사소통 행위를 통한 이성적 합의라고 했다. 그러나 그와 동시에 합의야말로 숙의의 가장 치명적인 약점이라고 할 수 있다. 굴드(Gould, 1996: 174)가 지적했듯이 숙의민주주의 이론이 갈등의 존재를 과소평가하기 때문이다. 구트만과 톰슨(Gutmann & Thompson, 1999: 248–250)도 자원 부족, 배타적인 자기 관심, 근본적인 도덕적 불일치, 개인과 집단에 최선의 이익이 무엇인지에 대한 불완전한 이해 등이 원만한 합의를 방해할 수 있다고 했다.

합의는 롤스를 비롯해 1세대 숙의 이론가들이 상정한 바와 달리 그리 쉽게 이루어지지 않는 게 현실이다. 따라서 합의를 모든 경우에 가장 적합한 목표로 상정해서도 안 되고 그럴 필요도 없다. 무리해서 합의를 유도하면 오히려 공론화 절차에 대한 의심만 키우고, 정당성만 훼손할 수 있다. 합의를 추구할 필요가 없거나, 추구해서는 안 되는 경우는 다음과 같다.

- 공통점이 거의 없거나 전혀 없을 때: 집단이 공유하는 태도와 인식을 생성할 수 있을 만큼 응집력이 있는 경우가 아니라면 합의가 오히려 좌절감을 조장 할 수 있다. 이런 경우는 대부분 소수의 침묵과 희생을 대가로 한다.
- 좋은 선택지가 없을 때: 합의 과정은 집단이 주어진 문제에 대한 최선의 해결책을 찾는 데 유용할 수 있지만, 최선이 아니라 두 개의 최악 대안 가운데 하나를 선택하는 데 합의를 종용하는 것은 그다지 효과적인 방법이 아니다. 차악을 선택하는 데 집단의 에너지를 낭비하는 것보다는 차라리 동전 던지기로 하는 것이 낫다.
- 감정적인 대립이 격화될 때: 즉각적인 조치가 필요할 만큼 긴급한 갈등 상황에서는 합의를 추구하기보다 차라리 표결로 처리하거나 신뢰할 만한 제삼자에게 결정을 위탁하는 것이 가장 현명한 조치일 수 있다.
- 문제가 사소한 경우: 점심시간으로 40분이 좋을지 아니면 1시간이 좋을지를 합의하는데 30분을 투자할 필요는 없다. 합의는 생각하고 성찰하는 과정이다. 깊은 생각과 성찰이 필요한 사안이 아니라면 동전을 던지는 게 낫다.

- 정보가 충분하지 않을 때: 언덕에서 길을 잃고 집으로 가는 길을 아무도 모르는 데 합의한다고 해서 집으로 가는 길을 찾을 수 있는 건 아니다. 선발대를 보내 정찰을 시도하는 것이 현명한 해법이다. 이처럼 충분한 정보를 먼저 획득하고 축적한 다음 그를 분석하며 합의에 이르는 것이 지혜로운 해법이다.

---

어느 정도 지지가 있어야 "합의(consensus)"가
이루어졌다고 볼 수 있나?

특정 정책과 이슈에 대한 한 사회의 지지 수준을 평가하는 기준으로 컬버그 & 짐머맨(Kullberg & Zimmerman)의 기준을 참조할 수 있다. 100% 만장일치에 토대를 두는 강한 합의(strong consensus)는 이들의 관점에서 볼 때 현실적으로 불가능하다. 실제로 참여적 숙의, 숙의적 참여를 설계한 대다수의 공론화 해외 사례는 합의의 기준으로 '80% rule'을 적용한다.

| 분류 | 원문 | 분류 기준 |
|---|---|---|
| 다수 여론 | majority | 50% 초과~ 60% 미만 |
| 사회적 합의 | social consensus | 60% 이상~ 79% 사이 |
| 사실상 만장일치 | virtual unanimity | 80% 이상 |

출처: Kullberg & Zimmerman(1999: 337)

---

4) 과정평가

공론화가 주어진 의사결정 범위와 목표에 집중해서 진행될 수 있도록 하기 위해서는 각각의 단계에서 목표 달성 여부를 추적하고 필요에 따라 중간 과정을 조정하는 게 필요하다. 그리고 이때 중요한 것이 꼼꼼하고 면밀한 모니터링을 통한 과정평가다. 과정평가란 공론화의 목표와 목적, 기대 결과에 비추어 진행 중인 과정을 모니터링하며 계획대로 공론화가 진행되는지를 평가하는 것이다.

공론화 과정을 모니터링하고 평가한다는 것은 외부적 측면과 내부적 측면, 두 가지 측면의 평가를 의미한다. 기획팀은 주기적으로 참여자들의 의견을 모니터링하고 그를 통해 수집된 참여자들의 피드백 수준이 적정한지 검토하며 그렇지 않을 경우, 공론화 과정에 새로운 자극을 줘 참여자들의 적극적인 반응을 유도해야 한다.

외부적 측면이란 참여자의 관점에서 공론화 과정을 관찰하는 것으로 공론화 의제가 공론화에 적합한 것인지, 공론화의 목표가 바르게 설정되었는지, 다양한 공론화 방법 가운데 주어진 목표를 달성할 수 있는 방법을 선택했는지 등을 평가하는 것이다. 따라서 외부평가는 공론화의 세부 기획과 공론화 과정(공론화 결과 포함) 전반에 대한 피드백을 수집할 수 있는 최상의 기회다. 또한 현재 공론화에 대한 평가는 물론 향후 다른 공론화를 준비하는 데도 유용한 정보를 수집할 수 있는 기회가 된다. 이와 관련해 필요할 경우 홍보 및 소통(커뮤니케이션) 팀과 협력해 포커스 그룹 선정, 설문 조사 개발, 미디어 스캔 등에 대해 도움을 받는 게 바람직하다.

내부적 측면의 평가는 과정 전반을 모니터링하는 것으로 애초에 기획팀이 설정한 공론화의 목표를 충족시키고 있는지, 그를 위해 유용한 정보를 충실히 제공하고 있는지, 양질의 의견이 충분히 수집되고 있는지 등을 확인하는 것을 의미한다. 이와 함께 참여자들의 만족도, 효능감 제고 정도, 내부 집단의 동학 등을 관찰하는 기회를 형성한다. 따라서 내부평가는 공론화의 세부 기술적 완성도를 높이는 데 매우 적절한 검토 수단이 될 수 있어 공론화 검증팀은 이 기회를 활용해 검증보고서를 더욱 풍부하게 작성하는 것이 향후 공론화의 발전에 기여하는 길이다.

다음은 공론화의 목표를 달성하기 위해 과정평가가 얼마나 중요한지를 보여주는 몇 가지 예이다.
- 이번 공론화의 목적이 특정 이슈에 대한 참여자의 이해 수준을 향상하는 것이어서 같은 주제로 여러번 공론화를 진행할 필요가 있는 데 매번 참여자가 달라져서 이 목표를 달성하는 것이 어렵다면 다른 공론화 방법을 선택하는 것이 좋다.
- 이번 공론화의 목적이 참여자들로부터 의견을 수집하는 것인데 참여자들로부터 표집한 의견이 문제해결 방안을 적절히 제시하지 못하다면 자료집의 범위, 질문 또는 참고 자료의 수정이 필요한지 검토해야 한다.
- 이번 공론화의 목적이 참여자들의 합의를 하는 것인데 이것을 이루지 못하면, 기획팀은 다른 공론화 방법을 사용하는 것이 가능한지 검토하는 한편, 의사결정 범위가 너무 좁거나 너무 광범위하게 정의된 게 아닌지 재검토할 필요가 있다.


## 2. 제4단계 - 결과 취합 및 보고

### 1) 결과 취합

공론화를 통해 수집된 정보를 평가하고 의사결정에 활용하기 위해서는 참여자들의 피드백을 종합해야 한다. 참여자들의 기여도를 평가하는 방법은 다음과 같다.

- 참여자들의 모든 피드백을 요약
- 데이터의 양이 충분한지 또는 양질의 데이터인지 조사
- 피드백의 성격과 내용을 조사

다양한 자료원(源)으로부터 얻어진 정보를 종합·분석하는 데 있어 데이터 분석 전문가들의 도움을 받아 양적·질적 분석을 시행하는 것이 유용할 수 있다. 예를 들어 표결로 다수의견을 확인하는 공론화라 해도 분임토의나 전체 의견 나눔 시간에 나온 이야기들을 데이터로 전환하고 이를 분석하는 데이터 마이닝(data mining)은 표결이 말하지 못하는 다양한 정보를 제공한다. 특히 최근에 눈부시게

발전하는 빅데이터 분석은 단어 빈도 분석과 의미연결망 분석 등을 통해 현장 참여자들조차도 인지하지 못하는 집단적 사고패턴을 찾아낼 수 있어 공론화 현장에서나 사후에 분석팀이 적극적으로 활용할 필요가 있다. 공론화 과정과 데이터 분석은 상호 밀접하게 연결되는 작업으로서, 공론화 과정과 의견수집 과정 그리고 시민 참여 방식이 무엇인가에 따라 우리가 수집할 수 있는 정보의 질과 데이터의 종류가 현격하게 달라질 수 있음에 유의해야 한다.

## 2) 보고

공론화 직후, 공론화에서 표집된 의견을 종합해 참여자들에게 보고하는 것은 공론화 마지막 단계에서뿐 아니라 공론화 이후 과정에서도 공론화에 대한 신뢰를 높이는데 반드시 필요한 절차다. 참여자들로부터 수집한 의견과 정보를 요약하는 것은 공론화 참여자와 의사결정자 모두 주어진 주제를 이해하고, 참여자들이 개진한 의견의 추세와 강점을 파악하고, 누가 참여했는지를 알 수 있도록 하는 데 매우 유용한 자료가 될것이기 때문이다. 공론화 과정에서 참여가 공론화 결과에 어떤 영향을 어떻게 미쳤는지를 관찰하고 분석한 결과도 보고서에 포함하는 것이 후속 공론화 준비에 유용한 자료가 될 수 있다.

종합보고서를 적시에 작성할 경우 공론화 중에 형성된 쟁점, 합의 내용, 합의를 기초로 이룬 협약 등 공론화 과정 전반의 결과를 포함할 수 있다. 보고 양식도 여러 가지 형태를 취할 수 있어서 언제, 어떻게, 누가 어떤 형식으로 보고할 것인지를 공론화 기획 단계에서 미리 결정해놓아야 한다. 기획팀은 또 내부적으로 어떤 보고서 형식과 방법을 선택할 것인지 사전에 결정해야 한다.

어떤 유형의 보고서를 사용할 수 있을까?

- 보도자료
- 공론화 세션 요약본
- 공론화 참여자들의 의견을 정리한 종합 보고서
- 의사결정자에게 제공하는 공론화 보고서

이게 다는 아니다. 공론화 결과를 종합적으로 분석하고 정책으로 전환하는 책임은 누가 지며, 그 정책을 언제 누가 발표할지 또 상급 기관은 이를 언제 승인하고, 관련 정보 갱신주기를 언제로 할지 등을 기획하는 것이 바람직하다. 공론화 발주기관의 어느 부서, 누가 이 임무를 담당할 것인지를 사전에 결정하고 그의 책임 아래 후속 조치를 추진할 수 있도록 하는 것이 필요하다. 공론화 참여자들은 참여 자체로 공론화 기획자에 대한 신뢰를 보여준 집단이기 때문에 공론화가 끝나더라도 고객관리(CRM) 차원에서 지속적으로 정보를 제공하며 관련 정책이나 사업에 대한 이해와 지지를 요청하기에 가장 적합한 집단임을 잊지 말아야 한다.

 일반 대중을 대상으로 하는 종합 보고서는 전문 과학 용어, 정책 용어, 관료적인 표현을 최소한으로 유지하도록 해야 하며 특정 분야의 기술적 언어나 약어는 피해야 한다. 가장 자연스러운 일상어를 활용하는 것이 이해의 저변을 넓히는 데 가장 효과적이다.

---

아래 질문들은 공론화 결과 또는 최종 결론을 보고하고자 할 때 물어봐야 하는 질문들이다. 이 질문 중 몇 개는 공론화 평가와 연관되며 평가 결과는 공론화 종합 보고서에 포함할 수 있다.

1) 언제 그리고 어디서 공론화가 진행되었는가?
2) 누가 참석했는가? 그들의 기여도가 만족할 만한 수준이었는가?
3) 어떤 공론화 방법을 사용했는가?
4) 공론화 참여자들의 의견은 무엇이었는가? 의견은 어떻게 달랐는가? 수렴되었는가? 아니면 분산되었는가?
5) 의견의 출처를 밝히는 게 필요한가? 참여자들의 의견을 그것이 함축하는 가치에 따라 분류할 필요가 있는가?
6) 공론화의 사회적 및 물리적 환경이 공론화에 미친 영향이 있는가? 어떤 영향을 미쳤는가?
7) 참여자들의 의견은 주로 어느 수준에서 개진되었는가? 개인, 공동체 또는 국가 수준 가운데 어느 수준의 해법을 원하는가? 기초 자치단체, 광역 자치단체 또는 국가적 수준 가운데 어느 수준의 해법을 선호하는가?
8) 공론화 과정에서 예상하지 못했던 새로운 유형의 다른 정보, 의견 또는 문제 제기가 있었는가?

9) 관련 정책 또는 사업의 결정을 내릴 때 공론화 결과를 수용 또는 반영했는가?

10) 공론화 결과 또는 공론화 과정에서 부상한 쟁점과 이견 등이 정부의 의사결정과 정에 어떤 영향을 미쳤는가?

11) 공론화의 목표를 달성했는가?

12) 부정적인 의견을 어떻게 다루었는가? 이것이 공론화 과정에 어떤 영향을 미쳤 는가?

13) 과정평가가 계속 진행되었는가? 지속적인 과정평가가 공론화 과정 전반에 어떤 영향을 미쳤는가?

## 1. 제5단계 - 평가

### 1) 평가 유형과 방법

평가는 경험으로부터 배우기 위한 한 가지 방법이다. 공론화 과정과 활동을 계속해서 지켜보면 공론화가 진행되는 중간중간 아무 때나 평가를 진행할 수 있으며(형성적 평가방법, formative method), 공론화가 끝난 뒤에도 할 수 있다(총괄적 평가방법, summative method). 따라서 기획 단계에서부터 공론화의 어떤 면을 평가할 것인지, 평가를 수행하는데 필요한 정보를 어떻게 수집하고 성과를 어떻게 측정할 것인지를 사전에 결정하는 것이 중요하다. 평가는 특히 다음과 같은 목적을 위해 중요하다.

- 공론화의 가치를 공론화 기획팀과 일반 시민들에게 고지하는 수단이다.
- 공론화 발주처(발주 기관)와 기획 및 운영팀이 공론화 목표를 성공적으로 달성하기 위해 얼마나 노력하고 협력했는지를 측정하는 도구다.
- 미래의 공론화를 구상하는 데 도움이 될 수 있는 모범 사례와 교훈을 문서화하는 수단이다.
- 참여자 등 공론화 참여자의 참여를 촉진시키고, 정부 의사결정 과정에서 공론화 결과를 반영하기 위해 공론화 발주처(발주 기관)가 기울인 노력의 효과성을 모니터링하는 방법이다.

---

공론화 평가를 위한 체크리스트

■ 준비
  - 공론화의 필요성이 확인되었는가?
  - 계획 팀을 수립하고 역할과 책임을 배분했는가?
  - 공론화의 목적과 예상 결과를 확인했는가?
  - 공론화 과정의 시간표를 개발했는가?

---

– 맥락 검토를 사용해 공론화의 잠재적 편익(장점)과 비용(단점)을 식별했는가?
– 예상 비용, 자원 및 필요한 기술을 사전에 파악했는가?
– 통신 및 미디어의 역할을 사전에 식별했는가?
– 모니터링 및 평가 기준을 사전에 수립하고 목표와 관련이 있는 기준을 설정했는가?

■ 설계
– 주어진 상황과 참여자에 적용할 수 있는 다양한 공론화 방법을 확인했는가?
– 참여자들에게 충분한 시간을 주고 공론화를 준비했는가?
– 공론화의 활동에 대한 계획을 수립했는가?

■ 실행
– 기획팀과 참여자들 사이에, 그리고 참여자들과 참여자들 사이에 기대치가 공유되었는가?
– 충돌이 예상되고 관리되었는가?
– 누가 촉진했는가? 촉진은 성공적이었는가?
– 참여자들이 활동에 참여할 준비가 되었는가?
– 충분한 정보가 제공되었는가?
– 그 정보는 이해할 수 있었는가?
– 모니터링이 공론화 과정에 통합되었는가? 변경(방법, 일정, 자원 또는 참여)이 필요했는가?

■ 종합 & 보고
– 공론화 과정과 진행 상황에 대해 참여자들의 의견을 구했는가?
– 보고 방법과 시기, 누구에게 보고할 것인지 등을 사전에 결정했는가?

■ 평가하기
– 공론화 과정 전반에 걸쳐 지속적인 문서화와 보고가 있었는가?
– 공론화 과정 초기에 수립된 성과지표를 기반으로 평가를 수행했는가?
– 의사결정 과정에서 공론화를 통해 수집한 의견을 어떻게 사용했는가?
– 공론화 과정에서 발굴·축적한 모범 사례와 교훈을 다른 사람과 공유했는가?
– 참여자 및 이해당사자들에게 후속 조치가 필요한가?
– 공론화 발주처가 공론화 이후에 이해당사자 또는 참여자들과의 관계 개선을 위해 노력하고 있는가?

평가는 공론화의 필수 요소다. 중간에 평가가 누락 또는 생략되거나 공론화를 마치고 회고적으로 진행하는 총괄평가로 끝나지 않도록 공론화 초기 단계부터 평가틀(assessment framework)을 만들고 공론화 과정을 지속적으로 모니터링하며 과정평가부터 진행하는 것이 바람직하다. 이는 특히 '회고효과'(Recall bias)를 경계하기 위함이다. 우리는 흔히 경험을 통해 배운다고 하지만 엄밀히 말하자면 경험 후에 회고를 통해 배우는 것이 일반적이다. 이런 점에서 보면 회고는 새로운 배움과 교정에 꼭 필요한 일이지만 모든 회고가 반드시 긍정적인 효과만 낳는 것은 아니다. 회고는 필연적으로 사후에 진행되기 때문에 현재의 태도와 인식이 과거 사실을 왜곡하거나 오염시켜 진정한 반성을 방해할 수 있다. '끝이 좋으면 모든 것이 좋다'는 진술이 대표적인 예다. 이러한 회고효과를 예방하는 가장 좋은 방법이 실시간으로 진행하는 과정평가라는 점에서 과정평가와 결과평가가 함께 이루어지는 것이 가장 바람직하다고 할 수 있다.

<표 7-7> 공론화 평가표

■ 이 평가표는 예시에 불과하지만 공론화 과정 또는 종료 시점에 목표 달성 여부와 성공 여부를 대략적으로 평가하는 데 사용할 수 있다.

| 목적 | 성공 지표(예) | 가능한 평가 기법 |
|---|---|---|
| • 공론화 절차 수정에 필요한 변동 상황 식별 | • 하나 또는 두 개의 새롭고 혁신적인 아이디어를 개발하고 탐구 | • 관찰 |
| • 공론화의 원칙과 절차, 대화와 토론에 대한 지식 증대 | • 참여자의 70% 이상이 공론화의 원칙과 원리, 대화와 토론의 윤리 규칙을 숙지 | • 설문 조사/설문 조사/인터뷰 |
| • 공론화 참여자의 다양성 증대 | • 특정 영역/이슈를 대표하는 새로운 조직에게 참여를 개방<br>• 소수자 커뮤니티의 대표성 증가 | • 참여자 대표성 분석 |
| • 공론화 주제 관련 지식 증진 | • 참여자의 75% 이상이 공론화 주제의 이슈, 쟁점, 해법 등에 대한 이해가 증진되었다고 응답 | • 설문조사/질문/인터뷰 |
| • 참여자들 사이의 관계 형성 및 상호이해 증진 | • 참여자 중 45%는 다른 사람들의 우려에 대해 공감을 표시 | • 사전 조사와 사후 조사 |
| • 절차적으로 공정한 회의 개최 | • 참여자의 80%가 공론화 절차가 잘 관리되었다고 느꼈다고 응답 | • 설문조사/질문/인터뷰 |

| | | • 과거 온라인 공론화 사례와 비교 |
|---|---|---|
| • 더 많은 참여를 온라인으로 유도 | • 시작 시점보다 종료 시점에 온라인 참여 수 2.8배 증가 | • 웹사이트를 통해서 온라인 공론화 참여 실태 파악(접속 수, 공감 수, 댓글 수 등) |

## 2) 결과평가 요소

결과평가를 실행할 때 특히 다음 세 가지 요소에 대한 평가를 빠트리지 말아야 한다. 의사결정 방식의 적정성, 규모의 적정성, 그리고 참여자의 대표성이 그것이다. 이 세 가지 요소는 공론화의 비현실성을 극복하고 건강한 공론장을 형성하는데 꼭 필요한 요소이자 공론화에 비판적인 관점이 늘 제기하는 문제로서 평가자가 특별히 주목해 봐야 할 항목이다. 파킨슨(Parkinson, 2006)의 인도에 따라 이 세 가지 요소를 하나씩 살펴보자.

### 의사결정방식의 적정성 : 숙의 vs 표결

공론화 과정에서는 의사결정 방법에 대한 논란이 항상 일어난다. 과연 공론화 과정에 논의된 참여자들의 의견을 수렴하고 최종적인 결론을 도출하는 방식이 적절했느냐에 대한 논란으로서, 수사(修辭, rhetoric)와 민주적 의사결정 사이의 긴장이 그 진원지다. 고대 그리스의 정치철학자들은 인간이 '보편적 이성'을 가지고 있다고 믿었다. 즉, 인간은 누구나 보편적 진리에 복종하고자 하는 동기를 가졌기 때문에 자유로운 수사의 과정에서 다원적인 의견들은 보편성을 가진 결론으로 수렴된다는 것이다. 그리고 이러한 의견은 1세대 숙의민주주의 이론가들의 보편적인 의견이기도 하다. 하지만 수사(rhetoric)는 경험, 가치, 규범 등을 전제로 하는 민주적 의사소통과 달리 개인의 도덕성에 의존할 뿐, 다른 규제 장치가 없다. 따라서 규모가 크고 복잡·다양한 현대사회에서는 수사가 아니라 민주적 의사소통(democratic communication)을 사용해야 한다는 주장이 제기되었다. 하버마스(Habermas, 1996: 318), 채임버스(Chambers, 1996: 206), 레머(Remer, 2000: 88) 등의 주장이 이것이다. 이 첫 번째 긴장을 중심으로 표출된 쟁점은 대중적 숙의와 민주적 의사소통이 별개의 것인가라는 질문이다.

이와 관련해 오닐(O'Neil, 1988)은 대중적 숙의와 민주주의적 의사소통을 구별해서는 안 된다고 강조한다. 그는 수사를 가리켜 합리적 분석을 기반으로 하는 행위라고 강조하며 어떠한 의사소통 통로든지 설득과 결론을 내리는 과정은 필수불가결하다고 역설한다. 구트만 & 톰슨(Gutmann & Thompson, 1996: 135-136)은 다수결의 원칙에 기반한 민주적 의사소통은 소수의 의견을 묵살해버릴 가능성이 크기 때문에 민주주의의 정당성을 지키기 위해서는 개개인의 의견을 표출할 수 있는 숙의의 장이 반드시 마련되어야 한다고 강조한다. 즉, 민주적 의사소통과 표결에 기초하는 의사결정 과정에서도 숙의 과정은 반드시 필요하다는 것이다. 공론화의 과정평가는 물론 결과평가가 간과해선 안 되는 부분은 설사 그것이 표결로 의견을 정리한 공론화라 해도 숙의가 충분히 보장되었는지를 살펴보는 일이다.

## 규모의 적정성

공론화는 규모의 문제를 항상 수반한다. 과연 공동체 구성원 가운데 겨우 일부가 모여 논의하고 결정한 내용을 전체 의견으로 간주해도 되느냐는 반론이다. 고대 그리스의 정치철학자들은 물론 1세대 숙의민주주의자들은 비록 소수 표본일지라도 그들의 '공적 이성'이 발현되어 내린 결론은 전체 사회 구성원이 모여 내리는 결론과 동일할 것이라는 가정이 잠복해있다. 반면, 프레이저(Fraser, 1992)는 참여자의 규모와 의사결정과정은 밀접한 관계가 있다고 주장했다. 인간을 본질적으로 사익을 추구하는 경제적 존재라고 가정하는 프레이저는 공론장을 다원적인 생각들이 보편성을 가진 하나의 주장으로 수렴되는 합리적 의사결정 과정이 아니라, 토론장에 내재한 권력 구조에 의해 비합리적인 의사결정이 이루어지는 공간으로 보았다. 여기서 권력구조는 사회적 환경 즉, 과학기술이나 문화 등에 의해 생성되기도 하지만, 주로 집단의 규모와 관련이 깊다는 것이다. 즉, 기존의 권력구조 안에서 자신의 주장에 동조하는 의견이 적다고 판단되면 참여자의 규모를 확대해 토론이라는 전쟁에서 승리를 쟁취하려고 노력한다는 것이다. 따라서 어떤 규모의 공론화를 조직하느냐는 누가 어떤 목적으로 공론화를 조직하는가와 밀접한 연관이 있음에 주목해야 하고, 결과평가는 이렇게 규모의 조작을 통해 결론의 조작이 있었는지를 면밀히 검토해봐야 한다.

참여자의 대표성

　대표성의 문제는 규모의 문제와 직접적인 연관이 있다. 현대 사회에서 모든 사람이 의사결정 과정에 참여하는 것이 사실상 불가능하다. 그래서 대의민주주의는 규모의 문제를 해결하기 위해 대표자를 뽑고 대표자는 국민의 의견을 대리해 의사결정권을 행사한다. 따라서 대표자는 국민에게 그 권위를 인정받아야만 하며, 국민에 대한 책임성을 가질 때 정당화된다(Parkinson, 2006: 29). 그렇다면 어떻게 대표자를 뽑아야 정당한 대표자를 뽑을 수 있을까? 공론화의 결과평가는 공론화의 목적과 의제에 맞는 대표자를 적절하게 선택했는지 살펴볼 필요가 있다.

　현재 가장 널리 사용되고 있는 방법은 직접선거 방식이다. 이 방법으로 선출된 대표자는 국민이 직접 선출했기 때문에 정당성을 가진다는 시각이 지배적이다. 하지만 선거로만 대표자를 선출하는 것은 아니다. 미국의 대통령은 간접선거 방식으로 선출되며, 미국의 배심원은 추첨(sortition)을 통해 대표가 되기도 한다. 표본의 규모가 너무 큰 경우 간접선거 방식을 이용하기도 한다. 미국의 대통령선거가 대표적인 예이다.

　이와 같은 경우 대부분 모집단의 규모를 고려한 비례의 원칙(proportionality)을 고려해 대표를 선출한다. 하지만 비례의 원칙은 평등한 방법이 아니다. 주류의 의견이 항상 비주류의 의견을 압도하기 때문이다(Parkinson, 2006: 32 – 33). 다수 의견이 전혀 합리적이지 않더라도 소수의 목소리를 누른다. 이런 문제를 해결하고자 많은 이론가들은 비례대표를 구성하는 데 있어서 한계 수준(threshold level)을 설정해야한다고 강조하고 있다. 비록 한계 수준을 어느 정도로 설정해야 하는지 논란이 많지만, 일단 설정되면 집단의 규모 차이에서 오는 불평등을 어느 정도 극복할 수 있는 시각이 지배적이다(Phillips, 1994: 89n; Kymlicka, 1995: 147).

　통계기법을 이용한 무작위 추출법(random sampling)이나 층화 표본추출법(Stratified Sampling)을 사용해 대표자를 뽑기도 한다. 대표적으로 미국에서 배심원 선정을 이와 같은 방식으로 진행한다. 이 경우 대표자의 권위와 책임은 고려하지 않는 경우가 대부분이다. 무작위 추출을 진행하는 과정에서 기획자의 편견이 들어갈 여지도 많다. 때문에 무작위추출을 기획하는 기획자는 막강한 권한을 가지게 된다. 게다가 무작위로 선출된 대표는 적극적으로 숙의 과정에 참여하기보다는 그저 정보를 제공하는 수동적 입장을 취하는 경우가 많다. 이 방식의 경우 모든 구성원이 동질적이며, '보편적 이성'을 가진 사회에서는 유효할 수 있으나, 한국 사회처럼 이미 다원화된 사회에서는 선출된 대표자의 자질이나 정당성 문제로부터 자유로울 수 없다(Parkinson, 2006: 34-35).

대표를 선정하는 방식은 이처럼 불가피하게 정당성의 문제를 야기하고, 대표자의 정당성 문제는 결국 공론화의 권위와 정당성 문제로 회귀한다. 따라서 공론화 참여자의 대표성을 확보하기 위해 최선의 노력을 기울였는지, 그 기준이 합리적이었는지 반드시 살펴봐야 한다. 물론 모든 경우에 일반화할 수 있는 대표 선정 기준은 없다. 오히려 주어진 의제의 특성과 참여 대상 집단의 특성, 공론화의 목표 등에 따라 달라지는 것이 더 바람직하다. 결국 무엇이 정당하고 무엇이 정당하지 않은지는 매 공론화 사례마다 다를 수밖에 없고, 따라서 사회적 환경과 맥락을 잘 고려해 판단할 수밖에 없다.

## 2. 제6단계 - 환류

공론화 과정과 절차를 문서로 남기며 정보를 공유하고 평가하는 것은 개인은 물론 조직의 학습 과정이자 참여자들과 지속적인 관계를 맺어나가는 과정이다. 공론화는 그에 참여하는 집단과의 관계 형성(rapport-building)이 매우 중요한데, 특히 그 집단이 공론화에 참여하며 일종의 집단의식을 가지게 된 경우라면 더욱 주의해서 지속적으로 관계를 맺어나가는 것이 바람직하다. 공론화가 성공적으로 끝나며 형성된 집단은 공론화를 주최한 기관에 대해 매우 우호적인 감정을 가질 개연성이 높기 때문이다. 따라서 공론화를 종료하며 공론화의 목표가 달성되었다고 해도 지속적인 환류를 통해 공론화 참여자들과 우호적인 관계를 유지하고, 나아가 후속조치가 필요한지 신중하게 판단할 필요가 있다.

- 후속 과정이 필요한지 결정하는 데 도움을 줄 수 있는 몇 가지 질문은 다음과 같다.
  - 여전히 해결되지 않은 이슈들이 있는가?
  - 공론화의 목표와는 직접 관련이 없지만 공론화 과정에서 참여자들이 제기한 이슈들 가운데 사후 조치를 필요로 하는 것이 있는가?
  - 더 많은 정보 수집의 필요성이 있는가?

- 참여자들과의 관계를 공식화할 필요가 있는가?
- 참여자들과 주변 관찰자들은 공론화를 어떻게 평가하는가?
- 다른 관련 이슈에 대한 연구가 필요한가?

 

후속 작업을 위해서는 먼저 참여자들과 관련 정보를 지속적으로 공유하며 홍보 및 소통(커뮤니케이션)의 장을 열어주고, 미래의 관계를 발전시킬 수 있도록 참여자들과 연락을 유지하는 것이 중요하다. 이들과의 연락은 관련 문서를 발송하거나 문서 열람이 가능한 웹사이트 주소 등을 표기한 우편 또는 이메일 등을 통해 유지할 수 있다. 특별히 일반 대중을 대상으로 하는 것이 아니라면 참여자들에 대한 환류 도구로 미디어를 사용하는 것은 별로 호소력이 없음에 유의해야 한다. 여기에서는 공론화를 기획한 우리 기관과 참여자들 사이에 개인적인 관계를 유지해 호감과 신뢰를 높이는 것이 중요하기 때문에 그렇다.

---

### 연락을 유지하는 데 고려해야 하는 것들

- 공론화 안내 문서에 공론화 주최 기관과 접촉하고자 할 때 사용할 수 있는 전화번호, 이메일 주소, 우편 주소와 같은 연락처 정보를 기재
- 공론화 안내 문서에 추후 공론화 주최 기관이 참여자 개개인과 접촉하고자 할 때 사용할 수 있는 개인의 전화번호, 이메일 주소, 우편 주소 등을 문의하고 희망자에 한해 자발적으로 기재하도록 요청
- 공론화 과정이 완료된 후 제출되는 의견, 불만 사항 및 제안을 처리하기 위한 명확한 정책과 절차를 개발하고 참여자들에게 이를 미리 공지
- 최종 의사결정이 공론화 기간 안에 이루어지지 않고 나중에 이루어지더라도 공론화 참여자들이 제출한 의견과 합의한 내용이 어떻게 정책과 사업에 반영되었는지를 설명하는 결과 보고 자료를 개개인에게 발송 또는 언론에 공개

# 매뉴얼 참고자료

아래는 이 책의 제7장 공론화 6단계와 실행전략이 참고, 인용, 보완한 매뉴얼들이다.

- Corporate Consultation Secretariat 2000, Health Canada Policy Toolkit for Public Involvement in Decision Making, Canada, viewed 1 February, 2010 <https://www.hc−sc.gc.ca/ahc−asc/alt_formats/pacrb−dgapcr/pdf/public−consult/2000decision−eng.pdf>.

- Gramberger, M., 2001. Citizens as Partners: OECD Handbook on Information, Consultation and Public Participation in Policy−making, Paris: OECD Publications, France, viewed 29 January, 2010 <http://www.ezd.si/fileadmin/doc/4_AKTIVNO_DRZAVLJASNTVO/Viri/Citizens_as_partners_handbook_oecd.pdf>.

- International Association for Public Participation (IAP2), 2010, IAP2, Core Values, viewed 25 January, 2010 <http://www.iap2.org/displaycommon.cfm?an=4>.

- International Association for Public Participation (IAP2), 2010, IAP2's Public Participantion Toolbox, viewed 22 January, 2010, <http://iap2.affiniscape.com/associations/4748/files/06Dec_Toolbox.pdf>.

- Nottinghamshire County Council, 2010, Assessment for effectiveness, United Kingdom, viewed 4 February, 2010, <http://www.nottinghamshire.gov.uk/home/whatdoyouthink/consultationgues/consultationevaluation.htm>.

- Organisation for Economic Co−operation and Development (OECD) Public Management Policy Brief, 2001, Engaging Citizens in Policy−making: Information, Consultation and Public Participation, Viewed 25 January, 2010 <http://www.oecd.org/dataoecd/24/34/2394040.pdf>.

- Organisation for Economic Co−operation and Development (OECD), Reference Checklist for Regulatory Decision−Making, viewed 25 January, 2010, <http://www.oecd.org/dataoecd/20/10/3520214.pdf>.

- Organisation for Economic co−operation and Development (OECD), OECD Background Document on Public Consultation, viewed 22 January, 2010, <http://www.oecd.org/dataoecd/4/43/36785341.pdf>.

- REACH Singapore, viewed 1 February, 2010, <http://www.reach.gov.sg/>.

- South Lanarkshire Council, 2010, South Lanarkshire Council's Wheel of Participation, viewed 29 January, 2010, <http://www.mercury.org.au/PDFs/Wheel%20of%20Participation.pdf>

- United Nations, 2008, World Public Sector Report 2008, People Matter－Civic Engagement in Public Governance, New York: United Nations Publications, viewed 20 November, 2009, ＜http://unpan1.un.org/intradoc/groups/public/documents/UN/UNPAN028608.pdf＞.
- 은재호·김성근·김춘석, 2016, 갈등 해결을 위한 참여적 의사결정 절차 매뉴얼, 개발, 국무조정실 보고서
- 한국갈등학회(가운데 점)한국정책과학학회, 2021, 공론화 해외사례 분석 및 운영 매뉴얼 마련, 국무조정실 보고서

# 결론

# 미래를 여는 창, 공론화

진짜 여행은
새로운 풍경이 아니라 새로운 관점을 찾는 데 있다.

마르셀 푸르스트

Le véritable voyage ne consiste pas à
chercher de nouveaux paysages, mais à avoir de
nouveaux yeux.

Marcel Proust

# 미래를 여는 창, 공론화

## 1. 미래의 민주주의, 민주주의의 미래[1]

윈스턴 처칠(1874－1965) 영국 수상은 1947년 하원 연설에서 민주주의야말로 '지금까지 인류가 실험한 다른 모든 정치제도를 제외한다면 가장 나쁜 시스템'이라고 말했다. 처칠은 '길거리의 보통 사람과 5분만 이야기해 봐도 민주주의가 얼마나 형편없는 것인지 금방 알 수 있다'고 하면서도 지금까지 인류가 만든 최선의 정치제도가 민주주의임을 에둘러 표현한 것이다. 민주주의를 위한 변명으로 이보다 더 이율배반적인 수사(修辭)가 또 있을까?

많은 논객이 민주주의를 일컬어 '시민의 손으로 뽑는 독재'에 불과하다는 독설을 날리기도 하지만, 프랑수아 미테랑(1916－1996) 프랑스 대통령과 인디라 간디(1917－1984) 인도 수상이 민주주의를 위한 변론에 기꺼이 가담했던 것은 우연이 아니다. 미테랑 대통령은 '아무리 바보 같은 짓이라도 할 수 있는 제도적 권리를 보장해 주는 체제'가 민주주의이기 때문에, 간디 수상은 민주주의가 '가장 약한 자들에게 가장 강한 자들과 동일한 기회를 보장해주는 체제'이기 때문에 독재와 전체주의에 대한 이상적인 대항마로 민주주의를 지지했다.

민주주의는 이렇게 산업혁명 이후 근 이백 년이 넘는 동안 보편적이고 이상적인 정치시스템으로 자리 잡으며 인류 발전과 시련의 모태가 되었다. 하지만 어떤 민주주의도 과거와 현재의 모습이 같지 않고, 남반구와 북반구의 그것이 같지 않다. 그것은 민주주의가 행위자 집단들의 속성과 맥락에 따라 레시피(recipe)가 변하는 유연한 정치체제이기 때문일 것이다.

그렇다면 민주주의는 미래 사회에도 적합한 의사결정시스템으로 작동할까?

---

1 '미래의 민주주의, 민주주의 미래'는 국회 미래연구원 미래 칼럼에 기고한 필자의 글, '미래의 민주주의와 민주주의 미래'(2020.01.30.)를 수정·보완한 것이다.

미래의 민주주의를 살펴보며 민주주의의 미래를 그려봄으로써 더 건강한 민주주의를 꿈꾸는 것은 현재를 사는 우리들의 몫이다. 현재가 미래의 과거라면, 미래는 이미 우리의 과거에서 싹터 현재를 아우르며 무럭무럭 자라고 있을 것이기 때문이다.

### 민주주의의 과거와 현재

소수 엘리트 시민이 주도하는 대의민주주의에 대한 불신은 이미 오래전부터 누적되어 과연 민주주의가 미래의 공적 의사결정시스템으로 제대로 기능할 수 있을지 의심스러울 정도다. 거의 모든 선진국에서 공식적인 의사결정 기구인 정당과 국회, 정부와 사법부에 대한 신뢰가 지속해서 하락하고 있는데, 그것은 투표 참여율의 지속적인 하락과도 무관하지 않다. 그런데 정치적 무관심의 이면에는 아이러니하게도 각성한 개인들의 직접 참여 욕구가 반비례하고 있다. 정보통신기술의 발달로 일반 시민들도 풍부한 정보를 가지게 됨에 따라 전문가와 시민 사이의 전문성에 별 차이가 없게 되어 대표와 위임의 경계가 함께 허물어지기 시작한 것이다.

게다가 이들은 과거와 같이 고립된 개인이 아니라 '연결된 개인들'(networked individuals)로 집단화되며 사회적 존재감(social visibility)을 드러내는 데 성공했다. 옛날처럼 '고독한 군중'(David Riesman)으로 남지 않고 자신의 고유한 목소리를 올곧이 대표하는 사회집단의 창출에 성공했다는 것이다. 한국의 경우도 예외가 아니다. 디씨(디시인사이드), 인벤, 일베(일간베스트), 펨코(에펨코리아), 루리(루리웹), **뽐뿌**, 클리앙, 네판(네이트 판), 엠팍(엠엘비파크), 더쿠, 82쿡 등을 보라. 한국의 온라인 커뮤니티에서 펼쳐지는 정치참여를 보노라면 오프라인에서의 참여와 달리 개인의 주장이 집단 속에서 표류하지 않는다. 사이버 공간은 공간적 제약을 받지 않고 무한정 팽창하는 속성을 지닌다. 그들은 자기 마음에 드는 집단을 만나거나 만들 때까지 얼마든지 분열하고 증식하며 직접 참여의 길을 열었다. '조국 사태'를 정점으로 '서초동'과 '광화문'으로 양분된 현대 한국 사회의 기저에는 이처럼 비약적으로 발전한 정보통신기술이 숨어있다.

그게 다가 아니다. 정보통신기술을 넘어 나날이 발전하는 인공지능기술은 인간의 정보처리(information processing)[2] 능력을 획기적으로 높여주어 민주주의 정치

---

2 정보처리는 정보학, 특히 정보공학의 핵심 분야 가운데 하나다. 단순히 정보를 해독하고 이해하는 것을 넘어 부가가치가 훨씬 높은 새로운 정보를 가공하고 창조하는 것을 의미한다.

시스템의 혁명적인 변화를 가져오고 있다. 시민참여의 대상과 범위가 과거와 같이 체제비판 같은 거대 담론에 한정되지 않고 매일의 삶 속으로 파고들어 일상생활의 정치(everyday politics)를 부추기고 있다. 쓰레기 소각장, 화장장 같은 비선호 시설은 물론 소방서, 특수학교와 같은 공공시설, 나아가 공항이나 국방·군사시설에 이르기까지, 어느 것 하나 정책대상집단의 동의 없이는 정부 혼자 추진할 수 있는 일이 없다. 정당, 국회, 정부 등이 대표하는 고전적인(또 공식적인) 정책 결정 프로세스가 시민들의 직접 참여를 담아내지 못한다면 머지않아 한국의 대의민주주의도 정당성의 위기에 직면하게 될 것이다. 그리고 사이버 공간에서 집단화된 평범한 개인들이 자신의 일상을 둘러싼 공공정책 결정 과정에 언제라도 참여할 수 있는 시민 중심 거버넌스가 일상화될 개연성이 매우 높다.

### 미래의 민주주의

직접민주주의에 대한 요구가 그 어느 때보다 커지고 있다. 직접민주주의의 기술적 조건도 충분히 성숙해지고 있다. 이미 빗장 풀린 블록체인과 인공지능, 로보틱스, 사물 인터넷, 빅데이터 등 인공지능 기술이 의견수렴과 의사결정과정에 접목되며 정책 결정의 효율성과 합리성을 획기적으로 높여주고 있다. 알고리즘 민주주의(algocracy) 또는 디지털 민주주의(digicracy)의 출현이 그것이다.[3]

- 스페인 바르셀로나의 시민 플랫폼, 바르셀로나 엔 코무(Barcelona en Comu)는 '데모크라시OS'(DemocracyOS)라는 오픈소스 소프트웨어를 이용해 고용창출과 직업훈련, 민영화 프로젝트 등 각종 정책에 관한 시민들의 의견을 정부에 전달하며 시민 주도 정책네트워크의 가능성을 증명하고 있다.
- 타이완 정부는 인공지능의 기계학습 알고리즘에 기반하는 '폴리스'(POL.IS)라는 이름의 오픈소스 소프트웨어를 활용해 우버 택시 도입여부를 결정하고 최근에는 이를 활용해 타이완―미국 비즈니스 공동협정에 대한 시민토의를 진행했다.

---

3 알고리즘 민주주의 또는 디지털 민주주의란 엄밀히 말해서 코드 기반 거버넌스를 뜻한다. 따라서 법적―합리적 정당성에 기반하는 관료제(국가 거버넌스)나 경제적 합리성에 기반하는 시장 거버넌스와 달리 알고리즘에 따라 시민참여의 기회와 공적 의사결정 과정이 구조화되는 시스템이다.

- 2017년 3월, 경기도의 지역 프로젝트인 따복공동체 주민제안 공모사업 평가에 9000명의 주민이 참여하는 블록체인 기반 심사가 이루어졌다. 블록체인 기술을 통해 지방자치단체의 의사결정에 주민들이 직접 참여하는 직접민주주의가 가능해지면서 실질적인 분권과 자치가 가능해질 수 있다는 기대가 높아졌다.

알고리즘 민주주의 또는 디지털 민주주의의 발전은 지금처럼 거대 조직을 가진 오프라인 정당의 대표와 입법 기능을 디지털 네트워크 정당이나 시민 주도 정책 네트워크로 대체할 가능성도 열어놓았다.

- 아르헨티나 부에노스아이레스 시민들은 '데모크라시OS'를 통해 400여 개 법안을 제안하는 경험을 하면서 '붉은 당'(El Partido de la Red)을 창당하기에 이르렀다.
- 스페인의 신생 정당 포데모스(Podemos)는 내친김에 '루미오'(Loomio)라는 플랫폼을 활용해 40만 명의 당원이 대표 선출은 물론 주요 정책 결정 과정에 직접 참여할 수 있는 길을 열어 2015년, 창당 1년 만에 제3당으로 부상하는 개가를 올렸다. 2019년에는 제4당으로 내려앉았지만 50만 명의 당원을 지닌 스페인 최대 규모의 정당이 되었다.
- 2013년 이탈리아 총선에서는 오성운동이라는 시민단체가 창단 4년 만에 제2당으로 도약하며 디지털 정책 네트워크가 시민정당으로 전환될 가능성을 보여주었다.
- 2016년에 창당된 아이슬란드 해적당은 녹색당과 함께 원내 공동 제2당이 되어 좌파연합집권의 가능성을 열었다.

## 민주주의의 미래

'참여의 폭발'(Amitai Etzionoi)에 직면한 미래의 민주주의는 과학기술의 발전과 맞물려 정치·행정 시스템의 '위대한 신세계'(Aldous Huxley)를 열게 될 것이 분명하다. 특히 인공지능 기술의 비약적인 발전은 시민참여의 형태와 방법에 근본적인 변화를 가져와 미래 민주주의 지형을 획기적으로 바꿀 것이다. 블록체인 기술의 발전에 따라 전자투표 제도가 활성화되면 사안에 따라 자신의 표를 원하는 사람에게 한시적으로 양도하고 거둬들이는, 대표의 위임과 회수가 자유로운 액체민주주의 (liquid democracy)가 가까운 미래에 현실화할 수 있다. 액체민주주의 체제에서는 시민들이 자기가 잘 아는 정책문제에 대해서는 자기가 직접 투표하고, 나머지 잘 모르는 정책 영역에 대해서는 자신이 직접 선택한 대리인에게 자신의 투표권을 위임할 수 있다. 여기에서 그 대리인이 반드시 직업적인 정치인일 필요는 없고 친구나 가족도 가능하다. 투표권을 위임받은 사람은 자기가 직접 투표할 수도 있지만 자기가 선택한 다른 대표자에게 재위임하는 것도 가능하다. 이처럼 유권자가 대표자에게 의존하는 것이 아니라 일시적인 권한위임을 통해 자신의 의견을 능동적으로 표현할 수 있다는 점에서 직접민주주의 요소와 대의민주주의 요소를 둘 다 가지고 있는, 물 흐르듯 매우 유연한 체제가 액체민주주의다.[4] 정보처리 능력과 합리적 판단 능력이 인간보다 뛰어난 인공지능이 국회를 대체하지 못하리라는 보장도 없다.

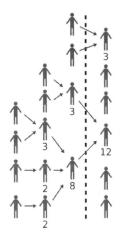

출처: https://en.wikipedia.org/wiki/Liquid_democracy

[그림 8-1] 액체민주주의의 작동원리

4 처음 액체민주주의를 고안한 이는 『이상한 나라의 앨리스』(Alice in Wonderland)를 쓴 소설가 찰스 도지슨(Charles Dodgson, 필명 루이스 캐롤 Lewis Carroll)이다. 그는 『의회 대표의 원리들』(The Principles of Parliamentary Representation 1884)이라는 정치 팸플릿에서 '액체' 투표의 개념을 처음 소개했는데 그 당시의 기술로는 절차가 번거로워 현실화하지 못하다가 정보통신 기술의 발전으로 최근에 다시 주목받고 있다.

그렇지만 정책 결정 과정에서 인공지능에 대한 의존도가 높아지면 인간소외라는 고전적인 명제가 부활할 수도 있다. 이미 진행되는 디지털 격차가 새로운 사회적 불평등과 투쟁의 씨앗이 되어 '알고크러시'(algocracy)와 '디지크러시'(digicracy)의 미래를 낙관할 수만도 없다. 게다가 알고리즘이 정치와 정보매개자로 기능하며 '필터 버블'(filter bubble)[5]이나 '에코 체임버'(echo chamber)[6] 현상을 일으킨다면 확증편향을 강화해 사회적 합의형성은 커녕 분열과 대립의 사회를 만들 수 있다. 더욱 의미심장한 것은 데이터의 우선순위 결정, 분류, 필터링 등의 과정을 구축하는 것은 여전히 인간의 몫인데, 이 과정에서 특정 집단이 차별적이고 편향적인 데이터를 활용해 알고리즘의 의사결정을 왜곡하며 지배층의 비전을 정교화할 수 있다는 사실이다. 뿐만이랴. 화웨이, ZTE, 하이크비전, 센스타임 같은 중국 기업들은 물론 마이크로소프트, IBM, 시스코, 써모피셔를 포함해 많은 미국 기업들이 제공하는 디지털 감시 기술은 이미 '오웰리언적'(전체주의적) 통제와 감시국가의 도구로 충분히 활용될 수 있다.

미래의 민주주의는 이 모든 부작용과 인공지능의 오·남용에 어떻게 대처할 것인가? 다가올 민주주의의 건강성을 위해 시민 개개인의 디지털 문해력(digital literacy)을 높이고 디지털 플랫폼 사업자들에게 알고리즘 작동 방식에 대한 설명 책임을 지도록 하는 것 등은 가장 초보적인 대안에 불과하다. 미래의 민주주의 지형이 어떻게 변화할지 예측하며 민주주의 미래를 준비하는 '깨어있는 시민'의 역할이 그 어느 때보다도 아쉽다. 미래를 만드는 것은 예측이 아니라 행동이기 때문이다.

## 2. 건강한 공론장, 민주주의의 텃밭

건강한 민주주의의 미래로 가는 길은 어디에 있을까? 지금까지 살펴본 참여적 숙의(participatory deliberation) 또는 숙의적 참여(deliberate participation)를 통한 건

---

5 현대의 컴퓨터 웹사이트 알고리즘은 위치, 검색 이력과 빈도 등 인터넷 이용 행태에 관한 사용자 정보에 기초해 사용자의 선호를 분석, 예측하고 사용자 선호에 조응하지 않는 정보를 사전에 차단하는 선별 기능을 탑재해 각 개인에게 최적화된 맞춤형 검색을 제공한다. 이런 필터 기능은 컴퓨터 이용의 편리성을 증대하지만 사용자 자신만의 문화적, 이념적 거품(버블)에 포획되도록 한다.
6 에코 체임버 현상이란 에코 체임버(반향실, 메아리방)에서 에코(메아리)가 밖으로 나가지 않고 방 안에서만 크게 울리는 현상을 뜻한다. 이 역시 필터 버블과 마찬가지로 사용자의 확증편향을 강화하는 알고리즘 효과다.

강한 공론장의 형성과 유지가 그 답이다. 참여와 숙의는 건강한 공론장을 형성하고 작동시켜 궁극적으로 상호존중(경청)과 상호이해(합의)에 도달하도록 할 것이기 때문이다. 여기에서 건강한 민주주의를 일구는 텃밭이 공론장이라면, 그 텃밭을 일구는 쟁기와 보습은 참여와 숙의의 공론화다.

대의민주주의에서는 효율성을 중요시하기 때문에 전략적으로 소통하는 것이 기본이다. 전략적 거래가 기본인 대의제도에서는 좋은 주장이 대화 과정에서 참여자들의 입장(선호) 전환을 이루어낼 수 있다고 믿지 않는다. 힘의 위계질서를 전제한 상태에서 소통이 이루어지기 때문에 정보의 왜곡이 반드시 발생한다. 정보 조작, 권력 자원의 동원, 그리고 위계질서 등은 전략적 거래를 구성하는 요소들이다. 그러나 참여와 숙의의 공론장에서는 모든 참여자가 평등한 관계를 유지하기 때문에 소통이 정직할 수 있고, 왜곡된 정보라도 신속하게 수정하는 것이 가능하다. 비록 가장 이상적인 상태를 가정한 것이지만, 공정한 정보가 제한 없이 평등하게 골고루 나누어지는 것을 전제로 모든 관점이 논의 테이블에 올려질 수 있다.

## 대의민주주의의 상호작용 기제와 민주성 결핍

대의민주주의 시스템에서 이루어지는 사회적 선택과정 즉, 정책형성 과정의 주된 상호작용 기제는 전략적 거래와 협상이다. 사회적 선택과정이란 사회적 거래에 기초하는데 이때 이 거래에 참여하는 당사자들은 개인이든 집단이든 자신의 이익을 극대화하는데 필요한 자원과 힘을 동원한다. 즉, 주어진 목표를 달성하기 위해 가장 효율적이고 효과적인 방법을 사용하는 전략적 행보(strategic manoeuvre)를 보인다는 것이다.

그런데 이 전략적인 거래 과정에서 타인의 입장과 이익을 이해하려는 기회가 거의 주어지지 않고 타인을 이해하려는 노력도 별반 관찰되지 않는다. 단지 이익의 극대화를 위한 다양한 정치적 힘겨루기가 있을 뿐이다. 개인들은 이익집단을 조직하고 자신들의 권력 자원을 동원해 상대방을 위협하거나 권력자를 상대로 로비를 전개한다. 또 이 거래의 대부분은 '위협', '권력 자원의 동원', '과도한 대표성', 그리고 '전략적 대화(strategic talk)'로 특징 지워지는 전략적 협상에 기초하고 사회적 선택은 이 전략적 협상 테이블에서 이루어진다(Fung & Wright, 2001: 10).

그런데 문제는 이 전략적 협상 테이블이 소수 집단과 개인으로 이루어지기 때문에 정보 통제가 쉽고 이들 간의 담합과 부패가 이루어질 개연성이 높아진다는 점이다. 따라서 그 논리적 결과로서 전략적 협상 결과물에 대한 시민들의 불신은 대단히 높을 수밖에 없고 협상 결과물에 대한 수용성 역시 대단히 낮아질 수밖에 없다.

대의제도 아래에서 이루어지는 정부와 주민, 이익집단과 이익집단, 그리고 개인과 개인 간의 의사소통은 다소 일방적으로 이루어져 좋은 주장이 반드시 더 많은 설득력을 갖지 않는다. 그러나 참여와 숙의의 공론장에서는 일반 시민과 복수의 정책결정자 모두 숙의 과정에 참여해야 하며 자신의 관점과 다른 관점에 대해 열린 자세와 유연성을 가지는 상호주의적 의사소통을 통해 자신의 관점이 도전받고 수정되는 과정을 거쳐야 한다. 이는 애초에 가진 입장과 선호의 전환을 유도하며 집단적 의사결정의 품질을 높여준다. 참여와 숙의를 통해 집단적 선호를 도출하는 것이 다수결의 원칙을 통하는 것보다 질적으로 더 낫다고 평가할 수 있는 이유는 다음 세 가지다.

첫째, 참여와 숙의 과정은 단순히 정보교환(information exchange) 과정에 불과한 게 아니다. 그것은 정보처리(information processing) 과정이 되어 사고의 폭을 넓히고 새로운 지식을 창출해 의사결정의 타당성을 높인다. 일반적으로 개인의 사고는 편협하고 제한적이다. 특히 핵 문제, 환경 문제, 경제 정책과 같이 불확실성이 높고 복잡한 의제들은 일반적인 지식이나 교양을 가진 유권자가 쉽게 결정하기 어려운 내용을 담고 있다. 거의 대부분의 유권자는 이렇게 복잡한 문제들에 대해 명확한 의견을 가질 수 있을만큼 충분한 지식과 정보를 갖고 있지 못하다. 여러 쟁점에 대해 이해가 부족한 상황에서는 합리적으로 대표자를 선택하는 것조차 쉽지 않다. 또 선출된 대표자들조차 대부분의 의제에 대해 일반적인 지식만을 갖고 있기 때문에 정치적 결정 과정에서 의회의 특정 위원회와 전문 보좌기구의 영향력에 휘둘리는 경향을 보이기도 한다(김병준, 2013, 164-165). 참여와 숙의는 정보교환과 토론을 통해 전문성의 결여에서 오는 대의적 의사결정의 비합리성을 보완한다.

둘째, 참여와 숙의는 공적 의사결정의 효과성 측면에서도 크게 이바지할 수 있다. 참여와 숙의를 통해 내리는 집단적 의사결정은 대의민주주의적 의사결정 방식보다 공적 결정의 수용성을 높일 수 있기 때문이다. 예를 들어 다수결에 기초하는 대의민주주의는 쟁점을 중심으로 의견을 양극화시키고 차이를 더 부각해 갈등을 심화시키는 경향이 있다. 반면 참여와 숙의는 다음과 같은 두 가지 이유로 인해 갈등을 예방하고 완화하는 효과를 가진다.

하나는 올바른 참여와 숙의 과정이 설계되면 거기에 참여하는 시민들이 자유롭고 평등하게 자신의 신념체계를 타인에게 전달할 기회가 주어지고, 그를 통해 상호존중과 상호이해의 폭이 넓어져, 원만한 합의에 도달할 가능성이 커진다는 사실 때문이다. 소수의견으로 분류되어 비록 자신의 주장이 채택되지 않을지라도 소수파 역시 자신의 주장과 가치관이 동등하게 존중됨에 만족할 수 있기 때문이다. 참여와 숙의의 공론화를 마친 후, 93.3%라는 압도적인 수치로 '내 의견과 다른 의견이 채택되더라도 수용할 의사가 있다'고 해, 과정에 대한 만족이 결론에 대한 순응도 높인다는 숙의민주주의 일반이론을 경험적으로 증명한 신고리 원전 공론화 사례는 이러한 주장의 적실성을 웅변한다(이 책의 제6장 p.291 참조).

참여와 숙의가 공적 의사결정의 효과성을 높일 수 있는 이유 다른 하나는 참여와 숙의를 통한 정책 결정이 결정 시점의 요구나 정책 환경의 요구에 대한 대의기구의 반응성(responsiveness)을 높인다는 점에 있다. 참여와 숙의를 통해 내리는 집단적 의사결정은 절대적이지 않다. 오히려 새로운 정보나 요구가 등장하면 다시 공론장이 마련되고 공론화가 진행되어 새로운 정책 환경에 조응하는 새로운 선택이 가능하다. 구트만과 톰슨이 그들의 후기 저작(2004: 3－7)에서 강조한 숙의민주주의의 조건적 혹은 동적(provisional or dynamic) 성격이 명쾌하게 규정하듯이 공론화를 거쳐 내려진 결정은 지금 당장 한시적으로는 구속력을 갖지만, 항상 반론에 직면할 수 있고 그래서 언젠가 또 바뀔 수 있다(이 책의 제2장 참조). 참여와 숙의의 공론장을 일구는 보습과 쟁기로 기능하는 공론화가 갈등 예방 기제로도 작동할 수 있는 것은 이렇게 시민의 의사에 즉각 반응하기 어려운 대의민주주의 체제의 경직성을 보완해 줄 수 있기 때문이다.

셋째, 참여와 숙의는 대의민주주의의 과두제적 성격에 따른 대표자들의 사익추구 행위, 시민들의 정치 소외 등을 보완하는 기능을 가질 수 있다. 이 책의 제4장에서 언급한 바와 같이 대의민주주의 시스템에서는 정치 엘리트들이 이익집단 간 결탁을 통해 특수이익을 추구하거나 사익을 좇을 위험이 상존한다. 법안 심사나 예산안 심사과정에서 언제나 볼 수 있어 이제는 당연시되기조차 하는 로그롤링(log rolling)이나 포크배럴(pork barrel)이 그러한 행태다. 한국의 경우에는 특히 소선거구제에 묶여 있어 국회의원들이 지역의 특수 의사(민원)에 민감할 수밖에 없는데 역설적이게도 대표자에게 책임성을 부과하기 위해 도입한 임기제와 중임제로 인해 이런 현상이 더 노골화되는 경향마저 나타난다.

## 로그롤링(log rolling)

　로그롤링(log rolling)이란 원래 '통나무 굴리기'를 의미하는 것으로 벌채한 통나무(log)를 마을이나 공장으로 옮기기 위해 여러 사람이 보조를 맞춰 굴리기(rolling)를 한 데서 유래된 용어다. 로그롤링은 트레이드오프(trade－off) 즉, 하나를 선택하면 하나는 버려야 하는, 경쟁 관계에 있는 몇 가지 쟁점(이익)을 놓고 서로 교환하는 행위를 일컬으며 다자 간 협력을 촉진하는 긍정적 의미의 협상 용어로 정착되었다. 그러나 의회 현장에서는 여당과 야당이 이권이 결부된 서로의 법안을 상호 협력해 통과시키는 '정치적 야합'을 가리키는 부정적인 의미의 용어로 확장되어 사용된다. 예를 들어 A와 B 두 법안을 찬성하는 의원이 각각 1명인데 2명의 반대자가 있어 통과되기 어려울 때 A 안과 B 안의 지지자가 서로 지지를 교환하기로 하면(즉, 담합 하면) 두 법안 모두 통과될 수 있다. 그래서 로그롤링은 투표 거래 또는 투표 담합의 동의어로 사용되기도 하고, 담합으로 특정 대안이 통과되도록 하는 정치를 로그롤링 정치라고 부른다. (자세한 사항은 행정학사전(이종수, 2002: 113) 참조)

## 포크배럴(pork barrel)

　포크배럴(Pork Barrel)이란 '돼지고기 통'을 의미하는 단어로 은유적으로는 '구유통(마소의 먹이를 담아 주는 그릇) 정치'를 의미한다. 주로 미국 의회에서 사용되는 용어인데 이권법안의 속칭이기도 하다. 정부 예산(특히 보조금)이 특정 집단이나 특정 선거구 의원만에게 이롭게 배분되는 현상을 지칭하는 것이기도 한데 원래는 이권 또는 정책보조금을 얻으려고 모여드는 의원들이 마치 농장에서 농장주가 돼지고기 통에서 고기 한 조각을 던져줄 때 모여드는 노예들과 같다는 뜻에서 나온 말이다. 국가 예산으로 사업을 집행하는 분배정책에서 흔히 발생하며 정치인들이 지역주민의 인기에 민감한 나머지 지역구민에 대한 선심 사업을 위해 연방정부의 예산을 최대한 많이 확보하려는 행태를 지적할 때 자주 쓰인다. 한국의 경우에는 '쪽지 예산'이라는 용어를 사용한다. 국회 예결위 막바지에 동료 지역구 의원들이 돌리는 쪽지로 계수를 조정하는 의원들의 행태를 지칭한다. (자세한 사항은 행정학사전(이종수, 2002: 113) 참조)

　　그러나 참여가 개방되면 모든 참여자가 동일한 영향력을 가져 결탁과 거래가 쉽지 않고, 숙의가 활성화되면 일반적인 공익에 부합하는 집단적 의사를 형성할 가능성이 커진다. 그리고 그에 따라 평등하고 이성적인 의사결정, 즉 개인의 권리와 자유를 중시하는 자유주의적 관점과 공공선을 강조하는 민주주의적 입장 간의 조화를 끌어낼 수 있다(Benhabib, 1996, 정규호, 2005: 42에서 재인용). 이는 또 숙의에서 요구되는 공개적인 논증을 통해 부적절한 선호를 배제할 수 있음을 의미한다. 토론 과정은 자기 이익만을 도모하는 이기적 시도를 가장 잘 폭로하는 유일한 방법이기 때문이다(Cunningham, 2002: 178-179, 오현철, 2006: 53에서 재인용).

이상의 세 가지 효과 외에도 참여와 숙의에 기초하는 건강한 공론장의 형성은 우리에게 민주시민을 육성하는 교육적 효과를 남긴다. 민주주의는 공동체의 문제에 관여할 의지와 역량을 가진 시민을 전제로 한다. 참여와 숙의는 이러한 시민을 길러내는 데 필요한 다양한 학습 기회를 제공한다. 공적 의사결정과정에서 시민들이 포괄적으로 관여할 수 있게 되어 시민들의 정치적 효능감을 강화해 정치 영역에 대한 시민들의 관심을 환기할 수 있다. 무엇보다도 토론을 통해 공적 의제에 관해 더 많은 정보와 지식을 획득할 뿐 아니라 타인의 관점을 고려하고 자신의 관점을 검토할 수 있는 기회를 갖게 된다. 결과적으로 참여와 숙의는 사적 이해관계를 떠나 공익 혹은 '공공선에 헌신'하고자 하는 시민적 덕성을 계발하는 효과가 있다(이기우, 2001: 21, 문태현, 2011: 6).

## 3. 공론장의 쟁기와 보습, '국가공론위원회'[7]

건강한 공론장을 형성하고 관리하기 위해서는 우리 사회의 정치·행정시스템은 물론 언론과 교육에 이르기까지, 우리 사회 전체의 제도적 기반을 점검하고 아우르는 체계적인 대안이 필요하다. 그러나 그 모든 것을 한꺼번에 시작하는 것은 현실적으로 불가능할뿐더러 바람직하지도 않기에 미약하나마 지금, 즉시, 실행할 수 있는 최소한의 선택지를 개발하는 것이 중요하다. 그리고 바로 이 지점에서 우리 정부 차원에서 공적 의제의 공론화를 기획하고 운영하며 관리할 수 있는 독립적인 행정기구로 가칭 '국가공론위원회'의 설립과 운영을 고려할 필요가 있다(부록. '국가공론위원회의 설립과 운영에 관한 법률안' 참조).

이 책의 제2장 1절이 소개한 바와 같이 유럽에서의 공론장 형성은 시민사회의

---

7 이하에서 논의하는 캐나다와 프랑스 사례는 KDI 보고서(황수경·은재호·박재근 2020) 『공공선택에서 공론화의 역할 및 효과 연구』 제5장과 6장에 의존하고 있다.

형성과 맥락을 같이 한다. 그래서 카페, 극장, 살롱, 광장, 언론 등 사람들이 모이고 교류하는 공공장소 일반에서 태동한 담론의 집화장이라면 그것이 무엇이든 공론장이 될 수 있다. 하지만 현대 국가는 이를 더욱 제도화된 형태로 운영하고 있음에 주목해야 한다. 공론화를 공식 조직 안에 편제한 해외 사례로는 프랑스의 「국가공공토론위원회」(CNDP, Commission National du Débat Public)와 캐나다 퀘벡주의 「환경에 관한 공공의견 청취국」(BAPE, Bureau d'audiences publiques sur l'environnement)을 들 수 있다. 또 가장 최근 사례로는 벨기에의 독일어 문화권에서 개발한 「시민위원회」(Bürgerrat) 모델이 주목할만하다.

이들 3개 사례는 국가 주요 정책과 사업의 초기 형성(정책문제 정의 및 계획수립) 단계에서 일반 시민이 참여하는 의견수렴과 숙의 절차를 진행하고, 그 결과를 관련 정책과 사업 설계에 반영하게 한다는 공통점을 갖고 있다. 즉 정책이나 사업을 본격적으로 추진하기에 앞서 그에 대한 사회적 동의 여부를 확인하고 필요한 공감대를 형성함으로써 해당 정책과 사업의 정당성을 확보함은 물론 수용성도 높이는 것이다. 그 기저에서 펼쳐지는 풍부한 담론의 생산과 교류야말로 이 모든 과정의 원동력임은 두말할 필요가 없다. 이들 3개 기관은 이 담론의 텃밭을 일구고 경작하는 쟁기고 보습이다.

### 캐나다 퀘벡, 환경 관련 공공의견청취국(BAPE)

캐나다 퀘벡주의 정부 기관인 「환경에 관한 공공의견청취국」(이하 BAPE, '바프')는 1978년에 설립되어 대규모 개발사업의 전략환경영향평가(strategic environmental impact assessment)를 수행하는 독립행정기관이다. 캐나다에서 1970년대는 환경보호에 관한 시민의 관심이 급속히 확산하던 시기였다.[8] 특히, 1974년에는 퀘벡을 관통하는 세계 최초의 765KV 초고압 송전선로 설치를 둘러싸고 찬·반 입장이 크게 충돌했다. 이를 계기로 대규모 개발사업을 추진할 때 일반 시민이 참여하는 협의절차를 만들고, 이를 담당할 공론화 독립기구를 신설하자는 의견이 비등했

---

8 1970년대는 전 세계적으로도 환경에 대한 관심이 높아진 시기였다. 1970년 미국은 국가환경정책법(NEPA) 제정을 통해 환경영향평가 제도를 도입했다. 캐나다 퀘벡주 역시 1973년에 「환경보전법(Environmental Quality Act)」을 개정함으로써 환경영향평가제도의 운영근거를 마련했다. 이전까지는 「환경보전법」에 따라 환경자문위원회(Environmental Advisory Council, 1972)가 환경 영향에 대한 자문을 담당해왔다.

다. 1977년에는 독립성을 갖춘 환경자문위원회가 환경영향평가를 진행하고, 그 결과를 환경부 장관에게 통보하는 절차를 도입하자는 안이 재차 제안되었다.[9]

이후 1978년 12월 21일 「환경보전법(Environmental Quality Act)」이 개정되면서 BAPE가 공식기구로 설치되고, 환경영향평가 절차도 공공의견 청취(audiences publiques) 절차를 포함하는 방향으로 개정되었다. 이로써 퀘벡주는 환경영향평가 과정에 시민참여를 보장하고, 이를 위한 독립기구를 둔 세계 최초의 정부가 되었다. BAPE 운영 초기에는 결과에 대한 구속력도 없는 공공의견 청취절차가 별 효과도 없이 사업만 지연시킨다는 이유로 관련 부처와 사업기관들로부터 백안시되기도 했다. 1986년 정부 조직과 기능을 평가한 '고베일(Gobeil) 보고서'는 BAPE 폐지를 권고하기도 했다. 하지만 당시 환경부 장관이던 클리포드 링컨(Clifford Lincoln)이 BAPE의 존치를 주장하고 1988년 환경영향평가 절차의 개선방안을 연구했던 '라코스트(Lacoste) 위원회' 역시 BAPE의 기능 강화를 주장하는 등, BAPE의 존치 의견이 우세해 겨우 살아남았다.

BAPE는 1978년 창설된 이후 2020년 6월 현재까지 1,000여 건(정보제공 663건, 공청회 260건, 조정 56건, 조사 32건)의 임무를 수행했다. 이 과정에서 3,000회 이상의 시민 참여 세션을 진행했다. 여기에 25만 명 이상이 참여했고, 약 14,000건의 의견이 접수됐다. BAPE가 창설된 1978년 이후 1980년대 후반까지는 매해 5건 이하의 사업에 개입했지만, 1990년대부터는 개입하는 사업 수가 크게 늘어 이후 매해 꾸준히 10여 건 이상의 사업에 대해 의견수렴 절차를 진행하고 있다. BAPE의 꾸준한 활동은 대규모 개발사업 추진과정에서 시민들의 참여 공간이 확대되는 것을 뜻한다. 그리고 그 효과성은 공공의견 청취 대상을 확대하고 공공의견 청취 기간도 늘려야 한다는 요구가 갈수록 늘어나고 있다는 사실에서 쉽게 가늠할 수 있다.

---

9 캐나다 퀘벡주는 흔히 북미대륙의 '작은 프랑스'로 일컬어진다. 캐나다의 공용어가 영어와 프랑스어지만 퀘벡주는 공용어로 프랑스어만을 사용하며, 높은 자치권을 누린다. 1960년대부터 일어난 분리주의 운동과 사회 전반에 걸친 대개혁, '조용한 혁명'(Révolution tranquille)의 여파로 2006년에는 캐나다 연방 안에 존재하는 '국가 안의 국가'(a nation within a united Canada)임을 인정받기에 이르렀다. 따라서 자치주 자격으로 국가, 수상, 장관이라는 명칭을 사용하며 대외적으로도 파리, 런던, 뉴욕 등 주요 대도시에 퀘벡대표부(Maisons du Québec)를 두는 등, 독립국에 버금가는 수준의 자치권을 누린다.

## 공공의견청취국(BAPE)의 특징과 기여(필립 부르크 2018)

ⓒ Philippe Bourke

아래 인터뷰는 캐나다 퀘벡 환경 관련 공공의견청취국장 필립 부르크(Philippe Bourke)와 필자가 수행한 인터뷰 내용이다. 2017년 퀘벡 현지에서 나눈 대화와 2018년 6월, 서울시 국제갈등포럼에 참석차 서울을 방문했을 때 필자가 수행한 인터뷰를 2021년 이메일로 확인한 내용이다.

Q1 : BAPE는 국가 행정 시스템에 시민참여를 제도화한 세계 최초의 정부 기관이다. 개괄적인 소개와 함께 그 의의를 평가해 보자면?

A : BAPE는 1972년에 제정된 환경법을 1978년에 개정하며 설립된 기관이다. 72년 환경법이 설치한 환경자문위원회(Conseil consultatif de l'environnement)를 78년 법은 공공의견청취국(Bureau d'audiences publiques sur l'environnement)으로 격상시켰다. 공공사업과 민간사업을 가리지 않고 환경에 큰 영향을 미칠 수 있는, 일정 조건을 충족하는 사업을 대상으로 환경영향평가를 실시하는 전담 기관을 설립한 것이다. 게다가 BAPE를 만들 때 퀘벡주 의회는 환경영향평가의 필수 요소로 시민들에 대한 정보제공과 의견수렴을 필수 절차로 부과했다. 이는 시민참여에 기초하는 전략환경영향평가의 탄생을 알리는 신호탄이자 전 세계적으로 참여민주주의의 이상을 구현하는 최초의 시도였다. 리우선언 제10원칙인 참여 원칙을 구체화한 협약으로 1998년, 유엔 유럽경제위원회(UNECE)가 채택하고 현재 유럽을 중심으로 47개국이 가입된 오르후스 협약(Aarhus Convention) 보다 무려 20년이 앞서는 퀘벡의 자랑스러운 역사다.

Q2 : BAPE의 주요 임무를 좀 더 자세히 말한다면...?

A : BAPE의 기능은 환경부 장관이 요구하는 환경 문제를 모두 조사하고 그 결과 분석을 장관에게 직접 제출하는 데 있다. 또한 BAPE는 장관이 요구하는 공청회를 개최하고, 퀘벡 사회와 지속가능발전 목표를 협의하고, 분쟁이 심각해질 경우 이해당사자 조정절차를 개시한다. BAPE의 기본 임무는 16개 지속가능발전 관련 법을 기반으로 시민의 우려와 의견, 대규모 사업에서 발생할 수 있는 문제 등을 조사하고 그에 대한 시민 의견을 환경부 장관에게 전달해 정부의 의사결정을 돕는 것이다. 이런 임무를 올바르게 수행하기 위해 BAPE는 가용한 모든 정보를 시민에게 공개한다. 또한 시민들은 자기 의사를 명확히 표현하고, 환경보전 업무에 기여하는 데 필요한 조력을 제공한다.

Q3 : 캐나다 행정부에서 BAPE의 법적 지위가 궁금하다. 캐나다에서 'Bureau'가 가지는 법적 지위는 무엇인가?

A : 캐나다에서 'Bureau'라는 용어는 공식 행정권을 가진 정부 기관을 지칭한다. 따라서, BAPE는 퀘벡주 정부의 공식 조직이고, 소관 행정 업무에 대해 입법부의 견제를 받는다. 그러나 BAPE는 정부와 어떤 행정적 상하관계도 가지지 않는 독립기관이며, 예산도 독립적으로 편제된다. 행정부의 일개 부서가 아니라 운영과 의사결정의 자율성을 갖는 독립기관이다. 그래서 설립된 게 BAPE인데, BAPE는 환경부 등 정부 행정기관과 무관하게 환경부 장관에게 배속된 독립적인 자문기관이다. BAPE의 독립성은 그것이 환경부 산하가 아니라 장관 직속이라는 사실에서 쉽게 유추할 수 있는데, 이런 독립성은 특히 조사위원회를 구성하는 방식, 조사 수행 방법, 그들의 권한 행사 방법, 심의를 진행하고 보고서를 준비하는 방법 등에서 여실히 나타난다.

Q4 : 참여를 통한 의사결정의 가장 큰 장점은 그를 통해 사회적 합의를 도출하고 시민의 정책 수용성을 높이는 데 있다고 한다. 실제로 그런가? 그를 위해 BAPE는 어떤 절차와 방법을 사용하는가?

A : BAPE의 시민참여 즉, 공론화 과정은 첫째, 사업에 대한 정보를 투명하게 공개하고 시민들의 의문과 질문에 대한 사업자의 답변을 받는 것으로 시작한다. 그리고 둘째, 다양한 행위자들과 상호작용하면서 관련 문제들에 대해 심도 있게 토론하고 분석하는 기회를 마련해준다. 이 모든 과정이 끝나면 해당 사업에 대한 시민들의 우려와 의견을 수집하고 정리한다. 특히 일반 시민들과 관련 이해당사자 집단은 중립적이고 공정한 회의진행자(퍼실리테이터) 앞에서 자신들의 기대와 우려, 근심과 걱정을 표현할 수 있다. 이 모든 과정이 시민매체에 광범위하게 노출되면 BAPE의 협의 과정에 많은 시민이 주목하게 된다. 이런 과정 자체가 의견교환을 활성화하며 합의를 독려하고 새로운 시각과 관점, 대안을 촉진하는 참여와 숙의의 역동성을 창출한다. 특히 숨겨져 있던 지식이 언론과 방송을 통해 빠르게 확산하며 시민들의 관심과 숙고 속에 의제가 자리 잡으면 집단적 성찰과 사회적 동원 속에 유익한 토론들이 여기저기서 자발적으로 일어난다. 이러한 활동은 모든 참가자의 관심과 의견을 더 잘 이해할 수 있도록 하며 문제의 복잡성을 명쾌하게 드러내는 유익한 토론 기회를 제공한다. 이 과정에서 행정, 법률, 기술, 환경, 생태 등 주어진 문제의 '오만가지' 측면들이 쉴 새 없이 드러나며 우리가 미처 알지 못했던 문제의 원인과 해법들을 새로 찾아낼 수 있게 된다.

Q5 : 주로 소수의견을 가진 집단으로부터 발생하는 경우가 많지만 긴 공론화 과정 이후에도 의견 불일치는 지속될 수 있다. 그런 상황에서 사업 반대자들의 분노 와 의견 불일치에 BAPE는 어떻게 대처하는가?

A : 누구든지 BAPE가 공론화를 진행하는 기간에는 자신의 견해를 자유롭게 표 현할 수 있다. BAPE는 공론화를 마치고 결과보고서를 작성해 환경부 장관에게 전달한다. 이 보고서에는 참가자들이 표현한 우려와 다양한 의견이 명시되어 있다. 또 이 보고서는 BAPE 조사위원회가 지속가능발전법의 각 원칙을 고려해 엄격하고 독립적인 방법으로 조사·분석한 결과와 BAPE의 독자적인 의견을 포 함한다. 그러나 공론화가 끝나면 보고서 전달과 함께 BAPE의 조사위원회는 해 체되고, 행정청의 자율에 모든 것을 맡긴다. BAPE는 권고만 할 뿐이고, 결정은 행정청이 한다. BAPE의 권고를 수용하지 않을 때의 부담도 오롯이 행정청이 져야 한다. 이해당사자들과 합의를 지향한다고 해서 언제까지나 사업을 유예하 거나 보류하자는 것은 아니다. 사업 추진과정에서 지속되는 일부의 반대와 부 동의는 의사결정권자들과 사업추진자들이 중재나 재판 등, 다른 법적 장치를 통해 합리적으로 풀어나갈 사안이다.

## 프랑스 국가공공토론위원회(CNDP)

프랑스는 이미 20여 년 전부터 대규모 국책사업을 추진할 때 국민 의사를 사 업계획에 반영할 것을 목적으로 체계적인 '공공토론'(débat public)을 조직화하고, 이를 주관하는 독립적인 행정기구를 상설 기구화해 높은 수준의 제도화에 성공했 다. '국가공공토론위원회'(Commission Nationale du Débat Public, 이하 'CNDP')가 그 것으로, 동 위원회는 1995년에 제정된 바르니에 법(Loi Barnier)[10]에 따라 1997년 환경개발부 산하에 설립된 이후 2002년, 독립행정기관(Autorité Administrative In- dépendante)으로 발전되어 구성과 조직, 예산 측면에서 독립성과 자율성을 보장받 는 명실상부한 공론화 전담 기구이다.

---

10 바르니에 법은 프랑스 행정법에서 처음으로 공공토론 형태로 시민참여의 원칙을 구현한 법률이 다. 국익과 관련된 대규모 국토개발사업을 결정하기 이전, 심의과정에 시민의 의사를 참여의 형태 로 반영하겠다는 입법 의지를 천명한 이 법률의 정식 명칭은 '환경보호 강화와 관련한 법 제 95-101호'이다. 동 법의 시행령으로 선포된 '개발사업 결정 이전에 시행하는 주민 자문과 시민단 체 자문에 관한 집행명령 제96-388호'(1996년 5월 10일 제정)는 국익과 관련된 개발사업의 기획 과정에 시민 참여 질차로서 공공토론 절차를 도입하고 있다.

프랑스 독립행정기관의 법적 지위

프랑스에서 독립행정기관은 1960년대 말에 등장해 1970년대 중반 이후 그 수가 증가해 2021년 2월 1일 현재, 총 25개가 있다. 이들 기관은 국가기관으로서, 정부의 직접적인 개입이 바람직하지 않은 주요 부문의 관리를 담당하고 있으며, 특정 장관의 위계질서(hierarchy)에서 벗어나 정부의 명령이나 지시, 권고로부터 자율인 결정을 내릴 수 있다. 또, 국가의 위임에 따라 정부 및 공공기관에 대한 권고, 결정, 규제, 제재 등의 일정 권한을 가진다. 대부분 합의제로 운영되며 주요 임원의 임기는 법으로 보장된다. 따라서 CNDP 위원들의 해임은 사실상 불가하며, 위원들의 임기는 정부 변동과 무관하게 유지된다. 프랑스 독립행정기관은 경제활동 규제와 시민권리 보호, 2개 범주로 나뉘는데, 중앙은행 등의 경제기관이 전자에 속한다면 CNDP는 후자에 속하는 기관이다.

CNDP 창설에는 두 가지 요인이 작용했는데, 1970년대 후반에 있었던 환경운동 진영의 약진이 첫 번째 요인이고, 두 번째 요인은 1980년대와 1990년대에 걸친 대규모 국책사업의 표류였다(박재근 외, 2014).[11] 이 시기를 계기로 대규모 국토개발사업을 추진하기 위해서는 정책 결정 전에 시민의 참여를 보장하고 그를 통한 의견조율 등 절차적 정당성 확보가 중요하다는 인식이 빠르게 확산되었는데, 이러한 시대정신이 결국 CNDP 창설로 이어졌다.

CNDP는 정부가 추진하는 대규모 국책사업 결정 과정에 주민과 직·간접 이해당사자들이 참여해 적극적으로 의견을 개진할 기회를 보장하는 것이 임무다. 때문에 환경 문제, 국토개발계획과 주요 설비계획 전반에서 시작해 국가 비전에 이르기까지 그 활동 범위가 갈수록 확장되는 추세에 있다. 그래서 1997년 창설 이후 2020년까지 약 350건의 사업을 검토하고 그에 관여했다. 이 가운데 95회는 실제 '공공토론'을 운영했고, 250회는 협의절차를 진행했다. 특히 한국은 물론 전 세계적인 난제로 꼽히는 「사용후핵연료 국가관리계획」을 주제로 2005년과 2013년 두 차

---

11 1980년대에 수행된 고속철도 지중해선(TGV−Méditerranée) 건설사업과 르와르(Loire) 지역 재개발 사업이 대표적인 예이다. 특히 고속철도 지중해선 건설사업 추진과정에서 발생한 갈등은 1989년에서 1994년까지 5년 동안, 4명의 건설부 장관이 사임했을 만큼 큰 정치적 파장을 낳았다. 그리고 르와르 지역 재개발 사업은 11개 보를 건설하는 내용인데 결국 3개 보 건설계획은 취소되고, 기 건설했던 2개 보는 해체하는 것으로 사업방향을 선회했다.

례에 걸쳐 공공토론을 진행하고 성공적인 고준위방폐장 입지선정에 기여한 바 있다. 그리고 2013년에는 에너지 전환에 대한 공공토론을 진행함으로써 「녹색 성장을 위한 에너지 전환에 대한 2015년 8월 18일 법」 제정에 기여하기도 했다.

프랑스 국가공공토론위원회의 기능과 공공토론의 의의(장-프랑수아 베로, 2013)

 *아래 인터뷰는 2013년 6월, 프랑스 CNDP 사무총장 고(故) 장-프랑수아 베로(Jean-François Béraud)가 서울시 국제갈등포럼에 참석했을 때 필자가 수행한 인터뷰다. 프랑스 국립행정학교(ENA) 출신으로 지방행정 고위 공무원으로 은퇴한 장-프랑수아 베로는 필자와 함께 자치와 분권, 시민참여와 숙의적 정책형성에 대한 신념을 나누며 민주주의의 비전을 공유했다. 2017년 5월, 파리에서 사망했다(향년 70세).*

Q1 : 프랑스 정치·행정 시스템에서 CNDP가 수행하는 역할이 무엇인가?

A : CNDP는 독립행정기관으로서 국익과 관련된 개발이나 설비 사업 계획이 사회·경제적으로 중요하다고 인정되거나 환경이나 국토개발에 큰 영향을 끼친다고 판단될 때, 국책사업의 입안 단계에서부터 공공의 참여를 보장하도록 감시하고 유인하는 임무를 수행한다. 국책사업의 사업타당성 검토 단계에서부터 시행 단계에 이르는 전 과정에서 시민참여가 보장되도록 하는 게 CNDP의 소임인거다.

Q2 : CNDP는 공공사업에 대해 시민 의견을 청취하는, 유럽에서도 보기 드문 정부 조직이다. 정식 정부 기구로 편제되기까지 어떤 우여곡절이 있었는가?

A : 프랑스의 1980년대와 90년대는 격동의 시기였다. 1980년대에 수행된 고속철도 지중해선(TGV-Méditerranée) 건설사업과 르와르(Loire) 지역 재개발 사업이 대표적인 예다. 특히 고속철도 지중해선 건설사업 추진과정에서 발생한 갈등은 1989년에서 1994년까지 5년 동안, 4명의 국토부 장관을 갈아치울 만큼 큰 정치적 파장을 낳았다. 그리고 르와르 지역 재개발 사업은 11개 보를 건설하는 내용인데 결국 3개 보 건설계획은 취소되고, 기 건설했던 2개 보는 해체하는 것으로 사업방향을 선회했다. 이미 프랑스에서는 민의조사(Enquête publique)를 광범위하게 사용하도록 하는 부샤르도 법(loi Bouchardeau)이

1983년에 제정되어 시민참여 분야에서 중요한 진전을 이룬 바 있다. 또 1992년과 1993년에 '사전 협의의 원칙'을 모든 대규모 국책사업에 적용한다는 행정명령이 발동되었다. 이들은 모두 국가 SOC 사업 계획에 관한 국민적 협의가 노선측량 이전에 이루어질 것을 명시하고 있었다. 하지만 이 모든 것이 국책사업 과정에서 나타나는 사회적 대립과 혼란을 막기에는 역부족이었던 거다. 그 결과 미셀 바르니에 환경부 장관이 국책사업 의사결정과정에서 시민참여를 보장하는 중앙행정기관을 창설해 주요 국책사업의 사전협의 절차를 강화하는 바르니에 법(loi Barnier)을 1995년에 발의해 오늘에 이르고 있다. 완성도 높은 숙의적 시민참여를 보장하는 '공공토론'의 조직 방법과 절차, 시행 시기 등을 규정하는 법률을 만들고 국책사업의 결정과 집행과정에서 국민의 의견을 반영하도록 하는 독립행정기관을 창설한 것이다. 이것이 바로 CNDP의 탄생 배경이기도 하며, 프랑스식 숙의민주주의의 탄생 배경이기도 하다. 따라서 CNDP의 창설과 숙의민주주의의 도입은 전통적인 관료제 개혁의 일환으로 추진된 면도 있는 게 사실이다.

Q3 : 일국의 정치·행정 시스템 개혁이라는 관점에서 보면, 이는 특히 효율성 중심의 하향식(top-down) 행정 패러다임을 바꾸는 계기가 되지 않았을까?
A : 그렇다. 어느 나라든 개발과정을 거치게 마련인데 대부분 그 과정에서 행정이 국민과 소통하고 협력하는 대신 일방적으로 밀어붙이는 관행이 자리 잡게 마련이다. 그것이 구체적인 성과를 단기간에 이루는 데 효율적이기 때문이다. 프랑스도 예외는 아니었다. 그런데 CNDP의 창설과 함께 이 관행에 제동이 걸린 것이다. 이제 국민의 의견을 적극적으로 듣고, 수용하고, 반영하는 것이 행정의 미덕으로 자리 잡기 시작했다. 그래서 프랑스 CNDP의 기능은 2002년의 법 개정을 통해 더욱 강화되었다. 이제는 국민들도, 정치권도, 그리고 행정부도, 이 기능이 중요할뿐더러 효과적이라는 것을 인정하기 시작했다는 방증이다.

Q4 : 그런데 사업 시행자들은 공공토론의 결과를 반영할 의무도 갖지 않으며 또 토론 결과를 무시한다고 해도 아무런 법적 제재를 받지 않는데, 토론의 과정이나 결과가 존중될 수 있는가?
A : 10여 년의 경험이 쌓인 지금, 공공토론이 성숙한 여론형성의 견인차가 된다는 사실이 명백해졌다. 국민들은 사업 주관자들의 이야기를 듣고 이해하게 되고, 이로 인해 사업 계획을 가장 잘 받아들이게 된다. 대부분은, 사업 주관자도 공공토론을 진행하고 난 후에 사업 계획의 일부 또는 상당 부분을 수정한다. 지금까지의 경험으로 보자면 공공토론에 붙여진 사업 계획의 약 70%가 원래의

계획을 수정한 것으로 집계되었다. 그뿐만 아니라 토론에서 논의된 사항들을 고려하며 배우는 학습효과가 지대하다. 이렇게 국책사업의 계획을 국민들에게 널리 알리고, 그에 대해 국민의 의견을 광범위하게 수렴하며, 사업 계획을 더 세련되게 다듬는 일련의 과정에서 공공토론의 궁극적인 목적 즉, 정부와 국민의 상호신뢰를 형성하는 보다 큰 목적을 달성하게 되는 거다.

Q5 : 프랑스 CNDP가 정부의 집행부서는 물론 국민들의 신뢰를 받고 있다는 의미인데… 위원회의 행동강령이랄까 공공토론의 기본원칙은 무엇인가?
　　A : CNDP가 추구하는 가치는 모두 네 가지다. 정보의 투명성, 경험적 증거에 기초하는 토론, 모든 이해당사자들에 대한 공정성 그리고 모든 상황에서 유지하는 객관성이다. 우리는 이 원칙들을 준수하고 준수하게 하려고 CNDP 직원들의 윤리헌장을 제정하고 이 원칙들이 충실히 지켜지는지 감시한다. 위원회 관계자들은 어떤 경우에도 해당 사안에 대해 찬반 의견을 표명할 수 없으며 약속 이행의 의무, 독립성과 중립성의 의무 그리고 신중한 행동의 의무를 가진다. 위원들은 자기를 위원으로 추천한 기관의 대표 자격이 아니라 공적 이성을 가진 합리적 개인의 자격으로 심의할 의무를 진다.

Q6 : CNDP는 합의형성을 위해 어떤 방법과 기술을 사용하나?
　　A : CNDP에서 주관하는 공공토론은 반드시 합의형성을 목표로 하지는 않는다. 다만, 다양한 정보들을 투명하게 공개하고 중립적이고 객관적인 전문가들의 도움을 받아 서로 의견을 달리하는 다양한 이해당사자들로 하여금 이해의 폭을 넓힐 수 있도록 배려함으로써 합의가 자연스럽게 형성될 수 있도록 돕는 건 사실이다. 이를 위해 공청회, 여론조사, 합의회의, 시민배심원 등 다양한 형태의 참여적 의사결정 기법을 온·오프라인에서 가동하고 이를 전면 공개하도록 하고 있다. 따라서 원하는 사람이라면 누구나 사업내용을 소상히 알 수 있고, 그에 대해 의견을 표명할 수 있는 권리를 가진다.

Q7 : 그동안의 경험이 적지 않은데 프랑스 국민의 만족도는 어떤가? CNDP의 성과를 평가해 본다면?
　　A : 공개토론회 참석자들의 수나 인터넷 토론회 참가자들의 수가 갈수록 늘어난다는 것은 그 성과를 짐작하게 한다. 그렇지만 이것만이 공공토론의 효율성이나 만족도를 측정하는 유일한 지표는 아니다. 현재 우리는 만족도를 평가하는 다른 방법들을 개발하고 있는데, 예를 들어 사업주관자가 공공토론 후 결과보고서를 작성하는 방식을 자세히 살펴보면 공공토론이 그 역할을 잘 수행했는

지 여부를 알 수 있다. 사실 5년 전만 해도 사업 주관자의 결과보고서는 몇 페이지에 불과했다. 그런데 현재는 이 보고서의 내용과 분량이 훨씬 충실해졌다. 국민 여론의 반영이 그만큼 깊어졌다는 것을 의미하는 거다.

Q8 : 한국에서도 시민참여를 촉진하기 위해 (가칭)국가공론위원회 설립과 운영을 위한 법률안이 국회에 발의되었다. 이와 관련해 주고 싶은 조언이 있다면 ?

A : 내가 해줄 수 있는 가장 중요한 조언은 무엇보다도 정치권으로부터, 그리고 사업 주관자들로부터 공론위원회의 독립성을 지키라는 것이다. 이를 위해서는 위원회는 내용관리가 아니라 절차관리만 엄격하게 진행해 민의를 수렴하는 것이 필요하다. 이것이 시민들로 하여금 이 기관을 신뢰할 수 있게 하는 마지막 보루다.

## 동부 벨기에 시민의회

2019년, 동부 벨기에 지방의회는 동부 벨기에 모델(The Ost−Belgien model)이라는 새로운 숙의민주주의 제도를 창설하며 유럽 민주주의 혁신에 새로운 전기를 마련했다. 기존의 공식적인 대의기관과 나란히 시민들의 직접 참여에 기초하는 시민 숙의기구를 세계 최초로 상설화하는 법안을 통과시킨 것이다. 이 숙의 기구는 사무국의 지원을 받는 시민위원회(Bürgerrat, Citizens' Council)와 시민의회(Bürgerversammlungen, Citizen Assemblies 또는 Citizens' Panels)로 구성되는데 여기에는 성별, 연령, 교육 정도, 거주지역을 고려해 선발한 시민들이 참여한다. 선발은 무작위 추첨으로 이루어지며 16세 이상 동부 벨기에 지역 주민들 가운데 선출직에 종사하지 않는다면 누구나 두 기관 가운데 하나에서 활동할 수 있다. 특히 외국인도 시민의회 의원으로 활동할 수 있다. 추첨에서 뽑힌다고 해서 참여가 의무인 것은 아니다. 일정 수당을 받지만 지금까지의 통계로는 대개 10%의 참석률을 보이는데 이는 다른 사례의 참석률에 비하면 결코 낮은 편이 아니다. 참석 수당은 4시간 미만 64유로(한화 약 8만 8,000원), 4시간 이상일 때는 2배 이상 인상한다(2019년 기준).

시민위원회는 상설조직으로서 24명으로 구성되며 위원들의 임기는 18개월이고, 6개월마다 3분의 1씩 교체된다. 임기 중 위원이 사퇴하면 시민의회 위원 중에서 추첨을 통해 선발한다. 시민위원회 회의는 한 달에 한 번씩 개최해 의제를 설정하고 시민의회를 준비한다. 시민위원회 위원장 임기는 6개월을 초과할 수 없고, 남성과 여성이 의무적으로 6개월씩 번갈아 가며 담임한다. 그리고 시민의회에서 다룰 주제를 결정하고 시민의회의 규모와 기간을 결정한다. 시민위원회의 의사결정은 합의로 이루어진다. 합의가 이루어지지 않을 때는 위원 3분의 2 이상의 출석과 출석위원 3분의 2 이상의 찬성으로 의결한다.

시민의회는 비상설 임시(ad hoc) 조직으로서, 필요할 때 시민위원회가 소집하는데 보통 3~4개월에 걸쳐 3주 동안 활동한다. 시민의회 위원들은 연령, 성별, 거주지, 사회경제적 배경 등을 고려해 모집단 중 무작위 추첨으로 뽑는다. 대략 25~50명으로 구성하고, 시민의회 회기 시작 전 위원이 사퇴하면 또다시 추첨으로 선발하지만, 회기가 시작된 후 위원이 사퇴하면 추가로 위원을 선발하지 않는다. 우편으로 연락해 예비 선발을 통보한 다음, 선발에 응한 사람들 중 자격요건을 충족하는 사람들에 한해서 또다시 추첨으로 선발한다. 시민의회 주요 기능은 시민위원회가 정한 주제를 심의하고 이를 토대로 하나 이상의 정책권고안을 발표하는 것이다. 정책권고안은 시민의회 의원과 지방의회 의원이 참여하는 공동위원회에서 논의한다. 지방의회 의원과 담당 장관의 반대 의견이 없는 한, 권고안은 지방의회 또는 지방정부의 정책으로 채택된다.

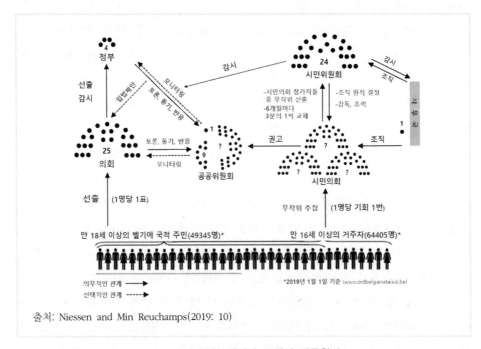

출처: Niessen and Min Reuchamps(2019: 10)

[그림 8 2] 동부 벨기에 모델의 작동원리

이 모델의 마지막 행위자는 사무국이다. 사무국은 시민위원회와 시민의회에 행정적, 조직적 지원을 제공한다. 사무국은 자문 자격으로 시민위원회에 참석하고, 시민의회의 권고사항을 정리해 시민위원회에 통보한다. 재정관리도 사무국의 일이다. 예산안을 작성하여 시민위원회에 제출하고, 채택된 예산안을 의회에 보낸다. 이 예산안이 시민위원회와 의회에서 승인되면, 사무국은 시민위원회의 통제 아래 예산을 관리한다.

시민위원회의 정책권고안은 단순 권고일뿐 법적으로 구속력을 가지는 것은 아니다. 벨기에 헌법은 의회에 모든 권한을 부여하는 대의민주주의 체제를 규정하기 때문이다. 또 이 모델이 적용되는 동부 벨기에 지역은 8만 명의 주민이 거주하는 작은 공동체다. 큰 규모의 공동체에 적용될 경우 어떤 어려움에 직면하게 될지 누구도 알 수 없다. 그러나 우리 시대에 숙의민주주의는 정당성 위기에 직면한 현대 대의민주주의 체제의 대체적 수단 내지 보완적 수단으로 인식되며 이러한 류의 민주주의 혁신이 유럽에서 광범위하게 확산하고 있음에 주목해야 한다.[12] 이 책의 6장 3절에서 논의한 아일랜드 시민의회를 보자. 아일랜드는 동성결혼, 낙태 같은 주제에 관한 법률 개정을 위해 약 100명의 시민을 무작위 추첨으로 선발해 시민회의를 소집하고, 시민들이 발의한 권고안을 국민투표에 붙였다. 일국적 차원에서도 얼마든지 가능함을 보여주는 사례다.

아일랜드에서든 벨기에에서든, 일국적 차원에서든 작은 공동체 수준에서든, 의회와 정부의 낮은 신뢰도 문제를 해결하기 위해서 정치적 의제를 직접 설정하고, 정책을 제안하고, 의회와 정부의 활동을 직접 감시할 수 있는 숙의 기구의 설치를 결코 과소평가해서는 안 된다. 공동체의 의사결정과정에서 시민들에게 지속적으로 목소리를 내게 할 수 있을 뿐 아니라, 시민들의 목소리를 체계적으로 들을 수 있는 모니터링 시스템이 구축되었기 때문이다. 이는 궁극적으로 정책결정권자들의 책무성(accountability)을 높이고 일반 시민들의 정책의제 형성역량을 강화하는 데 기여하며 건강한 민주주의의 미래를 기약할 것이다.

---

12 2021년에 포르투갈 리스본 시장 선거에서 중도 우파 연합 후보로 출마한 카를로스 모에다스 (Carlos Moedas)는 상설 시민의회 설치를 공약으로 내걸고 당선되었다. 이는 세 가지 점에서 매우 이례적인데 첫째, 그것이 일국의 수도에 생겼다는 것 둘째, 그런데 그것이 일과적인 것이 아니라 상설적인 기관으로 세워졌다는 것 그리고 셋째, 진보정당이 아니라 보수정당 연합에 의해 세워졌다는 것이 그것이다(스페인 마드리드 시에도 시민의회가 있었지만 그것은 실험적인 성격의 임시 조직이었다).

한국의 공론화 기구, (가칭) '국가공론위원회'

비록 법률에 근거해서 정식으로 제도화된 건 아니지만 한국의 중앙과 지방 행정기관 상당수도 참여와 숙의의 정책형성 기제를 활발히 활용하고 있다. '신고리 원전 공론화'(국무조정실), '사용후핵연료 관리정책 재검토위원회'(산업부), '평화·통일을 위한 사회적 대화'(통일부), '협치 서울 시민대토론회'(서울시), '시민 아고라 500'(광주광역시), 온라인 정책토론 '톡톡 경남'(경상남도), '주민참여회의'(서울시 도봉구), '주민참여예산제'(서울 성북구) 등은 선진적인 민·관 공동 의사결정(co-decision) 사례로서, 전통적인 관료제의 의사결정과정을 개방해 주민 참여를 촉진하고 숙의에 기반하는 민·관 협치(거버넌스)를 더욱 활성화하는 방법들이다.

이런 시도는 참여와 숙의 기제를 정부 정책 과정에 도입해 공적 의사결정의 민주성과 책무성을 높이고, 그와 함께 정책 수용성을 높여 지역공동체와 생활공동체에 대한 주민들의 귀속감과 자부심을 드높이고 있다. 이 모든 것은 진정한 의미의 풀뿌리 민주주의로 기능하며 우리 사회 전체의 신뢰 지수를 높이고 협력적 문화를 조성해 국가발전에 이바지할 것으로 기대된다. 이제 남은 것은 광역이든 기초든, 지자체 수준에서부터 중앙부처에 이르기까지, 나아가 행정부는 물론 입법부와 사법부에 이르기까지 전통적인 관(官) 주도적 행정행태를 탈피하고 참여와 숙의에 뿌리내린 의사결정 시스템을 구축하는 것이다.

참여와 숙의의 성공조건

참여는 정치·행정 시스템 내·외부에서 시민들에게 다양한 의사결정 층위에, 그리고 다양한 정책 과정에서 정치·행정 시스템에 접근할 수 있는 통로를 개방하여 정치·행정 시스템과 정책대상집단이 상호작용할 수 있는 접촉면을 넓히는 게 목적이다. 숙의는 참여자들의 의사결정이 일회적 여론조사가 아니라 충분한 정보와 평등한 토론에 기초해 공적 의사결정이 투명하게 이루어지는 환경을 보장해주는 것이 목적이다. 참여와 숙의에 기반하는 의사결정은 행정과 정책대상집단, 둘 모두에게 긍정적인 가치를 창출할 수 있다. 특히 공동체의 규모가 작으면 작을수록 비용은 저렴하되 효과는 더 직접적이고 전면적이다. 행위자의 수가 적어져 의사소통이 용이한 대면적 상황이 더 많아지기 때문이다. 그래서 중앙보다는 지방에서, 광역보다는 기초에서 그 효과를 더 빨리 체감할 수 있을뿐더러 비용도 더 지렴하다. 물론 참여와 숙의의 방법과 수단은 참여자의 수와 행태 또는 행정단위의 크기에 따라 얼마든지 달라질 수 있다. 그러나 어느 수준에서건 그에 대한 단체장과 의회의 관심, 그리고 그에 조응하는 법제적 기반이 성공적인 공론장 형성과 운영의 필수조건이다.

이를 위한 길잡이로 지금까지 살펴본 주요국 사례는 우리가 수용할 수 있는 제도적 얼개를 그려보는 데 유용한 지침이 될 수 있다. 캐나다 퀘벡주의 BAPE, 프랑스의 CNDP, 그리고 벨기에의 시민위원회를 비교해보면 우리가 고려해야 하는 준거점이 더욱 명확해진다(cf. <표 8-1>).

〈표 8-1〉 해외 공론화 기구 비교

| 구분 | BAPE (캐나다) | CNDP (프랑스) | 시민위원회 (벨기에) |
|---|---|---|---|
| 설립시기 | 1978 | 1997 | 2019 |
| 법적근거 (제정시기) | • 환경보전법 sec.6<br>• 환경에 관한 공공의견 청취국 절차 규정 | • 바르니에법(1997)<br>• 풀뿌리민주주의법(2002) | • 2019년 2월 25일법 (동부 벨기에 조례) |
| 기구위상 | • 독립행정기구 | • 독립행정기구 | • 독립행정위원회 |
| 위원 임기 | • 최대 5년<br>• 갱신 가능 | • 5년<br>• 1회 연임 가능 | • 18개월 |
| 조직체계 | • 위원회 (상근 위원 5명)<br>• 비상근 전문위원 (19명)<br>• 사무국 | • 국가공공토론위(상설기구 상근 위원 3 비상근 위원 22명)<br>• 공공토론특별위(한시기구 3-5명)<br>• 사무국 | • 시민위원회(상설조직 24명. 6개월마다 1/3 교체. 시민의회 의원 중 추첨으로 선발)<br>• 시민의회 또는 시민패널 (비상설조직) |
| 공론화 대상 과제 | • 환경영향평가 대상 사업<br>• 지속발전사업은 의무적 회부 | • 국토개발사업<br>• 환경기초시설 사업<br>• (대규모) 의무적 회부<br>• (중규모) 선택적 회부 | • 동부 벨기에 지역과 관련된 모든 정책 중에서 시민위원회가 선정 |
| 공론화 방식 | • 공공의견청취(4월)<br>• 특정집단협의(3월)<br>• 조정(2월) | • 공공토론<br>• 사전협의 | • 시민의회(인구통계학적 기준에 따라 25-50인을 추첨으로 선발) |
| 공론화 기간 | • 2~4개월 | • 4개월 + 2개월 | • 사안에 따라 시민위원회가 결정 |

| | | | |
|---|---|---|---|
| 결과의 구속력 | • 법적 구속력이 없는 권고안 제출<br>• 각료회의에서 내용 참고하여 최종 결정 | • 법적 구속력이 없는 시민 의견 모음집 제출<br>• 시민 의견 대외 공개 및 관련 사업자 감독 | • 법적 구속력이 없는 정책권고안 제출<br>• 의회와 정부에서 권고안을 참고해 최종 결정 |
| 효과 | • 환경영향평가의 중립성 제고 | • 81% 사업 방향 조정 국책사업 갈등 저감 | • 시민정치와 제도정치의 밀접한 연계 |

자료: 은재호(2009, 2016), 황수경 외(2020) 등 선행연구 종합

이 세 가지 사례는 공공정책이나 사업의 수용성과 정당성을 높이기 위해 계획 단계에서부터 시민의 참여와 숙의를 보장한다는 목적을 공유하지만, 몇 가지 차이점도 보인다.

먼저, 이 세 기관의 공통점이라면 세 기관 모두 결정권을 가지는 건 아니라는 것이다. BAPE는 시민 의견을 취합하고 정리해 가장 바람직한 대안을 권고안으로 채택하고 이를 환경부에 제출한다. 동부 벨기에의 시민위원회 역시 마찬가지다. 시민 패널이 제안한 의제에 대해 시민의회를 개최해 시민 의견을 수렴한 다음 시민위원회 이름으로 권고안을 정부와 의회에 제출한다. 그러나 그것은 기관의 의견을 제출하는 것일 뿐, 그를 채택할지를 결정하는 권한은 오직 의회와 행정청에 귀속된다. CNDP는 아예 기관 이름으로 된 권고안조차 내지 않고 오직 시민 의견을 체계적으로 정리해 이를 정부에 제출할 뿐이다.

공론화 대상 이슈의 범위와 조직의 위상에 있어서는 약간의 차이를 보인다. 먼저, BAPE는 (전략)환경영향평가와 지속가능발전법이 정하는 특정 사업만을 대상으로 하지만, CNDP는 법률이 정하는 범위에 들어오는, 국가적 차원의 주요 토목·시설 사업을 원칙으로 한다. 그리고 동부 벨기에 시민위원회는 시민패널이 제안하는 모든 정책과 사업을 대상으로 한다. 그리고 CNDP와 BAPE는 공론화 대상 사업의 종류와 규모를 규정하지만, 시민위원회는 대상사업을 직접적으로 규정하지 않고 선정 절차만을 규정하고 있다. 다만, CNDP와 BAPE 어느 것이든 최근 들어 에너지 정책 등 연관 분야 사업과 정책으로 그 대상 의제가 조금씩 확장되는 추세에 있다.

그런데 이러한 차이점은 공론화 절차의 설계나 운영을 위한 기본 원칙과 관련된 내용이라기보다는, 나라별 행정조직 체계의 특성이나 공론화 대상 의제의 성격이 다른 데서 비롯된 것이라 할 수 있다. 그래서 흔히 서구 선진국의 제도를 소개

하고 이의 도입을 제안하면, 제도 이식에 따른 기존 제도와의 마찰이나 문화적 거부감을 이유로 부정적인 반응을 보일 때가 많다. 한국도 예외는 아니다. '우리에게는 토론 문화가 없다'라거나 '독립행정위원회는 결국 정부 조직 내에서 겉돌고 말 것'이라는 비관적인 전망이 그것이다.

그러나 일부의 우려와 달리 현장중심 모형(practice-driven model)으로 발전한 한국의 공론화 실태는 서구 제도의 수용에 매우 적극적이고 또 이를 변용하며 적용하는 자생력이 매우 높다는 게 필자의 판단이다. 이 연구는 이러한 관점에서 위세 가지 사례의 차이점보다 공통점에 주목하며 이 공통점을 한국에 옮겨심을 때 참고할 준거점(reference points)으로 구성해보고자 한다. 이 준거점들이야말로 공론화 절차의 실효적 설계와 운영을 위한 시사점 도출에 유용할 것이기 때문이다. 세 가지 사례의 공통점과 그로부터 얻을 수 있는 시사점은 아래 여섯 가지다.

첫째, 공론화 전담 기구 설치의 근거, 공론화 대상 사업, 그리고 공론화 절차 등을 법률로 규정한다. 특히, 공론화 대상 사업과 절차를 법률로 규정하면 공론화가 정치적으로 이용될 가능성을 사전에 차단할 수 있다. '신고리 원전 공론화'를 비롯해 이어지는 '대입제도 개편 공론화', 그리고 '사용후핵연료 관리정책 재검토'에 이르기까지 한국에서 반복되는 공론화 관련 시비의 하나는 공론화 소집권과 관할권을 둘러싼 공방이다. 공론화의 대상(의제)을 법률로 정하고 소집권을 정부가 독점하지 않도록 배려한다면 공론화를 둘러싼 의혹과 갈등의 상당 부분을 사전에 차단할 수 있다. 또한 공론화 지원조직(위원회와 사무국)이 법률에 근거해 중립성을 보장받고 상설기구로 운영된다면 공론화 운영에 대한 전문성을 축적할 수 있다.

둘째, 공론화 전담 기구의 독립성이 요구된다. 프랑스 CNDP의 경우 AAI(Autorité Administrative Indépendante)라는 독립행정기구로서의 위상을 확보함으로써 국가 개입으로부터 자율성을 보장받는다. BAPE 운영의 독립성은 「환경보전법」에 규정되어 있고, 동부 벨기에 모델의 시민위원회 역시 독립성을 핵심적인 가치로 천명하고 있다. 공론화 전담기구의 독립성은 공론화가 투명하고 공정하게 운영되기 위한 필수조건이다. 이런 배경에서 국내 학자들도 독립성을 갖는 공론화 전담 기구의 설치가 필요하고(김선희 외, 2005: 204), 전담 기구의 독립성이 법률로써 뒷받침되어야 한다고 주장해왔다(현대호 외, 2012: 154; 김정인, 2019: 239).

셋째, 사업 특성이나 단계에 따라 공론화 표준절차들을 마련하고, 단계와 상황에 조응하는 적절한 방식을 적용해야 한다. CNDP는 대규모 개발사업에 대해서 의무적으로 공공토론 진행 여부를 심의한 뒤, 갈등 수준에 따라 공공토론(débat public) 진행 여부를 판단한다. BAPE는 정보공개 절차를 우선 진행하고, 후속 조치 진행이 필요한 경우 사업의 규모나 성격에 따라 일반시민 공청회(public hearings), 특정 집단 대상 공론화(targeted consultation), 그리고 이해조정(mediation) 가운데 가장 적합한 방식을 적용한다. 그리고 시민위원회는 네덜란드, 스페인, 독일 등에서 개발한 G1000 모델을 공론화 방법으로 활용하며 철저하게 표준화된 상향식 의견수렴 절차를 고집한다. 세 가지 사례는 공통적으로 정보공유, 참여, 그리고 숙의라는 기본원칙은 유지하되, 공론화의 효과를 극대화할 수 있는 방향으로 공론화 절차를 설계하고 운영한다.

넷째, 공론화를 통해 도출한 결론에 법적 구속력을 부여하지 않는다. 공론화 결과에 대해 법적 구속력을 부여하지 않고 결과의 수용 여부를 정책추진자의 자율적 판단에 맡기면 실질적인 참여 효과를 담보하기 어렵다는 우려가 적지 않다. 하지만 해외사례들을 참고하면 공론화 결과에 대한 법적 구속력을 부여하지 않더라도 공론화 결과가 쉽게 무시되지 않음을 알 수 있다. 일반시민의 숙의절차를 투명하게 설계하고 그 결과를 가감 없이 공개하는 것만으로도 현대 정치·행정 시스템에서는 '정치적 압력'으로 작용할 수 있기 때문이다. 특히 프랑스 CNDP의 경우에는 이 '단순한 과정'만으로 공공토론에 회부한 사업의 81%가 원안을 수정하거나 폐기하는 결과를 산출했다. 즉, 공론화 결과에 법적 구속력을 부여함으로써 사법적 판단을 받게 하는 것보다 결과 공개를 통해 정치적으로 통제하는 것이 정책과 행정의 탄력성(또는 책무성, accountability)을 높이면서 시민참여 효과를 극대화하는 이중 효과를 산출할 수 있다는 것이다.

다섯째, 우리보다 먼저 다양한 경험을 축적한 서구 주요국에서도 공론화에 대한 평가가 여전히 엇갈리고 있음을 확인할 수 있다. 특히 '그릇된' 공론화가 야기할 수 있는 불필요한 시간 지연, 과도한 비용 지출, 갈등관리 실패 등 효율성에 대한 지적은 앞으로의 공론화가 극복해야 할 핵심과제이고, 공론화 절차와 대상에 대해 충분한 합의가 선행되어야 하는 이유이기도 하다. 공론화의 필요성에 대한 합의와 효능에 대한 사회적 공감이 없는 상태에서 진행되면 공론화 자체가 새로운 갈등의 원천이 될 수 있음을 명심해야 한다.

여섯째, 공론화 이슈의 변화 추세에 대응할 필요가 있다. CNDP의 경우 합의회의 방식을 활용해 기후변화 이슈 등에 관해 세계 시민들의 의견을 수렴한 바 있다. CNDP 사례에서 볼 수 있는 것처럼 공론화의 의제로 삼을 수 있는 과학 기술과 관련 규제가 글로벌화되는 추세에 있음을 고려해 우리나라도 국제적 시민참여를 바탕으로 정부 간 협력을 도모하면 동북아 정책은 물론 국제적 협약의 추동력을 더할 수 있다. 예를 들어, 미세먼지 개선을 위해 아시아 국가들이 참여하는 공론화를 개최하고 이를 통해 정부 간, 비정부 간 협력을 끌어낼 수 있을 것이다.

마지막으로, 공론화 기구 위원의 임명방식에 대한 고민이 필요하다. 독립성을 갖는 행정기구의 구성원으로서 최대한 자율성을 갖고 활동할 수 있는 인사를 선발할 수 있는 합리적인 절차가 요구된다. 위원들의 독립성은 비단 정부의 부당한 간섭이나 정당화 시도로부터만 보장되어야 하는 것은 아니다. 특정 관점이나 특정 주장, 특정 집단으로부터도 객관적인 거리를 유지해야 한다. 이를 위해서는 위원 선정 단계는 물론 위원 위촉 이후에도 공론화 위원들의 윤리와 의무(deontology)에 대한 진지한 고민과 성찰이 게을리 돼선 안 된다. 공론화는 민주주의와 공화주의의 우리 헌정 체제를 보호해줄 최후의 안전판으로 기능해야 하기 때문이다.

이상의 일곱 가지 관점은 필자가 제안한 '(가칭)국가공론위원회의 설립과 운영에 관한 법률안'에 오롯이 담겨있다(이 책의 부록 참조). 다만, 여기에 소개한 법률안은 공론화 담당 조직으로서 갖춰야 할 가장 이상적인 형태를 담은 안이어서 대의민주주의 체제에 익숙한 '기득권층'의 저항을 극복하는 게 절대 쉽지 않을 것이고, 때에 따라서는 타협도 필요할 것이다. 바꿔 말하면 이 제도가 우리 행정과 정치의 보수적 토양에 안착할지 그렇지 않을지는 이런 제도나 법규가 갖는 내재적 이질성이 아니라 이를 활용하는 우리 국가 시스템의 경로의존성(path-dependancy)을 어떻게 탈피하고, 새로운 패러다임에 대한 기득권층의 저항을 어떻게 극복할 것인지에 달려 있다는 것이다. 그 저항은 그동안 의사결정권을 독점하며 상대적으로 우월한 지위를 누려왔던 관료집단뿐 아니라 정치인, 언론인, 시민사회 활동가 등 어떤 형태로든 공동체의 아젠다를 선점하고 독점했던 엘리트 집단 모두로부터 나올 수 있다.

공론화가 한국 사회에 안정적으로 착근되고 성공적으로 운영되기 위해서는 정치권의 공감과 지지가 필수다. 좋든 싫든, 공론화를 수용한다는 것은 그동안 상대적으로 우월한 지위에서 의사 결정권을 독점해온 대의기관의 자기들의 기득권을 부분적으로나마 포기함을 의미하기 때문이다. 그러나 대의제의 원리를 대의기관의 권리로 축소한다면 한국 민주주의의 미래는 인공지능 등 4차 산업혁명 기술의 발전과 그에 조응하는 사회구조의 출현 등 물적 조건의 새로운 도전 앞에서 더더욱 어두워질 수밖에 없다. 인공지능(AI)과 블록체인 기술의 결합은 알고크러시(Algocracy)와 디지크러시(Digicracy)의 도래를 앞당기고 직접민주주의의 출현을 추동하며 대의민주주의의 근간을 흔들 수 있기 때문이다. 반면, 이 새로운 도전 앞에서 직접민주주의가 포퓰리즘의 나락에 빠지지 않도록 건강한 공론장을 형성하고, 관리하고, 감독하는 국가의 메타관리 기능을 강화한다면 오히려 대의제의 위상이 확고해질 수 있다. 대의제와 공론화는 양립할 수 있을 뿐만 아니라 공론화가 대의제를 더욱 지지하고 강화할 수 있음에 주목할 때다.

행정부의 수용과 지지도 필수적이다. 특히 한국의 경우, 고도성장의 밑거름이 되었던 발전국가 모형은 어느새 강고한 행정국가(administrative State)로 전환되며 관료집단의 의사결정 권한이 입법부의 그것보다 훨씬 더 커졌다. 행정기관이 '진정한' 민의를 '수집하고'(형성하고) 진단할 목적이 아니라, 행정이 주도하는 의제를 설정하고 약자의 희생에 기초하는 합의를 추구하며 사회적 정당성을 확보하는 도구로 공론화를 활용한다면 공론화 역시 또 하나의 값비싼 여론조작(opinions manip-ulation) 도구로 전락하고 말 것이다. 행정 편의를 위한 공론장의 왜곡은 행정 현장에서 예측하는 것보다 훨씬 큰 그늘을 드리운다. 정부 신뢰의 하락은 물론 민주적 가치와 원리의 훼손이 그것이다. 한국의 민주주의는 이미 신뢰 결핍의 악순환에 빠져있다. 즉, 신뢰 결핍 ☞ 공식적 정치 참여 감소 ☞ 하위정치 영역의 확대 ☞ 참여의 폭발 ☞ 사회갈등의 확산 ☞ 신뢰 저하로 이어지는 악순환이다(이 책의 3장 참조). 공론화를 빌미로 또다시 행정행위를 정당화하며 민의를 저버리면 공공신뢰를 악화시키며 이 악순환의 고리에 올라타는 일이 된다. 공론화를 준비하고 실행하는 주체들 모두가 현장에서의 소소한 공론장 왜곡이 만드는 '나비효과'를 경계해야 하는 이유가 이것이다.

독립성 보장 문제야말로 공론화 전담 기구의 제도화 과정에서 가장 중요한 논쟁거리가 될 것이다. 공론화는 필연적으로 다음과 같은 다섯 가지 수준에서 이견이 발생하며 그를 둘러싼 쟁점이 형성된다. 이 책이 5W 1H 문제라고 부르는 것이 그

것인데, '누가(Who), 언제(When), 왜(Why), 어떤 이슈(What issue)를 주제로 선정하고, 어떤 정보(What information)를, 어떻게(How) 제공할 것이냐'를 둘러싼 논란은 모든 공론화 과정에서 제기되는 문제다(이 책의 5장 참조). 이 다섯 가지 쟁점에 대한 이해당사자 간 합의는 물론 사회적 합의 또한 쉽지 않을 것이며, 이 다섯 가지 쟁점을 어떻게 풀 것인가에 대한 명확한 대안을 제시하지 않는다면 공론화의 제도화는 제대로 시작도 못 하고 좌초할 것이다. 공론화의 의제(대상)와 방법, 참여자와 시기 선정의 기준을 명확히 법규에 규정함으로써 공론화 전담 기구의 임의적 판단 여지를 되도록 최소화하는 것이 공론화의 왜곡을 예방하는 첩경이 될 수 있다.

그리고 이를 통해 공론화의 필요성과 정당성에 대한 사회적 인식이 확립되고 국가 기구들의 공감이 확보된다면 이제 남은 일은 역사적으로 구조화되고 사회적으로 조건 지어진 우리 사회의 맥락에 조응하는 공론화의 기술(art)과 장치(devices)를 더 풍부하게 개발하고 실험하는 것이다. 제도의 맥락화(contextualization)란 제도의 수용성을 총괄적으로 판단하는 데 그치는 게 아니라, 현실적으로 그 제도가 작동될 수 있는 실천적 적실성을 갖추도록 하는 데 있기 때문이다. 한국 현실에 조응하는 공론화 기술과 장치의 개발을 향후 과제로 남겨 놓으며, 나의 동학(同學)들을 이 실천으로 초대한다.

# 국가공론위원회의 설립과 운영에 관한 법률안

"" 사물의 존재 방식에 대해 현실적으로 대응하는 것과
그 현실을 개선하겠다고 각오하는 것 사이에 모순은 없다.

아이리스 매리언 영

There is no contradiction between being realistic about
the way things are and determined to try to improve
those realities.

Iris Marion Young

""

부록 국가공론위원회의 설립과 운영에 관한 법률안

## 제1장 총칙

**제1조(목적)** 이 법은 국가공론위원회를 설립·운영하여 공공정책이나 이와 관련된 사업계획의 수립 또는 시행 등에 따른 공공갈등을 예방하고, 사회통합을 도모함으로써 성숙한 민주주의 구현에 이바지함을 목적으로 한다.

**제2조(기본이념)** 이 법은 공공정책이나 이와 관련된 사업의 이해관계인들이 상호신뢰를 바탕으로 민주적인 방식에 따라 협의와 합의를 통하여 사회통합의 촉진과 성숙한 민주사회 구현에 이바지함을 기본이념으로 한다.

**제3조(정의)** 이법에서 사용하는 용어의 뜻은 다음과 같다.
1. '공공정책'이란 국가, 지방자치단체 또는 「공공기관의 운영에 관한 법률」 제4조에 따른 공공기관(이하 '국가 등'이라 한다)이 공공의 이익을 위하여 수립하는 정책 또는 이를 시행하기 위한 계획을 말한다.
2. '공공갈등'이란 공공정책이나 이와 관련된 사업의 계획을 수립 또는 시행하는 과정에서 발생하는 이해관계의 충돌을 말한다.
3. '공공토론'이란 공공정책이나 이와 관련된 사업을 추진하는 국가 등이 이해관계인, 일반시민, 전문가 등에게 정보를 투명하게 공개하고, 이를 토대로 공공정책이나 사업 시행의 타당성과 추진절차의 적정성 등에 대한 합의를 만들어 나가는 과정을 말한다.

**제4조(국가 등의 책무)** 국가 등은 공공갈등을 예방하기 위하여 공공정책이나 이와 관련된 사업계획의 수립 또는 시행에 있어 공공토론에 성실하게 임하여야하며 그 결과를 적극적으로 반영하도록 노력하여야 한다.

제5조(국가공론위원회의 설립 및 독립성) ① 공공정책이나 이와 관련된 사업계획의 수립 또는 시행의 공정한 수행을 위하여 국가공론위원회(이하 "공론위원회"라 한다)를 둔다.
② 공론위원회는 그 권한에 속하는 업무를 독립적으로 수행한다.

## 제2장 국가공론위원회의 구성과 운영

제6조(공론위원회의 구성) ① 공론위원회는 위원장 1명과 부위원장 2명을 포함한 19명으로 구성하며, 위원장 및 부위원장은 상임위원으로 한다.

② 위원은 공공갈등 해소에 관한 식견과 풍부한 경험이 있고 공론위원회의 업무를 공정하고 독립적으로 수행할 수 있다고 인정되는 사람 중에서 다음 각 호의 사람을 대통령이 임명한다. 다만, 제5호 및 제6호의 위원은 위원장의 제청으로 대통령, 국회의장, 대법원장이 각각 1명씩 임명한다.

1. 국회가 선출하는 3명
2. 대통령이 지명하는 3명
3. 대법원장이 지명하는 3명
4. 전국시도지사협의회·전국시장군수구청장협의회·전국시도의회의장협의회·전국시군구의회의장협의회에서 추천하는 각 1명
5. 공공갈등에 관하여 전문적인 지식과 경험이 있는 갈등관리전문가 3명
6. 시민단체(「비영리민간단체 지원법」 제2조에 따른 비영리민간단체를 말한다)의 대표자 3명

③ 위원장과 부위원장 1명은 위원 중 민간위원으로 하며, 부위원장 1명은 제2항 제1호부터 제3호의 사람 중에서 대통령이 임명한다.

제7조(위원장의 직무) ① 위원장은 공론위원회를 대표하여 공론위원회 회의를 주재하는 한편 소관 사무를 총괄한다.

② 위원장은 국회나 국무회의에 출석하여 공론위원회 소관 사무에 관해 의견을 진술할 수 있으며, 국회에서 요구하면 출석하여 보고하거나 답변하여야 한다.

③ 위원장이 부득이한 사유로 직무를 수행할 수 없을 때에는 부위원장과 공론위원회가 미리 정한 위원 순으로 그 직무를 대행한다.

제8조(위원장 및 위원의 임기) ① 위원장과 위원의 임기는 3년으로 하고, 한 번에 한하여

연임할 수 있다.

② 위원 중 결원이 생기면 대통령은 30일 이내에 후임자를 임명하여야 한다.

③ 후임 위원의 임기는 전임자의 잔임 기간으로 한다. 다만, 위원장이나 부위원장의 경우에는 임기가 새로 시작된다.

④ 위원이 부득이한 사유로 사임하고자 할 때에는 그 뜻을 서면으로 위원장에게 제출하여야 하며, 그 서면이 접수된 날부터 7일이 지나면 해임된 것으로 본다.

제9조(위원의 신분보장) ① 위원은 다음 각 호의 어느 하나에 해당하는 경우를 제외하고는 그 의사에 반하여 면직되지 아니한다.

1. 장기간 심신장애로 인하여 직무를 수행할 수 없게 된 경우

2. 제10조의 결격사유에 해당하는 경우

3. 이 법 또는 그 밖의 다른 법률에 따른 직무상의 의무를 위반하였거나 소관 직무와 관련해 부당한 이득을 취한 경우

② 위원은 직무를 집행함에 있어 부당한 지시나 간섭을 받지 아니한다.

제10조(위원의 결격사유) ① 다음 각 호의 어느 하나에 해당하는 사람은 위원이 될 수 없다.

1. 「국가공무원법」 제33조 각 호의 어느 하나에 해당하는 사람

2. 탄핵결정에 따라 파면된 사람

3. 「공직선거법」에 따라 실시하는 선거에 후보자로 등록한 사람

② 위원이 제1항 각 호의 어느 하나에 해당하게 되면 그 직에서 퇴직하여야 한다.

제11조(회의 등) ① 공론위원회 회의는 위원장이 주재하며, 이 법에 특별한 규정이 없으면 재적위원 과반수의 찬성으로 의결한다.

② 공론위원회는 대통령령이 정하는 바에 따라 회의록을 작성·보존하여야 한다.

③ 공론위원회의 회의 운영과 관련하여 그 밖에 필요한 사항은 공론위원회규칙으로 정한다.

제12조(의결서 작성) ① 공론위원회가 의결하는 경우에는 의결서를 작성하여야 하며, 의결에 참여한 위원은 의결서에 이름을 쓰고 도장을 찍거나 서명하여야 한다.

② 공론위원회 의결서는 공론위원회가 정하는 바에 따라 공개하여야 한다. 다만, 다음 각 호의 어느 하나에 해당하는 경우에는 공개하지 아니할 수 있다.

1. 다른 법률에서 비밀 또는 비공개 사항으로 규정하고 있는 정보

2. 국가안보, 국방, 통일, 외교관계 등에 관한 사항으로서 공개될 경우 국가의 중대한 이익을 현저히 해할 우려가 있다고 인정되는 정보

3. 이름이나 주민등록번호 등 개인 신변에 관한 사항으로서 공개될 경우 개인의 사생활을 침해할 우려가 있다고 인정되는 정보. 다만, 다음에 열거한 항목은 제외한다.

   가. 법령이 정하는 바에 따라 열람할 수 있는 정보

   나. 공공기관이 공표를 목적으로 작성하거나 취득한 정보로서 개인 사생활을 부당하게 침해하지 않는 경우

   다. 공공기관이 작성하거나 취득한 정보로서 공익 또는 개인의 권리구제를 위하여 공개가 필요하다고 인정되는 경우

   라. 직무를 수행한 공무원의 성명이나 직위

   마. 국가 또는 지방자치단체가 업무의 일부를 위탁 또는 위촉한 개인의 성명이나 직업

**제13조(위원의 제척 등)** ① 위원이 다음 각 호의 어느 하나에 해당하는 경우에는 그 직무집행에서 제척된다.

1. 위원 또는 그 배우자나 배우자이었던 자가 당해 사안의 당사자가 되거나 당해 사안에 관하여 공동권리자 또는 의무자의 관계에 있는 경우

2. 위원이 당해 사안의 당사자와 친족이거나 친족이었던 경우

3. 위원이 당해 사안에 관하여 증언이나 감정을 한 경우

4. 위원이 당해 사안에 관하여 당사자의 대리인으로서 관여하거나 관여하였던 경우

② 공론위원회는 직권에 의하여 위원의 제척을 결정할 수 있다.

③ 위원이 제1항의 사유가 있는 경우에는 당해 사안에 대하여 회피할 수 있다.

# 제3장 위원회의 업무와 권한

**제14조(업무)** ① 공론위원회는 다음 각 호의 업무를 수행한다.

1. 제22조에 따른 공공토론 대상사업에 대한 공공토론의 실시여부 결정

2. 공공토론의 전 과정에 걸쳐 정보제공과 주민참여가 보장되고 공공토론이 공정하게 진행될 수 있도록 관리·감독

3. 공공토론과 관련해 사업추진 기관의 문의사항에 대해 조언

4. 국가 등 사업추진 주체가 공공토론의 결과를 성실하게 이행하는지 감독

5. 공공토론 결과 등의 공표

6. 공론위원회의 예산 집행에 관한 사항

7. 그 밖에 공공갈등 예방 및 해소를 위한 교육 및 홍보

**제15조(자료제출 등)** ① 공론위원회는 그 업무를 수행하기 위하여 필요하다고 인정하면 국가 등에 필요한 자료 등의 제출을 요구할 수 있다.

② 공론위원회는 업무를 수행하기 위하여 필요한 사실을 알고 있거나 전문적 지식 또는 경험을 가지고 있다고 인정되는 사람에게 출석을 요구하여 그 진술을 들을 수 있다.

③ 제1항에 따른 요구를 받은 국가 등은 지체 없이 협조하여야 한다.

**제16조(공공토론 결과의 전달 등)** ① 공론위원회는 공공토론 결과를 종합·정리하여 30일 이내에 국가 등에 전달하여야 한다.

② 국가 등은 공론위원회로부터 공공토론의 결과를 전달받은 날부터 14일 이내에 공공토론 결과의 이행 여부를 공론위원회에 통지하여야 하고, 이행하지 아니할 경우에는 그 이유를 첨부해야 한다.

③ 공론위원회는 제1항에 따른 공공토론의 결과 및 제2항에 따른 공공토론 이행과 관련하여 국가 등이 통지한 내용을 관보와 공론위원회 홈페이지 등에 공표하여야 한다.

**제17조(보고서 작성 등)** ① 공론위원회는 해마다 전년도 공공토론의 개최상황, 결과 등에 관한 보고서를 작성하여야 한다.

② 공론위원회는 대통령 또는 국회에서 요구가 있는 경우 특별보고 하여야 한다.

③ 공론위원회는 제1항 및 제2항에 따른 보고서를 공개하여야 한다. 다만, 국가의 안전보장, 개인의 명예 또는 사생활의 보호를 위하여 필요하거나 다른 법률에 따라 공개가 제한된 사항은 공개하지 아니할 수 있다.

# 제4장 공공토론위원회

**제18조(공공토론위원회의 구성 및 운영)** ① 공론위원회는 국가 등이 추진하는 공공정책이나 이와 관련된 사업시행과 관련하여 공공토론이 필요하다고 인정한 때에는 공공토론위원회를 운영한다.

② 공공토론위원회 위원장(이하 "공공토론위원장"이라 한다)은 공론위원회의 위원장이 위원들과 협의하여 임명하고, 공공토론위원은 공공토론 또는 해당 사안에 관한 전문적인 식견과 경험이 풍부한 사람 중에서 공공토론위원장이 공론위원회의 위원들과 협의하여 7인 이내로 구성한다.

③ 공공토론위원장이 부득이한 사유로 직무를 수행할 수 없는 때에는 공공토론위원회가 미리 정한 공공토론위원 순으로 그 직무를 대행한다.

④ 공공토론위원회의 운영·해산 등에 관하여 필요한 사항은 대통령령으로 정한다.

**제19조(공공토론위원의 결격사유)** 다음 각 호의 어느 하나에 해당하는 사람은 공공토론위원이 될 수 없다.

1. 「국가공무원법」 제2조 또는 「지방공무원법」 제2조에 따른 국가공무원 또는 지방공무원
2. 「공직선거법」에 따라 실시하는 선거에 후보자로 등록한 사람
3. 공공토론 대상 사업과 이해관계가 있는 사람
4. 「국가공무원법」 제33조 각 호의 하나에 해당하는 사람

**제20조(공공토론위원의 직무)** 공공토론위원의 직무는 다음 각 호와 같다.

1. 공공토론이 공정하고 원활하게 이루어질 수 있도록 공공토론 절차의 설계와 진행
2. 공공토론 결과보고서를 작성하여 공론위원회에 제출

**제21조(공공토론위원의 제척 등)** 공공토론위원의 제척 등에 관하여는 제13조를 준용한다. 이 경우 '위원'은 '공공토론위원'으로 본다.

## 제5장 공공토론의 대상사업 및 실시

**제22조(공공토론의 검토대상)** ① 공론위원회는 총사업비(총사업비가 확정되지 않은 경우에는 추정된 사업비의 총액을 말한다)가 5천억원 이상으로서 대통령령으로 정하는 공공정책이나 이와 관련된 사업에 대해서는 공공토론의 실시여부를 검토하여야 한다.

② 공론위원회는 총사업비가 대통령령으로 정하는 일정 금액의 공공정책이나 이와 관련된 사업에 대해서는 해당 공공정책이나 사업과 관련이 있는 이해관계인의 요청에 따라 공론위원회에서 공공토론의 실시여부를 검토할 수 있다.

③ 다음 각 호의 어느 하나에 해당하는 경우에는 공공토론을 실시하지 아니한다.

1. 「재난 및 안전관리기본법」 제37조에 따른 응급조치를 위한 사업

2. 국방·군사·안보와 관련된 사업


제23조(공공토론의 개시) ① 공론위원회는 공공정책이나 이와 관련된 사업계획이 수립된 날부터 30일 이내에 공공토론의 개최 여부를 결정하고, 공공토론 개최를 결정한 날부터 14일 이내에 공공토론위원장을 임명해야 한다.

② 공공토론위원장은 제1항에 따라 임명된 날부터 14일 이내에 공공토론위원을 선임하고, 공공토론을 실시하여야 한다.

③ 공공토론은 90일 동안 진행하여야 하며, 공론위원회에서 공공토론이 달성하고자 하는 목적을 달성하지 못하였거나 또는 못했다고 판단한 경우에는 한 번에 한하여 공공토론을 연장할 수 있다.


제24조(공공토론의 진행) ① 공공토론위원장은 공공토론의 참여자가 자신들의 의견을 충분히 제시될 수 있도록 공정하고 투명하게 운영되어야 하며, 제시된 의견은 가감 없이 종합·정리하여야 한다.

② 공공토론위원장은 해당 공공정책이나 이와 관련된 사업으로 인한 공공갈등의 예방·해결을 위하여 중요하다고 판단되는 경우에는 이해관계인·일반시민 또는 전문가 등도 참여하는 의사결정방법을 활용할 수 있다.

③ 공공토론위원장은 공공토론의 원활한 진행을 위하여 관련 분야 전문가의 의견을 들을 수 있다.

④ 공공토론을 진행하는 데 소요되는 경비는 해당 공공정책이나 사업의 추진기관이 전액 부담한다.


제25조(공공토론의 결과보고서 작성 등) ① 공공토론위원회는 공공토론이 종료되는 날부터 60일 이내에 공공토론에 관한 결과보고서를 작성하여 공론위원회에 제출하여야 한다.

② 제1항에 따른 결과보고서에 포함되는 내용은 대통령령으로 정한다.


제26조(사무처의 설치) ① 공론위원회는 효율적 사무처리와 공공토론의 원활한 진행을 위해 공론위원회에 사무처를 둔다.

② 사무처에는 사무총장 1인과 그 밖에 필요한 직원을 두며, 사무총장은 공론위원장의

지휘를 받아 공론위원회 및 공공토론위원회의 사무를 관장하고 소속 직원을 지휘하고 감독한다.

③ 사무총장은 사무처의 독립성과 전문성을 담보하기 위해 갈등관리에 전문성을 가진 민간인 중에서 공론위원장이 임명하고, 사무처 직원은 공무원과 민간 전문가로 구성한다.

④ 그 밖에 사무처의 조직·운영에 관하여 필요한 사항은 대통령령으로 정한다.

제27조(청렴 및 비밀유지의무) ① 위원, 공공토론위원, 사무국의 직원은 공공사업에 종사하는 사람으로부터 금품이나 그 밖의 이익을 제공받아서는 아니 된다.

② 위원, 공공토론위원, 사무국의 직원 또는 그 직에 있었던 자는 직무상 알게 된 정보를 타인에게 누설하거나 직무상 목적 이외에 사용하여서는 아니 된다.

③ 위원, 공공토론위원, 사무국 직원은 공공토론 대상사업의 필요성과 타당성 등을 포함해 대상사업 내용 전반에 대해 개인적 의견을 표명하여서는 아니 된다.

제28조(재정지원 등) 국가 등은 공공토론 활성화에 필요한 조사·연구·교육·홍보 등을 촉진하기 위하여 필요한 재정지원 등을 할 수 있다.

제29조(위원의 수당 등) 공론위원회는 회의에 출석한 위원 및 공공토론위원에 대하여는 예산의 범위 내에서 수당이나 여비 그 밖의 필요한 경비를 지급할 수 있다. 다만, 공무원인 위원 또는 공공토론위원이 그 소관업무와 직접 관련되어 출석하는 경우에는 그러하지 아니한다.

제30조(벌칙적용에서 있어서의 공무원 의제) 공론위원회 및 공공토론위원회의 위원 중 공무원이 아닌 위원은 형법 기타 법률에 의한 벌칙의 적용에 있어서 공무원으로 본다.

**부 칙**

제1조(시행일) 이 법은 공포 후 90일이 경과한 날부터 시행한다.

# 참고문헌

〈국내 문헌〉

강병호. (2020). 생활세계와 체계-하버마스의 이단계 사회이론과 그에 대한 비판에 대한 재
고찰. 「철학」, 144: 203-227.

강영진. (2009). 「갈등해결의 지혜」, 서울: 일빛.

강영진. (2009). 거버넌스를 통한 정책갈등 예방 모색: 부안사태와 제주해군기지 사례를 중심
으로. 「국징관리연구」, 4(2): 67-92.

강인선. (2008). 지방정부 주민참여제도의 정책과정과 참여유형에 따른 영향력 분석 - 16개
광역자치단체를 중심으로. 「한국행정학보」, 42(3): 15-238.

고경민. (2010). 공공갈등의 예방과 민주적 갈등관리 프로세스: 제주 해군기지 건설과 영리병
원 허용 갈등사례의 함의. 「분쟁해결연구」, 8(2): 5-35.

곽한영. (2010). 숙의 민주주의의 현실적 의의와 한계에 관한 연구: 2002년 촛불시위 사례를
중심으로. 「교사교육연구」, 49(2): 105-122.

곽현근. (2002). 주민주권과 숙의민주제. 한국행정연구원 리더십세미나 발표자료(파워포인트)

광운대 공공소통연구소. (2014). 「국민중심의 소통 활성화 방안 연구」, 한국산업개발연구원.

구교준. (2009). 아담 스미스와 지식경제, 그리고 정부의 역할: 작고 효율적인 정부에서 동정
적인 정부로. 「정부학연구」, 15(2): 237-257.

국무조정실. (2016). 「갈등관리 매뉴얼(개정판)」.

국무총리실. (2005). 「주요국의 갈등관리 시스템 조사·연구」, 국무조정실 연수보고서.

김병섭·김정인(2014). 관료 (무)책임성의 재해석: 세월호 사고를 중심으로. 「한국행정학보」,
48(3): 99-120.

권숙도. (2016). 국민대토론회를 통해 본 숙의민주주의의 발전 가능성. 「사회과학연구」,
42(3): 355-377.

권순복. (2006). 주민투표제의 실시와 과제; 방폐장 관련 주민투표 성공사례 분석. 「지방행정」,
55(632): 30-40.

권영설. (2004). "대의민주주의와 직접민주주의 ― 그 긴장과 조화의 과제". 「공법연구」,
33(1): 125-157.

김강민. (2011). 신뢰가 갈등의 민주주의 측면에 미치는 영향: 국민의식조사를 중심으로. 「사
회과학연구」, 37(3): 1-25.

김경래. (2012). 조선 공론정치론에 대한 비판적 검토와 제안: 李珥의 公論 개념을 중심으로.
「사학연구」, 105: 107-147.

김관보·김옥일. (2007). 예산과정의 시민참여 성과의 영향요인에 관한 연구. 「지방정부연구」,
11(2): 87-107.

김광구·신창현. (2006). 국립서울병원 재건축에 따른 갈등영향분석. 「도시행정학보」, 19(1):

143-173.

김광구·이선우. (2011). 조정기제를 이용한 갈등해소: 국립서울병원 사례를 중심으로. 「한국 지방자치학회보」, 23(1): 1-25.

김광구·이선우·심준섭. (2018). 갈등해소를 위한 대화협의체 형성 동인에 관한 연구: 합의형 성적 대화협의체를 통한 갈등해소 사례를 중심으로. 「한국공공관리학보」, 32(2): 237-265.

김대영. (2004). 공론화를 위한 정치평론의 두 전략 : 비판 전략과 매개전략. 「한국정치학회 보」, 38(2): 117-141.

김도희. (2007). 방폐장입지정책에서 나타난 '주민투표제'의 문제점과 개선방안. 「지방정부연 구」, 10(4): 91-111.

김동영. (2011). 뉴거버넌스와 갈등관리제도: 규제와 자율사이의 균형을 찾아서. 「한국행정포 럼」, 135: 8-13.

김동영·김광구·정지범·박재근. (2009). 「공익시설의 입지와 운영 갈등의 제도 개선연구」, KDI 국제정책대학원.

김명식. (2004). 롤즈의 공적 이성과 심의민주주의. 「철학연구」, 65: 261-280.

김미경. (2018). 제주 '녹지국제영리병원의 숙의형 공론조사'에 대한 평가와 제언. 「단국대 학교 분쟁해결연구센터」, 2018 갈등관리 현안워크숍 발표문. (발표일: 2018. 10.19.)

김명환·은재호·김상묵·이승모·김동현. (2017). 갈등전환: 새로운 관점에 대한 논의. 「국가 정책연구」, 31(4): 1-25.

김병섭·박광국·조경호. (2000). 「조직의 이해와 관리」, 서울: 대영문화사.

김병준. (2009). 「지방자치론」, 서울: 법문사.

김병준. (2013). 숙의민주주의의 가능성과 논의의 과제; 정책과정 연구의 관점에서. 「사회과 학연구」, 26(1): 155-179.

김상규. (2018). 월평공원 공론화 현황과 과제. 「단국대학교 분쟁해결연구센터」, 2018 갈등 관리 현안워크숍 발표문. (발표일: 2018.10.19.)

김상준. (2011). 「맹자의 땀 성왕의 피: 중층근대와 동아시아 유교문명」, 파주: 아카넷,

김상찬. (2012). 우리나라 행정형 ADR제도의 활성화 방안. 「법학연구」, 46: 213-324.

김영곤. (2012). 삼척 신규 원전부지 확보 사례. 「공존협력연구」, 1(1): 231-236.

김영곤·김지수·김주경. (2018). 사회적 환경 변화 및 갈등에 대응하기 위한 원자력 거버넌 스 개편 방안 연구: 대국민 소통 및 참여기구를 중심으로. 「분쟁해결연구」, 16(1): 5-36.

김영욱·양정은. (2009). 체면, 소통 그리고 갈등해소: 체면-소통 모델과 소통의 가능성 모 색. 「한국언론학회 심포지움 및 세미나」, 315-360.

김유환. (2004). 공공갈등관리를 위한 제도 정비방향. 「공법연구」, 33(1): 639-663.

김은경·이호중. (2006). 「학교폭력 대응방안으로서 회복적 소년사법 실험 연구」, 한국형사정 책연구원.

김인설. (2013). 사회자본 증진을 위한 촉매로서의 예술: 예술기반 실행연구(Art-based

Action Research) 사례와 문화정책적 함의. 「문화정책논총」, 27(2): 121−142.

김의영. (2015). 「시민참여적 지역사회 거버넌스 사례를 통해 본 국회입법과정상 시사점 연구」, 국회입법조사처.

김재신·가상준. (2014). 공공갈등 해결방식에 있어 정부 역할에 대한 시민 인식과 영향요인 분석: 2010−2013. 「한국정치학회보」, 48(2): 103−120.

김정수. (2011). 감정의 재발견 "화성남(男) 금성녀(女)" 은유를 활용한 정부−국민간 정책 갈등에 대한 시론적 재해석. 「한국정책학회보」, 20(1): 83−110.

김정인. (2015). 행정형 ADR 기구 유형 재분류에 관한 연구. 「한국행정논집」, 27(3): 761−789.

김정인. (2017). 공직 책임성의 재조직화(reorganization): 책임성의 집권화에 관한 연구. 「한국인사행정학회보」, 16(1): 1−24.

김정일·주상현. (2014). 공공갈등 예방과 갈등관리의 제도화 방안. 「한국비교정부학보」, 18(3): 351−380.

김종호·황필선. (2009). 거버넌스 환경에서의 갈등관리 전략에 관한 연구: 서울시 청계천복원사업의 예방적 갈등관리 사례를 중심으로. 「분쟁해결연구」, 7(1): 41−65.

김주성. (2008). 심의민주주의인가, 참여민주주의인가?. 「한국정치학회보」, 42(4): 5−32.

김주성. (2011). 대의민주주의와 공론정치. 「동양정치사상사」, 10(1): 105−126.

김주환. (2019). 찬반 논쟁 이뤄질 수 없다면 공론은 형성될 수 없다. 「월간주민자치」, 90: 36−40.

김지수·박해육·최지민·김광구. (2018). 「군 공항 이전부지 선정을 위한 주민투표 활용 방안 연구」, 한국지방행정연구원 연구보고서.

김지수·윤수재. (2015). 초기 갈등관리를 위한 비선호시설 입지 관련 법제도 분석: 참여적 갈등관리방법을 중심으로. 「국가정책연구」, 29(4): 167−192.

김지수·이선우. (2016). 주민투표의 숙의적 참여수준과 원자력 갈등관리 효력에 관한 분석. 「한국비교정부학보」, 20(2): 75−100.

김지수·이선우. (2017). 지방자치단체 갈등관리시스템 분석−조례 및 사례 분석을 중심으로. 「한국지방행정학보」, 14(2): 139−164.

김진아. (2014). 마을만들기에 대한 공동체주의 이론적 해석: 델파이 방법을 통한 적용가능성 탐색. 「국토연구」, 83: 113−127.

김찬동·서윤정. (2012). 「마을공동체 복원을 통한 주민자치 실현방안」, 서울연구원 정책과제 연구보고서.

김태홍·문미경·김은경·장윤선. (2005). 「사회갈등해소를 위한 갈등관리제도의 구축 및 효율적 운영방안 연구」, 경제·인문사회연구회 협동연구총서.

김필두·한부영. (2017). 「읍면동 주민자치회 시범실시 운영 성과평가」, 한국지방행정연구원 연구보고서.

김학린. (2015). 공공갈등 예방과 숙의적 공공협의: 프랑스 국가 공공토론위원회, 스웨덴 알 메달렌 정치주간, 미국 21세기 타운홀미팅, 2014 국민대토론회의 비교를 중심으로.

「분쟁해결연구」, 13(1): 5 – 32.

김현우·이홍배·신용호. (2015). 다중매개모델에서 bootstrapping 기법을 이용한 흡수능력의 매개효과 분석.「한국시뮬레이션학회논문지」, 24(4): 89 – 96.

김현준. (2009). 전략환경평가법과 국토계획법.「토지공법연구」, 46: 1 – 28.

김호기. (2013). [김호기의 예술과 사회]인권과 민주주의의 보루.「주간경향」, 1429.

나태준. (2005). 공공갈등 관리기제 도입에 관한 논의와 제안.「연세행정논총」, 28: 103 – 126.

나태준·박재희. (2004).「갈등해결의 제도적 접근: 현행 갈등관련 제도분석 및 대안」, 한국 행정연구원 연구보고서.

노성종·민영. (2009). ‘숙의’와 ‘참여’의 공존: 대화의 숙의수에 따른 정치 이견의 경험과 정 치참여의 관계 탐색.「한국언론학보」, 53(3): 173 – 197.

나종석. (2013). 주희 공(公) 이론의 민주적 재구성의 가능성.「철학연구」, 128: 137 – 165.

대입제도개편 공론화위원회. (2018).「시나리오워크숍 검증보고서」, 비공개 내부자료.

대통령자문 지속가능발전위원회. (2004).「갈등예방 및 해결 프로세스 mapping」.

대통령자문 지속가능발전위원회. (2005).「공공갈등관리의 이론과 기법」.

류승훈. (2001). ADR을 이용한 각종 민사 관련 분쟁의 해결.「한국비교법학회」, 2 – 48.

문태현. (2011). 심의민주주의적 정책결정을 위한 제도화 방향.「한국행정논집」, 23(1): 45 – 66.

민경국. (2002). 문화, 비공식제도 그리고 제도의 경쟁.「제도연구」, 4: 69 – 101.

박길성. (2008). 한국사회의 갈등지형과 경향.「한국사회」, 9(1): 5 – 29.

박상혁. (2015). 심의민주주의와 정당성 문제.「윤리학」, 4(1): 1 – 16.

박수선. (2015). 당사자간 대화를 통한 갈등해결 사례 연구: 울진 신화리 원전 주변지역 갈등 조정 과정을 중심으로.「공존협력연구」, 1(1): 75 – 107.

박순애. (2019).「대한민국 공무원 그들은 누구인가」, 고양: 문우사.

박승관. (2000). 숙의민주주의와 시민성의 의미.「한국언론회보」, 45(1): 162 – 194.

박영세. (2007). 환경분쟁의 소송 대체적 해결기제(ADR)에 관한 연구.「지방정부연구」, 11(1): 249 – 271.

박의경. (2011). 대중에서 시민으로 – 참여적 시민의 형성을 위하여.「한국정치학회보」, 45(5): 81 – 100.

박재근·은재호. (2016). 공공갈등 해결과정에서 조정의 성립과 합의 형성에 영향을 미치는 요인 연구: 경북 울진군 신화1리 집단이주 갈등조정 사례를 중심으로.「한국정책학회 보」, 25(2): 529 – 558.

박재창. (2012).「거버넌스 시대의 국정개조」, 리북.

박재창. (2018).「한국의 거버넌스 : 협의민주주의의 길을 묻는다」, 서울: 한국외국어대학교 지식출판컨텐츠원.

박종민. (2020). 과연 행정이론은 있는가? 이론 지향적 행정연구를 위하여.「한국행정이론학 회」, 하계학술대회 발표문 1 – 4.

박주형·이윤정. (2015). 유엔기후변화협상에 관한 세계시민회의 숙의과정 평가: 글로벌 프레이밍, 로컬 셋팅. 「과학기술연구」, 15(2): 33−64.

박준·김용기·이동원·김선빈. (2009). 한국의 사회갈등과 경제적 비용. 「삼성경제연구소」, 710: 1−21.

박준·정동재. (2018). 「사회갈등지수와 갈등비용 추정」, 한국행정연구원 기본연구과제 보고서.

박현모. (2002). 정조시대의 공론 연구: 대간의 활동과 유생들의 집단상소를 중심으로. 「한국정치연구」, 11(2): 93−117.

박형서·이순자·박경현·장은교. (2010). 「국토개발과정에서 지역간 갈등관리와 해소방안: 갈등행위자 인식분석과 정책적 활용방안 모색」, 국토연구원 보고서.

박홍엽. (2006). 공공갈등관리 시스템의 비교연구. 「한국인사행정학회보」, 5(1): 149−188.

박홍엽. (2011). 공공부문의 갈등관리 제도화 모색. 「한국공공관리학보」, 25(1): 105−132.

박홍엽·강여진·이화진·임희정·김기민·김경민. (2005). 「국내외 갈등관련 법·제도 분석과 효율적인 운영방안」, 경제·인문사회연구회 협동연구총서.

배병룡. (2013). 참여적 의사결정의 경로 분석. 「한국자치행정학보」, 27(4): 1−20.

배정아·엄인주. (2017). 주민참여예산제도를 통한 지방정부의 숙의민주주의의 가능성 분석. 「한국거버넌스학회보」, 24(3): 259−277.

사이토 준이치. (2009). 「민주적 공공성: 하버마스와 아렌트를 넘어서」, 윤대석·류수연·윤미란(번역). 서울: 이음.

서울균형발전공론화추진단. (2018). 「2018 서울균형발전 공론화 시민참여단 자료집」, (게시일: 2018.10.13.).

서울시교육청. (2018). 서울시교육청 편안한 교복 공론화 추진 현황 및 시사점. 「단국대학교 분쟁해결연구센터」, 2018 갈등관리 현안워크숍 발표문. (발표일: 2018.10.19.)

서울행정학회. (2012). 「공공갈등 해결수단으로 주민투표제도의 개선방안」, 국회입법조사처.

서정섭. (2018). 주민참여예산제 운영의 현주소와 발전방향. 「한국지방재정학회 세미나 자료집」, 3−21.

서정섭·김성찬·윤태섭·홍근석. (2017). 「지방자치단체 유형별 주민참여예산제도 운영모델 개발」, 한국지방행정연구원 연구보고서.

선학태. (2015). 「합의제 민주주의 동학」, 전남대학교 출판부.

손영달. (2018). 「공공갈등관리를 위한 참여적 의사결정의 성공요인에 관한 연구: 신고리 5·6호기 공론화를 중심으로」, 서울시립대학교 석사학위논문.

송경재. (2013). 사회적 자본과 한국의 시민참여: 관습적, 비관습적 참여와 사회적 자본. 「한국정당학회보」, 12(2): 221−244.

송기복. (2010). 정보사회 민주주의의 이론적 재검토: 직접민주제 구현 vs. 대의민주제 보완. 「미국헌법연구」, 21(3): 395−429.

신고리 5·6호기 공론화 검증위원회. (2017). 「신고리 5·6호기 공론화 검증위원회 검증 보고서」, 신고리 5·6호기 공론화 검증위원회(2017.12.22.).

신고리 5·6호기 공론화위원회. (2017). 「신고리 5·6호기 공론화 시민참여형조사 보고서」, 신고리 5·6호기 공론화 검증위원회(2017.10.20.).

신고리 5·6호기 공론화위원회. (2018). 「숙의와 경청, 그 여정의 기록. 신고리 5·6호기 공론화 백서」, 신고리 5·6호기 공론화위원회(2018.1.12.).

신은종. (2010). 공공분쟁에서의 조정의 효과성에 관한 연구: 갈등수준, 분쟁성격, 제3자 개입의 조절효과를 중심으로. 「한국행정연구」, 19(2): 181－203.

신희완. (2015). 주민참여형 도시개발사업의 의의와 한계. 「건축과 도시공간」, 20: 70－75.

심준섭. (2018). 한국 정부의 공론화 현황과 과제. 「한국갈등학회 갈등관리 실무 워크숍 발표문」, (발표일: 2018.09.03.)

심준섭·정홍상·김광구. (2018). 공론화 과정 참여자들의 숙의 경험－프레임 분석의 적용. 「한국정책학회보」, 27(2): 193－200.

안성민·최윤주. (2009). 주민참여예산제도의 경험과 성과. 「한국행정논집」, 21(4): 1369－1399.

안성호. (2001). 주민투표법 제정의 논거와 개혁과제. 「한국사회와 행정연구」, 12(1): 3－20.

안성호. (2018). 「왜 분권국가인가: 리바이어던에서 자치공동체로」, 서울: 박영사.

안순철. (2015). 국책사업의 절차적 정의와 주민투표: 삼척 원전 건설 분쟁 사례를 중심으로. 「분쟁해결연구」, 13(3): 65－94.

안순철. (2016). 「선거체제 비교 : 제도적 효과와 정치적 영향」, 고양: 법문사.

양기근·이태근. (2006). 지방정부간 공유재 갈등 사례. 「사회과학연구」, 22(1): 161－190.

양은정·노해림·박재현·전홍진·심은정. (2019). 지각된 불공정성과 자살위험의 관계에서 우울을 통한 긍정적 대인관계의 조절된 매개효과: 성별 분석. 「한국심리학회지: 상담 및 심리치료」, 31(2): 477－501.

오영훈·하종천. (2019). 동남아시아 출신 외국인 노동자의 직장 내에서의 문화갈등 사례 연구. 「문화교류연구」, 8(3): 125－146.

오현순. (2015). 숙의민주주의 측정 지표 개발에 관한 연구. 「한국정책학회 동계학술발표논문집」, 696－715.

오현철. (2018). 「토의민주주의」, 전주: 전북대학교 출판문화원.

오현철. (2006). 토의민주주의 이론의 쟁점. 「한국정치학회보」, 40(5): 43－63.

오현철. (2009). 민주주의의 새로운 주체: 작은공중(minpublics)을 중심으로. 「시민사회와 NGO」, 7(2): 257－285.

유규오. (2017). 「민주주의: EBS 다큐프라임」, 서울: 후마니타스.

유재두. (2016). 해양경찰공무원의 조직 공정성 인식과 사회적 자본관계 연구. 「한국경찰연구」, 15(3): 181－200.

윤건·서정욱. (2018). 정부의 윤리성과 사회갈등 간 관계에 관한 실증적 탐색. 「사회과학연구」, 34(4): 59－75.

윤영철·송현진·강기호·박민아. (2010). 숙의민주주의를 위한 온라인 토론의 조건: 평가지표를 적용한 온라인 토론 비교분석. 「사이버커뮤니케이션학보」, 27(2): 121－172.

윤형식. (2013). 하버마스의 공론장 개념과 유교적 공론. 「사회와 철학」, 26: 121－158.

은재호. (2007). 문제정의(problem definition)가 정책변동에 미치는 영향: 프랑스 AIDS 정책을 중심으로. 「한국정치학회보」, 41(4): 243－264.

은재호·양현모·윤종설·박홍엽. (2008). 「참여적 의사결정을 통한 갈등해결방안 연구」, 한국행정연구원 보고서.

은재호·윤광석. (2009). 「갈등조정전문가 인증제의 제도화를 위한 탐색적 연구」, 한국행정연구원 보고서.

은재호. (2009). 「CNDP 활동보고서」, 국무총리실 보고서.

은재호. (2010a). 정부 간 분쟁조정 제도 연구. 「입법과 정책」, 2(2): 97－130.

은재호. (2010b). 프랑스 국가공공토론위원회 개관. 국무총리실 보고서.

은재호·김형성·최대용. (2011). 국방·군사시설 입지갈등의 원인과 해법: 제주해군기지 사례의 교훈. 「한국정책학회보」, 20(2): 319－352.

은재호. (2011). EU 거버넌스 연구의 동향과 쟁점. 「EU 연구」, 28: 3－34.

은재호. (2011). 규율과 통치: 조직연구에 있어서 Michel Foucault 권력론의 함의와 기여. 「한국조직학회보」, 8(2): 1－33.

은재호·장현주. (2012). 프랑스 내무행정시스템의 현황과 전망. 「한국비교정부학보」, 16(1): 63－88.

은재호·채종헌·임동진·심준섭·이선우·하혜수·임인선. (2011). 「공공갈등에 있어서 윈윈협상 방안에 관한 연구」. 한국행정연구원 보고서.

은재호. (2014). '한국형 공론화 모델 구축을 위한 시론적 제안'. 대통령 직속 국민대통합위원회 내부 보고서.

은재호. (2015). 갈등관리, 왜 중요한가?. 「월간 공공정책」, 112: 14－18.

은재호. (2016). 한국 사회 갈등해소를 위한 과제. 「열린 충남」, 76: 118－129.

은재호. (2016). 「갈등해결을 위한 참여적 의사결정 절차 매뉴얼」, 한국행정연구원 보고서.

은재호. (2016). 한국 행정학 60년: 사회 분야 연구 동향, 한국행정학보, 50(5): 301－337

은재호. (2017). 「사회갈등 해소를 위한 국민통합 전략과 실행방안 연구」, 한국행정연구원 보고서.

은재호. (2018). 신고리 원전 공론화가 남긴 것: 평가와 전망. 「The KAPS」, 52: 18－31.

은재호. (2018). [정책제안] 공공갈등 예방·해결 위한 법률 제정 시급해. 「월간 공공정책」, 157: 55－58.

이강원·김학린. (2020). 한국 사회 공론화 사례와 쟁점: 한국형 공론화 모델의 탐색, 서울: 박영사.

이건. (2015). 사회갈등 해소 기제로서의 공정성 탐색. 「한국정책과학학회보」, 19(4): 27－51.

이관후. (2016a). 왜 '대의민주주의'가 되었는가?: 용례의 기원과 함의. 「한국정치연구」, 25(2): 1－26.

이관후. (2016b). 한국정치에서 대표의 위기와 대안의 모색－정치철학적 탐색. 「시민과 세계」, 28: 1－34.

이기우. (2001). 대의민주제의 한계와 직접 민주제의 필요성. 「참여사회연구소」, 정책포럼 자

료집: 5-24.

이기환. (2020). '18남 4녀' 세종의 자식들…공주도 왕자도 똑똑했다, 경향신문, 2020-10-01. http://news.khan.co.kr/kh_news/khan_art_view.html?art_id=202010010600011#csidx2938bd035d368afb6460e7d3db6eeb1 (검색일 2020.10.01.)

이동수. (2005). 대의제 민주주의의 위기와 대안: 마넹의 논의를 중심으로. 「시민사회와 NGO」, 3(1): 5-30.

이동원·정갑영·박준·채승병·한준. (2009). 「제3의 자본: 사회적 자본은 어떻게 증진 되는 가」, 서울: 삼성경제연구소.

이명진. (2008). 갈등과정과 사회집단의 영향력 평가. 「한국사회」, 9(1): 31-51.

이문수. (2016). 가치 다원주의와 민주주의적 행정. 「한국행정논집」, 28(4): 557-574.

이민아·김석호·박재현·심은정. (2010). 사회적 관계 내 자살경험과 가족이 자살생각 및 자살행동에 미치는 영향. 「한국인구학」, 33(2): 61-84.

이배영·전진석. (2009). 지식관리 영향요인에 대한 실증적 연구: 수도권 기초자치 단체를 중심으로. 「한국사회와 행정연구」, 20(1): 75-98.

이병량·김서용·전영평. (2008). 한국 사회갈등구조의 진단과 해석: 수준, 원인, 대안을 중심으로. 「한국공공관리학보」, 22(4): 49-72.

이부형·박용정. (2016). 「사회적 갈등의 경제적 효과 추정과 시사점」, 서울: 현대경제연구원.

이상익. (2004). 「유교전통과 자유민주주의」, 서울: 심산.

이상익·강정인. (2004). 동서양 사상에 있어서 政治的 正當性의 비교: 儒家의 공론론과 루소의 일반의지론을 중심으로. 「한국정치사상연구」, 10: 83-110.

이선우. (2017). 국민참여 기반의 공정·투명한 갈등해결 시스템. 한국갈등학회 발표자료.

이선우·오성호. (2010). 「협상조정론」, 서울: 한국방송통신대학교 출판부.

이선우·이강원. (2013). 「한국사회 공공갈등 이렇게 풀자: 경실련 갈등해소센터 현장리포트」, 서울: 호두나무.

이수연. (2006). 「국민통합 및 평등사회 구현을 위한 정책연구」, 한국여성정책연구원.

이수인. (2016). 자살생각에 대한 사회적 영향 요인과 심리적 영향 요인의 통합적 접근. 「민주사회와 정책연구」, 30: 104-139.

이숙종·양세진. (2007). 시민단체의 책무성과 정부의 역할에 대한 연구: 행정자치부의 비영리민간단체 지원 사업을 중심으로. 한국행정학회 하계학술발표논문집, 79-105.

이영재. (2010). 토의민주주의의 민주적 정당성에 관한 연구: 동일성의 원리를 중심으로. 「시민사회와 NGO」, 8(2): 5-39.

이원태·차재권·신호철. (2012). 「스마트 미디어 환경에서 SNS 이용과 정책참여 활성화 방안 연구」, 방송통신위원회.

이유선. (2012). 공공성과 민주주의의 가능성. 「사회와 철학」, 24: 51-78.

이재완. (2014). 서울시 마을공동체 사업의 주민참여 결정요인에 관한 연구. 「지방정부연구」, 17(4): 409-437.

이정우. (2000). 「담론의 공간」, 산해.

이종수. (2002). 행정학 사전, 서울: 대영문화사.

이종수. (2011). 지역사회 내의 공정성 제고와 지방정부의 역할. 「지방행정연구」, 25(1): 15-34.

이종수·윤영진·곽채기·이재원. (2009). 「새 행정학」, 서울: 대영문화사.

이종혁·최윤정·조성겸. (2015). 정치 효능감과 관용을 기준으로 한 바람직한 소통 모형. 참여민주주의와 숙의민주주의를 위한 제언, 한국언론학보, 59(2) : 7-36.

이지호·이현우·서복경. (2017). 「탄핵 광장의 안과 밖: 촛불민심 경험분석」, 책담.

이현아. (2007). 우리는 토론을 통해 이성적 상호성에 도달할 수 있는가: 하버마스의 심의민주주의론에 관한 일고찰. 「한국정치학회보」, 41(4): 1269-1290.

이태준. (2017). 숙의적 원자력 커뮤니케이션 활동과 정책이해관계자의 심리적 거버넌스 변화에 관한 현장실험연구: 원자력 지식보정(knowledge calibration)을 중심으로. 「한국행정학보」, 51(1): 233-262.

임동진. (2011). 공공갈등관리의 실태 및 갈등해결 요인분석. 「한국행정학보」, 45(2): 291-318.

임동진·김재일. (2010). 「중앙정부의 공공갈등관리 실태분석 및 효과적인 갈등관리 방안 연구」, 한국행정연구원.

임석진·윤용택·황태연·이성백. (2009). 「철학사전」, 중원문화.

임정빈. (2012). 국책사업 갈등관리에 관한 연구: 제주해군기지 건설사업 사례를 중심으로. 「한국정책연구」, 12(4): 499-523.

임혁백. (1994). 「선진형갈등해결기제의 모색: 시장, 국가, 민주주의」, 파주: 나남출판.

임혁백. (1999). 밀레니엄 시대의 민주주의 대안: 심의 민주주의. 「계간 사상」, 43: 159-184.

임혁백. (2000). 「세계화 시대의 민주주의: 현상, 이론, 성찰」, 파주: 나남출판.

임혁백. (2009). 대의제 민주주의는 무엇을 대의하는가?: 일반의사와 부분의사, 그리고 제도 디자인. 「한국정치학회보」, 42(4): 27-49.

임현. (2014). "기술예측 시나리오 플래닝 기법과 사례",『기술혁신: 내일을 준비하는 기술정책 이야기』, 산업통상자원부·한국산업기술평가관리원 보고서

장공자. (2000). 언론와 말. 「언론중재」, 20(2): 64-65.

장동진. (2012). 「심의민주주의: 공적 이성과 공동선」, 서울: 박영사.

장용석·정장훈·조문석. (2009). 한국의 사회적 자본과 갈등: 사회적 자본의 다면적 속성에 대한 재조명. 「조사연구」, 10(2): 45-69.

전재경. (2005). 갈등관리 법제의 구조와 과제. 「국토」, 283: 28-35.

전혜정·이가언. (2015). 베트남 외국인 근로자의 문화적응 스트레스와 우울. 「지역사회간호학회지」, 26(4): 380-389.

정국환. (2009). 「정보화 추진과정상의 갈등관리와 추진전략 연구」, 정보통신정책연구원 발간자료.

정규호. (2007). 정책갈등의 참여적 해결을 위한 합의형성적 접근의 의미와 과제: 한탄강댐

건설을 둘러싼 갈등을 중심으로. 「한국정책학회보」, 16(2): 91 – 118.

정규호. (2005). 대의제 민주주의의 위기와 대안: 심의민주주의적 의사결정논리의 특성과 함의. 「시민사회와 NGO」, 3(1): 29 – 54.

정동윤. (1992). 「민사소송법」, 서울: 법문사.

정무권. (2011). 행정 민주주의와 공공성: 심의 민주주의와의 접목. 「사회과학연구」, 50(2): 33 – 80.

정상호. (2018). 직접민주주의의 국제 현황과 이론적 쟁점에 관한 연구: 국민투표 · 국민발안 · 국민소환을 중심으로. 「시민사회와 NGO」, 16(1): 3 – 47.

정용덕 · 강문희 · 김동영 · 김동욱 · 김석주. (2011). 「공공갈등과 정책조정리더십」. 서울: 법문사.

정우일. (1996). 관료제의 책임성과 책무성의 개념 정립에 관한 연구. 사회과학논총, 15: 215 – 270.

정원규. (2005). 민주주의의 두 얼굴: 참여 민주주의와 숙의 민주주의. 「사회와 철학」, 10: 281 – 329.

정정길 · 최종원 · 이시원 · 정준금. (2003). 「정책학원론」, 대명출판사.

정정화. (2011a). 공공갈등과 합의형성: 심의민주주의 방식의 적용과 한계. 「한국행정논집」, 23(2): 577 – 604.

정정화. (2011b). 한국사회의 갈등구조와 공공갈등: 국책사업 갈등사례를 중심으로. 「한국사회와 행정연구」, 22(3): 1 – 27.

정정화. (2012a). 공공갈등 예방을 위한 제도적 접근. 「한국정책연구」, 12(2): 311 – 336.

정정화. (2012b). 공공갈등해결을 위한 ADR의 활성화 방안: 미국, 일본, 한국의 조정제도 비교분석. 「한국자치행정학보」, 26(2): 1 – 23.

정정화. (2012c). 조정을 통한 공공갈등해결의 영향요인: 한탄강댐과 국립서울병원 사례 비교분석. 「한국사회와 행정연구」, 23(2): 1 – 24.

정정화. (2012d). 주민투표제도의 운영실태와 개선방안. 「한국지방자치학회보」, 24(4): 89 – 113.

정정화. (2015). 원전 건설의 주민수용성: 삼척 신규원전 갈등사례를 중심으로. 「한국사회와 행정연구」, 26(3): 167 – 199.

정정화 · 은재호 · 남재걸. (2014). 한국 행정의 주민참여 정책과정 연구: 참여의 정도와 내용을 중심으로. 「한국사회와 행정연구」, 24(4): 161 – 185.

정책기획위원회. (2018). 혁신적 포용국가의 사회적 대화 전략.

제주특별자치시 숙의형공론조사위원회(2018a). 녹지국제병원 공론화 자료집(사업수행자측 자료).

제주특별자치시 숙의형공론조사위원회(2018b). 녹지국제병원 공론화 자료집(청구인측 자료).

조석주 · 강인성(2006). 「지방자치단체의 주민참여 수준 진단과 발전방안」, 한국지방행정연구원 연구보고서.

주성수 · 정상호. (2006). 「민주주의 대 민주주의」, 서울: 아르케.

주성수 · 정규호 · 이상미 · 조성미. (2008). 「아래로부터의 시민사회」, 파주: 창비.

주성수. (2006). 직접민주주의에서의 시민사회단체와 이익집단: 캘리포니아 주민발안 투표사례. 「한국비영리연구」, 5(2): 55 – 83.

채영길·김용찬·백영민·김예란·김유정. (2016). 서울시 마을공동체미디어와 공동체 공론장의 분화와 재구성. 「커뮤니케이션 이론」, 12(2): 4 – 46.

채종헌. (2017). 「공론화 절차 활성화를 통한 정책수용성 제고 및 사회통합 증진에 관한 연구」, 한국행정연구원 연구보고서.

최우용. (2004). 주민투표제도의 운용과 과제; 국가사무 결정의 주민투표 활용과 법적 문제점. 「지방행정」, 53(610): 38 – 45.

최태욱. (2014). 「한국형 합의제 민주주의를 말하다 : 시장의 우위에 서는 정치를 위하여」, 서울: 책세상.

최흥석. (2003). 지방정부의 책무성과 지방의회. 지방행정연구, 17(3): 131 – 172.

케이스탯. (2020). 국민 갈등 의식 심층조사. 「Kstat report」, 1호 2020년 3월 12일.

하혜영. (2007a). 공공갈등 해결에 미치는 영향요인 분석: 갈등관리 요인의 효과를 중심으로. 「한국행정학보」, 41(3): 273 – 296.

하혜영. (2007b). 정부의 공공갈등 관리방식에 대한 실증분석. 「행정논총」, 45(2): 309 – 330.

하혜영. (2009). 공공갈등연구의 경향과 과제. 「한국사회와 행정연구」, 20(2): 163 – 186.

하혜영·이달곤. (2007). 한국 공공갈등의 발생과 해결: 1995 – 2006년까지 갈등사례를 중심으로. 「한국정책학회보」, 16(4): 329 – 356.

한국정책과학학회. (2013). 「전자적 참여와 소통 활성화 방안 연구」, 국민권익위원회.

한국행정연구원. (2019). 「2018년 사회통합실태조사」.

허진희. (2016). 정부 3.0을 통한 숙의민주주의 구현방안 연구 : 국민신문고 온라인 정책토론의 숙의 기능 활성화를 위한 제언, 한국정책학회보, 25(4): 31 – 58

홍성구. (2011). 숙의민주주의의 이론적 보완. 공화주의적 대안 모색을 중심으로. 「언론과 사회」, 19(2): 152 – 184.

홍성만·김광구. (2008). 공공갈등관리기구의 운영과 실효성에 대한 탐색적 연구: 정부간 갈등관리 기구를 중심으로. 「한국공공관리학보」, 22(4): 1 – 17.

홍세희. (2008). 구조방정식 모형: 초급, 중급, 고급연구방법론 워크숍 시리즈 4. 「한국국제경영학회 워크숍 자료집」.

홍찬숙. (2018). 2016 – 17년의 광화문 광장: 유교 공론장에서 시민 공론장으로. 「민주주의와 인권」, 18(2): 147 – 179.

홍철기. (2014). [대표의 개념]과 [선거는 민주적인가]: 정치적 대표와 대의 민주주의 미래. 「진보평론」, 61: 266 – 290.

황수경·은재호·박재근. (2020). 「공공선택에서 공론화의 역할 및 효과 연구」, 한국개발연구원 연구보고서.

〈국외 문헌〉

Acemoglu(Daron), Johnson(Simon) & Robinson(James A). 2001. "The Colonial Origins of Comparative Development: An Empirical Investigation", *American Economic Review* 91(5), 1369-1401.

Ackerman(Bruce) & Fishkin(James S). 2004. *Deliberation Day*. New Haven, Yale University Press.

Adams(J. Stacy). 1965. "Inequity in social exchange", *In Advances in experimental social psychology* 2, 267-299.

Alcántara(Sophia), Bach(Nicolas), Kuhn(Rainer) & Ullrich(Peter). 2015. *Demokratie- theorie und Partizipationspraxis: Analyse und Anwendungspotentiale delib- erativer Verfahren*. Springer-Verlag.

Alcántara(Sophia), Kuhn(Rainer) & Ullrich(Peter). 2014. *Partizipationsverfahren - Instrumente der Transformation in Richtung deliberativer Demokratie?*, eNewsletter Netzwerk Bürgerbeteiligung.

Aldrich(Daniel P). 2012. *Building resilience: Social capital in post-disaster recovery*, Illinois, University of Chicago Press.

Amy(Douglas J). 1987. *The politics of environmental mediation*, New York, Columbia University Press.

Andersen(Ida-Elisabeth) & Jæger(Birgit). 1999. "Scenario workshops and consensus conferences: towards more democratic decision-making", *Science and public policy* 26(5), 331-340.

Anderson(Bo), Berger(Joseph), Zelditch(Morris) & Cohen(Bernard). 1969. "Reactions to inequity", *Acta Sociologica* 12(1), 1-12.

Anderson(James) & Gerbing(David). 1988. "Structural equation modeling in practice: A review and recommended two-step approach.", *Psychological bulletin* 13(3), 411-423.

Arnstein(Sherry R). 1969. "A Ladder of Citizen Participation", *Journal of the American Institute of planners* 35(4), 216-224.

Austin(William) & Walster(Elaine). 1974. "Reactions to confirmations and dis- confirmations of expectancies of equity and inequity", *Personality and Social Psychology* 30(2), 208-216.

Davidson(Stewart) & Elstub(Stephen). 2014. "Deliberative and Participatory Democracy in the UK", *The British Journal of Politics and International Relations* 16(3), 367-385.

Avruch(Kevin). 1998. Culture and Conflict Resolution, Washington D.C, US Institute of Peace Press.

Baber(Walter F) & Bartlett (Robert V). 2005. *Deliberative Environmental Politics: Democracy and Ecological Rationality*, Cambridge, MA: MIT press.

Baber(Benjamin R). 1984. *Strong Democracy*, California, University of California Press.

Bachrach(Peter) & Baratz(Morton S). 1963. "Decisions and Nondecisions: An Analytical Framework", *American Political Science Review* 57(3), 632−642.

Bachrach(Peter) & Baratz(Morton S). 1970. Power and Poverty; *Theory and Practice*, New York, Oxford University Press.

Bächtiger(Andre), Dryzek(John S), Mansbridge(Jane) & Warren(Mark). 2018. *The Oxford Handbook of Deliberative Democracy*, Oxford, Oxford University Press.

Bachtiger(Andre), Niemeyer(Simon), Neblo(Michael), Steenbergen(Marco) & Steiner (Jung). 2010. "Disentangling Diversity in Deliberative Democracy: Competing Theories", *Journal of Political Philosophy* 18(1), 32−63.

Ball(Terence), Dagger(Richard). 2006. 현대정치사상의 파노라마: 민주주의 이상과 정치 이념, 정승현(번역). 서울, 아카넷.

Bardach(Eugene). 1977. *The implementation game: What happens after a bill becomes law*, Cambridge Massachusetts, MIT Press.

Baxter(Hugh). 2011. *Habermas: The discourse theory of law and democracy*, California, Stanford University Press.

Beery J. et als. 1991, "The Mont Fleur Scenarios: What will South Africa be like in the year 2002?", Deeper News, Vol 7. No. 1.

Benhabib(Seyla). 1996. *Democracy and difference: Contesting the boundaries of the political*, New Jersey, Princeton University Press.

Bennett(W. Lance) & Segerberg(Alexandra). 2012. "The Logic of Connective Action: Digital media and the personalization of contentious politics", *Information, Communication and Society* 15(5), 1−30.

Berman(Evan). 1997. "Dealing with Cynical Citizens", *Public Administration Review* 57(2), 105−112.

Bessette(Joseph M). 1980. *Deliberative democracy : the majority principle in republican government*, Washington, D.C, American Enterprise Institute for Public Policy Research. 102−116.

Bessette(Joseph M). 1997. *The mild voice of reason: Deliberative democracy and American national government*, Chicago, University of Chicago Press.

Bies(Robert J). 1986. "Interactional justice: Communication criteria of fairness", *Research on negotiation in organizations* 1, 43−55.

Biggs(Stephen). 1989. "Resource−Poor Farmer Participation in Research: a Synthesis of Experiences From Nine National Agricultural Research Systems", *Inter−*

national Service for Natural Agricultural Research 3, 58−95.

Bingham(Gail). 1986. *Resolving environmental disputes: A decade of experience*, Washington D.C, Conservation Foundation.

Blalock(Hubert M). 1989. *Power and conflict: Toward a general theory (Vol. 4)*, New York, SAGE Publications Inc.

Blau(Peter M) & Duncan(Otis Dudley). 1967. *The American occupational structure*, New York, John Wiley & Sons Inc.

Blumer(Herbert). 1971. "Social problems as collective behaviour", *Social problems* 18(3), 298−306.

Bohman(James). 1996. *Public Deliberation: Pluralism, Complexity, and Democracy (Studies in Contemporary German Social Thought)*, Cambridge, MIT Press.

Bohman(James). 1998. "Survey article: The coming of age of deliberative democ−racy", *The Journal of Political Philosophy* 6(4), 400−425.

Bohman(James) & William(Rehg). 1997. *Deliberative democracy: Essays on reason and politics*, Cambridge, MIT Press.

Boudon(Raymond). 2003. "Beyond rational choice theory", *Annul Review of Sociology* 29(1), 1−21.

Boumans(Dorine). 2017. "Does Populism Influence Economic Policy Making? Insights from Economic Experts Around the World", *ifo DICE Report* 15(4), 40−44.

Bourdieu, Pierre. 1976. Le champ scientifique, *Actes de la Recherche en Sciences Sociales*, 2−2−3: 88−104

Bourdieu(Pierre). 1982. "Les rites comme actes d'institution", *Actes de la recherche en sciences sociales* 43(1), 58−63.

Browne(Michael W) & Cudeck(Robert). 1993. "Alternative ways of assessing model fit", *Sage focus editions* 154, 136−162.

Buck(Trevor) & Shahrim(Azura). 2005. "The Translation of Corporate Governance Changes across National Cultures: The Case of Germany", *Journal of International Business Studies* 36(1), 42−61.

Bucy(Erik P) & Ensley(Michael J). 2009. "Issue benefactors or issue victims? Ballot initiative influence on the vote for California governor 1982−1998", *California Journal of Politics and Policy* 1(2), 1−31.

Edmund(Burke). 1949. *Speeches to the Electors of Bristol(Burke's Politics: Selected Writings and Speeches)*, New York, Alfred A. Knopf.

Burkhalter(Stephanie), Grastil(John) & Kelshaw(Todd). 2002. "A Conceptual Definition and Theoretical Model of Public Deliberation in Small Face−To−Face Groups", *Communication Theory* 12(4), 398−422.

Butler(Eamonn). 2012. 나쁜 민주주의: 정치인 관료들은 왜 사익만 추구하는가, 이성규·김행범(번역). 성남, 북코리아.

Campbell(John L). 2004. *Institutional change and globalization*, Princeton, rinceton University Press.

Charmaz(Kathy). 2005. "Grounded theory in the 21st century: A qualitative method for advancing social justice research", *Handbook of qualitative research* 3, 507−535.

Cigler(Allan J), Loomis(Burdett A), & Nownes(Anthony J). 2015. *Interest group politics*, Washington, D.C, CQ Press.

Commission Nationale du Débat Public, 2010, *Rapport d'activité 2005−2009*.

Commission Nationale du Débat Public. (2010a). Brochure in English(Background and Mandate).
    https://cpdp.debatpublic.fr/cpdp−courseulles/EN/DEBAT/DEBAT_PUBLIC.HTM

Commission Nationale du Débat Public. (2010b). 2009~2010 Rapport d'activité.
    https://www.vie−publique.fr/rapport/34182−rapport−dactivite−2009−
    2010−de−la−commission−nationale−du−debat−public

Cobb(Roger W.) & Elder (Charles D), 1983. *Participation in American politics : the dynamics of agenda−building*, Baltimore, Johns Hopkins University press.

Cobb(Roger W), Ross(Jennie−Keith) & Ross(Marc Howard). 1976. "Agenda setting as a comparative political process", *American political science review* 70(1), 126−138.

Cohen(Joshua). 1989. *Deliberative Democracy and Democratic Legitimacy* (In Hamlin, A. & Pettit, P. (eds.), Oxford, The Good Polity Blackwell. 17−34.

Cohen(Joshua) & Rogers(Joel). 2003. *Power and reason (Deepening democracy)*, New York, New Left Books. 237−255.

Coleman(James). 1988. "Social capital in the creation of human capital", *American journal of sociology* 94, 95−120.

Collingwood(Loren) & Reedy(Justin). 2012. *Listening and responding to criticisms of deliberative civic engagement*, Democracy in motion: Evaluating the practice and impact of deliberative civic engagement, Oxford University Press. 233−259.

Collins(Randall). 1979. *The credential society: An historical sociology of education and stratification*, Orlando, Florida: Academic Press, Inc.

Conley(Alex) & Moote(Ann). 2001. *Collaborative conservation in theory and practice. Udall Center for Studies in Public Policy*, Tucson, the University of Arizona.

Coser(Lewis A). 1956. *The functions of social conflict.* NY: Free Press.

Creswell(John W). 2010. 질적연구방법론: 다섯가지 접근, 조흥식·정선욱·김진숙·권지성 (번역). 서울, 학지사.

Crosby(Ned) & Nethercut(Doug). 2005. *Citizens juries: Creating a trustworthy voice of the people*, The deliberative democracy handbook: Strategies for effective civic engagement in the twenty−first century, 111−119.

Curato(Nicole), Dryzek(John S), Ercan(Selen A), Hendriks(Carolyn M), Niemeyer (Simon). 2017. "Twelve Key Findings in Deliberative Democracy Research", *Twelve key findings in deliberative democracy research. Daedalus*, 146(3), 28−38.

Daft(Richard). 1998. *Organization Theory and Design*, Cincinnati, South Western College Publishing,

Dahl(Robert A). 1961. *Who Governs*, New Haven, Yale University.

Dahl(Robert A). 1961. *Democracy and Its Critics*, New Haven, Yale University.

Dahl(Robert A). 1970. *After the Revolution*, New Haven, Yale University Press.

Dator(Jim). 2006. *Will America Ever Become A Democracy?*, Democracy and Futures, Helsinki, Finland: Parliament of Finland. 61−68.

Davidson(Scott). 1998. "Spinning the wheel of empowerment", *Planning* 1262(3) April, 14−15.

Davies(Ben B), Blackstock(Kirsty) & Rauschmayer(Felix). 2005. "'Recruitment', 'com−position', and 'mandate' issues in deliberative processes: should we focus on arguments rather than individuals?", *Environment and Planning C: Government and Policy* 23(4), 599−615.

Degeling(Chris), Carter(Stacy M) & Rychetnik(Lucie). 2015. " Which Public and Why Deliberate? − a Scoping Review of Public Deliberation in Public Health and Health Policy Research", *Social Sciences & Medicine* 131, 114−121.

Deutsch(Karl W). 1961. "Social Mobilization and Political Development", American *Political Science Review* 55, 493−514.

Deutsch(Morton). 1975. "Equity, equality, and need: What determines which value will be used as the basis of distributive justice?", *Journal of Social issues* 31(3), 137−149.

Diermeier(Daniel) & Krehbiel(Keith). 2003. "Institutionalism as a methodology", *Journal of Theoretical Politics* 15(2), 123−144.

DiMaggio(Paul J) & Powell(Walter). 1983. "The Iron Cage Revisited: Institutional Isomorphism and Collective Rationality in Organizational Fields", *American Sociological Review* 48, 147−160.

Downs, Anthony. 1957. *An Economic Theory of Democracy*. New York: Harper & Row.

Dryzek(John S). 2001. "Legitimacy and economy in deliberative democracy", *Political Theory* 29(5), 651−669.

Dryzek(John S). 2009. "Democratization as deliberative capacity building", *Comparative Political Studies* 42(11), 1379−1402.

Dryzek(John S). 2010. "Rhetoric in democracy: A systemic appreciation", *Political Theory* 38(3), 319−339.

Dunn(William N). 2012. Public Policy Analysis (5th Edition), Boston, Pearson.

Dunsire(Andrew). 1996. "Tipping the balance: Autopoiesis and governance", *Administration & Society* 28(3), 299−334.

Duran(Patrice). 1990. "Le savant et la politique: Pour une approche raisonnée de l'analyse des politiques publiques", *L'Année sociologique* (1940/1948−) 40, 227−259.

Duran(Patrice). 1999. *Penser l'action publique*, Paris, LGDJ.

Durkheim(Émile). 1983. Les règles de la méthode sociologique *(2nd Edition)*, Quadrige Grands textes.

Easton(Easton). 1965. *A Systems Analysis of Political Life*. New York, John Wiley & Sons.

Eckersley(Robyn). 2000. "Deliberative democracy, ecological representation and risk: Towards a democracy of the affected", *Democratic Innovations: Deliberation, Association and Representation*, 117−145.

Edelman(Murray). 1977. *Political language : Words that succeed and policies that fail*, Orlando San Diego New York.

Edelman(Murray). 1988. *Constructing the political spectacle*, Chicago, University of Chicago Press.

Elster(Jon). 1998. "Coming to terms with the past. A framework for the study of justice in the transition to democracy", *Archives Européennes de Sociologie/ European Journal of Sociology/Europäisches Archiv für Soziologie*, 7−48.

Elster(Jon). 1998. *Deliberation and constitution making*. Cambridge, Cambridge University Press.

Elstub(Stephen). 2010. "The third generation of deliberative democracy", *Political studies review* 8(3), 291−307.

Elstub(Stephen). 2014. *Mini−publics: Issues and Cases*, Edinburg University Press. 166−186.

Ercan(Selen A) & Dryzek(John S). 2015. "The reach of deliberative democracy", *Policy Studies* 36(3), 241−248.

Escobar(Oliver) & Elstub(Stephen). 2017. "Forms of Mini−Publics: An introduction to deliberative innovations in democratic practice", *New Democracy. Research and Development Note* 4, 1−14.

Euchner(Charles). 1996. *Extraordinary Politics: How Protest and Dissent Ard*

*Changing American Democracy*, Boulder, CO: West view press.

Eun, Jaeho. 2007, *Sida et action publique. Une approche définitionnel du change-ment des politiques publiques en Fance*, Paris. L'Harmattan

Eun, Jaeho. 2007, "La dimension sémantique du changement dans les politiques françaises de réponse au sida", *Revue internationale des sciences sociales*, 2007/3−4 (n° 193−194): 569−588

Eun, Jaeho. 2010, Public Accountability in Collaborative Governance : Lessons from Korean Community Centers, *Korean Journal of Policy Studies*, 25(1): 143−173

Farrelly(Collin). 2005. "Making Deliberative Democracy a More Practical Political Ideal", *European Journal of Political Theory* 42(2), 200−208.

Farrington(John), 1998. *Organisational roles in farmer participatory research and extension : lessons from last decade*, London, Overseas Development Institute.

Favre(Pierre). 1992. L'émergence des problèmes dans le champ politique, in Sida et Politique : Les premiers affrontements (1981−1987), *Paris: L'Harmattan, Coll. Dossiers sciences humaines et sociales*, 5−37.

Felicetti(Andrea). 2016. *Deliberative democracy and social movements*, New York, Rowman & Littlefield.

Fishkin(James S). 2009. *When the people speak: Deliberation democracy & public consultation*, New York, Oxford University Press.

Finer(Samuel E). 1999. *The History of Government from the Earliest Times Vol.2: Ancient Monarchies and Empires*, Oxford, Oxford University Press.

Fink(Clinton F). 1968. "Some conceptual difficulties in the theory of social conflict", *Journal of conflict resolution* 12(4), 412−460.

Fischer(Frank). 1998. "Beyond empiricism: policy inquiry in post positivist per-spective", *Policy studies journal* 26(1), 129−146.

Fishkin(James S). 2009. *When the People Speak: Deliberative Democratic Theory and Empirical Political Science*, New York, Oxford University Press.

Fishkin(James S). 2011. *When the people speak: Deliberative democracy and public consultation*, Oxford, Oxford University Press.

Fishkin(James S) & Luskin(Robert C). 2005. "Experimenting with a democratic ideal: Deliberative polling and public opinion", *Acta politica* 40(3), 284−298.

Folami(Akilah N). 2012. "Using the press clause to amplify civic discourse beyond mere opinion sharing", *Temple Law Review* 85(2), 269−314.

Foucault(Michel). 1966. *Les mots et les choses [The order of things]*, Paris, Éditions Gallimard.

Fournier(Patrick), Der Kolk(Henk Van), Carty(R. Kenneth), Blais(Andre) & Rose

(Jonathan). 2011. *When citizens decide: Lessons from citizen assemblies on electoral reform*, Oxford, Oxford University Press.

Frederickson(H. George) & Smith(Kevin B). 2003. *The Public Administration Theory Primer*, Boulder, Westview Press.

Fung(Archon) & Wright(Erik Olin). 2001. "Deepening Democracy : Innovations in Empowered Participatory Governance", *Politics and Society* 29(1), 5−41.

Fung(Archon). 2003. "Survey article: Recipes for public spheres: Eight institutional design choices and their consequences", *Journal of political philosophy* 11(3), 338−367.

Gastil(John) & Levine(Peter). 2005. *The deliberative democracy handbook: Strategies for effective civic engagement in the twenty−first century*, San Francisco, Jossey−Bass.

Geissel(Brigitte). 2009. "Participatory governance: Hope or danger for democracy? A case study of Local Agenda 21", *Local Government Studies* 35(4), 401−414.

Giddens(Anthony). 1991. *The Consequence of Modernity*, Cambridge, Polity Press.

Glaser(Barney) & Strauss(Anselm L). 1967. *The discovery of grounded theory: strategies for qualitative research*, New York, Adline de Gruyter.

Goebel(Thomas). 2002. *A government by the people: Direct democracy in America 1890−1940*. Chapel Hill, University of North Carolina Press.

Goffman(Erving). 1970. *Strategic Interaction*, Oxford, Basil Blackwell.

Goldstone(Jack Andrew). 2003. Introduction: Bridging Institutionalized and Noninstitutionalized Politics, *In States, parties, and social movements*, Cambridge, Cambridge University Press.

Goodin(Robert E) & Dryzek(John S). 2006. "Deliberative impacts: The macro−political uptake of mini−publics", *Politics & society* 34(2), 219−244.

Greenberg(Jerald). 1990. "Organizational justice: Yesterday, today, and tomorrow", *Journal of management* 16(2), 399−432.

Grofman(Bernard) & Owen(Guillermo). 1986. "Condorcet models, avenues for future research", *Information pooling and group decision making*, 93−102.

Grych(John H) & Fincham(Frank D). 1990. "Marital conflict and children's adjustment: a cognitive−contextual framework", *Psychological bulletin* 108(2), 267−290.

Gümplová(Petra). 2011. *The Two−track Model of Democratic Politics in*, Sovereignty and Constitutional Democracy, Nomos e−Library, 171−175.

Gusfield(Joseph R). 1981. *The culture of public problems: Drinking, driving and the symbolic order*, Chicago, The University of Chicago Press.

Gutmann(Amy) & Thompson(Dennis F). 1995. Moral Disagreement in a Democracy,

*Social Philosophy and Policy* 12(1), 87−110.

Gutmann(Amy) & Thompson(Dennis F). 1996. *Democracy and Disagreement*, Cam−bridge, Harvard University Press.

Gutmann(Amy) & Thompson(Dennis F). 2004. *Why Deliberative Democracy?*, Princeton, Princeton University Press.

Haberma(Jürgen). 1996. 공론장의 구조변동: 부르주아 사회의 한 범주에 관한 연구, 한승완(번역). 서울, 나남출판.

Habermas(Jürgen). 1976. *Legitimation Crisis*, London, Heinemann Educational Books.

Habermas(Jürgen). 1981. 의사소통행위이론 1, 장춘익(번역). 서울, 나남출판.

Habermas(Jürgen). 1981. 의사소통행위이론 2, 장춘익(번역). 서울, 나남출판.

Habermas(Jürgen). 1987. *The Philosophical Discourse of Modernity: Twelve Lectures*, Translated by Frederick Lawrence. Cambridge, MA: MIT Press.

Habermas(Jürgen). 1990. *Moral Consciousness and Communication Action*, Cambridge, Polity Press.

Habermas(Jürgen). 1992. 사실성과 타당성: 담론적 법이론과 민주적 법치국가 이론, 박영도·한상진(번역). 서울, 나남출판.

Habermas(Jürgen). 1996. *Between Facts and Norms: Contributions to a Discourse Theory of Law and Democracy*, Translated by William Rehg. Cambridge, MA: MIT Press.

Habermas(Jürgen). 2006. "Political Communication in Media Society: Does Democracy Still Enjoy an Epistemic Dimension? The Impact of Normative Theory on Empirical Research", *Communication Theory* 16(4), 411-26.

Haft(William). 1999. "More than zero: The Cost of Zero Tolerance and the Case for Restorative Justice in Schools", *Denver University Law Review* 77, 795−812.

Hamilton(Alexander), Madison(James) & Jay(John). (1961). The Federalist Papers, ed. Clinton Rossiter, New York, New American Library.

Hartz−Karp(Janette). 2003. "A Case Study in Deliberative Democracy: Dialogue with the City", *Journal of Public Deliberation* 1(1), 1−15.

Hay(Colin). 2006. Constructivist institutionalism: The Oxford Handbook of Political Institutions, Oxford, Oxford University Press.

Held(David). 1992. "Democracy: From City−States to a Cosmopolitan Order?", *Political studies* 40(1), 10−39.

Helpman(Elhanan). 2004. *The Mystery of Economic Growth*, Cambridge, Harvard University Press.

Hendriks(Carolyn). 2005. *Consensus conferences and planning cells: Lay citizen de−liberations*, The Deliberative Democracy Handbook: Strategies for Effective Civic Engagement in the 21st Century. San Francisco, Jossey Bass. 80-110.

Hendriks(Frank). 2018. "Democratic innovation beyond deliberative reflection: the plebiscitary rebound and the advent of action－oriented democracy:, Democratization 26(3), 444－464.

Hirschman(Albert O). 2010. 보수는 어떻게 지배하는가: 세상을 조종해온 세 가지 논리, 이근영(번역). 서울, 웅진씽크빅.

Hofmann(Michael). 2017. *Habermas's Public Sphere: A Critique*, New Jersey, Fairleigh Dickinson University Press.

Hogwood (Brian W). 1984. *Policy analysis for the real world*, New York, Oxford University Press.

Holsti, Ole R. 1993. Toward an Operational Definition of Consensus, *American Review of Politics*, 14:309－339

Homans(George Caspar). 1961. Social Behavior: *Its Elementary Forms*, New York, HomansSocial Behavior. 488－531.

Hoppe(Robert). 1999. "Policy Analysis, Science and Politics: from 'Speaking Truth to Power' to 'Making Sense Together'", *Science and Public Policy* 26(3), 201－210.

Hough(Mike) & Park(Alison). 2002. How Malleable are Attitudes to Crime and Punishment? Findings from a British Deliberative Poll, Changing attitudes to punishment, Willan.

Inglehart(Ronald). 1970. "Cognitive Mobilization and European Identity", *Comparative Politics* 3(1), 45－70.

Jasso(Guillermina). 1978. "On the justice of earnings: A new specification of the justice evaluation function", *American Journal of Sociology* 83(6), 1398－1419.

Jensen(Michael C) & Meckling(William H). 1976. "Theory of the Firm: Managerial Behavior, Agency Costs and Ownership Structure", *Journal of Financial Economics* 3(4), 305－360.

Jessop(Bob). 1998. "The rise of governance and the risks of failure: the case of economic development", *International Social Science Journal* 50(155), 29－45.

Jessop(Bob). 2002. T*he future of the capitalist state*, Cambridge, Policy Press.

Jordan(Grant). 1998. "Politics without Parties : A Growing Trend?", *Parliamentary Affairs* 51(3), 314－328.

Kamlage(Jan－Hendrik) & Nanz(Patrizia). 2017. Public Participation and Democratic Innovations: Assessing Democratic Institutions and Processes for Deeping and Increased Public Participation in Political Decision－Making, In World Forum for Democracy, Potsdam. 1－36.

Kaner(Sam). 2007. Facilitator's Guide to Participatory Decision－Making, New Jersey, John Wiley & Sons.

Kim(Yungwook) & Yang(Jungeun). 2011. "The Impact of Cultural Variables and Third–Party Mediation on Conflict Resolution", *Korean Journal of Com–munication Studies* 19(4), 5–28.

Kingdon(Joseph). 1984. *Agendas, alternatives, and public policies*, Boston, Little Brown. 165–169.

Kisher(Carrie B). 2016. *An Inventory of Civic Programs and Practices*, Los Angeles, John Wiley & Sons.

Kitschelt(Herbert) & Hellemans(Staf). 1990. "The left–right semantics and the new politics cleavage", *Comparative Political Studies* 23(2), 210–238.

Kitsuse(John I) & Spector(Malcom). 1973 "Toward a sociology of social problems: Social conditions, value–judgments, and social problems", *Social problems* 20(4), 407–419.

Kooiman(Jan). 1993. *Social Political Governance Interactions in J. Kooiman Modern governance*, London, Sage Publications.

Kooiman(Jan). 2003. *Governing as Governance*, London, Sage Publications.

Kostova(Tatiana). 1999. "Transnational Transfer of Strategic Organizational Practices: A Contextual Perspective", *The Academy of Management Review* 24(2), 308–324.

Kullberg(Judith S) & Zimmerman(William). 1999. "Liberal Elites, Socialist Masses, and Problems of Russian Democracy", *World Politics* 51(3), 337–358.

Lakatos(Imre). 1976. Proofs and Refutations : The Logic of Mathematical Discovery, Cambridge university press..

Lawrence(Anna). 2006. "'No Personal Motive?' Volunteers, Biodiversity, and the False Dichotomies of Participation", *Ethics, Place and Environment* 9(3), 279–298.

LeDuc(Lawrence), Bastedo(Heather) & Baquero(Catherine). 2008. "The quiet refer–endum: Why electoral reform failed in Ontario", *In Prepared for the annual meeting of the Canadian Political Science Association*, University of British Columbia. 4–6.

Leidner(Robin). 1991. "Stretching the boundaries of liberalism: Democratic innovation in a feminist organization", *Journal of women in culture and society* 16(2), 263–289.

Leighninger(Matt). 2006. *The next form of democracy: How expert rule is giving way to shared governance—and why politics will never be the same*, Nashville, TN: Vanderbilt University Press.

Leighninger(Matt). 2014. "What we're talking about when we talk about the 'Civic Field' (And why we should clarify what we mean)", *Journal of Public Deliberation* 10(1), Article 8. 1–7.

Leighninger(Matt). 2017. *Strengthening and sustaining public engagement in Vermont: A planning guide for communities*, Washington DC, Public Agenda.

Lerner(Daniel). 1958. *The Passing of Traditional Society: Modernizing the Middle East*, New York, Free Press.

Leventhal(Gerald S). 1980. "What should be done with equity theory?", In *Social exchange*, Springer, Boston, MA. 27－55.

Lindell(Marina). 2011. *Same but Different—Similarities and Differences in the Implementation of Deliberative Mini−publics*, Iceland, University of Reykjavik.

Lukensmeyer(Carolyn J) & Torres(Lars Hasselblad). 2006. *Public Deliberation: A Manager's Guide to Citizen Engagement*, Washington, D.C, IBM Center for the business of Government.

Lukensmeyer(Carolyn J). 2012. *Bringing Citizen Voice to the Table: a Guide for Public Managers*, New Jersey, John Wiley & Sons.

Macedo(Stephen). 1999. *Deliberative Politics: Essays on Democracy and Disagree− ment*, Oxford, UK: Oxford University Press.

Mackie(Gerry). 2009. "Schumpeter's leadership democracy", *Political Theory* 37(1), 128－153.

Manin(Bernard). 1997. *The Principles of Representative Government*, Cambridge, Cambridge University Press.

Manin(Bernard). 2004. 선거는 민주적인가, 곽준혁 옮김. 서울, 후마니타스.

Mansbridge(Jane). 1999. *Everyday Talk in the Deliberative System*, Oxford, UK: Oxford University Press.

Mark(Reed), Steven(Vella), Edward(Challies), Joris de(Vente), Lynne(Frewer), Daniela (Hohenwallner−Ries), Tobias(Huber), Rosmarie K(Neumann), Elizabeth (Oughton), Julian(Sidoli del Ceno) & Hedwig(van Delden). 2017. "A theory of participation: what makes stakeholder and public engagement in environ− mental management work?", *Restoration Ecology* 26, 1－18.

Max(Mekeown). 2008. *The Truth about Innovation*, New Jersey, Prentice Hall.

McLaverty(Peter). 2014. *Inequality and deliberative democracy*, Edinburgh, Edinburgh University Press.

McLaverty(Peter) & Elstub(Stephen). 2014. *Deliberative democracy: Issues and cases*, Edinburgh, Edinburg University Press. 34－49.

Meyer(John) & Rowan(Brian). 1977. "Institutionalized organizations: Formal structure as myth and ceremony", *American journal of sociology* 83(2), 340－363.

Meyer(Heinz−Dieter) & Murakami(Yui). 2010. "Culture, institutions, and disability policy in Japan: The translation of culture into policy", *Comparative Sociology* 9(2), 202－221.

Michels(Ank) & De Graaf(Laurens). 2010. "Examining Citizen Participation: Local Participatory Policy Making and Democracy", *Local Government Studies* 36(4), 477−491.

Mill(John Stuart). 1951. *Consideration on Representative Government*, Utilitarianism, Liberty, and Representative Government. London, Dent.

Mills(C. Wright). 1956. *The Power Elite*, New York, Oxford University Press.

Ministry of Fisheries, Canada, 2004, CONSULTATION TOOLBOX : A Guide to Undertaking Consultations.

Mirenowicz(Jacques). 2001. "The Danish Consensus Conference Model in Switzerland and France: On the Importance of Framing the Issue", *PLA Notes 4*, 57−60.

Mitnick(Barry M). 1980. The political economy of regulation: Creating, designing, and removing regulatory forms, New York, Columbia University Press.

Moe(Terry M). 1984. The new economics of organization, *American journal of political science*, 739−777.

Moore(Christopher). 2003. *The mediation process: Practical strategies for resolving conflict*, San Francisco, CA: Jossey−Bass.

Moscovici(Serge) & Rivière(Anne). 1996. *Psychologie des minorités actives*, Presses Universitaires de France.

Mulgan(Geoff), Tucker(Simon), Ali(Rushanara) & Sanders(Ben). 2007. *Social Innovation: What It Is, Why It Matters and How It Can Be Accelerated*, koll Center for Social Entrepreneurship Working Paper, Oxford.

Nabatchi(Tina). 2010. *A manager's guide to evaluating citizen participation*, Washington DC, IBM Center for the Business of Government.

Nabatchi(Tina) & Leighninger(Matt). 2015. *Public participation for 21st century democracy*, Hoboken, John Wiley & Sons.

Nabatchi(Tina). 2010. "Addressing the citizenship and democratic deficits: The potential of deliberative democracy for public administration", *The American Review of Public Administration* 40(4), 376−399.

Neblo(Michael A). 2015. *Deliberative democracy between theory and practice*, New York, Cambridge University Press.

Newton(Kenneth) & Geissel(Brigitte). (Eds.). 2012. *Evaluating democratic innovations: Curing the democratic malaise?*, Oxfordshire, Routledge.

Niemeyer(Simon). 2011. "The Emancipatory Effect of Deliberation: Empirical Lessons from Mini−Publics", *Politics & Society* 39(1), 103-140.

Niessen(Christoph) & Reuchamps(Min). 2019. *Designing a permanent deliberative citizens' assembly: The Ostbelgien Model in Belgium*, The Centre for Deliberative Democracy & Global Governance working paper series 6.

Norris(Pippa). 1999. *Critical Citizens: Global Support for Democratic Government*, Oxford, Oxford University Press(Published to Oxford Scholarship Online: November 2003).

North(Douglass C). 1990. *Institutions, Institutional Change and Economic Performance*, Cambridge, Cambridge University Press.

OECD. 2001. *Consensus Conferences on Genetically Modified Food in Norway*, Paris, OECD Publications Service.

OECD. 2001. *Citizens as Partners: OECD handbook on information, consultation and public participation in policy-making*, Paris, OECD Publications Service.

OECD. 2005. *Background Document on Public Consultation*, Paris, OECD Publications Service.

OECD. 2005. *Evaluating Public Participation in Policy Making*, Paris, OECD Publications Service.

OECD. 2008. *Mind the Gap: Fostering Open and Inclusive Policy Making*, Paris, OECD Publications Service.

OECD. 2009. *Focus on Citizens: Public Engagement for Better Policy and Services*, Paris, OECD Publications Service.

O'Flynn(Ian). 2006. *Deliberative Democracy and Divided Societies*, Edinburgh, Edinburgh University Press.

O'Flynn(Ian) & Curato(Nicole). 2015. "Deliberative democratization: a framework for systemic analysis", *Policy Studies* 36(3), 298−313.

O'leary(Rosemary), Robert(Durant), Daniel(Fiorino) & Paul(Weiland). 1999. *Managing for the Environment Understanding the Legal, Organizational, and Policy Challenges*, New Jersey, John Wiley & Sons.

Oliver(Christine). 1991. "Strategic responses to institutional processes", *Academy of management review* 16(1), 145−179.

Option consommateurs. 2011. *De la communication à la participation des organ−isations de la société civile*, Rapport présenté au Bureau de la consommation d'Industrie Canada.

Ostrom(Elinor). 1998. "A Behavioral Approach to the Rational Choice Theory of Collective Action", *American Political Science Review* 92(1), 1-22.

Palonen(Kari). 2012. "Reinhart Koselleck on translation, anachronism and conceptual change", *In Why concepts matter: Translating social and political thought*, 73−92.

Parkinson(John). 2006. *Deliberating in the Real World: Problems of Legitimacy in Deliberative Democracy*, Oxford, Oxford University Press on Demand.

Pateman(Carole). 2012. "APSA presidential address: Participatory democracy revisited",

*Perspectives on politics* 10(1), 7 − 19.

Percy(Stephen L). 1983. "Citizen Coproduction: Prospects for Improving Service Delivery", *Journal of Urban Affairs* 5(3), 203 − 210.

Pitkin(Hanna Fenichel). 1967. *The Concept of Representation*, California, University of California Press.

Pitkin(Hanna Fenichel). 2004. "Representation and democracy: uneasy alliance", *Scandinavian Political Studies* 27(3), 335 − 342.

Poitras(Jean) & Bowen(Robert E). 2002. "A framework for understanding con − sensus − building initiation", *Negotiation Journal* 18(3), 211 − 232.

Przeworski(Adam). 1998. *Deliberation and ideological domination. In Elster, Jon(eds) Deliberative democracy*, Cambridge, Cambridge University Press. 140 − 161.

PubliForum.(1999). Génie Génétique et Alimentation, 4 − 7 Juin, TA, Bern, Switzerland.

Putnam(Robert D). 1995. "Tuning in, tuning out: The strange disappearance of social capital in America", *PS: Political science & politics* 28(4), 664 − 684.

Putnam(Robert D). 2000. *Bowling alone: America's declining social capital. In Culture and politics*, New York, Routledge, 223 − 234.

Rawls(John). 1997. "The idea of public reason revisited", *The University of Chicago Law Review* 64(3), 765 − 807.

Renn(Ortwin). 1991. "Strategies of risk communication: observations from two par − ticipatory experiments", *In Communicating Risks to the Public*, 457 − 481. Springer, Dordrecht.

Reybrouck(David Van). 2016. 국민을 위한 선거는 없다, 양영란(번역). 서울, 갈라파고스.

Rezsohazy(Rudolf). 1996. *Pour comprendre l'action et le changement politiques*, Louvain − la − Neuve, Duculot.

Richards(Caspian), Blackstock(Kirsty) & Carter(Claudia). 2004. *Pratical Approachs to participation*, Aberdeen, Macaulay Institute.

Roach(Kent). 2000. "Changing punishment at the turn of the century: Restorative justice on the rise", *Canadian Journal of Criminology* 42(3), 249 − 280.

Ronan(Bernie) & Kisker(Carrie B). 2016. *Civic learning and democratic engagement: New directions for community colleges*, New Jersey, John Wiley & Sons.

Rosanvallon(Pierre). 2011. *Democratic Legitimacy: Impartiality, Reflexivity, Proximity*, Princeton, Princeton University Press.

Rosecrance(Richard N). 1986. *Rise of the Trading State: Commerce and Conquest in the Modern World*, New York, Basic Books.

Ross(Stephen A). 1973. "The economic theory of agency: The principal's problem", *The American economic review* 63(2), 134 − 139.

Rothstein(Bo O) & Teorell(Jan An). 2008. "What is quality of government? A theory of impartial government institutions", *Governance* 21(2), 165－190.

Rowe(Gene) & Frewer(Lynn J). 2000. "Public participation methods: a framework for evaluation", *Science, technology & human values* 25(1), 3－29.

Rui(Sandrine). 2004. *La démocratie en débat: les citoyens face à l'action publique*, Armand Colin.

Santé Canada. 2000. *Politiques et boîte à outils concernant la participation du public à la prise de décisions.* https://www.canada.ca/fr/sante－canada/organisation /a－propos－sante－canada/rapports－publications/politiques－boite－out－ ils－concernant－participation－public－prise－decisions.html

Saunders(Harold H). 1985. "We need a larger theory of negotiation: The importance of pre－negotiating phases", *Negotiation journal* 1(3), 249－262.

Saussure(Ferdinand). 2002. *Écrits de linguistique générale*, Eds. Simon Bouquet & Rudolf Engler, Paris, Gallimard.

Schattschneider(Elmer E). 1960. *The sovereign people : A realist view of democracy in America*, Illinois, The Drayden Press.

Schmidt(Vivien A). 2008. "Discursive institutionalism: The explanatory power of ideas and discourse", *Annual review of political science* 11. 303－326.

Schmidt(Vivien A). 2010. "Explaining change through discursive institutionalism as the fourth new institutionalism", *European Political Science Review* 2(1), 1－25.

Schütz(Alfred). 1987. *Le chercheur et le quotidien: Phénoménologie des sciences so－ ciales*, Paris, Méridiens Klincksieck.

Selznick(Phillip). 1949. *TVA and the grass roots*, Berkeley, University of California Press.

Shapiro(Ian). 2003. *The state of democratic theory*, Princeton, Princeton University Press.

Serageldin(Ismail) & Grootaert(Christiaan). 1998. Defining social capital: An integrat－ ing view. *Evaluation and Development: the institutional dimension*, Vol. 1. pp.203.

Service d'Information du Gouvernement. 2005. *Guide du débat citoyen*, Paris, La Documentation française.

Setälä(Maija). 2011. "The role of deliberative mini－publics in representative democ－ racy: lessons from the experience of referendums", *Representation* 47(2), 201－213.

Sevilla－Sanz(Almudena), Furtado(Delia) & Marcen(Miriam). 2010. Does Culture Affect Divorce Decisions?: E*vidence from European Immigrants in the US*, Depart of Economics Discussion Paper Series, University of Oxford.

Sewell(William H), Haller(Archibald O) & Portes(Alejandro). 1969. "The educational and early occupational attainment process", *American sociological review*, 82−92.

Shrout(Patrick E) & Bolger(Niall). 2002. "Mediation in experimental and non−experimental studies: new procedures and recommendations", *Psychological methods* 7(4), 422−445.

Simard(Louis) & Côté(Guy−Serge). 2010. *La consultation préalable*, Ottawa, Bureau d'audiences publiques sur l'environnement.

Simard(Louis). 2003. *Conflits d'environnement et concertation : le cas des lignes THT en France et au Québec*, Paris, Institut d'études politiques.

Simon(Herbert A). 1960. *The New Science of Management Decision*, New York, Harper & Row.

Simon(Herbert A). 1957. *Models of Man: Social and Rational*, New York, Wiley.

Simon(John) & Russell(Blamey). 2005. *Deliberation in the wilderness the Far North Queensland citizen's jury*, Canberra, Land & Water Australia.

Skorupinski(Barbara), Baranzke(Heike), Ingensiep(Hans Werner) & Meinhardt(Marc). 2007. "Consensus conferences-a case study: Publiforum in Switzerland with special respect to the role of lay persons and ethics", *Journal of Agricultural and Environmental Ethics* 20(1), 37−52.

Smith(Graham). 2009. *Democratic Innovations: Designing Institutions for Citizen Participation*, Cambridge, Cambridge University Press.

Spector(Malcom) & Kitsuse(John I), 1973. "Social problems: A re−formulation", *Social problems* 21(2), 145−159.

Spector(Bertram) & Zartman(William). 2003. Getting it Done: Post−Agreement Negotiation and International Regimes, United States Institute of Peace Press.

Steiner(Jurg). 2012. *The Foundations of Deliberative Democracy: Empirical Research and Normative Implications*, Cambridge, Cambridge University Press.

Stewart(John). 1996. "Innovation in democratic practice in local government", *Policy & Politics* 24(1), 29−41.

Stiglitz(Joseph E). 2013. 불평등의 대가: 분열된 사회는 왜 위험한가, 이순희(번역). 서울, 열린책들.

Stone(Deborah A). 1988. *Policy paradox and political reason*, Boston, Scott Foresman & Company.

Strauss(Anselm) & Corbin(Juliet). 1998. *Basics of qualitative research*, New York, SAGE Publications Inc.

Strøm(Kaare). 2000. "Delegation and accountability in parliamentary democracies", *European journal of political research* 37(3), 261−290.

Sunstein(Cass). 2002. "The Law of Group Polarization", *Journal of Political Philosophy* 10(2), 175-195.

Susskind(Lawrence) & Cruikshank(Jeffrey). 1987. *Breaking the Impasse: Consensual Approaches to Resolving Public Disputes*, New York, Basic Books.

Susskind(Lawrence E). 1994. *Overview of developments in public participation*, In Public Participation in Environmental Decisionmaking (edited ABA Standing Committee on Environmental Law).

Theis(John J). 2016. "Political science, civic engagement, and the wicked problems of democracy", *New Directions for Community Colleges* 2016 (173), 41−49.

Thœnig(Jean−Claude). 1994. "La gestion systémique de la sécurité publique", *Revue française de sociologie* 35(3), 357−392.

Thompson(Dennis F). 2008. "Deliberative democratic theory and empirical political science", *Annual Review of Political Science* 11, 497−520.

Tippett(Joanne), Handley(John F) & Ravetz(Joe). 2007. "Meeting the challenges of sustainable development−A conceptual appraisal of a new methodology for participatory ecological planning", *0305−9006* 67(1), 1−98.

Tormey(Simon). 2014. "The contemporary crisis of representative democracy", *Democratic Theory* 1(2), 104−112.

Tormey(Simon). 2015. *The end of representative democracy*, Cambridge, Polity Press.

Turner(Bryan S). 1986. *Citizenship and capitalism: The debate over reformism*, Allen & Unwin.

Turner(Bryan S). 1986. Equality, Sussex, Ellis Horwood.

Tyler(Tom R). 2003. "Procedural justice, legitimacy, and the effective rule of law", *Crime and justice* 30, 283−357.

Urbaniti(Nadia). 2006. *Representative Democracy*, Chicago, The University of Chicago Press.

Ury(William), Brett(Jeanne M) & Goldberg(Stephen B). 1988. "Designing an effective dispute resolution system", *Negotiation Journal* 4(4), 413−431.

WADPI(WA Department of Planning and Intrastructure). 2003. Dialogue with the City − Final Report, Perth: Government of Western Australia.

Wallensteen(Peter). 1988. *Peace research: achievements and challenges*, Colorado, Westview Press.

Walliser(Bernard). 1989. "Instrumental rationality and cognitive rationality", *Theory and Decision* 27(1−2), 7−36.

Walster(Elaine), Walster(G. William) & Berscheid(Ellen). 1978. *Equity: Theory and research*.

Warfield(Wallace). 1993. "Public−policy conflict resolution: The nexus between culture and process", *Conflict Resolution Theory and Practice Integration and Application*, 176−193.

Waterman(Richard), Rouse(Amelia A) & Wright(Robert). 2004. *A Multiple Principal Model of Bureaucratic Politics. Bureaucrats, Politics, and the Environment*, Pittsburgh, University of Pittsburgh Press.

Widdersheim(Michael M) & Koizumi(Masanori). 2016. "Methodological frameworks for developing a model of the public sphere in public libraries", *INFORMATION RESEARCH−AN INTERNATIONAL ELECTRONIC JOURNAL* 22(1), 1−36.

Widdersheim(Michael M). 2015. "Governance, Legitimation, Commons: A Public Sphere Framework and Research Agenda for the Public Library Sector", *LIBRI* 65(4), 237-245.

Wildavsky(Aaron). 1979. *Speaking truth to power*, Boston, Little Brown.

Wildavsky(Aaron). 2017. *Speaking Truth to Power: Art and Craft of Policy Analysis*, New York, Routledge.

William(Dunn). 1994. *Public Policy Analysis: An Introduction*, Hoboken, Pearson Prentice Hall.

Williamson(Oliver E). 1975. *Markets and Hierarchies*, New York, The Free Press.

Woolcock(Michael). 2001. "The place of social capital in understanding social and economic outcomes", *Canadian journal of policy research* 2(1), 11−17.

World Bank. (2004). *Measuring Social Capital*. Washington, DC.

Young(Iris Marion). 2002. *Inclusion and Democracy*, New York, Oxford University Press.

Zehr(Howard). 1990. *Changing Lenses: A New Focus for Criminal Justice*, Scottdale, PA: Herald Press.

Zimmerman(Joseph Francis). 1986. *Participatory Democracy: Populism Revisited*, New York, Praeger.

Zucker(Lynne G). 1977. "The role of institutionalization in cultural persistence", *American Sociological Review* 42, 726−743.

# 찾아보기

## 은재호

한국외국어대학교 불어과와 정치외교학과를 졸업하고 프랑스 파리 10대학((Université Paris 10-Nanterre))에서 정치사회학을 전공했다(석사). 이후 고등사범학교(ENS-Cachan)에서 정치학(정책학 전공) 박사학위를 취득하고 국무총리 산하 한국행정연구원에 재직하면서 튀니지 총리실 정부혁신 자문관(파견)과 국민대통합위원회 국민통합지원국장(파견) 등을 역임했다. 또한 프랑스 파리 1대학(Université Paris 1 Panthéon-Sorbonne) 방문교수, 한국과학기술원(KAIST) 겸직교수, 국가공무원인재개발원 객원교수 등으로 활동하며 아카데미즘과 정책 현장을 이어주는 정책 중개자(policy mediator)의 임무를 다하고 있다. 특히 평화학과 숙의민주주의에 관심을 가지고 '대한민국 국민에게 길을 묻다, 2014 국민대토론회'를 시작으로 '신고리 원전 공론화' 등 중앙과 지방의 다양한 공론화 현장에서 참여와 숙의를 통한 합의형성의 가능성을 탐색하고 있다.

주요 연구 분야는 갈등관리와 사회통합, 거버넌스와 리더십, 공적개발원조 등이며 주요 저서로는 Sida et action publique(2009), 국가 거버넌스 연구(공저, 2010), 공정사회와 갈등관리(공저, 2016), 한국 행정학 60년(공저, 2017), 대한민국 공무원 그들은 누구인가(공저, 2019) 등이 있다.

한국갈등학회 공론화총서②

## 공론화의 이론과 실제
－건강한 공론 형성과 진단을 위한 길라잡이

| | |
|---|---|
| 초판발행 | 2022년 1월 1일 |
| 중판발행 | 2023년 5월 10일 |
| 지은이 | 은재호 |
| 펴낸이 | 안종만 · 안상준 |
| 편 집 | 한두희 |
| 기획/마케팅 | 김한유 |
| 표지디자인 | 이미연 |
| 제 작 | 고철민 · 조영환 |
| 펴낸곳 | (주) **박영사** |
| | 서울특별시 금천구 가산디지털2로 53, 210호(가산동, 한라시그마밸리) |
| | 등록 1959. 3. 11. 제300-1959-1호(倫) |
| 전 화 | 02)733-6771 |
| f a x | 02)736-4818 |
| e-mail | pys@pybook.co.kr |
| homepage | www.pybook.co.kr |
| ISBN | 979-11-303-1340-5 93350 |

정 가 30,000원

이 저서는 2015년 정부(교육부)의 재원으로 한국연구재단의 지원을 받아 수행된 연구임(NRF-2015S1A6A4A01011746)
This work was supported by the National Research Foundation of Korea Grant funded by the Korean Government(NRF-2015S1A6A4A01011746)